本书编写组

主　编：李　军

副主编：彭京宜　傅治平　李辉卫

编　撰：李　军　李辉卫　李少军　毕普云

　　　　彭京宜　傅治平　谭剑波

李 军◎主编

传统文化与
国家治理现代化

人民出版社

目　录

二、道家篇

三、法家篇

前　言
善用国学资源滋养推进国家治理现代化

习近平总书记多次强调,"要治理好今天的中国,需要对我国历史和传统文化有深入了解,也需要对我国古代治国理政的探索和智慧进行积极总结"。这为我们新时代推进国家治理体系和治理能力现代化指明了方法路径、提供了重要遵循。

一、如何理解国家治理体系和治理能力现代化

现代化是一个内涵丰富、高度综合、开放动态的概念。美国社会学家塞缪尔·亨廷顿认为:"现代化是将人类及这个世界的安全、发展和完善,作为人类努力的目标和规范的尺度。现代化意指社会有能力发展起一种制度结构,它能适应不断变化的挑战和需求。"美国历史学家帕尔默和科尔顿将现代化解释为,在文明的某些方面出现新的全球一致性的过程。我国历史学家罗荣渠认为,现代化是一个世界性的历史过程,它使工业主义渗透到经济、政治、文化、思想各个领域,引起深刻的相应变化。厉以宁教授认为,现代化是指一个国家或地区在科学技术革命的影响下,经济、社会、文化、习惯以及人们的思想观念和思维方式等方面发生重要变化的过程。中科院的研究小组在长时间研究后认为,现代化是在人类发展的长河中不断更新自己的整

1

体进程，具有永远正向的矢量演化特征。

综合上述定义，我们可以认为，现代化主要指 18 世纪工业革命以来人类社会所发生的广泛而深刻的变化，它是一个动态的、渐进演化的社会历史发展过程，具有渐进性、动态性、先进性特征，其内涵随着时代变迁不断丰富和发展。

中国共产党在领导中国革命、建设、改革进程中，立足于不同历史时期的国情和经济社会发展的中心任务，对推进我国现代化建设进行了不懈的探索，对现代化的认识也在持续深化完善。在抗日战争时期，我们党关于现代化的关注重心主要是在国防领域，强调要有先进的武器装备、机械化的兵团等。比如，1938 年，毛泽东同志在《论持久战》中提出，"革新军制离不了现代化"。这是因为当时我国面临的迫切任务是民族独立，这一时期我国的现代化在性质上属于防卫性现代化。新中国成立后，我们党根据恢复和发展生产力的迫切任务，逐步提出了"四个现代化"的目标，其内容最初是 1954 年的一届全国人大一次会议上提出的"工业、农业、交通运输业和国防"，1964 年的三届全国人大三次会议将其调整为"农业、工业、国防和现代科学技术"。从"四个现代化"的内涵来看，它们总体上都属于物质现代化的范畴及发展生产力的层面，其对标的参照系是西方发达国家，最终奋斗目标是使我国经济走在世界的前列。1978 年召开的十一届三中全会作出了将党的工作重心转移到社会主义现代化建设上来的决定。邓小平同志等党和国家领导人在总结历史经验中，认识到社会主义现代化不能局限于"四个现代化"，而应包括经济、政治、文化、社会等各个方面的现代化。此后，我们党不断总结改革开放和社会主义现代化的发展实践及新鲜经验，不断丰富和拓展现代化的外延和内涵，逐渐形成了经济、政治、社会、文化、生态文明"五位一体"的社会主义现代化建设总布局。十八届三中全会首次提出了"国家治理体系和治理能力现代化"（以下简称为"国家治理现代化"）的概念，将其作为全面深化改革的总目标，党的十九大将其纳入整个国家现代化三步走的大战略之中统筹部署，十九届四中全会将其与坚持和完善中国特色社会主义制度并列，作为全党的一项重大战略任务，并明确了其总体目标、重点任务等。

我们知道，国家治理体系是国家政治、经济、文化等方方面面治理制度及体制机制的高度概括，治理能力则是运用各方面制度及体制机制治理国家的能力。治理是国家运行的基本机制，国家治理体系和治理能力是一个国家的制度和制度执行能力的集中体现。从内涵上来看，国家治理现代化所强调的是制度和人的现代化，属于上层建筑层面和政治现代化的范畴，是比物质层面更高层次的现代化。将其作为重大战略任务加以强调与重视，标志着我们党找到了统筹协调我国经济、政治、文化、社会、生态文明等各方面现代化健康发展的关键，反映了我们党对我国社会主义现代化的认识由浅入深、由外及内、由具体到整体、由个别到一般的重大提升，是中国共产党现代化观又一次重要的理念创新。

习近平总书记曾深刻指出："一个国家选择什么样的治理体系，是由这个国家的历史传承、文化传统、经济社会发展水平决定的，是由这个国家的人民决定的。"这启示我们，世界上没有也不可能有一种放之四海而皆准的国家治理模式，也没有一成不变的国家治理模式。一种治理模式在一个国家是适用的、有效的，在其他国家则难以复制。这些年来，世界上有那么一些国家，不顾自身国情，亦步亦趋追随西方，把西方模式和治理方案奉为圭臬，其结果是在"邯郸学步"的过程中迷失了自己。有的陷入"中等收入陷阱"，发展长期停滞不前；有的依附于西方国家，丧失了自身独立性；有的在"颜色革命"中陷入政治动荡和国家分裂，现代化进程遭遇了重大挫折……其教训不可谓不深刻。因此，我们不能以某一种国家治理模式为标准来评判其他国家治理实践的优劣。或许，在物质层面的现代化方面，尚可以西方为参照系，但是国家治理现代化方面，绝不能西方化和资本主义化，需要紧密结合现实国情科学制定相应的评价标准。

习近平总书记2014年在庆祝全国人民代表大会成立60周年大会上的重要讲话中，提出了评价一个国家政治制度是否民主有效的"八个能否"

标准①，党的十九届四中全会提出的十三项中国特色社会主义制度和国家治理体系建设的具体任务，以及强调要构建系统完备、科学规范、运行有效的制度体系等具体要求。这些都为我们在新时期推动国家治理现代化提供了重要遵循，指明了目标方向。

从价值标准来看，我国的国家治理现代化需要始终坚持党的领导、人民当家作主和依法治国的有机统一；从具体标准来看，需要实现民主化、法治化、科学化、制度化、规范化、程序化、协调化、高效化等。总体而言，推进我国国家治理现代化，就是坚持和完善中国特色社会主义制度体系，通过"现代化"的国家组织与管理，推动制度、体制、机制的合理建构和调整发展、巩固定型，使其更加系统完备、科学规范、运行有效，确保我们党能够领导全国人民走好我国社会主义实践的后半程，实现国家长治久安、繁荣发展。

二、推进国家治理现代化必须充分汲取国学精髓

国家治理体系作为政治上层建筑，具有很强的民族性、地域性、历史性、文化性。习近平总书记曾深刻指出，"一个国家的治理体系和治理能力是与这个国家的历史传承和文化传统密切相关的"。实际上，对这一点，中西方的专家学者也有着共同的认识。我国的国学大师钱穆就强调："政治制度必然得自根自生。纵使有些可以从国外移来，也必然先与其本国传统有一番融合媾通，才能真实发生相当的作用。否则无生命的政治，无配合的制度，决然无法长成。"当代现代化理论大家布莱克认为，现代化乃是传统的

---

① 即国家领导层能否依法有序更替；全体人民能否依法管理国家事务和社会事务、管理经济和文化事业；人民群众能否畅通表达利益要求；社会各方面能否有效参与国家政治生活；国家决策能否实现科学化、民主化；各方面人才能否通过公平竞争进入国家领导和管理体系；执政党能否依照宪法法律规定实现对国家事务的领导；权力运用能否得到有效约束和监督。

制度与价值观念在功能上对现代性的要求不断适应的过程，"从长期来看，使本国的传统制度适应新的功能比或多或少照搬西方的制度更为有效"。法国思想家皮埃尔·卡蓝默指出："治理拥有自己的历史、文化和根深蒂固的传统……即便国家治理体系经历多次革命性改造，都难以改变其政治基因。"这启示我们，稳定成熟的现代化国家治理体系，绝不可能是"飞来峰"，必然要以这个国家的文化传统作为滋养，才能生根发芽、蓬勃发展。正因为如此，以习近平同志为核心的党中央高度重视在国家治理现代化进程中融入中华民族的优秀传统文化。习近平总书记多次强调："推进国家治理能力现代化，要不断加强对优秀传统文化的挖掘、阐发和弘扬。"

党的十八大以来，习近平总书记多次主持中央政治局集体学习我国古代传统政治，比如历史上的反腐倡廉、国家治理以及吏治等，将其精髓要义创造性地运用到治国理政的方方面面。在习近平总书记系列重要讲话中，我国古代治国理政的华章佳句也比比皆是，这体现的是一种高度的文化自信，也是对中国传统治理思想的创新性传承。

从历史维度来看，朝代虽有更替，但我国国家治理体系的主要基因并未中断，一直在完善发展之中。中华民族在五千多年的文明发展中，积累了丰富的治国理政经验，其中的很多理念、智慧已融入中华民族文化的血脉当中，成为我国国家治理体系的内在基因和鲜明标识，代代相传、历久弥新，展现出强大的生命力。比如，"大一统"的治理思想。这是我国古代首要的政治理念，强调国家在政治和文化上的高度统一，体现了中国人传统的整体思维模式和系统性思维模式。早在夏、商、周三代，我国就有"普天之下，莫非王土"的观念，春秋战国时期，诸子百家将"大一统"观念系统化、理论化，提出了"礼乐征伐自天子出"的政治主张，秦统一六国后建立了"事在四方，要在中央""海内无为郡县，法令由一统"的中央集权制度，此后历代王朝基本沿袭了这种中央将全国划分为若干不同层级行政区划，地方严格服从中央，按照中央统一政令执行政策的治理模式。历史反复证明，在中国这样一个拥有超大疆域、多民族、超多人口的大国，要实现良好的国家治理，如果没有一个政权的集中统一领导，没有一个坚强的领导核心，大家各自为政、各行其是，就会变成一盘散沙，什么事情都干不成。春秋战国、魏晋南北朝、五代十国的分裂割据、民国时期的军阀混战都造成了战争频仍、天下大乱、民不聊生，教训不可谓不深刻。这一政治传统为中华民族长期稳定、中华文明绵延不绝提供了坚强的制度保障。如今，我国坚持党总揽全局、协调各方的集中统一领导制度，既契合了我国历史悠久的中央集权、多民族大一统的文化传统，又体现了现代政治文明发展成果，使我们的社会主义制度具有了集中力量办大事的优势。再比如，在政府行政区划方面，从元代开始创立的行省制，以中央集权为主，辅以地方分权，行省具有地方最高行政机构和朝廷派出机构双重性质。这一行政体制在明清两朝得到沿袭发展，最终影响到了近现代中国的行政体制。新中国成立后的新省制在传承历史上省县体制外，又根据实际实施国家统一领导下的民族区域自治。既没有使历史悠久的行政区划发生瓦解或断裂，又为其注入了现代化的内涵，在充分发挥中央和地方两个积极性、促进各民族交往交流交融、推动民族团结进步等方面发挥了重要作用。总之，在推进国家制度和治理能力现代化的进程中，我们绝对不能割断历史脉络，而要把历史这本最好的教科书读懂、读深、读透，坚持不忘本来，自觉掌握、传承、发展我国传统治理思想的精髓。

从现实的维度来看，解决当前国家治理中存在的突出问题，需要从传统治理中得到有益启示。习近平总书记指出："治理国家和社会，今天遇到的很多事情都可以在历史上找到影子。"正所谓，太阳底下无新事。我国现代国家治理进程中遇到的一些矛盾和问题，往往可以在我国传统治理思想中找到答案或破解问题的"金钥匙"。比如，如何处理好基层自治的问题。春秋战国时期，对地方实行统治的乡里制度就已初步成型，秦汉时期形成了"郡—县—乡—里（亭）—什—伍"的管理架构，宋代创立了"保甲制"，用兵民合一的方式对百姓进行管理，明清实行乡里制，基层管理者的主要任务：一是经济上的征收皇粮税赋、派遣劳役，二是安全上的司法治安、维护稳定。而在乡村社会的公共领域，例如组织生产、教育办学、调解纠纷、基础设施等方面，多由地方自行管理，主要通过地方乡绅、宗族势力等群体来实现。这种政府直接治理结合民间力量间接治理的方式对于解决当前基层治理中行政成本过高、缺乏合力等重点难点问题，建立法治、德治、自治相结合的乡村治理体系提供了很好的借鉴与启示。再比如，当前，我国的经济社会发展正处于深刻转型期，社会价值观念日益呈现复杂多元、冲突博弈的态势，道德失范、诚信缺失、价值观扭曲、信仰虚无等问题日益凸显，如何建构具有广泛认可度和文化先进性的社会主义核心价值体系，形成全民族奋发向上和团结和睦的精神纽带，引领社会思潮，凝聚社会共识，为国家治理现代化提供价值引导、精神力量，是一项事关社会和谐稳定、国家长治久安的重大现实课题。纵观中国古代的不同历史时期，都曾形成由统治阶级所倡导、为社会所普遍遵循的基本价值准则，即今天我们所说的社会核心价值观，并在传统社会的国家治理中发挥了重要作用。其中影响最为深远的就是以"仁义礼智信"为主要内容的儒家价值观。为了推动全社会践行这一核心价值观，古代统治者采取了很多措施。比如编写体现儒学思想的统一教材，将"四书五经"等列入科举考试范围；将儒家思想和道德伦理融入各种礼仪之中，如祭祀、乡饮酒礼、乡射礼、冠礼、婚丧礼，以此教化民众；以在本乡本土有知识、有德行、有才能、有声望、文化程度较高的士绅乡贤为示范引领，在广大乡村基层发展教育、传播文化、推动移风易俗；等等。这些都为我们如今多角度、多层次推动社会主义核心价值观培育践行提供了有益启示。

从未来的维度来看，中国要立于世界民族之林，走向世界舞台的中央，形成竞争优势，必须大力弘扬本民族优秀传统。国与国之间的竞争，归根结底可以说是国家制度的竞争。当今世界正经历百年未有之大变局，放眼全球，与恐怖主义猖獗、民粹主义泛滥、金融危机、逆经济全球化等西方乱象相比，我国发展呈现出"风景这边独好"的局面，实现了经济快速发展的奇迹和社会长期稳定发展的治理奇迹，"中国之治"与"西方之乱"形成了鲜明对比,其中很重要的原因就是我国国家制度和国家治理体系具有显著优越性和强大生命力,而这种优越性和生命力就来源于我们的制度和治理体系既坚持以马克思主义为指导,又始终植根中国大地,具有深厚的中华文化根基。比如,如何处理经济发展与保护自然的矛盾问题,老子提出"道法自然"的哲学命题,强调尊重自然法则、顺应自然规律。庄子提出"天人合一"思想,强调人与自然的和谐统一。还有,古人强调"取之有度""用而不匮""食不毁器,萌不折枝",这些都体现了敬畏自然、爱护自然的思想,蕴含着丰富的生态智慧,对于当今的全球生态治理具有启示意义。再比如,习近平总书记提出的"一带一路"倡议,体现了儒家文化中"兼济天下"的担当情怀和"尚和合、求大同"的治理思想,具有深厚的中华文化底蕴,跳出了地缘政治、零和博弈、单边主义等传统思维和格局,是对全球治理框架和体系的一次创新,代表着全球化和全球治理的新理念和新趋向,有利于促进世界长久、可持续的繁荣和发展。作为全球第二大经济体和世界上最大的社会主义国家,中国在日益走向世界舞台中央的进程中,只有始终坚持不忘本来、面向未来,坚定"四个自信",立足于中华传统文化的根基不断推进国家治理现代化,才能在日益激烈的国际竞争中找准位置方向、强化核心优势、突出自身特色,不断提升在全球治理体系中的话语权,更多更好地向世界提供蕴含中华文明智慧的治理模式和样本。

三、怎么用好国学资源切实推进国家治理现代化

国学包罗万象,内容庞杂。从传统治国经验来看,其中既有积极的部分,也不可避免地会存在与现代社会不相适应的落后一面,比如封建社会的纲常伦理、等级观念、家长作风、官本位思想等。习近平总书记也强调推进国家制度和治理体系现代化不是简单延续我国历史文化的母版,一定要因时而变,随事而制。因此,我们在推进国家治理体系和治理能力现代化的进程

中，要坚持以马克思主义为指导，全面、历史、辩证地看待中华传统文化，厘清精华与糟粕，扬弃继承、转化创新，更好地融入当代、服务当下。

一是要坚持"两创"方针。"两创"是习近平总书记就如何弘扬和发展中华优秀传统文化提出的重大方针，为我们如何学习借鉴我国传统治国思想指明了方法路径。创造性转化就是在继承和扬弃中国传统文化的过程中，将有借鉴价值的传统治国思想赋予人们喜闻乐见的表现形式，使之成为中国特色社会主义治理体系的组成部分。创新性发展就是把中国传统治国思想中仍然具有现实意义的部分加以发扬光大、综合创新，使其与现代社会发展相协调。比如，中国历史上下五千年，评价一个政治人物的好坏，常常看一个"忠"字，所以古人说，天下至德，莫大于忠。但封建时代强调的"忠"主要是讲"忠君"，强调人身依附。今天我们共产党人信守天下为公，不讲"忠君"，但不能不讲"忠诚"，要始终秉持忠诚这一宝贵的政治品格，做到忠于党、忠于祖国、忠于人民，这就是给传统文化赋予了新义。比如，古代的巡视监察制度，巡视官员权威性很高，有句话叫"御史出巡，地动山摇"，而且巡视官员可以"以小制大""以卑查尊"，但从本质上来讲，其根本任务是维护皇权。这种御用性决定了监察巡视官员不能完全公平公正地开展监督，而沦为维护封建特权、协调利益关系的政治工具。而我们党建立的巡视制度坚持以人民为中心，查处了一批人民群众深恶痛绝的腐败分子，既打"老虎"，又拍"苍蝇"，充分发挥了利剑作用，对遏制腐败、澄清吏治、改善党风、凝聚党心民心、增强党组织战斗力等都产生了极大的推动作用，这就是赋予了传统巡视监察制度新的时代内涵、时代使命。

二是要坚持循序渐进吸收。在推进治理能力现代化的进程中，吸收借鉴传统治国思想涉及人们价值观的形成、文化素养的提高，是个慢活、细活，需要循序渐进，不可能一蹴而就。近代以来，在救亡图存的时代背景下，一些激进知识分子把阻碍中国现代化的原因片面归咎于传统文化，因而将其当作沉重历史包袱加以批判和摒弃，绵延2000多年的儒家思想受到激烈冲击。特别是在十年"文化大革命"中，人们强加给传统文化很多似是而非的东西，甚至将其污名化、妖魔化，这种思想直到今天仍在一些人头脑中根深蒂固。比如，过去曾经强烈批判程朱理学提出的"存天理、灭人欲"，认为天理指的是封建纲常，人欲指的是人的物质欲望和追求，所以这一观点是不允许人有七情六欲，是为了维护统治阶级而束缚民众身心自由，属于封建糟粕。但事实上，朱熹讲的是"饮食，天理也；山珍海味，人欲也。夫妻，天理也；三妻四妾，人欲也"。他认为，天理就是人的正常物质和生理需求，因为人必须要吃饭才能活下去，必须娶妻才能繁衍后代。但过度贪图享受、安乐淫逸、超越常理的物质欲望就是人欲。"存天理、灭人欲"强调的是要加强道德修养以防范个人欲望的过度膨胀，维护社会道德秩序和政风民风。比如，很多人都认为"刑不上大夫，礼不下庶人"反映的是封建统治阶级的特权思想，但实际上这里的"上"和"下"指的是"尊"和"卑"，意思是不会因为士大夫身份的尊贵，就可以免除刑罚，也不会因为老百姓的社会地位低，就将他们排除于文明社会之外。类似这样对传统文化的误解、曲解还有不少，亟须进行正本清源、拨乱反正，特别是要持之以恒地抓好各级领导干部传统文化素养的培育和提升。我们相信，当国家治理的主体越来越多地学国学、懂国学，必然有利于将国学与国家治理能力现代化有机结合、融会贯通。

三是要坚持实干为要。学习的目的在于运用。我们党员干部学习传统文化，不仅仅是为了修身养性，最终还是要推进工作。要结合当前的实际，把古代治国思想和经验中的精华转化为推进治理能力现代化的有效措施。比如，我国传统的治吏经验注重德、法并用。"重德"既表现在官员的选拔任免上注重对其道德品质的考察，主张"爵人以德""以德就列""位各称其德"，也表现在注重"官德"的培养教育，要求为政者时时加强自我道德修为，并将修身齐家的道德活动视为政治活动本身。围绕提升官员个体的道德修养，形成了包括"三省吾身""反身而诚""洁己以进""知行合一"等一整套正己修身的功夫。"重法"表现在强调依法治吏，重视廉政制度建设。我们当前抓好干部思想教育培养和廉政建设就要充分借鉴和运用这些经验做法。有些地方在这方面已经进行了有益的尝试。比如，山东省委党校成立了儒学研究中心，并且召开了领导干部学儒学的座谈会，在干部中加大传承儒家优秀文化传统观和政德教育。贵州省委党校开设了官德教育课，还编纂了传统官德教育干部教材，每个月还和孔学堂文化传播中心搞一次全省领导干部历史文化讲座，在提高干部思想道德修养、加强作风建设等方面发挥了很好的作用。海南的母瑞山、海瑞、苏东坡等海南红色文化、优秀传统文化资源都值得深入挖掘运用到党员干部党性教育、官德教育中去。再比如，礼乐制度是传统中国社会建构国家政治文明和社会生活文明的重要基石，在社会中起到了区分等级、规范行为、维持秩序以及落实儒家伦理政治观念的多重作用，近年来，我国加快建立规范礼仪制度，包括设立南京大屠杀死难者国家公祭日、将每年农历秋分设立为"中国农民丰收节"、建立宪法宣誓制度等，在传播主流价值、增强民族凝聚力和文化认同感方面发挥了积极作用。我们应充分学习借鉴古代"礼乐之治"的治理智慧，对传统礼仪认真进行梳理总结，深入挖掘和阐发其时代价值，使其在国家治理现代化进程中发挥更大作用。

一、儒家篇

绪　论

　　在中华文明史中，融入治道的学说有许多种。或者说，百家争鸣时期崛起的所有学说，大多是讨论如何富民强国，都可以纳入治道，只是在不同时期，因被治政者关注的程度而出现显隐之别。正如白居易撰文所说："文章合为时而著"，能够为时而用的自然成为显学，不能为时而用的自然成为隐学（隐学不等于消亡，只是以一种鲜为人知的方式在少部分人中传承，或许在某个时期因社会的重视而复兴，成为显学）。纵览中华文明几千年的发展史，有几家学说则是始终没有离开过治政者的视野，一直稳居显学的位置。这就是在先秦时期已经蔚成体系的儒学、道学、法学。这几家学说，既含治世之道，更含恢宏的世界观，构成了汉民族的哲学体系，涵养了华夏民族核心价值观，也酝酿了中国治道之精神。特别是孔子创立的儒学，是痛感"郁郁乎文哉"的周礼崩溃，举起"克己复礼"的旗帜，发展起来的一套以礼乐文明为核心、以"庶富教"为治道的儒家思想。可惜，儒学难为乱时而用。试想，当时正值群雄逐鹿、天下大乱的混战时期，每个诸侯国君都是头脑发昏地想着攻城略地、争霸称雄，哪能听得见"和为贵"的建议？又哪能想着再"复周礼"去奉周朝王室为尊？因此，孔子创立的儒学，诸侯响应寥寥，几成绝学。幸有孔子传人锲而不舍，扛着儒学大旗坚持走下去，顽强地生存着，终在汉朝登上独尊的地位。此后，经过一代一代的儒家学者的弘扬，经过一个一个朝代的明君贤臣推波助澜，乃至成为古代社会的意识形态主流，成为中国治道的主流，随历史一起流淌到近代。虽然，近代也经历了"打倒孔家店"的枯水季节，但在当今高层的倡导下，以及社会各界的推动下，又渐渐进入丰水期。可以说，儒学是中华文明中传承历史最为完整的治道。虽然，在独尊儒术的 2000 多年的历史里，也曾先后有一些君王把道学与佛学纳入治道，或者倡行法治以推行社会改革，但始终没有削弱儒学在国家治理方面的影响力。甚至可以说，自从汉武帝时期儒学提高到独尊的地位之后，其传承就受到官方的大力保护，不仅被认定为中华文明之主脉，也被认定为真正承上启下的治道思想主脉。纵览儒学传承的历史，可以发现，儒学最适合于乾坤定矣的王道之治，是平治天下的仁道。天下乱，儒学颓；天下治，儒学兴。

1. 儒为治道，千秋认同

在古代中国，有一个十分值得研究的现象：每一个时期的改朝换代，国家治理体制、治理举措都会有所改变，即所谓"一朝天子一朝臣"。但是，作为理论形态的治道却会原封不动地搬过来。在历代那些君王以及辅佐的臣子们看来，从祖先传下来的治道，似乎是治理国家的金科玉律，是永远不会失效的治国利器。皇帝可以轮流做，但文明传承不能丢。不管是哪个民族的人来当皇帝，坚持了文明传承，就能得到拥护，丢掉了文明传承，就会遭到揭竿而起的反抗。大禹建立的夏朝，历经了 471 年后，亡在夏桀的手中。其灭亡的原因，就因为夏桀丢掉了祖宗"民为邦本"的训诫。夏桀到晚年时，政治暴虐，生活淫乱，致使民不聊生。当时夏朝老百姓竟指着太阳恶毒地咒骂："时日曷丧，予及汝偕亡！"宁愿与桀同归于尽。而灭掉夏朝的商汤正是打着"顺乎于天，应乎于民"的旗号建立的商朝。之后，商朝覆灭，也是因为商朝最后一个君王商纣王沉湎酒色、重刑厚敛而失去民心所致。到周朝后期，即春秋战国时期，因周天子"千金买笑""烽火戏诸侯"而失去人心、权力旁落，从而使得其时陆续产生的"五霸""七强"得以"挟天子以令诸侯"。

反之，那些春秋战国时期能够"挟天子以令诸侯"的称霸争雄者，又无一不是借助了前朝贤明君王治理国家的治道精神：以民为本，励精图治。

当然，特别值得提起的应该就是孔子，在礼崩乐坏的大动乱期间，孔子竭尽一生所做的一件大事，就是"克己复礼"，尽管他没能挽狂澜于既倒，但其创立的儒学，囊括了前朝，特别是周朝的治道精华，传承、发展了自黄帝以来历代先贤留下的精神遗产，将前人的治道理论化、系统化，乃至形成了中国治道（中华文化史）的第一座文化高峰。他堪称中国治道精神的第一个传承人。

自春秋战国之后，华夏大地上陆续出现过几个站在世界巅峰的强大帝国，当然也出现过短暂的分裂局面。不论是大一统的帝国，还是暂时分割成几个鼎足而立的国家，在国家治理方面，几乎都是沿袭老祖宗的那一套，以此证明自己是最正宗的传承者，而且，还通过其治国理政的实践，丰富、拓展了中国治道的内涵。

秦朝是秦始皇结束诸侯混战的局面建立起的第一个封建帝国。对这个短暂的帝国，后人"过秦"者居多。且认为对待中国文明的最大的"过"，则是焚书坑儒，几乎造成中华文明的断层。抛开秦的暴政不论，单说这件事，诿过始皇稍有不公。首先，焚书与坑儒两件事并不相关联。"焚书"是在听取丞相李斯建议而下令做的。当时是秦始皇设宴犒赏70位博士官——其中主要是儒家的博士官。只是当大家讨论到当时一些私学以古非今、谤议朝廷的事情时，李斯建议："除博士官署所掌管的之外，民间收藏的《诗》《书》及诸子百家著作，在规定期限全部送到地方官那里去一起烧掉。不听从者予重罚。"秦始皇采纳了李斯的建议，确实令人焚了许多民间收藏的儒家著作，但官府收藏的所有儒家著作皆保留了下来，也没有发生"坑儒"之事。倒是在"焚书"之后，"召文学方术之士甚众，欲以兴太平"——找了许多读书人讨论如何实现天下大治。至于"坑儒"事件，发生在"焚书"之后很久，且坑埋的非儒生而是些骗秦始皇说能找到"不死药"的方士。这些方士借找"不死药"得了秦始皇很多好处，却到处说他坏话，之后又逃跑。这才惹怒秦始皇，令人查找这些方士并坑埋之。据现代一些学者研究，秦始皇在当皇帝的十来年间，倒还是为儒家做了一些事的：一是设置博士官起用儒生，例如，因孔子的九世孙孔鲋"博通六艺"，秦始皇拜其为少傅（少傅系太子的老师，属从一品，可谓高官了）；二是安排整理儒家经典；三是统一文字；四是在政治实践中融入了儒家一些主张。例如，按照儒家主张的宗庙制度建宗庙，按照儒家的贵贱、男女、孝义等观念约束臣民行为。一句话，包括儒家思想为重要内容的中华文明在秦朝其实没有造成断层。

当然，真正使儒学大兴的则是汉朝。董仲舒的一个"罢黜百家，独尊儒术"的建议，使儒学大兴，并真正用于国家治理方面。

大唐帝国，因为开国皇帝把自己当成道家开山祖师的李聃的后代，不仅把李聃封为皇帝，还把老子开创的道学也作为治国的指导思想。不过，唐太宗在推崇道学的同时，对儒学依然重视。曾在朝堂公开宣称："朕今所好者，惟在尧舜之道，周孔之教。"因此，他把"周孔之教"与老庄学说一并作为科考的重要内容。

宋朝是中国治道系统整合得最完善的时期，也是儒学出现新发展的时期。这一时期，宋朝文人已经成为社会中坚，并且完成了文化和权力的对接，中国出现了大批集官僚、文人、学者于一身的"复合型人才"。传统文化铸就了宋朝书生的气节。他们以天下为己任，将责任感与使命感倾注于经邦济世的建功立业中，实现自我的生命价值。所以，这一时期，尽管外敌频频入侵，国家时时处于战争的风雨飘摇之中，连京都都不能保住，但却维持了289年之久。特别是最后的几十年，在蒙古国强敌压境的情况下，大臣宁愿抱着幼主投江也不投降；宰相被俘宁死不归降……彰显着华夏文明传承给中国儒生的一个特质——气节。

宋朝覆灭在蒙古国的铁骑之下。忽必烈入主中原，采用华夏民族的祖宗旧典，建元中统，之后又用过"至元"。中统年号，又有自居"中原正统"之意，至元取儒家经典《易经》"至哉坤元"之意。元朝建立后，仍承"前代之定制"，选拔汉人才，任用汉人经营国家财政，管理国库；延续前朝的科举制度，且科举考试完全采用前朝大儒朱熹编写的《四书集注》作为教材。

明朝，在儒学方面，因科考以宋朝的程朱理学为纲，遂使程朱理学大兴。而在明中叶，王守仁在贵阳阳明洞创立的阳明心学，则成为儒学在明朝的奇峰突起。由于心学上承南宋陆九渊的心学而集大成，故后世称之为"陆王心学"。又因王守仁创立心学之后以之治世、育人，遂使心学广为传播。

大清王朝也是一度被视为入主中原的异族。但清朝政权则延续了近三百年的时间。清朝统治能够延续如此长久的重要原因，就是对于华夏文明的始终认同（到后来不仅仅是认同，而是被同化）。与元朝一样，大清王朝的命名，也是从中华文明中获得的启发。清朝始皇帝皇太极取国号为"清"，就因为"有德"便含"清"的意思，又恰与"满洲"语意相合。清人进关入主北京之后，提倡满汉一体、满汉一家，满族人从上至下学习汉文化。

对于元清两个朝代帝王重视汉文化的原因，学界有诸多研究，大多认为这两个朝代的帝王重视汉文化，是出于"以汉治汉"的目的。但不管目的如何，在客观上起到了保证中华文化之脉不断裂的作用，却是应该肯定的一点。而元朝和清朝对中国治道的传承，最能证明的英国学者马丁教授所提出的观点：中国人的国家观念就在于是对文明的认同，而不是民族的认同（按照西方国家治理的理论逻辑，异族入主，将会以异族的文明替代原有民族的文明，古希腊罗马文明就是在这样的情况下消亡的。这个理论逻辑在现代西方国家治理实践中仍然存在，即把某一类文明视为普世适用的文明，并要强加于其他国家，从而导致文明的冲突。所以，亨廷顿认为，文明的冲突既是现代世界的骚乱之源，也是一个国家的动荡之源。元朝和清朝作为一个异族入主中原，并没有用本族文明来取代汉族文明，而是继续采用汉制。这无疑昭示了一点：中国在数百年前就解决了因文明而发生冲突这个世界性问题）。

2.大师辈出，各领风骚

中华文明传承几千年而不绝，关键在于有那么一些敢为往圣继绝学的传承人。哪怕再有书禁、再有迫害，也有舍命保存的种子。北宋大家张载的名言"为天地立心，为生民立命，为往圣继绝学，为万世开太平"，这四句话，既道出儒家的终极使命，也是治国理政的最高理念。也就是说，在每一个朝代，不管有多么恶劣的社会环境，总有这样一些即使付出生命代价，也要勇继绝学的传承人。

孔子之后，出了两个被后世冠以"圣"号的儒学传承者，一个是曾子，一个是孟子。

曾子是孔子的晚期弟子之一，也是孔子的临终托孤之人——孔子临终将其孙（孔鲤之遗孤）子思托付于曾参。曾子主张以孝恕忠信为核心的儒家思想，他的修齐治平的政治观，内省、慎独的修养观，以孝为本的孝道观，至今仍具有极其宝贵的社会意义和实用价值。曾子参与编制了《论语》，《大学》《孝经》《曾子十篇》等也相传为曾子作品。他那尽守礼约、躬守孝道、不苟同权贵的思想品格，一直为后世所敬仰。《韩诗外传》说："齐聘以相，楚迎以令尹，晋迎以上卿，皆不应命。"后世尊其为"宗圣"，列为配享孔庙的四配之一。

孟子是儒家学派的代表人物，与孔子并称"孔孟"。关于孟子师从何人的问题，曾有一些争议，但根据其学术思想以及活动情况，后世多认为孟子"受业子思之门人"，并将孟子创立的学派与子思创立的学派合称为"思孟"学派，视为封建社会儒家正统。孟子在孔子的德治思想基础上发展了"仁政学说"，以"民为贵，社稷次之，君为轻"的观点拓展了民本思想，并以"性善论"作为人们修养品德和行王道仁政的理论根据，使儒学更具系统性。不过，孟子周游列国游说其仁政思想，其遭遇一如孔子。诸侯国君只是将其当作一位德高望重的学者，却难采纳他那一套政治理想。尤其是他提出的"民贵君轻"的建议，更难被那些君王接受。所以，除了曾被齐王封过有职无权的"上卿"之外，基本没有得到过重用。直到唐朝中期，古文运动领袖韩愈将孟子列为先秦儒家继承孔子"道统"的人物之后，孟子的社会地位才开始提高。到宋朝时，《孟子》升格为儒家经典，朱熹又把《孟子》与《论语》《大学》《中庸》合为"四书"，后来又成为科考必读物。

秦之后，儒家学者在振兴儒学方面下了很大的气力。叔孙通制礼仪，陆贾、贾谊等人，为了让刘邦尊儒，融合诸子思想发展改造儒学与之适应。尤其是董仲舒，出于维护统治者建立大一统王朝的需要，更是向汉武帝提出了"罢黜百家，独尊儒术"的建议，并为汉武帝所接受，从而使儒学与政治紧密结合。至汉宣帝、汉成帝时期，儒学统治地位全面确立，成为官方推崇的治道。自此之后，儒学成为中国社会正统思想，其地位维持达两千多年。不过，在汉代，对治道最有贡献的儒生，当属贾谊、晁错。贾谊三篇政论作品《过秦论》《治安策》和《论积贮疏》，对后世影响很大。晁错之《贤良对策》《言兵事疏》《守边劝农疏》，"皆为西汉鸿文，沾溉后人，其泽甚远"（鲁迅《中国小说史略》）。此外，西汉的桓宽根据著名的"盐铁会议"记录整理撰写的重要史书——《盐铁论》，记述了当时对汉昭帝时期的政治、经济、军事、外交、文化的一场大辩论。儒家经济思想经过《盐铁论》的"推衍"，更为全面系统，形成中国封建社会中占统治地位的经济思想，对当今的中国亦大有借鉴作用。

唐朝时期，科考大兴，虽然儒、道皆列入应考科目，但自东汉六朝以来兴起的骈体文，导致文风虚浮、文章空洞的现象却愈演愈烈。针对文风日下的状况，韩愈与柳宗元接过初唐以来陈子昂、元稹等提出的"文学改革"口号，举起了古文复兴的大旗，领导了一场恢复古代儒学道统的运动。他们强调"文以载道"——撰写的文章要能体现儒家道统，从而一扫往日华而不实的文风，把儒学拉回到"孔孟"的轨道。对于这场古文运动，宋朝大文豪苏轼在纪念韩愈的碑帖《潮州韩文公庙碑》中点赞道："文起八代之衰，而道济天下之溺。"应该说，韩、柳二人堪为唐代儒学最重要的传承人。

宋、明朝是治道发展与创新的黄金时期。这一时期的文人，不仅提出"为往圣继绝学"的口号，也以其实际行动弘扬了"绝学"。这一时期，通过经学大师周敦颐、邵雍、张载、程颢、程颐等人的努力，使儒释道三教的精华熔于一炉，创立了宋儒理学，形成最具中国特色的治道，把儒学变成了真正可以经世致用的学问。而宋明崛起的陆王心学，更是让儒学进入一种新的境界。而且，宋明理学与心学，为汉唐以来治道显学——儒、释、道的合流、会通，起到了积极的推动作用。黄宗羲在《宋儒学案》对这一时期的儒学发展情况作结曰："孔子而后，汉儒止有传经之学，性道微言之绝久矣。元公崛起，二程嗣之……若论阐发心性义理之精微，端数元公之破暗也。"这段话告诉我们一个现实，从汉唐以来，儒生对儒学的发展，只是起了个二传手作用。而到宋朝时，因周敦颐（元公）的出现，才使得儒学有了新的突破。周敦颐在阐发儒学的心性义理的过程中，也为后来的理学与心学揭开了序篇。而理学与心学的产生，又为儒释道三教合流提供了接口。

按一些学者的研究，在隋唐时代儒释道的三教碰撞冲突、渗透交融中，三教合流业已初见端倪。更有人认为，在魏晋南北朝时期，著名诗人陶渊明就是三教合流的代表人物，盖因他的经历及著作中三教思想皆十分鲜明突出。不过，儒释道的真正合流——在义理上的会通，则应该是在宋明。在宋明，儒释道的合流不仅是体现在某些人身上，而是通过合流融合成新的儒学理论：理学与心学。事实上，我们也可以看到，理学与心学，其融合的内容皆各有侧重点。如理学，更多地融合了道教的思想观念，特别是利用道家的易图阐释儒家的义理；而心学，则将佛教心性学融入进去，使"顿悟"成为诚意正心的一条重要途径。而理学与心学，则成了宋明朝儒学传承的主要内容。特别是王阳明，由于在立德、立功、立言三个方面皆有成就，被称为继孔子之后的又一个圣人。

关于儒释道合流的原因，世人有诸多探讨，最一致的观点，即三家学说中有相通且互补的观念。其实，三教合流的最重要的原因，在于自唐宋以来的一些帝王既尊儒，也崇释、道，并将儒、释、道思想施用于治国理政，从而使得这三家学说有了克服冲突、相交相融的机会。那些辅佐帝王治国理政的大臣，势必会迎合帝王的偏爱，努力掌握这三家学说，使一身而兼三家学说，能为帝王所用。如唐宋八大家之一的柳宗元，即古文运动的领袖，但崇信佛教，他的古文却带有老庄风味。唐宋八大家中的另一位苏轼，亦是因儒而入仕的大文豪，但文章中却有些超然出尘的道家气概，他的挚友中亦有佛教大师，常与之谈禅。

明清之际，传承儒学的大家强调学问的经世致用，同时带有一种叛逆思想，希望对前人的学说进行手术式的改造——

明末清初三大儒：王夫之、顾炎武、黄宗羲，对传统儒学的改造都十分激进。王夫之既反对朱熹的"存天理，灭人欲"，也不赞同王阳明的"心外无物""生而知之"的观点；黄宗羲则因其"民主君客""君主为天下之害"等观点，成为近代"民本"向"民主"的转折点；而顾炎武作为清初开国的儒学大师，则以"天下兴亡，匹夫有责"——把国家兴亡的责任归于民众而不是君王，其意义和影响甚为深远，自此成为激励中华民族奋进的精神力量。

历史的车轮真正驶入清朝之后，儒学的传承似乎没有太多的亮点，除了曾国藩推崇程朱理学、主张道德修养和经世致用相结合之外，其他一些儒家则更注重调整、改造儒学。例如，颜元反对理学、心学的静坐、内省，强调实学、实习和实行；而真正在思想史上别开生面者，则是推动变法的康有为、梁启超、谭嗣同、严复等人，他们批判历代帝王强调的三纲五伦以及传统的君臣关系，力主君主立宪。他们推动的维新运动虽然失败了，但因此却为近现代新儒学的产生提供了一个方向：在重建儒家价值系统的基础上吸纳、融合、会通西学，以谋求中国文化和社会的现代化。

……

其实，中国治道的传承人，除了各个朝代的名声显赫的大儒之外，那些因科举考试而入仕者，也都堪为重要传承人。特别是那些因科考而入仕的经学大师。不仅因为他们的一举成名，而使得传承有了用武之地，更因为他们中举入仕之后，除了亲自践行治国思想之外，还会在当官的同时悉心培养后进，倡学倡教，讲学授徒。如朱熹、周敦颐、王阳明，这些学富五车的大师都创建过学堂、书院，并在那些有名的书院当过主讲，既解读儒家经典，又传授他们自己的学术成果，身体力行地践行孔子的"庶富教"的治国理念。

而且，这些大师在讲学授徒过程中，并不是单纯教弟子句读句解，而是帮助弟子在熟读经典的基础上，从"微言大义"的经典中读出深意、读出新意。实际上，这些能从经典中读出深意、读出新意来的大师，虽然没有当上很大的官，但却是那个时代最好的传承者，也是那个时代对传统推陈出新的开路人。正因为有这些大师的推陈出新，才使得传统文明能承上启下，形成深厚的积淀。

3. 孔庙不衰，儒学长盛

我们在评价某一种文化遗产并确定其传承人时都有一个条件：是否传承有序。这个"有序"，就是可以寻找到其一代接一代相衔接的历史轨迹。某一种文化遗产能够传承有序，有一个必然的前提，即必须得到后一代的认同，认为值得传承下去。否则，即使被老祖宗视若瑰宝的东西，也可能会让后代弃若敝屣。中华文明之所以能够传承几千年而不断层，就因为中华文明之优秀，能得到一代一代的认同，且被一代一代人传承下来。翻开历史，则可以轻易地从历史中找到传承有序的脉络，发现古今文化的渊源。

儒学思想传承不绝的标志之一是孔庙。孔庙兴旺，儒学昌盛；孔庙冷落，儒学衰退。

"孔庙"是自汉以来历朝历代祭祀孔子的庙宇，在王朝更迭的历程中陆续被称为文庙、夫子庙、至圣庙、先师庙、先圣庙、文宣王庙，尤以"文庙"之名最普遍。最早的孔庙，即孔子故居。晚孔子406年出生的西汉的司马迁在《史记》中描绘说："鲁世世相传以岁时奉祠孔子冢，而诸儒亦讲礼乡饮大射于孔子冢。孔子冢大一顷。故所居堂弟子内，后世因庙藏孔子衣冠琴车书，至于汉二百余年不绝。高皇帝过鲁，以太牢祠焉。诸侯卿相至，常先谒然后从政。"（《史记·孔子世家》）也就是说，在汉之前，孔庙只是一个稍有规模的家族祠堂而已，是孔子后裔祭祀祖宗的地方。而自从汉高祖刘邦过鲁国以"太牢"规格（即皇帝祭天大典）祭祀孔子之后，孔氏家族祭祀祖先的活动便升格为"祭孔大典"，与"祭天"和"祭黄帝"一起成为封建时代的"三大国祭"。而随着对孔子祭祀的升格，孔庙也由家庙逐渐变成了官庙。不仅孔子家乡的孔庙增其规模，都城与地方皆建起孔庙，使孔子成为全民祭祀的对象。而且，孔庙在完成祭祀功能的同时，还成为传播儒家思想的圣地。作为书院、讲堂、科举考场、儒学档案馆，成为选拔人才、培养后代、教化地方的圣地（据了解，中国各地现存的孔庙有 1600 座，在韩国、日本、越南、印度尼西亚、新加坡、美国等国家还分布着 2000 多座，国内外的孔庙每年都有相应的祭孔活动）。孔庙的崛起与祭孔活动的复兴，成为儒学受重视的风向标。

历史上，对孔子的尊重，不仅在于保护孔庙，而且表现在对孔子封号的升格，以及对其后裔地位的提高。

——孔子去世时，还只有鲁国国君给了个"尼父"的封号，到西汉时则被封为"褒成宣尼公"，已属于最高的官爵；到了唐朝多次封爵，最高封到了文宣王；宋朝则在文宣王前面先加上"玄至"，随后提升到"至圣"；元朝时，孔子成了"大成至圣文宣王"；到明朝称其为"至圣先师"；清朝则又加上"大成"。同时，除了对孔子的敕封外，孔子的后裔也因祖先而尊享封爵。从汉元帝时开始，孔子后裔孔霸始借"帝师"的名义得封为关内侯。到汉平帝元始元年，则直接给了孔子后裔的爵位专封——孔霸的曾孙被封为褒成侯，以奉孔子的祭祀。此后，除了战乱而时有中断封爵之外，其他正常时期，各个朝代对孔子后裔基本上都封了侯爵，只是爵号有所变动。到唐玄宗时期，随着孔子地位的提高，其后裔的封号也水涨船高，封为"文宣公"，比侯爵高了一阶，而且作了明确规定：此爵位代代相袭。这个爵号延续到宋仁宗时期，改为"衍圣公"。直到1920年袁世凯称帝封孔子77代嫡孙孔德成继承"衍圣公"爵位，这个爵号总共延续了九百年而未变动。

——孔子的族裔，不仅是历朝历代保护的对象，而且从明朝孔子家谱正式订出行辈时，也成为古今中国唯一由皇帝赐辈名的家族。明朝开国皇帝朱元璋亲赐孔氏 8 个辈字：公、彦、承、弘、闻、贞、尚、胤，供起名用（之后又在前添加"希、言"两字。清朝时因避皇帝名讳，将弘改为宏，胤改为衍），崇祯年因为辈字不够用，请再赐 10 个字，"兴、毓、传、继、广、昭、宪、庆、繁、祥"；到清乾隆九年（1744 年），报皇帝钦定，再添 10 个字："令、德、维、垂、佑、钦、绍、念、显、扬"，民国八年（1919 年）由七十五代衍圣公孔令贻又立 20 个字咨请当时的北洋政府核准公布。亦即第八十六代至一百零五代。即"建、道、敦、安、定、懋、修、肇、彝、常、裕、文、焕、景、瑞、永、锡、世、绪、昌"。孔子族谱以辈字订行辈的方法，很快得到普及，国内许多大姓皆采用这个办法。既为后世家族的寻根寻祖提供了最便捷的路径，也使家族文化传承有了更为清晰的脉络。许多名人逸史在正史中难以查询，在族谱中却可能有更为详细的记载。因为，一些名人的事迹，放在全国或许不足以列入正史，但对于一个家族而言，却是足以光宗耀祖的事情。如果把国内众多族谱里传承下来的东西汇集起来，或许是一份最为完备的文化传承历史。

应该说，孔子后裔基本保持了祖先的荣光，孔门历代也出了一些人才。特别是对儒学的保存方面，曾立下"经天纬地"之功。当年，秦始皇焚烧百家经典时，孔子的八代孙孔鲋冒着杀头的罪名，将《尚书》《诗经》《论语》等十几部著作都藏在了孔家宅子的墙壁之中。汉景帝时期，孔家重新修整住宅，发现在墙壁中已成绝版的藏书。此外，自唐朝实行科考制度以来，孔门出过 6 名状元，其中包括中国历史上唯一的兄弟三人分别考中状元。不过，自秦之后，孔子后裔的重点，就是守住祖先的荣光，守好孔庙，负责安排好大大小小的祭孔活动。也许出于对祖先的尊崇，其后裔不敢对孔子的学说有半点怀疑，更不敢有超越的想法。因此，在传承方面，保守有余，创新不足。倒是其他非孔子后裔而传承儒学者，在孔子思想的基础上有一些创新发展。

4.儒、道、法家，古难分家

严格地说，中国古代，法家与儒家很难区别。包括先秦时期那些坚持以法治国的谋士，韩非、李斯，乃至之前的李悝等人，都是偏好以法家理念治国的儒生，他们的老师往往都是名重一世的大儒，如子夏、荀子等。后世朝代出现的一些重臣，如三国时期诸葛亮、宋朝王安石、明朝张居正等，他们在一些重要的历史时刻突出自己的法治理念，并以法家的思想理念进行社会改革。事实上，根据他们所掌握的学问来看，很难给他们贴上一个什么"家"的标签。他们博览群书，精通诸学，且多方面都有造诣。如历史上著名的改革家王安石，在古文方面被列为"唐宋八八家"之一，他的诗词也很有影响。同样，那些历史上获得好评的帝王，也都是兼擅采用法儒二家理念的治国者。如汉武帝刘彻，一面采纳董仲舒的建议，在全国推行"罢黜百家，独尊儒术"；一面采用严刑峻法和酷吏来治国，缔造了中国历史上的第一个盛世。元太祖忽必烈以武功开国，却是从小就受着儒学的濡染，因此建立元朝时采用汉制，还被戴上"儒学大宗师"的帽子。同时，在治理国家又注意发挥佛教在化解社会戾气方面的作用，很难说他属于哪一家。

特别是儒、释、道由于具有柔性的理论特征，且其各自的观点能够互为诠释、互为会通，在现实中常常会难解难分地融合在一起，而在用于治国理政的实践中，又被整合成具有中国特色的治道，且一直传承下来。由此而言，中国治道不是某个单一学说，而是多元理论综合而成的应用性理论。这一点，可从历代推崇的帝王之学的学术著作书目中了解。在古代推崇的帝王之学，就有儒家的《大学》《中庸》《论语》《孟子》《诗经》《尚书》《礼记》《易经》《春秋》，道家的《道德经》（《老子》）、《南华经》（《庄子》）、《参同契》《黄帝阴符经》等，佛家的《心经》《金刚经》《坛经》《药师经》《大藏经》等，法家的《管子》《韩非子》《商君书》等。中国治道不只是对某一学派思想的传承，而是融合百家思想精华而成；古代善治的君王，其创造的大治盛世，也是在汲取了百家思想精华的基础上创造出来的。

说到这里，还必须强调的一点是，上述显学及其重要学术著作，并不单单是治道之学，而是囊括了"格物、致知、诚意、正心、修身、齐家、治国、平天下"等各方面的学问。春秋战国时期百家争鸣的各派学说，实则代表了社会不同阶层对这八个方面作出的思考，以及提出的愿景与诉求，反映着不同阶层的"三观"。这些显学中，不仅是治政者可以从中读到治国、平天下之道，学者可以从中读到格物致知之道，芸芸众生亦可从中读到修身齐家之道……正如习近平总书记 2014 年 4 月 1 日在布鲁日欧洲学院的演讲中所说："2000 多年前，中国就出现了诸子百家的盛况，老子、孔子、墨子等思想家上究天文、下穷地理，广泛探讨人与人、人与社会、人与自然关系的真谛，提出了博大精深的思想体系。他们提出的很多理念，如孝悌忠信、礼义廉耻、仁者爱人、与人为善、天人合一、道法自然、自强不息等，至今仍然深深影响着中国人的生活。中国人看待世界、看待社会、看待人生，有自己独特的价值体系。"

第一章 人性可塑 率性而为

——国家治理的出发点

人性的本质是什么？人性善还是性恶？自古以来，这是被人们一直关注并思考的问题。人性是人的本性，强调的是人与禽兽的分野，从而突出人的尊严。治国、平天下，说到底是"治人"，而"治人"永远面临着人性基础上的万众博弈，其间会衍生出"无限棋局"。在悠久的历史长河中，仅儒家学说中，就从孔子的"性相近，习相远"这六个字里，衍生出众多的人性论思想。但察其儒家哲学主流，性善论当为儒家人性论之重心。

一、人性假说，先秦有三

儒家思想是中华传统文化的价值主干，是古代中国社会的立国之本。儒家的人性论成为儒家治国思想的哲学根基之一。在历史上，先秦儒家相继提出了人性"三假说"，即孔子的"性近说"、孟子的"性善说"、荀子的"性恶说"。

1.性相近，习相远

上古时期，人们经常把主宰宇宙和人类社会的力量称为"帝"或"天"，把支配社会生活的不可知的异己力量称为"命"，人们在考察治乱兴废或反思人生沉浮的原因时，往往从天命的角度去思考，并最终归结为天命导致的结果——成败皆由"天"定。这里的"天"既有自然意，也有人格神意，这就相当于承认天命与人事的关联，从而将天人关系设定为天道与人道的关系。

孔子是笃信"天命"的，或者说，他没有完全摆脱这种传统思想的影响。他认为，天是宇宙中最高的本体，自然界现象一切变化的根源就是天，人的活动不能与天的应有规律相违背。其人性观，亦来自其天道观。他认为，天主宰人类社会，也主宰人的精神，人性直接来源于天命，人性就是天命的衍生。因为天造就了人的品质，所以人应当毫无质疑地严格遵守这些品质。

孔子认为，天命有常，天命成就的芸芸众生的人性，应该是大致相近的，只是每个人在不同的环境和风俗中习得，就会逐渐产生差别，这就是所谓"性相近也，习相远也"（《论语·阳货》）。郭店简《成之闻之》所言"圣人之性与中人之性，其生而未有非志。次于而也，则犹是也"，与孔子之意相近，即圣人之性和中人之性，以及次一等的人性，在其本然之性上并没有多大差异。而之所以导致人性之不同，在于后天的熏习与教养。《性自命出》中也有着相似的说法："凡人虽有性，心无定志，待物而后作，待悦而后行，待习而后定。"意思是说，人的先天本性是相似的，只是后天行为不同，塑造了不同的人物性格。

孔子还认为，天统摄万物的生成和发育，虽不能言，却表现出生生不息的仁德。天道的仁德是包括人在内的万物生成化育的终极本源，给包括人在内的天地万物种下了仁德的基因。但是，在孔子看来，这只能说人与万物皆有了善的因——其道德属性是已成的，但却仍然是待成的。要让善因外显，还需每个人的自身努力：欲仁则仁至，不欲则仁远。

孔子对人性的判断：性相近，习相远，并没有说出人性是"善"还是"恶"，抑或如白板，抑或是善恶混，从而导致之后的儒学传人有了对"人性"的不同解释。而孔子的人性观所暗含的对人性挖掘的能动性思想——人性是可塑造和改变的，却给了后人良多的启迪：注重后天的学习和教化，教人从小具有强烈的道德意识。当然，孔子也是身体力行这种思想的，他一生收徒三千，培育出七十二贤人，其创立的儒学更是滋养出中华民族的仁德之性、仁爱之心。

2. 人有善端，镬内而得

性善之说，发轫甚早。先秦《诗经·烝民》中，就提到"天生烝民，有物有则。民之秉彝，好是懿德"，最早表达了人性本善的观点。在先秦人看来，人之常性与生俱来，追求美善是人天生的仁德。

当然，明确提出"性善说"的应该是孟子。《孟子·滕文公上》讲，"孟子道性善"。正是孟子的性善说，为道德修养提供了内在依据，才使得道德修养成为可能的事情。事实上，"性善说"为传统中国人提供了安身立命的精神基础，让中国人对自身的发展充满了信心：只要依本性而为，"人皆可以为尧舜"。应该说，"性善说"提出之后，一直占据着中国人性论学说的主流。

在孟子看来，尽管不同的社会角色"劳心者"与"劳力者"具有各自差异的职业分别，但这并不影响他们共有的善性。孟子云："故凡同类者，举相似也，何独至于人而疑之？圣人与我同类者。"在孟子看来，圣人与我同类，也就是圣人之性与常人之性具有平等的人性基础。这一说法，将人性论学说放置在人人平等的地位来加以反思，对于先秦人性论是一个很大的突破。

孟子认为，天道与人道相合，天道是人道的终极来源，是人的本质属性，是人与禽兽相别的根本属性。人所具有的生理本能，有许多与禽兽相同，如"食、色"，不应该是人的本质属性。而天道表现出"仁义礼智"的品德，则内在于人的"心性"之中，使人心的天赋也变成"善"的，所以人性也是善的。在孟子看来，人生来就具有天赋的"善端"，这是人异于禽兽、高于禽兽的本质特征。所以，只有"仁义礼智"的道德之心才能体现出人有别于禽兽的本性。他用流水比喻说："人之性善也，犹水之就下也。人无有不善，水无有不下。"(《孟子·告子上》)水没有不往下流动的，正如人没有不向善的。

当然，孟子"性善说"里所谈的人性，不是自然人性而是道德人性，即具有道德属性的人性，而不是与动物类似的自然本能。不过，人性中的"善"只是一颗"种子"，表现为一种可能性，"恻隐之心，仁之端也；羞恶之心，义之端也；辞让之心，礼之端也；是非之心，智之端也。人之有四端也，犹其有四体也"。(《孟子·公孙丑上》)能否从上述"四端"生发出更多的善性、善行，则需要人们后来不断地在内心发掘。所以，孟子的"性善说"又是先天与后天的有机统一。

孟子认为，所有的善都是内在于心，先天是一种可能性，人心有与生俱来的善端。但要发展这种善端，还需后天艰苦的道德修养，必须存心、养性，"善养浩然之气"。"存心"即小心地存养善端，使之免受外恶的侵袭；"养性"即培养善端，使其不断完善，从而达到"仁人"境界，并能够"外铄"。

此外，还有一种著名的说法："食色，性也。"此语出自《孟子·告子上》，原文为："告子曰：'食色，性也。仁，内也，非外也；义，外也，非内也。'"这是孟子告诉人们，当时另一个叫告子的名人的人性论主张。孟子与告子在人性问题上有过几次辩论，孟子"性善说"的一些重要观点，就是通过与告子的辩论揭示出来的。在辩论中，孟子对"食色，性也"作出了否定的结论，他认为，"食、色"是讲人与动物的类似性——是人与动物共有的生理本能，而非指相近之人性。"人之初，性本善"，人先天具备的并非善恶的道德基础，而是"本善"的道德基础。

延伸阅读 "仁"的本义与引申义

"仁"被奉为儒家思想的核心要义，对中华文化和社会进程产生了重大影响。"仁"的思想内涵不是一成不变，而是以固本开新为演化遵循，旨在适应社会发展的要求。就其词源而言，"仁"字从人二，依附于人际关系之中。《说文》曰："仁，亲也。"故"仁"字引申为血缘亲疏。儒家尤其推崇"孝悌"，"百善孝为先"，"老吾老以及人之老，幼吾幼以及人之幼"（《孟子·梁惠王》），于是，"仁"又被引申为"仁者爱人"（《论语·颜渊》）。"仁"的外延在不断扩大，推己及人，修身、齐家、治国、平天下。因此，"仁"逐渐上升为为人处世的道德准则。

3. 人之性恶，善者伪也

相比较来说，孟子坚持的是一种道德人性论，荀子则坚持自然人性论。荀子对人性的认识走到了另一个极端。他认为人性是恶的，这是由人的本能和欲望所决定的。如果任凭人的情欲无节制发展，必然导向恶。

为什么荀子会持这种观点？他目睹了战国时期社会混乱、战争频仍的状况，深感人们之间因为杀伐已经丧失了基本伦理。他认为，这些都是人性之恶被激发而发生的乱象。

荀子认为孟子人性论对社会治理方面有诸多不足，或者对社会治理有害无益，他专门写了一篇《性恶》来驳斥孟子的性善论。他看到人性中有贪婪自私的一面，好逸恶劳、欲壑难填。所以他说："人之性恶，其善者伪也……故必将有师法之化，礼义之道，然后出于辞让，合于文理，而归于治。用此观之，然则人之性恶明矣，其善者伪矣。"（《荀子·性恶》）他认为，由于人人都有欲望追求，对物质利益的追求就决定了人的性恶，那些表现出来的善行，其实就是人为的，是一种让人产生错觉的假象。

同时荀子又认为，虽然人生来性就是恶的，但后天教育却可以使人由恶变善。他说："性也者，吾所不能为也，然而可化也。"（《荀子·儒效》）这表明性是人与生俱来，虽不能为却可以化。即人不能任由自己的本性任意妄为，但可以将恶转化，并成就自己得到的善性。而这种转恶为善的手段，就是"化性起伪"。

荀子认为，不管君子抑或小人，本性其实都一样。圣人之所以异于众人，在于"化性起伪"的功夫做得足。那么，一般众人如何改造恶的本性？荀子强调，通过礼仪引导、法制约束，再加上后天教育学习，普通的人也能化性。

荀子"化性起伪"的说法，及其对人性恶的论证，很容易让人联想到人们耳熟能详的周处的故事。西晋周处，少时父母双亡，无人管束，性情暴躁，恶名就在村里传开。有一次，他听到人们在讨论"三害"，原来三害就是村里附近的蛟龙、老虎和他。周处生性好斗，打死猛虎，又酣战蛟龙，战况惨烈，村里人以为周处与蛟龙同归于尽了，于是欢呼三害尽除。周处得知，便改过自新。

由此而言，荀子对于人性观虽与孔孟迥异，但在人性可塑这一点上他们是相同的。

先秦时期，除了上述三种人性假说之外，还有两种。一种是战国初期的世硕提出的"有善有恶论"，主张人生来就具有"善"和"恶"这两种不同的自然属性。后天养之善性，则善性不断增长；养之恶性，则恶性不断增长。另一种是战国中期人告子提出的"无善无恶论"，以及墨子提出的"人性素丝说"——"人性如素丝，染于苍则苍，染于黄则黄"。这种人性论思想认为人性无善恶，人们生来的性既不是善，也不是恶，善与恶是社会环境造成的。应该说，这两种人性假说，皆从"性相近"之说生发而来。但不管哪一种人性论观点，都肯定了孔子的"习相远"思想，都将人性看作可塑的，并将后天的教育和环境当成塑造人性的重要因素。

二、性善性恶，后世争鸣

后世儒家对人性可塑这一点上基本一致，体现出儒家在这一问题上的继承性。而且，人性可塑论，对于儒家人生哲学、治理之道的确立，具有决定性意义。

1. 因儒入法，法德兼容

荀子的时代，列国正忙于激烈的兼并战争，为了各自的利益，朝秦暮楚者有之，兄弟阋于墙者有之，表面友善而暗里钩心斗角者有之……很难让人看到人性向善的一面。这是荀子"性恶论"形成的社会背景。他在"性恶论"中提出"今人之性，生而有好利焉，顺是，故争夺生而辞让亡焉；生而有疾恶焉，顺是，故残贼生而忠信亡焉；生而有耳目之欲，有好声色焉，顺是，故生而礼义文理亡焉。然则从人之性，顺人之情，必出于争夺，合于犯分乱理，而归于暴"。他对孟子的"今之学者，其性善"与"今人之性善"进行了反驳，在先秦诸子百家的人性论学说中独树一帜，为他的"礼法治国"奠定了理论基础，他的思想被他的两个学生李斯、韩非发展到极致。

一直把自己当成儒学正宗的荀子，虽持"性恶论"，但认为可以通过后天教育而生成的品行约束自己的恶性，乃至转化自己的恶性。所以，近现代学者多将荀子归类为儒家，总结他的思想是"儒法并进""隆礼重法"。而从他的思想变化来看，荀子本人实际上是处于"儒"与"法"的一个过渡环节上。因此，继承了荀子衣钵的李斯与韩非，在肯定"人性本恶"的基础上，丰富发展了老师的"隆礼重法"思想，认为不能依靠人自己改变进而形成的优秀品行来约束恶性，而是要通过外在的规范即法律进行强制。

法家的代表人物韩非，在继承荀子"性恶论"的基础上，认为人"皆挟自为心"，就是人都以利己为基础，因此他认为人性在根本上是自私的。韩非讲："夫安利者就之，危害者去之，此人之情也。"

在韩非子眼里，一切的社会关系都是自私自利的，都是以"计"相对待："以计畜臣，臣以计事君，君臣之交，计也。害身而利国，臣弗为也；富国而利臣，君不行也。臣之情，害身无利；君之情，害国无亲。君臣也者，以计合者也。"这样的结果，就会导致"母之于子也，产男则相贺，产女则杀之"的悲剧结局。

人的天性为何如此呢？韩非认为："人无毛羽，不衣则不犯寒。上不属天，而下不著地，以肠胃为根本，不食则不能活。是以不免于欲利之心。"

在法家看来，一切的社会关系都可以被简化为利害关系。在这种思想指导下，法术、权谋、利益被认为是支配人的基本手段，刑赏成为治国的根本方法，虽然德治仍然需要，但被置于次要地位，成为治国的辅助手段。而按荀子"性恶论"原则实施的法治，使秦国迅速强盛起来，并吞六国，一统天下。

然而，至刚易折。法治作为一种强制的国家治理手段，如果没有柔性的德治相济，国家治理必定走向残酷、暴政，从而失去民心。秦国因法治而强盛，也因单一的法治而致暴，导致其迅速崩溃。

延伸阅读　近现代学者评荀子

近现代学者对荀子的看法差异很大。据王中江的梳理，李凤鼎认为荀子不是儒家，杨筠如认为《荀子》一书是杂凑。郭沫若认为孔孟思想有人民本位的色彩，而荀子则脱离了这种思想。蒙文通认为荀学出于道、法两家，以法家乱孔孟之道。傅斯年认为荀子是孔子的正传，孟子别走新路，荀子又返其本源。冯友兰先说荀子堪称"现实主义派"，后来又以"唯物主义"肯定荀学在儒家中的独特地位，荀子是儒家思想的终结者、法家思想的孵化器。李泽厚认为荀子是儒家，而不属法家，或儒、法过渡人物。

2.二元三品，善恶在心

西汉建立之后，从理论与实践上对先秦时期的各派文化成果进行了总结和探索，董仲舒对儒学作了很大的改造，这其中包括对人性论的改造。他对人性的定义基本上沿袭了荀子，将其视为"生之自然之资"，也可以称为"自然之质"。他否定了孟子的"性善论"，但也不完全赞成荀子的"性恶论"，而是将二者结合起来，认为人性乃是有善有恶。他肯定了人性中的善，是人性中固有的属性。他又认为，人性中善的属性是潜在的，还不是善本身，犹如善的种子，需要外在的助力才能"成长"为善，而不是如孟子所言，靠自我发掘。但是，董仲舒虽然与荀子一样强调外在力量对人性的作用，在着力点上却是相对的：荀子是逆人性而为，是对人性的改造；董仲舒则是顺人性中的善性而为，是对人性的成就。因此，董仲舒的二元人性论克服了孟、荀一元人性论的不足，使善恶问题在人性层面都得到一定程度的解释。可以说，在中国人性论的发展历史上，董仲舒克服了孟、荀人性论的弱点，使中国传统的人性论基本定型。①

至东汉时期，王充打通了"性"和"命"的"任督二脉"，提出了"性、命一体"说。他认为："人生受性，则受命矣。性命俱禀，同时并得。"（《论衡·初禀》）关于"性"的来源，王充认为"性"直通天命。不同社会阶层的人，其善恶之性在初始状态便存在不同程度的区分。他以"中人"为坐标轴，把人性分为"中人以上者""中人"和"中人以下"。在善恶的转换上，王充认为：一方面，通过人的"率性"能打通初始之性与最终之性的通道，确保恶性有序向善性进行转换，最终实现二者的统一；另一方面，由于"恶"因的存在，善也存在向恶转变的可能性，由此可知，修德禁恶对人性养成和社会运行很有必要。总体而言，王充的人性论可概括为三个层面：先天性的性善论，初始之性的善恶并存论，最终之性的复归性善论。

王充的"性三品"，在唐代前进了一大步。韩愈在其基础之上，将"性""情"内涵、"性""情"相应、"性""情"品级系统进行了更为清晰的

---

① 参见武占江：《人性论的三脉汇流与儒家社会治理思想的实现》，《齐鲁学刊》2015年第5期。

表达，发展为"性情三品论"。在《原性篇》中，韩愈明确界定了"性"与"情"的内涵，并在"性情相应"的基础上系统解释了上、中、下三品之人的区别。他认为，孟子的"性善说"、荀子的"性恶说"、扬雄的"性善恶混说"，都只是立足于中品之人而言，而忽略了上品之纯善之人和下品之纯恶之人。韩愈认为，前儒言性，是"举其中而遗上下，得其一而失其二者也"。韩愈言人性有三类，与董仲舒类似。但他将"性""情"连在一起。他把"性"注入五种含义，分别是仁、义、礼、智、信五者。而"情"则是喜、怒、哀、惧、爱、恶、欲。上品之人主于一而行于四，仁义礼智信五者均能得宜。情也是如此。而中人在五性之中，已有一性不健全，但可以通过后天的学习与教育来改善，情亦如此。下品之人，无论是其性还是情，都难以恢复如初。因此，韩愈所谓的下品，具有不能更改的特质，和董仲舒所谓的斗霄之性，有相似之处。

3. 天理人欲，变化由人

关于人性的讨论，在两宋时期出现一个高潮，几乎所有的大儒都参与到人性大讨论中来了。而且，这一时期所讨论的人性，已不仅仅谈论具体的人性，还上升到形而上的抽象层面，将"心性"论演变成"心性本体论"。如张载、二程、朱熹等人，将"心性"摆到与"天理"等同的地位，强调人性与天理的"互通"，强调在道德修养上实现"下学上达"，从而使儒家的人性论逐步走向圆融，并将儒学发展成为经学。

张载提出了"天地之性"与"气质之性"的说法。天地之性，源于太虚的本然之性，天地之本性。因为天是公正不偏不倚的，所以天地之性是善的。关于气质之性，他说："形而后有气质之性，善反之则天地之性存焉，故气质之性，君子有弗性者焉。"（《正蒙·诚明》）在张载创立的"气本论"里，"气"为其宇宙观的重要元素。因为"气"有阴阳、清浊之分。人秉"气"而生，而且人自出生那一刻，所秉之气就已经先天决定了，清浊正邪已定。

有人能成为圣人、贤人，比如"秉天地之灵气，日月之精华"；有人却成为
盗贼，因为其"天命之性"被遮蔽了，在身上显露的只是混浊的气质之性。
因此，张载提出"变化气质"。"变化气质"用来克服人生来就有的气质偏差，
虽然不能将"气质之性"完全去掉，但通过后天的学习就能纠正改变气质之
偏，使天地之性呈现出来。

程颐程颢（二程）在吸收周敦颐等人的基础上，提出"性即理"的著名
命题。认为"天所赋为命，物所受为性"，将人性同最高宇宙本体天理相联
结。并将性分为"天命之性"与"气质之性"，天命之性与天理等同，纯善
无恶，而气质之性由于受到气拘和欲蔽的二重影响，所以有不善。对于人性
之恶，二程等理学家认为，恶源于"气质"，因此，主张变化气质，从后天
的功夫修养中转恶为善。值得注意的是，程颐程颢二人在恶的根源性问题上
有所差异，程颢认为，如果善称之为性，那么恶也应当作为性。但他们在变
化气质转恶为善上，却是相同的。

宋朝著名的儒学集大成者朱熹也认为，性有"天地之性"和"气质之性"
的差异，但并非两个性，而是"性"在不同状态下的反映。"论天地之性，
则专指理言；论气质之性，则以理与气杂而言之。未有此气，已有此性。气
有不存，而性常在。"（《朱子语类》卷四）换言之，"天地之性"在"理"的
层面上可称之为"德"，而"气质之性"则是夹杂在"理"和"气"之间，
处于一种混沌状态。因此，实际上，"天地之性"才是本源之"性"，而"气
质之性"则是"天地之性"遭受外界污染的产物。所以，"性"是先在的，
而"气"是异化的。

到明代中后期，启蒙思潮渐起，对人性的讨论又出现了新的高潮。其间
崛起的泰州学派成为中国历史中第一个真正意义上的思想启蒙学派。因该派
的创始人王艮为江苏泰州安丰场（今江苏东台市）人，故被名之为"泰州学
派"。泰州学派，在继承王阳明良知学说的基础上，将良知的含义继续广泛
化。阳明后学王艮将人的本心看作良知，良知自然洒落，体认良知即可得人
生之乐，颇近乎禅学。王艮为此特意做《乐学歌》。其云："人心本是乐，自

将私欲缚。私欲一萌时，良知还自觉。一觉便消除，人心依然乐。乐是乐此学，学是学此乐。不乐不是学，不学不是乐。乐便然后学，学便然后乐。乐是学，学是乐。呜呼，天直之乐，何如此学，天下之学，何如此乐。"正是从这种人心本体自然出发，泰州学派都反对"无欲"，承认人们物质欲望的合理性，推翻了历代将"欲"视为"恶"的观点。颜钧认为"人之好贪财色，皆自天性"，何心隐更认为满足人们对味、色、声、安逸等欲望，是合乎人性的。何心隐肯定人的物质欲望，认为它是出于天性。这些全新的观点几乎颠覆了宋明理学的"存天理，灭人欲"的伦理说教，对人性的本质作了全新的阐扬。

这一时期，还有一种重要的人性论思想是不能忽略的。明末遗士王夫之认为"天命之性"与"气质之性"的区分有其存在的合理性。"天命之性"是至真至善，人与生俱来秉持"天命之性"，能明理修身。而"气质之性"虽说也是源于先天，但不仅仅局限于先天的限制，后天的环境和人情世故也会改变，无论如何变化，依然逃离不了先天设立的藩篱。为此，他为"人性"的现实条件性和后天习得教育奠定了学理基础。除此之外，他还补充了"性日生日成"，即人性不是一成不变的，而具有后天可塑性。人性的变化是一个系统性工程，需要日积月累，"勿以恶小而为之，勿以善小而不为"，方能继善成性。在王夫之关于人性的诸多诠释中，先天与后天，善与恶，虚幻与现实，都得到了恰如其分的解释。

三、社会善治，人自率性

正因为一切社会治理的对象都是人的问题，因此，社会治理就必须以人的根本命题——人性论为基础，从而展开其社会治理学说。由国家治理体系的现代化达到"良制"，通过国家治理能力的现代化实现"善治"，是新时代中国特色社会主义建设的重要目标。实现善治的一个重要体现就是让每个人都可以"率性而为"。

1.积善成德，人皆尧舜

儒家对人性论的相关论述虽有不少分歧，但最终目的都是为了培育向善行善成善的理想人格。儒家认为，人性是可塑的，人们通过修身养性，皆可"成贤成圣"。

"圣人"理想人格是儒家最为推崇的，不论从人性善或者人性恶角度出发来谈，都承认"人皆可以为尧舜"（《孟子·告子下》），"涂之人可以为禹"（《荀子·性恶》）。

人非圣贤，孰能无过。"圣人"亦非与生俱来，需要在后天的磨炼和修行中达成。为此，儒家开辟了两条截然不同的路径。一是具有道德属性的"圣人"，承认人生而"性本善"，人禀受天地之性而生，具有至真至善的本性，能够上通天理，下通人性，自然而然就具有了仁德。另一种是自然属性的"圣人"，即承认人性中或多或少具有恶的存在，或者善恶并存于人的气质之性中，但通过后天的习得、教化和修行，人性中的恶能被剥离出去，从而实现相由心生，皈依为善。虽然儒家对人性的规定不同，但通过两条大相迥异途径的修行，最终都能实现"以仁为本"。

基于对人性中"恶"的论述，人并非不能成为圣人。人要成为圣人，必须克服人性中的贪念、私欲、邪佞等"恶"的一面。学习是外在与内修相统一的辩证过程，经过后天的不断学习进一步改善、提升自身的气质。通过读圣贤之书、学圣贤之人而化性与移性，使人性中的"恶"逐渐消退，而"善"得以彰显。那么，达到"圣人"的境界便指日可待。

总之，儒家培育理想人格的两条途径，并不是只修其一，主张性善的一派，除了重视"以仁为本"，也重视为学；主张性恶的一派，虽然强调"为学"，但是学习还是为了克服内心的"恶"，来恢复"善"，重视"心"的作用。所以，其观点虽然相左，但各自选择的两条路径却是并行不悖的。人性之辨的最终指向都是"善"，就是实现"人人即可成圣"的理想目标。

延伸阅读 毛泽东："六亿神州尽舜尧"

在毛泽东的诗词作品中，《送瘟神·其二》也体现出人皆可以为尧舜的崇高意境："春风杨柳万千条，六亿神州尽舜尧。红雨随心翻作浪，青山着意化为桥。天连五岭银锄落，地动三河铁臂摇。借问瘟君欲何往，纸船明烛照天烧。"在诗中，毛泽东将六亿群众比作尧舜，人皆尧舜，给予普罗大众以无与伦比的崇高地位，显示出其广阔的胸襟和坚定的革命精神。

2. 率性而为，自由发展

在现代社会中，许多人崇信物欲至上，逐渐迷失了本性，道德滑坡、道德沦丧。究竟应该怎么办？面对难题，儒家所坚守的理想人格、理想社会、修养功夫，又重新获得人们的重视。

儒家所追求的理想目标是"穷理尽性以至于与命"，即穷天下之理，尽自己的本性，在人格意义上追求"率性"。"率性而为"，即"不以物喜，不以己悲"，专注于自己天性的爱好，随"本性"而为，不矫揉造作。

《中庸》中说："天命之谓性，率性之谓道，修道之谓教。"这被称为"中庸三句教"。意思是，天赋予人的品德叫作"性"，遵循事物本性就叫作"道"，使人修养遵循道就叫作"教"。其中，率性之谓道，率是遵循的意思，性是天性、自性，合乎客观存在的规律和法则。率性指遵循事物本性，而不是随心所欲、为所欲为。

率性而为，是圣人的至高要求。孔子说："吾十有五而志于学，三十而立，四十而不惑，五十而知天命，六十而耳顺，七十而从心所欲不逾矩。"

孔子说他"七十而从心所欲不逾矩","从心所欲"是一个心灵无拘无束、自由自在的境界,是一种"率性而为"的状态。能率性而为,发挥到极致,就是尽性,能尽自己的性,然后能让别人尽性,尽人之性,然后能尽天地万物之性,就可以赞助天地万物之性,天地位焉,让天地各得其所,万物育焉,厚德载物,让万物尽性生长。这样的人,就能与天地参也,与天地并列为三者:天、地、人。

在这样一套儒家的学问体系中,人与自然的真正天性都趋于完善,展现出了天地人共享生生之德的理想画面,并为当下关于"人的发展"的理论提供了一个合理性的方向。当"率性之道"从朴素的洞识出发,结合关于人的社会性和历史性的具体反思,就会上升为一种更为丰富的、具有辩证性的科学思想。

马克思认为,人从来不会是抽象的、孤立的存在,而必须在社会关系中才真正实现自身。而这里人对自身的实现,最终将指向其自由全面发展。实现人的自由全面发展,是马克思和恩格斯开创的共产主义事业中全部理论创造和实践活动的共同主题。

马克思认为人应自由全面地发展,区分于传统的认知,即人是片面发展、畸形发展、不自由发展和不充分发展。在每个人的发展中,全面发展、自由发展和充分发展相互联系,互为前提,共同统一于人的全过程。马克思关于人自由全面发展的实质在于"人以一种全面的方式,也就是说,作为一个完整的人,占有自己的全面的本质"。简言之,人的全面自由发展,既统一于实践活动的丰富性、多样性和动态性,又统一于思想意识的满足感、获得感和幸福感。既包括个人价值的实现,又包括人的个性的自由发展。这个目标,实际上正是在一种更具社会性的层面上,将儒家讲的"率性而为"的具体可能性重新表达了出来。

自由发展离不开率性而为,因为天性和自性乃是实现自由发展的根源所在。不遵循和保护原本的性情,是不可能真正实现人的自由发展的。人们在追寻自由发展的过程中,如果没有能够良好地贯彻"率性",以至于忽视甚至扭曲了天性，那么其成长与追求将无法满足原本的需要，后来形成的生活方式也会丧失自然而来的依据，被各种形式所强行束缚。

从率性而为出发，走向自由发展，也不应不谈及社会性。否则，所谓的自由发展将必定无法在现实中实现，而沦为空幻的理想；"率性而为"也可能在个体的行为中发生异化，变为不得善果的任性。重视人的社会性，需要遵循符合历史时代的规范，承担当下被共同赋予的使命和责任。自强不息绝不仅仅是任何个体独自顽强成长的表现，这一精神必定承载着与他人、社会和自然共同发展的关系。参鉴这种科学的关于人的发展观，率性而为才能更好地发挥其善。

3. 以善治善，仁政得民

古往今来，治国理政的理想境界是达到"善治"。儒家教人学习、向善、修齐治平，遵守国家秩序与道德规范，最终成为圣贤。提倡道德的感化力远远大于法律的约束力。无所谓人性本善或是人性本恶，只要通过教育、学习、内省，以圣人之道克己、修己、立己，就能弃恶扬善以影响更多的人，使得整个社会更加和谐有序。

儒家的道德理想主义可以说是预设了一种"君子国"，即人性是善的，人可以通过"修齐治平"来达到道德的自我完善和国家的善治。人是社会发展手段也是社会发展的目的。"率性而为"之美，美在其人格，美在其性情，美在其素朴的道义。

在新时代，我们在实现中华民族伟大复兴的道路上，要实现国家治理现代化，就应打通传统儒学与马克思主义，注重儒家理想人格的培育，以实现"人人率性而为"为宗旨，去实现人的全面自由发展。达到这个目标，也就实现了善治。通过良善的治理方式，促进人在成长和生活中善性的发展。

良善的治理，儒家称为仁政、善政或德政。真正的仁政有这样的效果：人民生活在和谐的秩序中，得到良好的发展；人民的文化素质、道德修养、法律意识和其他综合能力都不断提高层次和水平，同时对于治理的认同与信心也会随之增强，进而主动参与到这种善治的循环中。

儒家关于治理国家、管理社会生活的道理，经常被一句"为政以德"来概括。但是这种有德之政，并不是指从上到下单方面的各种要求和指令，而是体现在人民生活的和谐。《尚书·大禹谟》记说："德惟善政，政在养民。""养民"即保证好人的生存和发展。当生存和发展得到切实的尊重和保护，人民得以在率性中不断实现自身，一种相互信任、相互支持的良性互动循环就形成了。"得天下有道：得其民，斯得天下矣；得其民有道：得其心，斯得民矣。"（《孟子·离娄上》）儒家的这套道理，通过培养和尊重人民"率性"之道，来实现德治，遵循了治理中的合理规律。

善治、德治看似没有罗列出当代政治学中各种具体的评判标准，但却具备科学的原则，那就是是否帮助实现了人民生活中的善，并因此得到了认可，得到了民心。民心所向，靠的是落到实处的好政策，不是一层一层的条目限制。治理政策条目没有落到实处，没有给人民生活带来真正的改善，那就只能是徒具善的形式。

善治、德政需要带领人民实现"率性而为"，这种"修道"的实践，即教化活动。教化尊重人的天性和自性，因材施教。朱熹在《四书集注》中对《中庸》作了解读："人物之生，因各得其所赋之理，以为健顺五常之德，所谓性也。人物各循其性之自然，则其日用事物之间，莫不各有当行之路，是则所谓道也。性道虽同，而气禀或异，圣人因人物之所当行者，而品节之，以为法于天下，则谓之教。"

董仲舒认为，政治治理中的问题，往往可以通过教化来解决："政有三端：父子不亲，则致其爱慈；大臣不和，则敬顺其礼；百姓不安，则力其孝悌。孝悌者，所以安百姓也，力者，勉行之，身以化之。天地之数，不能独以寒暑成岁，必有春夏秋冬；圣人之道，不能独以威势成政，必有教化。故曰：先之以博爱，教以仁也；难得者，君子不贵，教以义也……"（《春秋繁露·卷十一》）

　　国家治理的主体本是政府，但在善治中，人民也具有极高的参与度和互动性。善治要能使人率性而为，而率性需要人们把握自己的天性、自性，因而善治中的教化要能够开启民智，让人民自身具备参与善治的素质和能力。

　　国家治理现代化中的善治，不仅要能够充分发挥人民的主体性，更要在完善人民的自由发展中促进实现人的创造性。通过善治来引导出人的善性，凭借善治尊重治理规律的科学本质来保障人民生活，赢得民心。

第二章　民惟邦本　政在养民

——国家治理的立足点

在古代中国，君与民、政与民的关系，是决定国家兴衰的关键。能够处理好君与民、政与民的关系，就能实现天下大治，创造辉煌盛世。如何处理君与民、政与民的关系？华夏大地的第一个国家的开创者大禹给后世留下了一份最好的答案，这就是"民惟邦本，本固邦宁"（《尚书·五子之歌》）。儒家在古老的民本思想基础上，进而形成"安民利民""民贵君轻""平政爱民""顺从民意"等一系列命题，构成了儒家民本思想的根基。此后，历朝历代对民本思想虽有所增益，然而其思想主旨没有变化。"以民为本"贯穿于古代国家治理的实践中，被当作稳定社会和治理国家的圭臬。

一、民惟邦本，本固邦宁

中国的民本思想源远流长。《尚书·五子之歌》中说："民可近不可下，民惟邦本，本固邦宁。"《尚书·泰誓》中说："民之所欲，天必从之。"《尚书·皋陶谟》中说："安民则惠，黎民怀之。"这些都是中国古代思想家、政治家从王朝兴亡历史经验中总结出的国家治理重要理念。在历史发展过程中，儒家民本思想逐渐形成了一个以人为本，注重"养民""育民"，并最终达到"治民"的体系。

1.本固邦宁，本乱国危

其实，不只是有国家之后，才产生"民惟邦本"的思想。早在炎黄部落联盟时代，中国就有了厚生爱民意识。中国古代神话在展示人类恶劣的生存境遇的同时，还为人类塑造了一些保护神，他们的出现给人类带来祥瑞和安慰，救人于苦难之中。例如，炎帝神农氏为治民疠疫而尝百草，一日之内数次中毒；燧人氏教人钻木取火，结束人类茹毛饮血生活……此后的尧舜执政时代，同样继承了黄帝以德治天下的理念和事业。流传下来的神话传说所勾勒出来的尧舜时代，显示出一个虽朦胧却又令后人十分向往的亲民时代、风俗淳朴的时代。

大禹为解民之倒悬而奔波于崇山峻岭之间治理滔天洪水，"三过家门而不入"，其业绩与精神为历代勤政爱民的政治家所效法。特别是儒家经典中，一再称颂大禹仁德爱民。大禹不仅提出了民本思想，并且也在治国中践行民本思想。

大禹为了了解民众的诉求，听取民众对于治理的独到见解和智慧，特地制造了五种乐器，即钟、鼓、磬、铙、铎。每一种乐器对应民众的一种诉求或者建议，当民众有特定诉求时，可以击打特定的乐器。大禹通过乐器的声音就知道何人以何事相告。由于来者众多，以至于吃一顿饭的时间能接待十次来访者，沐浴一次因为来访者的打断能束发三次，正所谓"一馈而十起，一沐而三捉发，以劳天下之民"（《淮南子·氾论训》）。由于大禹重视倾听民众的呼声，迎合了民众的心声，得到了人民群众的拥护和爱戴，由此稳定了国家统治，并且顺利地传位于儿子启。启在统治期间很长时间一直沿用"五音听治"的策略，逐渐巩固了家天下的统治。

但是，大禹之孙太康，因为没有德行，长期在外田猎不归，招致百姓反感，被后羿带兵侵占了国都。他的母亲和五个弟弟被赶到洛河边，追述大禹的告诫而作《五子之歌》，表达"失国"的怨恨与哀悔。意谓民众是国家的根本、国家的基石，只有巩固国家的基石，国家才能安宁。

如果说"民惟邦本"是大禹对子孙后代的训诫，那么，真正违背祖训的，却是夏朝的第 17 个君王桀。其荒淫残暴给邦国之"本"带来莫大的痛苦。据传，当时的臣民都指着太阳咒骂夏桀说："时日曷丧，予及汝偕亡。"意思是说，你几时灭亡，我情愿与你同归于尽。正因为夏桀的无道，使得后来商汤推翻夏朝的举动，成为顺应民心的义举。就如《易·革·象》所说，"汤武革命，顺乎天而应乎人"。这里所说的"汤"，就是中国历史上第二个王朝的开拓者——商汤。

商曾是夏朝的一个部落属国，商汤首开以武力夺天下的先例，打破了"天子不可变"的铁律，从而使中国此后的历史变得多彩多姿。同时，也首次用国家兴亡的事实佐证了"民惟邦本"的真理性——谁失去"民"这个"本"，谁就会落得覆灭的下场。

汤建商朝之后，吸取夏朝教训，实行"以宽治民"的政策，注意发展农业生产。据说商汤在位期间，遇到严重的旱灾，七年之间一滴雨水也没有，连江河都干涸了。商汤叫太史占卜，太史说："要杀人作牺牲，向上天祈祷，才会下雨。"但是，商汤说："求雨本来就是为了人民，怎么可以杀害人民用作牺牲呢？"于是剪掉头发以代替首级，把自己作为牺牲，向上天祷告求雨。商中期的盘庚也是个爱民君王，他提出"重我民，无尽刘"，即敬爱民众，奉承民意，不要随意伤害民众。据《尚书·盘庚》记载，其时商王"视民利用迁"，并向民众宣示："用奉畜汝众"，就是说迁都迁邑是为了养育你们。盘庚说："古我前后，罔不惟民之承"，认为"惟民之承"是老祖宗传下来的传统。

商最终的覆灭，是因为其最后一个君王商纣的无道害民。周武王打着"天命靡常，惟德是辅"（《尚书·多士》）的旗号，向腐朽的商朝发起猛烈攻击。取商而立周的君臣从商的覆灭深切认识到民心的重要，得出一个经验教训：天选择敬天有德者做天子，付给他土地和人民，要天子代天保民；如果天子不能保民，天就会降灾，就会易"天命"，断绝天禄，也就是换替天子。只有敬天保民，才能使王权巩固和稳定，受天永命。西周初年的文书诰命中，贯穿着西周贵族这种"以德配天""敬德保民"的思想。如《尚书·泰誓》中说："天视自我民视，天听自我民听。"《尚书·酒诰》云："人无于水鉴，当于民鉴。"周朝欲至于万年惟王，子子孙孙须得永远保民。应该说，中国的民本思想在这个时候已经初具雏形，并成为周王治国理政的指导思想。

公元前706年，随国大夫季梁在与随君论述治国之道时提出："所谓道，忠于民而信于神也。……夫民，神之主也。是以圣王先成民而后致力于神"（《左传·桓公六年》），如果要给"民"与"神"对一个圣王的重要性排序的话，那么必须"先民"而"后神"。对此，虢国的大臣史嚚也作过比较，他说："国将兴，听于民；国将亡，听于神。神，聪明正直而壹者也，依人而行"（《左传·庄公三十二年》），国家兴盛决定于民而非什么"神"，因为"神"也站在民的一边。在一些好的方面，"神"也会按照人的要求来做。到春秋中后期，郑国政治家子产则进一步提出"天道远，人道迩"（《左传·昭公十八年》）的思想命题，从而揭开了先秦诸子天人关系论的序幕。

春秋时期，倡导民本最力者当属管仲。这位扶持齐桓公登上霸主宝座的贤相，不仅仅是坐而论道，而且付诸践履，形成相对完整的民本思想体系。他把民众作为邦国之本的同时，也视为君王之本。他认为："政之所兴，在顺民心；政之所废，在逆民心。"国家强盛，必须"以人为本""本理则国固，本乱则国危"。《管子》一书民本思想内容非常丰富。在政治上，崇尚德礼，爱民惠民；在经济上，提倡节约，重农富民；在法律方面，主张严格执法以安民。他的民本思想，成为后世一些君王贤臣的治国宝典。在重民方面，管子把民众分为士、农、工、商四个社会阶层，并认为"士农工商四民者，国之四民"；在爱民方面，管子提出了一系列富有建树的可行性方案。如"放旧罪，修旧宗，立无后，则民殖矣。省刑罚，薄赋敛，则民富矣。乡建贤士，使教于国，则民有礼矣。出令不改，则民政矣。此爱民之道也"。简言之，爱民就是要减轻民众的负担，使耕者有其田，衣食足而知荣辱，更要教民知书达理，听信于民。而在惠民方面，管子不但在顶层设计上下功夫，更将重心放在具体的操作执行层面。在他当上国相40天之内，五次督促桓公推行九惠之教的福利政策，即包含养老、慈幼、恤孤、养疾、合独、问病、通穷、赈困、接绝。九惠之教的实施，使得齐国敬老爱幼、互帮互助的社会风气蔚然成风，赢得了民心。

2. 仁者爱民，民贵君轻

春秋战国是诸侯逐鹿的时代，周天子已经无法号令天下，任何一个诸侯国都有机会争霸称雄，也都想争霸称雄。几乎所有的国家，都在寻找富国强兵的路径。此时百家争鸣，其中对待人民的态度是一个重要议题。几乎所有的有识之士都认识到，富国强兵最基本的途径，便是在"民"。当时但凡有远见有抱负的各国统治者，从维护统治阶级的利益出发，都不得不认真考虑"民本"的价值，并以其为基础谋求争霸称雄。

在动荡中，民众的地位却有了空前提高，民本思想也随之有了重大发展。特别是儒家的孔子、孟子、荀子形成了初步的思想体系，提出了一系列重要命题，如"仁者爱民""民贵君轻"等。

孔子的"仁者爱人"理念，是儒家哲学的核心。他主张重教化而轻刑罚，是基于对国家暴力机器的反思，建立在人的生命价值高于一切的逻辑上。孔子从人道主义的角度出发，对殷周和春秋以来的重民爱民的治国理念进行了总结与升华，坚持克己复礼，秉承博施于民的圣王观，构建起以民为本的思想体系。

孔子非常重视人的生命价值。《论语·乡党》载："厩焚。子退朝，曰：'伤人乎？''不（否）'，问马。"马厩着火了，孔子首先询问伺马的下人有没有事，得知人没有问题才问马。同样，孔子对人的生命重视，还反映在其对战争的反对态度，《论语》中明确讲："子至所慎，斋、战、疾"，斋，即斋戒，战与疾则是直接与人的现实生命相关的。最后，孔子对生命的重视，还反映在其对民生的重视，反对暴政与苛政。

孔子反对不教而杀。《论语·尧曰》言："不教而杀谓之虐；不戒视成谓之暴；慢令致期谓之贼……"强调统治者不得滥用刑杀手段残害人的生命，即使对于犯罪，也不能草率行事，而应本着"与其杀不辜，宁失有罪；与其增以有罪，宁失过以有赦"的原则，因为"死者不可复生，断者不可复续也"。

孔子反对人殉和俑殉，认为这是极不仁道的。春秋以前，统治者主要用奴隶殉葬，春秋时期的人殉遭到反对后，又出现了用泥、木做的仿人替代物——俑。然而俑殉作为人殉制度的延续，实质上反映的是人殉观念的根深蒂固。据《孟子·梁惠王上》记载："仲尼曰：'始作俑者，其无后乎！'为其象人而用之也。"体现了孔子对于殉葬的反感与反对。

孔子认为，君王的江山社稷能否长久必须取信于民。孔子的门徒子贡对江山社稷的根基很是好奇，问政于孔子，孔子以"足食、足兵、民信"三者应之。子贡曰，如果去其一？孔子答曰"去兵"。若再去其一，则"去食"。子贡诧异，去食则民不裹食，流离失所，天下大乱。孔子释曰："自古皆有死，民无信不立。"由此可知，孔子把"信"看作江山社稷的根基所在。

孔子认为，在富民和教民的关系上，应该"先富后教"。"子适卫，冉有仆。子曰：'庶矣哉！'冉有曰：'既庶矣。又何加焉？'曰：'富之。'曰：'既富矣，又何加焉？'曰：'教之'。"（《论语·子路》）

被后人称为"亚圣"的孟子，在烽烟四起的大背景下，将君与民放在政治天平上权衡，将邦国与民众的关系延伸到君王与民众的关系方面，得出"民为贵，社稷次之，君为轻"的超越政治的结论。他认为，那些不施仁政的暴君不能叫"君王"，而应叫"独夫"。《孟子·梁惠王下》里有这么一段对话，就表达了孟子的观点——齐宣王问曰："汤放桀，武王伐纣，有诸？"孟子对曰："于传有之。"曰："臣弑其君，可乎？"曰："贼仁者谓之'贼'，贼义者谓之'残'。残贼之人，谓之'一夫'。闻诛一夫纣矣，未闻弑君也。"

孟子在《孟子·离娄上》中指出夏桀和商纣亡国的原因就在于失去了民心，失去了人民的支持："失其民者，失其心也，得天下有道，得其民，斯得天下矣。"因此，民本思想的最根本要求在于落实，即统治者对平民百姓作出承诺后，要积极实施，才能真正做到笼络民心，取信于民。

孟子强调，要想笼络民心、取信于民，就必须乐民之乐、忧民之忧，终极目标是与民同乐。《孟子·梁惠王下》中明确地表达了孟子以天下乐而乐、以天下忧而忧的思想。"乐民之乐者，民亦乐其乐；忧民之忧者，民亦忧其忧。乐以天下，忧以天下，然而不王者，未之有也"，"独乐乐不如人乐乐，人乐乐不如众乐乐"。这也表明，孟子极力提倡统治者的"与民同乐"，而反对脱离人民的独自享受。

孟子告诫统治者要"重民保民"、使民"有恒产"，才能赢得人民的拥戴。统治者要"易其田畴，薄其税敛，民可使富也"（《孟子·尽心下》）。战国初的滕国国君曾请教孟子如何治理国家，孟子回答："民之为道也，有恒产者有恒心，无恒产者无恒心。"

商朝灭夏，就被视为顺乎天意民心；武王伐纣，也说"民之所欲，天必从之"，并强调"天视自我民视，天听自我民听"的思想。孟子将这一观念具体化，指出决策者不可妄自决断，而一定要倾听民众意见，"左右皆曰贤，未可也；诸大夫皆曰贤，未可也；国人皆曰贤，然后察之，见贤焉，然后用之"（《孟子·梁惠王下》）。

荀子也特别强调民本思想。荀子说："行一不义、杀一无罪而得天下，仁者不为也。"（《荀子·王霸》）以仁义作为基本的人道标准，要求统治者即使得天下也不可滥杀无辜、刑虐百姓，这也是对人的生命价值的肯定。

荀子的"天之生民，非为君也；天之立君，以为民也"（《荀子·大略》），从另一个角度强调了"君轻民重"。按照荀子的观点，民众的出现不是为了拱卫君王，而君王的产生却是因为民众。他从理论上把天下与天子、国家与君主区别开来。

荀子将民与君形象地比喻为水与舟的关系："君者，舟也；庶人者，水也。水则载舟，水则覆舟。"（《荀子·王制》）从中得出警诫：邦国之兴在民，其亡也在民。

荀子还认为，"富民"与"强国"之间具有内在的一致性，即"下贫则上贫，下富则上富"（《荀子·富国》），因而"裕民以政"才能实现国家富强。

3. 民水君舟，吏为民役

秦以后，儒家"民本"的呼声在我国数千年的历史上不绝于书，许多开明之君与贤良之士也多有论述，不断丰富着"民为邦本"的内涵。历代的明君也好，贤臣也好，哲人也好，皆以此为镜，"民本"逐渐成为我国封建统治阶级宣扬的官方意识形态之一。

鉴于秦的教训，历史进入西汉王朝之后，民本重新复苏，并开始新的整合。整合的结果，形成了儒家学说一家独尊的局面。自此之后，儒家学说一直成为各个朝代思想文化的主旋律。但是，客观地讲，秦汉之后民本思想的发展，皆没有超越春秋战国时期所形成的民本思想成果。不过，我们仍然可以从历史的长河中，找到一脉相承的民本思想发展路径。秦汉以后，儒家的民本思想发展，呈现出三个特点——

第一个特点，民本思想枝繁叶茂，不绝于诗书。

西汉的贾谊在总结先秦儒家民本思想的基础上，深入阐述了百姓的重要性，得出百姓是国家兴衰成败根本的结论。《史记·郦生陆贾列传》指出："王者以民人为天，而民人以食为天。"

东汉王符说："国之所以为国者，以有民也。"

唐代大诗人杜甫希望"安得广厦千万间，大庇天下寒士俱欢颜"。

唐代柳宗元在"民为本"思想的基础上提出"吏为民役"的观点。他认为，当官者是人民的仆役，是要为人民办事的。这可以说是中国古代民本思想发展的一座高峰。

宋代文学家范仲淹因提倡"先天下之忧而忧，后天下之乐而乐"而被千古传唱。

朱熹在给《孟子》"民为贵，社稷次之"作注时说："国以民为本，社稷亦为民而立。"他还认为，"天下之务莫大于恤民"（《宋史·朱熹传》）。

　　到了明清之际，君主皇权专制不断强化，民本之制渐行渐远。明太祖朱元璋把主张"民为贵，社稷次之，君为轻"的孟子逐出孔庙，不得配享，并且对《孟子》文本进行大肆删改。明末清初的大思想家黄宗羲对此深恶痛绝，其以天下为公之价值理念与原则标准对君主专制大加挞伐。黄宗羲继承先秦"从民"观，力主君臣"同议可否"，接纳"四方上书言利弊者"，使"凡事无不达"。他在《明夷待访录》中，批判后世君主反客为主，指出君主治理天下"不在一姓之兴亡，而在万民之忧乐"。黄宗羲的名论是"天子之所是未必是，天子之所非未必非，天子亦遂不敢自为非是，而公其非是于学校"。他把古代的民本思想发展到新的高度。

　　明末清初哲学家王夫之说："君以民为基……无民而君不立。"（《周易外传》卷二）

　　清初唐甄推尊尧舜的与民同甘苦，为民奉献精神："茅茨不翦，饭以土簋，饮以土杯。虽贵为天子，制御海内，其甘菲食，暖粗衣，就好辟恶，无异于野处也，无不与民同情也。"

　　清朝的县令郑板桥有流传后世的名篇："衙斋卧听萧萧竹，疑是民间疾苦声。些小吾曹州县吏，一枝一叶总关情。"

　　清末主张变法维新的康有为说："国之为国，聚民而成之……故一切礼乐政法皆以为民也。"梁启超也说："国者积民而成，舍民之外，则无有国。"

延伸阅读　**习近平给市、县委书记念对联**

　　习近平同志曾经在山东菏泽召开的一次座谈会上给区县委书记念了一副对联："得一官不荣，失一官不辱，勿道一官无用，地方全靠一官；穿百姓之衣，吃百姓之饭，莫以百姓可欺，自己也是百姓。"这副对联是330多年前，即康熙十九年（1680年）由时任河南内乡县知县高以永所撰写。他说，对联以浅显的语言揭示了官民关系。封建时代官吏尚有这样的认识，今天我们共产党人应该比这个境界高得多。

第二个特点：儒家某些民本思想成为国家统治制度。

西汉元狩三年（公元前 120 年），汉武帝擢用桑弘羊为财政大臣，实行盐铁官营等经济政策，虽然增加了政府财政收入，但弊端百出，激起民怨。西汉昭帝始元六年（公元前 81 年）二月，经谏大夫杜延年提议，辅政大臣霍光召集重臣和国内贤良方正之士，举行了盐铁会议。会议名义上是围绕罢废盐铁专营、酒类专卖和平准均输等问题展开辩论，实际上是对汉武帝时期的各项政策进行总体评价和总结。辩论中贤良文学以儒家思想为武器，讲道德，说仁义，反对"与民争利"。会后，国家政策发生了转变，结束了多年的战争攻伐，重新转入休养生息的状态。同年七月，会议闭幕，取消酒类专卖和部分地区的铁器专卖。——民本思想第一次进入国家政策层面。

盐铁会议召开后，大权在握的霍光基本上坚持了汉武帝轮台罪己诏中所制定的政策，进一步推行"与民休息"的措施；而桑弘羊在政治上则受到一定的挫折，其所实施的官营政策也有所收缩。

此外，儒家一些民本思想是以一种制度的形式保留下来的。例如，"天作君师""立君为民"等，成为实行君主制度的主要理据；"天下归往""慈惠爱民""安民立政"等，成为帝王尊号与谥法制度的重要理据；"天与人归""天心民欲"等，成为君位继承制度的重要理据；"令顺民心""以民为鉴"等，成为言路制度的主要理据；"设官为民""作民父母"等，成为官僚制度的重要理据；"有功于民""化民成俗""以为万民"等，成为国家祭祀制度的主要理据……在历代文献中，记述上述现象的史料不胜枚举。包括应答天谴的"禹汤罪己"行为，以及历代帝王检讨自我过失的程序化御用文书"罪己诏"，均以民本思想为主要理据。

第三个特点：底层民众逐渐觉醒。

秦之后，"民本"这种先进政治思想和美好社会理想，作为中国传统文化的思想精华，一直为致力于社会进步的志士仁人和劳动人民在不断追求和长期实践斗争中传承下来。

历代的农民起义，喊出的口号都带有浓厚的民本思想。秦末农民起义喊出"王侯将相，宁有种乎"，集结起成千上万的渴望改变命运的农民。一介平民刘邦就在这样的口号的激励下，打败贵族出身的项羽夺取了天下。同样，宋朝农民起义的口号"均贫贱，等富贵"，在历史上第一次提出了财富上平均和政治上平等的思想。而且，在宋朝起义英雄中还流传着这样一句话，"皇帝轮流做，明年到我家"。尽管这一切是在高压中爆发出来的反抗声音，但让民本变成民众的追求，却是民本思想的历史进步。

此外，自隋唐以来兴起的科举制，为平民的政治上升发展提供了一条新路，那些出身寒门的读书人可以通过努力，在通过一年一度的国家考试之后，成为治理国家的官员。

总括上述，"民惟邦本，本固邦宁"是中国古代治理国家的重心所在，从总体上反映了社会发展的客观要求和人民的内在需求，抓住了治国理政的要领，也成为治国理政最重要的历史经验——成为中国治道的核心理念。

二、固本之要，仁政养民

从总体上看，自秦始皇开始，随着封建集权的进一步确立和强化，民本思想逐渐向集权靠拢，强化了君权的同时弱化了民本。特别经过西汉中期董仲舒独尊儒术的思想在政治中的实践，使民本思想完全与封建政治整合，这一先进的政治理念逐渐沦为统治者手中的工具。但不可否认的是，秦以后的历朝，皆出现过一些爱民的仁君，在中国历史上留下千古佳话。为了巩固国本，历代实行了一系列的重民爱民、惠民裕民、顺民教民等政策措施。儒家的民本思想一定程度上在政治实践中被历代开明封建统治者转化为具体治理措施，主要有以下几个方面。

1. 重民爱民，民安国泰

所谓重民，就是重视与肯定民众在社会生活、国家政治中的基础性作用。重民是古代民本思想的理论基础，民本思想就是在这个基础上延伸与发展的，都是对为什么"重民"，如何"重民"的阐释。孔子提出："大畏民志，此谓知本。"唐太宗李世民专门写了《民可畏论》。民本思想强调国家的安危、存亡、兴衰、功业，均取决于人民。

爱民是一种情怀，也是民本的至高境界。有仁君的时代，往往会有爱民的贤臣，不仅积极劝谕君王要爱民，而且自己也身体力行地爱民。为了表达爱民之心，古代一些贤明的君王，不仅把民众当成自己的子女——子民，也要求所有的官员都要做到"爱民如子"。爱民的另一面，就是提倡在情感上与老百姓同忧同乐。历朝历代流传下来许多忧国忧民的文辞诗歌，如"心中为念农桑苦，耳里如闻饥冻声""百姓多寒无可救，一身独暖亦何情"等。

延伸阅读 "文景之治"

汉文帝刘恒为人宽容平和，行事低调，是仁政爱民的典型。他不仅勤政爱民，也是一位很节俭的皇帝。当时朝廷的很多大臣都过着奢侈的生活，汉文帝以身作则，从自己做起，平日里穿的都是粗布做的衣服。后来汉文帝与他的儿子汉景帝统治的时期被合称为"文景之治"。

2. 惠民裕民，民富国强

所谓"惠民"，就是让老百姓得到好处。"惠民"，是民本思想在经济观念上的表现。"治"人的前提，是提供给他们基本的生存权利，并不断提高他们的生活水平。同时，使民众富足、安顿，而获得必要的生存基础。

惠民的最高目标就是"裕民"，让民众过上富裕的日子。管子则说："仓廪实而知礼节，衣食足而知荣辱。"孔子以"裕民"为仁政的前提，认为"百姓足，君孰与不足？百姓不足，君孰与足"？他设计的小康社会，就是一个老百姓共同富裕的社会。孟子主张"制民之产"，使老百姓"乐岁终身饱，凶年免于死亡"。荀子提出"下富则上富"的命题，反对聚敛穷民，认为"自古及今，未有穷其下而无危者也"。《国语·楚语上》更是发出"民乏财用，不亡何待"的警告。

从历史上看，大乱之后或社会矛盾突出时，统治阶级往往以惠民裕民的方式推行民本措施。汉高祖刘邦和后来的汉文帝、汉景帝，唐高祖李渊和他的儿子唐太宗李世民，宋太祖赵匡胤，明太祖朱元璋，以及清朝的康熙、乾隆等，他们都在取得政权定鼎天下后，不是大赦天下，就是轻徭薄赋，还耕于民，让利于民，从而赢得了社会的稳定和开明盛世的出现。历史上的惠民裕民方式主要有：

第一，兴修水利。中国是一个水患频发的国家，为了治理水患，便于灌溉、运输等，历代统治者都主持兴修了一些著名水利工程。比如，战国时期兴修的都江堰、郑国渠；比如，秦朝开通的秦渠、灵渠和江南运河；比如，两汉兴修的六辅渠、白渠、龙首渠、六门陂、鉴湖、坎儿井等；比如，三国两晋南北朝时期，曹魏兴复了芍陂、茹陂等许多渠堰堤塘；比如，北魏孝文帝下令有水田之处，都要通渠灌溉；比如，隋朝开通了大运河，五代十国兴修了安丰塘（南唐）、捍海塘（吴越）；比如，元朝开凿会通河（山东东平到临清）、通惠河（通州到大都）；等等。

第二，劝民农桑。历代统治者通过授田、推广农技、借贷土地种子、鼓励多种经营、招揽流亡人口，甚至由循吏一家一户地具体指导等方式劝民农桑，鼓励发展生产，提高农业生产率。为了让耕者有其田，几乎每个朝代都会制定相应的土地制度，制度中有许多重农惠家的内容。比如，《礼记·祭义》多处记载有关养蚕的活动，在养蚕过程中教化百姓，如对蚕房的设置，有严格的规定:"古者天子诸侯,必有公桑蚕室,近川而为之,筑宫仞有三尺,棘墙而外闭之。"定为民俗礼仪,可做到家喻户晓,既生动形象,又普及了先进的生产经验。

第三,富民强国。民富才能国强,这是中国古代民本思想总结的一条重要历史经验。《论语·颜渊》中说:"百姓足,君孰与不足?百姓不足,君孰与足?"《管子·治国》中说:"凡治国之道,必先富民。民富则易治也,民贫则难治也……故治国常富,而乱国常贫。是以善为国者,必先富民,然后治之。"而这些重要的历史经验,常常被一些贤明的君王应用到富民强国的具体举措之中。

第四,社会救助。我国是一个多灾国家,据学者不完全统计,从秦汉到明清,各种灾害与饥荒约有 5079 次。鳏寡孤独废疾贫等弱势群体的存在是社会常态。养老长幼、救灾济贫及相关社会保障制度建设,是思想家和历代政府关注的问题。不晚于秦汉,政府在养老、救灾、济贫等方面都有相关制度措施。历史上曾有采取以年龄分层的政府养老救助制度,但效果不是非常理想。但是,历朝历代所大力提倡以孝为中心的家庭伦理,政府给予老人较高的社会地位,以及鼓励家庭养老的办法,却是比较好的经验。"养儿防老"成了中国古代最为流行的养老模式。正是这个模式,使得每一次战争后都会出现一个人口增长的高潮。

第五,调节贫富。调节贫富是历代统治者试图缓和阶级矛盾、社会矛盾的做法。我国封建社会前期,国家通过土地分配,保障个体小农拥有一小块合法土地,抑制土地兼并。封建王朝后期,国家掌握的土地减少,但通过调整税收政策以调节贫富差距,避免农民负担过重;也用各种方式垦荒拓地,使民有所归,不致流亡。例如,由北魏至唐朝前期实行的一种按人口分配土地的均田制,肯定了土地的所有权和占有权,减少了田产纠纷,有利于无主荒田的开垦,有利于依附农民摆脱豪强大族控制,对农业生产的恢复和发展起过积极作用。

3.顺民教民，民心皆向

得民心者得天下。得民心的一条重要途径，就是顺从民意。《尚书》中说得好，"民无常心，惟惠之怀"。《管子·牧民》中说："政之所兴在顺民心，政之所废在逆民心。"孟子总结了夏桀、商纣亡国的历史教训：失其民心。

唐朝的李世民则把荀子的舟水理论运用到治国实践，并以之告诫自己的后代。唐太宗说："为君之道，必须先存百姓"，"以百姓之心为心"。"顺民"被古代贤明的为政者视为治国兴邦的不二法门。顺民，主张民意不可违，高度重视民众意愿、顺从民众意愿，即是顺天命。历史上几乎所有的改朝换代，都会打出"顺民"的旗号。历史证明，政之所兴在顺民心，政之所废在逆民心。民心的向背是决定着一个政权兴衰的根本因素。

儒家主张富而后教。《论语·子路》记载了这样一则故事。孔子与弟子们到卫国去，冉有驾车，刚入卫国境内，孔子感叹说："庶矣哉（人真多啊）！"冉有问道："既庶矣，又何加焉（还要做什么呢）？"孔子回答说："富之（让他们生活富裕起来）。"冉有又问："既富矣，又何加焉？"孔子再次回答说："教之（教化他们）。"从孔子与冉有的这段对话中，我们可以看到孔子"庶之""富之""教之"的为政思想，而"教之"是这三个重要环节中的最后一环。儒家所提倡的教化，须有一定的物质基础，应在民"富"的基础上实施教化，也就是说，人们在生活富裕以后，才会有更高的精神文化追求。于是，后人就把孔子这一教化思想用"富而后教"来描述。

历代统治者既要民众——人多——在冷兵器时代人多是第一因素；又要民富——富裕了的老百姓会全力保护自己的美好生活；更要民拥——得民心者得天下，失民心者失天下。所以，他们大多把强国富民作为治国安邦之本。尽管儒家民本思想与封建政治制度存在着不可调和的矛盾，但对于某些时期统治者减轻压迫有积极促进意义，这也成为衡量我国历史上统治者是否顺应规律治国理政的重要标志之一。

三、从"治民"到"民治"

儒家的民本学说为秦以后的统治者所继承光大，乃至成为统治者安江山、定社稷之根本。因为，从国家治理的角度来看，儒家的民本学说的关键，在于教导统治者如何更好地"治"人。而把人"治"好了，其他的措施或规范才能够更好地得以贯彻，就能实现长治久安。今天，我们推进国家治理现代化，无论是从思想理念还是从政治实践看，都需要以人为本。当然，今天实施的以人为本的治道，则是对儒家民本思想的创造性转化和创新性发展，着力于从"治民"到"民治"的转型。

1. 得民而治，必成盛世

中国古代民本思想对中国历史的发展有着深远的影响，使得广大人民在一定程度上能够安居乐业，促进了中国封建社会发展，形成了中国历史上汉代"文景之治"、唐代"贞观之治""开元盛世"、清代"康乾盛世"等繁荣时期。应该说，在历史上，儒家民本思想对抑制封建君主专制或人治起到一定的积极作用。

但是，历览秦以后的民本思想与实践，我们可以发现这样一个规律：几乎所有的开国（兴国）帝王，都会重视民本思想。历史上的"文景之治""贞观之治""康乾盛世"等，都与当时的君主和政治家们积极弘扬民本思想密不可分。而几乎所有的亡国君主，其民本思想都是十分淡薄的。封建集团越集权、统治者越专制，民本失落得就越多。而每当政治黑暗、民生凋敝之时，民本思想又成为政治家、思想家们抨击暴政、主张改革的思想武器。

从儒家思想与政治实践来看，儒家"以人为本"的仁政思想与封建专制制度实践，还是有很大反差的。儒家传统的民本思想，其核心是"得民以治民"，注重道德建设，塑造君主和官吏的品德人格。这是一种官本位思想下的民本观，获得民众认同的根本目的是为了维护政治统治，是为了让统治者的根本利益得到更好的保障。历史的事实已反复表明，在中国古代少数人统治多数人的封建社会里，统治者没有也不可能真正贯彻"以民为本"的原则，没有也不可能真正实现"安民""富民""乐民"。特别是当民众利益与统治者的利益发生冲突时，总是以牺牲民众利益而保全统治者利益。

由此而言，当代国家治理在借鉴古代民本思想时，首先必须对其进行创造性转化。

2. 民为中心，忠心为民

儒家民本思想的长远发展，深刻影响着当前国家治理现代化的进程。

从民本思想的渊源发展看，它产生于奴隶社会的保民保国意识，之后发展成为一套完备的封建执政理念。辛亥革命终结封建帝制后，这一思想元素依然存在，并将继续为后世的国家治理发挥作用、提供思想营养。虽然民本非民主，但民主必然以民本为基础，现代民主制度执政的合法性也必然取决于广大人民群众的支持拥护。

中国古代儒家的民本思想与马克思主义民主思想虽然有着本质区别，但二者的出发点和落脚点有相通之处。历史唯物主义认为，人民群众是历史的主体。人民是社会物质生产的承担者，没有人民的社会性生产，国家也就不复存在。人民是国家赋税的提供者。赋税是国家存在与发展的要素之一，是国家活动的财政保证。人民又是国家军队的主要来源。没有军队，国家就失去了重要支柱，就无法保卫边疆和实现国家对内与对外的职能。应该说，当代民本思想，是内涵更加丰富完整的"民为邦本"，是"民为邦本"思想的真正落实。

中国共产党人的初心和使命，就是为中国人民谋幸福，为中华民族谋复兴。坚持以人民为中心的发展思想，来源于中国共产党人对初心的执着与坚守，植根于实现中华民族伟大复兴的历史使命。

中国共产党人既是中国传统民本观的继承者，更是中国民本观的实践者和创新者。建立新中国，实现了社会形态的跨越，中国共产党也从革命党转变为执政党，承担起了领导人民建设和管理国家的重任，在国家治理上，实现了专制治理向民主治理的转型。以忠实代表人民的利益为己任的中国共产党人，大力推进民主政治建设所选择的一条道路，就是坚持以马克思主义为指导，立足于中国革命和建设的具体实践，从古代民本思想中汲取大量精华，融入现代的民主精神。既把"人民"作为立党之本，也作为革命之本，更当作立国之本、执政之基。这种民本位的政治观是践行马克思主义群众路线的具体体现，也是社会主义本质的必然要求。这种民本位，体现在必须坚持以下几个原则。

第一，坚持人民主体地位。社会主义国家的政治权力来源于人民，国家治理体系和治理能力的现代化也必须代表最广大人民的利益要求，如果动摇这一根本立场，国家治理现代化就会失去根基，中国特色社会主义制度也将失去最大优势。

第二，着重加强民生建设。中国要实现国家治理现代化，就必须调动广大人民群众的积极性、主动性和创造性，必须实施安民、惠民、养民、富民的政策，也就是加强以提高人民幸福指数为价值目标的社会民生建设。

第三，以公仆之心为民服务。新时代的民本，要求党的领导干部要想、要干的一件事，就是服务——全心全意、完全彻底地为人民服务。党的各级领导干部，一定要通过服务来践行使命与宗旨，自觉做到"四防"：一要防止作风漂浮，不深入实际，不深入群众；二要防止作风简单粗暴，独断专行，甚至作威作福、欺压百姓；三要防止骄傲自满，盛气凌人，看不起群众；四要防止贪图安逸享乐，不愿到艰苦环境去工作，不愿解决复杂矛盾，不愿意同群众一起艰苦奋斗。

延伸阅读 **孙中山自称"人民公仆"**

1911 年 12 月 29 日，孙中山为感谢各省代表选举他为临时大总统，在致各省都督电中称"今日代表选举，乃认文为公仆"。把大总统等同于人民的公仆，体现了人民至上的价值观。孙中山曾以大总统名义发布通令，要求所有政府官员"皆系为民服务，官规具在，莫不负应尽之责任，而无特别之利益"。他还在《建国方略》中说过："国中之百官，上而总统，下而巡差，皆人民之公仆。"

第四，真心实意支持人民当好"阅卷人"。"天地之间有杆秤，那秤砣是老百姓。"党和政府的一切实践活动都关乎着人民的切身利益，哪些顺乎民心，哪些违背民心，哪是真代表，哪是假代表，人民认得最清，人民感受最深。因之，人民作出的评价也就最合乎客观标准。支持人民当好"阅卷人"，并非只是让人民评判某一时期、某一环节党和政府的行为，而是既要从微观上把握人民对某件事、某个执政行为的评价，又要特别注重人民对党和政府宏观层面上的评价。

3.治权还民，促进民治

新时代发展社会主义民主政治，推进国家治理现代化的重要任务之一，就在于坚持"以人民为中心"，实现从"治民"向"民治"的转型。

毛泽东的人民民主思想与儒家传统意义上的民本思想有本质的不同。儒家所倡导的"听政于民"只是将一些形式上的参政权利交付给民众，事实上民众没有真正拥有政治权利。而毛泽东的人民民主思想在于强调国家主权"在民""赋权"，让最广大人民群众监督政府、参与政治，以建立和实现真正的、最广泛的、人民性的民主。毛泽东提出的群众路线，既沿袭了儒家传统思想中的精髓，又创新了真正意义上的民主，将"听政于民"思想提升为中国共产党"一切为了群众，一切依靠群众，从群众中来，到群众中去"的基本领导方法。毛泽东主张中国共产党的唯一宗旨是全心全意为人民服务，把为最广大人民谋利益放在党的各项工作的首位，体现出中国共产党的价值追求与使命担当。

1953年9月，毛泽东在《抗美援朝的伟大胜利和今后的任务》中说："所谓仁政有两种：一种是为人民的当前利益，另一种是为人民的长远利益……前一种是小仁政，后一种是大仁政。两者必须兼顾，不兼顾是错误的。"[①] 随着社会主义政治制度的确立，社会主义民主政治实现了对儒家仁政思想的批判继承与创新发展。社会主义民主政治是以唯物史观为基础的，其核心要义是"人民当家作主"，基本要求是尊重广大人民群众、服务广大人民群众，根本职责是维护和实现广大人民群众的根本利益。

党的十一届三中全会以来的改革开放，从某种意义上讲，就是一个不断还权于民的过程。就是通过改革开放，把社会变革与发展的主动权还给人民，让人民成为自立自主的社会主人。从农村到城市的经济体制改革中，都力图给人民松绑，让人民有充分的自主权利，能够放开手脚创造自己的新生活。从最初农村土地联合承包到现在的土地流转，就是让农民真正成为土地的主人。建立社会主义市场经济机制，就是让每个人能够都充分发挥自己潜能的活力机制，给每个人提供极大的自由活动的空间。

党的十八大以来，我国的国家治理从儒家民本思想中汲取丰富营养，把儒家民本思想发展为社会主义条件下"以人民为中心"。习近平总书记指出，践行以人民为中心的发展思想，"体现了我们党全心全意为人民服务的根本宗旨，体现了人民是推动发展的根本力量的唯物史观"。他还指出，"民心是最大的政治"，"必须把增进人民福祉、促进人的全面发展作为发展的出发点和落脚点"。党的十八大以来的治国理政也说明了"以人民为中心"的实践逻辑：国家治理必须坚持发展为了人民，依靠人民创造历史伟业。不断地满

---

① 《毛泽东著作专题摘编》（上），中央文献出版社2003年版，第988页。

足人民群众更高水平的物质文化需要，切实保障人民群众的经济、政治和文化权益，让发展的成果惠及全体人民。这也体现了中国共产党带领人民革命、建设、改革的初心和使命。

用"让民作主"和"由民作主"取代"为民作主"和"替民作主"。从现实情况看，我国目前虽然还处在由"治民"向"民治"的发展转型的过程中，这种发展转型的总体趋势是不可逆转的。在现实政治实践中，一些领导干部热衷于"为民作主"和"替民作主"，而这又恰好与人民群众的"子民意识"相吻合，虽然在一定程度上能够回应人民群众的诉求，但是，"为民作主"和"替民作主"本质上不符合人民共和国的国家体制，越来越难以回应人民群众日益增长的民主要求。要在"让民作主"和"由民作主"过程中，使得人民群众的主人翁感比以往更加真切，政治参与积极性进一步提高，促其更加积极主动地谋发展、促发展。

总之，中国特色社会主义的民主，既使儒家传统民本思想的优秀内涵释放出时代光芒，又创造了马克思主义与中国优秀传统文化相结合的光辉典范。可以预见，随着我国社会主义现代化建设的深入，一定会彻底完成由"治民"向"民治"的发展转型。

第三章　大道之行　天下为公

——国家治理的目标点

儒家的政治理想可以分为两个层次：一个是五帝时期"大道之行，天下为公"的大同时代；一个是夏殷周三代英主禹、汤、文、武"大道既隐，天下为家"的小康时代。大同时代以道德之治为主，小康时代以礼乐之治为主，前者是最高理想，后者是一般理想。今天，我们研究中国古代的大同小康的基本思想和理念，对于我们立足传统，建设小康，建设人类命运共同体，都有一定的积极意义。

一、大道之行，天下大同

自古以来，中华文明就有一个重要政治思想，也是一种美好社会理想，就是"天下大同"。《礼记·礼运》中说："大道之行也，天下为公。选贤与能，讲信修睦。故人不独亲其亲，不独子其子。使老有所终，壮有所用，幼有所长。鳏寡孤独废疾者，皆有所养。男有分，女有归。货恶其弃于地也，不必藏于己。力恶其不出于身也，不必为己。是故谋闭而不兴，盗窃乱贼而不作。故外户而不闭。是谓大同。"《礼记·礼运》对"大道之行"的具体内容分层次予以了表述。其中，"选贤与能，讲信修睦"，即后来社会一直推崇的选聘才俊、崇尚德行、讲求诚信、亲爱和睦的政治原则及其制度规范。"人不独亲其亲，不独子其子；使老有所终，壮有所用，幼有所长，鳏寡孤独废疾者皆有所养"，可以联系到礼制社会所推崇的敬老如父、慈幼如子、人皆发挥其用和关爱弱势群体的良好道德风尚。"老有所终、壮有所用、幼有所长及弱势者皆有所养"，固然表现了差别之爱，但差别的实质在于给不同人群以各自所需的关爱，故也具有公平的意义，贯穿其中的是博爱的精神，尤其是对于那些老幼弱势的人群。除了《礼记·礼运》，另一古代典籍《吕氏春秋》中也说："天地万物，一人之身也，此之谓大同。"这是中国先哲对"天下大同"思想的理论说明和形象表述。

1. 民为天下，天下为公

大道，是儒家所推崇的一种上古时代的政治制度。而这个政治制度的实行，必然会带来尧舜时代的"大同"社会。但是，尧舜时代离儒家先贤已经十分遥远，只能从流传的远古神话传说窥见端倪。因此，儒家展示出来的"大同"社会图景，很可能只是儒家先贤的一种理想描绘，带有"乌托邦"的假想性质。然"醉翁之意不在酒"，他们关于"大同"社会的设想，其实不仅仅是回顾以往，其意旨在将理想寄希望于未来。

孔子侧重于从人伦道德的高度，来阐释理想中的大同社会。孔子所倡导的理想中的大同社会是在基于维系人伦道德的稳定有序的层面上，实现人与人之间真正的关怀，是人与人之间的双向互爱，是"我为人人、人人为我"的互助状态。也就是说，每个独立的个体都能够站在"公"的立场上，实现"小私"与"大公"的完美融合。

"大同"，不仅是一种政治理想，更是一种价值理念。理想的大同社会实际上是以道德为最高指引和规范，这既是儒家一以贯之的思想要求，也是其自始至终必须遵循的行为原则。而在这种政治理想的濡染下，中国人把"天下为公"根植于民族的基因。

"天下"一词内蕴丰富，在先秦时期各种文献中就早已出现并被广泛使用。一方面，天下是人类所赖以居住的整个大地或圣王施行王道所治理之对象。比如《诗经·小雅·北山》所言："溥天之下，莫非王土；率土之滨，莫非王臣。"《周易》所言："古者包牺氏之王天下也，仰则观象于天，俯则观法于地，观鸟兽之文，与地之宜，近取诸身，远取诸物，于是始作八卦，以通神明之德，以类万物之情。"另一方面，天下的代表者就是人民，民意民心就是天下价值的根本表征，正如《尚书·泰誓》所言："天视自我民视，天听自我民听。"

宋代理学兴起最为明显的标志就是气化的普遍性、天理的统一性与仁心的包容性。宋代理学的核心价值为博爱情怀的深化、公天下的理念以及上升到形而上层面，奠定了本体论的基石。

中国的仁人志士接受儒家经典的熏陶与教化，对以天下主义为核心的价值秩序表示深刻的认同与内化。每当出现朝堂叛乱、朝代更迭与外族侵略，都会深深地回溯自身文教源头——天下主义，以此证明天下主义存在的价值合理性与合法性。

从孔孟的周游列国、遍干诸侯，到屈原的上下求索、矢志不渝，到汉末党锢之士的慷慨赴难、死而后已，再到戊戌变法六君子的从容赴死，不难看出，中国传统士人尽管由于历史局限，不免存在一些狭隘的忠君、忠孝观念，但谁也不能否认，这种以天下为公、以苍生为系、以家国为重的政治抱负与政治理想，影响与激励了一代又一代中华儿女。

"天下为公"这四个字在近现代以来广为人知，这离不开民主革命的伟大先行者孙中山先生的着力阐明与身体力行。然而，孙中山所理解和向往的"天下为公"与古人的"天下为公"是不同的。

孙中山先生集中区分了两种世界主义：一种是西方列强所谓的世界主义即有强权无公理；一种是中国自古以来的天下主义，即天下为公，世界大同。孙中山钟情于"天下为公"的理想社会，认为"天下为公"和世界大同是"无穷之希望，最伟大之理想"。"天下为公"的"公"，在孙中山这里，有了更为丰富的内涵。他在《三民主义》的演讲中说："我们三民主义的意思，就是民有、民治、民享。这个民有、民治、民享的意思，就是国家是人民所共有，政治是人民所共管，利益是人民所共享。照这样的说法，真正的民生主义，就是孔子所希望的大同世界。"他还说："民生主义就是社会主义，又名共产主义，即大同主义。"从这里也可以看出，孙中山的"大同主义"，与洪秀全的"太平天国"和康有为的"大同"世界并不一样，它虽然仍然有着空想的性质，但是在三民主义基础之上的，以中国古代的"大同"理想为基础，广泛吸收西方的民主、人权以及社会主义等理论学说。在孙中山看来，"三民主义"是通向"天下为公"的途径，因此他号召四万万中国人"万众一心，急起直追，以我五千年文明优秀之民族，应世界之潮流，而建设一政治上最修明，人民最安乐之国家"。而为了实现这一"天下为公"理想，孙中山自己也奋斗了终生。

延伸阅读　梁漱溟的"天下观"

梁漱溟先生说："中国人是富于世界观念的，狭隘的国家主义和民族主义在中国都没有，中国人对于世界向来是一视同仁。""中国人怀抱着天下观念，自古迄今一直未改，真是廓然大公，发乎理性之无对。说民族性，这才是中国的民族性。"

2. 选贤与能，讲信修睦

按照"天下为公"的思路来理解儒家理想的国家政治制度，便能理解尧舜禹之三代的禅让制。东汉郑玄的注释是："公犹共也：禅位授圣，不家之。"唐代的孔颖达解释说："天下为公，谓天子位也。为公，谓揖让而授圣德，不私传子孙。"因此，所谓"天下"者，非一人一家一国一民族之天下，而是所有人所有民族所有国家共有之天下。天下为公之义，其最本质之价值特征即是"天下乃天下人之天下",天下既具有普遍价值,其就不可据而为私。而象征着国家权力的君王为天下所有人所共有,君王之位就可能在最有能力和德行的人之间实现禅位,儒家背后的价值理念支撑即是天下为公。天将天下赋予天子,非为天子一人,而是为天下之万民。这与小康社会的"天下为家",即禹将君主之位私传给启、文王传位给武王有着根本性质的不同。正如《孟子》所言:"万章曰:尧以天下与舜,有诸?孟子曰:否。天子不能以天下与人。然则舜有天下也,孰与之?曰:天与之。"天子不得将天下而私视为己有相授受,必须以德配天,德位相配,其使命是"敬德保民"。

在大同社会里,只有那些有能力和德行的人才可能成为君王,而有能力和德行的人成为君王之后,才会"选贤与能"——选拔和任用贤能之人来治理国家。社会才会"讲信修睦",形成和谐稳定的社会关系,保持国家和社会的安泰。

对"大同"社会"讲信修睦"的向往,正是对先秦时期人心败坏、朝秦暮楚,国与国之间相互倾轧、恃强凌弱的曲折反映。在那个时代,有人为了追求荣华富贵,可以吮痈舐痔;弱小国家为了一时苟安,亦是朝秦暮楚、左右周旋。人与人、国与国之间毫无诚信和信任,自然难以和睦为邻。

所谓诚信,就是"内诚于心,外信于人",只有自己内心诚信,才能相信别人和获取别人的信任。而向内"诚其心"可以说是作为人最为根本的道德底蕴,这也是人与人之间、国家与国家之间讲究信用的基础。正因为如此,在中国儒家思想中,特别强调"修身、齐家、治国、平天下",而"正其心"与"诚其意"正是其中的关键环节。

在这里,诚信与和谐,可以说是因与果的辩证关系:人与人之间的诚信促进了社会和谐,社会关系的和谐又巩固了人们之间的诚信守诺。

3. 爱无差等,博爱天下

在儒家的政治理念上,"大同"在道德境界的追求上是仁爱与平等。在理想的"大同"社会中，人们不仅仅是把自己的亲人当作亲人，也不仅仅是把自己的儿子当作儿子来对待，"老吾老以及人之老，幼吾幼以及人之幼"，对待他人的老人就像对待自己的老人一样，对待别人的小孩就像对待自己的小孩一样。正是人与人之间的仁爱，老人得以善终，壮年能够有用武之地，孩子能够顺利成长，鳏寡老人、失去父母的孩子以及残疾生病的人都能得到妥善的赡养。

仁爱与平等是密不可分的，正是因为有仁爱之心，所以才能够将他人的亲人、孩子像自己的亲人、孩子一样对待，所以才能够"老有所终，壮有所用，幼有所长，鳏寡孤独废疾者，皆有所养"。正是因为人与人之间都是平等的，所以消除了社会上的自私与自利：人们虽然憎恨财物被丢弃在地上，却不一定自己私藏；人们都愿意竭尽全力地奉献出自己的力量，却不是为了自己的私利。

"人不独亲其亲，不独子其子。使老有所终，壮有所用，幼有所长，鳏寡孤独废疾者，皆有所养"，是从纵横两个层面对父子、昆弟、朋友等伦常关系进行普遍性道德规范的表述，从而构成了大同社会致力于实现"人和"的核心。

当然，这里的平等并不是绝对的平等，实际上也没有绝对的平等，就像"大同"并非是完全的"等同"。在大同社会，人们之间的伦理规范十分严格，但这种严格基于人性本身所具有的伦理区分。仁爱也不是绝对的、"没有差等"的爱，"老吾老以及人之老，幼吾幼以及人之幼"，但亲疏终究有别，所以也就没有绝对的一致和绝对的平等。人与人之间不仅有男与女的差别、老、壮、幼以及鳏寡孤独废疾的区别，就是在国家治理上还要"选贤与能"，即有贤与非贤、能与非能的差别，他们之间亦非平等的关系。

总而言之，"大同"社会所展现出来的是政治昌明、道德高尚、人心和谐、社会稳定的理想画卷。这一理想社会图景，可以说是中国古代思想家对已经远去的原始共产主义社会的经过美化的回忆，更是对于未来的人人平等、充满仁爱、诚信和谐、没有战争的理想社会的憧憬与构想。

二、追求大同，锲而不舍

大同社会，是一个带有终极性的政治理想，也是千百年来中华民族矢志不渝、孜孜以求的政治理想。从《礼记》感叹"天下为公""大同世界"的蜕变，到康有为描述的"至平""至公""至仁""至治"的"极乐世界"，以及现当代我们对共产主义理想的追求，都是中华民族对大同社会的政治与道德理想的憧憬。可以说，对"大同社会"的不懈追求，成为中国人从未改变的文化基因，成为激励中国人披荆斩棘、奋力前行的中国梦想。

1. 大同与太平

"大同""太平"等观念，是周公、孔子以来的社会政治理想。

儒家把"大同"作为理想社会的蓝图。其中一个重要因素是在阶级社会，阶级不平等、权贵的压迫、贫富不均等，迫使人们向往没有压迫、没有等级区分的和谐大同的社会。

正是在这一终极政治理想的感召下，一代又一代的中华儿女，怀揣对社会、民族的责任，前赴后继、奔走呼号，在实现自身价值提升的同时，他们或是根据自己的理解，重新诠释、补缀"大同"社会的梦想；或是与现实社会作不屈的抗争，朝着理想图景义无反顾地前进；或是将"大同"作为一面旗帜，把它当作推翻暴政的一种工具……回顾历史，在他们之中，有思想家，有革命家，有政治家，有充满诗意的艺术家，甚至也有目不识丁的普通百姓，他们无一不是从"大同"中获得灵感、凝聚共识、汲取力量。

东晋陶渊明在《桃花源记》中描述了一个与世隔绝的桃源世界，这里"阡陌交通，鸡犬相闻"，人们安居乐业、怡然自乐。但是由于现实中很难真正存在一个完全与外界隔离开来的理想世界，所以陶渊明的"桃花源"也只能是文人理想化的空想。

到了北宋，以范仲淹、李觏等人为代表的政治家、思想家提出了"致太平"的主张。

张载的思想更加深邃，他的目光不局限于当下的"太平"秩序，而是以更深远的视野展望"万世"的"太平"基业问题，这是他的不同凡响之处。张载的"横渠四句"说："为天地立心，为生民立命，为往圣继绝学，为万世开太平。"

至清代后期，洪秀全领导农民起义，将西方基督教思想与中国传统的"大同"思想相结合，颁布《天朝田亩制度》，根据"凡天下田，天下人同耕"的原则，提出要建立"有田同耕，有饭同食，有衣同穿，有钱同使，无处不均匀，无人不饱暖"的"太平天国"理想王国。共同的理想社会愿景凝聚了广大农民的力量，起义以破竹之势取得阶段性的胜利。但是由于农民起义领导者认识的阶级局限性，并没能正确认识到历史向前发展的真正动力源泉；同时农民起义还受到封建阶级和当时国外资产阶级势力的疯狂反扑，起义很快失败，"无处不均匀，无人不饱暖"的理想蓝图也沦为一纸空文，"大同"社会又一次落空。

"大同"在近代以来引起人们的广泛关注，与清代末期维新革命推动者康有为的宣传不无关系。康有为的《大同书》核心思想与《礼运篇》并无二致，都是将仁爱、平等以及理想的大同世界作为论述的核心，只不过是康有为论述得更加细致具体。他说"博爱之谓仁"，与孔子、孟子等人关于"仁"的论述也是极为相似。康有为同样强调平等的重要性，认为"始于男女平等，终于众生平等"，"人人相亲，人人平等，天下为公，是为大同"。康有为进而提出："救苦之道，即在破除九界而已"，就是追求人类、种族、男女平等，以仁爱平等之心泛爱众生，消除国与国之划分区别，消除贫苦、致力和平，等等。这种"去九界"其实是一种超越现实的理想境界。

延伸阅读 **康有为的《大同书》**

《大同书》是近代康有为编著的一部近代哲学丛书。1884年始作，成于1901至1902年，1913年在《不忍杂志》上发表两卷。1935年由中华书局出版十卷本。利用今文经学的公羊三世说和《礼记·礼运》中的大同思想，又吸取了欧洲空想社会主义、资产阶级民主主义和达尔文进化论，指出当时中国处于"据乱世"，必须向已进入"升平世"的欧美资本主义国家看齐，然后才能进入"太平世"，即大同世界。此丛书具体描写了"大同之世，天下为公，无有阶级，一切平等"的人类社会远景，揭露了人世间由于不平等而产生的种种苦难，提出"去九界"以达人类"大同"。主张用改良渐进的方法去实现这种社会，表现出民主主义的平等精神和某些社会主义的空想。

2. 小康与大顺

《礼记·礼运》托孔子之口提出的"大道之行也，天下为公"的理想，但被接续其后的"大道既隐，天下为家"的私有现实所取代。

实际上，《礼记·礼运篇》中描绘了两种社会状况。其一为"大同"，其二为"小康"："今大道既隐，天下为家。各亲其亲，各子其子。货力为己。大人世及以为礼，城郭沟池以为固，礼义以为纪；以正君臣，以笃父子，以睦兄弟，以和夫妇，以设制度，以立田里，以贤勇知，以功为己。"从中可见，"大同"是"小康"的升级版，是更理想、更高层级的社会形态。

在孔子看来，禹、汤、文、武、成王、周公所统治的时代，算是"小康"，而大同社会在很久以前尧舜禹的上古时代存在过，但已经远远离去。因此，大同社会既是思想家想象中远去的理想王国的背影，也是憧憬中的未来理想社会的蓝图。大同社会是最高的理想境界，那里没有战乱纷争，没有森严等级，没有饥饿贫穷，人们共同劳作，共享成果；而小康社会则处于较为朴素的层次，需要礼仪等级制度来维持秩序、保护和平。

换言之，大同与小康、公天下与家（私）天下，就不是两个前后断裂的阶段，而是后者不断拿前者来调节后者、以公平的理念来制约不公平的现实的实际历史过程。

比如，仁爱既然是人自身的本质属性，在"小康"社会为什么会"各亲其亲，各子其子"，"货力为己"，"以功为己"呢？孟子的"四端"说试图对此作出合理的解释。孟子说："恻隐之心，仁之端也；羞恶之心，义之端也；辞让之心，礼之端也；是非之心，智之端也。"恻隐之心、羞恶之心、辞让之心、是非之心，这"四心"分别是仁、义、礼、智的萌芽，这四种情感经过精心养护，成长起来就是仁、义、礼、智，所以叫"四端"。由此看来，"仁爱"也是由其萌芽成长而来。没有"仁爱"之心，只不过是人自己没有精心养护使其成长以至于被蒙蔽了。在"大同"与"小康"社会，"人不独亲其亲，不独子其子"与"各亲其亲，各子其子"的差异，就是因为"仁爱"之心被蒙蔽了，把"仁爱"的萌芽丢弃掉了而不自知。正因为如此，从"小康"走向"大同"，是"仁爱"的普遍回归。这一方面需要人们自己主动把曾经丢弃的"仁爱"寻找回来，就像道德的自我修养，需要不断提升自我的德行和境界；另一方面则是由"为己"转向不仅仅是"为了自己"，还要把别人的亲人、别人的孩子当作自己的亲人和孩子一样来对待。

关于小康，王夫之的解释比较特别。他不再分别小康与大同，而是连接大同与小康。他认为，小康并不能理解为大道的退隐，而是大道之归。大同意味着"天下为公"，小康意味着"天下为家"，在天子层面，"父传天位于子，是用天下为家"，而在"大人"层面，"世及"与"天下为家"相应，成了诸侯传位的方式，无论是由父传给子，还是由兄传给弟，都是"传位自与家"的方式，而且这种传位方式因着家的意识在人心中的生根因而被固定下来成为礼法。①

王夫之看到从大同到小康的变化是历史大势："大道不著则好恶私而风俗薄，故禹欲授益而百姓不归，周公总己而四国留言，虽欲公天下，不可得也。"这就是礼随时而不得不异，秩序的形式不得不有所变化。

王夫之认为，在大道既隐的历史现实中，大道之归的方式也只有以礼达成。它是给这个看似失落的世界重建秩序与规矩的无可选择的唯一方式，也是让人们在生活中有所依据、有所归止的方式。这个方式达到的效果是小康。在小康之后，吾人不可能在小康之外别寻所谓的大同，现实的大同只能隐藏在小康中，并由小康来开启。

在王夫之看来，《礼运》将"天下一家、中国一人"的这种新政教典范命名为"大顺"。"大顺"是在小康之后，藏大同于小康中的方式："四体既正，肤革充盈，人之肥也。父子笃，兄弟睦，夫妇和，家之肥也。大臣法，小臣廉，官职相序，君臣相正，国之肥也。天子以德为车，以乐为御，诸侯以礼相与，大夫以法相序，士以信相考，百姓以睦相守，天下之肥也。是谓大顺。大顺者，所以养生、送死、事鬼神之常也。故事大积焉而不苑，并行而不缪，细行而不失，深而通，茂而有间，连而不相及也，动而不相害也。此顺之至也。"大顺一方面意味着身、家、国、天下的和谐有序，另一方面则意味着德、礼、仁的和谐。

显然，"大顺"正是新的大同，是大同与小康的合体，而这个纳大同、小康为一体的政教典范，必以仁为基。对王夫之而言："礼者义之实，修礼而义达也。信者实理，天之德、仁之藏也。仁者顺之体，故体信而顺达矣。天道人情，凝于仁，著于礼，本仁行礼而施之无不顺，皆其实然之德也。"也就是说，仁义礼信统一于仁，而仁恰恰是天道人情所凝聚，故而本仁以行礼正是大顺的根据。②

---

① 参见陈赟：《王船山对〈礼运〉大同与小康的理解》，《船山学刊》2015 年第 4 期。
② 参见陈赟：《王船山对〈礼运〉大同与小康的理解》，《船山学刊》2015 年第 4 期。

3. 家齐国治天下平

儒学注重人性和人的价值，考虑人与人、家与家、国与国之间的关系。《礼记·大学》中说：古之欲明明德于天下者，先治其国；欲治其国者，先齐其家；欲齐其家者，先修其身。《孟子·离娄上》曰："人有恒言，皆曰'天下国家'。天下之本在国，国之本在家，家之本在身。"指出了身、家、国三位一体的关系。钱穆曾在一篇《略论中国社会学》的小文中提出："中国本无社会一名称，家国天下皆即一社会。一家之中，必有亲有尊。推之一族，仍必有亲有尊。推之国与天下，亦各有亲有尊。最尊者称曰天子，此下则曰王曰君。王者众所归往，君者群也，则亦以亲而尊。人同尊天，故天子乃为普天之下所同尊。"此论中国社会之形状，从结构上说，是"身家国天下"；从机制上说，是"亲亲"与"尊尊"；从实践上说，是"修齐治平"。这里一方面强调一个人要想立德于天下，就要为国效劳，治理好自己的"国"；另一方面又指出，要想报效和治理好"国"，必须管理好自己的"家"；而整顿好"家"，则应从修养自身做起，在格物致知、正心诚意上下功夫。如此，修身、齐家、治国、平天下，儒家为个人奋斗建立了一个完整有序的链条。简单来说，修齐治平具备家族本位、家国同构、天下同归三个特质：

（1）家族本位

由于中国传统社会的地理环境、经济政治组织、生产生活方式的共同合力，中国传统社会以家庭、家族生活为本位。先秦社会是宗法制度确立与逐渐解体的阶段，而秦汉以后延续 2000 多年的中国传统社会是家庭本位基础上的君主专制主义等级社会，在这样的社会里，社会的最根本的构成组织是家庭，以家庭为基础，循着家、国、天下的次序推进，而国、天下也不过是家庭的扩大，其伦理政治秩序是家庭伦理的扩大。

中国的氏族血缘宗法制度形成于商周时期，以血亲关系为纽带，实质是确立嫡长子继承权和主事权的父系家长制。氏族血缘宗法制度利用父系家族关系的亲疏，把血缘纽带同政治权益结合起来，以此来决定政治地位、财产、土地等的分配与继承。这既是组成中国封建奴隶社会政治结构的重要支架，也体现了中国社会组织形态的重要特征。

周至春秋，所谓"八百诸侯"国，"周武王之东伐，至盟津，诸侯叛殷会周者八百"（《史记·殷本纪》）实际是由血缘宗族为基础的氏族—部落—部族国家构成。为此，父子、兄弟和夫妇不只具有家庭成员的亲情关系，而且还要遵守一种基于公共秩序和社会规范的公共关系，这种双重关系共同构成于以血缘关系为基础的氏族部落国家。而以父子关系为核心的父系家长氏族首领，首先要具备良好的道德，无德便不足以立信。只有具备了良好修行，才能在部落和部族中脱颖而出，赢得地位和威望，也才会具备继续联络其他氏族、部落的资本，依次逐步拓展疆土以为统一天下奠定基础。

（2）家国同构

中国人始终不变的精神谱系是由己而家，由家而国。古人云，"国之本是家""齐家而后治天下"。国家是国与家的统一体，家是最小国，国是千万家。一方面，家是国的最基本元素，是国家的最小社会单位与缩影，家和万事才能兴；另一方面，国是家的延伸，是家庭幸福安定的港湾，国泰才能家安。

从奴隶社会到封建社会，逐渐形成极具中国特色的"家国同构"宗法社会。萌生于商周时期的家国情怀，从父慈子孝、兄友弟恭等"家情怀"到胸怀天下、效忠国家的"国情怀"，把以血缘关系为纽带的天然亲情推己及人、由家及国，从而上升为兼济天下的伦理要求与责任意识，积极推动了个人、家庭与社会、国家的良性互动。

所谓家国同构，其本质就是家、家族、国家在结构上的同一性，家是国的缩小，国是家的放大，意味着个人、家庭与国家在权利与义务上的紧密联系。

传统儒家的"国"是"家"的延伸，只有一个"国家"，也就是天子的家成为天子的"国"，天下都是天子一家的，王臣们所服务的不是自己的"国"，而是天子的"国"。正是在这个意义上，只有统治集团的"家"控制的"天下"才是"国"。

黑格尔认为：中国纯粹建立在这一种道德的结合上，国家的特性便是客观的"家庭孝敬"。中国人把自己看作是属于他们家庭的，而同时又是国家的儿女。不可否认，传统中国这种家国同构政治结构模式，使得政治权利制约和血缘关系的道德制约实现双向互动，在很大程度上有利于加强国家的向心力和凝聚力，有利于社会的长治久安。

（3）天下同归

"天下"不同于"国"。正如顾炎武所言："有亡国，有亡天下。亡国与亡天下奚辨？曰：易姓改号，谓之亡国；仁义充塞，而至于率兽食人，人将相食，谓之亡天下……是故知保天下，然后知保其国。保国者其君其臣，肉食者谋之；保天下者，匹夫之贱与有责焉耳矣。"

可见，在顾炎武的视野中，"国"与"天下"不同，"亡国"无非是封建统治的改朝换代；而"亡天下"则是真正的仁义丧失后导致的政治后果。国，只是一家一姓的权力更迭，而天下，则是四海一家的人之为人的礼仪秩序，具有绝对永恒价值。因此，不论是作为地理空间意义上的想象，还是作为价值秩序的原则，天下观念都是超越了血缘的、宗族的、特殊的、区域的、族群的、阶级的、职业的、国家的一套普遍主义价值观念，它是中国人很早就在内心深处建立并深深认同的一套文明原则与标准。①

中国传统的天下观具有很强的包容性和人文关怀。《周易》有云："天下何思何虑？天下同归而殊途，一致而百虑。"唐代经学大家孔颖达疏："天下同归而殊途者，言天下万事，终则同归于一，但初时殊异其途路也。一致而百虑者，所致虽一，虑必有百。言虑虽百种，必归于一致也。"由此可见，中国传统的天下观并非居于一隅，亦非是一狭隘的地域文明，中国古圣先贤相信"人同此心，心同此理"，自古以来，中国的传统天下观就彰显着人文关怀。

① 张城：《大道之行　天下为公——中国古人的大同理想》，《学习时报》2020年1月18日。

从理论演进方面讲，北宋张载提出的"民胞物与"观念突破了中国传统儒家思想的局限，它使得公平和博爱走出了血亲"小家"，迈向了同气同性的"大家"。在张载的"民胞物与"说里，父母是至高无上的天地，君臣长幼都是兄弟，之所以如此，根源在于张载以气化替代了血脉，由此导致人生的不同写照。在"民胞物与"说的预设下，我们生活状态中各异的老幼、孤寡等不同族群都具有公正的关爱，都能和谐共存，由此导致传统的社会秩序和伦理规范也逐渐发生变化。因此，张载的"民胞物与"说的出发点并非消除差异，而是把差异整合进家庭成员的爱和归宿之中，从而减弱社会摩擦，实现人际关系的和谐。

张载就儒学的历史担当作如此期许："为天地立心，为生民立命，为往圣继绝学，为万世开太平。"这是何等眼界，何等胸怀！

三、"新大同"，"大一统"

中国共产党在马克思主义指导下，对几千年来中国人民一直向往的"天下为公""天下大同""以民为本"社会理想的创造性转化和创新性发展，实现了大同思想的当代演绎。此外，实现"新大同"，需要我们对"大一统"重新审视、创造性运用。

1. 大同思想当代演绎

"大同"理想描绘的社会图景，千百年来一直激励着中华民族不懈追求与奋斗。自产生以来，儒家的"大同理想"作为一种思想资源和政治范型，始终存在于中国社会，并实际发挥着对不同王朝的道德引领和政治制约作用。

到了近代，由于西方列强的入侵，中国由两千多年的封建社会逐渐沦为半殖民地半封建社会，"大同"理想似乎渐行渐远，而救亡图存、振兴中华，则成为全民族最直接最紧迫的时代课题和历史使命。无数仁人志士为中华崛起前赴后继、赴汤蹈火。

最终改变中国的历史命运，实现中华民族复兴的历史重任，落到了中国共产党人的肩上。中国共产党从成立之日起就公开表明，除了工人阶级和最广大人民群众的利益，没有自己特殊的利益。其为人民服务，当好人民的勤务员的宗旨，实际上就是奉行"天下为公"，而非"天下为家"。

在中国共产党领导人民，建立了中华人民共和国，开创了中国历史的新纪元；经过社会主义革命，建立社会主义制度，在政治上实行人民当家作主，在经济上文化上逐步实现全体人民生活的富裕幸福，在外交上坚持国家不分大小强弱一律和平共处、平等互利的原则。这是马克思主义关于科学社会主义基本原则在中国的具体体现，也是对中国传统文化中的"天下大同"等思想精华的创造性继承、运用和发展。

站在新的历史起点上，习近平总书记提出了实现中华民族伟大复兴的中国梦。中国梦既继承了中华民族数千年来追求理想社会的合理内核，又为实现这一理想提供了科学路径和不竭动力，从而使"大同理想"逐步变得日益真实。

（1）"两个一百年"与中国梦

对于一个现代国家而言，其发展进步的重要标准包括了政治民主、经济发达、文明进步等。改革开放40多年来，中国发展的成就不仅仅体现在经济建设方面，而且实现了政治、社会、文化等各个方面的全面发展。特别是党的十八大提出了"两个一百年"奋斗目标：在中国共产党成立100年时全面建成小康社会；在新中国成立100年时建成富强民主文明和谐的社会主义现代化国家。将"两个一百年"奋斗目标作为实现中国梦的具有内容，把中国古人的"大同"理想转变为全国人民共同奋斗的具体实践。

在党的十九大上，以习近平同志为核心的党中央，综合分析国际国内形势和我国发展条件，将2020年到本世纪中叶这三十年分两个阶段来作出战略安排：第一个阶段，从 2020 年到 2035 年，在全面建成小康社会的基础上，再奋斗十五年，基本实现社会主义现代化；第二个阶段，从 2035 年到本世纪中叶，在基本实现现代化的基础上，再奋斗十五年，把我国建成富强民主文明和谐美丽的社会主义现代化强国。2020 年全面建成小康社会，2035 年基本实现社会主义现代化，2050 年把我国建成富强民主文明和谐美丽的社会主义现代化强国，这就是新时代的"三步走"战略。

党的十九届四中全会提出，坚持和完善中国特色社会主义制度、推进国家治理体系和治理能力现代化的总体目标是，到我们党成立一百年时，在各方面制度更加成熟更加定型上取得明显成效；到 2035 年，各方面制度更加完善，基本实现国家治理体系和治理能力现代化；到新中国成立一百年时，全面实现国家治理体系和治理能力现代化，使中国特色社会主义制度更加巩固、优越性充分展现。

这样的发展战略，继承和发展了邓小平同志提出的"三步走"战略，绘就了实现中国梦的路线图，开启了全面建设社会主义现代化国家新征程。

（2）共建共享

共富共享是马克思主义学说中理想社会的一个基本目标，也是自古以来我国人民的一个基本理想。在当前我国基本社会条件下，共富共享的理想社会，需要在共建中实现共享，共享中促进共建。

中国梦归根到底是人民的梦，必须紧紧依靠人民来实现，必须不断为人民造福。所以说，中国梦是全体中国人民共同的梦想，是中华儿女渴望走向国家富强、民族复兴、人民富裕的强国复兴之梦。人民群众是推动历史不断向前发展的根本动力源泉，中国梦的实现也需要中国人民的共同努力。国家权力为全体人民所共有，人民共同治理自己的国家，人民为了共同的梦想，凝聚力量，共同奋斗。

人民共同享有人生出彩和梦想成真的机会，共同享有同祖国和时代一起成长与进步的机会，其实就是人民群众作为社会主义的建设者，也是劳动成果的享有者。在理想中的"大同"社会，其中一个重要标志就是劳动者共同享有劳动成果。让人民共同享有人生出彩和梦想成真的机会，特别是当前我们还处于社会主义初级阶段，物质资料还没有丰富到可以按需分配的时候，使"共同享有"变为现实，就必须保证平等地享有"机会"。这正是"大同"理想的"老有所终，壮有所用，幼有所长，鳏寡孤独废疾者，皆有所养"的生动诠释，而我们日益完善的社会保障制度体系，为这些理想的实现提供了真实的制度保障。

习近平总书记说："共享理念实质就是坚持以人民为中心的发展思想，体现的是逐步实现共同富裕的要求。"[1]他还精辟地阐述了共享发展理念的四个方面的主要内涵：一是全民共享，就是人人享有、各得其所；二是全面共享，就是要共享国家经济、政治、文化、社会、生态各方面建设成果；三是共建共享，就是要广泛汇聚民智，最大激发民力，形成人人参与、人人尽力、人人都有成就感的生动局面；四是渐进共享，就是共享发展必将有一个从低级到高级、从不均衡到均衡的过程，要立足国情、立足经济社会发展水平来思考设计共享政策，既不裹足不前，也不好高骛远。[2]

总之，共建共享理念注重的是解决社会公平正义问题。让广大人民共享发展成果，是社会主义的本质要求，是儒家"大同"理想和马克思主义远大社会理想在中国的创造性运用和体现。

2."大一统"的当代启示

20世纪70年代初，汤因比在与日本学者池田大作的对话中指出："就中国人来说，几千年来，比世界任何民族都成功地把几亿民众，从政治上文化上团结起来。他们显示出这种在政治、文化上统一的本领，具有无与伦比的成功经验。"无疑，"大一统"具有强烈的中国特色，是这种成功经验的重要

---

① 《习近平谈治国理政》第二卷，外文出版社2017年版，第214页。
② 参见滕文生：《天下为公：中华文明的世界贡献》，《北京日报》2017年12月4日。

内容之一。"大一统"成立的前提，就是要强干弱枝，中央就必须拥有绝对优势，从而控制全国，让社会稳定。

"大一统"的提法出自《公羊传·隐公元年》："何言乎王正月？大一统也。"徐彦诠释道："王者受命，制正月一统天下，令万物无不一一皆奉之以为始，故言大一统也。"《汉书·王吉传》："《春秋》所以大一统者，六合同风，九州共贯也。"大体意思是：天下所行的事，可推及政治、法律、思想和社会行为各方面，都遵循同一个源头标准，然后根据这个标准的要求朝着各自的目标前行，最终达到天下风气相同，各个地方都遵循着共同的维系标准。

延伸阅读 **梁启超论"大一统"**

梁启超在《春秋载记》中写道："世运尊大同，治法贵统一。"这种说法，可谓道出了大同与大一统的区别。梁启超对传统的大一统思想大加赞赏。他把大同归到世运的范畴，把大一统归到治法的范畴。这也就表明，大一统是大同的前提，大同是大一统治法后的结果。可以这样说，先有大一统，然后才有大同。

在我国历史上，"大一统"不仅始终是有为的政治家们的梦想，是国家治理的目标方向，也深深固化为我们民族精神的一个重要方面。然而，"大一统"被今人误解甚深，以为大是形容词，一统是版图庞大政治统一的中央集权专制帝国。其实不然，大是动词，是推崇之义；一统也是动词，是指要用最高的价值即"一"来统摄整个社会政治。

自春秋战国后，以血缘认同、文化认同、政治认同为标志的大一统思想深入人心。孔子的"王道"思想奠定了大一统的理论基础。当战国中期梁襄王问孟子"天下乌乎定"时，孟子说"定于一"。这个"一"已不是指要不要统一，而是指要统一在什么样的治理理念之下的问题了。董仲舒及其生活的汉武帝时代，是大一统的理论与实践成熟期。在儒家理念中，"大"意味着重视、尊重；"一统"并不仅指领土统一，更重要的是国家秩序与社会秩序的构建，蕴含着政治清明、社会稳定、经济文化繁荣。

儒家的"大一统"理念对于我们今天的国家治理有诸多启示。

第一，国家统一。"大一统"是以国家统一为前提或目标的。历代统治者把国家统一当作不懈追求的终极目标，如秦灭六国、西晋灭吴、前秦伐东晋、东晋北伐、隋朝灭陈等。中国历史上的国家治理问题，最大的争论是完成统一还是分裂割据。然而，事实证明，历朝历代的分裂割据对于国家、社会和人民来说，更多的是灾难。因此，分裂割据的最终结局终将走向统一。

第二，中央集权。中央集权是两千多年封建国家治理的最基本理念和制度要素，"要在中央"是其基本形式，文书律令与官僚行政是其基本手段。这里必须要强调，我们所说的中央集权不是君主专权，不是寡头政治，而是指中央与地方的关系，涉及谁是主导谁是服从的问题。事实上，中央集权是中华民族生生不息、发展壮大的基本保障，也是维护国家统一、保证中华文明延续的有力武器。历史雄辩地告诉我们，什么时候有一个尊奉了儒家思想的强有力的中央政权，什么时候就能实现国家统一、人民安居乐业；什么时候地方坐大或称雄争长，国家就会分裂割据、生灵涂炭。可以说，中央集权是两千多年的历史传统给我们留下的一份珍贵政治遗产，汲取这一政治治理智慧对于形成新时代党的集中领导体制，维护国家统一、边疆稳定、民族团结意义重大，对于新时代坚持党的领导，做到"两个维护"具有文化根源性价值。

第三，权力制衡。我国历史上的治理思想中有权力制衡的内容。一是君权的制衡。秦汉后，不仅延续了先秦为君主设师、傅的制度，用儒家伦理教育从思想上约束君权，也在中央设有制约君权作用的行政中枢、谏议、封驳等机构或职官；中央决策中，有廷议、廷推、廷鞫制度。二是中央对地方的权力制衡。秦以后，我国基本是单一制国家，地方权力集中于中央，主要官吏由中央任命，既职责明确，考核严格，又实行行政、军事与监察三者分离，以制衡地方官吏权力扩张。三是官僚权力的制衡。自秦汉开始，从中央到地方，在各级官吏的权力划分上，在钱财物权及日常行为的管理、行政问责、复核审核、考核、监督监察上，规范日益细密，以防止权力滥用。

第四，多元共治。多元共治既是一个古老的命题，也是一个全新的命题。之所以称之为古老的命题，是因为在我国古代就不乏多元共治的思想。如《礼记·礼运》中记载的"天下为公"之思想即包含着多元共治的理念。明清时代很多学者提出过的"人君与天下共"，其实也含有共治的思想。此外，大儒顾炎武对多元共治也做过深入的剖析，并比较了独治与众治之间的优劣关系。另外，古代的组织机构尤其是基层结构也存在多元共治的形式。

儒家传统的"多元共治"对于当代治理体系与治理能力现代化建设的价值突出体现在，对于包括政府在内的多个治理主体而言，我们既要发挥各个主体的积极作用，又要避免过分注重某个主体而偏废其他。党委、政府、企业、社会组织、公众都不再是单一的治理主体，而是要发挥各自的优势，协商交流，共同参与，实现权力、权利、义务、责任的多元双向互动，争取治理效果最优化。另外，构筑新型多元共治模式，需要理顺国家公权力与民间私权利的关系、国家法律与民间规范的关系、自主治理与共同治理的关系。需要建立领导主导机制、共识形成机制、共同参与机制、利益成果分享机制、行为约束机制、双向治理机制、信息公开机制等科学的多元共治运行机制。特别是，要充分运用民主协商的方式，找到最大公约数，凝聚社会治理的最大共识，形成社会治理的最大合力。坚持公共事务由群众商量着办，善于在不同意见中求同、在不同利益诉求中权衡，把共建共治共享的同心圆越画越大。

在考察分析中国古代社会传统政治时，马克斯·韦伯曾指出，一方面，传统中国的政治支配是典型家产制模式，也就是"家天下"，皇帝是帝国所有人与物的主人，所谓"溥天之下，莫非王土"，作为帝国代表的皇帝拥有无限的权威。另一方面，传统中国从未真正建立起有效的公共财政制度。因此，权威的有效落实缺乏必要的财政支持，权威对社会的渗透能力很难得到完整兑现，中央权力只能控制到县一级。与强大的中央权威形成反差的是，

如何有效地实现中央对地方的控制与治理一直是传统中国政治的难题。① 党
的十九届四中全会把"健全充分发挥中央和地方两个积极性体制机制"作为
推进国家治理体系和治理能力现代化的重要内容作出了部署。贯彻落实这一
精神，应把握好以下几个方面：维护国家法制统一、政令统一、市场统一，
加强中央宏观事务管理，支持地方创造性开展工作，规范垂直管理体制和地
方分级管理体制，建立权责清晰、财力协调、区域均衡的中央和地方财政
关系。

3. 命运共同体，谁与共建

天下兴亡，匹夫有责。人类命运共同体的构建需要世界各国、全体人类
的共同参与。儒家文化中"己所不欲，勿施于人"的道德底线，"己欲立而
立人，己欲达而达人"的崇高道德境界，"丈夫贵兼济，岂独善一身"的道
德情怀，为当今打造人类命运共同体提供了有力的道德支持。孙中山先生曾
对中国传统道德作出精练概括："讲到中国固有的道德，是国人至今不能忘
记的，首是忠孝，次是仁爱，其次是信义，其次是和平。"

在中国特色社会主义新时代，为了攻克困扰人类的全球性难题，习近平
总书记提出构建人类命运共同体，这既与儒家文化一脉相承，又顺应了历史
趋势。习近平总书记强调，"包括儒家思想在内的中国优秀传统文化中蕴藏
着解决当代人类面临的难题的重要启示"。比如，"以和为贵""天人合一""与
人为善""协和万邦""不战而屈人之兵""义利合一"等，这些传统智慧立
体而系统地呈现出有别于西方传统模式的思维和理念，都可以为解决全球问
题提供有益启示。

讲信修睦、协和万邦是中国传统战略文化中的重要理念，中国从古至今

---

① 参见胡萧力、王锡锌：《基础性权力与国家"纵向治理结构"的优化》，《政治与法律》
2016 年第 3 期。

都秉持和平共处的原则以维持国家与国家之间的和谐关系。"讲信修睦"出自西汉戴圣的《礼记·礼运》"选贤与能,讲信修睦"。"协和万邦"出自《尚书·尧典》,"克明俊德,以亲九族。九族既睦,平章百姓。百姓昭明,协和万邦"。也就是先把宗族治理好,才能治理好国家,最后实现天下百姓的和睦相处,这是一个由小及大、依次递进的过程。帝尧所推崇的"协和万邦"精神为后人所接纳,得以广泛的传承和弘扬,是民族融合、各国友好相处的法宝原则。《周礼·春官宗伯》中提出要形成安定和谐的局面:"以和邦国,以谐万民,以安宾客,以说远人。"儒家反对叛乱战争,主张"亲仁善邻""怀柔远人"。《论语·季氏》中反对盲目冲动地诉诸武力,主张发挥仁德的感化力量,即"远人不服,则修文德以来之。既来之,则安之"。孟子主张要以德服人、以礼服人,反对以武服人。在《孟子·离娄章句上·第十四节》中谈到战争的残酷无情,"争地以战,杀人盈野。争城以战,杀人盈城,此所谓率土地而食人肉,罪不容于死"。

除此之外,儒家文化还强调"和而不同"。"和而不同"有着深厚的历史渊源。早在西周末年,《国语·郑语》记录了史伯对"和""同"的关系作出的精辟论述,齐国晏婴在此基础上,以烹调的例子对"和同之辨"进一步作出了论说。孔子继承史伯、晏婴"和同之辨"的基础,明确提出"和而不同"的思想,即"君子和而不同,小人同而不和"。在此,孔子不仅对"和"与"同"进行区分,还以此作为区分君子与小人的标准:即君子能与他人保持一种谦逊和谐的关系,既能兼容差异化的见解,又不会迷失自我保持相对独立性;而小人恰恰相反,为人处世没有原则,只是一味盲目附和乃至拉帮结派。因此,"和而不同"思想孕育的是一种和谐共存的为人处世的原则,而不是对立和冲突,它显示出儒家文化的包容性和开放气派,也是儒家文化经久不衰的动力所在。"和而不同"既能保留优秀文明传统,又能容纳其他文明。这种求同存异、兼收并蓄的精神内涵,不仅让中华文化不断吸纳其他文明的有益成果,保持旺盛的生命力,更为重要的是为跨文化交流拓展了渠道以及为不同文明之间的长期共存扫清了障碍。

习近平主席在联合国教科文组织总部的演讲中提到："文明因交流而多彩，文明因互鉴而丰富。文明交流互鉴，是推动人类文明进步和世界和平发展的重要动力。一花独放不是春，百花齐放春满园。"当前，世界处于多样性、差异性、共生性的统一中，不同文明相处需要和而不同的精神，需要相互交流、彼此借鉴，才能形成一个绚丽多彩、欣欣向荣的世界。

习近平主席提倡不同文明的交流互鉴、求同存异与儒家文化中"和而不同"的思想理念异曲同工。儒家文化中"和而不同"的思想理念是中国人民取之不尽、用之不竭的智慧源泉，对于形成"各美其美，美人之美，美美与共，天下大同"的国际关系有巨大的推动作用。具体而言，在国际交往中，我们应积极寻求各国之间的共同利益，求同存异，和而不同，谋求国家间和平共处，进而倡导在合作中实现共赢，在和平中谋求发展，通过积极践行公平正义、互惠互利的理念，努力推动构建以相互尊重、和平发展、合作共赢的新型国际关系，最终倾力打造人类命运共同体，极力实现国家关系的公正有序发展。所以，习近平总书记关于构建人类命运共同体的重要论述实际上是中国古代的历史经验在当今时代条件下的创新和升华，同时也是儒家文化中"和合"思想的积极运用。

第四章　道之以德　以德化人

——公民道德养成的着力点

德治是儒家治道思想的重要方面。儒家的德治思想继承发展了西周"敬德保民""天命靡常，惟德是辅"的观念，孔子对为政者提出了"为政以德，譬如北辰""道之以德，齐之以礼，有耻且格"（《论语·为政》）的倡导，孟子发出了"以德服人者，中心悦而诚服也"（《孟子·公孙丑上》）的赞美，并将德治深化为"仁政"，荀子推崇"以德兼人"的王道。儒家德治思想体现的是人与社会之间和谐治理的关系，它的关注点及精神实质就在于以公民道德养成为着力点，实现人与社会的协调发展。

一、德治与教化

儒家文化实质上是一种德性主义文化，强调道德在国家治理上的优先性。在儒家看来，因为相信人性的可塑性，道德是可以养成的，道德君子甚至圣人也是完全可能存在的。而道德的确立又保证了人发自内心的自我约束机制，因此也就确立了通过教化培育人才的可行性。因此，德治的最佳手段，便是教化。通过教化，在民众心里养成与社会相融的德性，执政者实施的德治，就能获得最为合拍的响应。

1. 为政以德，星拱北辰

德治的前提是为政以德。为政以德是儒家治理思想的核心要义。

德治思想的源头可追溯到尧舜时代。据称，唐尧之时，"克明俊德，以亲九族；九族既睦，平章百姓；百姓昭明，协和万邦"（《尚书·尧典》）。虞舜之时，大禹说："德惟善政，政在养民。"（《尚书·大禹谟》）皋陶也说过："允迪厥德，谟明弼谐。"（《尚书·皋陶谟》）

殷商时期，人们虔信鬼神，祭祀频繁隆重，重鬼神而轻人治。《礼记·表记》载："殷人尊神，率民以事神，先鬼而后礼，先罚而后赏，尊而不亲，其民之敝，荡而不静，胜而无耻。"

以周公为代表的杰出政治家从殷商王朝覆灭的教训中，得出了"天命靡常"（《诗经·文王》）的结论。在周公、召公看来，周朝之所以取代商朝，是因为周文王怀保小民感动了上天，上天才降大命保佑周王朝。他们开始意识到"皇天无亲，惟德是辅"（《尚书·周书》），认为要想长保天命，君主只有"聿修厥德"，才能做到"以德配天"。因此，他们治国方针便是"敬德保民"。

春秋末年，孔子全面继承周代的德治思想，并希图以一己之力挽救当时礼崩乐坏之颓局，四处疾呼要"克己复礼"，并把道德建设作为从个人修身到国家治理的基本要求，将个人修身立德与国家德政推行统摄在一起，形成为以立身之本为道德，立国之基为政德且两者须臾不可分的治理原则。

孔子提倡以君子注重自身道德建设，仅仅是针对包括天子和诸侯在内的统治者而言的，不应对平民百姓作强制性的要求。孔子提出："为政以德，譬如北辰，居其所而众星拱之。"意即执政者以道德原则治理国家，百姓群臣就如众多繁星一样绕其周围，国家社会便能井然有序，旨在强调道德教化对于治国理政的重要意义。

孔子认为，为政者实行德治的首要政治道德是"正"。从孔子的言论中可一窥究竟。"政者，正也。子帅以正，孰敢不正？""其身正，不令而行；

其不正，虽令不从。""苟正其身矣，于从政乎何有？不能正其身，如正人何？"这些都意在强调以身作则的重要价值，自正其身不仅仅能够提高自我修养，也能通过道德感召力与人格魅力感化、启发他人。因此，为政者先正己而后正人，只有这样，才能营造良好的秩序社会。

在孔子看来，其实"为政"是很容易的事情，只要为政者做好了表率作用，就可以"垂衣裳而天下治"了。他对自己的教育很自信，认为自己的很多弟子都具备治政的能力，例如季康子问子路、子贡、冉有"可使从政也与?"孔子说："由也果，于从政乎何有？""赐也达，于从政乎何有？""求也艺，于从政乎何有？"(《论语·雍也》)

继孔子之后，"亚圣"孟子继承和发展了孔子的"为政以德"思想，更是旗帜鲜明地提出"仁政"思想，要求统治者"以德王天下"。他认为，人皆有"不忍人之心"，故先王实行的也就是"不忍人之政"(《孟子·公孙丑上》)，即实行"仁政"。孟子要求统治者要做到"施仁政于民，省刑罚，薄税敛"(《孟子·梁惠王上》)。他还提出了"制民之产""取于民有制"等一系列仁政主张。

荀子的观点与孟子相近，也主张君主以德治民："君子以德，小人以力，力者德之役也。"(《荀子·富国》)又提出"三威"之说："有道德之威者，有暴察之威者，有狂妄之威者"，"道德之威成乎安强，暴察之威成乎危弱，狂妄之威成乎灭亡也"(《荀子·强国》)。君主治国所施之"威"有不同，获得的治国效果迥然不同。

先秦儒学对伦理道德的重视与强调，为后世道德崇仰甚至政德至上观念的发展奠定了坚实的理论基础。而"从政以德"，几乎成了后世明君高扬的道德旗帜，引领着德治思想不断有新的发展。例如，宋明理学以《大学》为根据，从中概括出"三纲八目"的治国模式。三纲为明德、亲民（朱熹释作"新民"）、止于至善；八目为格物、致知、诚意、正心、修身、齐家、治国、平天下。对于君主的修身，他们极为看重，期望君主志向确定而达到天下大治。

此外，古人强调为政以德，往往伴随着勤政为民。勤政为民思想萌芽于商周时期，流行于春秋战国时期，发展于宋代。《尚书·盘庚》中指出"重我民""施实德于民"。西周政治家周公旦吸取商朝灭亡的历史教训，提出"保惠于庶民"的思想。春秋战国时期孔子、孟子的勤政为民思想广为流传，"节用而爱人，使民以时""民为贵，社稷次之，君为轻""得道者多助，失道者寡助"。宋代程颐提出"为政之道，以顺民心为本，以厚民生为本，以安而不扰为本"。勤政为民体现出的是中华优秀传统文化对于民心向背的高度重视，有利于社会的秩序稳定和国家的长治久安。新时代，政德对于社会道德仍具有引领与提升意义，广大党员干部要立德为民，更要勤政为民，强化全心全意为人民服务的宗旨意识，坚持以人民为中心，惠民意、暖民心、解民情，从而实现国家的"良法善治"。

2. 寓治于教，寓教于治

儒家主张借助道德的力量来维持社会使其安宁和顺，道德教化则是达到此目的的基本手段。道德教化是儒家政治文化的轴心，也是实现德治的基本路径。儒家提倡，穷则"寓治于教"，达则"寓教于治"。即不管何种状况下的国家治理，都要将教化融入其中。

管子为齐国相，实现大治之后，郑重提出，"仓廪实而知礼节"，也就是富则教之，使民知所趋向。他提出了礼义廉耻的道德体系，使民敦礼义，知廉耻，并把善教提升到国家兴亡的高度来认识，他说："礼义廉耻，国之四维，四维不张，国乃灭亡。"

孔子在回答冉有"既富矣，又何加焉"的提问时，明确指出："教之"；在回答子张"何谓四恶"的问题时，将"不教而杀"视为暴虐行径，列入恶政之首；他特别提出了"导之以政，齐之以刑，民免而无耻；导之以德，齐之以礼，有耻且格"。这可以说是孔子所主张的善教的基本导向和内涵。在孔子看来，民众在解决衣食温饱之后，迫切需要的是进行教化，使之明礼义、重廉耻、远罪恶、知是非、近善良、敦乡里、识大体、爱国家，能够自觉地进行内省，约束自己的行为。孔子的教化逻辑是：君子引导小人，通过以身作则来教化他们，不能用强制的办法。上行下效，在上位的人必须身体力行，做出表率，不用说什么，老百姓自然就会跟从。他的"庶富教"的三字治国诀里，教化是国家治理的"定海神针"。

主张"善政"的孟子提出，民富之后必须施行教化，否则与禽兽无别，"人之有道也，饱食暖衣，逸居而无教，则近于禽兽。圣人有忧之，使契为司徒，教以人伦：父子有亲，君臣有义，夫妇有别，长幼有序，朋友有信。"并认为"善政"与"善教"不可分，"善教"有助于以礼义化民，是导致"善政"的根本和落脚点，因而也是民心趋向。他说："仁言不如仁声之入人深也，善政不如善教之得民也。善政，民畏之；善教，民爱之。善政得民财，善教得民心。"他亦反对"不教而诛"，但主张"教之不改而后诛之"。

因儒而入法的荀子，虽然较为偏向"法治"，但对儒家的"成人之教"却予以充分肯定。他强调人后天的教育与培养，体现出了对道德教化的崇仰。他说："不教而诛，则刑繁而邪不胜。"

到汉武帝时期，董仲舒不仅把儒学推到独尊地位，而且比较充分地论证了教化之功。他说："政有三端：父子不亲，则致其爱慈；大臣不和，则敬顺其礼；百姓不安，则力其孝悌。孝悌者，所以安百姓也，力者，勉行之，身以化之。天地之数，不能独以寒暑成岁，必有春夏秋冬；圣人之道，不能独以威势成政，必有教化。"(《春秋繁露·为人者天》)治理国家不能只靠刑罚，通过教化培养人的是非荣耻之心，犹如防止犯罪的堤防。而自董仲舒将儒学推至独尊地位之后，以儒家思想教化民众，成了后世儒家最为踊跃推行的一件事情。

《淮南子·泰族训》中说：把天下最贤德的人举荐出来，任命为三公；把国家中最贤德的人举荐出来，任命为九卿；把一县之中最贤德的人举荐出来，任为二十七大夫；把一乡之中最贤德的人举荐出来，任为八十一元士。提倡以其才能大小给予适当的官职，让其做合适的政事。道德教化由天子达至百姓，上面有所倡导，民众就会随声应和。

东汉王符提出:"人君之治,莫大于道,莫盛于德,莫美于教,莫神于化。"他还说:"明王之养民也,忧之劳之,教之诲之,慎微防萌,以断其邪。""是故上圣不务治民事而务治民心。"(《潜夫论·德化》)

唐太宗李世民说,善教不仅可以使民富,还可以使民贵。他说:"朕常欲赐天下之人,皆使富贵,今省徭赋,不夺其时,使比屋之人恣其耕稼,此则富矣。敦行礼让,使乡闾之间,少敬长,妻敬夫,此则贵矣。"

北宋王安石说:"善教者藏其用,民化上而不知所以教之之源。不善教者反此,民知所以教之之源,而不诚化上之意。"

南宋的朱熹认为,《大学》的本意,一是要求君子能够尽其所天资本性,把握道德深意,达成"明明德";二是要求君子在成就自身道德的同时而对民众施以教化,让更多的人能够回归本心,领悟道德。(《大学章句序》)

在实践方面,宋明理学家们通过书院讲习等方式传授儒家伦理,为修身、齐家、治国、平天下的实现提供良好的社会环境,从而提高了广大士人的社会参与意识。

可见,儒家所注重的教化是以个人君子德行的养成和力行而生发的感染连锁效应。儒家教化体系的特征往往被概括为"内在超越性",一方面,对人间伦理生活秩序的高度关注;另一方面,它又在伦理生活的基础上建立了超越之路,从而使得世俗与超越之间保持了动态的平衡。

3.明德慎罚,德主刑辅

西周初期的周公制礼作乐,"明德慎罚"是西周立法的指导思想之一,并逐渐演变为后来朝代治国的核心思想原则之一。明德慎罚出自《尚书·康诰》,"惟乃丕显考文王,克明德慎罚"。

"明德"提倡崇尚德性、敬畏德性,是道德方面的感化教育;"慎罚"提倡刑法适中,不乱罚无罪、不滥杀无辜,是惩罚的手段。"明德"与"慎罚"虽然都是作为治国理政的手段,但两者并非同等重要,而是有主次之分的。

"明德"是治国理政的核心关键，"慎罚"则是治国理政的辅助手段。在治国理政的实践之中，应该先以德化人，教无果而后刑。

春秋时期，周公制定的礼乐秩序失灵并趋于崩溃。遭此世变，孔子扛起"克己复礼"的旗帜，倡导为政以德、刑法为助。孔子为政以德的教化逻辑是：君子引导小人，通过以身作则来教化他们，不能用强制的办法。上行下效，在上位的人必须身体力行，做出表率，不用说什么，老百姓自然就会跟从。因此，他的"庶富教"的三字治国诀里，教化是国家治理的"定海神针"。

当然，孔子也不是完全否认法治。但认为，德可以防患于未然，而刑只能惩办于犯罪后。依据此先后逻辑，他认为应先德后刑，"不教而杀谓之虐"。与之衔接，刑罚亦不可废弛，当秉持"宽猛相济"的原则。既然刑罚乃不得已而为之措施，那么更应谨慎，孔子于是提倡刑罚适中，倘聚敛无度，严刑滥法，会使本已混淆的秩序更加不堪。在孔子的理论学说里，反复强调"德主刑辅"的治道思想。

后世的儒家也认为，奖赏和刑罚可能有助于创造秩序、效率和财富，但是不能帮助人完成道德上的善。相反，如果仅仅依靠奖赏和惩罚，人的生理本能和欲望等就会不断被激发出来，最终会被异化为物质和欲望的奴隶而不能自拔。

孔子说："道之以政，齐之以刑，民免而无耻；道之以德，齐之以礼，有耻且格。"（《论语·为政》）即是说，德治与法治相比较，德治优越于法治，故孔子强调"德主刑辅"。主张"善政"的孟子提出，民富之后必须施行教化，否则与禽兽无别，"人之有道也，饱食暖衣，逸居而无教，则近于禽兽"。儒家重视德治，也不否认法律的社会功能。孟子对这个问题认识得非常清晰，即"徒善不足以为政，徒法不足以自行"（《孟子·离娄上》）。

儒家对待德与法的态度是在社会治理中实行有主从差别的选择运用。在治国安民中，应以道德教化为主要手段，而以刑罚惩治为辅助手段，也就是"德主刑辅"。提倡德治并不是不要法律，不要刑罚，而是强调要积极实施教化，先教后罚，以刑辅德，不专以刑杀立威。

不过，对于法治，在法家的思想里，显然更有权重。其代表人物韩非子说："国无常强，无常弱；奉法者强则国强，奉法者弱则国弱。"（《韩非子·有度》）强调法的共守性，主张"法者，天子所与天下公共也"。秦朝以吏为师，采用法家学说，一统天下，以儒家为代表的德治思想并未成为主流。不过暴秦二世而夭的教训，引发了汉代当政者的思考。汉初，贾谊提出，"礼者禁于将然之前，而法者禁于已然之后""以礼义治之者积礼义，以刑罚治之者积刑罚。刑罚积而民怨背，礼义积而民和亲"。他认为，德刑不可对立，必须德刑并施，礼法共用，仍以德治为主。

自西周提出"德主刑辅"后，该理念一直贯穿于历代治国实践当中。秦汉以降，古代司法制度逐步完善，形成了多次上报并审核的制度，特别是对死刑的剖判，是极为严格的。终其原因，在于对生命本身的善待和权力运行的钳制。在以儒学为主流意识形态的汉代，德主刑辅思想已很完备，并与宇宙论结合，获得了天道的合法性依据。董仲舒将这一原则总结为"任德不任刑"。后来，这一原则逐渐成为历代治国理政的法制核心思想。但由于历代刑法不同以及贯彻力度不一，所产生的影响也就不尽相同。

延伸阅读 **沈家本的"慎刑"理论**

清代，沈家本的"慎刑"理论成为中国古代"慎刑"理论成熟的标志。在沈家本看来，法律本是对人们行为进行调节的一种规范，它的作用便是治民治国，因此法律必须统一，即断罪之律应当统一，由此才能更好地发挥调节作用。沈家本提出，"情理"为新旧法学的共同核心。他以"情理"为基础，提出了"平恕"的审判思想。他甚至将"平恕"看作是司法之本，认为统治者能不能做到"平恕"，决定着法律能否被"宽平"地适用。他将"明德慎罚"思想进行了螺旋上升式的诠释，"慎刑"理论和"重德"巧妙地合为一体，产生了深刻的影响。

二、仁政与王道

古代中国人将有德行、有志向，为理想而献身的人称为仁人；将宽厚养民的政策称为仁政。儒家认为，理想的为政者应该存仁心、施仁政、行王道。在儒家思想系统中，王道、仁心、仁政三者形成了一个有机的结构，共同铸就了儒家仁政思想的体系。

1. 王道何善，霸道何患

儒家的仁学从人性高度剖析人的崇高品质，其目的旨在赞扬和推崇这一品质，从而提升人、完善人的道德修养。因此，儒家的仁学是为人处世的人生哲学和生命哲学。

仁的观念其实早于孔子之前就已出现，表现为人际关系之间的亲和性情感。但就先于孔子之前仁的思想而言，标志人的道德观念是德，其思想代表是周公。从周公到孔子，仁的观念已逐渐在日常生活中延展开来，其主要含义是仁爱，仁的内涵也应时而变，逐渐演化为为人处世和伦理道德的准则。

从儒学发展史来看，孔子"祖述尧舜，宪章文武"（《礼记·中庸》），把重点放在对"人"的研究上，站在"人之为人"的高度来反思春秋社会礼乐崩坏过程中人与人的关系变化，在前人的基础上提出了"仁"这个概念，并以"仁"为中心，把人从天命神学中解放出来，并将之视为士君子的核心品格。

孔子对"仁"有诸多解释，但主要都是在伦理道德的意义上提出的。也就是说，孔子所谓的"仁"主要是就社会生活中人与人关系的处理提出的根本原则和基本精神。

孔子说："仁者，人也。"（《礼记·中庸》）在这里，孔子把"仁"界定为人性的本能，也就是说，仁是人之所以为人的根本所在，"成人"和"成仁"之说就是因此得来。可以看出，孔子是非常重视"仁"的，把它放在了第一位，是做人之根本。那么，孔子又是如何来论述"仁"的基本含义的呢？"樊迟问仁，子曰：'爱人'。"（《论语·颜渊》）仁与爱就组合成"仁爱"，从而成为孔子"仁学"体系的核心。

孔子的"仁爱"思想首先是一种具体的道德规范，即爱与善。具体来看，孔子的仁爱是从爱亲开始的，即父慈子孝，兄友弟恭，慈孝是父子之间的爱，友恭即"悌"则主要指手足相亲相爱。有子曰："其为人也孝悌，而好犯上者，鲜矣。不好犯上而好作乱者，未之有也。君子务本，本立而道生。孝悌也者，其为仁之本与！"（《论语·学而》）意思是，像孝敬父母，尊爱兄长的这一类人，很少有冒犯上级官长的行为，而不冒犯上级却喜欢造反作乱的行为，更是从来不会发生。君子在根本上下功夫，根本建立好了，道就由此而生了。孝敬父母，尊爱兄长，就是仁的根本吧？所以，孝悌是孔子"仁爱"思想的根本。

仁爱思想虽然始于爱亲，但并非仅仅停留在爱亲上。孔子用推己及人的方法将仁爱提升到"爱他人"和"泛爱众"层面，进行要求亲近有仁德的人。子曰："弟子入则孝，出则悌，谨而信，泛爱众而亲仁。行有余力，则以学文。"（《论语·学而》）即仁爱的范围由爱有血缘亲情的亲人到同生活在宇宙间的众人，一直到天下人，也就是"德行于天下"。孔子认为一个人周围的朋友很重要，仁者应该与一些勇敢、诚实、正直的正人君子做朋友，并且要多向他们学习，以友辅仁。孔子这种爱众亲仁为许多思想家所继承，并在自己的思想体系中予以发展，使"仁"的内涵更为充实、饱满。

仁何以立、何以维持？孔子认为，"克己复礼为仁。一日克己复礼，天下归仁焉。为仁由己，而由人乎哉？"克己复礼是孔子对"仁"的主要诠释，也是儒家思想的精髓所在。孔子认为，只要按照社会约定俗成的伦理道德标准去约束自己，就打通了通往"仁"的命脉，也便掌握了仁德的金钥匙。一个人能否成为有仁德的圣人或者君子，关键在于他是否勤于修炼，善于修身，"我欲仁，斯仁至矣"（《论语·述而》）。心诚则灵，只要人认识到"仁"的重要性，便有了决心和毅力达到"仁"的至高境界。

在《论语》一书中，"仁"字出现了100余次之多，"仁"不仅是诸多道德观念的集中展现和至高标准，而且作为一种被广泛接纳的道德价值观，具有本源性、总体性的特征，也为其他道德标准的建立制定了硬性标准。

孟子在孔子思想的基础上将仁与义联系起来，把仁义作为道德行为的最高准则。孟子认为人人天性中都带有恻隐之心和羞恶之心，并将恻隐之心定义为仁的开端，羞恶之心定义为义的开端。"恻隐之心，人皆有之；羞恶之心，人皆有之。""恻隐之心，仁之端也；羞恶之心，义之端也。"（《孟子·告子上》）

孟子还从人性的角度探讨了"成仁"的可能性。他认为人人都有善良的本性，只要守住本心，就能成为有仁德的人。那么，既然人性都是善良的，为什么现实社会中又有那么多的不道德之事呢？孟子认为现实生活中的不道德的人并非原本就没有道德，而是在成长过程中丢掉了善良的本心。"仁""义""礼""智"是人本来就有的天性，但如果你丢掉它，就会成为一个德行有失的人。所以，一个具备良好天资的人若不能经常反省自觉，虽有四端之善性，但也可能趋向于恶。孟子提出人们要反省内省，从而找回自己"本心之德"。

延伸阅读 **徐复观论中国文化的道德根基**

新儒家学派徐复观认为，中国传统文化关于人文主义性格的建构大约始于周公，主要表现形式为礼乐秩序的建立，但这仅仅是人文主义的"嫁衣"。而孔子使之转化为内在的、自发的、道德的人文主义。为此，中国文化的道德属性便有了根基和底蕴。

秦汉时期，中国社会真正实现了政治上的大一统，探讨宏观宇宙图景、宇宙系统的学说盛行一时。董仲舒把孔子儒学所崇奉的仁看作是天的德行，以天心为仁，实际上是以仁作为宇宙万物的内在主宰。

在本体论上比董仲舒等汉唐儒家更进一步论证了天道即人道、人道之仁即是天道的是宋明理学。北宋大儒周敦颐的《太极图说》从根本上阐述了人道即天道、仁即天这一问题。朱熹则言："仁者，心之德，非在外也。"（《四书集注》）一个人如果想要实现仁，仁就埋藏在自己的心中。如果自己根本不想实现仁，即便仁就在自己的心里，也无济于事。朱熹继承了传统儒家为政以德的思想主张，认为为政治国，必须施仁政，这在某种程度上体现了思想家对于生活在社会底层的民众的生存条件的关注，也体现了其对于优良政治生活的追求。朱熹在学理上阐释了"仁"和"德"这两个概念的含义，进而对于"仁政"与"德治"也作出了新的理解。"德字从心者，以其得之于心也。如为孝，是心中得这个孝，为仁，是心中得这个仁，若只是外面恁地，中心不如此，便不是德。"（《朱子语类》卷二十三）朱熹对于德的理解，显然更多地吸收了传统儒家特别是思孟学派的观点，把德理解为个人通过心性修养而获得的品质，所以，德主要体现为人的善良本心，即所谓"仁"，把善良的本心推行于政治，就是为政以德。"政之为言正也，所以正人之不正也。德之为言得也，得于心而不失也。"（《朱子语类》卷一）善良的本心是实行德治善政的前提条件。同时，朱熹认为，统治者只要从善良的本心出发，实行符合仁德的政治，便将收到"无为而天下归之"的效果。朱熹的这一观点，实际上是对孟子"以不忍人之心，行不忍仁之政"观点的进一步阐释。

基于仁的内在性和实现仁的自主性，儒家认为，一切伦理规范都是发自内心的自觉选择，人们应该自觉地服从与遵守社会规范。

2.仁者仁心，仁心爱人

行德政是孔子的"仁"学在其政治主张上的反映。孔子谆谆告诫执政者，统治人民要谨慎小心，"懔懔焉如以腐索御奔马"（《说苑·政理》）。对下层人民只有"临之以庄",才能获得他们的"敬"(《论语·为政》),"要因民之所利而利之"(《论语·尧曰》)。

"仁政"学说是孟子在孔子"仁学"思想的基础上加以继承与发展的产物。孟子提出了"民为贵,社稷次之,君为轻"的观点,将民本思想发挥到了极致。行仁政,天下可得到治理,反之则乱。事实上,这与孔子的泛爱众思想是一脉相承的。

孟子从人性的视角来推演为政的可行性,他认为,仁是连接人与自然的一种根本,是统治者政治品质和政治道德的核心,所以为政者要实行仁政思想,仁爱要推己及人。

孟子将"人民"视为诸侯三宝之一,他指出:"诸侯之宝三:土地、人民、政事。"(《孟子·尽心下》)孟子充分认识到民众的所思、所想、所盼对君王统治和政权稳定有着重要影响,得民心者得天下,人民才是天下安的根本所在。"桀纣之失天下也,失其民也;失其民者,失其心也。得天下有道:得其民,斯得天下矣。得其民有道:得其心,斯得民矣。"(《孟子·离娄上》)因此,统治阶级的道德情操、权力取向、君民关系与天下得失紧密关联在一起。

"君臣关系"是中国历代政治得失的核心议题,因此也决定了江山社稷的稳定和国泰民安的持久性。孟子认为:"君之视臣如草芥,则臣视君如寇仇","君有大过则谏,反复之而不听,则易位"(《孟子·万章下》)。

孟子对非正义的战争嗤之以鼻,认为任何一场战争脱离了使天下安的初衷便失去了生长的土壤,无论如何能征善战,也会遭受民众的唾弃。"春秋无义战。彼善于此,则有之矣。征者上伐下也,敌国不相征也。"(《孟子·尽心下》)如果统治者不顾及民众的情感,而盲目发动战争,无论疆域如何开阔,也不会得民心。孟子对没有道德伦理、不懂得尊重民众意愿以及好大喜功的统治者痛恨至极:"争地以战,杀人盈野;争城以战,杀人盈城。此所谓率土地而食人肉,罪不容于死。"因此,他建议"善战者服上刑"(《孟子·离娄上》),正所谓"爱民者,人恒爱之",反之,则江山社稷危矣。

齐宣王攻克燕国后,问孟子是否应该吞并燕国。孟子说:"取之而燕民悦，则取之……取之燕民不悦，则勿取。"

孟子在与梁惠王的一次辩论中，对"仁者无敌"的政治主张详细地进行了阐述。"得道多助，失道寡助"，孟子认为，如果一个君王能够采取仁政的治国策略，减轻刑罚，轻徭薄赋，善于纳谏，崇尚礼仪，推崇仁义，则国泰民安，风调雨顺，反之，则民不聊生，财匮力尽。以仁政讨伐不仁，则合乎历史潮流，正义终将战胜邪恶，正所谓"得民心者得天下"。因此，"仁者无敌"的君主就能够像上古三代的贤君一样统一天下，流传百世。

仁政的具体内容很广泛。孟子认为，实施"仁政"的基础在于"不忍人之心"，如果君王以"不忍人之心"实施仁政，那么便可达到天下归服的政治效果。他还认为，实施仁政的枢纽在于"惟仁者宜在高位。不仁而在高位，是播其恶于众也"，因而国君应尊贤能、省刑罚、薄税敛、重教化。

在具体施政措施上，孟子提出两条思路，即"养民"和"教民"。在"养民"方面，他主张"制民之产"，就是让人们具有一定的财产。在"教民"方面，他主张兴办教育，从小向学生传授孝顺父母、尊敬兄长的道理，"谨庠序之教，申之以孝悌之义"。

换言之，国家通过政治的手段来满足人民的基本生存权利，促进其自身道德素质发展，是孟子"仁政"学说的关键所在。他认为，只要实施仁政，就能在促进心灵安宁、精神向上、行为向善、社会和谐等方面，起到积极的引领作用，社会治理就会出现友好和善、和睦相处、和顺友爱、和谐共荣的崭新局面。

3.普施仁政，王道畅行

传统中国天下观念的源头包含最核心的两层义理：一是天下乃赋予生民万物之价值总源；一是天下乃须代表生民之圣王"推天道以明人事"，即行王道。

儒家就是追求德政与王道的充分实施，从而达成国家稳定的理想状态。

提倡"王道"是先秦儒家主张实施仁政的必然要求。

孔子把代表天地人的"三才"一以贯之为王,"参通天地人"就是要在政治活动中达到天道、自然、人类及其历史文化的总体和谐。在孔子心目中,治国就像驾车,驾驭车马要"以道服乘",治国理政更是如此。孔子说:"虽有博地众民,不以其道治之,不可以致霸王。"这里,"霸"指的是强大,"王"意味着伟大。他要求君王对百姓实施"仁政",让百姓"近悦远来",这就叫作"王道"。

孟子主张王道政治,作王霸之辨,主张王道,反对霸道,着眼于争取民心,其目的是"保民而王"(《孟子·梁惠王上》)。所谓"王道",就是为上者拥有高尚的德性,出于德性,君主的行为大抵都是"仁爱万民"的,于是仁道之君往往是用德性来教化百姓的,说得通俗点,就是以德服人;所谓"霸道"之君,就是凭借武力对百姓施加由上到下的"压迫",让百姓屈服于"武力"之下,这样的君主,是"以武制人",所施行的是"霸道"。他说:"以力假仁者霸,霸必有大国;以德行仁者王,王不待大。汤以七十里,文王以百里。以力服人者非心服也,力不赡也。以德服人者,中心悦而诚服也。"(《孟子·公孙丑上》)他认为,"以力服人"是"霸道","以德服人"是"王道",故极力提倡"王道",反对"霸道"。

荀子认为,王道与霸道的区别并非基于实力上差异,而是基于道义上的修炼。一个国家建立在何种基础上决定了它的未来发展方向,而统治者的道德修养决定了社会长治久安的高度。"道王者之法,与王者之人为之,则亦王;道霸者之法,与霸者之人为之,则亦霸;道亡国之法,与亡国之人为之,则亦亡。"(《荀子·王霸》)荀子认为有三种策略可用于安天下:一是礼义;二是忠信;三是权谋。作为一统天下的手段,王道是以"仁眇天下,义眇天下,威眇天下"(《荀子·王制》),使天下人尊重我,从而树立起权威,达到威震天下和臣民的目的;而霸道则较为狭隘,通过开辟农田、充实库府、招募战士、收受苛捐杂税等手段达到自己的目的,从而实现增强国家经济和军事实力,对外则"存亡继绝,卫弱禁暴,而无兼并之心"(《荀子·王制》)。

因此，王与霸的区别在于：王者臣诸侯，霸者友诸侯。

秦自商鞅变法以来，朝廷是重法家而轻儒家，扩张领土成为第一国策，儒家对此嗤之以鼻，周游列国也不到秦国。而荀子却破例访问秦国，身体力行地在基层观察秦国的社会结构，并会见了秦国君主和丞相范雎，他认为秦国法令严明，政府工作效率高，秦国故此而强盛。但荀子也看到秦国的缺点，就是重武功而轻德教，难以久安。荀子的这些看法恰恰被后来的历史所证明。

"捐礼让而贵战争，弃仁义而用诈谲"，秦国因而完成统一大业，结束了五百多年的分裂局面，建立了中国历史上第一个中央集权的大一统帝国，并为此后两千多年的历代封建王朝奠定了政治体制的基本模式。然而，"捐礼让""弃仁义"的大秦帝国只有短短十五年的寿命，便在中国第一次大规模农民起义和农民战争中土崩瓦解。

秦朝兴衰的历史事实，成为历代史学家笔下的反面教材。汉代史学家陆贾告诉刘邦：守天下不同于夺天下，夺天下得之，而守天下需治之，"汤武逆取而以顺守之，文武并用，长久之术也"（《史记·陆贾列传》）。陆贾在《新语·本行》中，提出了"治以道德为上"的理念。其后，贾谊著《过秦论》，认为秦国依靠兵强马壮统一天下，却因礼崩乐坏而七庙毁，最终沦为历史的笑柄，是源于"仁义不施而攻守之势异也"。这基本上是汉代以来人们的普遍共识。

以今天的眼光来看，儒家的王道政治比西方的民主政治更具全面性，也更具包容性。王道政治要求政治领导人不仅对当下的社会负责任，而且要对天道、自然、文化遗产以及过去和将来发生的事情负责任。中国的王道政治参通天地人者，无所不包、无所不纳。儒家王道政治秩序的维护不仅包括其江山社稷的稳定，还容纳了宇宙秩序以及人类道德秩序的维护，完全超越了西方民主的边界，也映衬出西方民主的局限性所在。只有中国的王道政治能够做到，因为中国的王道政治参通天地人，协调欲情理，能够使三重合法性并存制衡而调适。

三、德治现代化，转换创新

任何伦理思想都是具体历史时代的产物。在中国走向现代化的过程中，应该对儒家德治思想进行具体的、全面的分析即"扬弃"。既要将剥离出来的"精华"与马克思主义道德思想进行"有机融合"，使其转化为马克思主义道德思想中国化的有机组成部分，还要将剥离出"糟粕"，剔除"荡涤心灵中的传统污垢"，由此才能使历史主体或国家治理主体"洗心革面""焕然一新"，真正推进国家治理现代化的历史进程。

1. 传统德目，推陈出新

儒家的"德治"思想可以为新时代国家治理提供丰富的思想资源。儒家所推崇的"德治"思想能够得以实施，是建立在人们对"德治"这一柔和、人性化的治理观念充分信任的基础之上的，这也体现出儒家对统治者与民众和谐相处的高度关注。准确而深刻地理解儒家"德治"思想，可以为今天的公民道德修养和社会规范养成提供更加贴近生活的借鉴，可以帮助我们在社会治理的过程中选择凸显人性关怀的治理方式，从而促进人与社会和谐发展。

（1）推动"以德治国"与"依法治国"的有机统一

坚持党的领导、人民当家作主与依法治国有机统一，是发展社会主义民主政治的首要任务。依法治国是党领导人民治理国家的基本方式，在治国实践中以依照体现人民意志与社会发展规律的法律为准绳，强调法律的权威性与严肃性，法律面前人人平等，任何人不能凌驾于法律之上。

有人提出在法治社会，德治与法治不能共生，借此对以德治国加以批判与否定，这实际是一种误解。法律是成文的道德，道德是内心的法律。儒家德治思想对当今中国仍有重要的借鉴意义。

中国传统儒家历来重视道德立身，强调内在道德自觉的积极意义。法安天下，德润人心。法律的有效实施有赖于道德的支撑，道德的践行也离不开法律的约束，国家治理需要法律和道德协同发力。法治是国家治理的基础，人的道德品行和知识能力对于建构法治社会同样具有内在性与基础性。

由于封建专制制度上的根本局限性，封建社会本质上体现的是皇权至上的家天下。"以德治国"归根究底是为了维护当权者的根本利益；而对于平民百姓来说，充其量只是保障局部权益而已。自新中国成立后，人民当家作主，真正成为国家的主人，因此，我们应该借鉴古代德治思想的传统文化遗产，更好地实现依法治国与以德治国的统一。

传统儒家伦理思想的精髓对国家治理现代化的启迪与价值，不仅仅是单一地强调"德治"，而应该在儒家"德主刑辅"的治国模式基础之上，与时俱进、锐意创新地升华为现代意义上"以德治国"与"依法治国"的有机统一，展现全面依法治国的力度与温度。

（2）以德治建设政府公信力

在儒家"德治"思想中，暗含着一个必要条件，即君民之间必须以有"信"为基础。也就是说，只有建立起信任关系，那么，德治的施展才有可能。孟子认为，如果君主乐民之所乐，忧民之所忧，那么百姓都会自然归附，有天下也就是自然而然的事情了。这对于我们的启示是，政治之理必须取得广大人民群众的深入信任，才能得人心、顺民意，也才能长治久安。

我国的公共行政为了进一步落实好党的群众路线，完善了一系列措施，比如政务公开、专家论证会、听证会等信息公开制度及群众参与机制等。2013年，习近平总书记在党的十八届二中全会第二次全体会议上的讲话中强调，法治建设要与政府职能转变同步，发挥法治的规范与引导作用。"政府职能转变到哪一步，法治建设就要跟进到哪一步。要发挥法治对转变政府职能的引导和规范作用，既要重视通过制定新的法律法规来固定转变政府职能已经取得的成果，引导和推动转变政府职能的下一步工作，又要重视通过修改或废止不合适的现行法律法规为转变政府职能扫除障碍。"通过让人民监督权力、让权力在阳光下运行,转变政府职能,做到依法行政。同时强调,"要推进法治政府建设,坚持用制度管权管事管人,完善政务公开制度,做到有权必有责、用权受监督、违法要追究"。

(3)促使儒家"私德"向"公德"的现代转化

由于传统儒家注重个人的道德修养的提升,认为"自天子以至于庶人,皆以修身为本"。因此对于公德论述较少。但这不意味着,儒家忽视公德,甚至无公德。从孔子的"君子周而不比,小人比而不周"到孟子的"与人为善",再到张载的"横渠四句",无不是在公共生活中确立起人生价值的。

在现代社会,如何将传统儒学中的思想资源加以转化,使之成为滋养现代社会的价值源泉,是一个重大的课题。这里的关键是,将儒学所谓的私德加以转换和创新,化为现代人乐于接受和容易实践的行为指南,而不再是历史的陈迹或仅仅是道德的训诫。

(4)借鉴道德教化,促进"见贤思齐"

传统儒家倡导的"教化"对于今天公民道德养成依然有操作价值。道德教化应该贯穿、渗透于一切公共场域,促进人们"见贤思齐"。

精神的力量是无穷的,道德的力量也是无穷的。古人云:"人以铜为镜可以正衣冠,以古为镜可以知兴替,以人为镜可以知得失。"道德模范是有形的正能量,是鲜活的价值观。"见贤思齐"是人们对崇高道德价值的追求,是道德自律的表现,更是对道德规范的自觉遵从和认同。在我国,当今的道德模范是社会仁爱道德精粹的集中体现,给人们追求仁爱起到了示范作用,是人们学习的榜样。近年来,各地评选出来的道德模范,就是自觉践行社会道德要求的典范。道德模范就是社会的标杆与旗帜,对于广大人民群众来说,是一种价值导向与精神追求。道德模范人物以生动、直观的鲜活形象——坚定的理想信念、高尚的道德品质与崇高的精神追求,成为个体在道德实践中的标准和参照,给予人们心灵的洗涤与精神的鼓舞,潜移默化地影响着人们对道德力量的认同与延续。

　　实践证明，国家的繁荣昌盛，得益于优秀传统文化的根基；社会的有序发展，离不开精神道德的支撑。国家社会的健康发展与文化道德相得益彰。因此，我们要秉持"取其精华、去其糟粕"的原则，坚持"古为今用、革故鼎新"，创造性地汲取儒家伦理思想的精髓，丰富儒家传统思想的现代气质与时代意蕴，为实现国家治理现代化提供母体性的伦理智慧与文化根基。

2.核心价值，与时俱进

　　在我国当前的国家治理中，处处渗透着传统思想的智慧。习近平主席强调的人类命运共同体和"天下一家""天下为公"的思想，是一脉相承而又推陈出新的。社会主义核心价值观，则从各个不同侧面体现着活着的儒家传统。这些继承传统而又赋予其新内涵的思想，是在新时代，结合当前实际与国内外环境，在制度安排、社会理想和文化选择等多个层面上的智慧结晶。

　　社会主义核心价值观从国家、社会、个体三个维度汲取儒家传统文化中蕴含的治国理政之要、社会伦理哲学与个体道德教化等思想。儒家传统文化所蕴含与传承下来的丰富人文精神，是中华民族的精神标识与文化积淀，具有极高的传统价值与时代价值。诸如仁爱、正义、诚信、正义、和合、民本、大同等传统价值，以及爱国、守法、敬业、创新等时代价值，都是社会主义核心价值观的重要思想渊源。因而，儒家传统文化对于社会主义核心价值观的关键与核心问题——如何让社会道德原则主动内化为道德主体的自觉性，有着深刻而独到的阐释与解答。

　　就爱国而言，儒家文化始终秉持积极入世的观点，这体现出在儒家文化影响下的道德主体，极具强烈的民族使命感、社会责任感与时代的忧患意识。儒家所提倡的以天下为己任影响了无数的仁人志士，成为基本的道德行为准则。北宋范仲淹的"先天下之忧而忧，后天下之乐而乐"，南宋文天祥的"人生自古谁无死，留取丹心照汗青"，明末清初顾炎武的"天下兴亡，匹夫有责"，清末林则徐的"苟利国家生死以，岂因祸福避趋之"……都体现出无数爱国勇士对于民族、社会、国家的奉献与牺牲精神。

就敬业而言，儒家文化强调自强不息、兢兢业业的笃实精神。首先，个人要勤奋有为，自强不息。《周易·乾》首次提出自强不息，"天行健，君子以自强不息"。敬业的基础在于勤奋，《三字经》中的"勤有功，戏无益，戒之哉，宜勉力"；《增广贤文》中的"一生之计在于勤"，都旨在强调勤奋的重要意义。其次，敬业的重要价值在于对自我生活的一种尊重。《礼记·学记》中强调敬业爱业，"一年视离经辨志，三年视敬业乐群"；《颜氏家训·勉学》中的"人生在世，会当有业"。再次，敬业的前提是立志向。有志者方能事竟成。《朱子语类·卷第八》中提出立志学习，"学者大要立志"。最后，敬业不应建立在私利之上。"君子喻于义，小人喻于利。"君子看重的是道义，小人看重的则是利益。敬业的精髓在于安贫乐道、重义轻利。

就诚信而言，人无信不立。儒家文化当中，自始至终强调诚信的重要性，孟子讲"诚者天之道也，思诚者人之道也"，《中庸》也有着类似的表达，即以诚信为人立身的根本准则之一。在汉代儒学那里，信在宇宙论的依托下，具有了形而上的依据。

就友善而言，儒家文化传统始终强调一个人对待他人要有友善之心与友善之举。"己欲立而立人，己欲达而达人。"（《论语·雍也》）在孔子思想之中，"恕"是仁爱的消极呈现，即己所不欲，勿施于人。这也可看作是友善的另一种表达，无论是对他人，还是对禽兽对花鸟对草木，人都应该以一颗仁爱之心加以对待，而非恶意相向。《论语》说"泛爱众而亲仁"，就是告诉人们，将亲爱之心扩而大之，以亲善的态度对待身边的每一个人。在这一过程之中，不仅他人会感受到我们的仁爱，而且自己的仁爱之心也得以扩充，最后，将达到天地万物同吾一体的精神高度。

总之，就个人层面的社会主义核心价值观而言，儒家文化都给我们提供了极其丰富的思想资源和践行规范。不难看出，儒家文化只要经过发掘改造，就能焕发生机，与时俱进，变为今人的精神财富。顺应时代要求的新的价值体系的建立，也需要从儒家文化传统中汲取营养，才能潜移默化、深入人心。每个中国人都应树立文化自信、制度自信，努力提高自身素质，用正确的世界观、人生观、价值观充实头脑，携手共建和谐社会，早日实现中华民族伟大复兴的中国梦。

3."文治"秩序，再焕新颜

儒家以"修身、齐家、治国、平天下"作为政治实践的纲领，因之其政治实践往往从身边乡里出发。而这种乡里的政治实践，很大程度上与当下我国提倡的乡村治理有若干暗合之处。鉴于我国目前乡村人际关系色彩浓厚，恰好与儒家所提倡的道德伦理、政治实践有近似的思想背景，将传统儒家的乡村治理实践加以萃取，可对当下的乡村振兴提供思想上和制度上的借鉴。

（1）发挥乡规民约的作用

乡规民约就是乡村社会组织中社会成员共同制定的一种社会行为规范。早在《周礼》中，先秦儒者就已经提出敬老、睦邻等一系列约定俗成的习俗，可称乡规民约的雏形及理论依据。宋代以来，乡规民约逐渐落成文字，并不断完善，先后得到朱熹、湛若水、王阳明等大儒的发展提倡，其影响遍布全国，对中国传统社会的秩序稳定有极大的积极作用。[1]

乡规民约并非法律制度，也不具有强制执行力，但在社会生活中，仍然可以起到倡导新风、宣传法制的作用。比如，吕氏乡约、南赣乡约等乡规民约、《五种遗规》、颜氏家训、朱子家训，针对官民、男女、家庭予以训诫、规劝，入情入理，贴近生活，走近民众；遍及各大族姓的宗谱载有家风、家史，充满了对祖宗父母、生源家世的怀恋，既有对诗礼传家、忠厚做人、勤

---

[1] 参见苏爱萍：《传统儒家的乡村治理术》，《大众日报》2015 年 3 月 4 日。

俭持家、遵纪守法的倡导，更有对一诺千金、仗义疏财、为民请命、忠君爱国、千秋功业的颂扬，以及励志奋进、光耀门庭的殷殷期望，是一笔宝贵的文化财富，富有社会治理可资利用的优秀文化遗产，值得传承发扬。

（2）发挥新乡贤的作用

在传统社会中，我国乡村基层组织兼具民间社区的属性，其典型特征在于乡村治理依靠乡村中宗族的乡绅力量、具有代表性人物等协同参与。建立以年龄为中心的礼制秩序是通过树立乡村道德中典型的人物形象，贯彻国家意志是通过选拔、任用乡村舆论所称颂、拥护的人担任职务等多种手段。在乡村中负责管理的乡绅阶级，大部分都接受过儒家思想的熏陶与教育，甚至属于儒家思想的拥护者。在传统社会中，乡绅阶级所实施的管理方式，很大程度上仍可以为现在的乡村治理、基层治理提供有益的启示。

延伸阅读 "乡贤" 与 "新乡贤"

"乡贤"是中国各地本乡本土有德行、有才能、有声望而深被本地民众所尊重的贤人。"新乡贤"即中国农村优秀基层干部、道德模范、身边好人等先进典型，成长于乡土、奉献于乡里，在乡民邻里间威望高、口碑好。

从乡村治理的具体实践来看，现代乡村治理不仅需要党委领导、政府主导，还需要社会的多元互动，以及村民、居民、社会组织的自我治理，因为很多事情党委、政府不可能完全包办。举个例子来说，明朝的老人制对于社会的纠纷、宗族的矛盾等，曾经发挥过积极的作用。明朝老人制中的"老人"就是当地的年老、资深、德高望重之人，他们的身份介于官与民之间，负责对乡村纠纷进行调停、协商与仲裁，对当事者双方进行教育、感化、帮助等，以解决百姓实实在在的难题为目的。通过非政治的软性力量来解决民间问题，具有一定的积极意义与正面导向。

（3）发挥"风俗使者"的作用

注重民心民意，广泛听取民众意见，吸纳民众智慧，是历史的经验和智慧。我国历史上，自周代"木铎采诗"以来，历代都非常重视民众向上级反映、诉讼等的渠道问题，以通晓民情。历代的君主和官吏通过巡视、查访、纳谏等多种方式，了解社会民生，吸取民间智慧。当然，为了政治体系的稳固，也有相应的程序限定。

总之，我们要对儒家伦理思想进行新的诠释和激活，结合国家治理现代化赋予其新的时代内涵，努力推动儒家德治思想的现代化。

第五章　齐之以礼　教以人伦

——社会核心价值观构建的共通点

中华民族历代都被称为"礼仪之邦"。从国家治理的视角来看，中国传统的国家治理先后经历了两种模式：即礼乐秩序与礼法秩序。从历史进程来看，从夏商周三代到春秋战国时期，尤其以周朝周公制礼作乐为标志，礼乐秩序一直存续。礼法秩序由西周时期的礼乐秩序演化而来，秦汉时期得到发展，唐宋时期趋于成熟，最后终结于清朝末年。礼乐秩序奠定了礼法秩序的基础，其内核构成了礼法秩序的主要支撑。

一、礼崩乐坏，是否杞忧

礼乐也称巫术礼仪，最早起源于原始氏族社会的巫文化，而礼乐制度则是在对原始氏族社会的巫术礼仪基础上，周代为维护封建制度而建立起来的文化制度，是晚期氏族统治体系的进一步系统化与规范化。礼乐制主要用来维护宗法制度以及神权、君权、族权、夫权等，"礼""乐"又各有侧重点，互为补充。"礼"主要是礼节与规范，代表规范与有序；"乐"主要是舞蹈与音乐，代表和谐有序，用"乐之和"弥补"礼之分"。《礼记·乐记》中记载："乐也者，情之不可变者也；礼也者，理之不可易者也。乐统同，礼辨异。礼乐之说，管乎人情矣。"

1. 礼崩乐坏，乱象丛生

早在上古时期，也就是在现存文字记载出现以前的历史时代，礼与乐是不相互区分的。从现有文献记载来看，最早实施礼乐教化的行为可追溯至被誉为华夏人文始祖的黄帝，但是礼与乐是不断发展变化的。经过夏、商、周三代的逐渐发展，已经演化成了各具时代特色的礼乐文化。

我国自西周伊始，就确立起政治系统中的礼乐制度，延续传承并被后续朝代的统治者延续传承下来，成为治国理政的重要手段。公元前 1046 年，武王伐纣，标志着曾经力量强大的殷商就此湮灭，商朝就此退出历史的舞台。周朝的特色之一就是"天下共主"，为了不断扩大地域，加强淮河流域与黄河流域的统治，周公进行了"制礼作乐"的重大变革。

据相关文献记载，周公姬旦在西周建国初期，就建立了宗庙、分封和同姓不婚的三大制度，由此开启了礼乐文明的建构进程。周公制礼作乐一方面是在前人已有经验的基础之上加以规范，另一方面也是对于周人具体实践的总结，从而将原始的巫术活动与社会习俗，创造性地转换成为一套规范日常生活与维护社会秩序的礼仪制度，这样就建构起了系统化、规范化的"礼乐秩序"。

延伸阅读 **王国维论周朝的制度**

王国维说："周人制度之大异于商者，一曰立子立嫡之制，由是而生宗法及丧服之制，并由是而有封建子弟之制，君天下臣诸侯之制。二曰庙数之制。三曰同姓不婚之制。此数者皆周之所以纲纪天下，其旨则在纳上下于道德，而合天子诸侯卿大夫士庶人以成一道德之团体。"

经百余年努力，一直到西周的中期，逐步建立起各种社会人生礼仪，形成了包括朝觐、册命、盟会、聘问、丧葬、射御、学校、选举、宾客、婚嫁、军旅、冠笄、祭祀等各种礼乐规则，使得礼乐制度覆盖政治、社会、人生、生活、宗教等的方方面面。

"安上治民，莫善于礼"，礼被作为规范贵族等级和国家秩序的制度，其基本精神是"亲亲"、"尊尊"，即按照宗法关系别尊卑、序贵贱。"刑不上大夫，礼不下庶人"，反映礼是维护奴隶主阶级的统治工具。通过施行礼乐制度，严格区分君臣、父子、兄弟、夫妇、朋友之间的尊卑关系。

礼的治理思想与实践，是与商周"封邦建国"宗法血缘等级分封政体相适应的。到了东周时期，周王朝的权威日益下降，逐渐名存实亡。春秋诸侯争霸，战国七雄争强，兼并战争此起彼伏，华夏大地经历了旷日持久的大动荡、大变革、大改组。

孔子正好处在一个礼崩乐坏的时代。"礼崩乐坏"就是西周礼乐文明制度的解体，政治秩序、价值秩序与人伦秩序的整体崩塌，造成整个社会秩序的混乱不堪。在政治秩序方面，礼乐征伐自诸侯而非天子，是对君权的挑战；在价值秩序方面，打破了以义为先的原则，而是趋于以对"土地""人民"争夺的战争；在人伦秩序方面，君臣相辅而非一体，"君不君，臣不臣，父不父，子不子"，弑君弑父等有违伦理之事时常发生。

周朝以来的以封建宗法制为根本结构的礼乐秩序，自身所存在的内在矛盾，是礼崩乐坏的根本原因。尤其是礼治结构中"亲亲"与"尚贤"的分歧。周朝的封建宗法制是以"亲亲"为轴心原则，以具有血缘的亲属关系形成的统治体系，这样，统治阶级的利益与权力的分配、继承、转移等都以血缘的亲疏为界限，具有稳定性与亲和性。但春秋时期的诸侯争霸，开启了各个诸侯国之间的冲突、混乱与兼并，各个诸侯国之间的征战频繁，在此形势下征兵、用人的需求随之激增。因此，要突破"亲亲"的轴心原则，"尚贤"原则应运而生。当异姓功臣成为贵族后，政治结构的宗法属性会随之减弱。所以说，国家的生存状况，决定了宗法原则要适应时代需求而作出相应的转变。

虽然孔子提倡"周监于二代，郁郁乎文哉！吾从周"，强调要效法周礼，但是他本人的政治命运却郁郁不得志，从侧面也反映出春秋时期礼乐秩序的式微与崩解。

随着"礼崩乐坏"，王道政治解体，社会生活秩序因此而倾覆，这也是人道价值的失意。孔子对此表示出极大的悲哀："呜呼哀哉！"

2. 礼乐教化，重整文明

面对礼乐崩坏、社会动荡，周游列国的孔子提出了匡救人欲横流、乱臣横行的乱世的方案，就是"为国以礼"。他认为："周监于二代，郁郁乎文哉！吾从周。"（《论语·八佾》）基于先代制度的博征稽考与心体行履，孔子确认以西周为典范的"礼乐文明"制度，其"近人而忠焉"的价值取向是合乎人道生存的本原性目的的。

孔子要"克己复礼"，并不是简单的复归，不是照搬周代具体的文化形式或礼文制度，而是体现于所有古代文化中的深层文化精神，是一种创新建构。在孔子看来，礼乐的器物层面和仪文层面并不重要，可以也应当变革、损益。所以，"麻冕，礼也，今也纯；俭，吾从众"（《论语·子罕》）。他强调简单节俭一些，不必要的仪文器物乃至形式，可以随着时代的变化创新。

孔子对于"礼"这一理论的主要贡献，在于明确了礼对人的生命、人生的重大价值与重要意义，指出要是人的生命中缺少了礼，人就不成其为人。孔子重礼的思想体现于《论语》中，如《泰伯》"兴于诗，立于礼，成于乐"，《宪问》"文之以礼乐，亦可以为成人矣"，《季氏》"不学礼，无以立"，都旨在强调期望通过教化，让人们能够从外在的行为规范中对自己的生命价值进行反思、观照，从而唤醒自己的内在心灵，成为修养品德的君子。

孔子从人文的角度阐释了礼的起源。孔子认为"礼"起源于"报恩"，"报恩"源于"心"，"礼"的直接根源就是"心安"，即报恩与心安成正比。心安与否的感受是一种自然的禀赋，所以在礼的实践中，孔子最重视行礼的真实情感，而不是局限于礼的仪式。孔子在《八佾》中谈道："祭如在，祭神如神在。吾不与祭，如不祭。""居上不宽，为礼不敬，临丧不哀，吾何以观之哉。"《阳货》："礼云礼云，玉帛云乎哉？乐云乐云，钟鼓云乎哉？"这些言论都意在强调礼乐还是本乎心，在于内心的尊敬与气和。

孔子既是礼乐文明的传承者，同时也对传统礼乐文明进行了突破与创新，以"仁"释"礼"就是一大创新。

在孔子的思想中，"仁"与"礼"是辩证的统一体。"礼"以"仁"作为内在的根基，"仁"以"礼"为实现的途径。所谓"仁"，是落实于社会生活中的具体形式；所谓"礼"，是人由内在之"仁"而生发出的外在表现。实现了由原始氏族演化的"礼乐"向政治—社会意识形态体系的转型。由此，华夏民族两千多年的秩序形态和治理模式初步形成。

在"仁"的具体实践中，孔子明确指出："克己复礼为仁。"（《论语·颜渊》）即遵循外在规范意义上的礼是实践"仁"的一大关键要素。而"礼主于敬"，"敬"是实践"仁"的方法论原则，如孔子强调"修己以敬"（《论语·宪问》），"执事敬"（《论语·子路》），"修己"约等于"克己"，"执事敬"约等于"复礼"，在这两个方面都必须持"敬"。

孔子曰："非礼勿视，非礼勿听，非礼勿言，非礼勿动。"说明孔子主张将人的行为活动纳入"礼"的规范当中。在《论语·乡党》中就为我们详细记录了孔子对于"礼"的践行，展示了孔子在日常生活中践礼的言行举止。今天我们依然能够感受到真正的君子通过日常工作对"礼"的践行，从而去落实"仁"的精神价值。

孔子尚礼，在当时也受到一些人的批评，如晏子批评孔子的繁文缛礼："累世不能殚其学，当年不能究其礼。"老子批评孔子装腔作势："良贾深藏若虚，君子盛德容貌若愚。去子之骄气与多欲，态色与淫志，是皆无益于子之身。"老子将个人修养划分为道、德、仁、义、礼五个层次，他说："失道而后德，失德而后仁，失仁而后义，失义而后礼。夫礼者，忠信之薄而乱之首。"（《老子》第三十八章）行礼而忽视忠信，是非常危险的。人的修养当以"礼"为入门第一步，随后便要依次提升为"义"和"仁"，最终达到"德"和"道"。如果仅仅停留在"礼"，止步不前，那就不如不学，学了反而坏事……

孔子之后，承继儒学衣钵的孟子、荀子等又在孔子思想的基础上做了更进一步的阐发与拓展。孟子将孔子的"仁"从性善论的本源意义上做了论证。"仁义礼智，非由外铄我也，我固有之也，弗思耳矣。故曰：'求则得之，舍则失之。'"（《孟子·告子上》）进一步确立了著名的"四端"说，由此强调了人之为人而区别于禽兽的道德本性。

孟子的"礼"概念有"门""心""人伦"三重含义。孟子说"礼是门"，暗示"礼"是具体的、规范性的行为模式和在道德实践上的程序；辞让之心是礼之端，是人心中存在的四端之一，他把"礼"看作是人性本有的一种内在道德性的目的，在于要建立人们与"礼"的必然的内在关联性；"礼是人伦"，"礼"在本质上是"仁义"的道德精神在社会人际关系中的规范秩序，即"人伦"中的体现。孟子把"人伦"规定为一种"礼"，从此肯定了"礼"不仅是一种心性，而且是社会的、具体的脉络中存在着的基本原理。这三重含义联系在一起构成孟子"礼"概念以及通过"礼"的自我修养的整个体系。

荀子则基于"性恶论"认为："凡礼义者，是生于圣人之伪，非故生于人之性也。"（《荀子·性恶》）故而，"礼者，法之大分，类之纲纪也。故学至乎礼而止矣。夫是之谓道德之极"（《荀子·劝学》）。所以，"今人之性，固无礼义，故强学而求有之也；性不知礼义，故思虑而求知之也"（《荀子·性恶》）。

综上可知，上古时代的礼乐秩序先后经历了两次划时代的重大变动：第一次重大变动始于殷周而终于"周公制礼"，"德"的观念成为"礼"的核心；第二次重大变动源于春秋晚期，孔子进一步完善，以"仁""礼"在实践中相互作用，构成同一体的两面性。在这之后，儒家继承人继续将礼制文本化，将儒家的观念与古代的礼仪相结合。

3. 克己复礼，再造太平

儒家秉承"礼"的基本立场与价值观，憧憬与向往以"礼"构建未来社会。从实践的角度来看，只有基于个体生命的内外统一而建立起完整的心身秩序，才能使"礼"作为社会公共生活中的整体秩序而呈现出来。

孔子创立儒家学派，总结礼乐文明的精神实质，并不是仅仅为了满足自身的理论倾向，更深刻的意义在于通过揭示礼乐文明的精神，重振礼乐文明的生机与活力。因此在儒家的传统思想中，礼乐对国家政治来说是一种道德准则，对于平民百姓来说是一种行为方式。

礼乐因人情而设是儒家学派的普遍认知。礼具有释疑、弭争、济变等功能，《左传》中提出："经国家，定社稷，序民人，利后嗣。""礼"能够克制人的过分欲望，唤起人的道德意识，规范人的行为，也就是所谓的"发乎情，止乎礼"；"乐"能够调节人的心绪与情感，使人内心平和安稳，即所谓的"入人也深，化人也速"。要想取得最佳的教化效果，就要促进"礼"与"乐"的相互作用。"礼"旨在让人从内心出发，规范其行为，自觉维持礼所规定的秩序。因为音乐可以深入人心，是人内心最真诚的感情流露，所以，"乐"能够达到这种自觉的教化功能。《乐记》中指出礼乐对于国家的发展与社会的有序的重要作用："乐也者，圣人之所乐也，而可以善民心。其感人深，其移风易俗，故先王著其教焉。"

成就道德治理的基本路径在于全面践行"礼制"。"不学礼，无以立。"（《论语·季氏》）"故学至于礼而止矣，夫是之谓道德之极。"（《荀子·劝学》）这反映了儒家所倡导的礼仪，"礼"是呈现道德行为的共同方式与准则，道德则是在人际交往的实践中呈现的。因此，孔子强调礼乐的重要意义，提倡当政者必须重视礼乐的教化，正如"上好礼，则民莫敢不敬；上好义，则民莫敢不服；上好信，则民莫敢不用情。夫如是，则四方之民襁负其子而至矣"。

孔子重视礼乐教化，但知礼行礼并不是他最终的教化目标，他的教化目标是"仁"，是由家庭关系出发的有等级差别的爱。孔子要通过一丝不苟地实行繁文缛礼，促使内心发生质的提升，达到"仁"的境界。他强调指出，礼决不只是人们表面上看到的那些玉帛钟鼓之类的礼乐仪式，而是有其内在精神的，这就是"仁"。一个人如果"不仁"，即便把礼乐的形式做得再完美，也没有任何意义。在这里，礼的本质就是指礼的精神实质，即以"仁"为中心的道德体系。

孔子主张"仁"是道德的起点，是为人之根本。所以，他认为人类实践礼乐的核心就是"仁"。倘若不仁，则礼乐就无法践行。礼乐不是最终目的，仅仅是一种手段或通往大同的路径，一旦社会演进为大同社会，礼乐才算完成了其使命。子曰："礼云礼云，玉帛云乎哉！乐云乐云，钟鼓云乎哉！"（《论语·阳货》）也就是说，礼，并不只是器物，主要在于文化的精神；乐也并不只是唱歌跳舞，而是把人的精神升华到高超境界。

汉儒总结历史经验时指出，"六经之道同归，而礼乐之用为急"（《汉书·礼乐志》），意味着"治国、平天下"必须要重视礼乐教化。从历史的实践进程来看，只要重视礼乐教化的民族或政权，其社会秩序就会相对稳定；而蔑视或践踏礼乐的民族或政权，则会陷入混乱的局面，甚至政权瓦解。

二、人伦纲常，变革重建

人伦纲常体现了儒学的核心价值观，也是儒学在三教中能够占据主导地位的关键。梁漱溟先生说："中国人把文化的重点放在人伦关系上，解决人与人之间怎样相处。"在新的历史时期，传统儒学的核心价值观念，需要适应当代实际，推陈出新，保留精华，与时俱进，成为社会主义核心价值观念的价值滋养。

1. 礼法并用，援法入礼

孔子的儒家学说虽然没有被当世的国君们采纳，却成为形塑华夏文明的重要思想力量，也为后世之礼法秩序的形成奠定了决定性的基础。历代统治阶级虽强调"礼"，但从没放弃过法的作用。儒家的治理思想和实施逻辑是以家庭道德伦理、礼仪法则为基础推而广之于国家社会的管理或治理层面的。

儒家认为，要想使百姓因内在道德唤醒和羞耻心约束而实现社会安顺，就必须依靠差别有序的礼仪规范与"仁义礼智信"的道德教化。因为儒家传统思想中的"礼"，不仅仅是对日常行为的简单规范，更是维护传统社会秩序的基本方式，进一步说，是"法"的一种形式。因此，违反了"礼"同样会受到"刑"的惩罚。《孔子家语·刑政》"太上以德教民，而以礼齐之。其次以政焉导民，以刑禁之，刑不刑也"，这说明刑之用乃以德作为前提，刑罚只适用于那些不守法度、冥顽不化的人。

所谓"礼法秩序"，简单来说，就是礼治与法治相结合，将儒家"亲亲尊尊"的等级思想引入强制性的法律规范之中，同时，使以刑罚为主要制裁手段的法律成为维护"三纲五常"之统治秩序的保障。

先秦时代，尊礼守礼、依礼行事是孔、孟、荀等先秦儒家存仁心、修仁德的外在基本准则，是"为仁由己"（《论语·颜渊》），为"自己立法"的内在根本含义。而同时代的法家则非常重视法治，认为只有法律才是可靠的。这在儒家看来，颠倒了法和礼的顺序。

孟子认为，礼必然优先于法，因为"徒法不足以自行"。也就是说，法律的制定和推行终究离不开人的因素。

荀子进一步论述了儒家视野中"人"与"法"的关系，荀子讲："有良法而乱者有之矣，有君子而乱者，自古及今，未之闻也。"（《荀子·君道》）这是说，自古以来，"人"与"法"之间即具有密切的关系，"有君子而乱者，自古及今，未之闻也"就是将人的德性的重要性凸显了出来，认为法制也需要以道德为基础，法是对礼的最基本保障，而礼与德对社会而言更为根本。

但这也不意味着荀子忽视法律的重要性。对于触及社会规则底线的人，教之不改，则后诛之。

事实上，到了战国时期，争霸与强国成为时代主题，礼已不适应新形势变化下的国家治理体系需要。各国先后公布成文法，以法取代礼。以秦国为代表的新兴地主阶级，采法家"霸道"之策，剪灭六国，取得巨大成功。统一后的秦王朝还制定了大量律令。

秦王朝"马上"得天下又奉行"马上"治天下，其速亡引起了汉初统治集团的反思。汉初虽然直接继承了秦的许多法律制度，但为政的指导思想已经有重大调整。经贾谊、陆贾特别是董仲舒等人的推动，"礼法并用"的思想应运而生，构成服务于封建大一统国家治理的重要思想。

汉武帝以后开始"援礼入法"，将儒家的伦常理念，引入立法、司法实践。董仲舒通过继承荀子，使法家、黄老的制度与法律贡献在其理论中有了合法的存在地位。他保留并发扬了包括孟、荀在内的儒家人本主义理想，并把这种人本主义精神逐渐灌注在既定的制度、法律体系之中，实现了法治与德治的良性互动，使西汉的治国理念真正完备化。可以说，董仲舒开启了中国古代国家治理"礼法并用"的新阶段。

自秦至清，历代王朝都制定了颇为严密细致的律令，前后相续，涉及国家治理的众多方面。其目的是维护封建秩序的多方面需要，具有调整社会关系的作用。

此外，古人还有"明刑弼教"之说，即用刑罚来辅助教化，以刑制法律作为教化的最底线保障。使得民众能够一方面顺从教化，移风易俗，另一方面也不触及社会规则的底线。所以，明刑弼教的思想，其底色还是以儒家思想的爱民教民为根本，加入了法制思维作为基本保障。

2.伦常构建，改善人际

中国社会讲求人伦，人与人之间要保持一种尊重与关怀，也就是人与人之间的伦理关系，这也体现了社会的基本人际结构。

（1）礼治与制礼

周公制礼作乐之后，孔子进一步将其赋予了"仁"的内在性价值，使得礼乐文明的内涵更为丰富。在此基础上，子思、孟子、荀子等人进一步加以完善，儒家礼乐思想基本成型。

相传为孔子所作的《周易·系辞传》说，"天尊地卑，乾坤定矣，卑高以陈，贵贱位矣"，就是把人放置于天地之间，天高地卑而彰显出一定的秩序，位于其中的人也应该顺应天地之道，贵贱尊卑长幼有序，这样社会才能和谐有序地运转不忒。

在《荀子·礼论》中，荀子一开始就对于"礼"的起源进行了解释。"礼"起源的第一个原因是"人生而有欲"，而人为了欲望会发生争斗，于是先王制礼义，定名分，"以养人之欲，给人之求"。所以"礼"的第二层意思是"养"，荀子的"养"的对象囊括了身体以至情性。于是我们可以看到，荀子对于礼的态度是完全消除了"神圣"的成分，消除了西方意义上的"自然法"意义。"礼"的起源是纯粹非神授的，是非常明白的，甚至是有实用主义色彩的（从养人到培养君子）。

等级制的确立，使一个国家、一个社会的制度得以确立。当然，仅仅依靠严密的等级是不足以运转国家与社会的，还需要礼的调节与润滑。礼的制定，是符合天地之道运行根本规律的，因而也就具备当然的合法性。正因此，礼也在维护等级制度方面起到了不可或缺的作用。换句话说，礼规定了一个人应当做些什么，应当怎么做，为每一个人规定了他应尽的职责，或者说本分。只有每一个人按照这种规定尽好自己的本分，人类才能和谐地发展。

儒家的礼治，核心思想是确立明确的社会分位和职责并将其上升到与天道调和的高度，从而使得社会各项事业井然有序，使每个人都能找到自己的定位，使自己的行为有法可依，有理可据。礼治的方式主要为礼制、礼仪、礼器与礼辞等方面。比如说礼仪，就涉及政治、经济、文化、法律、伦理、习俗等多个方面。大体可归结为三个层面：一是指国家的典章制度，如天子侯国建制、疆域划分、政法文教、礼乐兵刑、赋役财用等；二是古代社会生活中的行为规范，如衣食住行、婚丧嫁娶、言谈举止等；三是对社会成员具有约束力的道德规范。

《尚书·舜典》提出对民的"敬敷五教"之说，据孔颖达疏：五教即为父义、母慈、兄友、弟恭、子孝。《尚书·武成》在歌颂周武王的功绩时，也有"重民五教，惟食丧祭"之语。

《礼记》归纳了"五止十义"。"五止"：为人君，止于仁；为人臣，止于敬；为人子，止于孝；为人父，止于慈；与国人交，止于信。（《礼记·大学》）"十义"：父慈、子孝，兄良、弟弟，夫义、妇听，长惠、幼顺，君仁、臣忠。（《礼记·礼运》）在这套人伦礼义的制约和笼罩下，处于任何社会地位、充当任何社会角色的人，不论是处理纵向还是横向社会关系，均有明确而严密的道德规范。"五止十义"以君臣、父子的关系为主干，又以臣、子的责任或义务为重点。敬是忠，也是孝的表现形式，忠是敬的重要内涵，也是孝的具体形态。就此而言，朝廷的为臣之道与家庭的为子之道，分为异途，实为一理。

儒家整理了很多文献，也发挥了自己很多的见解，编订了不少重要的礼书。从西晋开始，朝廷就按照这些礼经里面的一些结构框架来编制国家的礼制，如根据吉、嘉、军、宾、凶"五礼"制定礼仪。自此以后，大约每个朝代都会根据自己的要求对"五礼"重新编制、修改、调整。①

到了宋代以后，一些个人包括民间人士也参与到制礼中，而且在他们所制的礼中，有些得到了国家的认可，甚至编入了国家的礼典。比如，朱熹的《朱子家礼》就是在司马光的《司马氏书仪》的基础上把古代的礼仪进一步简化和优化。改良以后的《朱子家礼》得到国家的认可，成为国家礼制的一

---

① 杨志刚：《儒家礼文化及其现代回响——杨志刚教授在复旦大学儒学研究中心的演讲》，《解放日报》2014 年 10 月 7 日。

部分，广泛流传于民间，到了明清时，几乎家喻户晓，一些地方每户人家基本上都置备一册。

明朝开国后，朱元璋颁布《圣谕六言》，以孝顺父母、尊敬长上、和睦乡里、教训子孙、各安生理、毋作非为等为中心，拉开了明清两代伦常教化的序幕。

纵观中国古代，五伦、五常、四维、八德体现了中国传统社会伦常关系构建的历程。

（2）五伦

儒家认为，人们自出生以来便处在"五伦"所结成的关系网中。五伦指的是古代中国的五种人伦关系和言行准则。即古人所谓君臣、父子、兄弟、夫妇、朋友五种人伦关系，是狭义的"人伦"。《孟子》"父子有亲，君臣有义，夫妇有别，长幼有序，朋友有信"被后人总结为"五伦"，五伦是五种最基本的人伦关系的概括，在儒家思想当中，道德伦理被视为最重要的伦理关系，认为只有在现实伦理中，一个人才能实现其正真价值。《中庸》称赞此谓"天下之达道"，就是最为重要和崇高的道理。

（3）五常

五常，即所谓"仁义礼智信"。

"仁"，指在与另一个人相处时，多设身处地为别人着想，为别人考虑，做事为人为己，即为仁。儒家重仁，仁者，爱人也。

"义"，在别人有难时出手出头，帮人一把，即为义。义不仅仅是古人非常重视的一种道德修养和人格境界，更是一种行为准则。

"礼"是道德约束。礼，示人以曲也。己弯腰则人高，对他人即为有礼。因此，敬人即为礼，礼之精要在于曲。

"智"，是智慧或指知识。把平时生活中的东西琢磨透了，了解宇宙运行的规律，了解人与人之间关系，就叫智。

"信"，人言也，信任、诚信的意思。

我们如果从字面上研究"五常"，会发现"仁义礼智信"这五个人生应常备的品质中，除了"智"属于知识层面的，是道德的基础——"人不学，不知义"，另外四项皆属于伦理道德层面，在这个层面上，仁、礼、信皆属相对独立的德目——古人很少将其连在一起用，唯独"义"，却经常与其他德目连在一起使用，如仁义、礼义、信义。这说明，所有的道德范畴都可以纳入义的内涵。或者说，义是贯穿于所有道德范畴且普遍运用的一个行为标准。一个人是否仁爱，是否有礼，是否诚信，都可以通过其义行进行评判。也就是说，只有符合"义"的标准的仁、礼、信，才是真正的仁、礼、信。

　　事实上，"义"在儒家学说里有很高的地位。《论语》多次出现"义"，并以之作为君子与小人的重大区别，所谓"君子喻于义，小人喻于利"，并认为只有义才是君子的行为方式。在孔子确定的"仁、义、礼"的道德系统中，义居中协调——义是仁的外显，礼则是义外显的形式。"行礼知义"、"视义知仁"。董仲舒说："义之法在正我，不在正人。"（《春秋繁露·仁义法》）即所谓道义的法则，在于端正自己，而不是端正别人。在董仲舒看来，儒家的仁是为了安人的，所以，对别人要讲仁；而义是正我的，是用道义来正自己。陆九渊认为："君子义以为质，得义则重，失义则轻，由义为荣，背义为辱。"（《与郭邦逸》）要求人们的一切行为举止，都应以道义为准。符合道义的事一定要去做，这是做人的光荣；而背信弃义的事一定不要去做，因为这是做人的耻辱。

延伸阅读 **孟子论"仁义礼智"**

　　孟子以仁、义、礼、智为人人所有的基本德目，在这一基础上，将人伦关系概括为"五伦"，即父子有亲，君臣有义，夫妇有别，长幼有序，朋友有信。正如后代所言孟子"讲道德、说仁义"，在四德当中，仁、义更为根本，而仁、义的基础，则是基于家庭的孝和悌，事父当孝，事兄当悌。孟子认为如果以仁义作为治国理政的理论基础，那么社会的安定和谐就有了民众基础。

（4）四维

"四维"指的是"礼义廉耻"。《管子·牧民》中说："国有四维……一曰礼，二曰义，三曰廉，四曰耻。""四维不张，国乃灭亡。"这里把"义"抬高到维系国之存亡的纲绳方面，成为治国之要。

礼——上下、贵贱、长幼、贫富的等级秩序。礼者天理之节序，人事之仪则也，人在万物之上不可无礼，否则与禽兽何异？礼能表现人之身份及人格，态度谦虚仪容端庄，行为有规律，对尊长有礼貌，待后辈慈悲博爱，你若以礼待人，他人必定以礼答之。

义——对国家社会的道德义务。义要求人做事能合正道，为人不可做不正之事。

廉——坦荡无私，清正廉洁。待人接物诚诚实实，办公做事有始有终，临财不苟，心清而寡欲，贵在身清，内心清廉，家虽贫亦不愿贪求分外之利，安分守己，奉公守法为之廉也。

耻——对坏事，要保持着羞耻之心。

（5）八德

到宋代，"八德"指的是：孝悌忠信礼义廉耻。

孝——百行之首，万善之源，乃为人该行该守之第一重大义务也。为人不可无孝，无孝如树无根，如水无源。为人子者须当知恩报本，欲子孝顺，须先孝双亲，如不孝父母亲，别人一定会逆离你。

悌——"兄弟齐心，其利断金。"兄弟原来同气连枝，姊妹相亲兄弟和气，同念一母所生，共乳成人，兄宽弟忍不失手足之情，家兴族盛是不亏悌道也。

忠——所谓忠者，真心诚意做事合法合理，竭尽心力至公无私。所报无谎，所言无虚，做事不怕人见，光明正大，可以对天地对神祇，对国家对社会，对父母兄弟妻子，对自己良心无亏者就是忠也。

信——人之事业成功失败皆以信字为基础，君子修道一言为定，以言顾行，行顾言，心口和一，以信笃行。若与人相约之事，只顾自己利益而失约，或讲话虚而不实者，皆失信也。

近代以来，以康有为等人为代表的维新派，主张在吸收西方文化的基础上，建构新的伦理道德，以抵御外来冲击。孙中山曾提出，将"仁义礼智孝悌忠信"的"八德"换作"忠孝仁爱信义和平"的"新八德"，其用意在于，将传统德目赋予国家维度的活力，从而唤醒民众对于国家的自信和责任感。

总体来讲，以孟子五伦为标志，形成了以人为本的伦理道德观。千年之后，宋代以八德为标志，形成了以家为本的伦理道德观。又过近千年，清末民初，以新八德为标志，形成了以国为本的伦理道德观。这说明，伦常的产生与发展都是人类社会生活的需要，并随着社会生活的变迁而变化，这种变化既有基本规范数量的增减，也有每个规范在不同历史时期自身内涵的丰富与发展。

3.弘扬孝道，以孝治国

百善孝为先，孝是每个人为人子女的本分。中华文化之所以长久不衰，成为古代世界文明延续至今的唯一古文明，孝道文化是重要原因。中华民族文化博大精深，但孝道文化始终是中华民族文化的主干。

（1）孝悌也者，为仁之本

儒家注重"人道大伦"，希望推衍"爱与敬"。孔子说，"爱与敬，其政之本"，人有爱有敬，才能父慈子孝、兄良弟悌、夫义妇听、长惠幼顺、君仁臣忠；"立爱自亲始""立敬自长始"，认为修养要从家庭开始，修身须从孝悌起步。

家庭是社会的基本细胞，是人生的第一所学校，家长的言传身教能让子女感受到刻骨铭心的道德力量，子女的孝敬能让父母感受到发自内心的幸福。家庭是儒家伦理的基点，因为人对与生俱来的家庭没有选择能力，而且父子关系是陪伴自己一生的。

从"近取譬""推己及人"的原则出发，人首先要对与自己关系最近的人有爱心，然后才能对关系远的人有爱心，孔子认为这是人性的表现。所以，人对他人的一切态度，都从自己的亲人开始，对父母亲的孝，就成为"仁"的出发点和基础。孝悌是仁爱的根本，亲亲是仁爱的起始。

美好的家庭固然需要一定的物质条件和社会地位，但"家之兴替，在于礼义，不在于富贵贫贱"。所以，有子说："君子务本，本立而道生。孝悌也者，其为仁之本与！"（《论语·学而》）"仁者人也，亲亲为大。"（《中庸》）《孝经》中说："故不爱其亲而爱他人者，谓之悖德；不敬其亲而敬他人者，谓之悖礼。"

在历史上，从舜孝感动天，到子路负米，从董永卖身葬父，到丁兰刻木事亲，从杨香扼虎救父，到朱寿昌弃官寻母，一幕幕充满爱的亲情画面从古代走到现代。"香九龄，能温席。孝于亲，所当执。"（《三字经》）九岁的黄香就懂得要孝敬父亲，夏天为父亲扇凉枕席，冬天为父亲温暖被褥。像"二十四孝"所列举的孝敬父母长辈的充满爱的家庭数不胜数，而孝敬的主角都有一颗感恩的心。正是这样的感恩的心，让中华文明的亲亲之爱始终充满勃勃生机，成为中华民族宝贵的精神财富。

（2）行孝与社会管理

自从周公制礼作乐，孝道就成为礼乐文化的重要内容，但春秋战国礼坏乐崩之后，宗法制度的血缘亲亲之情已经逐渐丧失，传统礼制的内在精神已经失落，孝道日益走向式微。同姓的各诸侯国之间为了争夺土地和权力展开激烈的争斗，在这种情况下，试图通过重建宗法社会的亲和力去正世道人心，实为难能之事，于是孔子转向人人所共有的人心之"仁"，以建立礼乐的内在精神，从而为孝道的合理性找到了人性的根基。

"孝悌也者，其为人之本与"，强调孝对于一个人的伦理修养和道德培养的重要性，其实自古以来，孝就被认作是"天之经、地之义"，获得了极为重要的道德重视。孔子还为人的孝心找到了心性论的根本，即仁。孝成为中华民族一以贯之的高尚品德和美好风俗。

一方面，生之孝的社会控制。孔子认为，要在生活上照料父母，但仅仅养活父母还不够。如果"不敬"，养父母与养动物就没有什么区别。他认为，与父母相处，应该做到"父母在，不远游"，即使不得不出门，也要有固定目的地，即"游必有方"，尽量不让父母担心。对于父母所犯过错，孔子认为子女侍奉父母时可以提出建议，即"故当不义，则子不可以不争于父"。如果"几谏，见志不从"，那么子女就不应该继续规劝，依然要对父母"又敬不违"且"劳而不怨"。①

另一方面，丧之孝与祭之孝的社会控制。儒家自古即有守孝三年之说，即父母故去后，子女守孝三年。这一方面是出于对父母的怀念，另一方面更是对父母生前抚养之恩的回馈。因此也就有了丧之孝和祭祀之孝。古人要求，在守丧期间，清静寡欲，常怀悲痛，以事死如事生的态度对待守丧，这不仅培养了人的孝心，也将此孝道传承给下一代，还对社会具有一定的稳定作用。

儒家经典《礼记》这样概括孝道："养可能也，敬为难；敬可能也，安为难；安可能也，卒为难。父母既没，慎行其身，不遗父母恶名，可谓能终矣。仁者仁此也，义者宜此也，信者信此也，强者强此也，乐自顺此生，刑自反此作。"这对于我们尽孝行孝无疑具有借鉴意义，父母在时，能够长久使父母心安，是很难的。父母去后，不为一恶事，更是对父母的孝。

三、复兴礼治，寻找共通

西周时期形成的礼乐文明，是催生儒家学说的母体和温床。春秋时期的礼崩乐坏，促使孔子反思礼乐制度崩解的原因，从理论上总结礼乐文明的精神内核，从而创立了儒家学派。周制是孔子所心仪的文明形态，儒学则是孔子对于周礼的思想提炼。今天，我们要推进国家治理现代化，就需要复兴儒家礼治文化的真精神。

---

① 参见汤二子：《儒家孝式社会控制与当代国家治理》，《原道》第36辑。

1. 古之礼治，今鉴若何

儒家是中华礼乐文明的主要阐释者和代表学派，但近代以来发生了两方面的显著变化：一方面，儒家推行社会教化的礼乐制度，经过长期激进的反传统而被摧毁，丧失了社会存在的根基；另一方面，儒家本身的思想形态也经历了重要的义理转向，以重建道德形而上学作为主要目标，努力提高儒家思想的思辨性，使得传统儒学转变为哲学，在大大提升儒学思辨能力的同时，也使得它离礼乐教化的社会基础越来越远。①

综观全球，像中国文化这样把繁复、冗杂的礼仪编成一个整体，并且在两千多年里传承下来，在人类文明史上是仅见的。近代以来，关于礼的价值和功能，有很多讨论。有人赞成和支持。比如，民国建立以后，孙中山提出要"大集群儒，制礼作乐"。后来，北京政府又曾专门设立礼制馆，管理礼仪制度编修事宜。抗战后，国民政府迁都重庆，亦曾一边抗战一边"制礼作乐"。1943 年，国立礼乐馆设立。礼乐馆请了很多名流来制礼，曾在北碚开会议礼，制定了一部《北泉礼仪》。它是按照"五礼"来编排的。哪"五礼"呢？即中国古代沿用了千百年的"吉""嘉""军""宾""凶"。直至 1943 年，政府还在试图采用延续传统的"五礼"形式。当然，也有人批评和反对，讲"礼"是糟粕，很不好的东西。比如，认为"礼"讲等级、尊卑、亲疏。

现代社会的治理和发展，是否还应吸收古代"礼"学，这是一个重要的命题。封建社会向现代社会的转变，其根本是生产方式的转变，社会结构必须适应生产结构而变化。对于传统中有益于现代建设的礼学，应予以继承、更新和改良，使其适应现代社会，为现代社会发展提供滋养，而非一概排斥或彻底否定。

在此前提下，我们要认可礼的正面价值，深入社会的构造及社会的运作中去分析礼的功能，推动儒家礼治文化因时通变，向现代转型。推动儒学重

---

① 参见赵法生：《重建礼乐文明需要什么样的儒学》，《光明日报》2019 年 3 月 25 日。

返乡村与社区，成为百姓日用而不知的人伦规范，进而重建儒学与生活的联系。

第一，用"礼"来解决现代人"行为失据"问题。我们常说"文明礼貌"，文明礼貌的表现，其实质就是符合礼的约定。如果人人都能够做到知礼守礼，那么社会的文明程度必然提高。换个角度来讲，礼，对于人们日常行为的规范具有积极的作用，且能够规范"行为失据"的问题。内心仁爱谦让，行为彬彬有礼，正所谓"文质彬彬，然后君子"。

第二，重建"孝"之礼，重新确立"家"的地位。在当代中国，注重发挥并适宜改造儒家"孝道"尤显紧迫。应以家庭伦理建设为基础工程，使"孝"在现代社会继续发挥规范家庭伦理、维护家庭稳定、调节人际关系、凝聚社会的重要功能。我们当下要重建"孝"之礼，立足于本源的血缘亲亲之情，根据"礼有损益"原则，"损"去关于"孝礼"的繁文缛节，增"益"对父母的"爱敬"之心。此外，要重新确立"家"的地位，从本质上摆正个体成员与家庭的关系。传统中国人都是"家里人"，但这并不代表人在世的唯一生活方式。今天时代变了，"家里人"的身份正在转变，个人的自主地位基本确立。这样，"齐家"因而也就有了新的现代性意涵，孝敬和仁爱亦可以重新获得其价值功能。

第三，发挥礼仪的作用，营造"仪式感"。儒家所言的礼包括两个方面的内涵：礼义和礼仪。前者注重人的内在修炼，包括仁义、恭敬、道义等；后者注重人的外在表现，以一种仪式、仪表和姿态来展现儒家的行为规范。因此，礼在形式和内容上是统一的，二者缺一不可。子曰："文质彬彬，然后君子。"（《论语·雍也》）"文"是人的外在仪态，"质"是指人内在的气质，两者兼有才有君子的风范和气度。子曰："礼云礼云，玉帛云乎哉！乐云乐云，钟鼓云乎哉！"（《论语·阳货》）玉帛之于礼犹如钟鼓之于乐，二者都是其外在的仪态和仪式，只是用来行礼、奏乐的外在器物。二者只有具备了内在的本质，才能使其真正达到内化于心。因此，玉帛、钟鼓所体现的内在之善即仁义道德，才是礼乐的本质。从礼仪的产生和发展来讲，它是人类社会发展的必然产物，是维系人们精神追求的纽带。千百年来，礼仪一直被置于一个崇高地位，有"礼仪之邦""以礼仪治天下"之说。因此，本质上礼仪传递的是一种情感和价值观，让身临其境的人们能够感受到道德约束力和文化的深厚底蕴。它也是中华传统文化不可缺少的部分，时至今日，依然是中华民族伟大复兴进程中不可缺少的道德文化根基，对社会上每个人的道德修养和社会责任感起着催化作用。

第四，在参与构建国际新秩序中发挥"礼"的功用。"礼"还可以扩展至国际关系的建构和全球治理领域。在当今这个"王道"与"霸道"激烈竞争的世界，国际关系中"理""礼"共用、"礼尚往来"不失为处理国际关系的一种思路与方式。

因此，礼作为儒家思想的核心内涵，千百年来，不仅作为一种外在的约束，规范着身在其内个体的行为选择和模式；而且也为个体的道德形塑和修炼提供了可供参考的"伦理图腾"，起着潜移默化的导向作用。就现代社会而言，无论是国内社会治理的现实所需，还是全球人类命运共同体的构造，儒家之"礼"是一种重要的治理工具，值得治理共同体中的参与主体去反思并借鉴其现代意义上的价值。

2. 核心价值，贯通古今

国家治理体系既然与历史传承、文化传统相关，那么如何改进与完善？从理论上看，一套真正行之久远、深入人心的价值体系，不仅能规约人们的外在行为，更能内化到心理与精神的结构中去。

历史地看，选择根基于社会的价值观并对之加以调整，而不是以行政方式由上而下加以推行，才是确立社会核心价值观的有效方式。当代的国家治理，客观上要求我们贯通古今核心价值观，构建充分反映中国特色、民族特性、时代特征的价值体系。

夏代以"忠"治天下。"忠"的流弊是百姓粗野不驯，所以殷商代之以"敬"治天下。"敬"的流弊是百姓崇信鬼神，所以周代代之以"文"治天下。"文"的流弊是百姓情感阻隔，挽救之法是回到以"忠"治天下。"三王之道若循环，终而复始。"西周的"文"达到礼治的极致，讲究尊卑等级，崇尚繁文缛礼。

儒家崇尚精神生活，在义利观上表现为"见利思义""先义后利"，在理欲观上表现为"以理导欲""以道制欲"，强调用道德理性或精神品格引导和控制人们的物质欲望，进而达到"无过无不及"的理想状态。

自汉代开始，思想家、政治家将经过改造后的儒家思想树立为正统意识形态，将"三纲五常"作为普遍的社会价值观，并与蒙学教育、学校教育、家庭教育、选举考试、乡规民约、政府表彰等形式相结合，移风易俗，深入社会，深入基层，树立统治阶级倡导的价值观，建立封建社会秩序。

改革开放以来，中国市场经济创造了经济发展的奇迹，与此同时，享乐主义、拜金主义、消费主义和功利主义等西方社会思潮也不断渗透进来，侵蚀着千百年来积淀的传统价值观，由此导致许多人沉溺于物欲而迷失自我，理想信念丧失，伦理道德淡化，甚至于价值理念等精神陷入泥潭，萎靡不振，这种"精神颓废"的现象成为现代社会的阵痛。

近年来，为了重塑人们在现代社会真正的精神"内核"，中央提出培育和践行"社会主义核心价值观"，一方面表明社会整体对价值危机的关切，另一方面也表明已经开始着手去重构现代意义上的价值体系。在多元价值共存的现代社会状况下，社会主义核心价值观必须要重视起来，使其成为人们能够安身立命的精神动力。

社会主义核心价值观是我国居于主导与核心地位的全体民众判断和处理社会公共事务时的价值标准与行为准则。它是治理体系中各治理主体都应认知与遵循的基本原则。社会主义核心价值观的提出，是结合中国特色社会主义实践，汲取了中华优秀传统文化精华，借鉴了人类文明成果，实现了对传统核心价值观的世纪转换，升华了中国传统伦理文化。社会主义核心价值观三个层面、24个字的具体表述和含义，其精神实质都直接或间接地与中国传统价值观相连、相通、相融，是对传统核心价值观的继承、发展、创新、完善。

深入理解儒家德治思想更有利于把握社会主义核心价值观的要义。

第一，就个人准则而言，个体的人是维系社会的最小单位，"人而无信，不知其可"（《论语·为政》），诚信是人为人处世的立根之本，对维系社会起着基础性作用，通过"老吾老以及人之老，幼吾幼以及人之幼"（《孟子·梁惠王上》），更能体会到伦理道德之于人的重要性，个体的人只有掌握了基本的伦理准则，才能把握友善的核心价值。

第二，就社会准则而言，通过"有国有家者，不患寡而患不均，不患贫而患不安"（《论语·季氏》），更能体会到安定有序，公平正义之于家国情怀的重要性。因此，儒家德治思想是社会主义核心价值观的重要思想宝库，其蕴含的传统智慧之见为其提供了思想根基和经验依据。

第三，就国家层面而言，通过"君子和而不同，小人同而不和"（《论语·子路》），能更加了解和谐的处世内涵，以便警示后人，牢记于心。通过"居处恭，执事敬，与人忠。虽之夷狄，不可弃也"（《论语·子路》），可以认识到文明之于社会的重要性。

习近平总书记指出："培育和弘扬社会主义核心价值观必须立足中华优秀传统文化。牢固的核心价值观，都有其固有的根本。抛弃传统、丢掉根本，就等于割断了自己的精神命脉。博大精深的中华优秀传统文化是我们在世界文化激荡中站稳脚跟的根基。"在推进国家治理现代化的过程中，我们要完善弘扬社会主义核心价值观的法律政策体系，把社会主义核心价值观要求融入法治建设和社会治理，体现到国民教育、精神文明创建、文化产品创作生产全过程。

延伸阅读 **核心价值观是一个民族的精神纽带**

每个时代都有每个时代的精神。我曾经讲过，实现中国梦必须走中国道路、弘扬中国精神、凝聚中国力量。核心价值观是一个民族赖以维系的精神纽带，是一个国家共同的思想道德基础。如果没有共同的核心价值观，一个民族、一个国家就会魂无定所、行无依归。为什么中华民族能够在几千年的历史长河中生生不息、薪火相传、顽强发展呢？很重要的一个原因就是中华民族有一脉相承的精神追求、精神特质、精神脉络。

——习近平

3. 价值内化，制度保证

儒家的礼治是一个"后生"概念，是后人根据儒家的琐碎的社会治理理念从而总结归纳出的一个概念。因此，本质上，它是一个概化的社会伦理道德体系，也是一项庞大的社会管理工程。礼治之下，社会规则无时无处不在，都在约束着身在其中的公众行为，礼治的实践载体依附于基层社会中的宗族以及在此基础上发展、派生出的其他社会组织，如宗祠和祠堂。礼所代表的社会规则与以宗祠为代表的社会组织共同维系着儒家礼仪的完整形态。费孝通先生在《乡土中国》一书中曾讲道："礼是社会公认合式的行为规范，与法的区别只是在于维持规范的力量。"相对于法，礼所维系的行为规范时间更为持久，方式更为温和，潜移默化地影响着人们的行为选择，其治理的成本相对于法也更为低廉。因此，礼治是中国传统社会得以长期存在并保持稳定的根基所在，通过道德教化的方式让人自觉遵守社会规范，这种柔性的社会治理养成人人敬畏规范，不敢越雷池一步，从而实现了社会的长期和谐稳定。

当代处于一个快速变迁的时代。有时候，变化之快几乎让人来不及"文质彬彬"，社会秩序不能单纯依靠传统去维持，同时还需要特定的社会"公约"。也就是说，如果要保证人们在规定的办法下合作应对共同问题，那么就得需要权威力量来控制个体行为，也就是所谓的当代"法治"。然而，这并不意味着我们可以抛弃传统。我们既要借鉴传统礼治思想的思路和基本精神，提炼其合理因素，使得价值内化于人心，为制度建设奠定基础保证，同时又加强现代化的法治建设，这样才能够更好地实现社会秩序与风气的改善。

礼治作为儒家促进社会良心发展的一种模式，其主要方式是通过从个体的修养入手，推己及人，乃至群体和整个社会层面，最终实现社会和谐，国泰民安。就个人修养而言，儒家提倡以伦理道德和规则约束人的行为选择。"君子坦荡荡，小人常戚戚"，君子是孔子理想道德楷模的完美化身，达到了"仁义礼智信"的基本人格要求。在个人与社会的关系上，儒家推崇一种"仁者爱人""己所不欲，勿施于人"的至高境界，人与人之间应当互帮互助，互尊互爱。具体而言，就是做到君臣有义、父子有亲、夫妇有爱、兄弟有悌、朋友有信，每一种社会关系都有理可依，如此一来，社会才能实现安定有序，和谐共存。这对于新时期社会秩序的完善以及文明社会的构建都具有参考价值和借鉴意义。

此外，礼治在狭义层面上带有道德教化的成分，但又不仅仅局限于道德教化。道德是由社会舆论维持并被人们所接纳，而"礼"是由教化而成并被主动遵从的传统惯习，也即实现道德教化的规范体系。基于此，公众所普遍认可的道德标准是实施礼治的根本前提，缺乏公众所普遍认可公德的标准和仪式，礼治只会是天方夜谭、纸上谈兵。而要想真正实现礼治，扎根于心、内化于心，必须追根溯源，掌握礼治得以生根发芽的土壤和养料，知其然也知其所以然。唯有如此，礼治才能为实现社会主义核心价值观"输血造血"，也才能最大程度上发挥好礼治的积极效能。

毋庸置疑，儒家礼治的思想及其实践能够为新时代的社会主义制度建设提供了一定的启示。社会自身内部生发出的规则，包括社会中持续存在的优秀传统，它们更具社会属性，更贴近普罗大众的直接利益诉求。儒家礼治下的民间规则与宗族自治在很大程度上带有法治的底蕴，依赖礼治的社会管理模式与发展路径能够为单纯依靠公权力进行法治建设的实践模式提供相得益彰的互补路径。尽管传统儒家礼治所推崇的社会规则与自治组织在形式上与现代法治的要求存在一定的区别，但传统儒家的礼治文化只要经过理论现代化建设的转变过程，仍旧能够发挥积极作用。当前社会的法治建设应当批判地汲取儒家礼治的价值理念，并以执政党提出相关制度建设为契机，从而"为往圣继绝学，为万世开太平"。

第六章　君子明德　修己安人

——社会管理者自我修养的着重点

儒家最为关心的是人本身的问题，从人的化育、出生、交往、成长，到做人的规矩仪式、品德的培育、人格的养成和完善等，这一切都是在努力做培养人、教育人的工作，目的是把人塑造和锻炼成为君子。孔子认为，为政者应行君子之道，做到"修身养性""修己以安人"，进而达到"为政以德，譬如北辰，居其所而众星拱之"（《论语·为政》）的德治目标，进而实现"博施于民而能济众"（《论语·雍也》）的远大理想。今天的社会管理者都应该尽力"正其身"，发挥自身的表率作用，通过修己安人实现"内圣外王"。

一、君子"九德"，德润迩远

在中国上古传说中，皋陶是记载中第一位有名有姓有家乡的大思想家、大政治家。他不仅是帝王之师，也是千古官员的老师，且被史学界和司法界公认为中国司法鼻祖。《尚书·皋陶谟》记述其为官执政的言论，有着非凡的政治智慧。《皋陶谟》中所举九德："宽而栗，柔而立，愿而恭，乱而敬，扰而毅，直而温，简而廉，刚而塞，强而义"，是自高及低排列的，分别释"有天下"之德、"有邦"之德、"有家"之德。皋陶所讲的九德，简明易行，科学合理。它们与儒家五德（仁、义、礼、智、信）并无冲突，并且操作性更强。

延伸阅读　皋陶小传

　　皋陶，偃姓，皋氏，名繇，字庭坚，少昊之墟（今山东曲阜市）人。上古时期东夷部落首领，伟大的政治家、思想家、教育家，"上古四圣"（尧、舜、禹、皋陶）之一，被后世尊为"中国司法始祖"。历经唐虞夏三个时代，长期担任掌管刑法的"士师（理官）"一职，以正直闻名天下。相传架构了中国最早的司法制度体系（五刑、五教），采用独角兽獬豸治狱，坚持公平公正；强调"法治"与"德政"的结合，促进社会和谐，天下大治，形成"皋陶文化"，成为后世儒家和法家思想产生的重要精神渊薮之一。帝禹二年去世，时年 106 岁，葬于六（Lù）地。

1."有天下"之德，能平天下

"有天下"之德为三："宽而栗，柔而立，愿而恭。"

第一德是"宽而栗"，即宽厚而庄重。《〈尚书〉孔安国传》（以下简称《孔传》）："性宽弘而能庄栗。""宽"是宽容、宽松，能听取各种分歧的意见，协调各种冲突的利益，"栗"是严肃恭谨。一般来说，宽厚的人比较随和，无可无不可，久之别人就会对他失去敬畏心。实际上，宽厚只有跟庄重融合起来，才是管理者需要拥有的一种美德。

第二德是"柔而立"，即温和而有主见。《孔传》："和柔而能立事。""柔"的特性是能顺势随物而改变形态，而"立"则是要直竖定位，看上去是相矛盾的。性情温和的人，能够耐心倾听别人的意见，但是意见听多了，就存在选择的困难。所以性情温和本身并非美德，如果加上有主见，就变成一种美德了。

第三德是"愿而恭"，即讲原则而谦逊有礼。《孔传》："悫愿而恭恪。"讲原则的人，严格按制度办事，不徇私情；严格遵循做人原则，不随波逐流。这种人令人敬畏，但不一定招人喜欢。震慑力强而亲和力不强，威力大而威信不高。人们"敬鬼神而远之"，于是难以聚众。如果加上谦逊有礼，让自己变得圆润些，使别人真切感受到自己的讲原则是为了大家的共同利益着想。这样，别人的敬畏就变成敬爱了。

2."有邦"之德，成就邦国

"有邦"之德为三："乱而敬，扰而毅，直而温。"

第四德是"乱而敬"，即聪明能干且而敬业。《孔传》："乱，治也；有治而能谨敬。""乱"指的是分配权，君之专权。"敬"，《周易·坤》："君子敬以直内，义以方外。"聪明能干的人，接受新事物强，学习知识、技能时，往往一看就懂、一学就会，但容易流于表面，舍不得下苦功夫钻研。如果加上敬业精神，对任何事都认真对待，这样的人才真正能干成大事。

第五德是"扰而毅"，即头脑灵活而有毅力。《孔传》："扰，顺也。""扰"的本意是"烦"，《说文》："扰，烦也。"后引申为不厌其烦地进行训导、安抚，于是就有了"顺"的意思。致果为毅。头脑灵活的人，善于变通，不钻牛角尖。但太灵活了，可能活得站不住脚。稍遇挫折，就想改弦易辙；稍感困难，就想打退堂鼓。如果加上持之以恒的毅力，改变行进方式而不是改变目标，改变处理办法而不是放弃问题，那么无事不可成就。

第六德是"直而温"，即严以律己而宽以待人。《孔传》："行正直而气温和。"正直的人，是非观念强，疾恶如仇，看见不合理的事就想干预。这样很容易伤害别人。如果加上友善的态度，在论辩是非、区分曲直时注意方式方法，小心呵护对方的自尊心，就能让别人心服口服。

3. "有家"之德，可致家齐

"有家"之德亦三："简而廉，刚而塞，强而义。"

第七德是"简而廉"，即平易近人而又坚持原则。《孔传》："性简大而有廉隅。""简"取象于竹简，竹简成平面，由此引申出"平易""质朴"之义。"廉"是物体的棱，《广雅·释言》："廉，棱也。"坦率的人，事无不可对人言，把问题摆到桌面上谈。如果没有节制，把隐私、秘密都抖搂出来，或者随意说伤害别人的话，后果会很严重。坦率加上节制，该谈的直言不讳，不该谈的一言不发，这是一种德行。

第八德是"刚而塞"，即能决断而又务实。《孔传》："刚断而实塞。""塞"是充满、充实的意思。《玉篇》："塞，实也，满也。"性格刚强的人，言必信，行必果，一旦作出决定，就坚决执行。如果加上务实精神，只坚持对事情有好处的做法，只坚持于人于己有好处的观点，就是一种杰出的品格。

第九德是"强而义"，即勇敢而又符合道义。《孔传》："无所屈挠，动必合义。"此"强"解为不折不挠，抗压之"强"。勇敢的人，无所畏惧，如果不论善恶，率性而为，只是一种恶习。如果凡事依循道义，就是一种美德。①

以上九德，都是阴阳合德，都有两面性，离了哪面都不行。但是，除却圣人，人无完人，一个人很难九德俱全。按皋陶的说法，九德是天子之德。能具备三德，就可当卿大夫，即中下层领导。能具备六德，就能当诸侯，即高层领导。但是，作为常人，如果某些方面阴阳背离，还是有相对可取的一面。相较而言，宽厚不如庄重，温和不如有主见，讲原则不如谦逊有礼，聪明能干不如敬业，善于变通不如有毅力，正直不如友善，直率不如有节制，刚强不如务实，勇敢不如符合道义。

---

① 参见沈善增：《还吾老子》，上海人民出版社 2004 年版。

二、修己安人，修身为本

《论语·宪问》中通过子路与孔子的对话，展现了孔子修己安人的思想，子曰，修己以敬、以安人、以安百姓，"尧、舜其犹病诸！"也就是说，真正的君子，要通过提高自身修养，认真踏实做事，使周围的人感到幸福，甚至使百姓感到安乐，那么，恐怕连尧舜怕也觉得很难。

1. 欲安人，先修己

儒家讲德治，特别突出了修身的意义。儒家认为，历练人生分为四阶段：修身、齐家、治国、平天下。倘若四项都非常完满，培养出的人就能德才兼备、造福社会。很显然，"修身"属于古代人才培育的第一要务，也是"安人"之前所必须做的个人准备。

《大学》对"修身、齐家、治国、平天下"作了这样的解读：上自国家元首，下至平民百姓，人人都要以修养品性为根本。"自天子以至于庶人，壹是皆以修身为本。"也就是说，先要修养品性，品性修养后才能管理好家庭和家族；管理好家庭和家族后才能治理好国家；治理好国家后，才能让天下太平。这个顺序不能颠倒，特别是其根本不能丢失。从个体修身开始，然后逐步推而广之。"齐家、治国、平天下"成为儒家传统下的基本价值结构。若这个顺序颠倒了，或者根本丢失了，家庭、家族、国家、天下要治理好是不可能的。身修好方能齐家，家齐了方能国治，国治方能实现天下平。

就修身而言，起决定作用的是道德自律而非他律。遇到问题先从自身找问题，就像曾子所言，"吾日三省吾身，为人谋而不忠乎？与朋友交而不信乎？传不习乎？"先自我反省自身道德是否有欠缺，而不是把一切都推到他人身上。个人应该如此，为政者更应该如此。只有从自我德性方面做到这一切，为政者才会真正体恤和爱护百姓，从而在处理政务的时候赢得百姓的爱戴和拥护。换言之，只有为政者率先修身，然后才能谈民众的"修身"，才能真正安民——以德安人。

具体而言，"修身"可以从两个层面加以发挥：一是心性之道。宋明儒学据此发展出精微的"功夫"论，形成了儒家传统对于"个体"的道德自律要求。二是孝悌之道。"修身"的内涵首先在于"亲吾之父与亲吾之兄"，总体而言即建立起家的伦理，也即父慈、子孝、兄友、弟恭、夫妻互敬的家庭德性，以家的伦理德性约束"个体"的主观任意。换言之，修身是基础，其要义或关键在于立德。修身的基本要求如下：

（1）见利思义

孔子说："见利思义"（《论语·宪问》）。又说："见得思义"（《论语·季氏》）。利益是人希望获得的，但是不能见利忘义。见到可以得到的，要想一想是否符合道义。这是取之有道，见利不忘义的大道理。孔子的学生子路曾救起一个落水者，这个人送给他一头牛表示感谢，子路很爽快地接受了。孔子知道后很高兴，说从此以后鲁国必定会有人去抢救落水的人。当然，孔子更注重的是义，他甚至把义、利作为君子与小人的分水岭："君子喻于义，小人喻于利。""不义而富且贵，于我如浮云。"在孔子看来，做一个有完善人格的人，首先要"见利思义"，即遇到有利的时候，当取不当取，要考虑是否符合义，要以义为准则，不义则不取。"见利思义"，可谓千古名言，具有极大的影响力。现在的一些为官从政者之所以陷入贪污受贿的泥潭，一个重要原因就是不能"见利思义"，利令智昏，背信弃义，更不能以义制利。当然，今天我们也不是片面地主张"重义轻利"，而是要建构义利统一的社会主义义利观，既丰富人们的物质生活又提升人们的精神境界。

（2）见微知著

"见微知著"是政治家修身的重要方向。《周易·坤卦》中强调要具有预判能力，"履霜，坚冰至"。《周易·系辞下》提出君子四知：即"知微知彰，知柔知刚，万夫之望"。旨在强调领导者要做到看深看远、刚柔相济。张居正指出善于观察与见微知著的关系："惟善察者能见微知著。不察，何以烛情照奸？察，然后知真伪，辨虚实。"圣臣与智臣预见能力的大小是有区别的，圣臣预见在危险发生之前，贤臣预见在危险发生之时，但都能及时制止祸患以降低损失：所谓圣臣，是指在危机尚未显现，还处于潜伏状态，及时预见未来的得失存亡，以采取相应的预防措施而免于祸患；所谓智臣，就是指在危机刚刚显露之时，能够预测成败得失的发展趋势，及时防微纠偏，断绝祸患的根源以转危为安。

（3）群而不党

孔子说："君子矜而不争，群而不党。""矜而不争"，意思是说，与人相处要庄重谦和，处处忍让，不要争强好胜。"群而不党"是说待人接物平易近人，要合群，但不去拉帮结派。在社会中，因为不同的关系，人们总会结成各种各样的集体或小圈子。有些圈子中的成员有着共同的兴趣和爱好，有共同语言，能够相互促进，共同进步，这叫结交志同道合的朋友。但是也有一些团体属于拉帮结派的性质。历史上，有很多朝代都存在着党争，其中，以唐末的"牛李党争"最为有名。这场党争起于政见不合，后来演变为恩怨纠葛和意气之争，凡是牛党赞同的，不论是否合理，李党一概反对，反之亦然。这场斗争，到最后完全成了邪恶权争和斗气，大大加深了唐朝末期的统治危机。历史事实带给我们很深的教训，组织的发展靠的是所有成员的共同努力，拉帮结派只会削弱整个组织的力量，阻碍组织的进步与发展，因而，拉帮结派的行为是要不得的。

（4）自省善改

自省是反省自己的意识和行为，辨察、剖析其中的善恶是非，并进行自我修正，不断提高自己的道德水准和人生境界。儒家主张克己内省，讲求以礼统情、自我节制，重视道德主体的自我评价，也强调外在道德观念必须通过道德主体的认同、内化，才能发挥作用。在孔子看来，一个人只要经常进行内省，就可以日去其恶，渐进于道。人无完人，孰能无过，知错能改，善莫大焉。孔子在《论语·学而》中说："过则勿惮改"，有了过错就不要怕改正，只要及时更正就是君子。敢于反省是思想上的更新，知错能改是行动上的更新。只有思想和行动完全吻合，才是君子之道。

孟子说过："行有不得者，皆反求诸己。"宋明之后的思想家用"省察"来达到自省提升。在龙场悟道后，王阳明体会到"圣人之道，吾性自足"，进而将人的自我意识、内心感悟等作为道德修养的重要途径。显然，只有不断地躬身自问，反省自我，才能将认识和实践、求学和问道统一起来。可见不同历史时期，人们对于内省以修身的认识是一致的，虽然叫法不同，但其内涵是殊途同归的，目的也只有一个，即修身以成仁。

（5）慎独自律

关于"慎独"，《礼记·中庸》中对于慎独给出了明确的见解："是故君子戒慎乎其所不睹，恐惧乎其所不闻。莫见乎隐，莫显乎微，故君子慎其独也。"慎独就是君子即使独自一人，在别人看不到、听不到的情况下都能保持清醒、慎重行事，严格规范自己的言行。慎独并非追求空间意义上的独处，也不是以追求外在功利为目的的，而是以追求心理、人格上的独立为主旨，是一种内在的精神境界。自律是个体的自由意志决定自身的言语行为，这是对个人意志力的极大考验。但丁说过："测量一个人的力量的大小，应看他的自制力如何。"沈从文也说过："征服自己的一切弱点，正是一个人伟大的起始。""人非圣贤，孰能无过？"人人都有弱点，在独处时弱点尤为突出。只有通过高度自省自律，对自己的弱点加以约束、规范与超越，才能更好地前进。

（6）养浩然气

传统儒家文化，讲究至正至大、弘毅刚正，"不失赤子之心"，"养浩然正气"。何谓浩然之气？孔子曾说，"刚毅木讷近仁"（《论语·子路》）。到了孟子，更是对这种刚直不阿的"浩然之气"进行了充分的强调与哲学发挥，认为"其为气也，至大至刚，以直养而无害，则塞于天地之间。其为气也，配义与道；无是，馁也"（《孟子·公孙丑上》）；并认为士君子"居天下之广居，立天下之正位，行天下之大道。得志，与民由之；不得志，独行其道"（《孟子·滕文公下》）。君子的浩然正气，常在国家民族危亡之秋显露峥嵘。文天祥在《正气歌》中直言：彼气有七，吾气有一，以一敌七，吾何患焉！况浩然之气，乃天地之正气也。古往今来，在国家危机之时，杀身成仁的不在少数。顾炎武在《日知录》中说："有亡国，有亡天下。曰：易姓改号，谓之亡国；仁义充塞，而至于率兽食人，人将相食，谓之亡天下……是故知保天下，然后知保其国。保国者，其君其臣肉食者谋之；保天下者，匹夫之贱与有责焉耳矣。"

浩然之气主要表现在以下两个方面：

一方面，持节不屈，坚守使命。持节就是保持气节。气节是指志气和节操，是一种高尚的人格品质，表现为坚持正义，在强大的压力面前也不屈服的顽强精神。孔子所谓"岁寒，然后知松柏之后凋也"，就是借赞美松柏凌霜而傲然独立的资质，来歌颂坚贞不屈的人格。《吕氏春秋》中记载："石可破也，而不可夺坚；丹可磨也，而不可夺赤"，此句以石坚丹赤为喻，说明具有高洁品质的人不会因外界的压力而改变操守，即使粉身碎骨，精神也是永存的。历史上伯夷和叔齐认为自己是殷商臣民，坚持不食周粟，去首阳山隐居，最终饿死在那里。著名的历史人物苏武，奉命出使匈奴，被匈奴扣留。他长期羁留匈奴，归汉无望，饱受煎熬，犹能始终不渝，坚贞不屈，忠于祖国，忠于民族，实为古今中外所罕见。

另一方面，贫贱不移，富贵不淫。在孟子看来，一个人若有了浩然正气，面对外界的一切诱惑、威胁，都能处变不惊、镇定自若，成为"富贵不能淫，贫贱不能移，威武不能屈"的"大丈夫"（《孟子·滕文公下》）。这浩然之气，就是人间正气。孟子这一富有创新思维的哲学概念，对两千多年来的中华民族思想传统产生了深远的影响。自此，一身正气、两袖清风，便成为传统士君子的典型形象与理想人格追求。宋末政治家、文学家文天祥，也以一身浩然正气留名青史。在南宋末年国运衰微、风雨飘摇之际，文天祥多方筹措，靖难救国，殚精竭虑，最终兵败被俘。文天祥被拘囚在北京一个阴湿的地牢里，受尽了折磨，元朝多次派人劝他，只要投降，便可以做大官，但他坚决拒绝，写下"人生自古谁无死，留取丹心照汗青"的壮烈诗句。

儒家认为修身的最终归宿是成就圣贤人格，并经入世力行，齐家、治国、平天下。后来的张载更是高扬道德主体的担当精神，提出"为天地立心，为生民立命，为往圣继绝学，为万世开太平"的崇高追求。由此可见，儒家的道德精神传统是一脉相承的。儒家道德精神的力量与价值不仅仅在于个人修养的完善与人生境界的提升，更在于推己及人，即所谓的"修己安人，修己以安百姓"，最终实现身修、家齐、国治、天下平的大同至善境界。止于至善的境界上升到人性的层面来说，就是大真、大智、大诚、大爱的体现，是从自我到无我境界的一种超越与升华。儒家推崇"成圣"，但不是好高骛远、急于求成式地盲目追求，而是着眼于小，在长期的坚持与积累的过程中逐步完善自身的道德修养。

延伸阅读　冯友兰论人生"四境界"

　　冯友兰把人生分为四种境界：自然境界、功利境界、道德境界与天地境界。不同境界之人，其目的驱使的行为是最大的不同。处于自然境界之人，漫无目的且不明所以，其行为顺其天性、风俗或是习惯。处于功利境界之人，其行为是行"利"。处于道德境界之人，其行为是行"义"。处于天地境界之人，其行为是事天地，这是人生的最高境界，也仅仅大圣大贤才能达此境界。人生的四种境界，呈现出由低到高的发展趋势。一般人都能达到的自然与功利境界，源于自然的造就，无需特别修行；唯有圣贤之人达到的道德与天地境界，源于精神的创造，必须特别修炼。圣贤之人在于能够把普通的事情看清、看深、看远、悟透，即"迷则为凡，悟则为圣"。

2.好学力行，知行合一

道德有知的问题，但更有行的问题。除了讲求好学之外，儒家注重道德实践，特别强调身体力行，认为所有的仁爱与美德，必须经由努力实践甚至竭力而行。故《中庸》曰："好学近乎知，力行近乎仁，知耻近乎勇。"

（1）勤学善思

学习修养身心的内化过程，也是治国、平天下的外在前提。孔子早就在《论语·阳货》中归纳出了六种品德与六种弊病："好仁不好学，其蔽也愚；好知不好学，其蔽也荡；好信不好学，其蔽也贼；好直不好学，其蔽也绞；好勇不好学，其蔽也乱；好刚不好学，其蔽也狂。"爱好仁德却不爱好学习，它的弊病是受人愚弄；爱好智慧却不爱好学习，它的弊病是行为放荡；爱好诚信却不爱好学习，它的弊病是危害亲人；爱好直率却不爱好学习，它的弊病是说话尖刻；爱好勇敢却不爱好学习，它的弊病是犯上作乱；爱好刚强却不爱好学习，它的弊病是狂妄自大，旨在强调爱好学习的重要意义。

"学而不思则罔，思而不学则殆。"（《论语·为政》）孔子简明扼要地阐明了学与思的辩证逻辑关系。儒家认为，领导者只有勤学善思，才能达到思维敏锐。领导者的好学与善思是紧密相关的，只有两者兼得，才能在实践中发现问题并得以解决。

学习的过程是一个日积月累的过程，在日积月累的过程中使得自身更为敏锐，从而使得做事更有效率。对于学习的态度，孔子从"知之""好知""乐知"三个层面出发，主张"知之者不如好之者，好之者不如乐之者"，提倡将日常的学习活动转化为一种兴趣爱好，把枯燥的过程柔化为一种享受与满足的过程。管理者在学习过程中增长知识，扩宽眼界，从而变得更加果敢、勇毅。

（2）学以致用

孔子认为，一个人只有把"知"落实到"行"的层面上，才可算有真学问。"知"作为学问来说，其实就是一种操作能力，并不是写在书本上的文字，关键在于能否学以致用。他主张"学而时习之"(《论语·学而》)、"君子耻其言过其行"(《论语·宪问》)、"知之为知之，不知为不知，是知也"(《论语·为政》)、"三人行，必有我师焉；择其善者而从之，其不善者而改之"(《论语·述而》)。他还说："始吾于人也，听其言而信其行；今吾于人也，听其言而观其行。"(《论语·公冶长》)

荀子认为，所有的知识都来自对外界事物的主观认识与实践经验，人有主动的认知能力，是认识主体；物则是被认知的对象。在《荀子·儒效》中把"行"提到最高的位置："不闻不若闻之，闻之不若见之，见之不若知之，知之不若行之，学至于行而止矣。行之，明也。明之为圣人。"也就是说不听＜听到＜看到＜知道＜实践，"行"是检验"知"的标准，"知"必须服务于"行"，把所学知识付诸实践活动，最终实现言行一致。

（3）行先知后

知行之辨是宋明以后儒家十分关心的一个问题。对于知行关系问题，大体有以下四种看法。

第一种，"知先行后"说，提出者是程颐。他认为知在先，行在后。他认为，知是行的先导，倘若没有知，行也就无从谈起。

第二种，"知轻行重"说，提出者是朱熹。他不否认知先行后，但在"知识"的意义上，他有所补充。他说："致知力行，论其先后，故当以致知为先；论其轻重，则当以行为重。"(《朱文公文集》卷十五) 朱熹已经对"知先行后"命题做了淡化处理，强调知识和行动构成相辅相成关系。他认为行在重要程度上超过知，重申了重行传统。

第三种，"知行合一"说，提出者是王阳明。所谓"知"，一般指人的道德意识、思想观念，"行"主要指人的道德践行、实际行动。"知行合一"即"知是行的主意，行是知的功夫；知是行之始，行是知之成。"(《传习录》)"知行合一"的意思是说，知行没有先后之别，知是"一念发动处"，而"一念发动处"也就是行了。知行不过是一个功夫的两个方面：知离不开行，行离不开知。

第四种,"行先知后"说,提出者是王夫之。明朝被清朝取代之后,王夫之作为前朝遗民,痛定思痛,觉得"知行合一"说有必要在理论上加以矫正。他不认同先验论,始终坚持经验论立场。他提出"行先知后"说,一方面针对"知行合一"说而言,反对把知行混为一谈;另一方面也是"知先行后"的反命题,强调"行"的首要性。

必须承认,儒家思想之所以成为古代中国的主流观念,其"力行"之说功不可没,故宋曾巩《与王深甫书》言:"士诚有常心,以操群圣人之说而力行之,此孔孟以下所以有功于世也。"特别是王夫之的"行先知后"说,同马克思主义哲学中"实践观点是首要的、基本的观点"的说法是相通的。通过毛泽东的阐发,中国哲学知行观焕发出新的活力,成为有用的、活的思想武器,帮助中国共产党人找到了实事求是这样一种利器。

(4)广交益友

增长知识,除了自己勤奋笃学以外,还要广交朋友。对于领导者、管理者来说修己不仅仅是知识的提升,更重要的是生命格局与人生境界的扩大。《礼记·学记》上说:"独学而无友,则孤陋而寡闻。"朋友的思想与学识往往能弥补自己的认知缺陷。当然,朋友的选择一定要慎重,《论语·季氏》中说道:"益者三友,损者三友。友直,友谅,友多闻,益矣。友便辟,友善柔,友便佞,损矣。"所以我们必须择善从之,才能见贤思齐。古人云"近朱者赤,近墨者黑"就是这个道理。

3. 正己修己,成人安人

儒家认为,每一个体都有自身的价值,所谓"人人有贵于己者",则是对主体内在价值的肯定。"成己",指自我的完善,其目标在于实现自我的内在价值。"安人"旨在使人民安乐。成己后安人,又安人又成己,二者相辅相成,即所谓"修己以安人"。

（1）修己成己

儒家认为，"安人"的前提是"修己"。因为统治者的道德、学识、素质、能力等都直接影响到治理的效果。因此，儒家对领导、管理方面的阐释，其重点是作为领导者如何提升自我修为以影响他人。

"修己"是在自我修养的过程中，逐步修炼、完善、提升自己。"修己"既要修身，包括行为、实践等外在表现方面；也要修心，包括思想、道德、文化、素质和能力等方面。修身注重理性与行为，修心注重性情和伦理道德。修己是一个辩证的变与不变并行的过程，变的是需要随着境况的变迁而有所变动，不变的是修己的初心。

作为主体，自我不仅具有内在的价值，而且蕴含着完成和完善自我的能力。儒家所理解的"成己"，主要是德性上的自我实现。所以，"修己"的要旨在自觉、自律与自主。北宋名臣包拯始终把"清心""修身"作为自己为官做人的座右铭，廉洁自律，无畏无虑，勇对邪恶，成为中国历史上流芳千古的士大夫楷模；还有像海瑞那种权高位重但到临死只有几石米家财的清正官员，也足以印证出儒家"修己"思想的价值取向。

在儒家看来，无论是外在的道德实践，还是内在的德性涵养，自我都起着主导的作用。主体是否遵循伦理规范，是否按仁道原则来塑造自己，都取决于自主的选择及自身的努力，而非依存于外部力量。所谓"君子求诸己，小人求诸人"体现的就是这个道理。

（2）推己及人

儒家在处理人际关系时，有一条根本的准则，就是由近及远，推己及人。这种从自身出发，将心比心，推己及人的原则，非常富于人情味。儒家认为，能够做到这一点，治理国家就非常容易了，因为治理国家无非是处理与他人的关系而已。

孔子认为，现实世界由"太一"化生而来，"分而为天地"，"然后有万物"，然后有男女、夫妇、父子、君臣、上下，然后"礼仪有所错"。处理这些两两相对的关系，需要有忠恕之道，需要有"一"的思维，由修己而推己。

推己及人的原则有正反两种表述,反面的表述是:"己所不欲,勿施于人。"(《卫灵公》)正面的表述是:"夫仁者,己欲立而立人,己欲达而达人。能近取譬,可谓仁之方也已。"(《论语·雍也》)孔子把这一原则看成贯穿他整个学说的一条中心线索。《论语·里仁》:"子曰:'参乎!吾道一以贯之。'曾子曰:'唯。'子出,门人问曰:'何谓也?'曾子曰:'夫子之道,忠恕而已矣。'"推己及人,就是忠恕之道,就是仁道。

实践"推己及人",就是要做到:自己不喜欢、不想要的,不要强加给别人。这是一种换位思考。一个人如果能够体会到别人的情绪和意愿,能够理解别人的立场和感受,就会站在对方的立场思考和处理问题。

大禹历经13年疏通了九条大河,使洪水流入了大海,彻底消除了水患。战国时代,有个叫白圭的人对孟子说:"如果他是大禹,一定会做得更好,只需要把河道疏通,让洪水流到临近的国家去就行了。"孟子很不客气地否定了他,君子是坚决不会这样做的。"君子莫大乎与人为善。"(《孟子·公孙丑上》)同样是治水,白圭只想到自己而不顾其他国家,大禹虽然费时费力,却是己所不欲,勿施于人,不仅彻底消除了本国的水患,也消除了邻国人民的水患,这才是仁爱的思想境界,值得人们推崇的精神。

春秋时期,齐国下大雪,齐景公穿着温暖的狐皮袍子站在窗前欣赏雪景。他觉得景致十分美丽,就高兴地对晏子说天气竟然不冷,还挺温和。晏子看着齐景公的皮袍和室内温暖的火炉,就有意地追问真的不冷吗?齐景公肯定地回应。晏子就直截了当地说:"我听说古时贤明的君主,自己吃饱了要去想想还有人饿着,自己穿暖了要去想想还有人冻着,自己安逸了要去想想还有人累着。经常推己及人,国家才会兴旺。可是你怎么都不去想想别人啊。"齐景公被晏子说得一句话也答不出来。

(3)身正正人

儒家讲究修身养性,君子修身先修德,正人先正己。孔子说,子曰:"苟正其身矣,于从政乎何有?不能正其身,如正人何?"(《论语·子路》)意思是假如端正了自身,那么从事政治还有什么困难呢?如果连本身都不能端正，怎能端正别人呢？

《后汉书·杨震传》载：东汉时，杨震在赴任途中经过昌邑时，昌邑县令王密来拜访他，并怀金十斤相赠，对此，杨震说："故人知君，君不知故人，何也？"王密没听明白杨震的责备之意，说："天黑，无人知晓。"杨震说："天知，神知，你知，我知，何谓无知？"王密这才明白过来，大感惭愧，快快而去。这就是历史上传为美谈的"杨震四知"，而杨震由此也获得了"四知太守"的雅号。

东汉末年史学家荀悦著的《申鉴·政体》中有一句话，"善禁者，先禁其身，而后人。不善禁者，先禁人而后身。"意思是，善于用禁令治国的人，一定要先自己按禁令严格要求自己，然后才能有资格去要求别人。不善于用禁令治国的人，先是要求别人去做，然后才要求自己。

这就是所谓的"正人先正身"。"正身"是从政为官的前提和基础，身不正则不可能正人。当然，不是只要身正就行了，治理好国家应是全方位的。儒家讲究的是"修身、齐家、治国、平天下"。修身是正己，"齐家、治国、平天下"就是正人。正身未必就能够正人，但不正身是绝不可能正人的。这一思想观念，在今天仍然有着深刻的现实意义。

当前，一些共产党员出问题，多数不是出在"才"上，而是出在"德"上。少数党员思想颓废、道德败坏的情况，引起了广大群众的强烈不满。新时代，各级干部要模范地发扬党的优良传统和作风，模范地践行社会主义核心价值观，常思贪欲之害、常怀律己之心，自觉抵御拜金主义、享乐主义、极端个人主义等消极腐朽思想，为在全社会树立社会主义道德新风尚作出表率。

（4）成人安人

在儒家看来，个体在实现自我的同时，也应当尊重他人自我实现的意愿。一方面，自我的实现是成人的前提；另一方面，主体又不能停留于成己，而应由己及人。后者的某种意义上构成了自我完善的更深刻的内容；正是在成就他人的过程中，自我的德性得到了进一步的完成。"成人安人"通过"齐家"和"治国、平天下"等治国的途径实现，它是建立在修身管理达致完善的基础上的。

儒家文化中从不否认欲望是人之本性。孔子曰:"富与贵,人之所欲也。"对于欲望的追求与管理,孔子主张:"因民之所利而利之,斯不亦惠而不费乎?"就是说,要根据人们对利益的不同追求来加以引导、激励。但是带来的另一个问题就是对于名利的过度追求,可能会导致人们逐渐走入狂热逐利的误区。在此基础上,孔子提出"先富后教","民无信而不立",为了防止盲目拜金的现象发生,孔子主张在物质利益达到满足之后,要从思想上去引导民众的胸怀信仰,以实现精神的富足。

可见,"成人安人"要求管理者既要通过有效的管理创造足够的财富来满足人的物质需要,又要通过有效的文化管理来帮助人完善自己的道德属性。

"修己"是自我层面的涵养,"安人"是对社会层面的贡献。儒家认为,安人是成己的目的。"修己"与"安人"的联系,是个体超越自身而指向集体的认同,实现了个体到集体的跨越。道德层次上的自我完善,最终是为了实现广义的社会价值。

儒家"修己安人"的思想,充实了中国传统文化的内涵,所追求的个体的身与心、个体之间、个体与集体、人与社会、人与自然的和谐统一,影响了无数仁人志士。"修己安人"在今天仍然是人们应当追求的精神境界与原则规范。

三、内圣之道,创新转换

修己以敬,修己以安人,修己以安百姓,正好对应了修身、齐家、治国、平天下的"内圣外王"之道。在儒家看来,古代圣王代表就是尧、舜、禹、汤、文、武、周公等。所谓"内圣外王"之道,是指如何以这些古帝为榜样,实现"内而成圣,外而成王",即成为圣王的道理。到了春秋战国时期，上古圣王在现实中已经不存在了，圣与王一分而为二，孔、孟、荀就在理论上探讨圣王、圣人的内涵，整合圣与王，提出完整的内圣外王之道，成为一个儒学更新发展过程中万变不离其宗的核心结构。今天，我们倡导"新内圣之道"，不是片面强调"向内用功"，而是要求广大党员干部自觉修好党性教育的"心学"，自觉明大德守公德严私德，将儒家的"内圣外王"理想创造性转化为新时代国家治理现代化的一系列战略举措的实施。

1. 锤炼党性，"心学"新悟

"心学"是中国传统儒学的重要门派，最早可以追溯至孟子，两宋时程颢、陆九渊等将之发扬光大，明代王阳明建构了以知行合一、致良知为核心的"心学"思想体系。中国传统"心学"思想与马克思主义之间是有交集的，可以借鉴"心学"思想用于党员教育和党性修养之中。

（1）党性是最大的德

党性是共产党员的立身之本，是合格共产党员的政治人格。党性教育是修养党性、锻炼党性、坚守党性的根本途径，也是每个党员正心、修身、明道的必修课程。

我们党历来重视党性教育，多次强调"党性教育和党性学习，决不可轻视这个绝大的问题"。周恩来坚持经常与"我的修养要则"对标，谢觉哉经常与自己"打官司"，彭德怀则坚持每月"反省自查一遍"。老一辈革命家的修炼方法值得借鉴，也启发广大党员干部把党性教育作为基础工程。

现实生活中，一些党员忽视对"心学"的修炼，有的对党内政治生活淡漠，有的党员意识淡化，有的则被"厚黑学"、潜规则、庸俗文化以及封建迷信思想所迷惑。习近平总书记生动地将这些"知行脱节"的党员干部比作"两面人"，他们"说一套，做一套"，"面前一套，背后一套"，公开场合坚信马克思主义，背地里迷信风水大师，口头上坚定不移地反腐败，背地里疯狂敛财。

习近平总书记说，对领导干部而言，党性就是最大的德。现在干部出问题，主要是出在"德"上、出在党性薄弱上。很多领导干部犯错误，最后在忏悔书中都说对党章和党规党纪不了解、不熟悉，出了事重新学习后幡然醒悟，惊出一身汗。如果把党章和党规党纪学好了、掌握了，又自觉遵守了，防患于未然，就可以防止一些干部今天是"好干部"、明天是"阶下囚"的现象。他还要求广大党员干部必须牢牢把握党性教育这个核心，自觉锤炼党性修养，自觉保持先进性和纯洁性。

（2）党性修养对修己安人的超越

儒家强调修己安人，是通过提高个人道德水平，塑造以"仁"为核心内容的理想人格（"内圣"），以达到治国、平天下的目的（"外王"）。

这种"修己安人"在今天看来，有一定的局限性。其一，传统文化中"修己"的最终目的，是为了封建统治者实现统治服务。其二，修己安人以人伦关系为出发点，以礼教名分为中心，过分地讲求以理节情，偏重道德的提高，而忽视意志、个性的培养，极大地压抑了人们的感情，同时也阻滞了人的潜能的挖掘和发挥。其三，虽然修己安人也讲实践，但儒家所重视的"行"，是治国、为政、修德之"行"，而非技术、基础、生产之"行"。具言之，传统文化"修己安人"它所讲的实践实际上就是道德实践，忽视了丰富多彩的社会实践。

与儒家传统的修己安人不同，共产党员的党性修养，将传统文化的价值系统与马克思主义结合起来，实现了认识系统与价值系统的统一。实践观点是指导党性修养首要的和基本的观点，即党性修养始终贯彻理论和实践紧密联系的原则。党性修养是共产党员由内而外的变化提高过程，它需要在认识与实践的交互作用中反复锻炼、提高和完善。党性修养的问题不仅是思想认识的问题，更是实践磨炼的问题。概言之，必须注重并贯彻实践的观点，才能实现党员对传统文化中修己安人的超越。

（3）勤修"心学"，永守初心

身之主宰便是心。不能胜寸心，安能胜苍穹？作为志在"改变世界"的马克思主义者，百年来，中国共产党人引时代大潮、建千秋功业、变世界格局，关键是有一个重要的立身法宝：在遵从客观规律、改造客观世界的同时，高度重视改造主观世界，使思想认识符合不断变化的实际，使身心修为不断跃至更高层次。

注重正心修身亦是中国传统人生哲学的精髓。习近平总书记指出，党性教育是共产党人修身养性的必修课，也是共产党人的"心学"。这为新时代广大共产党员立根固本、永守初心指明了努力的方向、提升的途径。

方向有了，如何前行？途径有了，如何践行？

勤修"心学"，方能永守初心。中国共产党人的初心和使命，就是为中国人民谋幸福，为中华民族谋复兴。这样的初心和使命，孕育于马克思主义政党的红色基因里，展现于中国共产党人的奋斗历程中。新时代的共产党员如何才能做到不忘初心、牢记使命？唯有勤修"心学"，牢记宗旨，时刻注意打扫"思想灰尘"，始终秉持人民至上，保持志向高远、内心净化，实现党心与民心合一、党性与人性统一，才能永守初心，在大是大非面前旗帜鲜明、在风浪考验面前无所畏惧，"从心所欲不逾矩"。

修"心学"，只有进行时，没有完成时。胜人者力，自胜者强。修好共产党人的"心学"、洁心正己，非一日之功，只有持之以恒、定力超群，方能见到成效。周边越是嘈杂，越需要内心镇静；前方越有迷雾，越需要头脑清醒；诱惑越来越多，越需要戒贪止欲。共产党人心性的磨砺、党性的提升是一个不断的精神"补钙"过程，应注重在变动的环境中自我约束、自我控制、自我塑造，不能一阵子，而要一辈子，活到老、学到老、改造到老，永葆先进性纯洁性，永远追求内心光明、成就"大我"。

修"心学"，需要严肃党内政治生活。加强党性教育，要求广大党员干部自觉用好党内政治生活这个党性教育的重要载体，按照党内政治生活准则办事，自觉接受党的纪律和规矩约束，严守党内制度，通过严格党内政治生活"除患祛疾"，提高自我反思意识、自我批评意识，通过批评和自我批评"涤荡灰尘"，自觉认同和践行党规党章和政治纪律，做到"从心所欲不逾矩"。

修"心学"，需要厚培党内政治文化。人存在于社会关系之中，时刻受到群体意识、社会心理的影响。政治文化尤其是作为其内核的政治价值和政治伦理，对人产生的是内在约束力。厚培党内政治文化，能够为广大共产党员正心修身、党性锻炼提供清洁的"空气、水分和土壤"，凝聚价值共识，实现党性修养从"组织自觉"到"个体自觉"的升华。应以理想、信念、价值、操守、伦理等文化的力量鞭策广大党员不断提高政治觉悟和政治能力，把对党忠诚、为党分忧、为党尽职、为民造福作为根本政治担当，永葆共产党人政治本色。

"心学"与为政之道相通，为政之道是"心学"的体现。共产党人的党性修养从来不止于自身心性提升，而应正心明道、心底无私、永怀敬畏、慎独慎微、知行合一、不断攀登精神高地，真正把党性原则内化为情感意志和行动自觉。在此基础上，一个优秀的"大写"的共产党人，不但应有家国情怀，会"以百姓心为心"，自觉服务于国家富强、民族振兴、人民幸福，还应有天下情怀，自觉推动建设和平繁荣美丽的新世界，促进更多的人自由而全面发展。

2.明大德、守公德、严私德

德乃立身之本、为政之要，修身做人就要把立德摆在首要位置。新时代的党员干部必须懂得，从了政不等于品行过关，职务高不等于境界就高，一定要把立德、修德、践德作为终身课题。立政德，就要明大德、守公德、严私德。

（1）明大德

中国共产党人明大德，体现于党性修养的不断锤炼与提升。首先要坚定马克思主义的信仰，对社会主义和共产主义的信念，表现为在大是大非面前敢于亮剑，在各种诱惑面前旗帜鲜明，在风浪考验面前勇往直前。无论在过去、现在还是未来，信仰信念都是支撑中国人民站起来、富起来到强起来的强大精神动力。对于广大党员干部来说，信仰是一个思想问题，是内心深处的精神价值与终身追求；更是一个实践问题，是砥砺前进的支撑与导航。检验一个共产党员是否拥有牢固的理想信仰，最关键的实质还是从实践中去检验，从实践中补足共产党人的"精神之钙"。习近平总书记提出衡量党员干部理想信念的客观标准就是三个能否，即"能否坚持全心全意为人民服务的根本宗旨，能否吃苦在前、享受在后，能否勤奋工作、廉洁奉公，能否为理想而奋不顾身去拼搏、去奋斗、去献出自己的全部精力乃至生命"。在生活中发挥党员的先锋模范作用，在为民服务的宗旨中牢记共产党的初心与使命，使得知外化于行。不管走多远，中国共产党人都不能也不会忘记来时的路。因此，广大党员干部要时刻拧紧马克思主义的世界观、人生观、价值观这个"总开关"，在政治上、思想上、行动上坚决做到"两个维护"，牢固树立"四个意识"，坚定"四个自信"。因为理想虽然是来源于现实，但同时又高于现实，所以要坚定实现共产主义最高理想的自信心。广大党员干部是中国特色社会主义的坚定信仰者和忠实践行者，一代又一代共产党人应为实现共产主义远大理想而接力奋斗。

（2）守公德

中国共产党人守公德，就是要强化全心全意为人民服务的宗旨意识，恪守立党为公、执政为民的执政理念，中国共产党的奋斗目标就是自觉践行人民对美好生活的向往，真正做到"心底无私天地宽"。广大人民群众对美好生活的向往，是中国共产党人的长期奋斗目标与价值取向，同时也是新时代的使命任务。这就要求各级党员干部，必须牢固树立担当意识，自觉担负起改革、发展、稳定的责任，把担当意识与责任落到实处，面对风险、矛盾要迎难而上，面对危机、难题要挺身而出。历史在进步，时代在发展。深入践行党的群众路线，既包括线下实际的群众路线，也要与时俱进，走好网络群众路线，多听民声、解民意、察民情、惠民生，真正实现融入群众、造福群众。

（3）严私德

中国共产党人严私德，就是要严格规范与约束自己的品德与行为。党的十八大以来，习近平总书记多次就中国共产党人的道德修养问题进行论述，其实他早在浙江工作的时候就已经提出了道德修养的重要价值："人而无德，行之不远。没有良好的道德品质和思想修养，即使有丰富的知识、高深的学问，也难成大器。"① 对于任何党员干部而言，其立身之本就在于严以律己，要是没有良好的道德修养，在人生路上注定是走不长远的。中国共产党人是没有自己的私利的，作为组织赋权的执行者，最终还是用人民赋予的权力来造福于人民。面对风险心中有责，面对诱惑心中有戒，注重品德操守，严以修身、严以用权、严以律己，坚守道德操守，不断强化政治纪律和政治规矩，不可触碰政治底线、不可逾越政治红线、不可跨越政治界限。广大领导干部特别是高级干部要强化纪律意识，带头严守党的政治纪律、组织纪律、廉洁纪律、群众纪律、工作纪律、生活纪律。领导干部在提升自身私德修养的同时，还要加强良好家风建设。家风是领导干部在私人领域的道德体现，为身边人树立好榜样作用，确保"枕边人"没有任何特权，坚决不踩"红线"、不越"雷区"，维护中国共产党人良好的形象。

总之，作为党员干部，要有价值支柱，首先就得加强自身的道德修养，做到讲道德、有品行，用道德的榜样力量引领社会。面对纷繁复杂的社会现实，广大干部应该把加强道德修养作为十分重要的人生必修课，自觉从中华优秀传统文化中汲取营养，老老实实向人民群众学习，时时处处见贤思齐，以严格标准加强自律、接受他律，努力以道德的力量去赢得人心、赢得事业成就。

3. 自律自省，德性日臻

自律是一个人素质的表现，自省则反映了一个人的能力。以自我为中心

---

① 习近平:《之江新语》，浙江出版联合集团、浙江人民出版社 2007 年版，第 64 页。

是人性的基本特点，人们在工作和生活中往往都是以"我"为出发点，忘了推己及人，因而需要别人时常提醒，做到自我反省。

孔子和他的弟子们十分重视自律自省，同时也成为后人学习的楷模。具体而言，孔子重视"修己"，即自我修身，强调"修己安人"。"修己"的内容包括品德、求学问、闻义、改正缺点等，围绕着这些孔子提出一系列原则："学思并重"原则、"慎言力行"原则与"见利思义"原则。孟子则重视"反省内求"。"反省"就是通过反思，领悟某种道理；"内求"就是将领悟到的某种道理作为指导，从自身求取善良与美德的本性。孟子说"我善养吾浩然之气"，"浩然之气"是在伦理方面的正气与节气，是主观修养方法，被后人引申为刚烈的民族之气。孟子的"独善其身"和"兼济天下"等思想，与"反求内省"一样都严格要求主体的品格。此外，曾子还提出了自律自省的具体内容："吾日三省吾身：为人谋而不忠乎？与朋友交而不信乎？传不习乎？"总之，自律自省是儒家思想中的一个重要组成部分，自律自省是"圣人"和"君子"的美德之一。

儒家自律自省思想认为人的德性源于人的内心，是通过道德修为达到游刃于社会规范之后的、由内心实现的自律行为的自由。这种自由的本质是既遵循社会之礼又能通权达变的自由。自律自省是儒家修身的基本模式。儒家圣贤认为，君子慎独，意指一个人在独处时，行为不被外人监督的情况下，也能严格要求自己，坚持正念，保持清醒。慎独是衡量一个人思想道德素质的重要指标，表现的是一种人生态度。儒家自律自省思想注重人的自觉性，由此引申出博大精深的修身方法，从内心出发，自我约束，严于律己，并且随着社会历史的发展，其内容与含义变得更加丰富。

习近平总书记曾引用《官箴》中的一句话："当官之法惟有三事，曰清、曰慎、曰勤。"党员干部要追求"慎独"的高境界，做到台上台下一个样，人前人后一个样，尤其是在私底下、无人时、细微处，更要如履薄冰、如临深渊，始终不放纵、不越轨、不逾矩。要时刻反躬自省，就像古人讲的"吾日三省吾身"，自重、自省、自警、自励，洁身自好，存正祛邪，注重修身养德，增强防腐拒变的"免疫力"。

广大党员干部是连接政府与人民的"桥梁"，肩负着建设中国特色社会主义事业的重任。党员干部所持的人民所赋予的国家权力，具有很强的诱惑性，对于广大党员干部来说，是对其心性修养的重大挑战与考验。党员干部一靠他律，即国家法律法规的硬性监督、同事之间的相互监督、上下级的监督、组织的监督、人民群众的监督等，更重要的是依靠自律。因为只有发自内心的自觉与自发意识，才能真正做到"从心所欲不逾矩"。从这一角度来说，党员干部要想坚守底线思维，最重要的就是做到慎独自律。

党员干部都应对有关工作职责的基本原则和法纪制度怀有敬畏之心，形成不可逾越的底线思维。所谓底线是引起质变的临界点。有了底线思维这个"保险杠"，党员干部才能守住底线，拒绝诱惑，防止贪污腐败，自觉遵守党的组织纪律，保持同人民群众的血肉联系，保持与党中央高度一致，维护党的团结，保持廉洁公正的作风，保证正确执行党的路线、方针、政策。此外，党员干部要有高尚的道德情操和道德行为，必须严格按照共产党人的行为规范和道德要求行事。不仅要学习保持思想上的清醒、理论上的成熟和立场上的坚定，更要通过不断反思自己来提高改造自己的能力，达到充实完善的目的。从小事做起，从身边的事做起，坚持"勿以恶小而为之，勿以善小而不为""积小德为大德，积小善为大善"，全心全意为人民服务，真正得到广大人民群众的信服。

延伸阅读　习近平对中国古代知行观的"两创"

党的十八大以来，习近平在毛泽东等中国共产党人持续探索的基础上，以马克思主义的立场、观点、方法，结合时代发展要求和客观具体实际，对中国古代知行观作了进一步的创造性转化和创新性发展。这具体表现在：内涵着眼于思想自觉和行动自觉相统一，使思想自觉转化为行动自觉；外延扩展至广泛的治国理政实践；认识和实践主体侧重于党员干部、青年学子。习近平对中国古代知行观的"两创"实践，为我们进一步做好中国优秀传统文化的创造性转化和创新性发展提供了借鉴和参考：坚持马克思主义的立场、观点和方法，是做好"两创"的前提；培养文化自信，加强对中国传统文化的学习与认知，是做好"两创"的基础；完善价值表达，实现话语转换，处理好内容与形式的关系，是做好"两创"的关键。

第七章　选贤任能　取之所长

——人才发现与运用的挖掘点

国家治理，重在选人用人。能否选用所需要的人才，决定着国家治理能力的强弱高低。在儒家看来，人的道德属性的完成离不开国家治理中有效的道德教化和选贤任能。选贤与能，是对为政者个人道德及其治理能力的规定。教化直接地有助于培养人的道德属性，而有效的选贤任能也在一定程度上有助于这一目标的完成。儒家治理的终极价值目的也决定了儒家选贤任能的用人哲学。

一、尚贤：为政之本

在中国，尚贤的政治传统历史悠久，儒家取法和推崇古代政治中的尚贤传统，其用人方面的核心理念是任人唯贤，推崇贤能政治。儒家认为，仁政以及建立在此基础上的天下大同的实现仅仅依靠最高统治者自我修养是不够的。在自我修养之外，最高统治者还必须要依靠各类人才来帮助自己治理国家。因此，儒家对于用人高度重视，将其放在了一个很高的地位。

1. 任贤使能，为政在人

古训说"人可一生不仕，不可一日无德"。一个人的品德人格是其基本精神风貌的内在支撑，更是检验党员干部是否勤政务实的重要标准。实践证明，影响党员干部整体素质的决定因素往往不是能力的大小与水平的高低，而是品行的端正与道德的高尚。倘若党员干部没有具备良好的品德修养，那么就会失去群众的信任，进而影响的是群众对于执政党的信任。因此，广大党员干部无论职务高低，都要把修德放在重要位置。

"德有余而为不足者谦，财有余而为不足者鄙。"儒家认为，选贤与能是为政的关键所在。为了实现天下大同的理想社会，就必须选任贤能之人，才能保证将儒家修身、齐家、治国、平天下的理想付诸实践之中。

帝尧善于选贤任能，是王道政治的典范。尧在位时，正值洪水泛滥，百姓痛苦不堪。除了水灾，其他灾祸也相继发生。尧满怀忧患，征询四岳的意见，问谁可以治理水患，四岳推荐了鲧。尧觉得鲧这个人靠不住，经常违抗命令，还危害本族的利益，不适宜承担这项重要的工作。但是四岳坚持要让鲧试一试，说实在不行，再免去他的职务。于是尧任命鲧去治理水患。鲧冶水九年，毫无功绩。故又起用舜继起励精图治。

《诗经·大雅·烝民序》中说，"任贤使能，周室中兴焉"，指出了周朝中兴的一个重要原因就在于选拔和任用贤能的人，而最为著名的任贤故事，便是周文王在渭水边遇见钓鱼老翁姜子牙，将其恭敬地请回宫，先立为国师，后尊为国相，总管全国军事与政治。姜子牙果然不负所望，对内发展生产，对外开疆拓土，辅佐文王灭商纣，建立了周朝，后又辅佐周文王、周成王，成为周朝最大的功臣。

《礼记·表记》强调"政者莫大于官贤"。孔子在对人类社会特别是社会政治进行长期观察和潜心研究的结果的基础上，得出了一个规律性的认识——"为政在人"，即把人及人才看作为政之本，政是依靠人去推行的，如果有贤人在位就会有好的政治。在孔子看来，选任贤能之人是国家治理、天下太平的关键所在，是儒家实现其社会理想的首要前提条件。"舜有臣五人而天下治"《论语·泰伯》，只有把合适的人放到合适的岗位上，领导者才可以实现垂拱而天下治。

《孔子家语·哀公问政》记载了鲁哀公向孔子问如何为政，孔子回答说："文武之政，布在方策；其人存，则其政举；其人亡，则其政息；故为政在于得人。"儒家所谓的"得人"就是让贤能之人为政，强调选用孝廉之人、贤德之人、直谏之人、进贤之人、扬善之人，弃用奸佞谄媚、贪利忘义之人。所以孔子说："陈力就列，不能者止。"（《论语·季氏》）

孔子认为，治理成败与人才得失紧密相连，呈正相关的趋势。贤能之士的作用在于维持国家的政治秩序良好地运行。只有选用、提拔正直的贤能之士，才能达到民心所向，国家的政通人和。首先，选贤与能可以使得民众信服。民众天然倾向于那些一心为民的官员，贤能官员的为政目的就在于民众追求的公平正义。其次，选贤与能可以使邪恶之人转化为正直之人。任用、提拔刚正不阿之人，使其职位位于不正直的人之上，促使不正直的人转化为正直之人。最后，官员的职能之一就是能够知贤举贤。知人善用才是最贤能的人，如果知贤而不举就算是失职，把官位据为己有，算是"窃位"。《汉书·京房传》中指出选用贤能与国家治理的关系："任贤必治，任不肖必乱，必然之道也。"《后汉书·第五伦传》中指出选用贤能之人对于社会风气的重要意义："务进仁贤，以任时政，不过数人，则风俗自化矣。"

"为政唯在得人"之所以如此重要，是因为得人与否直接关乎国家的治乱兴衰。

唐太宗李世民非常重视选贤与能，诸如历史上著名的魏徵、房玄龄、杜如晦等人都是得益于唐太宗的慧眼识才，才得以提拔重用。唐太宗认为，为政之要在于知人善用，正因如此，各路人才各显其能，才使得各项政策的有效推行，实现国家的政治清明，开创了贞观之治的繁荣局面。唐玄宗李隆基先后选拔任用了张九龄、姚崇、宋璟等贤臣，唐朝的政治、经济与军事的全胜，开元盛世局面的形成都与这些贤臣的辅佐息息相关。唐玄宗在位后期唐朝迅速走向衰落与相继任用李林甫、杨国忠等奸臣脱不了干系。他们利用职务之便广泛接受贿赂、任用唯亲、打压忠良之人，唐玄宗却对此疏而不见，反而任用邪恶奸臣，政权的衰败成为必然。果不其然，公元755年爆发了安史之乱，大唐王朝也逐步走向了衰落。

因此，司马光在《资治通鉴》中深有感触地说："为治之要，莫先于用人。"意思是说，治理国家的关键，没有比用人更重要的了。司马光指出，识别人才的根本在于领导者至公至明。领导者至公至明，那么下属有无能力便会一目了然，无所遁形；如果不公不明，那么考绩之法，只能成为徇私、欺骗的凭借。按照司马光的观点，制度也好，知人也好，是工具、形式，属于器用层面；要使制度行之有效，人才选用妥善，在于领导者是否"至公"，审断是否"至明"，这是道的层面，从而直指人的本心。①

明朝仁宣之治的出现与朝廷对"三杨"的任用密切相关。而其最后的覆亡则和其后期重用魏忠贤为首的一大批奸佞小人密切相关。清朝末年，外患日亟，国事艰难。身处嘉道之际的大变革时代，魏源痛感清王朝国势日危，而有志之士不能展其抱负，故提出"古之得人家国者，先得其贤才"，把人才视为关乎国家兴衰成败的关键。他还揭示出人才使用中的一种现象："人材者，求之则愈出，置之则愈匮。"意思是对于人才，越求贤若渴就会越来越多，越弃之不用就会越来越少。

晚清重臣张之洞深感欲挽救民族危亡，必须创建新式学堂，培养新式人才，因此首倡开办新学之风。1895年12月，他在给皇帝的奏折中忧心如焚地说："窃维国势之强由于人，人材之成出于学。方今时局孔亟，事事需材，若不广为培养，材自何来？"这段话阐述了国家、人才、学校三者之间的关系，张之洞认为，国家的强盛要靠人才，人才的培养要靠学校，而建立新式学堂，"为造就人材之实际，规划富强之本源"。

略览历朝历代兴衰成败，可以发现，用人问题始终是决定一个朝代兴衰

---

① 参见王巍：《从国学经典引述看——习近平论用人之法》，人民网，2014年12月23日。

成败的关键。

2. 德才兼备，德须先行

明确了"政者莫大于官贤"，儒家接下来就需要确定"贤"的标准是什么？实际上，儒家一直以来都有非常明确的标准。

一是德才兼备。在当时选人用人极其注重出身而出现的弊端，儒家提出选贤与能要坚持"不恤亲疏，不恤贵贱，唯诚能之求"的原则，突破亲疏、贵贱等的选人用人标准。儒家认为选拔人才的标准是既要有良好的品德，又要有过硬的才能。良好的品德是儒家提倡的道德君子。儒家主张道德具有控制功能，是对人内在个体的自我控制，能够妥善处理好公与私、义与利的关系，在政治方面有所作为；倘若没有道德修养自控的人掌握了权力，就很有可能徇私枉法。过硬的才能与良好的品德的相辅相成的，"才为德之资，德为才之帅。"只有道德而没有才能，承担不起职务所赋予的责任。儒家弟子从政必备的六种技能，即要熟练掌握礼、乐、射、御、书、数等。所以，在孔子的众多门徒中，会培养出既有颜回一样的道德君子，也有子贡、子路一样的才能弟子，在内政、军事、外交等方面发挥出重要的作用。

二是德先才后。德才兼备并不是说德与才处于同样重要的地位。实际上，在儒家看来，德作为一种根本，似乎更加重要一些。孔子认为"骥不称其力，赞其德也"（《论语·宪问》），又主张"君子不器""以义制利"。对儒家而言，其用人标准似乎更加偏重于德。个人才能必须在道德的约束和控制下才有意义。没有了道德的制约，对社会治理来说极有可能形成巨大的负面效应。《资治通鉴》记载了中国历史上一次非常惨痛的用人教训，春秋末年，晋国大夫智宣子错误地选择了多才少德的智伯为继承人，结果导致强大的智氏家族遭致灭族之祸。为此，北宋史学家司马光评论道："智伯之亡也，才胜德也"，并提出"才者，德之资也；德者，才之帅也"的著名论断。意思是才能是德行的凭借，德行是才能的统帅。司马光按才德的不同构成将人才分成四类："才德全尽谓之圣人，才德兼亡谓之愚人，德胜才谓之君子，才胜德谓之小人。"并提出了发人深省的观点："凡取人之术，苟不得圣人、君子而与之，与其得小人，不若得愚人。"可见，司马光的人才思想是以德为先，才德若不能两全，"宁舍才而取德"。

因此，儒家的人才标准实际上是"德才兼备、以德为先"。在实践中，封建统治阶级清楚认识到"心术不善，纵有才学何用"的基本道理，逐步摸索出德才兼备、以德为先的用人经验，并贯彻到选人、用人、考核过程中。虽然历代选人机制有所变化，但以德为主、首重德行的荐举办法和选官用官原则一直延续下来。这种注重德行的选人思想是可取的，历代的选官用官实践也积累了大量经验，这对于今天完善选人用人制度仍有重要参考价值。

3. 崇廉尚清，教养正气

儒家推崇为民请命的"清官"，体现了在政治实践中儒家的用人智慧。

儒家认为，国家治理应以德治为基础，既需要为政者的道德自修，也需要对为官者进行廉政教化来提升为官者的廉洁从政能力。

翻阅中国的史书和小说、戏剧等，我们可以发现，无论是史料还是文学作品或者民间传说中，都用大量的篇幅文章来给清官立传，对他们进行歌颂。在司马迁的《史记》中，将清官称之为"循吏"，之后的《汉书》《后汉书》等许多史书中都有"循吏列传"。而在文学作品和民间传说中，清官的传说更是不计其数。

例如，《二十五史》中记载了历史上最为著名的两大"青天"，一是宋朝的"包青天"，一是明朝的"海青天"。他们堪称清廉的化身。

《宋史·包拯传》中记载：包拯在朝廷为人刚强坚毅，跟人交往不随意附和，不以巧言令色取悦人。虽然地位高贵，但衣服、器物、食物跟当百姓时一样。他曾经说："后代子孙当官从政，假若贪赃枉法，不得放回老家，死了不得葬入家族墓地。假若不听从我的意志，就不是我的子孙。"因为他为官刚毅，贵戚、宦官为之敛手，京师有"关节不到，有阎罗包老"之语，意思是说，世间打不通关节的地方，就只有两个地方，一个是阎王爷那里，一个是包拯那里。因之，后世都把他当作清官的化身——包青天。

在明代，亦有一个与"包青天"相提并论的名臣海瑞。他一生历正德、嘉靖、隆庆、万历四朝，"以刚为主，因自号刚峰，天下称刚峰先生"（《明史·海瑞传》），为人一身正气、两袖清风，刚直不阿、疾恶如仇。所到之处，豪强奸宄皆为之屏气敛迹，不敢胡作非为，甚至不少豪富巨室之家为藏富隐迹，纷纷将朱漆大门涂成黑色，以避其锋芒。正是因为海瑞有着一身浩然正气，故能临强不畏、临难不屈，以宏伟刚健的人格力量感染当世、激励后世，受到千秋万代敬仰。

可以说，封建社会中上层统治者与下层百姓对管理的共同价值取向就是清官。对清官的肯定与认同，已经成为封建社会时期全民的一种共同的价值追求，清官思想已经发展为一种情结，内化于每个人的心中。统治者为清官们立传，把他们当作榜样模范加以宣传褒扬，借此偶像式宣传的目的还是为了维持君主专制。百姓对清官们的敬仰与尊崇，是希望身边能有为他们谋利益、申冤屈的人。清官的作为与否，事关百姓的福与祸、社会的安与乱、国家的兴与衰。

为了使更多的"清官"出现，儒家认为，还需要用制度来规范为官者的从政行为。为此，儒家提出了一系列关于官吏选聘、任用、考核、监督、奖惩等方面的思想主张。《周礼》中就提出"以听官府之六计，弊群吏之治，一曰廉善，二曰廉能，三曰廉敬，四曰廉正，五曰廉法，六曰廉辨。""六廉"实际上就是对官吏进行考核的六条标准。若官吏能够做到善、能、敬、正、法、辨六个方面，便是"廉吏"。

延伸阅读 《清官谣》唱词（节选）

　　天地之间有杆秤

那秤砣是老百姓

秤杆子挑江山咿而咿而呦

你是定盘的星

什么是功什么是名什么是奸什么是忠

嬉笑怒骂路不平背弯人不弓

天地之间有杆秤

那秤砣是老百姓

那秤砣是老百姓

秤杆子呦挑江山

你就是那定盘的星

二、选贤任能，量才适用

　　我国历史上关于选贤任能的思想和措施在春秋战国之际兴起，在秦汉以后日渐成熟。优秀的思想家、政治家懂得"官人，国之急也""天下治，必贤人"的治国道理；也懂得德先才后、选贤不易、用人所长的道理；在选贤任能上，不断根据社会阶级变化与实际需求调整用人策略。

1. 识人长短

　　用人的前提是识人。识之有偏、有误，就会差之毫厘，谬以千里，因为"用一贤人，则贤人毕至；用一小人，则小人齐趋"。

　　儒家对这一问题非常重视，认为"知者莫大于知贤"（《礼记·表记》）。孔子认为，识人长短，这是一项极为重要的工作，必须亲力亲为而不能假手他人。①

孔子认为，为政者很重要的一种能力是要知人言。即通过他人言谈对其道德水平进行有效判断。"不知言，无以知人也。"（《论语·尧曰》）那些一脸谄媚、巧言令色的人往往是靠不住的。"巧言令色，鲜矣仁。"（《论语·学而》）那些张口闭口就是利益、好处，从不谈及、重视道德仁义的人也不能任用，"群居终日而言不及义"（《论语·卫灵公》）。

除了考察语言，孔子认为，还必须要考察人的行为，做到所谓"听其言而观其行"（《论语·公冶长》）。君子需要"讷于言而敏于行"（《论语·里仁》），做到知行合一。不能言行一致、只会夸夸其谈、将仁义挂在嘴边的人作为管理者是非常危险的，因为其仍然缺乏内在的道德品质。

孔子认为，对人才的观察，不仅要注意其平时的言行，也要在临利害、遇事变的关键时刻，加以考察。"君子不可小知而可大受也，小人不可大受而可小知也"（《论语·卫灵公》），即君子不可以用小事情考验他，却可以接受重大任务；小人不可以接受重大任务，却可以用小事情考验他。他更认为贤人能经受得住社会的磨炼："岁寒，然后知松柏之后凋也。"

关于民意分析，孔子认为，一个人的德行如何是可以通过民意体现出来的。②孔子认为民众的看法是正确的，并将其作为评价历史人物的根据。但他又说："天下有道则庶人不议。"对民众的意见要进行调查和分析，而不能盲目信之，不能以他人的意见为准绳来决定人才的选拔和使用。所谓"众恶之，必察焉；众好之，必察焉"（《论语·为政》）。也就是说，凡是大家都不喜欢的人，一定要仔细考察深入了解是什么原因；凡是大家都很喜欢的人，也一定要仔细考察深入了解是什么原因。

荀子重视礼的教化和政治功能，因此，其考察人才的主要办法是考察其言行是否符合礼的要求。"行义动静，度之以礼。"（《荀子·君道》）行为不

---

① 参见巩见刚：《传统儒家用人哲学及其当代借鉴》，《中国井冈山干部学院学报》2014年7月25日。

② 参见李文钰、王经北：《论孔子的用人思想》，《四川行政学院学报》2006年第4期。

符合礼，必定不符合儒家人才的标准。同时，荀子还注重在实际工作中考察选拔人才，认为应该通过不断地变换客观环境来考察人才是否有适应环境变化的工作能力和德行。

汉高祖刘邦选人尤其注重在实践中看实绩。萧何、周勃，起事时就在一起，可谓知根知底。张良、陈平是后来投奔，刘邦也是见到他们谋略的效用才逐渐起用的。刘邦甚至不太相信引荐这种方式，他不想把无能之辈用到官位上空享爵禄，即便如萧何这般重臣所荐，他也未敢轻信。萧何就多次向刘邦推荐韩信，但总不予重用。以致萧何追韩信，才触动刘邦，最终答应让韩信当大将。但在设坛拜将之后，刘邦还要一试韩信有无真本领："将军何以教寡人计策？"刘邦听了韩信的一番话方大喜，才"自以为得信晚"。[①]

延伸阅读 诸葛亮"识人七法"

> 诸葛亮是如何知人的？在《诸葛亮心书》中，诸葛亮说：夫人之性，莫难察焉，善恶既殊，情貌不一。有温良而为诈者；有外恭而内欺者；有外勇而内怯者；有尽力而不忠者。然知人之道有七焉：一曰问之以是非，而观其志；二曰穷之以辞辩，而观其变；三曰咨之以计谋，而观其识；四曰告之以祸难，而观其勇；五曰醉之以酒，而观其性；六曰临之以利，而观其廉；七曰期之以事，而观其信。

借助人才的名声与业绩考核的办法可以识别人才。然而，司马光也指出过这种方法的弊端："是故求之于毁誉，则爱憎竞进而善恶浑殽；考之于功状，则巧诈横生而真伪相冒。"意谓靠舆论的毁谤或赞誉，就会有个人的爱憎感情争相掺杂进来，使善良和邪恶混淆；而用功劳簿进行考核，就会巧诈横生，真假不明。

---

① 参见陈家兴：《中国传统治理中的识人之道》，《学习时报》2017 年 3 月 1 日。

近代思想家魏源在评价历代用人制度的得失和揭露清政府用人制度的弊端时，提出了自己的人才思想："不知人之短，不知人之长，不知人长中之短，不知人短中之长，则不可以用人，不可以教人。"意思是，不知道一个人的短处，又不知道一个人的长处，不能发现一个人长处中的短处，也不能发现一个人短处中的长处，那么就不能够使用人，不能够教育人。为此，魏源提出了正确的用人育人方法："用人者，取人之长，辟（同"避"）人之短；教人者，成人之长，去人之短也。"魏源的人才思想充满了辩证法，至今仍闪烁着智慧的光芒，有着重要的启迪作用。

2.选人机制，良性运转

国家是从社会中分化出来的一种机制，一直是由一批专门从事管理或主要从事管理的人组成的。官僚机构在其行政运作的过程中，新成员的不断纳入是一个重要问题，只有不断地"纳新"，才能吐故，以保证官僚队伍的素质、治理体系的生命力。

孔子认为，一个人的出身并不重要，重要的是看他有没有高尚的道德和突出的才干。如果有的话就应该受到重用。所以作为统治者来说在选拔重用人才的时候不能因为他的出身而抛弃贤才，而是要广开才路来选拔人才，不论亲疏，就看他是不是贤人。有一个受到孔子称道的大公无私的典型，是春秋时期晋国大夫祁黄羊。《吕氏春秋·去私》记载了祁黄羊的两个故事。一次，晋平公要祁黄羊推荐一个地方官员，祁黄羊推荐了自己的仇人解狐。晋平公很吃惊，问祁黄羊："解狐不是你的仇人吗?"祁黄羊笑答道："您问的是谁能当县官，不是问谁是我的仇人呀。"还有一次，晋平公要祁黄羊为朝廷推荐一个法官，祁黄羊则推荐了自己的儿子，晋平公又觉得奇怪，问道："祁午不是你的儿子吗?"祁黄羊说："您问的是谁能去当法官，而不是问祁午是不是我的儿子。"后来，祁黄羊推荐的两个人在任上果然都干得很好。而祁黄羊"外举不避仇，内举不避亲"的大公无私品德，也广为传颂。

古人尤其是君主用大贤的，多重他人推荐、自己明察，或这两种办法组合使用。倘若君主不加详察，他人荐贤往往就会私恩盛行，而致庸人塞路。但当面详察，要求用人者本身就很贤明，有雄才大略。他们往往思考治理难题夜不能寐而求之于人，若所答能令己茅塞顿开就会引为高贤。[1]

在中国古代王朝兴衰更替之际，往往伴随着"任人唯亲"与"任人唯贤"的两种用人路线的冲突。"任人唯亲"，就是不问贤愚，只问亲疏。创业之君和中兴之主往往能够推行"任人唯贤"的路线，而乱亡之君则会深陷"任人唯亲"的怪圈不能自拔，最终导致国家的败亡。封建时代的用人政策体现了鲜明的"亲—贤"交替的"周期律"。

关于选人机制，苏东坡说："三代以上出于学，战国至秦出于客，汉以后出于郡县吏，魏晋以来出于九品中正，隋唐至今出于科举。"这段话实际上划出了中国古代选官制度的几个发展阶段。

商周时期是世袭性的世官制。

春秋战国时期是自荐与他荐相结合的荐举用人制。

战国至秦汉初期还存在以二十等爵制用人的功劳用人制。

两汉实行"察举"与"征辟"。比如，地方官员负责把具有孝廉品质的人举荐出来，作为官吏的候补，由国家培养。因为一个人孝敬父母，就会忠于国家；一个人廉洁，就没有贪心，不敢妄取钱财。总体来讲，"察举"与"征辟"过于粗疏，容易发生不公平现象，缺乏合理化的有效保障。

魏晋南北朝实行"九品中正制"。"九品中正制"具有强烈的特殊主义与感情色彩，是典型的"任人唯亲"。

隋唐以后实行的科举制度，贯彻一视同仁、择优录取的原则，其意义不仅在于选拔人才，维护中央集权制度，更为重要的意义在于为平民百姓有机会进入仕途提供了一条新路。虽然科举考试因竞争的公平性原则具有一定的积极意义，使更多的人有机会实现阶级的跨越，但科举考试只适应于部分职

---

[1]　参见陈家兴：《中国传统治理中的识人之道》，《学习时报》2017年3月1日。

位的开放，标示政治实质的皇位依然是独占的，其实质还是以公职位的"大私"为前提。

从总体上看，我国历史上形式多样的选贤任能方式，自战国秦汉以后推动了阶级、阶层的流动，囊括了许多优秀人才服务于国家。选官从散漫走向系统，从主观认定走向客观考试，用人逐步制度化；三国以后吏部形成，选人与用人开始分离。但用人不公、任人唯亲、任人唯近、用人体制涣散以至国家用人权力的丧失也是王朝不治而乱的历史教训。

3. 用人如器，扬长避短

选出人才并将其放到合适岗位上只是第一步，如何使用人才还需要为政者做出进一步的努力。

在古代长期的实践中，中国的为政者们不断总结这方面的经验，形成了具有中国浓厚本土特色的用人哲学。在这其中，以孔子为代表的儒家进行了大量的思考，形成了独特的成体系的用人思想。儒家用人思想在中国历史上曾经发挥了巨大的作用。在中国历史上但凡比较好的历史时期，其出现总是和儒家用人思想得到比较好的贯彻密切相关。

儒家不反对君、臣间不平等的政治秩序，但却认为君臣间存在着各自的权利和义务。儒家认为，理想的君臣关系是"君使臣以礼，臣事君以忠"(《论语·八佾》)。孟子也强调："君之视臣如手足，则臣视君如腹心；君之视臣如犬马，则臣视君如国人；君之视臣如土芥，则臣视君如寇仇。"(《孟子·离娄下》)

除了尊重外，对于人才给予足够的信任是儒家用人思想的一个重要原则，否则，人才的作用无从施展。在儒家看来，君主选拔人才的目的不是选拔一个唯命是从的木偶和傀儡，而是选一个能够提出建设性意见、匡正自己过失的得力助手。

关于如何发挥人才的作用，孔子认为，在使用人才的时候不要求全，但也不能忽视在某一方面有专长的人才，"其使人也器之。""器之"就是要因量材而用，就像对器具一样，什么样的器具派什么样的用场，不要求全责备，要用其所长，即扬长避短。因此，君主在用人的时候切不能求全责备，"无求备于一人"（《论语·微子》）。

《资治通鉴》载："上（唐太宗）令封德彝举贤，久无所举。上诘之，对曰：'非不尽心，但于今未有奇才耳！'上曰：'君子用人如器，各取所长。古之致治者，岂借才于异代乎？正患己不能知，安可诬一世之人！'"从这段对话中可以看出，唐太宗对于封德彝以当世找不到奇才为由而"久无所举"是很不以为然的，并提出了"用人如器，各取所长"的人才观。

用人如器，各取所长，其实就是我们今天说的人尽其才。根据这一原则，儒家进一步认为，在用人的时候一定要用人之长，避其所短，根据人才的特点委以适当的任务。荀子主张"论德而定次，量能而授官，皆使人载其事而各行其所宜"（《荀子·君道》）。没有永久的人才，也很少有全才。以一代之才理一代之事，以非常之才理非常之事，以合适之才理合适之事就是成功。

此外，孔子还认为任何人都不是完美无缺的，在贯彻"用人如器"的时候，不要计较贤者的小错误，因为人是难免要犯错误的。只要他所犯的过错是小节，又不会文过饰非，而是勇于面对和改正，那么就应该不咎既往，不计较"小过"，而是继续使用，并给予信任。"大德不逾闲，小德出入可也。"（《论语·子张》）

三、"贤能政治"，模式更新

选贤制度在中国政治史上一直是一个关键主题。加拿大学者贝淡宁认为，贤能政治过去是也会一直是中国政治文化的核心。过去三十多年里，中国共产党本身正变得越来越崇尚贤能。西方民主是一种有缺陷的政治体制，而贤能政治有助于弥补其部分缺陷。他认为，贤能政治有两个关键因素：一是政治领袖有超过平均水平的才能和品德；二是设计用来选拔这种领袖的机制。在当今世界，中国的"贤能政治"传统有价值吗？能复兴吗？围绕这些问题，学者们展开了激烈的辩论。我们认为，在当代语境下，如果改进"贤能政治"，使之成为"选拔＋选举"的良性模式，有两个问题是绕不过去的，一是"如何成贤"，二是"如何选用贤"。

1. 学而优 ≠ 贤而能

《论语》中说，"仕而优则学，学而优则仕"。这句话虽出自子夏之口，但不难看出这是他对孔子思想的转述，孔子针对"子路使子羔为费宰"一事，也曾对学与仕的关系作过论述。指出学习与做官是互为前提和目的，而且由学入仕，或由仕入学，是一脉相承的。

（1）对"学而优则仕"的误解

子夏这句话中的"优"，实际上是优裕之意，就是有余力。这句话的正确理解是，做官如果有余力的话应该去读点书；读书如果有余力的话就应该出仕。为官一方，主要任务当然不应该是学习，而应该是处理政务。但是不学习也是不行的，当官要颁布政令，要安排工作，无一不需要以知识做基础。如果不学习，则有可能犯原则性错误。

比如，宋代名相王安石不论官做到多大，都没有放下过学习，他在任上除去办公，其他时间都用来学习，有时甚至通宵达旦地读书，实在疲倦不堪的时候，才睡上一两个小时，之后又匆匆起床开始办公。正是这种不断学习、不断进步的精神，使他成了一代名相和令人赞叹的大学问家。

但在现实中，人们对这两句话的误解是相当深的，以至于被误解的意思占了上风，这句话的本意反而被湮没了。大部分人把这句话中的"优"理解为优秀，这句话就变成了做官做得好就去做学问，学习学得好就可以去做官。这种误读导致产生一大批"应试官"，许多人将学习与升官发财、实现阶层跃升紧密联系了起来，学习是为打开荣华富贵之门的敲门砖，这种人为入仕皓首穷经，做了官也难有作为。

1905年，中国正式废除科举制度，标志着历经1300多年的科举时代的终结。事实上，现代教育制度与文官制度内涵的重要思想，有一部分是来源于科举制度的。比如不拘门第、考试公开、竞争均等、选贤任能等理念。然而，科举制度积久成弊，尤其是在此基础上衍生出来的科举思维，是阻碍人们思想进步、社会发展的绊脚石。虽然早已废除了科举制度，但科举思维并没有随之消失，当今社会中对"学而优则仕"还存在很深的误解，从而对教育产生了一些负面影响。

（2）以鼓励创新代替"学而优则仕"

当前，以鼓励创新来代替"学而优则仕"已经时不我待。教育中一些不良现象的根源就在于受到"学而优则仕""官本位"思想等的负面影响。这种科举思维与生产力的发展、社会的进步、国家的繁荣背道而驰。

"学而优则仕"的最大危害是从根本上损害了社会生产力发展的进程，导致社会人才资源的错配，从而导致人才的浪费。不鼓励优秀人才进入社会生产和创新第一线的价值导向，既削弱了个人的创新意识，又阻碍了国家的创新能力。

社会不断进步的根本动力就在于生产与创新，在于财富的不断创造。因此，良性运转的社会机制不是汲汲于进入维护和守成系统，应当鼓励优秀的人才进入社会生产和创新的第一线，使社会中涌现出更多的科学家、专家学者、企业家、工程师、技术工人等能够直接创造社会财富和价值的专业型人才。

所以，我们要从根本上改变对"学而优则仕"的误解，营造崇尚知识和文化的良好社会氛围。

（3）基层是锻炼干部的"练兵场"

"宰相必起于州部，猛将必发于卒伍"，阐述了凡成大事者必须从基层做起的道理。"州部"指古代基层行政单位；"卒伍"为古代军队编制，五人为伍，百人为卒。韩非子强调国家的文臣武将，特别是高级官员和将领的选拔，一定要有基层实际工作经验。因为这些人来自基层，更了解战场的形势和百姓的疾苦，也就能够更好地处理政务，领兵作战；反之，如果缺乏基层历练，就有可能纸上谈兵，误国误民。

习近平总书记曾多次强调，"基层实践是培养锻炼干部的'练兵场'"。"地方尤其是基层一线是领导干部了解实际、向广大群众学习的好课堂，也是领导干部磨炼作风、提高素质的大考场。干部在基层成长、干部从基层选拔、干部到基层培养，是我们党的一贯用人方针，也是年轻干部健康成长的根本途径。到地方和基层一线工作，同基层干部和群众一起摸爬滚打，对于领导干部特别是年轻干部增长领导才干、积累实践经验、加快政治成熟至关重要。""干部有了丰富的基层经历，就能更好树立群众观点，知道国情，知道人民需要什么，在实践中不断积累各方面经验和专业知识，增强工作能力和才干。"

延伸阅读 习近平的七年知青岁月

1969 年到 1975 年，习近平在陕西延川县文安驿公社梁家河大队，度过了 7 年艰苦的上山下乡生活，住窑洞，睡土炕，吃玉米团子，打坝挑粪，建沼气，在这里入党，当选大队党支部书记。习近平总书记在与大学生"村官"代表座谈时，曾谈到自己在农村的那段经历，深感那是他"一生中最为难得、最可宝贵的一段经历，也是最有收获、最值得回忆的一段经历"。

2."广泛择才 + 规范回避"

正如司马光所言，破除"任人唯亲"的难题之根本在于"举之以众，取之以公"，也就是制度设计和公众参与。今天，我们要改进"贤能政治"，在选人机制上，要破除"以人选人"的旧制，通过"择天下英才而用之"，科学设计公务员任职回避制度，以提升选人用人的公平性和民主性。

（1）广泛择才

孟子认为，君子有三大快乐，其第三大快乐即"得天下英才而教育之"，就是得到天下的优秀人才并教育他们。孟子认为，君子有这三大快乐，即使称王天下也不在其中。"聚天下英才而用之"是习近平人才思想的精髓。他将"天下英才"由教育对象易为使用对象，将"天下英才"由被动的"得"变成主动的"聚"，既是语言的创新，又是思想的升华。

早在正定期间，为把当地经济搞上去，习近平就果敢推出了震动全国的"人才九条"，面向全国招贤纳士，为正定发展破局开路。党的十八大以来，习近平总书记从执政兴国的高度，多次对人才强国作出重要论述，强调指出："当今世界聚才、用才，应该包括国际国内两个方面的人才，也就是择天下英才而用之。"在党的十九大报告中，他再次强调"聚天下英才而用之，加快建设人才强国"，号召"把党内和党外、国内和国外各方面优秀人才聚集到党和人民的伟大奋斗中来"。

各级党委和政府要以识才的慧眼、爱才的诚意、用才的胆识、容才的雅量、聚才的良方，放手使用优秀青年人才，为青年人才成才铺路搭桥，让他们成为有思想、有情怀、有责任、有担当的社会主义建设者和接班人。

（2）规范回避

在中国古代安土重迁的农业社会中，地域、邻里、亲属一类的关系发挥着极其重要的作用，每个官吏都生活在由这些关系编织而成的网络之中，他们往往还出于种种目的利用自己的地位、威望和财力强化并扩展这些关系。

西汉时期的官员地域回避制度，是汉武帝为了控制官吏，防止地方势力膨胀，在任命行政长官时逐渐形成的回避本籍的惯例。中国古代的官员地域回避制度的本质是维护封建皇权的专制统治。

东汉时期的汉恒帝颁布的《三互法》，"婚姻之家及两州人士不得相互监临，至是复有三互法。"《三互法》成为中国古代第一部文官任职回避的成文法。

唐宋时期的籍贯回避制度日趋严密。唐朝规定除了京兆、河南两府之外，官吏不得在本籍及相邻近州县任职。宋规定地方官不可任职原籍，各路属官不能委派家住本路与原籍的官员，其回避范围以州、府为主。

明朝洪武年间，明太祖朱元璋建立了南北更调制度，即"南人官北，北人官南"。在《大明律》之前的《大明令》规定"流官注拟，并须回避本贯"。后来逐渐缩小了回避的范围，只有省、府两级行政长官需要回避省籍，而省、府两级的属官和知县不需要回避，只需避开本籍府、县，频繁轮换任职就可以。

王夫之主张任人唯贤，反对"用人唯亲"，他总结历史教训，分析"用人唯亲"一般有三种情况：族姓之亲、近倖之亲、故旧之亲。为了尽量减少这些关系对官员公务活动的影响，保证官员正常履行其职责，他提出了两条任官的回避原则：一是任官不宜偏重于门生故吏和乡里故旧（属于亲族回避）；二是如果任用乡里故旧为官，则不宜让其在本乡本土做事（属于籍贯回避）。王夫之反对用人唯亲，并不是指凡是亲戚故旧皆不可用，而是指任人必须坚持"贤"的尺度，而不能以"亲"为取舍。当然如果是"贤才"，即便是亲戚故旧亦在可用之列，只要坚持以社稷为重，也就无须避亲戚故旧之嫌了。

清代，官员回避的规定更加严密。地方上从总督、巡抚直至州县一级的各类官员，都不能在自己的家乡所属的省、府、州、县内任职。甚至规定，官员籍贯与拟任官职的地方，虽然不属于同一省、同一府或县，但二者相隔只要在五百里之内也必须回避。

这样，我国历史上官员地域回避制度源远流长，从西汉武帝到现在持续了近两千年。从古至今，实行官员任职的地域回避主要是为了防止腐败的滋生，克服"裙带风""关系网"束缚，保证公务员廉洁奉公。

当前，我国的《公务员法》吸收了历史上关于官员回避的经验教训，科学规定了一系列回避要求。比如，公务员之间有夫妻关系、直系血亲关系、三代以内旁系血亲关系以及近姻亲关系的，不得在同一机关双方直接隶属于同一领导人员的职位或者有直接上下级领导关系的职位工作，也不得在其中一方担任领导职务的机关从事组织、人事、纪检、监察、审计和财务工作。公务员不得在其配偶、子女及其配偶经营的企业、营利性组织的行业监管或者主管部门担任领导成员。因地域或者工作性质特殊，需要变通执行任职回避的，由省级以上公务员主管部门规定。公务员担任乡级机关、县级机关、设区的市级机关及其有关部门主要领导职务的，应当按照有关规定实行地域回避。公务员执行公务时，有下列情形之一的，应当回避：涉及本人利害关系的；涉及与本人有本法第七十四条第一款所列亲属关系人员的利害关系的；其他可能影响公正执行公务的。公务员有应当回避情形的，本人应当申请回避；利害关系人有权申请公务员回避。其他人员可以向机关提供公务员需要回避的情况。机关根据公务员本人或者利害关系人的申请，经审查后作出是否回避的决定，也可以不经申请直接作出回避决定。对此，各级公务员一定要认真学习，规范遵守。

3. 贤庸优劣，制度作"秤"

官吏考核制度在中国沿革了几千年，在其变化革新中总是很难突破一些封建制度下的局限性，但不可否认，有些内容和方法仍旧可以被视为具有深刻洞见的精华。完成了彻底社会革命的现代中国，在干部考核上对其依然有扬弃吸收的需要。

在儒家思想占统治地位的古代社会中，选任官吏时，注重德才兼备一直是不可抛弃的优良传统。魏徵提出过："天下未定，则专取其才，不考其行；丧乱既平，则非才行兼备不可用也"。而司马光也说："才者，德之资也；德者，才之帅也。"

早在原始社会禅让制下，品行德性与能力才干就是选人用人的主要标准。两汉时期的选官制度主要是自下而上推选官吏的察举制和自上而下选任官吏的征辟制，察举制是指地方官吏将考查过的能者、贤者举荐给朝廷，朝廷经过一定的方式考核任用或者直接任用。征辟制是对特殊人才予以直接聘用。魏晋南北朝时期主要的选官制度是九品中正制，是在反思和借鉴两汉察举制的基础上建立起来的，担任考查职责的中正官要充分了解本地人士的家世、品德、才学等方面的综合情况，然后对被考查者定品，并将考核结果逐级呈报供选拔任用。

而到了隋唐至明清时期，实行的是科举制度。科举制度经历了一千三百多年的历程，是我国古代最为重要的选官制度。首先，科举制度是面向社会公开进行考试选拔人才的制度。其次，察举制和九品中正制在一定程度上还体现了门阀等级观念。科举制度的自由报考使得寒门子弟有机会进入上层社会，不分贵贱，不论出身，凡是符合硬性条件的人都有机会进入仕途。最后，科举制度通过层层考试选拔人才，并根据考试结果择优录用，可以使优秀人才在竞争中脱颖而出。科举制度坚持的自由报名、公开考试、平等竞争、择优取士的原则是值得我们借鉴的。

党的十八大报告指出："坚持五湖四海、任人唯贤，坚实德才兼备、以德为先，坚持注重实绩、群众公认，深化干部人事制度改革，使各方面优秀干部充分涌现，各尽其能、才尽其用。"[①] 十九大报告继续提出，"坚持严管和厚爱结合、激励和约束并重，完善干部考核评价机制，建立激励机制和容错纠错机制，旗帜鲜明为那些敢于担当、踏实做事、不谋私利的干部撑腰鼓劲。"[②]"要加强理想信念的政治思想教育，强化纪律执行，让党员干部知敬畏、存戒惧、守底线。要匡正选人用人风气，严格把关，杜绝带病提拔等问题的发生。"

在选拔任用人才方面，必须坚持解放思想、与时俱进原则，使得优秀人

---

① 《坚定不移沿着中国特色社会主义道路前进　为全面建成小康社会而奋斗——在中国共产党第十八次全国代表大会上的报告》，人民出版社 2012 年版，第 52 页。

② 《决胜全面建成小康社会　夺取新时代中国特色社会主义伟大胜利——在中国共产党第十九次全国代表大会上的报告》，人民出版社 2017 年版，第 64 页。

才不断涌流。首先，要更新选人用人的思维，树立选贤与能的观念。要坚持德才兼备，以德为先的原则，破除论资排辈的思想，树立注重实绩、竞争择优的观念；破除"能上不能下"的思想，树立"能上又能下"的观念，在实践中锻造提高；破除放不开手脚、瞻前顾后的思想，选用不畏困难、迎难而上的人。其次，要树立人才效益观念，把握最佳任用期。加强后备干部队伍建设，不断创新人才培养机制，加大力度培养选拔优秀年轻干部，把年轻人才放在艰苦环境与基层一线中培养锻炼，通过工作实践与艰苦环境磨砺意志、作风，增强本领与才干。

除了需要更新思想观念以外，还需要从制度层面细化干部的任用与考核机制。完善制度设计层面，使得干部选拔任用、监督约束更加制度化、程序化与规范化；完善分类科学的公务员管理制度，根据不同序列采取选任与委任、任期制与常任制等不同的任用方式，既能激发党员干部成长的动力，又能确保工作的连续性与稳定性；人事方面要落实公众的知情权与监督权，做到规则公开、过程透明、民主评议，让干部选拔任用公开透明、合法有序。从体制机制的层面，理顺国家与社会、中央与地方、政府与市场的逻辑关系，形成层层递进、各司其职的运转格局，确保干部人事的调整公开公众，顺应民心。

第八章　刚健日新　经世致用

——君子为政的动力点

秉持着"周虽旧邦，其命维新"，"苟日新，日日新，又日新"，"天行健，君子以自强不息"等，我们中华民族便具有了一再迎接挑战并在精神上一再浴火重生的基因，日新其德，自我迭代，不负时代。

一、周虽旧邦，其命维新

"周虽旧邦，其命维新"两句诗出自《诗经·大雅·文王》，其诗第一章云："文王在上，於昭于天。周虽旧邦，其命维新。"大意是：周文王神灵在天，光明显耀。周虽然是旧的邦国，但其使命在于"新"。这里的"新"，既可以作动词，表示"革新"，也可以作形容词，表示保持一种常"新"的状态。这首诗是《大雅》的第一篇，全诗颂词与箴言相结合，既赞颂了文王得天护佑，创立周朝的丰功伟业，也有对周人"天命靡常""宜鉴于殷"的谆谆告诫，是一篇既充满激情又不乏理性和历史意识的颂歌。后来，"周虽旧邦，其命维新"被人们赋予新的含义，形容中国虽然是个古国，但其使命却在于维新，通过改革不断焕发新的生机。

延伸阅读 **冯友兰起草联大碑文**

抗日战争胜利后，由北大、清华和南开三校在战时联合组建的西南联合大学准备北上"返故居，复旧业"，行前决定在昆明西南联大校址树碑纪念，委托文学院院长、著名哲学家冯友兰先生撰写碑文。冯友兰先生有感而发，在碑文中感慨系之："并世列强，虽新而不古；希腊罗马，有古而无今。惟我国家，亘古亘今，亦新亦旧，斯所谓'周虽旧邦，其命维新'者也！"

1.苟日新，日日新，又日新

《易传·系辞上》从天人合一的哲学角度提出："富有之谓大业，日新之谓盛德，生生之谓易。"把人的存在和发展高度概括为"富有""日新"和"生生"，认为世界是富有而日新的，万物生生不息。"生"即创造，"生生"即不断出现新事物。新的不断代替旧的，新旧交替，继续不已，这就是生生，这就是易。可见，日新月异是人类生生不息的重要环节，也是人类不断自我革新、自我完善的人化过程。

商汤因为夏桀无道，兴兵进行讨伐，灭掉夏桀后，将其流放在南巢。商汤在位期间，为了避免自己重蹈夏桀的覆辙，就把一些重要的警示语刻在一些日常所用之物上，以便随时映入自己的眼帘，时时给自己以警戒。"苟日新，日日新，又日新"被刻写在商汤王的洗澡盆上，铭文意思是如果能够一天新，就应保持天天新，新了还要更新。（《礼记·中庸》）为什么商汤要把"苟日新，日日新，又日新"刻在洗澡盆上呢？这是因为，洗澡过后，除去了身上的污垢，我们都会有一种焕然一新的感觉。引申开来，从勤于省身和社会发展进步的角度来强调及时反省和不断革新。这显然是一种革新的姿态，驱动人们不断创新。

孔子晚年喜《易》，所作《易传》尤其看重"时"与"变"，他强调时中立极，多次说"与时偕行""与时偕极"。进入战国以后，以儒家为代表的中华文化继续坚持了这样的思想和精神。这种不断创新的文化基因，是中华民族始终屹立在世界文明舞台上的核心要素之一。

这种创新的能力，表现在中华文明的各个方面。以科技而论，我们的先人发明了造纸术、火药、印刷术、指南针，在天文、算学、医学、农学等多个领域创造了累累硕果，为世界贡献了无数科技创新成果，对世界文明进步影响深远、贡献巨大。以制度而论，我们的先人很早就发明了科举制，使得中国很早就在制度上为社会成员的垂直流动提供了一条行之有效的渠道。在文学艺术上，从楚辞、汉赋，到唐诗、宋词、明清小说，几乎每个时代都产生了堪称人类巅峰之作的杰作。

创新意味着改变，所谓"推陈出新""焕然一新"，无不是聚焦于一个"变"字。上古就有至理名言"穷则变，变则通，通则久"。该句出自《周易·系辞下》，当我们面临不能发展的局面时，就必须改变现状，进行变革和创新。变革后，事物的发展就会顺畅。事物发展顺畅了，必然就可以长久发展下去。

创新是一个艰苦的过程。古代工匠往往通过不断"切磋琢磨"才能有所创新。"切磋琢磨"，原表示加工雕琢器物，包括骨、象牙、玉器、石器等。根据材质的不同，要运用不同的雕刻技艺，这就是"切""磋""琢""磨"四种技法。从中显示出雕工技艺之妙、之精，而创新之精神必体现于其中。

创新方法、手段、工具很重要。清代魏源提出"师夷长技以制夷"，希望通过学习西方的先进军事技术寻求强国御侮之道，后来指学习西方的先进技术来抵制西方——以彼之道，还之彼身。这句话体现了魏源革新的思想，其实质在于认识到了"技"之大用，到现在仍有重要的启示意义。

今天，我们之所以把"创新"当作衡量一个人物是否是英雄的重要标准，是由现实的世界格局所决定的。如今的竞争，是全球的竞争。正如习近平总书记所指出的："你见或不见，一体化的世界就在那里。"一体化的世界，当然首先意味着协作，但协作也就意味着产业链上下游的分工。如果一个国家不满足于永远处于产业链的较低端，而要力争上游的话，则国家的创新能力就显得非常重要。

2. 明德新民，止于至善

《礼记·大学》开篇就说："大学之道在明明德，在亲民，在止于至善。""明明德""亲民"与"止于至善"，既是儒家教育的纲领与目标，同时也是士君子道德修持的目标与要求。孔子的所谓"君子"的品德，都是从这里派生出来的。

宋儒程颐解"亲民"为"新民"，认为培养和教育被教育者做新的人民，是大学的目标和责任。

在儒家看来，道德境界的终极目标就是止于至善。止于至善不仅是个人道德修养的完善，还要推己及人，使民众亲善、使百姓安乐，治国、平天下，实现天下大同。

晚清主张改良政体的思想家也以开民智为首要任务，以构建改良政治的群众性基础。康有为在《日本变政考》中说："民智愈开者，则其国势愈强。"严复在《原强》中说："贫民无富国，弱民无强国，乱民无治国。"梁启超在《新民说》中说："欲其国之安富尊荣，新民之道不可不讲。"又说："新民为今日中国第一要务。"

一个对社会有责任担当的人，首先就得修身，使自己身心和谐，内外调适，并达到最佳状态。而只有身心和谐，才能一步一步达到"至善"境界，从而实现人生大目标。

3. 因革损益，变法维新

中国早在远古时代就积极推行社会治理的革弊创新。《周易·系辞上》曰：

"日新之谓盛德。"古人讲"日新",必然要求革新或革命。只有不断地革新或革命,才能日新或创新。《易传》则提倡"革故鼎新"的命题,即"革去故也,鼎去新也"。《周易》还赞扬"革命"。《周易·革卦·彖传》云:"天地革而四时成,汤武革命,顺乎天而应乎人。"《魏书·李彪列传》云:"观乎人文者,先皇之蕴也;革弊创新者,先皇之志也;孝慈道洽者,先皇之衷也。"

儒家的"革新"或"革命"思想,不仅仅是一种伦理理念,更重要的体现在中国历史上此起彼伏的农民革命和开明政治家推行的政治改革。

改革是历史发展和进步的主要推动力之一,正是在这些改革运动的推动下,中国历史才一步步向前迈进。一部中国历史,可以说是一部充满了改革的历史。怎样改革?古人为我们找到一条最有效的途径。这条途径用四个字概括:因革损益。因是因袭,革是变革,损是破除,益是增补。

春秋战国时期是一个大变革的时代,这一时期群雄并起,改革主要是为了富国强兵,以成就霸业。魏国的李悝实行的改革得到魏文侯的大力支持和满朝文武的积极参与,开战国改革之端,致使魏国迅速强大,雄霸中原百余年。之后有楚国吴起变法、赵国赵武灵王胡服骑射改革、齐国齐威王改革、韩国申不害变法、秦国商鞅变法等,其中对我国历史影响最大的是商鞅变法。变法的结果,使秦国民富国强,为秦始皇统一中国奠定了坚实基础。

从秦汉到清朝中期的改革,大体上可以分为三类。

第一类,是鉴于前一个朝代的败亡,新王朝建立初期,总结其教训而进行的改革。前朝败亡一般是由于吏治腐败加重了对人民的剥削,严刑峻法加强了对人民的镇压,土地高度集中造成了社会贫富分化,最后激化社会矛盾,引发农民起义,其他各种不满势力也乘机而起,最后推翻该王朝。新王朝建立后,一般都采取改革措施约束官员,抑制豪强,轻徭薄赋,与民休息。汉、唐、宋、明初年的改革都属于这一类。

第二类,是由于周期性出现王朝政治、经济危机和社会矛盾而进行的改革,发生在王朝的中后期。在君主专制制度下,王朝的命运实际上寄托在皇帝或一两个大臣身上，到王朝中期，皇帝和大臣对前朝败亡的惨象没有亲身感受，大多变得昏聩昏庸，于是再次出现吏治腐败、财政困难、贫富分化、社会矛盾激化等现象，这时往往会出现少数有识之士，皇帝一般也会认识到问题的严重性，于是进行改革，整顿吏治，抑制豪强，减轻农民负担，发展生产，增加财政收入。宋王安石变法、明张居正改革都属于这一类。

第三类，是少数民族政权为了提高文明程度，建立统治合法性，进行汉化改革。如北魏孝文帝改革、元代忽必烈改革、清代康熙雍正时期的改革。①

伴随现代性在世界范围内的展开，以西方为代表的工业化、城市化、民主化、法治化文明，取得了压倒性的地位，很快就征服甚至统治了中国、印度等以农业为立国之本的传统东方国家。

从 19 世纪中期开始，外国列强发动了一系列侵略我国的战争，面对"三千年未有之变局"，先是有曾国藩、李鸿章等清廷大员举办洋务新政，学习西方的军事、经济技术；甲午战争后，又相继有戊戌维新运动、清末新政和辛亥革命，进行制度上的改革和革命；到五四新文化运动，一些先进知识分子对民众进行思想启蒙，用民主和科学武装人们的头脑，致力于人的思想观念的现代化。中国志士仁人围绕"救亡图存"的时代主题开展了艰难曲折的文化选择或文化革新。从洋务运动即器物层面的革新，到戊戌变法与辛亥革命即制度层面的革新，再到五四新文化运动即文化心理层面的革新，都体现了鲜明的革故鼎新精神。

改革开放以来，我国经济体制、政治体制、文化体制及社会体制改革不断深化，理论创新、实践创新、制度创新及科技创新等全面推进，使改革创新成为时代的最强音。② 传统是改革的奠基石，是创新的出发点，是现代化的思想文化源泉。中国作为文明古国和东方大国，必然会以自身文明的特

---

① 参见刘悦斌：《周虽旧邦　其命维新》，《学习时报》2020 年 1 月 10 日。
② 参见迟成勇：《论儒家伦理思想与国家治理现代化》，《甘肃理论学刊》2016 年第 3 期。

质，加上对传统的现代化改造，最终以自己的特色和自身的贡献融入和参与到世界的文明再造之中。

无疑，今天的改革创新精神，就是对古代儒家革新伦理思想的历史继承与时代提升。"革新"或改革创新，既是实现国家治理现代化的重要内容，也是促进国家治理现代化的动力机制。无疑，实现国家治理现代化，需要弘扬改革创新精神。

二、自强不息，经世致用

中国历朝末代君主多因倒行逆施而导致灭亡，然而华夏民族却如凤凰涅槃，浴火重生。江山易主，改朝换代，华夏传统文化却薪火相传，生生不息，愈来愈厚重，愈来愈强大。究其原因，主要是一批批君子仁人自强不息，经世致用，豪迈进取。

1. 天行健，君子以自强不息

《周易》为群经之首，《乾卦》为诸卦之首，《象辞》为殷商解《周易》之传。《周易·象传》云："天行健，君子以自强不息。"这就是说，天道运行刚毅雄健，不为任何外力所左右，"天"是阳的象征，标志着坚韧、刚毅、勇于拼搏、从不屈服。一个人要成就一番事业，必须具备这样的品质和毅力。君子效法天道，奋发图强，永不停息。天道即自然，自然运行永无止息，四季交替，日月轮回，风驰电掣，斗转星移。

在我国源远流长、浩瀚丰富的神话故事中，为追求真理、求民福祉而自强不息者众多。不论是创世神话、始祖神话、洪水神话还是英雄神话等，无一例外，都充盈着热烈昂扬的奋斗精神。盘古开天，死后化作日月山川，生养万物；夸父逐日，死后其杖化作邓林；羿射九日，救黎民于水火；神农尝百草，造福子孙万代。而大禹治水，更是中华民族历久弥新的救世传说。大禹在鲧治理黄河水患失败之后，凿龙门、疏河道，经十年努力，终于以疏导之法成功地把泛滥的黄河之水导入大海，开辟了良田千郡、沃野万里的上古盛世。据传大禹在治水期间，与百姓民众一起劳动、一样吃住，忘身舍家，"三过家门而不入"，成为后世楷模。神话代表着先民们崇拜自然、征服自然、改造自然的朴素愿望与意志。在神话故事中，人们通过对伟大祖先与英雄人物自强不息的膜拜崇仰，表达了一个民族在创建之初对这种文化基因的期许与坚守。而这种自强精神，自此便成为中华民族的文化自觉与永恒追求。

在自强不息精神的感召下，历代有志之士身遭挫折，发愤为作，自强不息，释放出巨大的能量，成就身后的不朽之名。儒家崇尚"三不朽"的精神，也就是《左传·襄公二十四年》所载的"太上有立德，其次有立功，其次有立言，虽久不废，此之谓不朽"。人们不是为了追求不朽之名而付出沉重的代价，而是因为遭受沉重的打击或非常的挫折，不甘沉沦而奋发努力，成就了不朽之名。

孔子为挽救礼崩乐坏的东周社会，不遗余力传经布道，传播以"仁"为核心的伦理道德和治国理念。他认为三军可以失去主帅，匹夫不可以失去意志。君子一餐饭的时间也不能背离仁德，在最紧迫的时刻，在颠沛流离的时候，也必须依据仁德行事。志士仁人，没有因求生而伤害仁德的，只有牺牲自己而成就仁德的。早上明白仁德之道，晚上就死去，也没有遗憾。孔子明知自己的道不能被人理解和接受，却以"不容然后见君子"的意念，艰难奋斗了一生。他不仅以其传播的六艺为万世师表，更以其坚韧不拔的毅力令人高山仰止。

司马迁在《报任安书》中说："人固有一死，或重于泰山，或轻于鸿毛，用之所趋异也。"又说："古者富贵而名摩灭，不可胜记，唯倜傥非常之人称焉。盖文王拘而演《周易》；仲尼厄而作《春秋》；屈原放逐，乃赋《离骚》；左丘失明，厥有《国语》；孙子膑脚，《兵法》修列；不韦迁蜀，世传《吕览》；

韩非囚秦，《说难》《孤愤》；《诗》三百篇，大底圣贤发愤之所为作也。"司马迁就是用这些倜傥非常之人发愤为作的精神激励自己，创作了被誉为"史家之绝唱，无韵之《离骚》"的鸿篇巨制。《史记》着意描写那些忍辱负重、百折不挠的悲剧英雄人物，全书以悲剧人物命名的作品占半数以上，著名的悲剧人物就有120多位，悲剧人物所展示的，正是华夏民族的发愤图强、自强不息的精神。

2. 经世致用，兼善天下

儒家思想从其产生之时，就具有强烈的经世传统，这对中国传统社会的知识分子，产生了重大影响。他们吸收了这种经世精神，并将其作为自己重要的责任，自觉地担负起兼善天下的使命。

（1）经世致用

经世，即治理世事，致用，即尽其所用。

孔子的"经世"思想，其指导精神为"入世"，提倡通过政治渠道参与社会实践，并建立理想的社会形态，成为儒家发展中特有的价值取向。"子贡曰：'有美玉于斯，韫椟而藏诸？求善贾而沽诸？'子曰：'沽之哉！沽之哉！我待贾者也。'"这说明孔子并不是不愿意从政以为天下百姓做事，而是在等待合适的时机，期待为圣王贤君做事。孔子称自己"待贾者"，这也反映了他的人生经历。孔子主张积极入世，他曾周游列国、四处游说，就是期待明君能够推行治道大略与治国思想。

"邦有道，谷；邦无道，谷，耻也。"（《论语·宪问》）儒家的"入世"思想不是为了获取官职以满足个人的私欲，为官在任的首要任务是人民的安康、社会的稳定与国家的繁荣，最终达成个人显赫闻达与国家清明繁荣的统一，这是为官的本职与责任。儒家的继承者们自然是将孔子的"经世"思想传承并发展的。孟子在《孟子·公孙丑下》中提出，"如欲平治天下，当今之世，舍我其谁也"，体现出孟子以天下为己任的强烈使命感与远大抱负。

经世致用是指做学问一定要有益于国家之事，最早是由明清之际的思想家王夫之、黄宗羲、顾炎武等人正式提出。他们反对当时的伪理学家那种脱离实际的空虚之谈，主张学习、借鉴古人的文章和行事做法，应以治事、救世为要务。清朝嘉庆、道光年间，在面临着深刻的社会危机之时，一批先进的政治家与思想家再次提倡经世致用，主张实行社会的变革。其中比较有代表性的人物有陶澍、林则徐、龚自珍、魏源等。虽然他们的职位不同，社会地位不同，但相同的是他们都是知识分子的代表。这些先进的知识分子具有强烈的社会责任感，他们关心时事、抨击时政，揭露清王朝统治的腐败问题和官僚队伍的无能，同时他们提出了一系列改革措施以呼吁变法、改革。

（2）体用合一

体用合一中的"体"就是理论基础体系，"用"则是应用实践过程——方法、途径。体用合一就是理论与实践有机结合。

因为重实用，从而形成了中华传统文化的政教合一、工具理性与价值理性互为体用、形而上与形而下勾连缠绕的特点。不仅是学术，就连文学艺术，也强调实用，强调怎么治国，怎么做官，怎么处理人际关系，怎么处理人与自然的关系。因为强调实用，各种文化类型的功能都能转换。所谓"以《禹贡》治河，以《洪范》察变，以《春秋》决狱，以三百五篇当谏书"，所谓"文章合为时而著，歌诗合为事而作"，就是强调把文学的遣兴功能扩展到干预现实的功能。也就是说，重实用，可以让所有的文化类型都转换为经世致用之学。

（3）兼善天下

在传统文化里，几乎所有的有才能者，都有一种扶国匡民的政治抱负。特别是那些贤明的君臣，几乎都把强国富民作为其终生奋斗的目标。而为了达到这个目标，就必须有一个清明的政治局面。因此，很多时候，中国独有的士大夫阶层担当起了这样的使命。

按儒家之见，作为主体，自我不仅以个体的方式存在，而且总是群体中的一员，并承担着相应的社会责任。人固然应当"独善其身"，但更应"兼善天下"。

中国古代的士大夫阶层，既是文化知识的创造者，又是政治生活的参与者，更是中国传统政治文化的主要遵循者、发展者、传播者和实践者。中国古代绝大部分士大夫都有宏伟的政治抱负。在野时，常"高吟俟时，情见乎言，志气所存，既定于其始矣"；未受重用时，常自负"苟有用我者，期月而已可也，三年有成"。他们以治平天下，流芳千古为人生目标，视"没世而名不称焉"为奇耻大辱。而一时发达，则尽展胸中抱负，努力廓清皇路，为国家为百姓而鞠躬尽瘁，死而后已。与此同时，士大夫往往又宣称"穷则独善其身"，他们"不臣天子，不友诸侯""无求于人""以诗书自娱"，过着"采菊东篱下，悠然见南山"的隐居生活。

士大夫既抱着"学成文武艺，货与帝王家"的功业思想，又常常隐居不仕。两种截然不同的态度不仅同时出现在同一个阶层身上，甚至会同时出现在同一个人物身上。东汉末年，诸葛亮"躬耕于南阳，苟全性命于乱世，不求闻达于诸侯"；同时却又胸怀大志，"每自比于管仲、乐毅"。这是隐居待时的典型。而入世之后，则为"攘除奸凶，兴复汉室"而鞠躬尽瘁。唐朝的李泌素有大志，"以王佐自负"，受到唐玄宗的赏识，但因遭到权臣杨国忠的嫉恨，"乃潜遁名山，以习隐自适"。在安史之乱时，他又挺身而出，同时"称山人，固辞官秩"，声明"俟平京师，则去还山"。平定安史之乱后，因受到李辅国的妒忌，于是"畏祸，愿隐衡山。有诏给三品禄，赐隐士服，为治室庐"。这是隐居避祸的典型。

明末清初顾炎武则说"天下兴亡，匹夫有责"，同时进一步将"以天下为己任"推演至每一个人身上，以求得共同推动天下大治的出现。

随着科举制度在清末的没落，士的阶级也就走到了尽头。但是，士大夫精神仍然存在，"位卑未敢忘忧国""知识报国"的思想仍然存留在今天的广大知识分子心里。

3. 常思"忧患"，励精图治

中国人一直秉持"夙夜忧患，励精图治"的信念。也正是中国多舛的命运和曲折的历史，塑造了中华传统文化中这种对国家民族的深厚感情。

（1）忧患意识

儒家是"忧患"意识的倡导者，同时"忧患"意识也是儒家核心价值观之一。"忧患"意识是孔子创立儒家以来一直所提倡的，并作为儒家思想的核心理念之一被后世传承。

儒家的忧患意识，既是士人们内化为自身使命的道德修养，也是他们在人生失意时所坚守的精神力量，并以此力量转化为积极的生活态度，引导自身通过不懈努力超越忧患的困境，最终实现人生的意义与价值。

孔子对忧患思想的认识是系统化的，他说："德之不修，学之不讲，闻义不能徙，不善不能改，是吾忧也"（《论语·述而》），"人无远虑，必有近忧"（《论语·卫灵公》），"不患人之不己知，患不知人也"（《论语·学而》），可见孔子的关注点在于人自身以及人与人之间的相互关系，这也是儒家"仁"之学说的践行原则。

忧患意识首先表现为个人层面的忧己，是自我反思的结果。如果这种忧患意识超出"小我"指向"大我"，则忧患意识进入更为广阔也更为深刻的层面，那就是忧道、忧学，忧国、忧民。

孔子认为"忧患"的焦点在于国家、民族的政治命运，他所追求的是国家安定、天下大同的理想社会形态，因此他说"君子谋道不谋食。耕也，馁在其中矣；学也，禄在其中矣。君子忧道不忧贫"（《论语·卫灵公》），"朝闻道，夕死可矣"（《论语·里仁》），他把对"道"的向往看得比人的生命更重要，认为在追求"道"的过程中如有必要可以牺牲个人利益，这就把"忧患"思想提升到一个更为深刻的高度。

《孟子》有言："禹思天下有溺者，由己溺之也。稷思天下有饥者，由己饥之也。"于是，忧患意识的焦点从人自身以及人与人之间的关系，延伸到国家和民族的前途命运，从而使个体自觉产生强烈的道德责任感、历史担当感和时代使命感，促进了理想人格与理想社会的相辅相成。

由此可见，儒家提倡的忧患意识更为注重个体的社会使命感与责任感，视国家民族的兴衰为终极关怀，这对理想人格的塑造起到非常重要的作用。①

延伸阅读 **牟宗三论中国人的忧患意识**

牟宗三认为："中国人的忧患意识绝不是生于人生之苦罪，它的引发是一个正面的道德意识，是德之不修，学之不讲，是一种责任感。"儒家思想作为传统文化的主流思想，蕴含着深刻的"忧患"意识，这种忧患意识根源于主体能够清醒认识到自身在社会中的存在价值并自觉担负起一定的社会责任，它最终体现出的是一种责任意识。

习近平总书记指出："是否具有担当精神，是否能够忠诚履责、尽心尽责、勇于担责，是检验每一个领导干部身上是否真正体现了共产党人先进性和纯洁性的重要方面。"管理者应从儒家忧患意识中汲取智慧，时刻以"战战兢兢，如临深渊，如履薄冰"（《诗经·小雅·小旻》）的心态谨慎地处理各项事务，勇于承担并负起责任，直面矛盾和问题，树立起牢固的社会责任感和历史使命感。

（2）先忧后乐

儒家以复兴三代文明、济世安邦为其政治追求，这种追求表现在社会理想层面即是天下大同。孔子时常评价其门下弟子，谓其足以胜任某种政事。同时，儒家从政自始就抱有"仁以为己任，不亦重乎？死而后已，不亦远乎"

---

① 孔聪：《儒家治道思想要义及当代启示》，《理论学习》2016 年第 11 期。

（《论语·泰伯》）的情怀。

忧以天下、乐以天下作为对儒家济世救民精神的一种描述，早在孟子那里即已出现。伊尹"思天下之民，匹夫匹妇有不被尧舜之泽者，若己推而内诸沟中，其自任天下之重也"（《孟子·万章下》）。后世史书对此则直接用"以天下为己任"概括，其精神一脉相承，表达的都是一己对天下治乱安危的责任担当。

楚辞文化的开创者屈原，写下千古流传的《离骚》，表达了其身处困境仍心系天下的情怀。其中"长太息以掩涕兮，哀民生之多艰"，透露出他对处于战乱中百姓的关切。

唐代诗人杜甫，一生潦倒，但始终不忘忧国忧民。他的诗歌多是反映民生疾苦的内容，被后世称为"世上疮痍，诗中圣哲；民间疾苦，笔底波澜"。即使在最为窘迫的时候——赖以栖身的茅屋为秋风所破时，依然希望"安得广厦千万间，大庇天下寒士俱欢颜，吾庐独破受冻死亦足"。

北宋著名的政治家、军事家、文学家范仲淹不仅文武兼备、政绩卓著，而且心忧苍生、秉公直言，无论在朝为官，还是被贬戍边，都始终牵挂着国家安危、百姓疾苦。他在《岳阳楼记》中倡言，"居庙堂之高则忧其民，处江湖之远则忧其君"，"先天下之忧而忧，后天下之乐而乐"，这也是他的一生坐标。他身体力行，执教兴学、筑堤治堰、谏争革新、轻徭薄赋、镇边安民，始终清廉俭朴，乐善好施，虽然没给子孙留下物质财富，却留下好的家风和品质。他的四个儿子都德才兼备，成为朝廷重臣，口碑极好。他的"先忧后乐"思想和情怀，更成为千古名言，为后世景仰。

范仲淹这种忧以天下、乐以天下的实质就是官员能够真正体察民心、倾听民意、解决民困作为为官的根本任务。

"得民心者得天下，失民心者失天下。"习近平总书记非常重视党与人民的关系，他认为党最牢固的执政根基就是人民的爱戴拥护和支持，人心向背关系党的生死存亡。"党只有始终与人民心连心、同呼吸、共命运，始终依靠人民推动历史前进，才能做到哪怕'黑云压城城欲摧'，'我自岿然不动'，安如泰山、坚如磐石。"正因为如此，习近平总书记提出了"我将无我，不负人民"的"无我"境界，真切地表达了作为大国领袖对自我的严格要求与对人民的无限担当，这也是中国共产党人追求的最高境界。这既是对"以天下为己任"赋予了时代内涵，也是对当代党员干部的热切期望。

（3）惟志惟勤

中华传统文化的坚韧性，在礼治进化的夏、商、周三代，更多地表现为励精图治、惟志惟勤。禹、汤、文、武、成王、周公，是谨于礼义的精英人物，也是惟志惟勤的典型代表。

周武王灭纣建立西周不久去世。周公摄政，辅助幼主成王，担心成王不知世道之艰与执政之难，贪图安逸，荒废政事，写作《无逸》，谆谆教诲：君子在位，必须懂得稼穑之艰辛。农家父母艰辛从事耕种收割，子弟全然不知，贪图安逸，粗野不敬，进而放肆，侮慢父母，说老人们没知识。周公列举殷商的中宗、高宗、祖甲和周王族的太王、王季、文王，表彰他们谦让敬畏，参与卑下的劳作，了解百姓的艰辛，保护百姓的利益，终日勤于国事，不敢耽于安逸，不敢轻慢鳏寡，因而长治久安。殷商后世君王生于安逸，不知稼穑艰难，不恤百姓劳苦，一味沉湎逸乐，也就享位日浅。周公告诫成王，不可迷恋于观赏、安逸、游玩、田猎，不可宽宥自己，不可如同商纣王迷乱酗酒。周成王不负周公教诲，成为"圣二代"。《尚书·周官》记载周成王训诫百官："功崇惟志，业广惟勤。惟克果断，乃罔后艰。位不期骄，禄不期侈。恭俭惟德，无载尔伪！"功勋崇高在于志存高远，事业广大在于勤劳不懈。能够果敢决断，就没有后事艰难。居官不要骄傲，享禄不要奢侈，保持恭俭美德，不要心存诈伪。

每个历史朝代建政之初都具有昂扬向上斗志，几十年、上百年之后往往会出现种种社会弊端，如同《诗经》所说的"靡不有初，鲜克有终"（《诗经·大雅·荡》）。周公教诲成王，要求励精图治；成王训诫百官，强调惟志惟勤，就是要务必保持艰苦奋斗的本色，坚持不懈地努力，以求社会和谐、长治久安。

三、爱国担当，实干兴邦

面对无限可能的未来，面对日益发展的新问题，"刚健日新""旧邦新命"依然是中华文化的基本精神与生命基因。

实现中华民族伟大复兴的中国梦是一代又一代人的伟大课题，也是中华民族近代以来最伟大的梦想追求。习近平总书记指出，中华民族的伟大复兴已经展现出光明的前景，"现在，我们比历史上任何时期都更接近中华民族伟大复兴的目标，比历史上任何时期都更有信心、有能力实现这个目标"。这体现出以习近平同志为核心的党中央对人民的承诺与高度的责任感与使命感。历史的经验告诉我们：空谈误国，实干兴邦。面对当今大发展、大变革、大调整的世界大势，前进道路上的各种困难风险也越来越多，面临的考验复杂而严峻，肩负的责任艰巨而繁重。所以说，空谈误国，实干兴邦不单单是一句口号。不仅要说在嘴上、讲在会上、写在纸上，更要装进内心，时刻谨记。实现中华民族伟大复兴的中国梦对全党全国人民来说，是一个路标与导向。只有中国共产党人脚踏实地地做好每一件事，勇于落实到位，真抓实干，才能承担起时代的重任，朝着远大的理想迈进。

1.爱国担当，初心不改

中华传统文化中，对家庭的执着与眷恋，是任何一个国家、民族都无法比拟的。由家至国，家国一体，成为中国人最真挚的情感寄托，而治国、平天下也成为中国人崇高的理想追求。

在国家的治理中，改革常常是危难时期的一剂良药，它是对原本已经僵化落后的社会生产关系的解放。在中国历史上，有些赤诚的爱国者，为了重振国家而投身改革事业，面对既得利益群体的顽固抵制和疯狂反抗，初心不改。改革者们面对守旧势力的威胁，以大无畏的气概，与守旧势力进行了坚决斗争。为了国家勇于担当，不计个人毁誉，甚至将生命置之度外，是中国历史上改革者群体的可贵品质。

吴起在楚国实行改革，商鞅在秦国实行改革，虽然都得到国君的支持，取得了丰硕的成果，却遭到世袭权贵的强烈反对，付出了生命的代价。吴起被乱箭射死，商鞅被车裂而死。政治改革必然损害权贵的利益，世袭权贵也必然负隅顽抗，加害于改革者，两者之间没有调和的余地。

屈原，生逢诸侯兼并、战乱频仍、生灵涂炭的战国末期，为了振兴楚国、拯救天下苍生，屈原在"纷吾既有此内美兮，又重之以修能"——在不断加强自我修炼的同时，积极推进政治革新，强调"举贤而授能兮，循绳墨而不颇"，即希望通过对内举贤授能、修明法度，对外联齐抗秦来振兴楚国，从而实现天下一统的政治抱负与理想。面对"众女嫉余之娥眉兮，谣诼谓余以善淫"的群小党人的攻讦，面对楚怀王狐疑多变，屈原先后遭受两次流放，尽管内心承受痛苦的煎熬，但他始终不迟疑、不退却、不放弃，最后在秦将白起攻破郢都、楚国覆亡之际，毅然负石自沉汨罗，用生命捍卫了自己独立的人格与"美政"理想。司马迁在《史记·屈原贾生列传》中赞其为："推此志也，虽与日月争光可也。"

王安石变法遭到了守旧势力的强烈反对，顽固的守旧势力派依然坚持"祖宗之法不可变"的陈旧观念，并以"天变"，即"天大旱久不雨"为借口攻击王安石变法。司马光、苏轼等人也认为王安石变法中主张的改革方案过于激进，而王安石的态度则恰好相反，提出："天变不足畏，祖宗不足法，人言不足恤。"王安石在给司马光的信中谈到，"至于怨诽之多，则固前知其如此也"，这表明王安石对于反对势力的声音早有心理准备，但同时他不会动摇改革的坚定决心，"如曰今日当一切不事事，守前所为而已，则非某之所敢知"。与王安石比较相像的还有明朝宰相张居正，张居正辅佐万历皇帝朱翊钧进行"万历新政"时，也遭到了守旧势力的强烈反对与攻击，他也是态度决绝，提出"得失毁誉关头若打不破，天下事无一可为者"，"苟利社稷，生死以之"的名句，表明了他坚决推动改革的信念。

　　19 世纪末发生在中国的"戊戌变法",又称"百日维新",是一场政治改良运动,也是以康有为、梁启超、谭嗣同等为代表的有识之士为改变内忧外患的中国现状而做出的政治改革尝试。变法自 1898 年 6 月始,但到 9 月 21 日,以慈禧太后为首的守旧派发动政变,囚禁光绪帝,捕杀维新人物;康有为、梁启超流亡法国、日本,谭嗣同、康广仁、林旭、杨深秀、杨锐、刘光第六人同日被杀,历时 103 天的变法归于失败。"剑胆琴心"的谭嗣同在政变发生之际,本有机会安然出逃,但他置一己安危于不顾,多方活动,积极筹谋营救光绪皇帝,在事情无可挽回之际,他断然拒绝日本公使协助其出逃的建议,决心以死来殉自己的变法事业,用鲜血来表明自己无畏的战斗精神。在辞别梁启超时,他慷慨陈言:"不有行者,无以图将来;不有死者,无以召后起",并说,"各国变法无不从流血而成,今日中国未闻有因变法而流血者,此国之所以不昌也。有之,请自嗣同始"。他意态从容、镇定自若,义无反顾静候有司收捕;且在狱中墙壁上慷慨题词:"望门投止思张俭,忍死须臾待杜根。我自横刀向天笑,去留肝胆两昆仑。"临刑前,面对围观的民众百姓,谭嗣同大声疾呼:"有心杀贼,无力回天,死得其所,快哉快哉!"引颈就戮,毫无惧色,充分表现了一位爱国志士忠于信仰、勇于担当、视死如归的英雄气概与献身精神,真可谓惊天地泣鬼神。

　　清末,第一位为推翻封建专制统治而英勇献身的辛亥女杰、民族英雄秋瑾,自称"鉴湖女侠",是近代中国女性革命的典型代表与象征。她常以花木兰、秦良玉自喻,蔑视封建传统礼法,提倡男女平等,曾经为求知识自费东渡日本留学。在当时内忧外患的社会背景下,秋瑾积极投身革命,先后参加过三合会、光复会、同盟会等革命组织。1907 年 1 月 14 日,《中国女报》创刊,秋瑾为该报写了《发刊词》,提倡女权、宣传革命,号召女界为"醒狮之前驱""文明之先导"。徐锡麟与秋瑾等组织光复军,原计划 7 月 6 日在安徽、浙江同时起义,但徐锡麟起义失败,徐锡麟弟弟徐伟的供词中牵连出秋瑾。秋瑾表示"革命要流血,才会成功",拒绝了要她离开绍兴的劝告,不幸在绍兴大通学堂被捕。面对敌人的威逼利诱与严刑拷打,秋瑾不为所动，仅仅在自供状上写下了"秋风秋雨愁煞人"七个大字，后在绍兴轩亭从容就义。对于秋瑾的英雄气概，孙中山致祭秋瑾墓，撰写了"江户矢丹忱，感君首赞同盟会；轩亭洒碧血，愧我今招侠女魂"的挽联，表达了对秋瑾的敬意。宋庆龄为其题词："秋瑾工诗文，有'秋风秋雨愁煞人'名句，能跨马携枪，曾东渡日本，志在革命，千秋万代侣侠名。"邓颖超为其题词："秋瑾女杰，坚强不屈，英勇就义，永垂不朽！"都表达了对秋瑾作为近代妇女解放运动的先驱者与伟大爱国者的敬意与缅怀。

延伸阅读 **鲁迅论"中国的脊梁"**

鲁迅先生在《中国人失掉自信力了吗?》中说："我们从古以来，就有埋头苦干的人，有拼命硬干的人，有为民请命的人，有舍身求法的人。"历史上的改革者们，就正是这样一批人，他们是"中国的脊梁"。

2. 苟有国难，生死趋赴

"苟利国家生死以，岂因祸福避趋之。"身居高位，必须为国担当。而平民布衣，面对家国危难之时，耳边会响起"天下兴亡，匹夫有责"的声音，亦挺身而出、慷慨赴难。纵观几千年中国历史，可以说，每一次国家民族生死存亡之际、每一次抗击外来侵略，都有着无数中华儿女的浴血奋战和无名烈士的牺牲奉献。

春秋战国时期，楚国的令尹子元（楚文王之弟）率军攻打郑国，撤军回来后就住在王宫里，想霸占已故的楚文王的妻子。楚国的大臣用计把他除掉，并让斗谷於菟担任令尹。斗谷於菟看到国家贫弱，就把自己的家产全部捐献出来救助国家纾解危难。这就是"毁家纾难"典故的由来（《左传·庄公三十年》)。

西晋永嘉五年(311 年),长达数年的"八王之乱"终于将王朝元气耗尽,洛阳被乱兵攻陷,西晋灭亡,中国近 400 年南北对峙的历史帷幕拉开。在国家和民族生死存亡的历史关头,一大批士人开始警醒奋起,走上了报国保家、匡扶苍生的人生道路。著名的北伐将领祖逖就是其中的代表。祖逖出身名门望族,他年少时就生性豁荡、轻财重义,常周济贫困,在出任司州主簿时,就与好友刘琨"闻鸡起舞",立志报国。洛阳陷落后,祖逖被迫率宗族数百家南迁到京口(今江苏镇江),向镇东大将军司马睿(后来的晋元帝)建议带兵北伐、收复中原。司马睿仅拨他千人粮饷和 3000 匹帛,让他自行募兵,自制兵器。祖逖在极端困难的条件下,开始了北伐战争,历经八年苦战,在黄河以南建立了广大的根据地。正当他准备乘胜北渡黄河、完成统一大业之时,东晋政权内部发生了争权夺利的斗争,北伐受到牵制。祖逖忧愤而死,北伐事业功败垂成。但他坚强不屈、舍生忘死、慷慨报国的大义与胸怀,一直被后人歌颂和爱戴。唐代名臣房玄龄赋诗称赞:"祖生烈烈,夙怀奇节。扣楫中流,誓清凶孽。邻丑景附,遗萌载悦。天妖是征,国耻奚雪!"

"腰间羽箭久凋零,太息燕然未勒铭。老子犹堪绝大漠,诸君何至泣新亭?一身报国有万死,双鬓向人无再青。记取江湖泊船处,卧闻新燕落寒汀。"这是南宋著名爱国诗人陆游的《夜泊水村》,诗歌从羽箭凋零、武备废弛领起,表达出北伐未成、人生老去的悲愤情怀,而"一身报国有万死",更是饱含着陆游矢志不渝的爱国之情与报国之志。在陆游的一生中,他时时刻刻都盼望着有杀敌报国、北伐中原、收复失地的机会,即使生命接近终结,仍然矢志不渝,在《示儿》中,84 岁高龄的诗人谆谆嘱咐他的儿孙:"死去原知万事空,但悲不见九州同。王师北定中原日,家祭无忘告乃翁。"这不仅是诗人的绝笔,也是他最大的遗憾与最后的期待,更是他一生忧国忧民、慷慨报国思想的总结与结晶。直到今天,当我们重新温习这些诗篇时,仍然能够感触到这烈焰般的爱国赤诚与汹涌澎湃的报国情怀！

1127年，靖康之难，北宋覆亡，中国历史又一次进入南北对峙、民族纷争的时代。在这个风起云涌而又多灾多难的时代，一大批爱国志士与英雄人物应运而生，用自己的热血与忠诚，共同谱写出慷慨悲壮的时代最强音。而这其中，南宋抗金名将岳飞堪称"精忠报国"的典型。在国破家亡氛围里成长起来的岳飞，自小寡言淳厚，勇猛刚直，胸怀报国壮志。据说岳飞投军之际，深明大义的母亲在他背上刺下"精忠报国"四个大字，而这四个大字，便成为岳飞一生的理想与追求。史载岳飞为将，身先士卒，与兵同甘共苦，从不居功自傲，且治军严明，民众传为"冻死不拆屋，饿死不掳掠"。岳飞带领的岳家军，骁勇善战、屡挫敌军，金兵闻之丧胆，长叹"撼山易，撼岳家军难"，岳家军成为一支所向披靡、报国爱民的先锋部队。

稍晚于岳飞、陆游的辛弃疾，既是蜚声文坛的诗词大家，更是力主抗金、收复失地的爱国志士与战斗英雄。辛弃疾堪为豪放大家，其词慷慨悲壮，充斥着强烈的爱国主义与战斗精神，"抗金复国"是其主旋律，也是其时代的最强音。他在自己的文学创作中，表达出了时代的期望与失望，民族的热情与悲愤，报国的赤诚与悲凉，千百年来，成为激励后人、催人奋进的铿锵战歌，具有不朽的生命力。

可以说，正是因为有了一代又一代仁人志士保家卫国、大公无私的爱国精神与报国情怀，使得中华民族虽然屡遭侵略与重创，甚至多次面临亡国灭种的威胁，但是在历史紧要关头，总有大批中华儿女呐喊奋起、浴血奋战，为了国家的存亡与民族的生死，"我以我血荐轩辕"（鲁迅《自题小像》）、"拼将十万头颅血，须把乾坤力挽回"（秋瑾《黄海舟中日人索句并见日俄战争地图》），在血雨腥风、枪林弹雨中纵横驰骋、视死如归，为国家、为民族、为人民奉献出自己宝贵的青春与生命，使得我们这个伟大的民族始终屹立在世界东方，至今焕发着永久的生命力。这是一个民族的力量，也是一种文化的力量！

3. 实干兴邦，"严"字当先

"实干精神"是一种爱，是对自己事业的不求回报的爱和全身心的付出。就个人而言，是在这份爱的召唤下，把本职工作当成一项事业来热爱和完成。热爱、奉献、报效祖国也是一种仁爱道德精神，是强烈的社会责任感和历史使命感使然。

（1）恪守本分

在中华传统文化里，恪守本分被当作君子的美德之一。儒家的子思曾说过，"君子素其位而行，不愿乎其外""素富贵，行乎富贵；素贫贱，行乎贫贱""在上位，不陵下；在下位，不援上""上不怨天，下不尤人"（《中庸》）。强调君子安于所处的地位和环境去做自己应该做的事，不要妄图获得非分的东西。

恪守本分，就要脚踏实地，正确认识所处的环境和地位，铭记自己的责任和义务，做好分内的工作和事情。而不守本分，就会滋生非分之想，逾越规矩，甚至恶欲膨胀，铤而走险。古往今来，有的人虽身居高位、显赫一时，却因为丢失本分，贪图名利和美色，最终落得身败名裂的下场。

中国的地理是一种封闭的结构，在尚无能力克服地理障碍的传统社会里，百姓最大的出路就是恪守本分、脚踏实地。尽管黄河一再泛滥，中国人仍然毫不懈怠地在这里经营。由于崇实，不求扩张，讲求"人定"，即人的稳定，就可以把一块地盘经营得很好，做什么事都能持之以恒。中国几千年的农耕文化，强调的就是恪守本分、脚踏实地。事实上，如果不扎扎实实地耕作，地里不会自行长出五谷杂粮。只有一年四季"汗滴禾下土"，才有好收获。因此，中国古代崇尚的"耕读世家"，就是恪守本分、脚踏实地的范例。

（2）崇实尚行

崇实尚行，在儒家学说里表现得十分明显。孔子的第一价值观就是重人事而轻鬼神。之后，有荀子力主"知之不若行之"的观念，至汉则有王充著《论衡》，宣扬"疾虚妄"的经验论。韩愈，作为唐朝大儒的代表人物之一，把儒学的功利主义当作辟佛的武器。宋明理学，包括程朱理学与陆王心学，都旨在强调实践、践行、力行等道德经验主义。明清实学呈现出以经世致用为基本价值的趋势，部分原始儒学的精神要义得以恢复，加之西学的影响与刺激，比如徐光启倡导"生平所学，博究天人，皆主于实用"，罗钦顺、王廷相、吴廷翰等人从唯物主义哲学立场上宣扬实学。他们反对理学的"清谈""务虚"，提倡"欲挽虚窃，必重实学"，"实学救世"，这些明末清初的社会思潮带有启蒙主义色彩。

（3）严以为律

孔子有言："己所不欲，勿施于人。"（《论语·颜渊》）严格要求自己，不仅是与人相处的首要原则之一，也是为官行事的铁律。宋代陈亮也曾说："严于律己，出而见之事功；心乎爱民，动必关夫治道。"（《谢曾察院启》）

历史上，曾有一个非常著名的例子。羊续字兴祖，东汉大臣，司隶校尉羊侵之孙，历任扬州庐江郡太守。羊续施政清平，为人俭朴，素有穷官之称。有一次，羊续的属下给他送了一条活鲤鱼。他收下后让人把鱼挂在庭檐下，几天后成了枯鱼干，羊续不让人取下，以此表达自己不收礼的决心，留下"悬鱼太守"的美名。

习近平总书记在第十二届全国人民代表大会第二次会议参加安徽代表团审议时，关于推进作风建设的讲话中，提到要坚持"既严以修身、严以用权、严以律己；又谋事要实、创业要实、做人要实"①。中国人尚实学实干，也讲严于律己，从严治国，一个"严"字，从古至今，贯彻始终。

干部行事，"严"字当先，践行"三严三实"，严格要求自己。

牢守"自律"，谨慎独处。增强自身的内在修养，时刻反省自己，及时校正自己的思维与行为。树立正确的权力观，塑造个人的名节与声誉。慎重行使权力，抵制权力的诱惑，真正自觉地做到权为民所用。

_____

① 《习近平谈治国理政》第一卷，外文出版社2018年版，第381页。

敬守"他律"，坦荡行事。要心存敬畏，处之泰然，自觉接受来自上级的监督、同级的监督、党内的监督、群众的监督等，牢牢坚守思想道德底线，绝对不闯纪律红线。

严守"纪律"，谨慎做人。要严格遵守党的政治纪律、组织纪律、廉洁纪律、群众纪律、工作纪律、生活纪律，把牢政治方向，站稳政治立场，始终忠于国家和人民。要严格遵守党内法规，将纪律转化为自觉践行的行为规范。

谨守"法律"，畅行法治。要主动树立法治思维，用法治的方式解决问题。要严格遵守国家法律，从严、从实规范言语、行为举止。将人民的改革意愿与政党的改革主张按照法定程序转化为法律制度，通过法律制度的保障作用，以推动问题完善解决与有效落实。

第九章　中庸之道　以和为贵

——群际关系的融洽点

中庸是中华传统文化的核心精神，它贯穿于个人修养、国家治理和社会建构等各个方面。《论语》里面，孔子明确把"中庸"作为重要的德行，他说"中庸之为德，其至矣乎"（《论语·雍也》），至德是最根本、最重要的德行。中庸尚和是中国文化的一大特色。人与人之间、家与家之间、国家之间、民族之间，乃至人与自然之间、天人之间，都是和为贵。对不同事物和谐统一重要性的高度认同对当前推进国家治理体系现代化同样发挥着重要作用。

一、中庸理性，子曰"至德"

中庸理性，从其构成来看，主要由"中""庸"组成。宋代朱熹解释"中"为"无过不及，不偏不倚"；"庸"则是"用"与"常"的统一。万事万物达到中庸就出现和美的状态。中庸之道在中华优秀传统文化中，是认识事物、处理问题最好的思想方法。"中庸"不仅是认识世界的方法和处世准则，也是中国人思维方式的核心特征。

1. 无过无不及，不偏不倚

中庸的思想，来源于上古的圣王。《论语》："尧曰：'咨！尔舜！天之历数在尔躬，允执其中。四海困穷，天禄永终。'舜亦以命禹。"（《论语·尧曰》）《中庸》云："舜其大知也与！舜好问而好察迩言，隐恶而扬善，执其两端，用其中于民，其斯以为舜乎！"

除了把中庸作为至德以外，孔子强调"中"的"无过不及"的一面。《论语》里，孔子还讲"不得中行而与之，必也狂狷乎，狂者进取，狷者有所不为"（《论语·子路》）。一个是进取，一个是有所不为，"不为"就有点不及，"进取"就有点过。孔子还说"师也过，商也不及"，"过犹不及"（《论语·先进》）。所以在《论语》里，孔子论"中"，不但继承了《周易》的"中行"的观念，而且把这个"中行"与"过犹不及"联系在一起。

"中"和"中庸"的概念，到了孔子这个时代，已经明确成为一种实践的智慧，这是儒家的一种实践智慧。在《礼记·中庸》篇也讲"知者过之，愚者不及"的问题，也明确提出这个思想。

"中"是指不偏不倚中度合节，一种恰当的"度"，在纷繁复杂的对象中把握其中的"分寸"，强调无过无不及，同时"中"也是一种心理内在，即"喜怒哀乐之未发，谓之中。中也者，天下之大本也"。"庸"一般解释为平常、日常，"不易之谓庸，庸者天下之定理"。在"中庸"之中的"庸"更多的是一种实践，是"用"的意思，正所谓"庸者，用也"，即指能够掌握复杂事务的度，并将这个度用到实践中。①"中"与"庸"合起来说就是在日用平常之事中必有一无过不及、恰到好处的办法。

---

① 青觉：《中庸理性：多民族事务治理的中国经验》，《中国民族报》2017 年 4 月 24 日。

延伸阅读　冯友兰论中庸

　　冯友兰认为，人们对中庸思想的批评都是因为存在误解。他在《新世训·道中庸》中说："固然旧日自号为行中庸之道者，亦未见得尽能了解中庸的本义。因之他们的行为，或有可批评之处，但这与中庸之道的本身之无可批评并没有关系。"他说："'中'的真正涵义是既不太过，又不不及"，"'中'是无过不及，即是恰好或恰到好处的意思。有过或不及，都不是恰到好处"。"中"不但没有做事不彻底、遇事模棱两可的意思，反而意味着只有把事做到极致，才能谓之"中"，才能谓之恰到好处。关于"庸"之本义，冯友兰采用了宋儒的解释。二程曾说："不易之谓庸……庸者天下之定理。"不易即平常，于是冯友兰据之认为《中庸》的'庸'字，意思是普通或平常"。定理即规律，于是冯友兰据之认为"就其为公律说，所以谓之不易，所以谓之定理"。就庸的这两层意思来看，中庸之庸也都没有庸碌、庸俗的意思。

2. 中正和合，共存共荣

　　中，含有适当、适度、公平、准确、不轻不重、不偏不倚等内涵。《周易》讲"中道"，《尚书》讲"中德"，那就是说"中"，它不仅仅是治理国家的一个根本原则，这个中正之道，它也是人之德，是从天子到庶人的一个基本的德行。

　　"和"是"中道"的基本含义。"中"与"和"构成了中庸思想的完整体系，"中"为本体，是事物发展的原貌，而"和"是结果和目标追求，通过对事物各方面"度"的把握，确定一种协调、和谐、有序、统一的关系。和谐、和合、和衷共济、和而不同，都是"中和"的衍生词。

恰如其分是中庸理性的归宿，即"叩其两端、允执其中"，做任何事情要把握好度。而这种恰如其分是一种求索的状态，是在沟通交往中、在运动中求得各方均满意的结果，即一种"和合相生"的状态。

和合的观念，在《周易》中得到了极大的发扬。《周易》讲太和，就是追求一种最高的和谐的理想状态。它讲"圣人感人心而天下和平"，又讲"履，和之至也，履和而至，履以和行"，都是在强调"和"对于世界万物和世界秩序的价值意义。《周易》认为，"一阴一阳之谓道"，八卦构造的二元和合体系，足以模拟天地万物变化之道。

《中庸》把中庸之道发展为中和之道，"喜怒哀乐之未发，之谓中；发而皆中节，谓之和。中也者，天下之大本也；和也者，天下之达道也。致中和，天地位焉，万物育焉"，这就赋予"中和"这个哲学命题以最普遍的意义，把中和之道提高到了宇宙本体论的高度。

这样的认识逐渐发展出"天人合一"的思想。儒家将自然、社会与人看成一个相互联系、生生不息的大系统，"中和"便是这个系统存在发展的基本条件，也是一种基本状态。

《论语》讲"叩其两端"而"用其中"；《孟子》更是着力讲"尽心知天"的"天人合一"。孟子强调"人和"，即"天时不如地利，地利不如人和。"（《孟子·公孙丑下》）"人和"不仅关系到个人生存发展和家庭或家族的兴衰荣枯，而且还关系到社会建构或国家治理的稳定秩序。

《荀子》在认识论上提出"和两一"说，认为"心"有同时兼知事物两面的作用，也有专一的一面，所以不要因为对"彼一"的认识而妨碍了对"此一"的体察，做到了这一点，也就达到了"壹"，即实现了"和两一"的二元和合。

到了汉代，董仲舒在汉初的特定环境下，建立了一套"物必有合""天人感应"的宇宙、政治、伦理思想体系。董仲舒借当时的阴阳五行学说发挥了《春秋》的"天人感应"思想。他认为，宇宙由木、火、土、金、水五种不同的属性组成。此五种不同的属性相生相胜，构成一种合理的宇宙关系。

如木生火，火生土，土生金，金生水，水生木，反过来看则是水胜火，火胜金，金胜木，木胜土，土胜水。五行相生是一种生成关系。宇宙按照这种五行相生相胜的关系生成变化，因而成为一个可认知的合理的宇宙，构成一种宇宙的和谐关系。尽管董仲舒的观点还带有明显的神学痕迹，但他的学说所体现的整体性思维为和谐思想的形成和深化起了推波助澜的作用。

宋代哲学家张载说："有象斯有对，对必反其为；有反斯有仇，仇必和而解"（《正蒙·太和篇》），强调从对立到和谐不仅是天地或宇宙的自然法则，也是社会与人生的普遍原理。

明末清初哲学家王夫之提出"太和，和之至"（《张子正蒙注·太和篇》）的命题，即是说，"太和"是和谐价值追求的最高境界。

总之，儒家"和"体现在不同的方面，如在自我身心关系上，儒家主张"修身养性""以理导欲"，保持身心之和谐；在人际关系上，儒家主张"息事宁人"，强调"团结""谦让""忍耐""克制"；在国家或民族关系方面，儒家主张"天下一家"，推行道德教化、"协和万邦"的理想，实行"和亲"政策；在人与自然关系上，儒家提出"天人合一"，即人与自然的和谐统一。"和合相生"是指人与自然协调共存，提倡保持身心内外、群体和谐，提倡国泰民安、万邦和睦的一种动态平衡状态。"和"是指超越对立之态，即尊重差异、包容多样和追求和谐；"合"是指超越同异之分，在互补中实现共生，即差异不同的事物由"和"而"合"就能成为新事物。总之，和谐既是世界的本然状态，也是人类理想社会的内在特质，还是人生修养的最高境界。①

与儒家注重和谐共生的观念异曲同工，习近平主席也十分注重世界和谐发展的重要性。2018 年 4 月 11 日，习近平在集体会见博鳌亚洲论坛现任和候任理事时指出，各国都应当致力于建设一个包容的世界，营造共同和谐的氛围。我们主张包容，反对大小通吃、你输我赢的零和博弈。自己发展得

---

① 迟成勇：《论儒家伦理思想与国家治理现代化》，《甘肃理论学刊》2016 年第 5 期。

好、生活得舒适，也要让别人同样发展得好、生活得舒适。太平洋足够大，完全容得下太平洋各国。各国即使有竞争，也应当是良性竞争、良性互动；有问题有分歧，大家商量着解决。

3.和而不同，多姿多彩

根据《国语》记载，西周末年，史伯已提出"夫和实生物，同则不继。以他平他谓之和，故能丰长而物归之；若以同裨同，尽乃弃矣"。可见"和"与"同"是两个不同的概念，"以他平他"，是以相异和相关为前提，相异的事物相互协调并进，就能发展；"以同裨同"，则是以相同的事物叠加，其结果只能窒息生机。在史伯看来，"和"与"同"是不一样的，"和"是不同事物不同元素的相互激荡与融合，表现为差异性的统一。而"同"是完全相同的事物的重合，是排除差异性的同一。因此"和"可以说显得生机勃勃，同则显得死气沉沉。"和"是一种思维方式，能够创造出一个多姿多彩的世界。

春秋时期，《左传》记载了晏婴与齐景公的一段关于"和与同异"的对话，再次阐明了和谐的思想。晏婴说："先王之济五味，和五声，以平其心，成其政也。声亦如味，一气、二体、三类、四物、五声、六律、七音、八风、九歌，以相成也。清浊、小大、短长、疾徐、哀乐、刚柔、迟速、高下、出入、周疏、以相济也。君子听之，以平其心。"晏婴认为君王之道要懂得"和"，正如五味调和、五声和谐，自然万物都是体现出相反相济、相异相成的道理。

孔子说："君子和而不同，小人同而不和"（《论语·子路》），把"和"与"不和"作为区分君子与小人的标准。《中庸》提出的"万物并育而不相害，道并行而不相悖"，即"和而不同"。

儒家的"和"思想强调，只有不同事物相辅相济，才能生生不已，使新事物层出不穷。在孔子看来，万事万物都存在着差异性，正是这种差异性构成了事物发展的关系复杂性，这是天地间的"道"，能否实现社会协调性发展，必须理清事物间存在的矛盾复杂性。

孔子的理想是大同，是完美的和谐社会，但是现实的人是千差万别的，有着各种不同的喜怒哀乐，有着各种不同的利害关系，有着各种不同的主张。人与人之间，不同是绝对的，同是相对的。因此，"和"不仅是制度伦理、政治伦理，当然也是处理人际关系的基本原则。

今天，我们的国家治理体系要求经济的、政治的、社会的、文化的、生态环境的制度更加完备和成熟，在这一制度体系下，制度执行更加有效和公平。国家治理能力现代化则是提高各个领域的协调能力和水平。这种协调性、系统性的特征要求，也与传统政治文化中的"和合"思想紧密相关。

二、中道政治，天下和平

经过历史洗练，中庸理性具有了哲学和伦理的双重内涵，成为人们处理事务的一个基本法则。儒家认为，为政的精髓是中道政治。中庸是处理政务需要把握的最佳尺度，也是达到和谐的方法。

1.执两用中，举纲张目

国家大事看上去非常复杂，但可以用提纲挈领的方法去处理。用中庸之道来治理，就可以做到纲举目张、以简驭繁。

帝尧的中道思想也是儒家中庸思想最早、最直接的渊源。"中"是西周之前乃至史前时期对圭尺的称谓。圭尺以其测晷影制定历法以及对天文大地的测量功能，被作为象征王权的权杖，故而掌握权柄称为"允执其中"。帝尧正是在对历数的观察研究中把握了中道，并运用在为政上，形成了中道政治的传统。《论语·尧曰》首章的核心思想就是尧、舜、禹、汤等圣王之间的"允执其中"。

《尚书·大禹谟》中说："人心惟危，道心惟微，惟精惟一，允执厥中。"这种思想在《尚书》里面，被上升为一种德行，就是说"中"不仅是道，而且也是德。道是根本的原则，比如说中正之道，它是治国理政的根本原则。

《中庸》中提到孔子这样称赞舜的治国之道："舜其大知也与！舜好问而好察迩言，隐恶而扬善，执其两端，用其中于民，其斯以为舜乎！"舜治理天下有大智慧，善于从浅近的言论中提炼治国安邦方略，用中庸之道来管理百姓。在孔子看来，执两用中就是中庸在政治领域的运用。

在《尚书》里面，"中"字虽然没有《周易》里面出现那么多，但是从它出现的历史来看，它是从尧舜禹一直往下相传，天子都非常重视这个"中"的把握。"执中"的"执"应该是把握的意思，要掌握住这个中正之道，这个根本的原则。这是上古时代，特别在政治领域，对"中"概念的一种重视。

"执中"是从尧舜禹到汤，都已经非常重视的一个观念。这个"中"不可能跟后来的中庸的"中"没有关系。比如说"执中"，到了后来，大家更多地把它表达为"执两用中"，对这个思想作了发展。在《尚书》里面，虽然有了"不偏不倚"的思想，但是关于"执中"这个表达，还没有用"执两用中"。

到了孔子这个时代，就开始出现"执两用中"的概念，"执其两端而用其中"，不走极端。当然，这也可以说是不偏不倚。那么"执两用中"，当然就有"用中"的概念出现了。从后来的理解，"用中"就是中庸，中庸就是用中。因为庸就是用的意思。所以，中庸也就是用中。我们说从"执中"到"执两用中"，到"用中"，到"中庸"，它有一个发展的过程。相对于"过"和"不及"，孔子主张采用"执两用中"的方法来解决矛盾问题，反对事物发展走向两个极端。①

孔子说："中庸之为德也，其至矣乎，民鲜久矣！"（《论语·雍也》）对

---

① 陈来：《〈中庸〉的地位、影响与历史诠释》，《东岳论丛》2018 年第 11 期。

"中庸之道"推崇备至。《中庸》曰："君子之中庸也，君子而时中；小人之反中庸也，小人而无忌惮也。"是说只有君子才能遵循中庸之道，能够与时俱进、切合时宜，在时间维度上把握中庸之道。

儒家主张"取物以节"，其思想核心是"时中"，主要包括"时"和"中"两个方面。

"时"是流变不居，"中"是持守正道。时中，就是依"时"而处"中"。"时中"讲的就是动态的中道，是在动中求稳、在变中求衡、在发展中求正。

孔子认为，人们不仅应"执中"，而且要"应时"，反映在社会治理中就是"使民以时"（《论语·学而》）；反映在孔子的个人行为中就是"言中伦，行中虑"（《论语·微子》）。用孟子的解释就是"可以仕则仕，可以止则止，可以久则久，可以速则速"（《孟子·公孙丑上》）。

孟子说汤"执中"，"禹恶旨酒而好善言。汤执中，立贤无方"（《孟子·离娄下》）。就是说在大禹之后，汤也是讲"执中"的。

朱熹注解说："君子之所以为中庸者，以其有君子之德，而又能随时以处中也。……盖中无定体，随时而在，是乃平常之理也。君子知其在我，故能戒谨不睹，恐惧不闻，而无时不中。"在与孔子相关的传世文献中，"时中"思想是其灵魂，贯穿始终。

中庸的精髓在于有"经"有"权"，中庸指人在为人处世中不断纠偏的过程。应该说，儒家从先王的"时中"思想获得了"权中"的启示，并用于处理人与人、人与社会以及人与自然的关系之中。

用现在的话说，"时中"就是按照社会发展、时代前进和事物变化的实际情势去把握正确之道。"时中"绝非与时俯仰、随波逐流、媚世取容的庸俗处世哲学。"时中"包含着审时度势、把握时机、与时俱进、推陈出新等一系列价值判断和政治艺术，强调始终坚持原则，保持"中道"，达到"苟日新，日日新，又日新"。

然而，在社会实践中，人们往往在做有深刻体悟的事情的时候能够做到"中庸"，在自己不熟悉的领域做事容易"过与不及"，这样是达不到"中庸"

的要求的。因此，《中庸》提供了五个方面的标准作为实践的参照，认为只有圣人能够做到，即智、宽、刚、庄、密。

2. 政通人和，海晏河清

政通人和作为儒家所追求的一种理想，不仅是一个"实然"的表述，更是一个"应然"的表述。实际上，"政通"可以从两个层面进行考虑：一是要合乎实际，在现实的推行过程中比较顺利，在实际层面能畅通执行；二是要反映民心，在理论层面能够讲得通。"人和"无疑指的是整个社会上人与人之间的和谐相处与安定团结。"政通""人和"之间并不是谁决定谁的问题，而是一个辩证的统一体，相互促进、相互影响。

（1）为政尚和

《周易》中所讲的"太和"到了孔子这里，发展为"君子和而不同""和为贵"等观点，集中体现了中国人的和谐观。尽管"和为贵"是由孔子的学生有若说出来的，但实际上也表达了孔子的意见。

对"和"的含义，《礼记·中庸》作了这样的解释："喜怒哀乐之未发谓之中，发而皆中节谓之和。"所谓"中节"，就是适度、恰当的意思。

程子云："不偏之谓中，不易之谓庸。中者，天下之正道；庸者，天下之定理。"可见，中道即是正道。中正而不偏颇是中道的又一基本义，其核心是追求公平、正义。孔子主张博施济众、忠恕爱人、立人达人，反对聚敛和不教而杀；要求统治者"使民以时"，做到"惠而不费，劳而不怨，欲而不贪，泰而不骄，威而不猛"；提出"政者，正也"，强调执政者首先要正己，言行合规范，秉公办事。从这些主张中可以看出，他所追求的正是"天下有道"，"有道"即有仁道，仁道也就是"正道"，亦即"中道"，体现了公平、正义的价值。

农耕文明注重协作与和睦。农业的耕种，水利的兴修，生产工具的互通有无，这些都不是面朝黄土背朝天的独立耕作能完成的，它需要更多人口与家庭的进入，形成一个有序的集体，通过协作分工展开。所以农耕文明社会对和睦有着更加深刻的认识，只有个人在家庭中和谐，家庭在社会中和谐，才能保证这个巨大的协同体有序运行，才能保证最基本的物质生产正常地进行。儒家认为，君子为政是为了济世安民，实现政通人和的清明政治。君主治国只有懂得这样的道理，方保政治清平、社会和谐。

在中国历史上，历代帝王的年号中有 49 个带有"和"字的年号，如"太和""大和""义和""元和""永和""元和""延和""建和""和平""咸和"等，这一方面反映了"和"是执政者所追求的价值目标，一方面也说明"贵和"作为传统社会的核心价值观的重要地位。

（2）礼用贵和

儒学倡导"天时不如地利，地利不如人和"。《论语·学而》篇有云："礼之用，和为贵。先王之道，斯为美。小大由之，有所不行。知和而和，不以礼节之，亦不可行也。"

孔子讲"礼之用，和为贵"，在这里，既指出了认识事物达到中庸阶段通过礼义的调节可以实现和谐，又强调了在社会中实行礼义的目的是为了实现社会和谐。

"礼之用，和为贵"，指以礼仪规范、名分制度治国处事，处理人与人之间的各种关系应以和谐为最高原则。这里的辩证含义在于，凡事只知用礼，不知用"和"加以调节，那是行不通的。相反，如果凡事只强调和谐，而不知以礼来加以节制，也是行不通的。礼与和，在处理行政事务和人际关系上，是既相互对立又相互依存的两个方面，二者相辅相成，相资相济，不可偏废，方能达到社会安定、和谐有序的最佳状态。

《论语》还说："夫仁者，己欲立而立人，己欲达而达人"，"己所不欲，勿施于人"，这实际上就是"和"的原则，也是处理人与人关系的准则。在处理人与人之间的关系方面，儒家要求我们长幼有序、夫妻有礼、母慈子孝、兄友弟恭；要求我们在"亲亲"的基础上"推恩"其余。《孟子·梁惠王上》中有段有名的话："老吾老，以及人之老；幼吾幼，以及人之幼；天下可运于掌。《诗》云：'刑于寡妻，至于兄弟，以御于家邦。'言举斯心加诸彼而已。故推恩足以保四海，不推恩无以保妻子。古之人所以大过人者，无他焉，善推其所为而已矣！"

儒家眼中的无义之徒是指一个人只顾自身的洁身自好，而不顾日常的伦理准则。子路曰："长幼之节，不可废也；君臣之义，如之何其废之"，表明了儒家所强调的长幼、君臣的伦理关系。君子从政的目的是建立理想的社会秩序，而理想的社会秩序又是建立在人伦关系稳定的基础之上的。由此可见，儒家所提倡的理想社会，是通过规范人伦道德来实现社会的和谐安定。儒家希望统治者对儒家道义的倡导与践行，以达到政令统一，百姓安居乐业的理想状态。

"礼"的功能在于使得社会的不同等级能够各有所得、各尽其能，发挥出应有的价值，实现百姓的安稳度日、社会的和谐有序与国家的繁荣昌盛。

当前，经济社会深刻转型，人们的价值观念日益多元，思想交流交融交锋日趋频繁，容易出现不和谐因素。在这种情况下，应大力弘扬人道主义、集体主义精神，反对极端个人主义，"尊高年""慈孤弱"，倡导和践行换位思维，帮人之需、济人之危、扶人之困。只要我们以一种"四海之内皆兄弟"的情怀与人交往，人与人之间就会多一分理解和包容，少一些矛盾和摩擦，社会就会变得越来越和谐，生活就会变得越来越美好。

（3）利益调和

在人与集体，尤其是与国家民族的关系上，中国人把家国利益奉为至上。

社会道德要求个体利益服从整体利益，在人与社会的关系中，个体利益服从整体利益起着主导作用；但在某些情况下，整体利益对个体利益也要做出妥协和让步。因为，和谐作为一种关系，是有两面性的，必须从两方面来看问题，从两方面共同建立和谐。人与社会在利益目标追求上是一致的，在一个各方面利益关系能够得到有效协调的社会里，人与社会应该是和谐的。因此，正确处理各种社会关系，要合理借鉴中华传统文化中的和合思想。

人与社会的和谐推动社会发展，只有处理好人与社会的关系即个体利益与整体利益的关系，才能使社会各项事业协调发展。

当前，随着社会利益关系、组织形式等的多样化，在社会整体和谐稳定的同时，不同个体、群体、阶层之间也存在一定利益矛盾。只有按照和合思想，以理性、辩证的态度对待这些利益矛盾，既不回避和掩饰，也不夸大和激化，努力以沟通和协商的方式加以解决，才能缓解以至消除不同个体、社会群体之间的隔阂和冲突。

当然，实现政通人和还必须有相应的制度保证。只有制度才是社会公平正义的根本保证，才能使和合思想有效地贯通于人的一切关系之中。毕竟一个和谐社会必然是一个有序的社会，人与人、人与社会之间的关系是以社会秩序为保障的。维护社会有序正常的发展有两种途径：一是法律制度，二是道德力量。民主和法治既是现代政治文明的主要标志，也是和谐社会的首要特征。因此，当前中国在确定公民道德准则的基础上，进一步强调全面推进依法治国，逐步建立公平合理的社会利益分配机制，真正使改革和发展的丰硕成果惠及全体人民，从而实现人民共同富裕、共同享有的社会发展目标。

3.四海一家，万邦协和

儒家在外交方面倡导的"四海一家""协和万邦""远人不服，则修文德以来之"等思想，体现的正是一种兼容并蓄的精神。这些都是我国当前在推进国家治理现代化进程中构建良好国际秩序的宝贵思想来源。

（1）四海一家

早在西周时期的《尚书》就记载了"协和万邦"的内容；在战国时期的《易传》提出"万国咸宁"的著名思想。

儒学五经之一《礼记》在《礼运》篇中对大同世界的设计认为"圣人而以天下为一家，以中国为一人者，非意之也"。是说这种理想社会思想不是一种主观臆测，而是根据民情得出的结论。

孔子弟子司马牛曾不无忧虑地说："人皆有兄弟，我独亡。"同门子夏劝慰他说："商闻之矣：死生有命，富贵在天。君子敬而无失，与人恭而有礼。四海之内，皆兄弟也。君子何患乎无兄弟也?"(《论语·颜渊》)孔门弟子"四海之内皆兄弟"一语的本意是结交志同道合的朋友，而孟子所提出的"五伦"之中亦有"朋友有信"。

到宋明时期，理学家程颢和心学家王阳明对和合天下又有进一步的发展。王阳明认为："大人者，以天地万物为一体者也，其视天下犹一家，中国犹一人焉。"(《大学问》卷二)

中国古代，从秦王朝统一以来，坚持"以和为贵""协和万邦"的原则，处理中国周边与远方国家的关系，就出现了中国与周边及远方国家的长治久安、保持亲仁善邻、和平友好的"万国咸宁"的局面。相反，历史事实也一再证明，在中国封建社会里，少数统治者为了统治多数人，不可能真正贯彻"以和为贵""天下为公""协和万邦""万国咸宁"的政治思想，所以会出现战争与动乱、压迫与剥削、国无宁日、民不聊生的悲惨局面。

(2) 包容同化

在中国两千多年的封建社会中，中国以大国风范、中华文化以其博大的胸襟容纳四方，博采众长。中国的"和合"文化、"天人合一""协和万邦""和而不同"等绵延两千多年，表现了中华传统文化的宽容性，进而说明中华文化的魅力、文化的价值和意义。

儒家在处理民族关系时，坚守着"近者悦，远者来"(《论语·子路》)的原则，历代中国中央政府都遵循孔子的教诲，尽可能地帮助与扶持边远地区民族的发展。中国历史上曾经用中华文化覆盖了周边，形成了地域辽阔的文化圈。中国文化没有用霸权征服周边国家，周边国家都主动来依附。

近代以来，中国由于停滞不前落后了。中华传统文化的宽容性被异化，被迫受到西方文化侵略，但中国文化用顽强的生命力进行抗争，唤起中国人民的文化觉醒。从拒绝转为"拿来"，并在"拿来"的过程中，形成了"中学为体，西学为用"的文化新格局。

（3）国强不霸

"和"的精神是在中华传统文化长期浸润下形成并内化的产物。后世儒家除扩展了兄弟关系之外，人们还将以孔子为代表的儒家处理邻里关系的智慧做了进一步发挥。孔子说："里仁为美，择不处仁，焉得知？"还说："德不孤，必有邻。"（《论语·里仁》）朱熹解释说："邻，犹亲也。德不孤立，必以类应。故有德者，必有其类从之，如居之有邻也。"

中国历来崇尚和平。中国古代修筑长城的目的是为了防御，以保护北部边境人民的生命与财产安全；郑和舰队七次下西洋没有占领他国的一寸土地。中国近代遭受的百年屈辱，既激发了中国人民反抗外敌、实现民族解放与国家独立的强烈愿望，又促使中国人民意识到发展的重要与和平的珍贵。落后就要挨打，发展才能富强。只有和平，才会有发展。

习近平总书记强调，中华民族历来都是一个爱好和平的民族，一直追求和传承的理念就是和平、和睦、和谐。"中华民族的血液中没有侵略他人、称霸世界的基因，中国人民不接受'国强必霸'的逻辑"，中国人民始终愿意同世界各国人民和睦相处与和谐发展，以实现共谋和平、共护和平与共享和平。

延伸阅读 **国虽大，好战必亡**

习近平主席在 2015 年巴基斯坦会议的演讲中说到：在 5000 多年的文明发展中，中华民族一直追求和传承着和平、和睦、和谐的坚定理念。以和为贵，与人为善，己所不欲、勿施于人等理念在中国代代相传，深深植根于中国人的精神中，深深体现在中国人的行为上。中国的先人早就知道"国虽大，好战必亡"。

（4）交流互鉴

20 世纪初俄国发生的十月社会主义革命，标志着世界发展和人类文明进步进入了一个新时代，这就是资本主义文明与社会主义文明并存且相互竞争的时代。十月革命以来的一百年中，社会主义作为一种新的人类文明形态，尽管总的来看仍处于探索发展过程中，但已经从各个方面显示出强大的生命力，特别是作为社会主义文明核心理念的坚持以人民为中心、共享发展成果、实现共同富裕的思想，在国际社会正在显示出越来越广泛的影响力和引领力。

英国著名学者、剑桥大学发展研究中心主任彼得·诺兰在其《十字路口：疯狂资本主义的终结和人类的未来》中写道：资本主义全球化是一把双刃剑，它给人类生存造成了严重威胁。这证实了马克思的观点，即资本主义竞争拥有引发商业力量集中的趋势，给不同社会阶层带来完全不同的结果，并引发金融系统对经济和社会稳定的威胁。诺兰教授认为，要想解决资本主义全球化带来的矛盾，除了探索国际合作别无选择。他进一步指出，中国将市场这只"看不见的手"的动态力量与政府的"看得见的手"对市场的调控相结合，这方面的丰富经验可以为建立以道德为导向的和谐的全球政治经济作出宝贵贡献。①

21 世纪是一个多元文化并存的世纪。弘扬和培育民族精神，必须在世界范围内各种思想文化的相互激荡中，充分发扬中华传统文化中的包容精神，互相取长补短，互相促进。"有容乃大，大乃久"是中华文化的精髓之一。中华文化层次的包容性与开放性，使得中国社会思想文化在内部呈现出丰富多彩的局面，在外部体现出兼容并包的生命力。要想充分发掘与弘扬中华文化中的兼容并包精神，需要我们更加自觉地接纳、吸收与借鉴外来文化的优秀文明成果。季羡林曾说过拿来主义与送去主义的结合，也就是说既拿来又送去，把外国的好东西拿来，把自己的好东西送去。我国的文化建设，其最终目的是为了培育与发扬出优秀的民族精神与创新的时代精神。

不同的民族与国家都有文化上的优势，各个民族与国家通过文化的交往

---

① 滕文生：《天下为公：中华文明的世界贡献》，《北京日报》2017 年 12 月 4 日。

与对话探求其各自的优势，最终相互吸收借鉴，达成某种意义上的"共识"，这是一个由"不同"到"认同"再到"大同"的过程。这种"大同"不是一方消灭另一方的"异同"，也不是一方对另一方的"同化"，而是在两种不同文化中寻找交汇点，以此为基础推动双方文化的发展，也体现出了"和"的作用。不同的民族与国家之间由于地理、历史、政治、经济等原因，形成了不同的文化传统，在人类文化中互补互通，使得人类文化丰富多彩。虽然文化上的不同可能会引起冲突甚至战争，但并不是必然。因此，要努力追求在不同文化之间的沟通与交流，用"和合"思想弥合歧异，尊重不同文化的特殊性，从而使得人类人文大放异彩。

费孝通先生在探讨处理不同文化关系时所提出的"十六字"箴言："各美其美，美人之美，美美与共，天下大同"，给我们带来新的启示。所谓的"各美其美"，就是要求现有各民族都应树立文化的自觉与自信意识，要善于发现与欣赏本民族文化的"美"，把它培育好、发展好、传承好。所谓的"美人之美"，就是要善于发现与欣赏其他民族的文化之"美"，承认与尊重其他的各民族，特别是少数民族的生活习惯和文化传统。所谓的"美美与共，天下大同"，就是要尊重民族文化的多样性，这是实现文化共同繁荣的必然要求。

（5）命运与共

在全球一体化的进程中，原来处在地球不同角落，甚至老死不相往来的民族，却由于科技的发展、交通的便利和文化的交流而交织在一起。当前世界多极化、经济全球化、社会信息化深入发展，推动世界从割裂状态走向整体性发展。不同制度、不同文化、不同发展阶段的世界各国在呈现出前所未有的相互依存、利益交融的同时，恐怖主义、自然灾害、金融风险以及能源安全等不和谐因素也正在更深的程度上影响着世界各国。在这些世界性的问题面前，世界各国成了一个"命运共同体"——都要面对这些世界性问题，并且需要协同合作去解决这些问题。如何处理全球各民族之间的关系，是摆在全人类面前的一项非常紧迫的历史任务。

进入 21 世纪，在全球经济一体化的进程中，各国在加强和改进国际文化交流与合作上越来越形成这样一种共识：增强各国人民对和谐世界的理解和企盼，增强各国在构建国际经济新秩序中的责任感和角色感，使国际文化合作的经济效用得到充分的发挥。

随着人们交往范围的扩大，只要是"有信"的个体、民族、国家，甚至国际联盟，中国都可以将其视为"朋友"，即便是那些曾经有恩怨者，只要能真心结交中国，我们都将以"渡尽劫波兄弟在，相逢一笑泯恩仇"的姿态，视其为新的兄弟、新的朋友、新的伙伴。

党的十八大报告中首倡人类命运共同体，指出"在追求本国利益时兼顾他国合理关切，在谋求本国发展中促进各国共同发展，建立更加平等均衡的新型全球发展伙伴关系，同舟共济，权责共担，增进人类共同利益"。命运共同体是一种愿景和期许，是不断充实和平共生的内涵和完善共生观念，并走向和谐共生的高阶段发展。这是中国从世界大国迈向世界强国过程中的主动担当。

近年来，中国提出"一带一路"倡议，是以相互尊重、合作共赢为核心的新安全观、新合作观、新发展观的具体实践，将为丝绸之路精神的弘扬和传承提供新的载体和纽带，使古老的丝绸之路焕发出新的生机和活力。共建"一带一路"，将从政策沟通、道路联通、贸易畅通、货币流通、民心相通等"五通"做起，使得亚洲国家与欧洲国家的经济联系更加密切、相互合作更加深入、发展空间更为广阔。要想实现各国共同的繁荣与发展，就要寻求一个平衡点，在充分照顾各方利益的基础之上，探索在贸易、投资、金融等领域实施更为广泛的合作，充分发掘各国的合作潜力，以实现资源优势的互补互利。"一带一路"所体现的是平等互利、共享发展的和合法则，与国际社会长期存在的弱肉强食的"丛林法则"有本质的区别。正因如此，"一带一路"必将有利于促进公正合理的国际政治经济新秩序的重构，也必将为开创世界发展和人类文明进步的新局面作出重大的贡献。

中国提出"命运共同体"，是把中国人千百年来倡导的"大同"思想演绎到国家战略和外交政策当中，是着眼于新的历史使命和时代要求，对中国优秀传统文化创造性转化和创新性发展的生动典范。习近平主席指出："天空足够大，地球足够大，世界也足够大，容得下各国共同发展繁荣。一些国家越来越富裕，另一些国家长期贫穷落后，这样的局面是不可持续的。水涨船高，小河有水大河满，大家发展才能发展大家。"① 各国在谋求自身发展时，应该积极促进其他国家共同发展，让发展成果更多更好惠及各国人民。

三、至诚中正，内心和谐

作为一种自我教育方式，中庸强调至诚无息、择善固执。中庸之道既深奥又浅近，既博大又简约。它可以高深莫测，正所谓"致广大而尽精微，极高明而道中庸"，即使圣人也不能完全做到。它又可以朴实刚健、平易近人，"夫妇之愚，可以与知焉"，帮助人们实现内心和谐。

1. 至诚无息，成就天人

"诚"字最早出现在《尚书》中："鬼神无常享，享于克诚"。此处的诚是用来表示对鬼神的虔诚态度——笃信不二。而作为德性概念的诚，则出现在《周易》中："闲邪存其诚"，"修辞立其诚"，这里面的诚，就具有德性含义，是真实无妄的意思，与邪相对立。

"诚"作为《中庸》思想的精髓，将天道、人道及天人合一思想完美地集合在一起。《中庸》原文中，对于"诚"的解释有以下七种："诚者，天之道也；诚之者，人之道也"；"诚者，不勉而中，不思而得，从容中道，圣人也"；"诚之者，择善而固执之者也"；"诚者，自成也；诚者，物之始终，不

---

① 《习近平关于总体国家安全观论述摘编》，中央文献出版社 2018 年版，第 232 页。

诚无物"；"诚者，非自成而已也"。从字面上讲，诚就是要人们"诚信、真实"，从伦理上讲，诚是一个道德范畴，强调为人处世时忠厚讲信用，不欺骗他人，最终达到天人合一的境界。

诚一直是中华民族文化中永不褪色的话题，是我们的祖先代代相传的行为准则，是用来衡量一个人是否贤德、是否可信的标尺。诚深深地植根于中华民族文化之中，蕴藏在每个中国人心灵深处，既是立身之本，也是成事之基，更是维系社会和谐的道德准绳。

在传统儒家伦理中，诚是被视为修身、齐家、治国、平天下的重要前提和必须遵守的重要道德规范，是道德之本、行为之源。

《中庸》说："至诚无息，不息则久，久则征，征则悠远，悠远则博厚，博厚则高明。"

"诚"的本源在人自身，人要获得诚信，就要"反身而诚"，对自身内在的诚进行挖掘，通过"思诚"，达到内外一致。如何挖掘内在的"诚"呢？在做人方面，就要"吾日三省吾身——为人谋而不忠乎？与朋友交而不信乎？传不习乎"？在言行方面，就要"君子不重则不威，学则不固。主忠信"；在治国方面，就要"敬事而信，节用而爱人，使民以时"……

《中庸》还说，"诚者，自成也"。取"真实"之意。诚实真挚，心悦诚服。既表现态度诚恳，也表现内心真诚。程朱理学的代表人物之一朱熹，在对《大学》"诚意"一章作注释时，指出，"诚，实也；意者，心之所发也"。意谓真心实意才能言行一致、才能出于善而又归于善。他对《中庸》的"诚者天之道也，诚之者人之道也"和《孟子》的"诚者天之道也，思诚者人之道也"注解说，"诚"即真实无妄，真实无伪，是天道之本然，也是天地自然运动变化的原动力；"思诚"或"诚之"则是人道之当然，即人通过克己自律的道德修养，从而达到天道之"诚"，上升到公正无私、真实无妄、真实无伪、真实无欺的道德境界，是做人的道理与本分。简言之，"思诚""诚之"是人们追求"诚信"的实践活动。

关于"诚"的修养，《中庸》说："博学之，审问之，慎思之，明辨之，笃行之。"提出了学、问、思、辨、行五字，而且分别提出学必博、问必审、思必慎、辨必明、行必笃的要求。审、慎、笃是态度问题，只要认真、刻苦，也就不难做到。但博学和明辨不光是态度，还有下功夫的问题。

宋明理学对诚信观念的阐发，最具新意的，便是把"信"与忠、诚、义相提并论，视作为人之道，忠信、忠诚、信义开始在现实中高频率使用。朱熹说："人道惟在忠信……人若不忠信，如木之无本，水之无源，更有甚的一身都空了。"其实，信的本义就是践行承诺，把真实的内在展示于人，强调人与人之间应该真诚相待、讲求信用。但是，忠与诚、信连在一起后，即"忠诚""忠信"，便成为中国人追求的一种高尚伟大的精神，成为诚信的至高境界。

《传习录》中说："圣人致知之功，至诚无息。其良知之体，皦如明镜，略无纤翳，妍媸之来，随物见形，而明镜曾无留染：所谓情顺万事而无情也。"

对于一个国家、一个社会而言，诚信可说是立国之本。国家的主体是人民，国家的主权也归于人民。中国自古就有"民惟邦本，本固邦宁"，"得民心者得天下，失民心者失天下"的明训，这些话至今仍然是至理名言。但国家的领导者依靠什么去团结人民呢？靠的是明智的政策和精神信念，"诚信"就是取信于民、团结人民的人文精神和道德信念。孔子在足食、足兵、民信三者中，宁肯去兵、去食，也要坚持保留民信。正如王安石所言："自古驱民在信诚，一言为重百金轻。"

当今社会，市场诚信危机发生的同时，某些地方政府公信力也在下滑。一些干部不重视思想道德的修养和实践，思想作风、工作作风、领导作风、生活作风和学风等方面还存在一些亟待解决的问题。如对理想信念、对党的路线方针政策口是心非，阳奉阴违，说一套、做一套，台上一套、台下一套，当面一套、背后一套，对上一套、对下一套，对人一套、对己一套；弄虚作假，有假年龄、假学历、假文凭、假职称、假经验、假典型、假审计、假评估、假承诺，欺上瞒下，追逐名利；不顾百姓利益搞"政绩"，破坏资源搞"政绩"，投机取巧搞"政绩"；做表面文章，不讲实效，在评比达标升级、述职总结考核、招商引资立项、学习考察调研等方面，都搞形式主义。一味地跟风赶浪，使有些工作"认认真真走过场"。

因此，诚信建设对于国家治理现代化的意义愈发显得重要。习近平总书记强调："各级领导干部要以身作则、率先垂范，说到的就要做到，承诺的就要兑现。""领导干部要把深入改进作风与加强党性修养结合起来，自觉讲诚信、懂规矩、守纪律，襟怀坦白、言行一致，心存敬畏、手握戒尺，对党忠诚老实，对群众忠诚老实，做到台上台下一种表现，任何时候、任何情况下都不越界、越轨。"可见，抓好党员领导干部的诚信建设，是习近平总书记关于诚信重要论述的价值取向。

2. 执两用中，节制有度

《中庸》说："喜怒哀乐之未发，谓之中；发而皆中节，谓之和。"心里对外界的正常反应是喜怒哀乐，这是人情之"中"；其表达时有度有节，其结果被称作"和"。人都有喜怒哀乐之类的情绪，这些情绪是对外部事物的正常反应。人们对外界事物的反应都具有一定的客观性，这便是"率性"之"道"，这正如《尚书·盘庚》中所说："各设中于乃心。"人心里面的那个"中"，是人正常的情绪与心境，它的正常、适度、有节的表达，才会得到"和"的结果。而人"发而中节"，决定于心里的那个"中"。没有"中"，就没有"和"。

人之执中，首先应当"知中"。《易·乾·爻辞》"九三"曰："君子终日乾乾，夕惕若厉，无咎。"传统上认为"终日乾乾"是终日戒慎恐惧，自强不息。"夕惕若厉"，到了晚上还是心怀忧惕，不敢有一点的松懈。人们通常认为这里是说人应当有"忧患意识"，这样理解《周易》并不准确。实际上，"夕惕若厉"的"惕"，帛书《易传》作"沂"，"沂"本作"析"。衣、析、惕，意义相同，本义为解除，引申有安闲休息义。《乾》"九三"爻辞强调的是一个"时"字，要求君子要因时行止。所以《淮南子·人间训》认为："终日乾乾，以阳动也；夕惕若厉，以阴息也。因日以动，因夜以息，唯有道者能行之。"孔子解释得好，他说："君子进德修业。忠信所以进德也。修辞立其诚，所以居业也。……居上位而不骄，在下位而不忧，故乾乾因其时而惕（析），虽危无咎矣。"人生贵在正确对待升迁进退，因为"上下无常""进退无恒"，重要的是不断"进德修业"，关键的时候才能"及时"抓住机遇。①

中庸之道作为传统儒家修行的法宝，其基本点在于教育人们自觉地进行自我修养、监督、教育、完善，把自己培养成为具有理想君子人格的人，尽心知性知天，做到将人的理性与情感统一起来，完善自己内心的品德和智慧，在此基础上处理好各种人际关系，进而使天下国家达到太平和合的理想境界。

3. 内心宁静，宠辱不惊

国家、社会的和谐究其根源是人心的和谐，包括仁爱之心、平等之心、诚信之心等。儒家中道思想注重以人为本，以人性为主体，使个体发展与社会和谐相协调，这是社会法则，也是人道原则。根植于人心的和谐才能促成社会的和谐。然而，对外在行为的规约还是归属于"治世"的问题，影响人的内在意识甚至潜意识，平治人的性情好恶，才是深层的"治心"问题。

当前中国面临的一个重要问题，就是心性的失序问题。心性的失序的外在表现是伦理失序，内在表现则是价值观与精神层面的无所敬畏。

现代社会，来自内外的压力似乎越来越多，人们无止境地追求感官享受的同时，也会带来身心的失调与人格的分裂。由于理想与现实的不平衡而造成的身心扭曲，带来的精神失常、自杀、他杀等社会病，自我身心的失序是

---

① 参见杨朝明：《重新认识儒家"中道"哲学》，《人民政协报》2013年12月2日。

造成这一现象的根本原因。

　　要想解决精神层面的秩序问题，就必须将精神层面的秩序搭建在人间秩序的基础之上，精神层面追求相对"出世"的境界有一个不悖于"入世"的"出世"力量的平衡。儒家传统正是拥有这种不悖于"入世"的"出世"境界的精神力量。

4.处事淡泊，知足常乐

　　人既是一个物质性的存在，也是个精神性的存在。故人既需要物质生活，也需要精神生活，而精神生活是人类所特有的。

　　在人与自身的关系上，中国人讲究个人内心的和谐。这种和谐与外物无关，尤其是与富贵荣华无关。

　　孔子在《论语·述而》中说："饭疏食，饮水，曲肱而枕之，乐亦在其中矣。不义而富且贵，于我如浮云。"意思就是粗茶淡饭简陋的人生中其实包含着无穷的况味，为了富贵而不择手段，实在是缺乏对人生的理解与感悟。虽然儒家并不乏入世的情怀，但孔子最理想却是"暮春者，春服既成，冠者五六人，童子六七人，浴乎沂，风乎舞雩，咏而归"这种充满人文情怀的生活。

　　孔子赞扬颜回说："一箪食，一瓢饮，在陋巷，人不堪其忧，回也不改其乐，贤哉回也！"（《论语·雍也》）即是说，颜回虽然过着清贫的物质生活，却有高尚的精神生活，宋明理学家将此称为"孔颜之乐"。

延伸阅读 **颜回安贫乐道**

　　颜回是孔子的得意弟子，以德行著称。他安于贫穷，箪食瓢饮，却从不为此忧愁，只是专心学习仁义之道。孔子是很少称赞别人是贤人的，但对于颜回却不吝啬这个词。颜回的这种安贫乐道的精神，被后人称为"孔颜乐处"。在孔子的思想中，包含着重要的安贫乐道精神，而这种精神在颜回身上体现得淋漓尽致。

孟子说："人之有道也，饱食暖衣，逸居而无教，则近于禽兽。"（《孟子·滕文公上》）即是说，人吃饱穿暖，闲暇无事，如果不加以教育教化或提高精神生活，那就等同于禽兽。

知足常乐是追寻人生幸福的基点，而要实现人生的价值与人生的和谐，还需要有着坦荡的胸襟，要有豁达的情怀，要有清醒的头脑，要有足够的信心，要有清晰的定位，要有充分的余地，要有良好的心境。如此种种，才能完成崇高的个人修为，才能实现人本身和谐的小环境。

第十章　天人合一　和谐共生

——社会生态文明的生长点

中国传统文化比较重视人与自然、人与人之间的和谐统一的关系；西方文化则比较重视人与自然、人与人之间的对立冲突的关系。儒家认为人是自然界的产物，人与自然是和谐有机的整体，要实现顺应自然与改造自然的统一、尊重自然规律与遵循道德法则的统一。并把人与自然的和谐关系，称为"天人合一"。

一、敬天重地，天地人参

以德配天、敬德保民的思想在殷周时期颇为盛行。儒家不但将其继承下来而且继续发扬光大，最终为天人合一、天与人相感相通的思想奠定了基调。儒家认为，自然向人展现出截然不同的两面性：其一是自然的"神化"性，即自然万物相互联系、相互作用，共同构成宇宙的整体，这其中的奥秘在于自然以某种自洽的方式维持着宇宙的秩序，也促使着自然中的万事万物以一种神秘的方式维持着生命过程；其二是自然的"物化"性，即自然脱离了神化的外衣，具有物质的本质属性，遵从自然的规律特质，"天行有常""顺天者存，逆天者亡"，自然的运行规律不以人的意志为转移，表现为一种物体自有的规律性。

1.万物并育，生生不息

早期人类社会的思想家们，通常都选择"天"或"神"作为自己学说的理论依据。

在我国古代经典文献《周易》中就有针对"天人合一"的详细论述，认为天、地、人三者是完整的统一体，"天以阳生万物、以阴成万物"，恰恰印证了阴阳和谐、万事万物皆源自天地的观点。《周易》经传所体现的关于自然与人关系的基本理念包括：自然与人异体同质、相感互通；自然有着内在的规律性秩序性，人的活动受其规制；阴阳的动态平衡是实现自然与人持久发展（生生不息）的根本之道；自然的运动与人的自主活动是影响人类命运的两大基本因素。人的活动只有自觉与自然运动相配合，才能成己成物、共生共荣。

延伸阅读　生生之谓易

"生生之谓易"，这是《周易·系辞》中的一个核心概念。"生生"也者，乃生命繁衍，孳育不绝之谓也。学者认为，"生生"二字，前面的"生"表示大化流行中的生命本体，后面的"生"为生命本体的本能、功用与趋向。功能与趋向不能脱离生命本体，而本体若是剔除功能与趋向，亦无生命可言，二者相辅相成，深刻地揭示了生命的本质。从这个意义上，我们说，《周易》乃生命之学。

孔子则继承了西周以来"天"的观念。因为宇宙之间、自然界的一切都早已存在了那么长的时间，世界一直有秩序地运行变化，一切都是按部就班，那么和谐。这证明天的伟大，天地的运行是那么完美，什么都像设计好了似的，有条不紊，所以人类只要效法天，人类社会就一定会和谐地运行。

《论语》中的"天"有多重含义，就"自然之天"而言，孔子对于自然界以其内在规律悄然孕育万物的能力甚是敬畏。在《论语》中，孔子多次提到要效法天，《阳货》："子曰：'予欲无言。'子贡曰：'子如不言，则小子何述焉？'子曰：'天何言哉？四时行焉，百物生焉。天何言哉！'"《泰伯》："子曰：'大哉，尧之为君也！巍巍乎，唯天为大，唯尧则之。荡荡乎，民无能名焉。巍巍乎，其有成功也！焕乎，其有文章！'"又《礼记·哀公问》："公曰：'敢问君子何贵乎天道也？'孔子对曰：'贵其不已，如日月东西相从而不已也，是天道也；不闭其久，是天道也；无为而物成，是天道也；已成而明，是天道也。'"①

孔子云："君子有三畏：畏天命，畏大人，畏圣人之言。"（《论语·季氏》）他一方面把"天"视为万物生命所出的根源，另一方面又提出人应当对"天"有一种敬畏的态度。四季的轮回、万物的生长都有其运行轨迹和规律，这种力量非人力所能干涉，意识到这一点，孔子才会连连感慨，他对自然的敬畏之情也在这种感慨中毕现。

孟子说："尽其心者，知其性也，知其性则知天矣。"（《孟子·尽心上》）孟子认为，人性是天赋的，故知性则知天，将天道与人道统一。

荀子将自然界不为外力所改变的规律称为"常"："天行有常：不为尧存，不为桀亡。"天道的运行是有其客观规律的，并不因为尧的道德仁义而存在，也不会因为桀的荒淫无度而消亡。如果用合理的治理措施来顺应天道，结果自然会吉利；反之，如果用不合理的治理措施来违背天道，结果自然会不吉利。既然这种"常"的力量如此强大，非人力所能改变，聪明的做法就是顺应这种力量并对之合理利用。

《周易大传》则提出"天人合德"的命题。《周易·文言》云："夫大人者，与天地合其德……先天而天弗违，后天而奉天时。"所谓"天人合德"即与

---

① 参见徐刚：《论孔子思想体系的逻辑》，《中国典籍与文化》2007年第1期。

自然界相互适应，相互调谐；在自然界发生变化之前，要顺应自然，在自然界发生变化之后，要适时地调适自然。

汉代大儒董仲舒说："天人之际合二为一"，认为"人副天数""天人感应"（《春秋繁露·深察名号》），显然是穿凿附会之说，具有神学迷信的色彩。[1]

宋明理学家将孔孟的仁爱思想和"人者，天地之心"的传统思想资源融会贯通，最终形成了以"仁"为核心内容的儒家式的人类中心主义观念，而心学更加突出人在天人关系中的主导地位，从而将天本论导向了人本论。程颢主张，对于仁爱的君子来说，天地万物都是相互联系的统一整体，没有完全无关的事物。王阳明说："仁者以天地万物为一体，使有一物失所，便是吾仁有未尽处。"张载则明确提出"天人合一"的命题："儒者因明致诚，因诚致明，故天人合一。"（《正蒙·乾称》）这表明，人与自然具有一体性，是道德共同体和生命共同体。

"天人合一"语出自张载《正蒙·乾称》，但作为一种表达天人之间关系的特殊思想，却成熟甚早，至少在春秋战国时代，就已经是儒家等学派所阐发的宇宙观之核心理念之一。从儒家的"四书"、《易传》，到道家的《老》《庄》等，无不以天人相和谐为其思想旨归。但何为天？何为人？又如何相合？则各呈异说、内涵丰富，构成了先秦诸子学说的一个重要内容。"天人合一"的思想，历经秦汉、隋唐、宋明，下至晚清，经历了极为复杂的演变和发展过程，就儒学之主流而言，大致有汉儒的天人感应说、汉唐间的自然论、宋明时期的"天理"以及性即理、心即理等。[2]

儒家生态智慧的核心是德性，尽心知性而知天，主张"天人合一"，其本质是"主客合一"，肯定人与自然界的统一。儒家认为"天"既是刚健有为、生生不息的本体，是生育人类和万物的总根源，具有超越性和精神性，又是由理气构成的天地万物的总和及其运行的总体过程，具有现实性和物质性。

---

[1]　参见迟成勇：《论儒家伦理思想与国家治理现代化》，《甘肃理论学刊》2016 年第 5 期。

[2]　参见景海峰：《"天人合一"观念的三种诠释模式》，《哲学研究》2014 年第 9 期。

"天"具有生生不已的创造性力量，日月星辰、山河大地、飞潜动植、草木瓦石，包括人在内，这些存在者构成了有机联系的统一整体。因此，万物的价值根源于天，而不是由人的主观性及其存在目的所能够赋予的。虽然万物能够为人类所利用而具有工具价值，但自身更本质性地拥有内在价值。对生命体而言，其生长、发展、持续和繁衍，实现自己的生命本性就是它内在的最高价值；对非生物而言，保持自身的同一性以便作为自身而存在，构成天道变化的组成部分就是其内在价值，是它对自然本身的价值。

总之，"敬畏生命，仁爱万物"强调对自然界应具有道德关怀，将自然万物看作是与人一样的道德共同体，构建和谐的人与自然关系，人并不是凌驾于自然界的领导者。"生"是最为根本的，是万事万物运行过程中必须遵守的规律，"生"即是"仁"。这是一种伦常规范，本质上是对道德规范的坚守，对生命要常怀感恩和敬畏之心。①

2.万物之灵，德配天地

从历史上看，人与自然的和谐发展，如同小康社会一样，是中国人追求的一种理想生存境界。

《周易》在阐述天、地、人三者的关系时认为，人是天地造化的杰作，天生人，地养人。相对于天地而言，人在形体上何其渺小，但人可以取法天地的精神，"与天地合其德"，德配天地。在儒家看来，"天无私覆，地无私载"，故天地的精神乃是"大公无私"；天地有生养万物之功，故天地的精神为"仁"，"仁"即"生生"之义。为此，人要奉行自然生生之德，不仅对人，而且对自然万物都要心存爱惜护生成全之意，即所谓赞天地之化育。

相对于自然界存在的其他物种，人具有某种至高无上的尊贵性。从本源上讲，虽然人与万物同根同源，但自然进化将人逐渐置于食物链的顶端，最

---

① 参见牟方志：《传统文化的生态智慧》，《人民论坛》2019 年第 8 期。

大的区别在于人的具有意识，善于思考，从而能够掌握自然规律，"得天地之秀气"，从而获得"万物之灵"的称号。这绝非子虚乌有，而是自然进化的过程中，人使得自然的价值由隐形变成现实，只有人参与其中，才会赋予其价值意义。

这在儒家传统思想中便有记载，《礼记·礼运》第一次明确提出"人"是"天地之心"的观念，这也为人在自然中的价值进行了定位。人既然是自然界的至高存在，便有了担负起照管天地万物的责任，帮助他人和万物实现自己的本性，旨在实现"参赞天地化育"的崇高志向。

儒家早已关注了天、地、人三才之道。在孔子看来，只要人能够把握中道，心中至诚，就能实现"赞天地之化育"，就可以"与天地参"（《礼记·中庸》）。《中庸》里说："能尽人之性，则能尽物之性；能尽物之性，则可以赞天地之化育；可以赞天地之化育，则可以与天地参矣。"这段论述旨在阐释天地自然万物之本性与人之本性的一致，表述了儒家的"天人合一"思想。这里所谓的"赞天地之化育"，就是要依照自然规律以助天地之变化。

《中庸》还说："仲尼祖述尧舜，宪章文武。上律天时，下袭水土。"这里的"律天时、袭水土"，就是遵循天地自然规律，以达到"天人合一"，也就是"与天地参"。

"与天地参"在《易传》里得到充分的发挥。《易传·乾·文言》说："夫大人者，与天地合其德，与日月合其明，与四时合其序，与鬼神合其吉凶。先天而天弗违，后天而奉天时。"《易传·系辞上传》说："与天地相似，故不违。知周乎万物而道济天下，故不过。旁行而不流，乐天知命，故不忧。安土敦乎仁，故能爱。"认为圣人所要做的一切就是要与天地、日月、四时"合"，与天地万物和谐一致。

荀子将"天人相参"思想升华为"制天命而用之"。究其缘由，荀子认为只有通过强调见微知著、因循借力、顺时守天、因地制宜，才能发现乃至体察到自然的规律，借助于人类的智慧，最终实现所谓的"知天"的目的。在这其中，人类的智慧有了高低之分，能够洞察自然规律并对人的言行进行相应的指导和约束绝非常人所能领悟，而是需要"大巧"和"大智"。"制"并非字面上的决断之意，而是"制度"和"法则"的含义，旨在告诫人类要掌握和遵循自然的规律，而非"逆水行舟"，也并非征服主宰自然。因此，"制"所蕴含的意思更多指涉"序四时，裁万物，兼利天下"。在大自然面前，只有掌握了其运行的规律，"知其所为、知其所不为矣，则天地官而万物役矣"（《荀子·天论》），才能将为运用于为人类服务的目的上，为人类的福祉贡献力量，否则，就会反其道而行之，遭受自然的惩罚，"顺其类者谓之福，逆其类者谓之祸"（《荀子·天论》）。

自此以后，先秦儒家的生态思想在政治层面上被后世儒家一以贯之，并且自然与人的关系被进一步伦理化，而最高统治者被演化为"天子"。董仲舒从理论上论证了天人感应说的合理性，"天子"之所以只能顺应民意，关注民众的疾苦，是因为只有这样才能得到上天的眷顾，从而使其江山永固，万世太平。否则就会怨声载道，民不聊生，遭天谴。

而在社会层面，由于儒家的仁和礼早已绑定在一起，因此生态意义上的仁自然而然便会在礼制上得到体现。尤其体现在祭祀活动中，敬天承祖实际上就是感激自然和圣灵赐予的福祉和保佑。而敬天承运也借助于儒家思想的力量，帝王的统治获得了合法性。礼乐秩序实际上就是对自然的敬畏之心，以及对自然规律的尊重，正所谓"乐者，天地之合"，中国传统的婚姻也在其中获得了道义上的支撑，也赋予了婚姻的意义。

关于"与天地参"，朱熹注曰："与天地参，谓与天地并立为三也。"也就是说，人遵循天地自然规律则可以与天地和谐并立，这就是"与天地参"；"参"，即为天、地、人三者并立和谐。

人类"与天地参"作为农耕文明时代人类普遍的价值追求，有其深刻的生产力条件原因。在以农业为主的社会里，人们必须根据自然的法则来决定自己的行为。农业不仅决定了古代的社会政治结构，也决定了古代的思想风貌，其基调就是天人合一，人道与天道合一的观念是有着深刻的社会物质生活依据的。从历史和逻辑的起点看，人与天地参首先是指自然界与人的合一。自古不变的农业生产方式使得天人合一成为中国传统思想的根本特质。

3. 民吾同胞，物吾与也

北宋时期的大儒张载在其《西铭》中提出"民胞物与"的思想，他说："乾称父，坤称母；予兹藐焉，乃混然中处。故天地之塞，吾其体；天地之帅，吾其性。民，吾同胞；物，吾与也。"意思是说，天地犹如父母，人与万物都是天地所生，都是由气所构成的，气的本性也就是人与万物的本性，人民都是我的兄弟，万物都是我的朋友。所以，我们对他人均应像兄弟一样去对待，对万物也应像对人一样去关爱。

张载在"万物一体""天人合一"的思想基础上，提出的"民吾同胞，物吾与也"这一思想，被后世学者概括为"民胞物与"。"民胞物与"的哲学基础，是儒家"万物一体""天人合一"的思想。

"民胞物与"包括"民胞"和"物与"两个方面。就"民胞"来说，作为每一生命个体的人，既生于天地间，就必须自觉地"与天地合其德，与日月合其明"，所以都应该尽自己的伦理责任，履行自己的道德义务，对他人尽忠，对亲人尽孝；同时也要以仁爱的德性，关爱社会上生存状态各异的族群，特别要关爱那些弱势群体。就"物与"来说，就是要以仁爱的德性对待宇宙间的万物，将其视为人类的同伴而平等地予以关照。既如此，就要引物为同类，秉持人与自然共生共存的理念，而不应为了自身的生存无限度地征服自然，甚至以牺牲其他物类的生存为代价。可以看出，张载的"民胞物与"是从"万物一体""天人合一"的宇宙论出发来论仁求仁的。①

"民胞物与"的思想却对后世产生了深远的影响，成为人们处理人与人、人与物，特别是人与自然界和谐相处的重要理念。例如，清代名臣曾国藩就

---

① 参见刘学智：《民胞物与》，《光明日报》2018年1月11日。

将其视为"完人"的两个重要条件之一，他说："君子之立志也，有民胞物与之量，有内圣外王之业，而后不忝于父母之所生，不愧为天地之完人。"（《曾国藩家书》）

当前，资源匮乏、生态破坏以及环境污染已经逐渐凸显我国经济社会发展的短板。诸如此类的生态环境问题在很大程度上取决于人没有正确善待自然，向自然索取过多，甚至恶意践踏自然，违背自然发展规律。习近平主席指出："今天人类生活的关联前所未有，同时人类面临的全球性问题也前所未有。世界各国人民前途命运越来越紧密地联系在一起。"今天人类面临的生存挑战，不仅仅取决于一个国家和地区的努力能扭转局势，而是需要全人类共同协作、共同努力。全球各个国家只有坚持"民胞物与"的理念，守护我们共同的地球家园，才能真正为"人类命运共同体"贡献力量。

二、仁爱万物，物与人伦

先秦儒家强调"仁"是人之为人的精神标志，仁者不仅要爱人，而且只有扩展到爱物，才是仁的最终完成和实现。所谓"天地变化，圣人效之"，"与天地相似，故不违"，"知周乎万物，而道济天下，故不过"，"亲亲而仁民，仁民而爱物"。儒家通过肯定天地万物的内在价值，主张以仁爱之心对待自然，讲究天道人伦化和人伦天道化，把人类的道德情感和道德关怀扩展到天地万物，体现了以人为本的价值取向和人文精神。

1. 以时禁发，顺应物性

众所周知，自然生态系统都有其固有的运行法则，人类改造自然的活动必须建立在尊重这一法则的基础之上，一旦有违背自然规律，自然也必然会有所"回应"。

在儒家生态思想中，有着对人类社会人文与自然发展的深层次关怀。既强调保障人类更好的生存和发展，又强调人类应该正确认识、适度利用大自然给予人类的资源，使物尽其用。与此同时，又倡导人类需要克己节用，规避因自然资源匮乏而将人类社会置于寡贫的生活状态的风险，推崇简朴而非盲目奢求的生活，鼓励人类把生活的重心放在自我道德素养的修炼等内在精神上，强调通过精神的满足来降低欲望的无止境，从而真正实现儒家的"节欲"观。

顺应自然，顾名思义，就是要尊重自然的法则规律，不把人类的意志强加在自然运行的轨道上，使自然的法则遵循自有的本性，各得其所。同时，顺应自然要以掌握自然时节为前提，二十四节气是中国劳动人民的智慧结晶，更是对自然规律的认识和把握，这充分体现了儒家所理解的"时"就是自然规律，顺序和节点，而非物理意义上的死板时间，这种对自然规律的把握顺应了天意，真正实现了"为天地立心"。

《周易》中就将人要顺应自然、尊重自然的观念进行了充分阐释，要求人的发展应该与自然的发展规律相适应，才能达到良好的天人共生境界。

儒家思想强调人应依据自然生物的生长规律进行农业生产实践。孔子倡导仁学，他不但要求人与人之间要相亲相爱，而且也要求人对天地万物充满仁心。《论语·述而》载："子钓而不纲，弋不射宿。"说的就是孔子钓鱼但不用网罟捕鱼，孔子打猎但不射归巢之鸟。孔子的做法，表达了自己的仁德之心，体现了鲜明的珍视自然生命、尊重自然权利的生态意识。朱熹对此解释说："纲，以大绳属网，绝流而渔者也。弋，以生丝系矢而射也。宿，宿鸟。洪氏曰：'孔子少贫贱，为养与祭，或不得已而钓弋，如猎较是也。然尽物取之，出其不意，亦不为也。'"

孟子对梁惠王说："不违农时，谷不可胜食也；数罟不入夸池，鱼鳖不可胜食也；斧斤以时入山林，材木不可胜用也。"（《孟子·梁惠王上》）"焚薮而田，岂不获得？而明年无兽。"（《吕氏春秋·览·孝行览》）"时"，即万物生长的自然时节。"不违农时""斧斤以时入山林"都表明了对自然万物的利用要尊重客观规律，推行"时禁"。"数罟"，即细密的渔网。不用细网捕鱼，目的是为了保留下尚未长大的鱼与鱼种。应该说，孟子的这项措施是百姓日常"养生丧死"的基本保障，是推行其"王道"政治的起点，而且他还将"时中"思想用于保护自然环境。以齐都城附近的牛山为例，他说："牛山之木尝美矣，以其郊于大国也，斧斤伐之，可以为美乎？是其日夜之所息，雨露之所润，非无萌蘖之生焉，牛羊又从而牧之，是以若彼濯濯也。"(《孟子·告子上》)

荀子既继承了孔孟的生态保护观念，又对此进行了细致的思考和阐述，他认为："草木荣华滋硕之时，则斧斤不入山林，不夭其生，不绝其长也；鼋鼍鱼鳖鳅鳝孕别之时，罔罟毒药不入泽，不夭其生，不绝其长也。春耕、夏耘、秋收、冬藏，四者不失时，故五谷不绝，而百姓有余食也；污池渊沼川泽，谨其时禁，故鱼鳖优多而百姓有余用也；斩伐养长不失其时，故山林不童而百姓有余材也。"(《荀子·王制》)由此可知，荀子在孔孟的基础上，对生态保护观进行了有益的探索，他将生态保护观提升到了辩证法的高度。在人与自然的辩证关系中，荀子认为，任何自然中的事物都应遵循规律，草木生长时不应砍伐，水中的动物生长时不应抓捕，一年四季的变化就是自然规律生动的写照，不应违背自然规律，而将人类置于灾难之中，唯有如此，人类与自然才能找到平衡，和平相处。荀子的生态保护观表达了对自然资源的保护，对生态多样性的重视，对生态环境的重视，这对当下的生态环境治理尤为重要。

这些观点都展现出先秦儒家对自然资源要有节制的开发、要合理的利用、让资源持久保持的思想。此后，儒家文化在发展历程中也产生了丰富的生态伦理，追求和崇尚"善"，并将"善"作为万事万物生生不息的根源，实现了对人的行为以及整个自然界的规范与调控，要求人们对自然界中的生命都要有敬畏与仁爱之心。

此外，在政策制度上，儒家的礼制也要求克制人的不合理的欲望及其为满足欲望进行的不合理的活动，坚持"不夭其生，不绝其长"的基本原则，以"不枉杀""以时禁发""畜养""驯化"相结合的方式，实现天人和谐。《吕氏春秋》中有"四时之禁"的记载，《旧唐书》中也有对山林绿化进行监管的记载，这里可以看到我国早期的环境保护行为和理念。

应该说，儒家"万物各得其和以生，各得其养以成"的这些认识与实践，无疑是非常具体而深刻的。因此，今天我们倡导"遵循规律，以时禁发"的生态实践，有助于充分发挥人的主观能动性，进而实现人与自然的全面协调可持续发展。我们要建设的是人与自然和谐共生的美好生活环境，必然要遵循自然规律，严格践行"以时禁发"的环境管理思想，尊重和爱护山水林木，不仅需要金山银山，更要守住绿水青山，实现经济建设与生态建设的"双赢"。

> **延伸阅读** "两山论"：生态文明时代的"天人合一"
>
> "两山论"是习近平新时代中国特色社会主义思想生态文明观的基本理念，它既肯定人文世界的独立价值，又肯定自然的优先性、本源性，最后指明了人类文明的终极归属，最终达成人文世界与自然世界的和解。绿水青山就是金山银山指明自然世界与人文世界的和解之道。一方面，"绿水青山"是人类创造"金山银山"可以利用的优质资源；另一方面，"绿水青山"也可以提供优质生态产品，直接转化为"金山银山"，同时也满足了人民日益增长的优美生态环境需要。这就是生态文明时代的"天人合一"。

2. 尚俭去奢，节用爱人

中国传统道德规范历来崇尚勤俭节约的美德，反对暴殄天物，反对铺张浪费，在儒家思想中则表现为一种节制对物质的享受、珍惜与爱护自然资源的生态伦理思想。

儒家主张"尚俭去奢"，提倡人们要物尽其用、采用节约朴实的生活态度和生活方式。

孔子在《论语·述而》中提到"饭疏食饮水，曲肱而枕之，乐亦在其中矣"，他认为人在生活中简简单单的乐趣就是一种美好的追求。不仅如此，孔子还非常反对奢侈浪费，他强调"耻恶衣恶食者"（《论语·里仁》）。在衣着方面，孔子则主张"俭，吾从众"，即制作服饰方面采用麻布为原料而不是黑丝绸，这样既有礼仪又节俭。

儒家将尚俭去奢的行为看作是君子的美德。孔子还提出"君子食无求饱，居无求安"（《论语·学而》）。即君子不要过于讲究吃、穿、住、行，在吃方面只要能果腹就行，住方面也不要太安逸。这些都体现了孔子对君子应持有节俭生活态度的主张。

不仅如此，儒家还将统治者和人们生活方式的奢俭与国家的兴亡存败联系在一起。如孔子提出"节用而爱人，使民以时"（《论语·学而》），"礼，与其奢也，宁俭"，孟子在《孟子·滕文公上》也写道："贤君必俭礼下，取于民有制"，孔孟二人表达的意思都是提醒统治者要克勤克俭、取用有度、节制物欲，合理开发利用资源，从而体恤百姓。国家要走向繁荣兴盛，厉行节俭具有重要的作用。国家建设如果一直奢侈浪费，必然不会长久，应在节俭的同时做到合理的开发利用，实现永续利用。

荀子则指出："足国之道，节用裕民而善藏其余。节用以礼，裕民以政。彼裕民，故多余"，他认为百姓在日常生活中也要奢俭有度，而国家要开源节流，以此不断积累财富使得国富民强。

朱熹在《孟子集注》卷十三中也提到："物，谓禽兽草木。爱，谓取之有时，用之有节"。

为了生存和发展，人类不得不取用万物以作为自己的生活资料，但万物的一体性要求人们对万物的取用必须是合理的、有限度的。在取用万物的情景、次序、程度和心态上，应当体现出由人与万物的对立统一关系所带来的理性考量和价值关怀。①

人与自然之间的协调，同样也需要通过控制消费来实现，构建以"崇尚节俭，永续利用"为核心的生态消费，有助于人与自然之间进行合理的物质交换，实现人的自由全面发展。节俭是人把个体物质欲望控制在适度的范围内，人在生活之中必须懂得消费节制，才能最终实现人与自然的和谐共生。

3. 颁行律令，保护生态

中国古代社会中对于生态环境的保护在各朝各代都非常重视。几乎每个朝代都制定一些关于环境保护的相关律令。

一年有四季，时令有先后，这是大自然亘古不变的规律。人类只有掌握了自然规律的奥秘，就会与自然和谐共存，否则就会遭受大自然的惩罚。中国古人在长期生产生活中逐渐认识到自然规律的重要性，并记载成册，以法为教。《逸周书》上说："禹之禁，春三月，山林不登斧斤。"《国语·鲁语》记载"夏三月川泽不入网罟"，鲁宣公为此破坏了祖先定下的规矩，为此，大臣里革能以保护环境的古训来制止君王的错误行为，说明古人对环境保护的重视并不仅仅是一种个人行为，而确实是于法有据。里革所说的古训，其实就是夏朝时代的规定："春三月，山林不登斧斤，以成草木之长；夏三月，川泽不入网罟，以成鱼鳖之长。"有学者认为这是中国最早的生态环保法律。

公元前 11 世纪，周朝统治者就颁布过保护水源、动物、森林的法令。周文王时期颁布了《伐崇令》。它规定："毋坏屋，毋填井，毋伐树木，毋动六畜。有不如令者，死无赦。"它规定对于不按法令乱毁房屋、乱填水井、乱砍树木和宰杀牲畜的人要判处死罪。这一法令虽然极为严苛，并且其直接

---

① 参见周广友：《儒家"天人合一"思想的生态意蕴》，《人民论坛》2017 年第 36 期。

目的是为了管理国家稳定社会秩序，但客观上却抑制了乱砍滥伐的现象，起到了保护环境的作用。此外，周代还制定了保护自然资源的《野禁》和《四时之禁》。《周礼》上说："草木零落，然后入山林。"

除保护生态外，还要避免污染。比如"殷之法，弃灰于公道者，断其手。"把灰尘废物抛弃在街上就要斩手，虽然残酷，但重视环境决不含糊。

儒家在生态智慧方面作出系统的理论总结的当属《礼记·月令》。《月令》中蕴含了丰富的生态保护、营造美好家园的生态美学思想。就基本思想而言，《月令》要求人的活动充分尊重包括植物、动物和土地等在内的自然万物的生长、变化规律，因时而动的保护与利用各种资源。《月令》特别强调，春夏两季是万物生长季节，人的活动更是要以积极主动的行为来保护自然资源，实现资源的可持续利用。对于山林川泽土地等资源，在春夏时季要采取多项措施来保护、休养生息这些基础性资源，如禁止伐木、毋竭川泽、毋漉陂池、毋焚山林、周视原野、修利堤防、道达沟渎、开通道路、毋有障塞、毋有坏堕、毋起土功、毋伐大树、入山行木、烧薙行水、杀草、粪田畴、美土疆等。对于动物资源，《月令》提出在春夏时季的多项尊重动物生长规律的保护方案，如牺牲毋用牝、毋覆巢、毋杀孩虫、胎、夭、飞鸟、麛、卵，毋田猎，游牝别群、则絷腾驹，班马政等。《月令》中人和自然的关系，不是停留在仁者与天地万物为一体的抽象的思辨的层面上，作了很多制度性的安排，由王者来执行。但是实际上这是非常符合生态平衡的。

秦朝的《田律》可以说是迄今为止保存最完整的古代环境保护法律文献，它有一部分专门讲述资源与环境保护，包括古代生物资源的保护。《秦律》规定"春二月，毋敢伐林木及雍堤水……"为保障山林在春天更好地生长，用法律限制损害山林的行为。不到春二月不准伐木，不到夏天不准烧草、取幼、毒鱼，这些禁令到七月才开禁。

《唐律》详细地记载了保护自然环境的措施和对违反者的惩罚标准，由此可知，中国古人不但意识到自然环境的重要性，而且对自然环境保护采取了令行禁止的规定。《旧唐志》记载当政者把京兆、河南两都四郊划分为伐木和狩猎的禁区，从而达到保护自然环境和维持生态平衡的目的。唐代对垃圾处理也有明文规定，《唐律疏议》载："其穿垣出秽污者，杖六十；出水者，勿论。主司不禁，与同罪。疏议曰，具有穿穴垣墙，以出秽污之物于街巷，杖六十。直出水者，无罪，主司不禁，与同罪。谓'侵巷街'以下，主司合并禁约，不禁者与犯人同坐。"这是中国古代对倒垃圾较为详细的规定，并且也得到了落实。

《宋书》有"春禽怀孕，搜而不射"，"禁民春月捕鸟兽"等一系列记载，宋朝通过对春耕、秋收、捕猎、放牧等有明确的节令限制，从而约束了民众的行为，实现了有法可依，也让民众认识到了法律的普遍效力。除此之外，西夏对树木保护在《天盛律令》第十五章《地水杂罪门》等法律文书中有着详细的记录。因此，中国古人对自然生态环境的重要性早已有了认识，并采取措施来维持人与环境的和谐共生关系。

《成吉思汗法典》颁布于1206年，是具有环保精神的一部法典。它有以下诸条文："第五十六条保护草原。草绿后挖坑致使草原被损坏的，失火致使草原被烧的，对全家处死刑。第五十七条保护马匹。春天的时候，战争一停止就将战马放到好的草场上，不得骑乘，不得使马乱跑。打马的头和眼部的，处死刑。第五十八条保护水源。不得在河流中洗手，不得溺于水中。"

明清两朝的法律则多沿用唐宋以来的法律，都涉及资源和环境保护方面的法令并有所发展。

另外，中国历史上许多朝代都设立虞、衡机构，其职责主要就是负责山泽林川的管理保护。《尚书·舜典》中有最早关于虞官的记载："帝曰：'畴若予上下草木鸟兽？'佥曰：'益哉！'帝曰：'俞，咨！益，汝作朕虞。'益拜稽首，让于朱、虎、熊、罴。帝曰：'俞，往哉！汝谐。'"《史记·五帝本纪》记载："益主虞，山泽辟"。《周礼》亦记载，设立"山虞掌山林之政令，物为之厉而为之守禁"，"林衡掌巡林麓之禁令，而平其守"。可以看出，中国古代对生态环保的重视，不仅表现在观念层面，而且有其法律框架、机构设置。虞衡制度一直延续到清代。我国不少朝代都有保护自然的律令并对违令者重惩。比如，周文王颁布的《伐崇令》规定："毋坏室，毋填井，毋伐树木，毋动六畜。有不如令者，死无赦。"

可以看出，中国古代的相关法律法规不仅起到了稳定社会秩序、发展生产的作用，而且在一定程度上也起到了保护自然资源和生态环境的作用。

三、生态自觉，乐山乐水

自然界中生态系统的演化和生态危机的发生仍然是一种我们还没有充分理解的机制。对自然的占有和控制一定会带来自然的不可避免的报复。儒家生态思想非常强调人的自觉反思和责任担当，这是对人的精神品质的肯定和积极作为的鼓励，在今天仍然具有强烈的时代感和现实意义。

1. 生态自觉，杞人常忧

现代社会，全球生态问题得到人类的广泛关注，人类开始有了生态自觉。传统文化中儒家的生态智慧同我国当前可持续发展理念一脉相承，为我国生态文明建设提供了重要现实借鉴。

（1）人类文明的自觉

从全球意义上看，工业文明的兴起，工具理性的扩张，是造成人与自然关系紧张、生态环境恶化的罪魁祸首。近两三百年，人类在"向自然进军"的口号引领下，一路高歌猛进，盲目地改造自然、征服自然，人类为之收获颇丰且沾沾自喜，但正如恩格斯所言，人类也为之付出了惨重代价："但是我们不要过分陶醉于我们对自然界的胜利。对于每一次这样的胜利，自然界都报复了我们。"这种情况的发生，不能不说和西方哲学传统的"主客二分""天人二分"观有关系。西方文化传统长期主张要充分张扬人的主体性，自然只不过是"一部被其之外的理智设计好的机器"而已。

自从人类诞生以来，人类对自然界的改造无疑是巨大而深刻的。但是，面对如此的历史境遇和时代危机，人们也必须清醒地看到，人类对于自然界的破坏作用也是同样巨大的，而且这种人为的破坏作用在危及整个自然界的同时，也最终反过来危及人类自身。

近几十年来，人类的社会活动破坏了自然规律，自然环境遭到破坏，自然资源遭到掠夺，致使珍稀动物濒临灭绝，生物物种变异，威胁人类生存的各种癌症频发。面对人口膨胀、资源紧张、生态危机、环境污染和气候变暖等"全球困境"和现代危机，越来越多的人开始认识到：人们必须对人类在自然界中的活动和人与自然的关系进行重新审视；人们必须从自然观的高度对造成人与自然关系恶化的原因做出深刻反思。

因此，人们开始尝试重建生态伦理，改善人与自然的关系，从人要做自然的主人转变到人要做自然的朋友，建立包括人、社会与自然在内的大生态圈，并努力实现大生态圈的良性循环。解决了温饱问题之后，应积极寻找人与自然和谐发展的正确方向与合理路径，把生态文明纳入社会诸文明系列，并着力推进。

目前，人类社会正处在从工业文明向生态文明发展的重要时期，现代人要从对自然的征服者转变为对自然的维护者、呵护者，对自然怀有一份应有的敬畏感。

（2）儒家生态文化的现代转换

中国儒家的思维模式与西方哲学有着根本的不同，儒家认为研究"天"（天道），不能不牵涉到"人"（人道）；同样研究"人"，也不能不牵涉"天"。

儒家文化以天人关系为基本问题，没有把主体与客体对立起来，而是始终贯穿着朴素自然观，把宇宙人生看作有内在联系的整体，即"天人合一"。"天人合一"强调人与自然和谐共生，保证人与自然的整体性以及统一性，重在解决生态问题，修复人与自然生态关系。天人合一作为一个哲学命题、一种思维模式，认为不能把天、人分成两截，而应把天、人看成相即不离的一体，天和人存在着内在的相通关系，无疑会对从哲学思想上解决天、人关系，解决当前存在的严重生态问题提供一种积极意义的合理思路。

儒家不仅把自己的大爱推己及人，也推己及天，由之而爱大自然。《易经》有云："天行健，君子以自强不息；地势坤，君子以厚德载物。"人与自然之间相互联系和依托，难以分离，相互映射，互为条件，和聚而成，彰显出人与自然的"和谐共生"关系。

协调人与自然的关系，保持生态平衡，建设生态文明，是国家治理现代化的重要内容。坚持和发展儒家的自然观，有助于我们正确认识自然以及人与自然的关系，有助于化解人与自然的深刻矛盾，实现人与自然的和谐发展。

社会主义生态文明是对儒家"天人合一"的批判性继承与创新性发展。建设社会主义生态文明，就是要我们树立尊重自然、顺应自然、保护自然的生态文明理念，把生态文明放在更加突出的地位，不断提高生态环境承载能力，为人民创造良好的生产生活环境。

近年来，中国共产党创造性地提出了经济建设、政治建设、文化建设、社会建设、生态文明建设"五位一体"总布局，增加了生态文明建设，强调为人民创造良好的生产生活环境，着力推进现代化进程中人与自然和谐共生，努力使中国的现代化走上可持续发展道路。这正是建设和谐社会的应有之意，也是中华传统文化在社会主义现代化建设中创造性转化，从"三位一体""四位一体"到"五位一体"，为和谐发展的内涵赋予了广阔的新意。习近平总书记在十九大报告中指出要"建设人与自然和谐共生的现代化"，着重解决人与自然的关系与可持续发展的问题，是对我国传统文化中生态思想的现代性转换与发展。

生态文明建设是关系中华民族永续发展的千年大计。新时代的生态文化应借鉴"天人合一，和谐共生"的传统文化中的生态思想，树立绿水青山就是金山银山的理念，坚持节约优先、保护优先、自然恢复为主的方针，坚定走生产发展、生活富裕、生态良好的文明发展道路，从自身做起，从小事做起，自觉节约资源，反对浪费，积极植树造林，保护绿化成果，共同建设美丽中国。

2. 乐山乐水，护山护水

梁漱溟认为："孔子的生活态度最重视一个'乐'字，乐的态度在人的心境是安和自在。"在孔子看来，唯有仁德之人才能够过上真正快乐、幸福的生活。儒家生态思想的至高境界是"智者乐水，仁者乐山"。

孔子浓郁的生态情怀散见于多个语境之中。《阳货》篇的"小子何莫学夫诗……多识于鸟兽草木之名"一语道出了孔子的情怀。孔子是十分热爱自然，"智者乐水，仁者乐山"(《论语·雍也》)。刘宝楠先生对"智者乐水，仁者乐山"有这样的论述："'智者乐水'可释读为，'夫水者，缘理而行，不遗小闻，似有智者。动而下之，似有礼者。蹈深不疑，似有勇者。障防而清，似知命者。历险臻远，卒成不毁，似有德者。天地以成，万物以生，国家以宁，万物以平，品物以正。此智者所以乐于水也'"；而"'仁者乐山'可释读为，'夫山者，万者之所瞻仰也。草木生焉，万物植焉，飞鸟投焉，走兽休焉，四方益取于焉。出云道风，从乎天地之间，天地以成，国家以宁。此仁者所以乐于山也'"。

孔子非常擅长在观察自然现象时对自身社会经验进行审视和升华，自然之道和其处世之道在某个合适的时间节点产生共鸣，从而引发孔子深层的思考，其生态情怀也在类似的体悟中逐渐浓厚。孔子曾说"逝者如斯夫，不舍昼夜"(《论语·子罕》)，孔子遥望着不息的河水，联想到了人的生命，感慨时间的流逝。《乡党》篇，孔子看到"色斯举矣，翔而后集"的景象后忍不住感慨："山梁雌雉，时哉时哉！"

寄情于山水是孔子向往自然的另一个原因。孔子曾巧妙地通过肯定曾点的理想表达了自己的情怀："莫春者，春服既成，冠者五六人，童子六七人，浴乎沂，风乎舞雩，咏而归。"在对话、交流与融通中，自然和个体实现完美交融。曾点的理想和孔子"乐山乐水"的情怀是一致的，是仁智之人热爱山水自然的写照。

子曰："智者乐水，仁者乐山；智者动，仁者静；智者乐，仁者寿。"孔子为什么会喜欢山水？山水风光自然是美的，世人皆有爱美之心；但更重要的是，在孔子看来，自然万物应该和谐共处。作为自然的产物，人和自然是一体的。对于大自然的敬畏和崇敬激荡于人的胸中，与大自然对话，与大自然相谐，以大自然作比，实现天时地利人和、天人合一，是一种超脱的时尚，是一个洁身自好的境界，甚至是修身、治国、平天下的追求。用这种直觉、内省的方式去感悟人生，可以说是对"天人合一"境界的最高体验。故，山水各有千秋，仁智都是我们的追求，即使力不能及，也要心向往之。

认知自然、体验自然，进而体悟人生哲理，也许正因为如此，孔子才能得出"智者乐水，仁者乐山"这样的结论。

在儒家"智者乐水，仁者乐山"思想指引下，古代劳动人民在生产生活实践中创造了许多经典的文化遗产，这些遗产深刻体现了中国古代劳动人民智慧的结晶，是古代先民留给我们当代人的宝贵财富。

第一，二十四节气。二十四节气是古人通过观测太阳周期性运动，将一年中不同阶段涉及的时令、气候、物候等方面的变化规律与传统农业耕作相结合，划分为24等份，每一个等份是15天，并以一个特定节气命名，统称"二十四节气"。起初，它仅为农业耕作提供指导作用。后来，二十四节气不断被运用到生活养生、民俗文化等领域，从而形成了农耕时代中国人的一种认识自然、尊重自然、顺应自然的生态文化自觉，令今天的我们亦受益匪浅。

第二，都江堰水利工程。作为世界迄今为止，现存年代最久远且至今仍正常运营的生态水利工程，都江堰水利工程充分利用当地西北高、东南低的地理条件，根据江河出山口处特殊的地形、水脉、水势，以不破坏自然资源，充分利用自然资源为人类服务为前提，乘势利导，无坝引水，自流灌溉，变害为利，使堤防、分水、泄洪、排沙、控流相互依存，共为体系，保证了防洪、灌溉、水运和社会用水综合效益的充分发挥。都江堰建成后，成都平原沃野千里，"水旱从人，不知饥馑，时无荒年，谓之天府"，成为人类认识自然、利用自然、与自然和谐共处的典范。

第三，苏州园林。苏州园林以"咫尺之内造乾坤"为美学追求，是中国古人在生态与建筑积极融合方面的一种实践探索，既不是四合院样式的传统宅邸，也非不食烟火的隐居或寺庙式风格，它是中国古人本着儒家天人合一理念，努力把人居建筑与生态环境和谐统一的智慧结晶。宅园合一，可赏，可游，可居，它既为人创造一个舒适的空间小环境，同时又保护好周围的大环境，这在建筑史上绝对是超前的，直到今天建筑学界才逐渐意识到，只有生态建筑才是未来建筑的发展趋势和必然选择。

第四，我国古代城市的建设一直注重山水关系的梳理和利用。一方面，唯有水方孕育出人类文明，故历代城市选址多依山傍水，或依山河，或带湖海，鲜有例外。北京城依水而建，古长安城附近河流较多，苏州古城选在太湖之滨，等等。另一方面，水是文明的摇篮亦是灾祸的发端源，古人强调用水之利而避水之害。《管子》有言："凡立国都，非于大山之下，必于广川之上，高毋近旱，而水用足，下毋近水而沟防省。"这短短的32个字概括了选择城址的四个要点，即"依山傍水，有交通水运之便，且利于防卫；城址高低适宜，既有用水之便，又利于防洪"。

这些文化遗产给我们的最大启示是：必须与天地为友、与万物相随，尊重自然、善待自然，"不要过分陶醉于对自然界的胜利"，把自然当同伴、当作共同生活在地球这个大家庭的一分子。人在利用自然时应保持一种泛爱万物的共同体意识，有此意识，人的自我不再是一个孤立的个体存在，而是一个与自然融为一体的大我。宇宙之内的事，就是人自己分内的事情，"见鸟兽之哀鸣觳觫而必有不忍之心"，"见草木之摧折而必有悯恤之心"，"见瓦石之毁坏而必有顾惜之心"，这种仁爱之心能促成人类肩负起应有的道德责任，做到"仁爱万物"与"乐山乐水"的有机统一。

3.生态共同体，和谐共生

儒家文化认为，世间万物是普遍联系的，共同组成一个不可分离的整体。这一思想观念也揭示了人类与自然将会走向生态共同体的必然性。《中庸》提出"能尽其性，则能尽人之性；能尽人之性，则能尽物之性；能尽物之性，则可以赞天地之化育"，孟子提出"尽心、知性、知天"与"万物皆备于我"，宋明理学主张"万物一体"，如张载的"民胞物与"思想。"民胞物与"思想把儒家"推己及人"思想推扩延伸到天地之间，把百姓当作同胞，把自然物当作同类，丰富和发展了儒家"仁民爱物"的生态伦理观念，强调人与自然的和谐共处，地位平等，自然并不能够且并不限于为人类提供取之不尽、用之不竭的资源，它与人类同处于一个生态共同体之中。

当今世界的生态危机让人们认识到构建与保护生态共同体的必要性与重要性。恩格斯曾说："美索不达米亚、希腊、小亚细亚以及其他各地的居民，为了想得到耕地，毁灭了森林，但是他们梦想不到，这些地方今天竟因此成为荒芜不毛之地，因为他们使这些地方失去了森林，也失去了积聚和贮存水分的中心和贮藏库。"① 习近平总书记说："如果破坏了山、砍光了林，也就破坏了水，山就变成了秃山，水就变成了洪水，泥沙俱下，地就变成了没有养分的不毛之地，水土流失、沟壑纵横。"自然界是一个有机的系统，在这个有机系统中，生态链环环相扣，人类只能从自然生态系统的和谐、稳定和美丽中求得自身的生存与发展。

以"天人合一"为旨归的儒家文化蕴含着深厚的生态伦理思想，能够为构建生态共同体提供丰富的精神资源。从实质上讲，当前的生态危机是人与自然关系的危机。人与自然的关系不是和谐共生的，而是非此即彼、此消彼长的客体和工具，人类野蛮对待自然，自然反过来报复人类，生态危机愈演愈烈，人类陷入难以挽回的生存困境。而儒家文化的生态意蕴能够引导人们

---

① 《马克思恩格斯选集》第4卷，人民出版社1995年版，第383页。

正确认识和处理人与人、人与社会、人与自然之间的关系，重新审视思考局部利益和全局利益、眼前利益和长远利益的利害关系，使全社会的生态意识、环保意识得到加强。从这个意义上讲，儒家的"天人合一"思想是具有现代意义的。

具体而言，儒家的仁爱思想越是能够成为实践的标准，就越有利于人与自然的真正统一、和谐共生。人类在处理人与自然的关系时应努力追求"天人合一"的境界。"天人合一"的观念是建立在肯定大自然价值的基础上，肯定大自然的价值，培养一种内在的道德自觉和良知。在这样一种道德自觉与良知的基础上，人类应当不仅满足于在人类社会中形成了一种共同体，更应当追求人与自然的和谐共生，构建并保护一个更宏大的生态共同体，从"人类命运共同体"进一步走向共享、共赢与共荣的生态共同体，这也是对中国优秀传统文化的当代传承与发展。

延伸阅读 **人与自然：生命共同体**

人与自然是生命共同体，人类必须尊重自然、顺应自然、保护自然。人类只有遵循自然规律才能有效防止在开发利用自然上走弯路，人类对大自然的伤害最终会伤及人类自身，这是无法抗拒的规律。生态文明建设功在当代、利在千秋。我们要牢固树立社会主义生态文明观，推动形成人与自然和谐发展现代化建设新格局，为保护生态环境作出我们这代人的努力！

二、道家篇

绪　论

　　我国是一个有着两千年悠久制度文明史的国家，历史上无数政治家、思想家都对国家治理和制度建设问题进行了全方位的深入探索，涌现出了以儒、墨、道、法等为主的诸子百家。其中，儒家推崇"德治"，将国家治理制度体系概括为"礼"；法家力主"法治"，将国家治理纳入刚性法律轨道；而道家则主张"黄老之术"，让国家在"无为而治"中走向王道，并直接将治理国家的智慧称之为"道"；只是墨家太讲"江湖义气"而少有国家统治者青睐，渐渐变为江湖统御之术。因此，春秋时期百家争鸣的学术流派中，被历代执政者用作国家治理的理论思想者主要有三家：儒、法、道。儒家治国用"德"，法家治国用"法"，道家治国用"道"。相对而言，法家之"法"，儒家之"德"，皆可作定性之解读，且与德治、法治相对应。而道家之"道"，时与儒家相融，时与法家相融，"玄之又玄"的令人难以捉摸。然而，因"道"为"众妙之门"，则被当作治道的最高境界——帝王之学，成为历代执政者治国理政的教科书。人皆曰：若谁能探得"道"的奥秘，就能像"烹小鲜"一样治理好大国。也就是说，要熟谙中国治道，必须潜心探索"玄之又玄"的"道"。

1. "道"何道，皆可道

道是什么？在《老子》的开篇第一章就展现出老子对"道"的基本理解：

> 有状混成，先天地生，寂寥，独立，不改，可以为天下母。未知其名，字之曰道，吾强为之名曰大。大曰逝，逝曰远，远曰反。天大，地大，道大，王亦大。国中有四大焉，王居一焉。人法地，地法天，天法道，道法自然。

在老子的这段描述中可看出，"道"显然不是具体之物，而是一种状态。那么，道又是一种什么样的状态呢？本章也提供了答案：道为天下母，生万物，道法自然，即以万物之状为状。也就是说，万物中都有道的因子，道乃"万物皆备"——具有自然中一切事物的基本特征。用一句最通俗的话来说，道，什么都是，什么都不是，只是对自然的仿效。

关于道所法之自然，流行的解释也有三种：一是"自己如此"，"自"为"自己"，"然"为"如此"；二是"自然如此"，"自"为"自然（地）"，"然"亦为"如此"；三是"自然而然"，"自""然"二字合而释之。但是，上述三种解释虽不背离老子思想，却未能与《老子》本意完全吻合。所谓"道法自然"，应该是对自然界一切事物的初始状态的抽象。今本《老子》二十五章王弼注曰："法自然者，在方而法方，在圆而法圆，于自然无所违也。自然者，无称之言，穷极之辞也。"所谓"在方而法方，在圆而法圆"，是说依事物本来的样子。由于万事万物各具本态，所以"自然"便是"无称之言，穷极之辞"。由于老子的"自然"涵盖万事万物的本态，所以老子即用"赤子""朴"等来形容"自然"，那是因为"赤子"乃人之初，而"朴"为未经雕饰、未成器的木材之初。"道法自然"，即对万事万物本然之抽象，且这种抽象是一种无状而状的混沌。

道所效法的自然，并非自然中具体的事物，而是事物的一种本然状态。

但自然界里并非单一的事物，万事万物的本然状态也是万千变化。因此，后来的研"道"者，也只能感叹"道性自然，无所法也"，并将之归纳为"混沌"。而混沌之状，则是只可意会而不可言传之状，是无状之状。"道"混沌无状，却体现在明晰有状的万事万物之中，即有状的万事万物皆蕴含着道。所以，自然界的花、草、山、石，人们可以根据其性质而命名，却无法为道命名。老子在想了许多名字之后，只好无奈地说："未知其名，字之曰道，吾强为之名曰大"，"道恒无名，朴。虽小，天地弗敢臣"。这个无名之道，有时看起来很细微，融通天地之间，却不隶属于天地。

不过，老子虽然没有给"道"下一个准确的定义，却归纳了道的三个特征：寂寥、独立、不改。所谓寂寥者，即无声音，空无形；所谓独立者，即不受外物支配，绝对独立；所谓不改者，则因"道"为至高概念，是一种绝对自由的存在物。道的这种至高无上的地位，决定了它只能是顺其自然，不因任何事物、任何理由改变自己的本态。

道因具万物之特性，不管如何为之命名都不确切，都无法触及其内涵外延，从而导致其无名可名。但这又恰恰从另一方面告诉我们，道不管叫什么"名"，都能沾一点。或者说，有"名"的万事万物都含道，万事万物都可以"道"而名。这一点，就好似佛家三境界：看山是山，看水是水；看山不是山，看水不是水；看山还是山，看水还是水。不同时空言道，皆可将所触及之事物名为"道"：羊肠小路是道，通幽曲径是道，阳光大道是道，独木桥是道，绝境是道，逆境是道，江河湖海亦是道……无道不可言道，无物不可名道。道无处不在，亦无名而名。有人归纳出《道德经》十大特征：虚无、自然、清静、无为、纯粹、素朴、平易、恬淡、柔弱、不争。其实，这十大特征既为"道"的基本特征，亦是"道"的名字。

对于道之"自然"，老子还用"无为"来表述。他说："道常无为"（第三十七章）。道永远是"无为"的，或者说"无为"是道的永恒特征。诚然，"无为"使我们更容易把握"自然"的意蕴。因为，"无为"与"自然"是一对相辅相成的概念。如要保持"自然"，就一定要"无为"，反之，如果欲"有为"，就必然不能保持"自然"。他又说"化而欲作，吾将镇之以无名之朴"(第三十七章)。"朴"本为未经任何加工的、完全保持其本来状态的木材。在这里，老子以此形容道之自然，形容道的本来状态，也强调道之无名与无为。"朴"既是自然，也是道。只要道与自然能够保持本来面貌，就是有所为了，就是无为而为了。

自然无为是《老子》的核心思想。老子的理想，就是希望以无为的方式，解决自然与社会中出现的问题，让自然与社会在没有外界干扰的情况下，按照自身的发展规律自然而然地发展——无为而为。例如，海洋动物本在海水里生活得自由自在，如果为了让它们长得更快而移到淡水湖泊里喂养，它们一定很快就会死亡；成语"揠苗助长"，就是讽刺那些急于有为却获得相反结果的人。同理，在社会上，人们按照本性去生活，保持质朴的生活状态，这个社会就成了"大道之行，天下为公"的大同社会。而要打破这种无为的状态，就会让"大道"隐退，社会就出现了阴谋诡计、出现了战争，就需要用人为的礼义制度来维系其安定了。

2."道学"何道，头头是道

民间有一句俗话，道理是八方的，怎么讲都能讲出一些道道来。老子的"道"亦如此。无论怎么解读"道"，都错都不错；无论怎么名"道"，都可都不可。道，给我们的思维提供了无限想象的空间。

道形于外，则为事物的方式方法，以及达到某个目标的路径，诸如琴道、棋道、书道、画道、诗道、酒道、茶道、武道、剑道、花道、厨道……此状况下，道学成为实学。道蕴于内，则指事物的内在规律、特质，成为对宇宙世界的认识——形而上之的哲思。黑格尔说："中国哲学中另有一个特异的宗派……是以思辨作为它的特性。这派的主要概念是'道'，这就是理性。这派哲学及与哲学密切联系的生活方式的发挥者是老子。"认为道家的学问是形而上的世界观学问。

欧洲从 19 世纪初就开始了对道家经典《道德经》的研究，到 20 世纪的四五十年代，欧洲共有 60 多种《道德经》译文，德国哲学家黑格尔、尼采，俄罗斯大作家托尔斯泰等世界著名学者对《道德经》都有深入的研究，并都有专著或专论问世。

英国科学家李约瑟一生研究中国，对中国文化情有独钟，著有多卷本《中国科技史》专著。他说，中国文化就像一棵参天大树，而这棵参天大树的根在道家。如果没有道家，这棵大树的根早就烂了，从而把道家思想视为中国文化的生命之根。而苏联汉学家李谢维奇直接就说，"老子是国际的"。

历史上有人对道家思想有一个误读，即认为道家思想是出世之学，道家思想是那些不食人间烟火的隐逸之士所谈论的话题。其实谬也！虽然，崇道者绝大多数似不与当局合流，而求"白首卧松云"之逸。但身远江湖，心系社稷，却以身边草木枯荣、日月轮转之像，隐喻江山之治。有时候，道家思想则演绎成"终南"蹊径：一些研究道家思想者，以无为而搏有为——借出世而入世。美国汉学家比尔·波特曾写了一本在中国寻找隐士的记录书籍，名为《空谷幽兰》，他在终南山寻找隐居的隐士，探讨了他们的生活，书中也追述了诸多中国古代著名隐士的生平事迹，在书中他对中国的隐士文化做了自己的看法和评价："道德和政治之间的矛盾是隐士传统的核心。"事实上，历史上许多出世的终南山隐士，或因为仕途蹭蹬而挂冠退隐，如陶渊明；或因无路而入官场而转走南山捷径，如唐朝卢藏。但不管怎么说，在唐朝时期，因为李唐天下以追认老子为始祖，尊奉道教，道家思想的确可以成为进入官场的敲门砖。唐朝兴起的科考，《老子》亦列入科考的内容。

正因为"道"无可言状，无可命名，于是，如西方一句谚语"有一千个读者便有一千个哈姆雷特"，后世从对道家思想的探讨中，悟出许多个相对应的道道来。有人悟出出世之道，有人却悟出入世之道；有人勘破生死之道，有人则探得长生之道……自然界的万物盛衰，个人的修身养性，社会的家国兴亡，似乎都可以从道学中找到道道。当今中国，正推进的国家治理现代化，我们从道家学说中得到的启发，便是：道为治道，且为王道。

3. 道为治道，且为王道

老子之道，渊源何处？正如《韩非子》是集法家思想之大成者，《老子》亦是前贤无为而治思想的总结。前贤谓谁？一般都会指向"黄帝"——许多人称以道家思想为主，并融汇了儒、法、墨等学派的观点为"黄老之学"。黄帝时期，正是人类原始时期，处于从动物界脱离出来的混沌阶段，其质朴如婴儿，黄帝对部落的治理，就是采取无为而治的方法，即任其按照自然进化的规律，自然发展。既然老子之学最早可溯源于黄帝的治理实践，是对黄帝治理实践的理论总结，将道学称之为帝王之学，也是顺理成章。《汉书·艺文志·诸子略》中说："道家者流，盖出于史官。历记成败存亡祸福古今之道，然后知秉要执本，清虚以自守，卑弱以自持，此君人南面之术也。"这句话是班固对道家思想的评价。他认为，道家是从史官记录历史的成败、存亡、祸福的经验总结中发展出的治国理论。道家思想的形成，与历史上帝王治国的经验有着密不可分的关系。老子作为史官，历史的经验教训，启迪了其对南面之术的思考，从史书中总结历来祸福兴亡培养了老子的政治智慧。如何把国家社会的治理与发展，成为老子思想最重要的议题之一。虽然《道德经》强调无为，其实则可视为以退为进、以弱胜强、以无为而致有为的政治学说。

在中国古代，老子的《道德经》一直被当作实学看待——实用的政治学，是历史上几乎每一个皇帝和大臣都要学用的教科书。由于《老子》的核心内容是无为而治、以柔克刚，故被人称之为"王道之学"，并与主张以武力称王称霸的"霸道之学"分庭抗礼。有人对中国社会历史的发展用了8个字为结：合久必分，分久必合。在历史上的分分合合之中，王道与霸道轮番登场。在天下四分五裂时，大多数君主崇尚以霸道统天下；而在天下合为一统时，大多数皆以王道安天下。事实上，不管哪一个历史的关节点，道家思想都有用武之地。

纵览历史，几乎所有结束战乱而恢复经济生产的国家，都会采取黄老之术，用老子的政治学实施无为之治，给国民以休养生息的机会。也就是说，在老子传世的唯一著作《道德经》里所寄寓的政治理想，在中国的历朝历代都得以不同程度的实践，皆产生了比较良好的治理效果。从这点来看，道家思想成为治道，成为帝王之学，也是实至名归了（而本书主要探讨传统文化对现代国家治理的启示，因此，之后的探讨将侧重于道家学派的创始人老子的思想，因为在后来众多的道家著作中，只有《道德经》才被历代当作治国理政的教科书）。

4. "道"为今用，行远自迩

道，是中国历史上的春秋战国时期百家争鸣中道家思想的核心概念，却为百家之说中最难解之概念。据传，道家思想创始人老子早在春秋时期就骑着青牛西出函谷关去了，没有参加那一场热闹的"百家争鸣"大讨论，只是留下了 5000 余字的《道德经》让后人参悟。但区区 5000 字，却让后人悟出不知多少惊世骇俗的思想。如杨朱提出"拔一毛利天下而不为"；如庄子梦变蝴蝶，醒来不知"周之梦为蝴蝶"，抑或"蝴蝶之梦为周"……如前所言，后人对道家理论的解读，常常导致截然相反的结论与实践：一是悟道"入世"，从无为中积极寻找有为的路径，从而使道家思想成为帝王之学；一是悟道"出世"，让"道"变成一只蝴蝶在自我天空作"逍遥游"。到后来，一些人希冀从道家思想中悟出长生之术，致使道家思想渐成道教教旨……如同"有一千个读者就有一千个哈姆雷特"，"道"的扑朔迷离，让老子何止化为"三清"，而是化身千万。因此，即使老子"道"非常道，却在治国理政的实践中被常常道起——自汉朝发轫，之后历朝历代都会在开国立朝之初大兴黄老之学，并以"无为之治"开拓出一个天下大治的盛世。

古人把《老子》称为"帝王之学"，用现代的话讲，即为治国理政的学问。仔细研读《老子》，我们会发现，里面的很多观点，对今天的国家治理仍然有很多参考价值。有研究者发现，《老子》一书里，包含了"治大国若烹小鲜""以正治国，以奇治兵""为之于未有，治之于未乱""大国者下流，国之利器不可以未人""圣人无常心，以百姓心为心"……这一类有关治国的精辟话语。而且，这些观点不仅适用于历史上帝王将相，对今天的治国理政亦有很大的启迪。例如，一些思想家认为，《老子》的"我无为而民自化，我好静而民自正，我无事而民自富，我无欲而民自朴"的思想，当是今天"小政府大社会"的思想之源。

当代中国的领导人在借鉴《老子》的治国理政思想方法方面，更有独到之处。习近平总书记在许多重要场合，都曾引用过《老子》中的名言，表达自己的执政理念。例如，2013 年 3 月，他在接受金砖国家媒体联合采访时，曾引用"治大国若烹小鲜"；2014 年 4 月，他在比利时布鲁日欧洲学院发表演讲，引用"图难于其易，为大于其细。天下难事，必作于易；天下大事，必作于细"来形容中国改革所采取的策略；2014 年 10 月，他在党的群众路线教育实践活动总结大会上引用"为之于未有，治之于未乱"警醒全党，要增强忧患意识；2014 年 11 月，他在斐济媒体发表的署名文章中，用"既以为人，己愈有；既以与人，己愈多"来说明中国希望与斐济合作共赢、共同发展的诚意。

要弘扬中华优秀传统文化，使"道"为今用，就要从眼前做起，从治国理政做起。由此，本书对"道"的探讨，皆从治道的角度出发，探讨"道"所蕴含的治国之术。

第一章　治理大国　若烹小鲜

——中国历代都有治国理政的"烹鲜学"

　　"治大国若烹小鲜"的思想出自《道德经》第六十章，其完整表述是："治大国若烹小鲜。以道莅天下，其鬼不神。非其鬼不神，其神不伤人；非其神不伤人，圣人亦不伤人。夫两不相伤，故德交归焉。"意思是说，治理国家，就像烹饪小鱼有其相应的烹饪技术一样，要按照治理国家的规律来治理天下。而用"道"治理天下，准确把握国家治理规律，就会让那些歪风邪气销声匿迹了，让妖魔鬼怪无法兴风作浪、祸害人民了。当然，这并不是说把握了治国规律，就可让社会上的歪风邪气彻底消除，也不是歪风邪气变得不想祸害干预人民了，而是统治者采取了不劳民伤财的治理措施，以无为而治让天下保持本然状态，各自安然无事，两不相伤，大德仁心也自然而然地广施于天下万民了。由于"治大国若烹小鲜"思想中既包含着独特的传统政治意蕴，又蕴含着丰富的时代文化内涵，中国历代的执政者都会从"治大国若烹小鲜"这句话中领悟治国方略。当代，习近平总书记多次在重要场合提及这句话，表达了一个大国领袖对"治大国若烹小鲜"思想的准确把握与自如应用。同时，也让我们深刻地体会到，古代的"治大国若烹小鲜"思想，对当代中国政治实践亦有着一定的理论参考价值。当今的中国，无论从疆域、人口，还是从经济规模与实力方面来看，都堪称"大国"，能够举重若轻地将这样一个大国治理得国泰民安，十分不易。

一、小鲜何烹，大国何治

《道德经》中的"治大国若烹小鲜"思想，蕴含着丰富的政治意蕴和思想内涵。人们一方面将其看作是老子"无为而治"政治思想的集中表现，另一方面又从多个角度对其内涵进行丰富和扩展，从而形成了多维向度的文本释义，因此，许多研究者将"治大国若烹小鲜"视为阐述老子治国思想的总纲。

1. 治国烹鲜，多重解喻

历史上，关于"治大国若烹小鲜"的解读有多种——

第一种解读：治理大国就好像烹调小鱼，油盐酱醋佐料要恰到好处，既不能过头，也不能缺位。也就是说，治理大国要赏罚分明，各项措施落到实处，有时还要根据实际进行调整，不能过激也不能不到位。道理虽然是这么讲，但是过于理想化。有些政策举措看起来很不错，但真正实施起来，就发现，政策往往跟不上现实的变化，政策比不过对策。再好的喇叭再好的曲子，碰上个歪嘴巴，就可能把节奏旋律全部带偏。

第二种解读：治理大国应该像烹饪小鱼一样细心，两者都要掌握火候，都要注意用好佐料。这同样是对原意的引申。有人评价说，能把治理大国这样的事情当成一件生活中的细微小事，这样的君王自有君临天下、举重若轻的气势，有治理好一个大国的充分自信。但一个大国，士农工商、老少中轻，欲求各殊，又有哪一项政策、哪一件事情，能够做到皆大欢喜？因此，很多时候又必须举轻或重，有着"烹小鲜"的细心与耐心，把一件大事分成若干个细节，然后用"烹小鲜"的耐心，把每一个细节处理好。例如，扶贫涉及一个很大的群体，对整个国家来讲，是一件极大的事情。20世纪的扶贫工作，常常是采取较为粗放的做法，批量化地下拨付扶贫物资，其扶贫效果并不理想。进入 21 世纪之后，特别是党的十八大之后，采取精准扶贫的方法，根据贫困群体中具体个人的致贫原因采取相应的扶贫举措，并将扶贫任务落实到人，这样做的效果就十分显著，根据各地反馈的扶贫情况来看，中国的贫困人口将于 2020 年整体迈进小康。

第三种解读：意谓治理大国要像烹煮小鱼一样。小鱼放在锅里烹煮，是不能多加翻搅的。因为反复翻搅，最终只会把小鱼搅烂成一团糟，根本不能食用了。这种解读，强调治大国应当像烹小鲜那样无为——不要想着做太多的事情，只要控制烹调时间，功到自然成。对于这种解读，有人觉得似乎太绝对了。因为，任何一个国家都无法长久保持无为而治的状态的，尤其是天下处于大乱状态时，任何执政者都不可能保持无为而治的安然状态。无为而治只是建立在"大道之行"、民众"复归如婴儿"那样无欲无求或欲求单一的状态上。事实上，当产生了私有财产，出现了战争，"大道既隐"，社会上的民众已经无法保持婴儿状态。对于社会因欲求而引起的争端，执政者坚持无为而治，不管不顾只会让社会更加动乱。在那样的状况下，执政者在尽可能减少扰民的情况下，必须有所作为去制止乱象。正如"烹小鲜"的过程中，该翻动一下的还是要翻动一下，只是不能搅翻过度。

第四种解读：一般人都只想到"烹小鲜"如何不搅烂釜中应烹煮之物，而没设想到釜中小鲜已经被搅烂后的处理。同样，如何处理"烹小鲜"失败的问题，对于治理大国过程中遇到一些问题亦有一些启示。小鲜因频繁翻搅已经烂了怎么办？通常有两种处理办法：一是停止翻搅，只要鲜味还在，那就凑合食用；二是将搅烂的小鱼扔掉，重起炉灶再烹一锅以解决口腹急需。其实，这两种处理方式在国家治理的实际中也常常被应用。一是停止实施经过变动的政策与举措，权衡利弊之后，恢复原来的政策与举措；二是干脆撤换引起动乱的人与事，以平民愤。这在执政者调换或者裁撤官员中常常被应用。例如，因为官员的失职或腐败造成了民间混乱的情况下，常常先裁撤官员启用群众呼声颇高的官员，从而起到稳定民心的作用。但这样做，让人们对一两个官员腐败的事情反思，引申到对整个官僚制度的反思，并且产生深深的怀疑，甚至带来更大的不安定。所以，很多时候还会采取明升暗降的方式，将某个腐败官员调离原岗位，在新岗位冷却一段时间后再处理，以降低其在社会的负面影响。

对于"治大国若烹小鲜"的解喻还可以从古今中外找到一些，但以上的几种，足证老子提出"烹鲜学"，其用意并不简单。

2.治国烹鲜，以"道"贯通

以厨艺喻治国，老子并非第一个。

辅佐商汤革命的伊尹，曾就烹饪需要五味调和来劝喻商汤要注意处理好各方面的关系。《诗经·国风·桧风·匪风》里有诗句"谁能烹鱼？溉之釜鬵。"现存最早的完整《诗经》注本《毛传》对这句诗所附的注，也说："烹鱼烦则碎，治民烦则散，知烹鱼则知治民。"

不过，上面列举的两个例子，只是以烹鱼类比治国的某一个方面。而"治大国若烹小鲜"句的文字表达，表示的是全称量项的"所有"，即"烹小鲜"比喻"治大国"的全部思路与策略。从这一点看，老子的设喻则是最高明的。简简单单的 7 个字，不仅发人深省地将人们引导到治国理政的方方面面，而且完整地贯通了他的无为而治的政治思想和治国理念。在"德交归焉"这一章，开头以"治大国若烹小鲜"设喻，随即上升到"道"的理论高度来认识。其后面的全部文字则是用"道莅天下"来说明。而这些，不仅是包括伊尹的五味调和观和《匪风》里的烹鱼忌烦观，而是整个大国治理的系统思维。意谓成功地烹小鲜就好比"道莅天下"。

按说，一般人是很难将治理大国与"烹小鲜"这种寻常可见的小事联系起来的。但如果熟悉"烹小鲜"的基本技巧，再了解一些"治大国"的基本要略，就大致明白二者的相通之处，不得不感佩老子思想的高明。《集韵·庚韵》里记载："烹，煮也。"古今之"烹"，其义未变，皆为制造熟食的一个烹饪方式。老子所说的"烹小鲜"，应该不是简单地把小鱼之类的"小鲜"

放到有水的锅里慢慢煮。懂烹饪的人都知道，虽是简单的煮鱼，也还是有许多要注意的地方，而这些要注意的地方却决定着"烹小鲜"的成功与否。其中，首先要注意的是火候，这火力既不能过大，又不能太小；其次，煮鱼的时间既不能太长，也不能过短；再次而且仅凭清水煮鱼，是很难煮出好味道的，煮鱼要加上各种佐料，且佐料的调和也需要比例恰当；而最需要注意的一点，就是烹小鲜不能频繁翻搅……这些皆为烹饪之道。琢磨"烹小鲜"的诸多要点，再思考"治大国"之要就会发现，"烹小鲜"要把握的技巧，与无为而治的要求何等切合？

我们知道，对于国家治理，老子的核心理念就是无为而治。关于无为而治，可以用《老子》第十七章里的一句话"太上，不知有之"来解释，这句话意思就是，最好的统治者，就是让老百姓都不知道他的存在。为政者治理国家时要让百姓觉得安逸，没有感受到有人在管他们。但是，无为而治并不等于放任不管，而需要执政者把握各种时机，利用各方面人才的共同努力，就像"烹小鲜"一样，是各种佐料加上时间和火候共同努力出来的成果。其实，高明的统治者不必拥有非常高的智慧，就像"烹小鲜"一样，加好调料，把握火候，少去翻动，就能达到好的效果了。

3.道莅天下，循其自然

老子提出"治大国若烹小鲜"这个命题，是有特定时代背景的。老子时代，周朝天子虽然还在，但名存实亡。其时诸侯争霸，群雄逐鹿，周王朝对天下大乱的局势完全失控。而各个诸侯国，也是动荡不定，不仅要应对其他诸侯国的吞并，还要应对内部的争权夺利。国家政权更迭，仿佛你方唱罢我登台的舞台。更替的政权，各搞自己的一套政策，导致国家政策朝令夕改，老百姓被折腾来折腾去，无所适从，没有一个安定的日子，就像烹饪小鱼时频繁地翻动一样，最后烹饪成一锅渣。老子希望结束这种混乱的局面，并借此向诸侯提出忠告。告诫那些大国诸侯们，治大国必须像烹小鲜那样小心翼翼，不急不躁，不要轻率决策，不要反复折腾，应当慎重稳妥，适可而止。上不乱，下自安。

在老子提出"治大国若烹小鲜"之后，虽然没有讲"烹小鲜"的技巧，却以治国的基本要求来反喻："烹小鲜"就好比"以道莅天下"。这个"道"就是"无为而治"之"道"，就是让民众不知有"太上"存在之道。要成功地烹好小鲜，就不要频繁翻动锅里的小鱼，而要治好大国，就是要让"治大国若烹小鲜"下文中所提到的"鬼、神、圣人"都循道而行——按照本然的状态存在发展，而不是朝令夕改地反复折腾。只要君王做到无为——不总想着变动这变动那，社会各个方面就会各安其位、相安无事，谁也不惊动谁，谁也不会受到伤害。也就是说，当无为之道在社会占据了主导地位之后，好的、坏的，正面的、负面的，可预见的、不可预见的，都控制在无为状态，社会也就不治而治了。可以说，《老子》第六十章的整段话，都在回答一个问题：如何像"烹小鲜"那样"治大国"？那就是，统治者遵循"道莅天下"的无为原则，顺其自然，深入把握治理大国的基本规律，从而最大限度地克服恶的因素、避免坏的结果。

"以道莅天下，其鬼不神。非其鬼不神，其神不伤人。非其神不伤人，圣人亦不伤人。"笔者认为，圣人，这里指的是名正言顺的统治者。现实中，圣人也好，鬼神也好，其实都常常伤人。唐朝全真教祖师爷吕洞宾对老子这段论述评注说："治国者和民而已，故譬之烹鲜，小鲜极言其易也。无道之国德薄而渗，重鬼或能神，以侵害于人，圣人以道莅天下，阴阳和而民育，各不相害。故幽明交格，德甚神也。"他认为，老子谈鬼神，是想说明治国者的一切举动要切合民众意愿，就像"烹小鲜"那样，不要随便翻动。无道的国家是由于道德缺失，鬼神互相冲突，以至于侵害到人。有道的圣人以道治理天下，让阴阳（阴指鬼神，阳指人）和合相安，互无伤害。应该说，阴阳和合的前提是圣人（执政者）不伤人，做到政治与民众的生活合一，让鬼神与人都保持正常的状态，也就做到了德行天下。

笔者认为，通常意义上，圣人是人类中掌握的道最多者。他们都宣称推行的是仁政。推行仁政本来无害，可是推行过度也就有害了。例如，法律制度的建立本来是惩罚犯罪、维护安定的，如果执法过度，就会取得相反的结果。许多时候，执政者无意伤人，却在无意识中伤人。例如，一个有为的君王基本上都有一个举贤授能的好品质，他们常常会选拔一些贤能来辅佐治国。这于国于民似乎都是一件大好事。但是，老子却主张"不尚贤"。他认为，如果执政者器重贤能者，会使人民产生争当贤能的欲望，人与人之间会产生"嫉贤妒能"，以及欺世盗名这一类不和谐的东西，竞贤争名的竞争破坏了清静，社会也因为竞争过度而出现不安定的因素。事实上，历史上就因举荐贤能之事，把官场搞得一团糟。魏晋以来实施的九品中正制，最初的用意是举荐贤良，但发展到后来，则成了豪门世族手中的工具了，反而为他们操纵品评、把持选官大权提供了机会。到后来，也引起豪门与寒门尖锐的矛盾，选拔的人才名不副实。当时一首童谣就深刻反映了这一时期尚贤举措的失败——"举秀才，不知书，察孝廉，父别居。寒素清白浊如泥，高第良将怯如鸡"。

其实，由于后世多在解读"治大国若烹小鲜"的技法上下功夫，从而忽略了后面老子自己所作的解读。无为之道用在国家治理下，各保持其自然状态，而不是胡乱作为，彼此就不会受到影响、受到伤害。治理国家的执政者无为而为，圣人与百姓也不会有所影响、有所伤害。"治大国若烹小鲜。"意谓治理国家应该如烹饪小鱼那样谨慎，烹小鲜最主要的是少搅动它，以免它散掉。同样，治大国不要总干扰、折腾百姓。假如政策朝令夕改，百姓便会奔波，徒劳无益。历代王侯将相都信奉且实践了道理，但有的成功，有的失败。其关键在于能否把道运用得恰到好处。那么，怎样才能做到呢？老子提出几个原则：无事、无为、不扰、不严。《道德经》从始至终不变的论述点就是"无为"和"无不为"，懂得了无为，便不会违反天道、地道、人道。无为，即不居功，放下自己。功成弗居，则像天、圣人一样，利而不害，为而不争。老子说做到这些只需要"以道莅天下"，用大道治理天下，这样，不但上下同心，而且百姓臣服，与万物步调和谐，随时间运行而自然运作。

如果真正做到以道莅天下（以道治理天下），会出现神奇的效果。

严格地说，烹小鲜的技术含量并不高，其过程也十分简单，一个基本要求，就是扔到釜里加上适量的水烹煮，就不要管太多了。按照老子的看法，根据无为而治的大道来管理天下大事，其实也简单，就是让鬼神安于其所在，而不出来扰乱人世。而且，老子还认为，只要用道治理天下，鬼怪起不了作用；不但鬼怪起不了作用，神祇也不侵扰人；圣人也不侵扰人，鬼神和有道者都不侵扰人！自然之德也就得到了结合与归宿——"故德归交焉"。

延伸阅读 **日本网议"治大国若烹小鲜"**

老子"无为而治"是对"治大国若烹小鲜"这个核心理念的最终理想式表达。秦始皇兼并六国，一统天下，却不懂得与民休息，各种妨碍民生、百姓生活的政策出台，最终没有达到想要的结果而适得其反，这是对帝王凡事亲力亲为不见是好事的求证。相反，汉王朝做了几十年的"无为而治"，积累了强大的经济、军事实力，最终把强大的匈奴打得四分五裂，更有甚者逃到了欧洲。一句话，"治大国若烹小鲜"，就要有所为有所不为。无为时，静若处子，有为时，动如脱兔。正确把握时机，一举成功，才是这句话的精妙所在。

二、治国烹鲜，代有新说

后人研《道德经》，皆认为是最深奥最难言说的学问。仅开篇第一句"道可道，非常道；名可名，非常名"，就难倒了不知多少大家，且对这句的断句和解读，争论至今尚未形成定论。某种意义上讲，"治大国若烹小鲜"应该是《道德经》中最浅显易解的一句。但是，由于"烹小鲜"所比喻的并非"治大国"的某一个方面，给人留下了巨大的思考想象空间，可以从各方面考虑"烹小鲜"给"治大国"带来的启示。因此，后来的名家与执政者，都愿意为这句话动脑筋。

1.伊尹烹鲜，五味调和

前面说过，最早将烹鲜技巧与治国理政相类比的人是伊尹。尽管伊尹的类比没用太多的理论支撑，但毕竟是道开先河，值得再次提起。

伊尹（前 1649 年—前 1550 年），雍丘空桑（今河南省杞县空桑村）人。他的一生对中国古代的政治、军事、文化、教育等多方面都作出过卓越贡献，是杰出的思想家、政治家、军事家，是中国历史上一位贤能相国、帝王之师。

伊尹本名挚，又名阿衡，"尹"不是名字，而是"右相"的意思。因其母居伊水之上，故以伊为氏。他自幼聪慧，勤学上进，被有莘国君的厨师收养，得以学到了一手烹调好手艺。伊尹看到了夏桀的昏庸腐败，觉得其位不久长，便想通过接近贤德的有莘国君，劝说他起兵灭夏。他自愿沦为奴隶，充任有莘国君的贴身厨师，后被提拔为管理膳食之官。但随后伊尹却发现有莘氏与夏同姓，与桀有着血缘关系，且有莘国国小力弱，难以灭夏，而当时只有商汤具有灭夏的实力。为了能接近商汤，伊尹又一次利用了自己厨师的身份，将自己作为有莘女的陪嫁之臣来到了商汤家，仍做厨师。在商汤对他有所熟悉之后，经常借商汤向他询问饭菜的事提出自己的治国主张。他对商汤说：做菜既不能太咸、也不能太淡，要调好佐料，火候也很重要——治国也如同做菜，既不能操之过急，也不能松弛懈怠，把握好时机，恰到好处才能将事情办好。商汤深受启发，觉得伊尹不单是一个厨师，也是一个治国理政的好手。在经过一系列考察后，商汤认定了伊尹的才干，伊尹从厨师擢升为宰相。而在伊尹的辅助下，商汤逐步壮大，此时夏桀因为荒淫残暴，天下已怨声载道，商汤采用伊尹烹鲜之法，不急不躁，一步步试探夏桀的力量，同时关注天下民意，并几次调整策略，待到时机成熟，顺其自然，一举灭夏、建立商朝。

伊尹的治国思想对后世影响很大，汉初的《毛诗故训传》是《诗经》的注释本，其在《诗经·桧风》里就说："烹鱼烦则碎，治民烦则散，知烹鱼则知治民"；这里"烦"的意思是"急躁、频繁扰动；不停折腾"。这与"治大国若烹小鲜"表达的意思相类。《诗经》相传是孔子及门生编辑成书的，收录了自西周至春秋约500年间的诗歌305篇，后世尊其为儒家的经典。《诗经》的出世应该要比《道德经》早一些。是不是老子受《诗经》启发，才形成"烹鲜"之说的，无法考证，但可以肯定，儒家和法家皆有类似观点。只是"烹鲜"之说与老子的治国理念契合，特别符合"无为而治"的思想观念，且又被老子记录在《道德经》里，成为老子政治思想体系里的重要内容。

伊尹一生辅佐了四位商王，理政五十余载，以卓越的历史功勋，为商王朝的发展开创了基业。同时，也是历史上第一个以负鼎俎调五味而佐天子治理国家的杰出厨师。他精通五味调和之道理，烹饪技术十分高超，创立的"五味调和说"与"火候论"，至今仍是中国烹饪的不变之规。他"教民五味调和，创中华割烹之术，开后世饮食之河"，在中国烹饪文化史上占有重要地位。他还将这种方法推广应用到中医药中，有意识地把烹饪技艺与中医养生相结合，创制了食疗方剂——汤液，可以说是中医药发展史上的一个里程碑，亦被尊为中华厨祖。

千百年来，伊尹的贤德一代代地流传着，被传为佳话。孟子称伊尹是中国第一个帝王之师，《汉书·刑律志》将伊、吕并书，称赞其治国和军事才能。苏东坡著《伊尹论》则更从政治角度称赞他是"辨天下之事者，有天下之节者"，夸赞他不以私利动心，"故其才全，以其全才而制天下，是故临大事而不乱"。伟大领袖毛泽东在《毛泽东早期文稿》对他给予了高度评价："伊尹道德、学问、经济、事功俱全，可法。伊尹生专制之代，其心实大公也。尹识力大，气势雄，故能抉破五六百年君臣之义，首倡革命。"

2. 韩非"解老"，贵静否变

韩非子是先秦对《老子》权威的解读者之一。《韩非子·解老》中用了一大段话，列举了各方面的例子，对"治大国若烹小鲜"作了比较全面的解读。后人对"治大国若烹小鲜"的解读，多受韩非子的启示。

韩非子首先举例说："工人数变业则失其功，作者数摇徙则亡其功。一人之作，日亡半日，十日则亡五人之功矣；万人之作，日亡半日，十日，则亡五万人之功矣。然则数变业者，其人弥众，其亏弥大矣。"他认为，劳作者如果频频变换他们的工种，则所干工种的业绩也必会降低。这就如同一个人劳作一天却丢失了半天、十个人劳作却丢失五个人的劳作一样，效率减半了。而且，如果数次变业者人数众多的话，必然导致社会性的重大损失。他由此引申到国家法令频繁地变动带来的危害，认为国家的法令频繁变动将比众多工人数变业更严重——"凡法令更，则利害易；利害易，则民务变。务变之谓变业。"强调法令频繁更改，则有可能带来社会局势的动荡不安。

最后韩非列举了一系列如同烹小鲜而烦扰之的事例——"故以理观之，事大众而数摇之，则少成功；藏大器而数徙之，则多败伤；烹小鲜而数挠之，则贼其宰；治大国而数变法，则民苦之。"并得出结论说："是以有道之君贵静，不重变法。'治大国者若烹小鲜。'"他认为自古那些懂得以清静无为之道治国的君王，都不会轻易变动已经确定的法令，就像烹饪技术精湛的厨师烹小鲜那样，尽量少地翻动釜中的小鲜。

《淮南子·齐俗训》说："老子曰：治大国若烹小鲜。为宽裕者，曰勿数挠，为刻削者，曰致其咸酸而已。"玄学家王弼则注谓："治大国若烹小鲜，不挠也，躁而多害，静则全真。故其国弥大，而其主弥静，然后乃能广的众心矣。"唐玄宗在《御注道德真经》中评述："烹小鲜不可挠，治大国不可烦。烦则人劳，挠则鱼烂矣。……此喻说也。小鲜，小鱼也，言烹小鲜不可挠，挠则鱼溃，喻理大国者，不可烦，烦则人乱，皆须用道，所以成功尔。"谓煎煮小鱼不能反复翻动，治理大国政策不能频繁变动。政策频繁变动就会劳民伤财，就会酿成大乱。如果治大国与烹小鱼一样得法，就能成功治理国家。此后，宋徽宗、明太祖、清世祖都对《道德经》里的这句话作了注说，皆强调治大国而数变法，会导致劳民而乱国。

3. 变与不变，辩证对待

有人说，《道德经》就是为统治者解读《易经》的。因为《易经》是讲变化的，《易经》变化的三原则就是：不可不变，不可乱变，更不能频变。所以，后人探讨"烹小鲜"该不该翻动时，多是强调不能频繁翻动，或者要把握好翻动的时机。实际中，烹小鲜几乎没有不翻动的。为了入味均匀，为了保证里外成熟大致同步，还是要略加翻动的，只是，翻动的时机一定要把握好，不能在小鱼已经熟透时翻动，这个时候翻动肯定会翻成一团糟，只能在半生不熟时才可以翻动。实际上，在"上善若水"章里，就把"动善时"作为水德之一，即善于把握时机而动。

应该说，老子通过"烹小鲜"的例子，并非强调治国之策不能变，而是强调不能乱变、不能频变。因为，如果执政者的政策反复多变，政出多门，花样繁多，就会产生内乱，造成社会动荡，灾祸滋生，国无宁日。尤其是治理一个比较大的国家，牵一发而动全身，更要注意政策的稳定性和连续性，政策不稳定，天下就不安定。即使要变，也当循自然之道而变。

那么，治理大国什么时候该变什么时候不该变呢？

先说不变或少变。当一个国家结束了动乱，人民生活趋于正常状态的时候，谁都不愿打破安定平静，以往的政策已经取得了良好的效果，执政者就不应该急于求成而对原来的一些政策与策略作新的变动，往往新的变动会有适得其反的效果。另外，如果前任在某个方面取得了很大的成效，继任者不要为了彰显自己的能力作为，对前任一些好的做法作自以为创新的改变。在这个方面，汉朝的丞相曹参就做得很好。历史上有一句成语叫"萧规曹随"，说的就是汉朝丞相曹参对前任萧何在任制定的一些法律政策完全保留的故事。汉朝初期，丞相萧何结合秦朝的法律政策，进行了宽约省刑、轻徭薄赋等改革，让民众回归到农耕的自然经济中休养生息。萧何死后，曹参继任丞相，社会环境没有大的变化，因此曹参审时度势，什么都不变，继续实行萧何确定的"无为而治"政策。许多人，包括皇帝都质疑曹参的能力。曹参回答说：萧何制定的政策是正确的，我为什么要变？曹参的"无为"就是为了承续上任的"不折腾"政策。由此留下了一段"萧规曹随"的佳话。所以他死后长安百姓传出歌谣："萧何为法，讲若画一；曹参代之，守而勿失。载其清靖，民以宁壹"（《汉书》卷二《萧何曹参传》）。

再说大变或多变。除沉疴积弊已经影响国家正常运行时，是需要变，且要大变的。一般来说，许多时候执政者要实施改革变法，应该是基于以往执政的失误造成了社会动荡，或者因权力利益争夺打破了原来的无为而为的自然状态，需要通过以变治变，恢复到原来的格局，在这种情况下采取的变革往往是一系列的。例如，春秋战国时期，是天下大动荡时期，不仅诸侯国之间兼并战争不断，国家内部的争权夺利事件也是此起彼伏。所以，这一时期，变法图强几乎成为一个趋势。而这一时期实施了变法的诸侯国，大多取得了很好的成效，如管仲、晏婴在齐国的变法、子产在郑国的变法、魏文侯期李悝变法、秦孝公期商鞅变法、楚悼王期吴起变法……而在秦之后历朝的一些变法，也多发生于国家实力变弱，国家命运处于存亡之秋的背景下，一些心存社稷的忠义之士在有道君王的支持下大力推进。如宋朝王安石，为改变国家积贫积弱的局面，充实政府财政，提高国防力量，对封建地主阶级和大商人非法渔利进行打击和限制，进行了一系列的变革，起到了很好的成效；如明朝张居正的变法，就被人称为"挽救了大明王朝"。

其实，封建王朝任何一次大的变革，改革者都必须有强大的支撑，首先是民众的支持，更重要的是得到君主的强力支持，而且是支持者在国家权力掌控方面要占到较大的优势。否则，人亡政息，变法一旦失去最高权力的支持，哪怕改革再好再得人心，也会无可奈何地坠入失败的怪圈。最典型的是北宋时期的王安石变法与明朝张居正的变法。王安石的变法由于有宋神宗的支持，顺利地实施了十多年，也取得了国库充盈、国防巩固、政体肃然的良好效果。但宋神宗一死，变法便告失败。明朝张居正的变法亦如此，他实施的"一条鞭法"大大简化了税制，方便征收税款，同时使地方官员难以作弊，进而增加财政收入，一定程度上促进了当时社会经济的发展，同时也造成了一些弊端，引起一些异议。张居正生前因其权重无人敢言，但当死后却很快受到打击，不仅他生前的一系列改革全部取消，而且他使用的一些官员全部去职，有的甚至弃市，他也险遭开棺鞭尸之辱……坠入"人存政举，人亡政消"的历史怪圈。

由此而言，如同烹小鲜成功与否，取决于烹鲜人，传统社会国家治理的变与不变，亦在于治大国者的一念之间。

延伸阅读 **三大盛世，皆行无为之术**

中国历史上有三大盛世：文景之治、贞观之治、康乾盛世。这三大盛世皆因兴无为之治而盛。在汉朝，汉文帝是最典型的崇尚黄老之学，清静无为，自身非常节俭。文帝死后，其子刘启延续了父皇的治国方略，推行"削藩策"，削诸侯封地，平定七国之乱，巩固中央集权，勤俭治国，继续奉行了"与民休息"政策，发展生产、减轻赋税。为儿子奠定了汉武盛世的基础。在唐朝，唐太宗李世民的治国之道也是秉承"清静"（《贞观政要·政体第二》），他礼贤下士，承袭并完善了隋朝初兴的制度，选择了大量的优秀人才，开创了唐朝首个强盛时期。清朝康熙、雍正、乾隆时三代皇帝共创了一百多年之久的盛世，盖因他们遵循了清世祖顺治皇帝为《道德经》作注所定下的基调："清静无为，安静不扰，此治国之道也。"康熙帝即位，就颁布"永不加赋"的诏令，对农民轻徭薄赋。

三、治国烹鲜，时代新意

历来对"治大国若烹小鲜"解读得最多的，便是国家政策法令要有常，不能朝令夕改，即如宋代范应元的注解："治大国者，譬若烹小鳞。夫烹小鳞者，不可扰，扰之则鱼烂。治大国者，当无为，为之则民伤。盖天下神器，不可为也。"而在当代，对此的解读则更添新意，且丰富了其时代内涵。2013 年 3 月 19 日，中国领导人习近平在接受金砖国家媒体联合采访时指出："中国有 960 万平方公里，56 个民族，13 亿人口，了解中国要切忌'盲人摸象'。……这样一个大国，这样多的人民，这么复杂的国情，领导者要深入了解国情，了解人民所思所盼，要有'如履薄冰，如临深渊'的自觉，要有'治大国若烹小鲜'的态度。丝毫不敢懈怠，丝毫不敢马虎，必须夙夜在公、勤勉工作。"在 2014 年，习近平出访欧洲。在德国回答默克尔总理提问所作的回答，又一次提到"治大国若烹小鲜"，并说"再大的成就除以 13 亿人都会变得很小，再小的问题乘以 13 亿人都会变得很大。"有专家探讨，习近平总书记治国理政的"宏观战略思维""立足国情思维""人民中心思维"和"严谨施政思维"等，应该都由"治大国若烹小鲜"引申而来。而近年来推进的城镇化及区域发展总体战略，实施的精准扶贫战略，构建的构筑区域经济优势互补、主体功能定位清晰、国土空间高效利用、人与自然和谐相处的区域发展格局，亦是"治大国若烹小鲜"在社会领域的实践。显而易见，当代所践行的"治大国若烹小鲜"思想，其内涵已经超越了"无为而治"的政治思维，具有更为丰富的时代内涵。

1."大国"思维，"小鲜"着眼

治理大国，必须要有开阔的眼界，具备宏观战略思维，能够站在全局的角度谋划发展。正如习近平总书记在十九大报告中指出的，治理国家"要登高望远，居安思危"，回首中国四十多年来的改革历程，战略判断、战略部署、战略重点、重大战略机遇期等耳熟能详的表述，宏观战略思维始终发挥着不可替代的作用。每一次决定国家发展命运的关键转折，都取决于科学准确的战略判断，每一项贯穿历史发展的战略抉择，都为改革开放的进程拉开新的序幕。很显然，改革开放时期的大国治理，与"烹小鲜"不谋而合。其实，"烹小鲜"，也非把小鱼扔进锅里就不管了，也有一些整体性考虑，从选择食材到具体的烹饪，需要厨师有整体、长远的眼光。不局限于眼前的单个步骤，只有结合起来贯穿全局、统筹推进，才能做出一道色香味俱全的菜肴。

相对老子时代的"大国"，当代中国才真正是一个大国。且这个大国人口众多、幅员辽阔，东西南北的地理、人文存在的差异，由于资源禀赋和地方口味的一些差异，不同地方会有不同品种的"小鲜"，而不同品种的小鲜烹饪之法除了一些基本程序大致相同外，还会根据不同地方的口味，找出最适宜的烹制方法。例如，鲁菜与粤菜的烹小鲜方式就明显不同。

做菜如此，治国也是如此。我国幅员辽阔，各个地区、各个领域的具体情况有很大的差异，不能指望一把钥匙打开全部的锁，特别是地区发展不平衡等情况，都需要执政者在考虑宏观战略的同时，还要着眼于微观的事物。就像"烹小鲜"必须坚持具体问题具体分析。为了打好脱贫攻坚这场我国"决胜全面建设小康社会"的"硬仗"，习近平总书记多次强调，"扶贫开发贵在精准，重在精准，成败之举在于精准"。"扶贫开发"是一个大战略，但真正落实，就得拿大国思维、小处着眼的"治大国若烹小鲜"态度，深入贫困地区进行深入调查，充分了解每一个贫困群众的所想所需，精准到每一个贫困地区、贫困户那里，并根据每一个贫困户致贫原因作出扶贫的具体方案，并切切实实地实施，从而彻底挖掉"穷根"，把所有贫困户带到全面小康的阳光大道。通过具体解决个体贫困问题到实现全体贫困地区的脱贫。这就是"治大国若烹小鲜"政治思想在当代的创造性转换和创新性发展。

2. 原汁原味，烹鲜之要

坚持稳中求进的工作总基调。"烹小鲜"要重视火候，该大火烧开、高温爆炒的时候就要抓住时机，而该文火慢炖、小火缓煮的时候就要稳定温度，掌握好这种度的节点才会呈现出一道色泽诱人的美味佳肴。2014年3月，习近平总书记在出访欧洲之行中指出："'治大国若烹小鲜'，……中国这条大船不能犯颠覆性错误。""烹小鲜"的颠覆性错误，就是烹鲜者更换了，烹鲜的内容更换了，自然"烹小鲜"的事情也就失败了。与之相类，一个国家的根本性制度都更换了，"颠覆性错误"也就无法避免。

菜品好坏首重其"色"。人们称赞好菜"色香味俱全"，"色"的要求在最前面。一旦"小鲜"被烹变了色，轻则会让食客没了食欲，重则吃坏了肠胃。这启示我们，治国首先要确保政权不能变色，不能走改旗易帜的邪路。我国建设中国特色社会主义的成功实践和苏联东欧社会主义国家政权变色的失败从正反两方面证明了这一点。改革开放40多年，中国走上良治的轨道，取得伟大成就的根本原因，就是坚持中国共产党的领导不动摇，就是坚持走中国特色社会主义道路不动摇。

"烹小鲜"不能过分翻炒、搅动，否则就会鱼散汤浑、失去品相，让人没有食欲，甚至鱼碎锅翻、一片狼藉。中国在大国治理上取得伟大成就的原因，除了坚持中国共产党领导与中国特色社会主义之外，还有一个重要的方面，就是始终用一套与之对应的"完整菜谱"——中国共产党及其路线方针政策，在此基础上不断加以创新和完善，从而取得了辉煌成就。2013年2月28日，习近平在中共十八届二中全会第二次全体会议上的讲话中指出："我们要有钉钉子精神，……不要换一届领导就兜底翻，更不要为了显示所谓政绩去另搞一套。"所以，习近平总书记不厌其烦地告诫全党要"不忘初心、牢记使命"，坚持钉钉子精神，一张好的蓝图干到底，瞄着正确的目标久久为功，持之以恒，这样就可以解决许多长期想解决而没有解决的问题，办成许多过去想办而没有办成的事。当然，强调"政贵有恒"，并不是墨守成规、不改革、不创新，但绝不是颠覆过去另起炉灶，把"小鲜"翻得稀烂。而是根据实际情况，不断地调整完善发展思路，用新思路新举措把既定的目标和蓝图变成现实。

3. 味调众口，"烹鲜"为民

全心全意为人民服务是中国共产党的根本宗旨，人民立场是党执政兴国的根本立场。"人民中心"思维无疑是"治大国若烹小鲜"的应有之义。习近平总书记在十九大报告中指出："人民是历史的创造者，是决定党和国家前途命运的根本力量。""时代是出卷人，我们是答卷人，人民是阅卷人。"人民的需要是否被满足是评判执政党治国理政成效的标准。就如同"烹小鲜"是为了满足食客的口味，如果食客不满意，那么一切的工序、精力都是白费的。因此，为了烹出人民满意的小鲜，满足人民日益增长的美好生活需要，不断促进每个人的全面发展，就要在完成一个个小目标的基础上，最终实现中华民族伟大复兴的中国梦。

顺应人民日益增长的美好生活需要，要符合群众的需要，在群众的意见中不断提升"小鲜"的口感，把握好我国社会主要矛盾的转化，让人民群众对美好生活的向往如愿以偿、心满意足，才是"烹小鲜"的真谛。习近平总书记多次强调，"始终要把人民群众放在心中最高的位置"。中国共产党的执政实践也始终坚持以人民为中心，"把人民对美好生活的向往作为奋斗目标，依靠人民创造历史伟业"，让发展成果惠及每一个人，不断满足人民日益增长的美好生活需要，使人民获得感、幸福感、安全感更加充实、更有保障、更可持续，使建设伟大事业的根本力量更加可靠。

致力于解决不平衡不充分发展的问题。党的十八大以来，政治建设、经济建设、文化建设、社会建设和生态文明建设"五位一体"总体布局统筹推进，全面建成小康社会、全面深化改革、全面依法治国、全面从严治党"四个全面"战略部署协调推进，实现了党治国理政的"五味调和"，牢牢把握住了战略机遇期，让我国日益走近世界舞台的中央，迎来了中国人民从站起来到富起来、强起来的伟大飞跃。

延伸阅读　美国总统为《道德经》作广告

　　1983 年，美国总统里根在新年元旦发表国情咨文时，引用了老子的"治大国若烹小鲜"这句话，就像作了一个最高级别的广告，一下子使《道德经》的英译本在美国热销了几万册。一个美国总统谈治国理政，为什么要引用中国古代圣人的名言？因为"治大国若烹小鲜"这 7 个字，蕴含着高超的政治智慧，深邃的管理哲学，务实的治国方略。其影响穿越千年，远播世界。不仅过去用得上，当代也用得上，不仅中国用得上，世界各国也用得上。

第二章　爱民治国　能无为否

——治国者的无为之为

作为一本君人南面之术的重要范本,《道德经》的核心理念就是"无为"。如果说,老子在其他章节都或隐或显地谈到无为思想在治国理政中的运用,而在《道德经》第 10 章,则直接发问:"爱民治国,能无为乎?"既带着一种劝诫,又带着一种期待。有专家研究了老子提出"无为而治"的语境,认为这里提出的"无为",虽然是在直接揭示全书主旨,宣告老子的政治理想;但另一方面,也包括对当时诸侯实施强国举措、诸子百家提出的强国主张的不满。他认为,自己所见、所闻的强国举措、主张太多太繁,不能强国富民,只能折腾百姓,增加百姓的痛苦,甚至让百姓活不下去。因此,他的设问带着某种意味的诘问:你们诸侯、诸子打着"爱民治国"幌子所想、所做、所争、所为的那一切能否少来或者不来呢? 无为而治才是爱国治民的真正的途径。从老子的个人经历来看,他提出"无为而治"思想并不是凭空冥思而来,既是一种时代文化精神的结晶,也是对先人思想和文化的一种批判与继承。由于老子所处时代背景是一片乱象:诸侯争霸称雄而导致烽烟四起,而一些诸侯只知道辟土扩疆却不善治国,频繁出台各种扰民政策,导致百姓生活在水深火热中。针对这种现实,《老子》第 57 章作了深刻的描述,他说:"天下多忌讳,而民弥贫;人多利器,国家滋昏;人多伎巧,奇物滋起;法令滋彰,盗贼多有。"老子认为,这些弊端都是"有为"之政惹的祸。天下禁令过多，并不会促进百姓生活的安定，也不能说服百姓听从于统治者，倒使百姓自由遭到束缚，百姓无心耕种，就会导致国家的衰败。而统治者如果能从自身出发做到"无为而治"，就能和百姓和谐相处，与民休息。

一、治国境界，无为而为

《汉书·艺文志·诸子略》作了简单的解说："道家者流，盖出于史官。历记成败存亡祸福古今之道，然后知秉要执本，清虚以自守，卑弱以自持，此君人南面之术也。"汉书作者班固认为，道家这个流派，是从史官记录历史的成败、存亡、祸福的经验总结中发展出来的，道家思想的形成与前人统治的经验有着密不可分的关系。老子作为史官，可以从史书中总结历来祸福兴亡，历史本身给予老子启迪与思考，培养了老子无尽的智慧。另一方面，通过对史书记载的历来祸福兴亡和眼前统治者经验的总结与思考，在不同的背景影响下，通过对事物观察与自身思维的沉淀，形成了"无为而治"思想。班固对"无为而治"思想以 8 个字归纳：清虚自守，卑弱自持，并以之作为道家"君人南面之术"的总括。

1. 太上知有，民曰自然

《道德经》第 17 章开宗阐明了这个观点：

> 太上，不知有之；其次，亲而誉之；其次，畏之；其次，侮之。信不足焉，有不信焉。悠兮其贵言也。功成事遂，百姓皆谓："我自然也。"

在这一章里，按照"无为而治"的标准，可以给君王设定一个等级：最优的君王,是老百姓知道他的存在,却不知道他施与百姓的恩惠;次优的君王,他为国为民立下了丰功伟绩,而且仁爱待民,所以百姓亲近并称誉他;再次一点的君王,也做过一些大事,但显得十分威严,人民惧怕他,对其敬而远之;而更次的君王,则因为其腐败贪侈而受到民众的轻视侮辱,就像夏朝君王桀那样,因残暴而导致臣民诅咒道:"时日曷丧?予与女皆亡!"

在一般人看来,最为成功的君王,总是光芒万丈地闪烁在万民头顶,其丰功伟绩广为传颂,且为万民日夜膜拜。但依据道家思想设想的君王最高境界,仅是"不知有之"。

那么,为什么有些君王,不仅是"知有之",而且还"侮之"呢?就是因为在君民之间产生了不信任的情况,君王经常说话,但说出的话没有兑现,或者说的一套做的一套,从而造成了其诚信不足。过去人们说皇帝金口玉言,某种意义上就是形容其少表态,发表意见总会前思后量,颇有分量,且一旦说出口的话,就坚决兑现。那些言而无信的君王,又如何能够得到百姓的信任呢?

君王的无为而治,不要求百姓为他做什么,而是施惠于百姓,如春雨润物细无声,事业成功了也不会去说给百姓听,加上对民众的限制少,其想法与做法都通过那些臣下去落实,老百姓自然知道得不多。所以,老百姓得到了好处,获得了良好的发展,都认为这就是我们本来应该有的样子。

"百姓曰我自然"之"自然",与"道法自然"之"自然"的意思是一样的,皆为本然。只不过前者是说百姓的本来样子,后者是说"道"的本来样子。如果百姓们说"我自然",其实这就是君主"无为而治"的成功。由此可见,不管君主,还是百姓,皆一如其本来的样子,不比原来的多,也不比原来的少。

为什么说,君王为百姓做了许多好事,而百姓只有"我自然"的感觉呢?这就是因为"圣人处无为之事,行不言之教,万物作而弗始"(《道德经》第2章)。即圣人行事总是依循着自然之道而不强作妄为。就像天地间的万物,欣欣向荣、各呈己态,圣人也仅仅是从旁辅助,让万物任凭各自的生命张力，展开其丰富的内涵。

其实，在之后几章里，老子都给我们讲述了"太上知有"境界形成的原因。

在《道德经》第 4 章里，道"挫其锐，解其纷，和其光，同其尘"，即挫掉其锋芒，消解与自己发生的一切纠纷，收敛其光辉，与尘世浑然一体，百姓自然无从知道。

在《道德经》第 5 章里，老子虽然在告诫"多言数穷，不如守中"，强调君王政令烦苛会加速败亡，不如保持虚静状态，让百姓只知有其人而不知其何所为。老子的告诫中，何尝不隐藏着成为"太上"的秘诀?!

在《道德经》第 7 章里，老子赞扬了圣人"后其身而身先，外其身而身存。非以其无私邪? 故能成其私"。认为圣人之所以成为圣人，就是不把自己的意欲摆在前头，不把自己的利害作优先考虑，从而最终成就真正的自我。

在《道德经》第 9 章里，老子提出"功遂身退，天之道"，将功成名就之后的急流勇退，视为一种最为睿智的生活态度，又何尝不是"太上"无为而治的写照?!

在《道德经》第 59 章里，老子继续宣扬其"无为而治"观，告诫"治人事天，莫若啬"。有一种解释，"啬"为简单、节俭。这就是说，不管无为而治也好，有为而治也好，尽管一个国家要做的事情应该是很多很多的，但绝大多数事情不应该是百姓为君王所做，而应该是君王（朝廷）为百姓所做。无为而治，就是要求君王（朝廷）多为老百姓做事，而让百姓少为君王（朝廷）做事。就像《道德经》第 64 章所说，圣人要做的事情，就是"辅万物之自然"。

所谓"辅万物之自然"，并不是有意地帮助万物去做什么，只是谨守"无为"，"万物将自化"（《道德经》第 37 章）、"万物将自宾"（《道德经》第 32 章）、"民莫之命而自均"（《道德经》第 32 章）、"我无为，而民自化，我好静，而民自正，我无事，而民自富，我无欲，而民自朴"（《道德经》第 57 章）。

以上几章所反复强调的，是圣人自然无为与人民自然的关系，即如果圣人执守大道，自然无为，人民便会自己归于自然的。所谓"自化""自宾""自均""自富""自正""自朴"等，分别指不需要圣人的强制，人民会自然化育、自然宾从、自然均匀、自然富足、自然端正、自然朴实。此皆人民自然之状。

君民同归自然，天下太平："静胜躁，寒胜热，清静为天下正。"（《道德经》第45章）此处的大意为，清静无为能够制服社会躁动，从而使天下安定。

《道德经》整篇都是围绕"无为"阐述的。因此，在其他各章，不论是从正面，还是从反面的论述，都会围绕如何成为"太上"而避免成为"侮之"的对象展开的。也就是说，只要圣人（统治者）用"无为"之政治理国家，遵循事物发展的规律而不是强加，百姓就会自我教化，统治者自身也会得到充分发展。百姓会顺从，国家会安康。国家治理的目标也会如愿达到。

但现实中，往往恰恰相反。很多时候，一些君王欲望太多，让老百姓为他做得太多，多得怨声载道。不说历朝历代的苛捐杂税和徭役，单说从夏朝就兴起的朝贡，就使臣民烦不胜烦。例如，君王喜爱古玩珍宝，就让大臣百姓满世界为之寻觅奇珍异宝；例如，君王喜爱美女，就让全天下寻觅倾国倾城美女呈献之；宋朝君王喜欢奇花异石，就专门成立操办此事的机构和运输队……让举国上下都围绕皇帝的某种喜好而兴师动众、劳民伤财，让所有人不再说"我自然"的君王，便是为政之祸、百姓之祸、国家之祸。

延伸阅读　禹　贡

　　《尚书·禹贡》是中国最早富于科学性的地理记载。《禹贡》借大禹治水、巡行天下的故事，用他走过的地方来讲地理。古人把大禹走过的地方叫作"禹迹"，也就是禹走过留下脚印的地方，可是《禹贡》这本书不是讲政区的，而是以山川形势区分的九个地理板块：冀、兖、青、徐、扬、荆、豫、梁、雍九州，并对每区（州）

的疆域、山脉、河流、植被、土壤、物产、贡赋、少数民族、交通等自然和人文地理现象作了简要的描述。据《禹贡·疏》载："贡者，从下献上之称，谓以所出之谷，市其土地所生异物，献其所有，谓之厥贡。"可见，贡赋之物，为一地所生异物，也就是特产之物。帝王统率的溥天之下的王臣百姓，为了讨帝王欢心，都会拼命搜刮当地最好的东西呈献上去，之后，衍生到藩属国向宗主国呈献礼品，亦叫朝贡，而呈献的宝物一旦得到赏识，就会得到封赏（民间还根据上贡获封赏的事实，杜撰出"献宝状元"这样的故事、戏曲）。久而久之，一些地方的某种土特产也因上贡而贵，至今则以"贡品"之名而畅销市场。

2. 无为不争，天下莫争

"江海之所以为百谷王，以其善下之，故能为百谷王。是以圣人欲上民，必以言下之；欲先民，必以身后之。是以圣人处上而民不重，处前而民不害。是以天下乐推而不厌，以其不争，故天下莫能与之争"（《道德经》第66章）。这章的简单翻译是：江海之所以为百川之王，是因为它能够处在百川之下的地位；圣人之所以在人民之前，是因为他将自身置于人民之后；他居于上位，是因为他以谦下的言辞对待人民。他居于上位，人民不以之为负担；他在人民之前，人民不以之为妨害。所以，天下的人都乐于推举他而不厌倦。正因为他的不争，所以天下没有谁能够和他争。

世间万物都以相互竞争的状态而存在，"物竞天择，适者生存"是大自然的生存法则。万物以竞争求发展的法则扩展到社会，大到国家、群体，小到家庭、个人，生存质量的好坏与发展速度的快慢，都与竞争息息相关。老子提倡"为而不争"，老子说："圣人不积，既以为人己愈有，既以与人己愈多。天之道，利而不害；人之道，为而不争"（《老子》第81章）。老子告诫统治者，如果圣人不私自积藏，尽量帮助别人，自己反而更充足。上天在养育万物时没有加害之心，与万物不争。圣人在治理国家时，也应该像天道一样，为百姓谋利而不是损害百姓利益，特别是当出现与百姓的利益冲突时，更要"不争"。

圣人的"无为而为"的最佳表现就是"为而不争"。既要有所作为，为国家、为社会、为成就自我而建功立业，创造人类生存发展的物质财富，创造发展新的文明；但治世者的所有作为，都不能建立在争夺他人权益的基础上。不争，可以减少相互因争夺而造成的损耗和伤害，从而实现物质文化的积累。不争，可以赢得尊重，赢得和平安定，赢得自己的发展时间和空间，从而在良好的环境中，走向强大以至高大、博大、悠久。

古代，就特别强调官员不与民争利。《史记·循吏列传》，曰"食禄者不得与下民争利，受大者不得取小"。意谓吃皇粮拿俸禄的人，不得和其管辖下的民众去争夺利益，已经享受到了大利益的人不能再去谋取小一些的利益。史载，这句话是先秦鲁国国相公孙仪所说。而且他不仅这么说，自身也严格按照这点实施。有两件小事足证：一是不受送礼。公仪休爱吃鱼，曾有人给他送了几条鱼，他坚辞不收，说："我当国相，自己有能力买鱼吃！"二是不抢百姓饭碗。公仪休的家人在官衙的空地上开垦了个小菜园，贤惠的妻子在家织布，皆为自食其力。后来公仪休意识到这其实也是与民争利的一种行为：当官的有俸禄，还种菜织布，这不是抢人家靠种菜织布养家的老百姓的饭碗吗？于是亲手毁掉菜园，砸了妻子的织布机。

事实上，我们在古代历史上就很少看到官员经商的事情，除非是辞官不做的。这有两点原因：一是朝廷严禁官员经商，一旦发现官员经商必然严加惩罚；二是古代重农抑商，使官员视经商为卑耻之行。考察历史上官逼民反的事例，有许多为食禄者与民争利所致。因为，官员手握重权，在与民争利上具有绝对优势，且官员争利越多，造成的贫富不均现状越严重。贫富不均的程度达到了临界点，必然导致老百姓聚众造反，历史上农民起义大多打着"均贫富，等贵贱"之类的旗号。历史上的一些"变法"，很大程度上就在于遏制日益猖獗的"与民争利"现象，还利于民。如王安石变法，其中一项主要内容，就是改革税赋，实施方田均税法、均输法、青苗法、募役法。这些举措，就是把过去多收老百姓的那些，通过政策再还回去。

3. 道辅人主，守道归朴

国家治理，有一类角色不容忽视，那就是处于君和民之间的大臣。他们是君王"无为之治"的实施者，他们的行为某种程度代表了君王的意志。因此，老子并没有忽视他们的地位和作用。他在《道德经》第30章提出："以道佐人主者，不以兵强于天下。……善者果而已，不敢以取强。果而勿矜，果而勿伐，果而勿骄，果而不得已，果而勿强。"

对这章的翻译，古今比较一致，即"用道辅佐君主者，不想靠兵力逞强于天下。好的辅佐君主者，只求达到目的而已，但不通过强力来取得。成功而不夸耀，成功而不骄傲，成功而不自负，这就叫成功不逞强。如此，事情便有好报。"

但是，历来在解释《道德经》的学者中，因这一章和另外相似内容的两章的存在，对这本书的归类却有了分歧。有一派认为《道德经》是一部兵书，有一派则认为是哲学著作，笔者认为从历代将其作为帝王之学来看，这更接近政治学著作，因其大量的内容是讨论君王如何治理国家。

认为是兵书者强调，兵家的思想来源其实也是道家，《道德经》上的辩证法，对立观点等，皆贯通在孙子兵法中。古今一些解老的学者，也把《道德经》看作是兵家典籍。如唐代王真在《道德真经论兵要义述》说，"五千之言"，八十一章，"未尝有一章不属意于兵也"；如明末王夫之认为，《道德经》可为"言兵者师之"。近人章太炎指出："老聃为柱下史，多识故事，约《金版》《六韬》之旨，著五千言，以为后世阴谋者法。"（《訄书·儒道》）

应该说，老子是有着反战思想的。他处在战争频仍的春秋时期，亲眼目睹了兼并战争造成的人民生命的严重损失。认为"师之所处，荆棘生焉""大军之后，必有凶年"。他除了在该章流露出反对战争的情绪外，还在第四篇第三章专门讨论这个问题，"君子居则贵左，用兵则贵右，兵者不祥之器，非君子之器，不得已而用之，恬淡为上，胜而不美。而美之者，是乐杀人。夫乐杀人者，则不可以得志于天下矣。吉事尚左，凶事尚右。偏将军居左，上将军居右。言以丧礼处之。杀人之众，以悲哀泣之，战胜以丧礼处之"（《道德经》第 31 章）。在这里，他警告说：兵器是一种不祥的器物。不得已而用它的时候，最好恬淡处之，更不能美化它。如果美化它，这就意味着喜欢杀人。战争总是要死人的，所以即使胜利了也不是什么光彩的事。不仅如此，对于死人众多的战事，要以悲哀的心情处之；战胜了，也要以凶丧的仪式对待它。

在这里，老子没有从政治、军事上去评价敌我的得失，而是用敌我双方所共同拥有的生命价值标准去看待战争，表现了对生命的无限关怀和尊重，进而表现出对战争的厌恶。从一点来看，《道德经》里的这几章，不是研究战争问题的，更不是为用兵者出谋划策的。他告诫"为人主者"，以及"以道佐人主者"，不能挑起战争，要尽可能避免战争，即使万不得已发生了战争并取得了胜利，也要淡然处之。

其实，《道德经》作为一本哲学著作，是世界观的学问，可以指导探索一切事物的内在规律包括军事。《道德经》里面论述战争的内容，实际上是对战争过程中观察到某些带有哲理性的问题，上升到哲学高度加以分析研究。就像序言里所说，"道"贯穿于不同的事物里，就有了不同的道。用在军事上，便有了兵道；用在国家治理上，便有了治道；用在书法，便有了书道。

4. 清虚自守，卑弱自持

"秉要执本，清虚以自守，卑弱以自持"，出自《汉书·艺文志》，是班固对《道德经》基本思想的概括。"秉""执"均为"拿着"和"手持"的意思，"要"和"本"是"关键的东西"。这句话说明：细节不重要，重要的是把握事物根本性的东西。那么，无为而治的根本是什么呢？老子的意思，是"清虚"和"卑弱"。

"清虚"所对应的意思是"张扬"。由此可以看出，清虚是一种内在的、收敛的力量。坚守住这种力量，对"张扬"的对方，便会成为一种无形的威慑，使自我处于一种貌似被动而实际主动的地位。我们现在所讲的"韬光养晦"，实际上就是应用了道家的智慧。而清虚的外在表现就是清静、节俭。最早实施与民休息国策的汉文帝一生为民、俭朴勤政。他经常穿一双只有老百姓才穿的草鞋上殿办公，龙袍打补丁；当了 23 年皇帝，没盖过宫殿，没修过园林，没增添车辆仪仗，连犬马都没有增添一只；屡次下诏禁止郡国贡献奇珍异宝；哪怕是为自己预修的陵墓也要求从简。这并不是因为国库没钱，国库的钱多得数不清，粮仓的粮食堆到仓外，但他却小气得连死都舍不得奢侈一回，他临终安排自己的后事时，明确要求："皆以瓦器，不得以金银铜锡为饰，不治坟，欲为省，毋烦民。""霸陵山川因其故，勿有所改"。同时还提出，死后把夫人以下的宫女遣送回家，让她们改嫁。据传，西汉末年赤眉军起义攻进长安，把所有皇帝的陵墓都挖了，唯独没动汉文帝的陵墓，因为知道里面没有什么宝物。

可以说，清虚自守是中国历代以"黄老之术"治国的君王都有的好品质，而这些君王大都是开国皇帝和中兴帝王。如东汉光武帝刘秀、唐朝太宗李世民、宋朝太祖赵匡胤……皆以清虚自守、节俭治国而著称。

能清虚自守者，也必然卑弱自持。

"卑弱以自持"，就是任何时候都不要让自己显得很强势，哪怕为国为民立下了丰功伟绩，也不能居功自傲。因为老子知道，任何一件事物，一旦表现出强盛的时候，就开始走向衰败了。《道德经》第 9 章就希望圣人能从自身的功成名就之中悟出进退、荣辱、正反等相互转化的辩证法，谨守住"功遂身退"的"天之道"。他说："持而盈之，不如其已。揣而锐之，不可长保。金玉满堂，莫之能守。富贵而骄，自遗其咎。功遂身退，天之道。"他认为一个人获得的权位利禄是不能长期持有，也不能保守住的，甚至还会给自己带来祸咎，不如舍弃而功成身退。

作为道家学说的主要创始人之一庄子，与老子持同样观点，他认为，如果人一味贪图富贵，迷恋权威，就没有好下场。财富和权威虽然会给人带来享乐和荣耀，也会给人祸害和耻辱。《庄子·天运篇》中说："以富为是者，不能让禄；以显为是者，不能让名。亲权者，不能与人柄，操之则栗，舍之则悲，而一无所鉴，以窥其所不休者，是天之戮民也。"文中尖锐地指出，以为财富是最好的人，不会把财富转让出去；以为追逐名声是最好的，不会把荣誉让给别人；迷恋权威的人，更不可能把权柄授予他人。而一旦获取了财富、名声、权势之后，便唯恐丧失而整日战栗不安，让其放弃则又感到痛苦不堪。这样的人没有一点见识，只知道紧紧盯住自己无休无止地追逐的东西。这样的人最终只能是上天所刑戮的。

二、"三绝三弃"，只缘无为

"三绝三弃"出自《道德经》第19章。全章为："绝圣弃智，民利百倍；绝仁弃义，民复孝慈；绝巧弃利，盗贼无有。此三者以为文，不是。故令有所属；见素抱朴，少私寡欲，绝学无忧"，后来的研究者简称为"三绝三弃"。对于这章的解读，历史上见仁见智者甚众：联系到"无为而治"来看，似是"善治"之举；联系到《道德经》里反复强调的"复归如婴儿"来看，似是呼吁"人性返朴"；联系到《道德经》被称为"帝王之学"这一点，似有"愚民"之嫌……加之有关"三绝三弃"的多种版本真伪难辨，更使这句话的真意蒙上朦胧的雾霭。这里且不论不同版本里"绝弃"的内容有何不同，但可以肯定的一点，老子所要绝弃的，都是后天被矫饰的"有为"的东西，表面看来都很漂亮，其实都是影响民利、丧失孝慈、滋生盗贼的负面因子。老子认为，"道"作为宇宙万物的普遍法则，是"无为"的。那么，人类作为天地万物中的一分子，也应该自然"无为"，顺应天道。老子政治思想的核心也是"无为"，是希望社会也保持"无为"的自然状态，是一种不需要作为而保持素朴的自在。但是，人类社会所产生的文化、礼仪、道德、法律等都是人为创造出来的，都是"有为"的，这显然与自然无为的"道"是相违背的。虽然，在各种"有为"的作用下，人似乎变得聪明巧智了，但随着聪明巧智而来的，便是狡诈算计乃至堕落，自然无为的境界破坏了，社会混乱了，盗贼丛生了，人世的各种磨难也随之而来。在这样的情况下，执政者只有做到"绝圣弃智""绝仁弃义""绝巧弃利"，才能真正使人性复归到素朴的婴儿状态，重归"甘其食，美其服，安其居，乐其俗"的和谐安乐的理想国度。这是老子治道思想中一个耀眼的亮点，且这个亮点的光芒烛照了两千多年，至今依然熠熠生辉。

1. 三绝三弃，孰绝孰弃

关于"三绝三弃"，争议最大的问题，即此章中所言绝弃之事乃对谁而言。说得更为直接一点，老子要让谁绝弃圣智、仁义、巧利？这个问题能够准确回答，其他问题也就迎刃而解。

一种看法是"绝"指灭绝，"弃"指抛弃，"三绝三弃"应是针对统治者而言。在"三绝三弃"里，"圣"是聪明的意思，而不是老子在他文里所特指的圣人；"智"则指巧智，意为投机取巧之智；"仁""义"其含义为基于人为主观意识所刻意建立起来道德规范和社会秩序，与孔子和儒家后世所赋予的"仁""义"内涵不尽相同。至于"巧""利"，在实际中本含有贬义，更好理解一些。"巧"做巧诈解，"利"则可理解财货。如此，该句可译为：国家治理者应摒弃聪明巧智的做法，民众就可以得到百倍的好处；国家治理者摒弃虚假文饰的仁义，人们就可以回归孝慈；国家治理者摒弃巧诈和财货，社会上盗贼就可以销声匿迹。这种解读，是从"帝王之学"的角度来认定"三绝三弃"的主体的，即认为老子的治国之策是用来告诫那些统治者的，而不是平民百姓。

另一种看法认为"三绝三弃"的主体是平民百姓。意思是只要民众抛弃聪明智巧，就会百倍得利；民众抛弃假仁假义，就会回归慈孝；民众抛弃巧诈利益，盗贼就会消失。老子在这里告诫人们"绝圣"不过是不要以聪明为招摇，"弃智"不过是不要以才智为炫耀。"三绝三弃"表达的是老子"过犹不及"的道理。因此，有不少学者将"三绝三弃"视为老子教育思想的体现，即老子认为教育百姓，只要绝弃了圣智、仁义、巧利，就能复归原始的朴质本性，天下变得平安和谐，就可以实施无为而治了。也就是说，"三绝三弃"是针对老百姓的教育，同样是为其无为而治服务的。而基于这样的理解，有一些学者乃至将"三绝三弃"视为一种愚民教育。而与之相类的说法认为，"绝圣弃智"是老子建议统治者教育民众不要有偶像（圣贤）崇拜的心理，并且要放弃利用智谋（投机取巧、弄虚作假、虚荣、欺世盗名）去获取不正当利益的行为和想法，等等。

还有一种解读颇为别出心裁。把"绝"解释为"极、完全"的意思：极致的聪明是抛弃肤浅的伪智慧，让民众获得百倍的好处；极致的仁爱不需要义气帮衬，就能让民众回归孝慈；极致的巧可以弃去利的刺激，而让盗贼消失。这种解读，也有可圈点的地方。

……

笔者认为，可以从《道德经》写作者的身份及其写作背景，探讨"三绝三弃"究竟是让谁"绝"谁"弃"这个问题。

据传，老子的《道德经》是其出函谷关时，应守关官员尹喜的要求，驻留在函谷关写下的。此前，老子是周王室图书馆官员，管理国家的典籍。而当时的典籍是国之重器，且只为官府使用的。所谓学在官府，只有官府的人才有资格读到，只有在官府的人才能读懂。即使春秋时期已经"学下官府"，但能够接触学问者，最不济也是破落的士大夫子弟，是仍有可能成为国家需要的人才。因此，笔者认为，老子撰书，应该是对那些国家治理者的劝诫，而不是对民众的普遍性要求。所以，《道德经》到处都是写着"圣人""大人"该怎么样，不该怎么样，而其中的"民"都处于"使动""被动"地位。可以说，后世的读者，特别是国家治理者，多从中汲取无为而治的智慧。"三绝三弃"是实现无为而治的前提。这也是后世一直把《道德经》当作"帝王之学"的根本原因。

事实上，在老子时代，"上智与下愚不移"的观念在士大夫阶层是根深蒂固的，圣智仁义巧利等与下愚的民众根本挂不上钩，下愚的民众亦无圣智仁义巧利可绝弃，也没有绝弃圣智仁义巧利的强大力量。从这一点来看，老子不可能提出让老百姓绝圣弃智的教育主张。将老子的"三绝三弃"斥之为愚民教育观，那就更不妥了。

所以，尽管"三绝三弃"有多种解读。但每种解读都无法回避这个问题——"三绝三弃"的主语是什么？老子距离我们太遥远了，且当时的语言文字的不完整，使我们难以断定老子的本意，出现多种解读的情况是正常的。以"老子之说是帝王之学"为前提，则有可能取得相对一致的认识。

2.三绝三弃，其意何解

"圣""智""仁""义""巧""利"的真正含义是什么？不同的理解也会导致不同的答案。

关于"三绝三弃"的内容，如果站在儒家的立场上解读，肯定得不到正解。因为老子提出的要绝弃的东西，除了"巧""利"不大为儒家认可之外，"圣""智""仁""义"皆是儒家极力推崇的东西，他们认为是圣人需要具备的品质。可是，从字面上的意思来看，老子对儒家所推崇的圣、智、仁、义却是持否定态度的，认为都是统治者扰民的"有为"之举，是欺骗百姓的"文饰"，是造成道德沦丧、六亲不和、盗贼迭起的根源所在，是不可取的，应当被杜绝和抛弃。因此，老子提出了"三绝三弃"之后，似乎意犹未尽，又补充说："此三者以为文，不足。故令有所属。"还需要"见素抱朴，少私寡欲，绝学无忧。"

按照上面的解读思路，对"三绝三弃"可作如下理解，如果君王杜绝和抛弃聪明智谋，就可以使民众获得百倍的好处；如果君王杜绝和抛弃虚假的仁义，就可以使民众恢复孝慈的天性；如果杜绝和抛弃用巧诈追逐利益，就可以使盗贼绝迹。这里实际上还是体现的无为而治思想。在老子看来，对待民众不需要使用什么计谋，也不需要用道德绑架，更不需要用利益去刺激。只需要用"赤子之心"去对待，不把自己的任何想法与做法强加于民众，就达到了无为而治的目的。

如果，联系老子在其他篇章里所否定的内容，应该对这里老子"绝弃"的用意更多一些领悟。其实，在这一章之前，就已经对"三绝三弃"作了铺垫。前一章写道："大道废，有仁义；智慧出，有大伪；六亲不和，有孝慈；国家昏乱，有忠臣。"说明"三绝三弃"，是大道废弛、国家昏乱时期的产物。而在更前面的一章里，还提出"不尚贤，使民不争；不贵难得之货，使民不为盗；不见可欲，使民心不乱"（《道德经》第3章）。他认为，作为统治者不能标榜崇尚贤能之人，不能看重珍稀昂贵之物，不能炫耀那些可以引起人们贪欲的东西，否则就会引起民众的争名夺利，盗物窃财，欲望横生，民心大乱。

还有一种观点认为，老子在《道德经》中所谈论到的教育对象并非是单一的，而是包含了两类人：一类是有资格追求大道的人，指王侯、贵族等各统治者；另一类是没有资格追求大道的人，即平民、百姓等被统治者。所以，老子对于教育有两种态度。对于统治者而言，老子更希望他们能够遵循大道，像真正的圣人一样"自知不自见，自爱不自贵"，"处无为之事，行不教之言"，如此方能和光同尘，韬光养晦，才能将国家治理成真正的大和之世。老子所说的"绝圣弃智"不过是指要统治者禁绝抛弃世俗中宣扬的圣智、仁义、巧利的诱惑，能够保持一颗追求大道的清静之心。而对于民众的态度，老子是很复杂的，他一方面仁慈宽容，大胆宣扬"天地不仁，以万物为刍狗；圣人不仁，以百姓为刍狗"等蕴含着众生平等理念的观点，告诫统治者"无狎其所居，无厌其所生。夫唯不厌，是以不厌"；一方面又谨慎不安，直言"是以圣人之治，虚其心，实其腹，弱其志，强其骨。常使民无知无欲，使夫智者不敢为也"。他是希望君王教育民众之中的智者，同时也要绝弃那些不好的东西。

不管"三绝三弃"的主体是谁，其要绝弃的东西都是为老子所否定的，是与无为之治不相容的东西。

3.三绝三弃，于民何得

老子认为，乱世之中，纵有英雄辈出，百姓却颠沛流离，民生凋零。作为一个心怀天下的智者，老子希望社会安定和谐，人民安居乐业。可惜因为有了无法约束的野心家，使得民众成为他们获取利益的牺牲品。而乱世中虚伪的仁义道德、礼智教化则成了滋生野心家的土壤。如此，为了获取和谐安定的生活，不如使民无知，使君无为。他的这种教育理念无疑是消极的、保守的。可是在那个动乱时代，老子认为教化民众弊大于利。在他看来，民智大开即便会令社会发展，但也会造成社会动荡。因为无法消除"开民智"所带来的可以预见的不良后果，所以老子宁愿让民众保持原有的单纯质朴，顺其自然天性进行自然而然的发展。这才是老子心目中的真正的"道"。

道既是天地万物之源，也是无为而治的理论基础。因而，当老子分析时事、针砭时弊时，他从"道"的角度出发寻找社会动荡的根本原因，认为"大道废，有仁义；智慧出，有大伪；六亲不和，有孝慈；国家昏乱，有忠臣"，"故失道而后德，失德而后仁，失仁而后义，失义而后礼。失礼者，忠信之薄而乱之首"。仁义礼智，文明教化都是大道败坏的产物，都是破坏了道的自然性所致。而大道败坏，又使君王的许多做法离经叛道。因之，解决之途径，就是统治者"三绝三弃"，效法天道，无私无欲，公正公平，以无为之治善待百姓，善待万物，而不是想尽办法激发百姓的欲望。所以，老子在《道德经》第2章初揭"无为之治"内涵，提出"圣人处无为之事，行不言之教"的基本要求之后，紧承上章余意，在第3章进一步阐释了君王"无为而治"所采取的举措和结果——"不尚贤，使民不争；不贵难得之货，使民不为盗；不见可欲，使民心不乱"。

我们想到马克思曾引用的一句话："资本家害怕没有利润或利润太少，

就像自然界害怕真空一样。一旦有适当的利润，资本家就大胆起来。如果有百分之十的利润，他就保证到处被使用；有百分之二十的利润，他就活跃起来；有百分之五十的利润，他就铤而走险；为了百分之一百的利润，他就敢践踏一切人间法律；有百分之三百的利润，他就敢犯任何罪行，甚至冒绞死的危险。"对金钱利益的强烈占有欲可以使人们变得无法无天。这一点，古今中外的逐利者概莫能外。老子早在2000多年前就认识到了这一点，所以极力主张君王减少让群众追逐私利的机会，使社会上无利可追逐。社会上无利可图，也就不会产生受利益引诱而铤而走险的盗贼，民众也就不会因追逐暴利而骚乱。联系老子提出的"不尚贤""不贵货""不见可欲"，就更能理解"三绝三弃"里表现出来的无为而治思想。因为按照一般的治理方法，就是织密法网，加大打击力度，采取种种办法剿灭盗贼。但这是一种治标。而使民众"虚其心，实其腹，弱其志，强其骨""无知无欲"，即使民众中少数有才智者明白如何去争名夺利、满足私欲，也不敢真的去做，才能铲除滋生盗贼的土壤、抑制民众因争夺名利而引起的动乱。这才是真正的治本之策，也是无为而治的精髓所在，更是"三绝三弃"给民众带来的百倍好处。

"三绝三弃"给民众带来一个没有争斗动乱的社会；"三绝三弃"可以消弭社会上盗贼之患；"三绝三弃"换来清静无为、长治久安的良治之境。

由此而言，圣人要实施无为之治，就必须"三绝三弃"！

延伸阅读 **棋喻庄公**

一日，齐庄公正在花园里与妃子下棋，听说晏子有事情前来求见，就撇下妃子，又忙着与晏子下起了棋来。晏子摆开阵势，连连用强，一会儿工夫就吃了齐庄公的不少棋子，占尽优势，但不知为什么走了几步棋后，棋局却发生了奇妙的变化，齐庄公居然稳扎稳打，转败为胜。

齐庄公疑惑地问晏子："为什么这局棋你会下得如此差呢？"

晏子手指着棋盘说："下棋是这样，治理国家也是这样，如今各国的状况，对我而言，我已经很难胜任相国的重任了。"

齐庄公一听吃了一惊，忙问晏子为何。

晏子说："近年来，由于您偏爱勇武有力的大臣，使武夫们滋长了骄傲的情绪，傲视文臣，欺压百姓，闹得京城乌烟瘴气，许多有才干的文臣得不到重用，官气民风越来越差，若这些人不加约束，势必会闹出乱子来。"

齐庄公有些自知自明，但身为国君，放不下架子，还是不服气地质问道："请相国直言，古代有没有哪一个国家不是武力来安邦治国呢？"

晏子说："夏朝末年，有大力士推移、大戏，殷朝末年有勇士弗仲、恶吏，这些人都是神力无边，有万夫不当之勇，可他们却并没有挽救夏桀、殷纣的灭亡。夏商的覆灭告诉我们一个道理，光靠武力而不行仁政，是行不通的。"

晏子开始下棋时，势如猛虎，顾前不顾后，待到后来想要挽救败局，为时已晚，他故意以此来引出齐庄公话题，并顺势提出转变以武治国而实施仁政的想法。齐庄公仔细体味晏子的肺腑之言，认为他说得对，就恭敬地表示感谢，并同意从今以后省刑轻赋，息武昌文，实施仁政，以固国本，让文臣能够亲近自己。

三、无为而治，创现代版

当代中国，是一个由 56 个民族组成的大家庭，无论是疆域人口，还是经济规模，抑或综合实力，都是不折不扣的大国。治理这样的大国，能否采用无为而治呢？或者说，在现当代，国家政府是以一个什么样的治理者角色出现呢？

1. 为民谋利，不争民利

按照我们对老子"无为无不为"的理解，"无为而治"并不是让国家治理者什么事情都不做，而是做好老百姓希望政府做的所有事情，做好所有能为老百姓谋利的事情，而不做给老百姓增加负担，或让老百姓不高兴的事情，特别是不做与民争利的事情。

无为而治是为民谋利的治道，而不是与民争利的治道。

历史上，每当一个新朝替换旧朝时，几乎都采用无为而治的举措，都重点突出"与民休息"。怎么与民休息？其实不仅是给民众提供休养生息的机会，或者减少徭役赋税，还包括其他一些为民谋利的事情，例如用军队开疆拓土，与周边的民族缔结友好关系，惩治不法之徒以维护社会的安宁，兴修水利、巩固堤防，灾年赈济，均田济贫……都直接或间接地为民谋利。中国古代社会以自给自足的小农经济为主，农民自身没有多少收入，没有太多的利让官家去争。如果官家去争，就等于不给农民活路，可能导致民怨沸腾，动摇政权。

公器为公、公权为民，这是由中国共产党的性质和宗旨决定的。长期以来，中国共产党始终奉行"立党为公、执政为民"的执政理念，坚持权为民所用、情为民所系、利为民所谋，始终把实现好、维护好、发展好最广大人民群众的根本利益作为全部工作的出发点和落脚点。中国共产党领导下的政府是人民政府，在国家治理上，同样把为民谋利放在首要的位置。特别是改革开放以来，致力于贯彻"以人为本"的执政方针，将改善民生、为民谋利、努力建成小康社会作为眼下最为迫切实现的目标。

但是，有一段时间，特别是由计划经济向市场经济转轨的初期，对于市场经济还处于"摸着石头过河"的阶段，一些地方在摸索的过程中出现了偏差，把什么都与市场经济挂钩，一切都与经济效益联系起来，乃至认为收取一定的费用可提高办事效率，从而导致政府部门的一些公职人员忘记了服务宗旨，把"为人民服务"变成了"为人民币服务"。"有钱有服务，没钱不服务，多钱多服务，少钱少服务"。更有甚者，在 20 世纪 90 年代掀起的全民经商高潮中，利益的驱动，把几乎所有行政事业单位，甚至军队，都推上经商之路。这些吃财政饭的部门单位，利用掌握的国有资源和手中的权柄，通过各种途径"创收"，把"创收"的款项用于解决本单位职工的福利。一些非经营性行政事业单位，甚至专门设置了服务公司之类的创收机构，抽出专门的干部，挪用财政拨款，大做生意，由于拥有的资源与经费比一般民营企业还多，其经济收益甚至超过原单位的财政拨款；还有些事业科研单位把创办的经营实体当成了主业而置科研不顾……尤其是两个关乎民生根本利益的领域——教育和医疗的市场化，本意是通过市场化解决教育医疗经费不足的问题，以促进教育医疗事业的发展，最后却成了赤裸裸地与民争利，或者剥夺了本应属于民众的利，而这两个领域通过市场化确实得到了发展，仅民办学校与私人医院的数量都超过了公办的。

　　检验当代的国家治理是否良治，是否为民谋利是一个极其重要的标准。但是，要真正明确什么才是为民谋利也并非易事。现实中，许多事情最初都打着为民谋利的幌子，最后却变成了与民争利。例如，一些地方搞城市化建设出现的强征、强拆及土地财政，就是突出的与民争利现象。一些地方时不时举行的生活必需品涨价的听证会，就带有一些与民争利的味道……当然，政府正在努力改变过去出现的偏差，正在坚决撤除一切与民争利的行为。国务院自 2013 年开展的"放管服"改革，至今已经取消了数百项付费项目，就是最切实的还利于民。而从进入 21 世纪以来实施的一系列惠民政策，就是切切实实地为民谋利，为民挣利。这些惠民政策有：提高个人所得税起征点，提高农民工待遇，取消农业税，免除农村义务教育学杂费，基本卫生保健制度覆盖城乡，形成积极就业政策体系，西部地区"两基"攻坚计划，加快农村基础设施建设，解决低收入家庭住房问题，提高企业退休人员养老金，建立城乡居民最低生活保障制度，新型农村合作医疗制度建设……

为民"挣利"而不"争利"，改善人民生活、增进人民福祉，永远是中国共产党和中国政府一脉相承的执政立场、一如既往的赤子之心、一以贯之的价值坚守。只要中国特色社会主义大旗永远高举，中国人民的幸福获得感将更强，中国复兴之梦将圆得更好，中国共产党的执政地位将更牢。

2. 简政放权，做好"放管服"

我国政府在简政放权方面，可谓是大刀阔斧。光是机构改革就进行过近十次，而且每次的机构改革，都有一个重要的内容，便是精简机构。但是，每次机构改革之后不久，机构又出现新的膨胀。从而形成了"膨胀—精简—再膨胀—再精简"的怪圈。经过全社会多年的探索，终于找到形成怪圈的症结：过去精简机构，只盯着那些政府部门的牌子和门楼子，却忽略了一个最要紧的事情，被精简部门的原来所管的事情——权力都到哪里去了？包括把几个单位合并成一个单位，也似乎只是摘掉了一块牌子，撤掉了一个门楼子。但摘掉了牌子的单位原来要管的事情却没有精简。单位撤了，事情还要做，特别是一些带有专业性的事情。但合并了新部门，由于事情太多管不过来，只得慢慢增加人手。而人手多了又出现新矛盾，最后，只得换个名目另立一个牌子，慢慢地，精简的机构又恢复了，甚至人数增加得更多。

2013 年新一届政府成立，开展了新一轮机构改革，并找到了一条新路子，把简政放权作为深化改革的"当头炮"，一举下放和取消了 334 项行政审批事项，政府只作监督。这个改革取得成效之后，国务院于 2015 年在简政放权方面实行了全方位的改革，将其简称为"放管服"。

"放管服"，就是简政放权、放管结合、优化服务的简称。"放"即简政放权，降低准入门槛；"管"即创新监管，促进公平竞争；"服"即高效服务，营造便利环境。

"放"，指中央政府下放行政权，减少没有法律依据和法律授权的行政权；理清多个部门重复管理的行政权。"放"的直观表现为取消了一批行政审批和许可事项。提出"放管服"的当年，国务院决定取消和下放管理层级的行政审批项目94项、决定取消的职业资格许可和认定事项67项、决定取消的评比达标表彰项目10项、决定改为后置审批的工商登记前置审批事项21项、决定保留的工商登记前置审批事项34项，与此同时，各省区市也根据本地实际情况，除去中央明确要取消的项目之外，也相应消减了本省历年逐步增加的一些收费项目和审批事项。这些"放"的项目，要把多少人从烦琐的事务中解放出来，又给多少企业民众带来优惠与便利！

"管"，指政府部门在创新和加强监管职能的基础上，利用新技术新手段加强监管体制创新。例如，运用大数据管理，就有效地提升社会治理的实时性、精准性以及政府工作效率，从而有效节约公共开支，提升公共服务水平；使政府能够利用大数据技术科学预测群众对于各种公共服务与产品的诉求，以便及时为群众供给更为优质的公共服务和产品，深度挖掘群众的现实诉求，从而提升公共服务供给的精准性；有助于政府实时分析社会状况，及时处理社会事务，响应群众诉求，进而提升政府对社会事件的防控治理能力，有效维护广大群众的基本权益。

"服"，给企业与民众提供最大的实惠。把过去的政府干预变成最实在的服务，变成了市场经济的"守夜人"。这是"放管服"改革的最大亮点。通过"放管服"改革，把一些政府行政部门变成了服务部门。同时，将政府各个职能部门的服务项目集中起来，组建服务大厅，实行行政审批业务和行政许可公共服务类事项的一条龙服务，大大节省了企业和民众办事的时间费用。将市场的事推向市场来决定，减少对市场主体过多的行政审批等行为，降低市场主体市场运行的行政成本，促进市场主体的活力和创新能力。一个十分明显的变化，就是窗口服务增加了。只要手续齐全，就可以一条龙地把过去几个月才能办好的事情在几个小时内完成。

"放管服"，某种意义上讲，是现代政府的"无为而治"。那就是政府的作为，不是去管卡压。正如我们在前面所提到的，无为而治的"无为"，是政府在干预、限制方面的"无为"，却是在服务民众方面的"有为"。"放管服"改革从企业公众角度来推进政府变革，把过去政府与市场的关系颠倒过来，由政府本位、部门本位变成了企业本位、公众本位，真正践行了以人民为中心的发展理念。改革结果利企便民，成本更低，让企业和公众有更多的获得感。

"放管服"改革的出发点和落脚点，就是要通过优化营商环境来推动经济社会发展，为提高人民生活水平、满足民生需求创造条件。具体来说，简政放权可以激发各类市场主体活力，使之有更大发展空间，放手创业兴业，创造财富；放管结合，公平监管，可以促进公平竞争，优胜劣汰，更好地体现公平正义；优化政府服务，利企便民，可以让人民群众"办事不求人"，得到多样化、便利化的政府服务，提高生产生活质量。这些改革创新举措，都为满足人民对美好生活的新期待创造了条件，有助于增强人民群众的获得感、幸福感和安全感。

3.服务型政府，全力打造

中国共产党的宗旨就是为人民服务。中国共产党领导下的政府，就应该是一个为人民服务的政府。早在新中国成立前夜，新中国缔造者之一毛泽东同志就阐释了党的宗旨。他说："我们的共产党和共产党所领导的八路军、新四军，是革命的队伍。我们这个队伍完全是为着解放人民的，是彻底地为人民的利益工作的。"

新中国成立之后建立的人民政府，最初在为人民服务方面也还是做得不错的。树立的几个标杆，如王进喜、焦裕禄、雷锋，对社会的号召力、感召力也是十分强烈的。但是，随着社会经济的快速增长，随着社会的持续平安稳定发展，逐渐出现了一些怠政现象：机构膨胀、冗员激增，人浮于事，且官气十足……用那时的流行话说，一些干部开始变"修"了。虽没有与民争利，但却大量耗损国家财政。

政府机构臃肿一直为社会诟病。按照传统的治国治人的观念，如果政府的职能重点放在管理社会、管理民众，那么确实有大量的冗员。

但是，如果让政府工作人员把管理变成服务，真正履行人民政府为人民的初心，并在观念和行为上实现转变，把管理型政府彻底变成一个服务型政府，那么就不会出现机构冗员繁多的现象了，也不会有人批评政府机构臃肿了。因为，服务型行业是一个人员密集性行业。现代人，需要服务的方面太多太多。过去的衣食住行，都是自给、半自给，且个人的需求简单，需要的服务很少。而在市场经济背景下，分工更加细致，人民生活水平提高，各方面的需求急速增长，需要服务的项目越来越多。而且，许多服务项目需要政府的参与协调才能得到满足。因此，如果政府真正变成服务型政府，必须会增加服务人员——不是管理民众的官员增加，而是服务民众的公务员增加，人员增加成了应然。

从党的十八大以来，就已经开始实施政府转型的大战略。政府改革从行政审批改革切入，大量削减行政审批事项；此后，进一步落实事前—事中—事后管理原则，分类施策，大力推进"放管服"改革。党的十九大之后，政府更加注重解决体制性深层次障碍，推出一系列重大改革举措，有效化解了一批结构性矛盾，在诸多领域实现了系统性重塑、整体性重构。例如，各地产生了诸如"一站式服务""一窗受理，集成服务""最多跑一次""不见面审批""街乡吹哨、部门报到""接诉即办"等制度或实践，这是加强全面深化改革顶层设计和尊重基层首创精神相结合的产物。再如，通过简政放权、放管结合、优化服务，有力激发和释放了市场主体活力。世界银行发布的《2020营商环境报告》显示，中国营商环境排名由2018年的第46位跃升为2019年的第31位；在经济下行压力加大的形势下，新登记市场主体数活跃，外资仍保持适度增长，数字经济、创客经济、孵化器企业、人工智能、5G应用、平台经济等具有创新性的新产业、新业态、新商业模式快速增长。

经过几年的简政放权的改革实践，通过不断赋能、试错、迭代、总结、制度化，为建设人民满意的服务型政府积累了宝贵的经验，建立服务型政府已是民心所向，大势所趋。党的十九届四中全会顺势而为，正式发出了动员令。全会决议中提出："必须坚持一切行政机关为人民服务、对人民负责、受人民监督，创新行政方式，提高行政效能，建设人民满意的服务型政府。"

结合近年来丰富密集活跃的实践，中国政府对打造一个良好服务型政府以实现国家的良善治理，有了更加明确的方向与目标，有专家归纳出六个方面：

一是服务型政府坚持以人民为中心，一方面解决一批居民部门最关切最直接最现实的民生问题，另一方面努力同步记录和系统梳理中国治理的问题清单，并将之转化为国家治理的任务清单，为人民群众提供更具获得感、幸福感、安全感的"有感服务"。

二是创新政府治理方式，建立民主协商、社会协同、公众参与、法治保障、科技支撑的政府治理体制机制，努力提升制度化水平，消除由于放、管、服任何一个环节不到位而可能造成的治理风险和稳定压力，不失时机推动社会治理的健康育成和力量壮大。

三是坚持以服务为核心，整合系统资源，强化系统功能。着力处理好改革的顶层设计和分层对接的关系；处理好培育改革动能和增强改革动力的关系；谋划长远和立足当下的关系。

四是坚持以经济改革为重点，充分赋能放权，鼓励和尊重基层创新，各级政府根据创新案例和实践，形成战略构想、发展规划、政策举措和改革方案。

五是坚持优化营商环境，构建企业家参与涉企政策制定的体制机制。坚持"两个毫不动摇"，即坚持和完善我国社会主义基本经济制度，毫不动摇地巩固和发展公有制经济，毫不动摇地鼓励、支持、引导非公有制经济发展。政府营造各类市场主体公平竞争的市场环境、政策环境、法治环境，并注意增强涉及民营企业政策的科学性、规范性、协同性，提高政策的稳定性、透明性和可预期性，推动政策落地、落细、落实。

六是坚持以推进国家治理体系和治理能力现代化为目标，优化政府职责体系。政府扭转以 GDP 为主要衡量标准的政绩观念，牢牢把握和践行新发展理念，并在激励机制上下功夫，防止"文牍主义"、形式主义与腐败行为，激活蕴含在每一个社会成员身上的创造精神。

服务型政府的无为而治的理念应该是：老百姓关心什么、期盼什么，政府就要抓住什么、推进什么，通过理念、制度、政策、手段的综合变革，不断创造适应国情的新经验，丰富"中国之治"的博大内涵。

延伸阅读 审批长征图

在国务院实施"放管服"改革之前，企业要新立一个项目有多难？有一份审批长征图可以告诉你！

2014 年，海南省人大代表邢诒川在海南两会上"晒"出了他制作的"行政审批长征图"。长达 5 页的 A3 纸张，详细记录着一个投资项目从获得土地到办完手续的全过程。这幅行政审批"长征图"显示，一个投资项目从土地获得到办理房产证，需经过土地获取、方案审查、工程许可、联合图审、施工许可、预售许可、竣工验收、房产证办理 8 个阶段，经过 10 多家部门审批，30 多个环节，盖 100 多个图章，272 个审批日。注意，上面的审批流程的时限还只是政府规定的时限，但是实际所花的时间已远远超过 272 个工作日。他说，很多项目审批流程少则 1 年，多则 3 年。而另一位企业负责人则介绍说，他们企业有个地产项目从开始征地到落地，政府审批各种流程前后花了 5 年时间，其间经历了三届市长、五届区委书记。

"审批长征图"在呼唤政府的简政放权，在表达对政府"放管服"改革的渴望。

第三章　黄老之术　与民休息

——无为而治民得利

先秦，黄老之学与法家之学渊源颇深，法家的许多代表人物最初都不同程度地接受过黄老之学。据《史记·老子韩非列传》记载，如慎到早年曾学"黄老道德之术"，申不害是"本于黄老而主刑名"，韩非也"喜刑名法术之学，而其本归于黄老"。同时，法家与儒家也是关系匪浅，被后世尊为法家的开山祖师荀子，一直坚称自己是孔子之后的真正的儒家，而他的弟子李斯、韩非等其实也是因儒入法，这些大儒也都深谙黄老之学。秦汉之际，陆贾、贾谊、晁错等儒生以其主要论著和政治实践，表明他们也有比较多的法家思想，但是，他们在汉初实施黄老之学以治国的背景下，则多将其法、儒思想与黄老之学相融，使其法、儒思想笼上了道学思想的柔性之光。他们提出的一些治国主张虽然也突出法治，却削弱了秦朝时期法治的那种"唯刑是举"的霸气，并给德治留出了很大的空间。基于他们与先秦法家有了很大的不同，其政治思想与治国主张有别于先秦法家，故后人对他们很难定性，称之为"新道家"者有之，称之为"新法家"者有之，称之为"新儒家"者有之。但不管称为什么"家"，他们在治国理政方面提出的主张具有黄老之术特色：与民休息。这又决定了这一时期治国思想的方向——从"道"出发。因为，黄老之术的核心思想——无为而治思想落实在治国实践中，就是"与民休息"，而不用繁重的徭役苛税干扰他们，不用严酷的刑罚限制恐吓他们。

上一章讨论了"无为而治"中治国者该做些什么，这一章，继续"绝仁弃义，民利百倍"的话题，重点讨论"无为而治"给百姓带来了哪些好处。

一、立国之要，与民休息

"无为而治，与民休息"，是大汉立国所实施的第一项治国主张。汉朝的开国皇帝刘邦，属于从秦朝暴政阴影杀出的过来人，深感秦朝苛政严法及劳役赋税给老百姓带来的疾苦之深、创伤之巨，也深深认识到秦朝覆灭的根本原因——因暴政而失去民心。早在率军攻入关中之后，为收取民心，颁布了三项简明的法令：杀人者死，伤人及盗抵罪。这被后人称为"约法三章"。"约法三章"简明扼要，并不要求民众做什么，没有给民众任何方面的限制，主要是保护民众不再受侵害。此举深得民心，为后来的立国、治国定下了一个基调：一切治国举措着眼于安民、保民。在刘邦正式登基当皇帝之后，接受手下谋臣的意见：下马治国，运用黄老之术，实施了一系列定邦安民的举措，给民众以疗治战争伤痛、休养生息的时间与机会。

1. 与民休息，积蓄国力

如果说，前面的章节讲到"治大国若烹小鲜"，其要点"把握火候、少折腾"里蕴含着"无为而治"的治国思想，但那毕竟只是一个比喻。而"与民休息"，则是"无为而治"思想的具体实践。当然，一个大国完全消灭战争、完全取消赋税是不可能的，即使是现当代也不可能实现，但可以减少减轻啊。"与民休息"的实质，就是尽可能少地让老百姓为战争徭役所驱使，而干自己想干的事情。这样，在老百姓不因战争而苦，不因赋税而烦的情况下，能够安居乐业，创造属于自己的美好生活，通过休养生息，积蓄国力。而国家治理者，其所要做的事情，就是利用手中的权力，很好地保护民众，尽可能为之提供生产生活的良好保障。应该说，这是"与民休息"的真正内涵。

当然，要真正读懂"与民休息"，还要站在当时历史的背景下，弄清楚这几个字在当时所涵盖的具体内容。

应该说，在汉初提出的"与民休息"，是老子的"无为而治"的治国理念第一次在实际中践行，也是汉朝立国后刘邦下马治天下的首次尝试。事实上，汉朝立国之初，不仅满目疮痍，田地荒芜，天下饥馑，人民无以为生四处流亡，而且府库空虚，财政枯竭。在这样的情况下，采取秦朝的暴政苛刑强制性地将民众限制在土地上，强制性收取苛捐杂税，根本行不通，甚至可能逼得民众再次揭竿而起。应该说，"与民休息"是最为正确的治国选择——这样的治国策，几乎成了汉之后所有新朝立国之初的选择。

面对战争后的破败情景，刘邦接受了身边谋臣的建议，以黄老之术治国，主动给予民众休养生息的时间与空间，并对秦朝的律治制度进行了重大改革，使之缓和社会矛盾，恢复经济。后人将这期间与民休息的国策归纳为四点：一是明确治国理政的指导思想，无为而治，与民休息；二是文武并用，德刑相济，突出德治；三是罚不患薄，约法省刑；四是轻徭薄赋，以粟为赏罚。

从这四条治国举措所表达的意思来看，第一条虽没有实际内容，却是治国总纲，其他三条则是对总纲的体现与落实。

无为而治，对秦朝时期强横霸道的治理方式作了颠覆性的变革，表明了新君王的治国思想，让民众不再绝望地挣扎在无休止的征伐和劳役之中；与民休息，最大程度贯彻以黄老之术治国的初心，让民众在不受或少受官方干扰的情况下休养生息，以疗治先秦以来战争与暴政带来的巨大创伤。

当然，"与民休息"的说法并不是当时提出来的，据史载，"与民休息"这四个字最早出现在汉昭帝时期，《汉书·昭帝纪》："海内虚耗，户口减半，光知时务之要，轻徭薄赋，与民休息。"也就是说，汉昭帝时期的权臣霍光延续了汉初的黄老之治，并将汉初采取的一些举措归并为"与民休息"。汉代之后，历朝将"轻徭薄赋"这一类利民惠民的改革皆称为"与民休息"。如《清史稿·冯溥传》："临发，疏诸清心省事，与民休息。"《清史稿·后妃传·文宗孝钦显皇后》："并当整饬营伍，修明武备，选任贤能牧令，与民休息。"

其实，乾坤定矣——当政权全部归属于一家之后，除了要防范余敌的死灰复燃之外，大范围的征战已经不太需要了，不仅老百姓需要安定，长时间征战的军队也需要蓄精养锐、进行休整。而且，建立新王朝的君主忙着搭建新的朝廷班子，而无暇顾及下面的百姓……这些，是实现"无为而治，与民休息"主张的前提条件。而无为而治的结果，使汉朝经济有了大提升。《史记·平准书》对实施"与民休息"政策前后的情况作了对比：汉初"接秦之弊，民亡藏盖。自天子不能具钧驷，将相或乘牛车"，可是穷得连将军丞相这样的高官都只有牛车可乘的情况；而到汉武时期，则是"非遇水旱之灾，民则人给家足……都鄙廪庾皆满，而府库余货财。京师之钱累巨万，贯朽而不可校。太仓之粟陈陈相因，充溢露于外，至腐败不可食"。而且，不仅国强民富，也让民众在"休息"中康复了精气神，对新的朝代有了强烈的认同感、归属感，以身为大汉子民为傲。汉朝民众因与民休息政策带来对新王朝的认同感、归属感，经过两千年的积累沉淀，已然成了中华民族的文化基因，遗传至今。今天的中国人仍以说汉语、写汉文、穿汉服为傲，且将我国历代人民创造的物质文化和思想文化的总和称为"汉文化"。一般，对汉朝盛治，人们总会提"文景之治"或者"汉武盛世"。其实，汉朝的盛世只是在汉武帝之后稍有回落，至汉宣帝时期再现一个中兴盛世，这个盛世被史书称为"孝宣中兴"。这个盛世在文治上超过汉文帝，在武功上超过汉武帝。对于汉宣帝，刘向是这样评价的，"政教明，法令行，边境安，四夷清，单于款塞，天下殷富，百姓康乐，其治过于太宗（汉文帝）之时"。如果说，中国历史上哪个时代在经济、文化、科技、军事等各个方面都大大领先于世界，那么西汉王朝的汉宣中兴时期可谓首屈一指。日本史学家认为，汉宣帝时期汉朝的疆土达到了史无前例的 2560 万平方公里。

2. 约法省刑，民少约束

以黄老之术治国，带来国家治理方式的一个最大变化，便是让法令变得简约，刑罚变得宽平。在"刑不上大夫"的时代，对百姓来说，减轻刑罚的约束与限制，会让他们休养生息得更轻松一些，更能集中精力发展生产。

辅佐汉皇推行黄老之术的新道家，从秦朝的覆灭中得到的一个深刻的经验教训，便是认为"止天下于法令刑罚之中"祸国殃民。秦朝以法强国、以法统一天下，从而使得法令繁杂、刑罚纵横，几乎涉及方方面面，使人随时可能遭到株连、诛戮。《史记·陈涉世家》谈到了陈胜、吴广起义造反的根本原因与直接原因。根本原因是"天下苦秦久矣"，直接原因也是起义的导火索，便是"二世元年七月，发闾左适戍渔阳，九百人屯大泽乡。陈胜、吴广皆次当行，为屯长。会天大雨，道不通，度已失期。失期，法皆斩"。因"天大雨，道不通"而延误适戍时间，就要斩杀全体人员。与其"皆斩"，不如造反，或有一条生路，于是他们揭竿而起。这正如《新语·无为》所言，"事愈繁而天下愈乱，法愈滋而奸愈炽"。制定法律本是"禁暴安民"的，但制定的法律太多，最终适得其反。正如有学者分析的，"秦代律令多如秋天的茶草，法网密似凝聚的油脂，一切的一切'皆有法式'，结果酿成国破人亡的惨剧"，一针见血地道出律令繁多带来的弊端。

在汉初实施黄老之术治国者看来，要使社会安定有序，并不依赖于坚甲利兵和深刑苛法，相反却要做到约法省禁，蠲削繁苛。要像从前的圣君贤臣那样，"块然若无事，寂然若无声"（《新语·至德》），一切求其"合人情而后为之"（《汉书·晁错传》）。真正的"无为而治"，就是少给民众一些禁制，而增加一些保护措施，对于民众的治理，则要"设刑不厌轻""法不患薄"，尽可能地明德慎刑。《汉书·刑法志》记载，汉文帝在明令废除"收孥相左律令"时称，"法正则民悫（诚笃），罪当则民从"，认为一人犯罪，株及他人，乃是法不正、罪不当，这样的律令自当废除。

汉初吸取秦朝覆灭的教训，以"无为而治"为指导，吸收先秦儒家的"慎刑"思想，对历史法律制度历史沿袭下来的一些具体法律制度，废弃了秦代法律的严酷繁杂成分，由萧何参考战国时期李悝的《法经》，制定了崇尚宽简的《九章律》。《九章律》强调皇权至上，法自君出；强调礼法并用，以礼入法，强调德主刑辅，先教后刑，从而奠定了此后法制体系"礼刑一体"的基本框架，成为后世各个朝代制定律法必须参考的重要文献，被称为中国古代律法制度的重要奠基石。

《九章律》按照"约法省刑"的原则，对秦朝以后各国的律法进行了大刀阔斧的改革。改革体现在三个方面：一是废除一些重刑；二是"设刑不厌轻"，"法不患薄"；三是明德慎罚，罪刑相称，包括"哀矜折狱"，"省刑恤杀"。这些法律制度上的改革，皆为"无为而无不为"思想在法律领域的实施。

如果从更深处解析，我们还会发现，汉初实施的"约法省刑"，还受着老子的人性思想的影响。法家之所以强调法治，是因为他们认为人性本恶，必须用繁苛刑罚给予多方遏制。而老子的人性观，却是偏向本善。在《老子》里多次提到一个美好的形象——"婴儿"，希望在社会上迷失了本性的人能够"复归于婴儿"，回到人的最初的状态——无私无欲无知的纯"朴"状态——也是事物的真善美合为一的自然自为状态。虽然，许多人将老子的人性思想定义为自然人性观，但笔者认为，这其实也算是性善论的一种。既然人本善，何须加以繁苛刑罚限制，倒是应该增加可以保护善良的律令，让民众自然自如地发展。这才应该是所有道家、儒家主张"德主刑辅""无为而治"的人性依据。

延伸阅读 **文武并用，德刑相济**

秦之后，基于先秦法家的主张太过刚猛，给国家与民众带来的危害不小，且先秦法家代表人物结局多很悲惨。因之，后世少有自诩为"法家"者，或者公开声明自己是"法家"者。汉初的一些政治家，多是中和了黄老思想与法家思想的儒生。或者，是一些外儒内法（阳儒阴法）——表面推崇儒家思想，但实际操作上依赖法家思想。如陆贾、叔孙通、贾谊、韩婴、晁错等，他们的治国主张，往往就带有左右逢源的味道。他们在不否认法治作用的基础上，强调儒家的道德和礼仪在国家治理中的作用，主张"文武并用，德刑相济"，并在此基础上做到德主刑辅。

古人在德刑关系上，往往会将"德治"称为"文"，将"刑（法）治"称为"武"，并主张文武并用、德刑相济，且将德治置于法治之前。而在国家治理的实践中，既强调法为"天下之度量""人主之准绳"，要求统治者们"明法修身以为治"；又强调"积礼义"而不"积刑罚"，"议论务在宽厚"，"专务以德化民"，"兴于礼仪"等观点，虽然大多是先秦儒家关于德刑关系理论的翻版，但比先秦儒家幸运许多的是，他们的思想理论能够被当时的君王所接受，并变成了治国理政实际中所采取的基本战略方针和实用举措。当然，这一切都是在黄老之学的"无为而治"观的引导下实行的。可以说，"德刑相济"，既使礼义教化的价值和意义在"与民休息"的治理过程中得到凸显，也使法治的刚性在"德刑相济"的治理实践中得到中和。

3.轻徭薄赋，普惠百姓

有人说，如果秦灭六国之后也行黄老之术，中国的历史也许会被改写，中国的盛世也许从秦朝就开启。但是，历史从来没有"也许"。历史的真实就是：秦朝灭六国之后，并没有停止战争的步伐，也没有丝毫减轻民众重负的举动，而是加重了徭役赋税，继续征战，且大兴土木工程，修长城、建阿房宫等，弄得举国苦不堪言，并且激起了举国性的一呼百应的农民起义。

史载，秦朝的税负极高，农民要向朝廷缴纳1/3的收成。除了纳税之外还有繁重的兵役、徭役，男人每两三年就要服一次兵役，除此之外，还要给那些立功的官员或士兵服役。大量的劳动力在农忙时候去完成兵役、徭役，导致农田荒废，而且，秦国的法治极严，导致每年触犯刑律的人众多，犯罪者动不动被断手、断足，或者充军修长城做苦役……这一切，都是农民造反的导火索。

古代中国是一个农业大国，发展农业是国家富强的主要途径，国家财政的主要来源就是向农民征收赋税。"与民休息"政策的落脚点，就在于减轻农民的徭役，让农民有更多的时间去耕种，从而能够及时缴纳赋税；而在"轻徭"的同时，进一步减少其赋税，并提高粮食的价格，激起民众发展农业的积极性；此外，还鼓励农民通过多交纳粮食的方式，以求赏官爵或免除罪罚。也就是说，种田种好了，自己收的粮食多了，不仅犯法了有免罪的法子，而且想当官都有机会。可谓"耕而优则仕"啊！

刘邦是中国历史上第一位在全国范围内实行"轻徭薄赋"政策、实行"十五税一"低税率的皇帝，也就是农民的田产只用 1/15 作为田租上交。同时，汉朝时期，运用铁农具的牛耕是最重要的生产工具，最重要的犁地法是二牛抬杠。一些新式耕田法，如代田法、区田法相继诞生。此外，国家注重兴修水利，尤以关中地区为最。著名的水渠有成国渠、六辅渠、白渠等。东汉时期，出现了翻车和渴乌等水利工具，增加了农业生产效率。

汉文帝时期，算赋由每年 120 钱减至每人每年 40 钱，徭役则减至每 3 年服役一次。田租为三十税一，即田产的 1/30 作为田租上交。而为了进一步提高农民的生产积极性，汉文帝还采纳了晁错所上奏疏——《论贵粟疏》中的建议。这篇奏疏，全面论述了提高粮食价格——"贵粟"的重要性，其中提出重农抑商、入粟于官、拜爵除罪等一系列主张。这些主张，极大地促进了经济社会发展。

而到汉景帝时期，与民休息的国策并没有更替，而且贯彻得更为彻底。元年（前 156 年）春正月，下诏说："间者岁比不登，民多乏食，夭绝天年，朕甚痛之。郡国或硗狭，无所农桑系畜；或地饶广，荐草莽，水泉利，而不得徙。其议民欲徙广大地者听之。"准许百姓从贫瘠地区迁往土地肥沃地区，给了百姓更大的自由度。之后，他还多次下诏申明以农为立国之本，强调重本抑末。

"与民休息"治国方略，给百姓带来许多优惠政策，加上农民服徭役的时间大大减少，农民能够把大部分精力放在耕种上，根本不需要官府采取什么措施去督促。这促使了社会经济迅速恢复、发展，从而开创了中国封建社会的第一个盛世——"文景之治"。《汉书·食货志》记载，汉初至武帝即位的 70 年间"国家亡事，非遇水旱，则民人给家足，都鄙廪庾尽满，而府库余财。京师之钱累百巨万，贯朽而不可校。太仓之粟陈陈相因，充溢露积于外，腐败不可食。众庶街巷有马，阡陌之间成群，乘牝者摈而不得会聚。守闾阎者食粱肉；为吏者长子孙；居官者以为姓号。人人自爱而重犯法，先行谊而黜愧辱焉"。这一段形象描述，可谓对"文景之治"高度肯定，也意味着自汉初所制定的旨在巩固统一、与民休息的国策业已完成。

二、与民休息，泽及后世

汉初对国家的"无为而治"，使道家的理论第一次从山野登入殿堂，并由之产生一系列"与民休息"的治国良策，让民众在比较充分地休养生息的过程中，创造了一个持久的强盛时期。研史者发现，汉朝的盛世，其实并不只是停留在"文景之治"阶段，之后还有"汉武盛世""孝宣中兴"，其强盛延续近二百年。汉朝长盛不衰的一个最关键的原因，就在于保持了"与民休息""重农富民"政策的连续性。而西汉后期汉朝由盛而衰的原因，就在于皇帝放弃了与民休息的治国方针，导致土地兼并盛行、中央集权衰落，阶级矛盾加深，最终被权臣王莽窃取了皇位，建立了新朝。而之后刘邦九世孙刘秀起义结束新朝灭亡之后的军阀混战割据局面，建立东汉王朝，以表刘氏复兴之意。刘秀在位 33 年，大兴儒学、推崇气节，亦恢复前朝与民休息的国策，亲下诏曰："今国无善政，灾变不息，人不自保，而复欲远事边外乎！不如息民。"而在 62 岁逝世之前下遗诏说："我无益于百姓，后事都照孝文皇帝制度，务必俭省。刺史、二千石长吏都不要离开自己所在的城邑，不要派官员或通过驿传邮寄唁函吊唁。"由此看来，在汉朝文景时期履行比较成熟的"与民休息"政策，是中国治道中最为成功的方略，也是后世国家治理的范本。

1. 改制薄刑，法治里程

无为而治，与民休息，是中国治道的第一块里程碑。这块碑上，记载的一个重要内容，便是促进刑制改革。因为这项改革之艰难，经过文帝、景帝两代君王才大致完成，因之历史上把这次改制称为"文景改制"。这次改制，促进国家治理向人性化管理迈开了一大步，为中国历代法律制度建设确定了基本框架，在中国法制史上具有里程碑意义。

为什么把"文景改制"视为中国法制史上的里程碑？因为文景改革的最大亮点，便是按照黄老之术所要求的，实施以宽柔为主旋律的王道之治，将上古三代以来已实行了一千多年的"五刑"在刑罚制度的条文中废除。旧"五刑"（黥、劓、刖、宫、大辟）体系在国家法律制度中的解体，为确立封建制度下的新"五刑"（笞、杖、徒、流、死）奠定了基础。

从奴隶制社会因袭下来的五大重刑为"黥、劓、刖、宫、大辟"，前四项刑罚被称为"肉刑"，是一种人为地造成受刑人生理残废的刑罚。随着社会的发展和人类文明程度的逐步提高，传统的"五刑"，特别是其中的"肉刑"日益遭到反对。统治阶级中的有识之士也认识到，这种刑罚极不人道，不仅摧残罪犯的肉体，也摧毁罪犯的精神，同时破坏了劳动力，堵死了犯人的再生之路，不利于长治久安。因此，先秦时期"肉刑"的使用有所减少，除非不得已，其余时候则尽可能避免。

至秦朝时，由李斯主持制定了中国历史上第一部系统的成文法，其中肉刑地位下降，由主刑降为附属。然而，肉刑虽为主刑附属，但由于当时奉行的"法治""重刑"等理念及执法中的"轻罪重罚"的趋势，使降为附属的"肉刑"被施用得较前更滥。例如，以往"大辟"是立即执行的死刑，在秦代，凡判处腰斩的，先要具肉刑，经过墨、劓、刖、宫之后才行腰斩，让死刑犯在死前经历很长时间的巨大恐怖和痛苦，极不人道。而且，其他徒刑也都有肉刑相配。据《汉旧仪》所载，秦朝焚书坑儒时，对私藏儒家书籍者，就实施了"黥为城旦""斩右止为城旦"等肉刑与徒刑相结合的刑罚（黥刑又叫墨刑，就是在犯罪人的脸上刺字，然后涂上墨炭，作为犯罪标志，永久擦洗不掉，成为一生的耻辱。罪犯在受黥刑同时还斩掉右脚趾，然后到长城服苦役）。例如，秦末汉初的名将英布，因受秦律被黥，又称黥布。《史记》中他的传记就叫《黥布列传》。

其实，奴隶制旧"五刑"向封建制新"五刑"的实际过渡时间十分漫长，直到数百年后隋文帝制定《开皇律》时，才在法律文件中正式确定封建制"五刑"。汉代虽然已经在法律条文中废除了旧"五刑"，但很多时候被作为私刑而使用，特别是黥刑，直到清末光绪三十二年（1906年）修订《大清律例》时才被彻底废除。但是，没有文景帝时期走出在法律文件上废除肉刑这关键性的一步，古代刑制是难以产生这种根本性的变化的。

文景改制所实行的宽刑慎杀，让民众减轻了严刑苛律带来的恐惧。而其更深远的历史意义，则是体现在对中华法系基础的奠定。从汉之后各朝各代的律法制定，无不以大汉律为模本，在其基础上对刑律作损益增革的修订。

2.无为而治，尊崇儒家

"无为而治，与民休息"带来的第二大变化，便是使儒家地位变得尊崇起来。

汉代法律思想与法律制度的重大变革，趋向轻刑薄罚，且重视德治的自律，把儒家道德精神引入立法与司法领域，从而改变了汉代法律文化的风貌。本来儒与法是观点不同的两个学派，但从汉代起，两个学派有机地融合起来了，儒家立法成为中国法律史上的一道风景，而"引经决狱"和"据经解律"等儒家的法治观，也成为传统法律文化的主流。此外，道家、阴阳家的"推天道以明人事"的思维模式，也融入儒家的法治思想。

儒学地位的提高，以至于汉武帝时期董仲舒提出"罢黜百家，独尊儒术"的建议，即与皇帝思想一拍即合。同样，董仲舒提出的"独尊儒术"，与当时实施的黄老之术也是十分契合的。黄老的"无为而治"与儒家主张的"德治"有许多共通点。特别是儒家所追求的社会发展的最高境界——大同世界，亦与道家无为而治的追求有相通之处。当然，儒家的积极向上的"修身、齐家、治国、平天下"的有为观，更符合那些志向高远的君王的思想。但并不影响其"无为而治，与民休息"措施的实施，或者说能够促进这一措施的实施。儒家的民本思想，让"与民休息"的措施更有目的性——"与民休息"既是恤民、爱民，也是为了富民、得民。特别是儒家主张的道德教化能够促进民众善性的挖掘与养成，使无为而治获得更佳的治理效果——善性的民众会自觉地维护无为而治的安定环境。而"独尊儒术"的建议得到朝廷的采纳并实施，儒家的理论从此也成为帝王之学，也成为中华传统文化中的灵魂，传承两千多年而不隐。

但是，有一个问题需要辨析清楚：历史上将董仲舒的"罢黜百家，独尊儒术"这个建议，当作了汉代文化思想的总体发展趋势的结论，是否准确？笔者认为，这个结论其实是有所偏颇的。不错，汉武帝确实采纳了董仲舒的建议，将儒学地位提高到"独尊"的地步，但并没有"罢黜百家"，其他各家，在汉代的政治文化中仍然有着一席之地，且十分活跃。例如，参与改制的那些谋臣，皆受着先秦法家思想的影响；例如，阴阳五行学说在废除肉刑中就得到发展与强化，董仲舒将儒学神学化，就借助阴阳五行学的思想……特别是主导着汉代国家治理一百多年的黄老之学，就没有因为儒学的独尊而隐退。从这些方面来看，汉代的学术思想是活跃、多彩的。虽然儒家独尊，然百家亦未"罢黜"，而是在"无为而治"背景下有机地融合在一起了。

3.国策不变，惠民持续

汉虽有改制之举，但总体上秦汉法制其实还是一脉相承的。有研究者发现，汉律与秦律的相似度高达80%。《晋书·刑法志》："秦汉旧律，其文起自魏文侯师李悝，悝撰次诸国法著《法经》"，按《唐律疏议》记载说："周衰刑重，各国异制，魏文侯师于李悝，集诸国刑典，造《法经》六篇：一《盗法》、二《贼法》、三《囚法》、四《捕法》、五《杂法》、六《具法》。商鞅传授，改法为律。汉相萧何，更加悝所造《户》《兴》《厩》三篇，谓之九章之律。"可见秦汉之后的法律都是以《法经》为基础建立起来的。

大汉王朝能够长时间保持大治盛世，不仅与保持萧何所建立的大汉法律体系的连续性有关，也与其保持"无为而治"政策的连续性有关。前面说到的"萧规曹随"，及汉昭帝提到的"光知时务之要，轻徭薄赋，与民休息"，可看到无为而治国策传承的脉络。汉昭帝是汉武帝之后的皇帝，当时丞相是霍光，也采取的治国之策同样是"与民休息"。

不否认，汉武帝时期曾一度产生奢侈、黩武、方士之弊，使汉初的治国方略有所偏离，但汉武帝晚年自我反省过错，颁布罪己诏，而当众检讨说："朕即位以来，所为狂悖，使天下愁苦，不可追悔。自今事有伤百姓，靡费天下者，悉罢之！""当今务在禁苛暴，止擅赋，力本农，修马复令（因养马而免徭赋），以补缺，毋乏武备而已。"正由于汉武帝的治国方针发生转变，让大汉帝国重新回到与民休息、重视发展经济的轨道，从而使汉武帝"其所以有亡秦之失，而免亡秦之祸"（司马光在《资治通鉴》语）。也正是由于汉武帝重启汉初的休养生息、轻徭薄赋政策，致使国势趋于稳定，为孝宣中兴奠定了基础。东汉史学家班固在《汉书》中称赞他："后嗣得遵洪业，而有三代之风。如武帝之雄才大略，不改文、景之恭俭，以济斯民，虽《诗》《书》所称何有加焉。"

应该说，汉代的"无为而治"方略，开创了道学引导国家治理的里程碑。"无为而治，与民休息"几乎成了之后改朝换代、由乱转治的首选的治理方略。

延伸阅读　秦施苛刑暴政，始皇为二世"顶锅"

　　据 20 世纪 70 年代考古工作者在湖北云梦考古发现的秦代竹简中所记述的秦代律法内容来看，似乎也能找到秦汉法律的相互联系，律法条文内容，刑罚的轻重宽严程度亦大致相若。秦律并不是历代传说的严刑峻法，更不如史书所记载的，动辄给百姓扣上犯罪的帽子。如《史记》中提到的"陈胜起义"原因，是"失期皆斩"，与竹简上陈述的相关律法却大相悖离。竹简上记载了适戍失期应受到的惩罚是："如果没有按期抵达，失期 3 到 5 日，则会受到训斥。若是 6 到 10 日，则会受到罚款：铠甲一副。如果途中遇到突发状况，例如天气等影响，可以免除责罚。"应该说处罚是比较宽松的。云梦竹简的记录者，是生活在秦始皇三十年时期的一个小官吏，其记录的律法，应该是秦始皇在位达到巅峰时正在实施的律法，作为亲历者，其记载内容的真实程度很高。那么，为什么竹简与《史记》上记载的苛刑暴政差异那么大呢？这可从三方面分析原因：一是起义者为鼓动造反而夸大失期受惩的程度，因为服役的民众少有懂法的；二是史书作者以之证明汉朝推翻秦暴政的正当性；三是自秦二世之后，对早期律法进行大范围更改，使之变得严苛——这从秦二世时期赵高的指鹿为马、杀李斯，修阿房宫、秦陵等事可以看出，秦朝暴政苛刑主要是在秦二世时期形成的——而陈胜起义也是发生在律法被严重更改时期。由此可作这样的判断：后世所传的秦朝苛刑暴政，可能主要是秦二世所为。所以，可以进一步判断：汉初的文景改制，改的并非秦始皇时期制定的大秦律，应该是已经被秦二世大量更改且变得严苛残暴的法制。

4. 闷闷其政，淳淳其民

无为而治，应该让百姓达到一种什么样的状态呢？

老子在《道德经》第58章列出两种治理模式："其政闷闷，其民淳淳；其政察察，其民缺缺。"

"其政闷闷"中的"闷闷"并非今天语义上的苦闷状态，指的是为政者营造的一种宽厚、和谐的政治环境，这种环境熏陶下的百姓，也会变得淳朴厚道起来。

"其政察察"中的"察察"，则是形容那种制度森严、约束百姓的政治环境，在这样的环境下会激起人性恶那种状态，"缺缺"是一种狡黠状。俗话说：上有政策下有对策，政策越多对策越多。如果国家的行政手段以干预为主，将百姓的行为都约束在制度框架内，那么老百姓的淳朴之心就会消失，内心因得不到安全感而得不到满足，并变得狡猾蛮横起来。

老子用两种治理方式作对比，并呈示了两种治理方式获得的不同结果，虽未明确作出肯定与否定的选择，应该还是有一定的倾向性。不过，对比他提出的"无为而治"，他认为这两种治理方式皆有所不足。因为"祸兮，福之所倚；福兮，祸之所伏。孰知其极？其无正，正复为奇，善复为妖。人之迷，其日固久"。这两种治理方式在现实中的实践虽然各有一些效果。但很多时候难以把握尺度，而且一旦把握不好，就出现祸福变化与正邪善恶的转换。因此，人们对"闷闷"之政与"察察"之政的选择，很长时候感到困惑、游疑。

故此，老子认为，选择什么方式并不是最为重要的，关键是为政者自身做到什么样？如果为政者能够"方而不割，廉而不刿，直而不肆，光而不耀"，那就一定可以创造一个无为宽厚的政治氛围。从老子的阐释的句式来看，显然是承着上面的"祸福相倚、正复为奇"的论述而发挥的。"方、廉、直、光"本身隐藏着祸福相倚的因子：方，既可割人也可不割；廉，既可伤人也可不伤；直，既表现直爽也可变成放肆；光，既可照亮也会刺目。圣人为政，就能很好地处理这几个方面祸福相倚的关系，做到无为宽厚：为人方正却不割人，锐利而不伤人，直率而不放肆，光亮而不耀眼。这样，就能实现"闷闷"之政，使百姓安居乐业行善积德天下太平。

关于《道德经》第58章，不仅有多种版本，而且有多种解读。但不少解读没有抓住老子这一章的主旨，从而把这一章割裂得七零八落。笔者认为，细研《道德经》，我们会发现，其语言看似乎天马行空难以捕捉真意，其实每一章都有一个中心点，全章都会围绕这个中心点阐释。这一章开宗明义讲到圣人为政，并列举两种为政方式进行比较，那么，按照其逻辑结构，应该是顺延这个主题来阐释才合理。

三、以史为鉴，无为新政

汉朝以黄老之术治国，为后世留下了十分宝贵的经验。尤其是"与民休息"所包含的丰富的意蕴，对现代的国家治理，亦有着很大的启迪。事实上，中国自改革开放以来所实施的一系列举措，在"与民休息"的基础上更进了一步，变成了"与民机遇"——为民众提供致富发展的机遇，让民众在比较宽松的环境中，一心一意谋发展。

1.松绑解扣，激励发展

现代版的"无为而治，与民休息"，应该是采取一种正面的激励方式，在不增加民众负担、不干扰民众正常的生产生活的基础上，尽力排除外界对民众的干扰，给民众松绑解扣，让民众"八仙过海，各显神通"地致富发家。

当代中国方兴未艾的改革开放，是从农村起步的。改革初期，中国有9亿农民，其中大多数徘徊在贫困线。为了探索脱贫致富的路子，1978年，18位农民以"托孤"的方式，冒着极大的风险，立下生死状，在土地承包责任书上按下了红手印，率先实现家庭联产承包责任制。中央与地方政府经过反复调研，觉得小岗村农民的做法，确实是解放农村生产力的一条路子，也是解决中国问题的突破口。不仅对小岗村农民的做法予以充分肯定，还将小岗村联产承包责任制的经验做法向全国农村推广，从而打开了农村经济改革的大门。之后，改革由农村向其他经济领域推进，彻底打破了过去计划经济的桎梏，走出一条中国特色社会主义市场经济的新路。

在联产承包责任制的经验启迪下，乡镇企业、民营企业异军突起，迅猛发展，很快撑起了中国经济的半壁江山。有人总结民营经济发展迅速的原因，有一个最关键的原因，那就是政府对民营经济采取不干涉的政策，一方面通过各类优惠政策鼓励民营企业的发展，另一方面减少不必要的评比、达标、检查等行政活动，政府的"无为而治"，让民营企业能够甩开膀子大胆向前闯。

随着改革的深入，农村的联产承包责任制的内涵亦极大地拓展了。承包的土地，经营使用权全部交给农民。再后来，政策宽松到可以将承包权有偿流转。同时要求守住国家粮食安全所确定的耕地红线，任何人不得擅自在承包的土地上搭建永久性的建筑，或随意改变耕地性质。这样一来，农民更加自由了，爱种地的种地，不爱种地的可以从事其他多种经营，或者可以到城里打工。与之相应的，是政府放松了户籍管理制度，给劳动力的自由流动提供了比较宽松的条件，只要愿意，每一个人可以天南海北去寻找自我发展的机会。

2. 还利于民，普惠众生

汉初的"与民休息"，某种意义上讲，只是减轻民众的徭役赋税，还利于民，让民众在休养生息中，创造更多的财富。当代所制定的惠民利民政策，超过历史上的任何一个大治盛世，不仅让每一个百姓无衣食之虞，更是让百姓一步步走上富裕的小康之路。

这里，单以农村为例，列举当今政府"减负增收"的无为之治在农村是如何展开的：

一是实现联产承包责任制后，减轻农民负担。过去的一大二公的大集体体制强调农民的收益"大头交国家，小头留自己"，在联产承包责任制后改成"三提五统"。"三提"即公积金、公益金和管理费。"五统"是用于乡村两级办学（即农村教育事业费附加）、计划生育、优抚、民兵训练、修建乡村道路等民办公助事业的款项。几年后则试点取消"三提五统"，设农业税附加，2006年全国全面取消农业税及附加，让征收了两千多年的"皇粮国税"成为历史。不仅农民在承包土地上的收入全部归自己，而且农民为农村公共事业的投工投物还能获得相应的报酬。而且由于科技发展，农村种地成为一件轻松的事情。笔者做过一项留守农民调查，发现大部分农村的留守农民日子过得比较清闲，全年劳动时间仅占过去出集体工时间的20%左右，绝大多数时间在"休息"——打打小牌或走亲访友。

二是给予种粮补贴鼓励耕种，并提高粮食收购价格。有点类似战国时李悝在魏所行的"平籴"和汉朝实施的丰年购进粮食储存的"常平"政策。当然，比之古代为避免谷贱伤农而采取的平籴、常平等政策，当今的政策更惠农。国家在保持收购粮价与市场粮价平衡的情况下，另外给予一定额度的种粮直补。这项政策从2006年开始实行，2016年又作了新的调整，财政部、农业部印发《关于全面推开农业"三项补贴"改革工作的通知》，在全国全面推开农业"三项补贴"改革，将农作物良种补贴、种粮农民直接补贴和农资综合补贴合并为农业支持保护补贴，政策目标调整为支持耕地地力保护和粮食适度规模经营。除此之外，进入市场经济之后，政府对农民的种植也不再提出指令性的要求，而且经常安排技术人员下乡指导农民根据市场需求种养。市场需要什么种养什么，什么赚钱种养什么，农民生产的农产品可以自由进入市场，政府并为之开辟绿色通道，使之收益进一步提高。一句话，即使农民承包国家土地，国家不仅不从农民身上收取分文，而且倒贴。

三是将更多的公共福利落实到农村，农村的基础设施建设全部由国家财政负担。特别是新农村建设中，全国农村普遍提出的"五通十有"的标准："五通"即实现村村通路、通电、通自来水、通广播电视、通信息；"十有"即有旱涝保收田、有致富项目、有办公房、有卫生室服务、有卫生保洁制度、有学前教育、有文化活动室、有健身场所、有良好生态环境、有就业保障措施。"五通十有"的建设都有相应的标准要求，如"通路"一项，就要求是硬化的油路或水泥路，且村间路铺设到户。"五通十有"的建设费用，都是政府出大头，余由乡镇筹集，而个人不出任何费用。其间有农民投工的话，还能获得相应的报酬。

四是精准扶贫，让所有中国人都圆小康梦。扶贫开发是从20世纪80年代启动的，经过各级政府30多年的努力，扶贫工作进入尾声。为了能够保证中国农民在2020年全部迈入小康，中央政府于2019年又出台了五项扶贫政策：医疗"扶贫政策"、就业"扶贫政策"、人才"扶贫政策"、技能"扶贫政策"、社会保障"扶贫政策"。每项政策，都十分精准地落实到每一户贫困家庭与个人，不仅要把全体贫困户拉出贫困沼泽，还要带上致富路。

…………

正如一些学者探讨当代中国治理所得出的结论：当代中国政府的无为而治，应该是"不求有所为，而求有所在"。国家遇到再大困难也不去扰民，而民众在需要帮助的时候政府就出现了。就如老子展望的："非其鬼不神，其神不伤人。非其神不伤人，圣人亦不伤人。夫两不相伤，故德交归焉。"当代中国走进了国泰民安的大治新时代。

3.还权于民，村民自治

古代确实存在无为而治，但那是一种低级的无奈的无为而治。

在三皇五帝时代，国家还没有真正形成，处于部落联盟，社会文明初现端倪——处于蒙昧文明时期。而部落的治理，更多还是发挥大自然的丛林法则，强者为王，强者为尊。人类就依靠着与自然的搏斗而生存。应该说，中华始祖在此际所实施的无为而治，确实如老子所描述的大道之行的自然状况：民众都是自己在管自己，各自在谋求着生路。

到了奴隶社会，生产力提高，社会财产也丰富起来，整个社会交织着如蛛网般密集的利益关系了，丰富的物资刺激着人的欲望不断膨胀，为争夺利益而发生的战争频仍，任何一个国家都无法进行有效的治理。老子看到这一点，希望能建立一种没有战乱的社会秩序，在提出"治大国若烹小鲜"的治国理念之后，便在《道德经》末尾设计了一个"小国寡民"的理想蓝图。按照小国寡民的设计，无为而治的目标，只是让群众保持自然质朴的生产生活状态，推动自给自足的自然经济的发展。

封建社会的中国，国家政权只延伸到县一级。广大乡村则是"天高皇帝远"，属于化外之地，是朝廷想管也难管的地方。对这样的地方，政府既无为也无治。虽有乡里制度，但多是对农民的限制约束，不能保护农民的利益，而是为了更好收缴赋税，防止农民作乱造反。

民国时期，一些进步人士学习西方民主，在一些乡村开展民主建设，力图实行农村政治的自治化和民主化。在他们看来：中国以农立国已有数千年之久，人民绝大多数住在农村，因此中国的政治、经济和文化都应该以农村为基础和重心。就政治而言，即应建设"村本政治"，因为只有这样，才能使一切权利，根本在民，政权操于民众，治权始于乡村，只有乡村普遍建立了良好的民主自治制度，国家的政治才能实现民主和统一。从 20 世纪 30 年代，在各地皆进行过一些乡村自治试验。但是在当时专制统治的大背景下，这些民主试验从一开始就注定了失败的结局。

新中国的乡村民主实践，是从 1978 年起步的。以家庭联产承包责任制为基础的农村生产关系改革，开启了我国农村经济体制和政治体制改革，广大农村地区废除了集体经营、集体管理的生产队体制，在乡镇实行政社分开，建立乡镇人民政府，成立村民委员会，并实行了群众自治和基层直接民主的新体制。经过不懈的探索和实践，中国农村形成了以民主选举、民主决策、民主管理、民主监督等为基本内容的村民自治和直接民主制度，且扩展到城市社区，在中国民主政治建设和人权事业发展中发挥着日益重要的作用。

改革开放 40 多年，各种基层自治组织通过民主方式建立，并按照民主方式运行，给社会带来了基本秩序的稳定，并推动了整个国家的民主化进程，成了中国政治体制改革最深入的一个领域。它作为基层直接民主的有效形式，从根本上改变了长期以来中国社会普遍存在的自上而下的授权方式，将一种自下而上的乡村社会的公共权力产生的方式用制度确定下来。在基层民主组织里，实现了四个民主：民主选举、民主决策、民主管理和民主监督。

这种自治，最大的优势就是让自己能遵从群众的意愿，最大程度地对群众利益实现自我保护。事实上，社区自治达到的治理效果，比政府不停地干预所取得的效果要更好。可以说，这是现代政府实施的最成功的无为之治。

延伸阅读　乡里制度的建立与沿革

乡里制度，就是指中国古代县以下的各级基层行政区划的制度，也是中国传统社会的乡村治理模式。乡里行政制度具有宗法性与行政性的高度整合，集中反映了中国古代农村社会结构的一些特殊性。历代乡里制度都是以对全体乡村居民进行什伍编制为起点，以"什伍相保""什伍连坐"为基本组织原则的。它是君主专制主义国家政权结构中原基层的行政单位，拥有按比户口、宣布教化、督催赋税、摊派力役、维持治安、兼理司法的职权，被称为"治民之基"。

乡里制度发端于夏商周时期。"乡"本义指方向，在先秦文献中常被引申为表示某个方向的地域。"里"是人类的聚居地，是人们为了生产和生活的方便而形成的社会共同体。经过夏商的演化，到西周时期，随着国家机器的强化，乡里作为基层行政组织的性质日益明显。春秋战国时期，乡里作为地方基层组织的职能已经基本形成，具有了组织生产、征派徭役、维持治安、乡里选举、防灾防疫、婚丧祭祖等一系列社会职能。

秦汉时期，乡里管理体制由乡里自治体制、治安管理体制、行政管理体制构成。这个时期，乡里的社会职能更加完善，举凡国家的赋税、徭役、兵役及地方教化、狱讼、治安、乡里选举等，无不由其承担。

秦汉以后，乡里制度虽然几经变革，比如"村"的社会职能逐渐取代"里"的职能，比如隋时的乡、党、里的调整，但是乡里制度始终是国家政权在基层的治理模式，由国家任命乡官来领导各项事务。到宋朝，经过王安石变法，推行保甲制度，实行兵民合一，相关制度遂改为职役制，乡村组织首领不再是由地方政府任命的乡官，而成为由人丁和财产较多的人口承担的职役制，这种治理模式直到明、清时代一直沿用。

第四章　圣无常心　百姓为心

——老子民本思想对当代的启示

在《道德经》第 49 章里，老子描述了一个理想的执政者形象——"圣人无常心，以百姓心为心。善者吾善之，不善者吾亦善之，德善。信者吾信之，不信者吾亦信之，德信。圣人在天下，歙歙焉，为天下浑其心，百姓皆注其耳目，圣人皆孩之。"在老子看来，类似圣人那样的执政者，是没有平常人那样的私心杂念的，对于天下老百姓，圣人心里所想、眼里所看，是没有任何区别的"刍狗"，无高低贵贱之分。正因为任由百姓自然，所以他们的所言所行，都能获得老百姓如群星拥北斗那样的敬仰。而圣人则把百姓当成自己的孩子一样，既无亲疏之分，也无好坏之分，都会给予同样的关爱。后来的研究者皆认为，这一章就表达了老子的政治理想，即希望那些治国、平天下的君王大臣，能够像"圣人"那样，心里别无他心，只有老百姓。而只有心里装着老百姓，才能了解百姓疾苦，把百姓的喜怒哀乐感同身受，实施的治国举措才能深孚民心。

一、老子民本，君民一心

古代中国治道的一个最基本且为核心的概念，就是民本。民本思想自三皇五帝就见端倪。《尚书》曾借大禹之口，提出了"民为邦本，本固邦宁"的思想。民本思想成为中国治道的主旋律。历代不仅就固本宁邦提出了各种举措，也对君王与人民的关系提出了种种看法。各朝各代的贤明君王，都会以民为邦本而不断加固。同样，历代的智者也都会通过各种方式，以民本为发端而探讨王道之治，遂有各种民本之说。特别是在春秋战国时期的诸子那里，民本几乎成了百家争鸣的中心议题，如民为邦本之说、民贵君轻之说、君舟民水之说、君盂民水之说……在老子这里，民本思想似乎别具一格，并不只是强调爱民、重民、恤民等，更是如佛家一样，强调众生平等，圣人之心，就是百姓之心，圣人心中，只有百姓。

1. 圣无常心，百姓为心

按照一般人理解，圣人无常心，是没有寻常的利己私心欲念。其实，对这句话我们还可以这样理解：真正的圣人，是没有属于自己的心，却只有平等爱人的善心。在老子看来，"朕即国家"的古代，执政者胸怀天下，就是自己所统御的天下。"溥天之下，莫大王土；率土之滨，莫非王臣"。天下即朕，朕即天下，身心与天下合一了。因此，君王贤，天下贤，君王颓，天下颓，君王有道，天下有道，君王无道，天下无道。执政者的德行，与天下的兴衰有着密切的因果关系。

一个国家是千百万民众聚合而成的。没有民众的国家是不存在的，不被多数民众拥护的国家也是命不久长的。就如古人所说，失民心者失天下，得民心者得天下。也就是说，得民之心者方能称之为得民，也才算是真正得天下。而君王能够得天下之民心，就在于把天下百姓的心作为自己的心。

在老子看来，拥有天下的君王，真正做到以百姓之心为心者，往往把自己看得低低的，谦称自己为"孤家""寡人"——应该说，称孤道寡最初确实是一种自谦，但到一些独裁专制的君王那里，则变成一种自矜，把自己视为权倾天下的唯一人。所以，虽然很多时候在历史书籍上看到的是君王权倾天下、叱咤一声便风云变色的场景，其实他们是孤独的、不自由的。尽管他们身边护卫如云，看似在保卫他，何尝不是另一种意义上的行为限制、禁锢。当上了君王之后，他们担心有人会篡夺皇位，会谋害他们。当上了君王之后，再也难以迈出宫殿，根本不可能自由自在行走于属于自己的溥天王土，也无法与属于自己的子民有直接面对的机会。他们听到的民众声音、了解到的子民状况，往往是经过不知加工了多少回且已经大大失真的情况，针对失真的情况，又如何作出正确的决策？是以历史上的明君，身边都有心系民生的贤臣。这些贤臣大多体恤民情，知道民心之于江山社稷有根本的意义，所以，常会跟帝王讲起民间疾苦，将帝王之心与民心联结起来。

当然，也有一些出身贫寒的君王，或从小经受过磨难的君王，因为从小在社会饱受凌辱，懂得一些民间疾苦，在其登上皇位之后所作出的决策，多少符合民心——他们的心尚保留着百姓之心。纵览历史，我们会发现，那些体恤民生、治国有道者，大多是年轻时在社会底层生活过，也经历过一些磨难而后崛起的君王。

例如，汉宣帝刘洵，小的时候一直在民间生活，所以非常了解民间疾苦。当上皇帝之后，"以民为本"是他基本治国准则，加上自己的励精图治，所以一度将汉朝的国力推向一个新的巅峰，有评价说，甚至超过了"文景之治"和"汉武盛世"。

例如，东汉王朝的开创者刘秀，其经历跟刘洵有点相似。小的时候家境贫寒，以务农为生。所以对于民间的疾苦感同身受。当上皇帝后，不忘初心，仁慈爱民。后世对刘秀的评价很高，称为"自三代而下，唯光武允冠百王矣"。

《礼记·礼运》里言："大道之行，天下为公。"行大道的君王，必定是"天下为公"，"以百姓心为心"。《岳阳楼记》里所描述的古仁人之心，也是这样的"公心"。有"公心"者，"居庙堂之高，则忧其民，处江湖之远，则忧其君……先天下之忧而忧，后天下之乐而乐"；有公心者，"安得广厦千万间，大庇天下寒士俱欢颜。吾庐独破，受冻死亦足"；有公心者，以天下为己任……

2. 圣人不仁，民皆刍狗

关于"圣人不仁，以百姓为刍狗"这一句，有诸多解读。最常见的解读，多是站在儒家学说的立场上，认为君王往往会把百姓当作祭祀用的草狗一样，需要时用作摆设，不需要则弃置道旁。持这种观点者，往往都是将"刍狗"与其本身所具有的功能联系起来，认为对于特定时候所需要的东西的使用与弃置，无关喜爱或厌恶，而是因为刍狗本来就是这样来使用的。也就是说，不是圣人不爱百姓，而是圣人遵循自然的规律，无为地对待百姓。

其实，如果单独看这句话，确实再没有比上面的解读更为合理的了。因之在后来的一两千年来，几乎无人对此解读提出过异议。笔者认为，许多人似乎忽略了圣人是在"不仁"的无为状态下把百姓当作刍狗的。但此刍狗非彼刍狗，不是在需要时被重视、不需要时被抛弃的刍狗，而是被圣人当成自己子女看待的刍狗。从多处表现出"爱民"之心的圣人，断然不会把百姓当成草扎的祭品看待，而是当成天地间自然存在的刍狗——万物。

再联系《道德经》的其他章节里出现的"不仁"，以及类似的"不德""不智""不义"等，恰恰是圣人无为而治的最自然表现。因为，当圣人身上体现出仁义道德智慧等德行时，则是老子认为是大道不行、无为状况被打破的时候。如《道德经》第18章所言，"大道废，有仁义；智慧出，有大伪；六亲不和，有孝慈；国家昏乱，有忠臣"。在一切看似正面的东西出现的时候，则意味着负面东西也伴随出现。只有正负面都不出现的时候，才是自然无为的理想状态。可以说，只有处于"圣人不仁"的状态，百姓才被视为自然"刍狗"。因为"不仁"是一种无为自然的状态，以其无为自然的状态对待百姓，百姓也必然视无为自然的存在。如果将"刍狗"解释为祭祀的草狗，意味着草狗是一种人为的存在了。

王弼在为老子作注时提出："天地不为兽生刍，而兽食刍；不为人生狗，而人食狗。无为于万物而万物各适其所用，则莫不赡矣。若慧（通惠）由己树，未足任也。"（据楼宇烈《王弼集校释》，中华书局 1999 年版）按王弼之意，将"刍狗"概指为自然界里的草与兽，认为天道任自然而已，并不加惠于物。而万物各自有所用，如兽吃草，人吃狗之类。再按照《道德经》首尾贯通的"自然无为"观来解读"圣人不仁，百姓为刍狗"，可能会得出一个与后来大多数学者截然相反的结论：圣人不以仁义的目光看待天地万物时，百姓也就等同于天地间的草木动物，没有任何特殊的地方。圣人不会对谁特别好，也不会对谁特别坏，一切随其自然发展。就像《道德经》第49章里对"圣人无常心，以百姓之心为心"所作的补充那样，"善者，吾善之，不善者，吾亦善之""信者，吾信之，不信者，吾亦信之"，善者与不善者、信者与不信者，皆一视同仁。

老子所强调的百姓平等的思想，与《道德经》第56章所描述的"玄同"境界相同。这章提出的"不可得而亲，不可得而疏；不可得而利，不可得而害；不可得而贵，不可得而贱"，应该作为"圣人不仁，以百姓为刍狗"的更为具体的注释。

不过，通过"万物为刍狗"与"百姓为刍狗"前后响应，以之贯通万物皆平等的观念，这在当时众多思想中，的确是独树一帜。

3. 圣人有爱，百姓孩之

坦率地讲，前面解读"以百姓为刍狗"里，只是谈到如何平等地对待百姓，其实是对老子思想解读不到位的。应该说，圣人总是会把仁爱平等地施加于百姓，不会因其贫富贵贱而稍有差别。在第49章的结句归纳得十分到位——"百姓孩之"。

"百姓孩之"，简而言之，就是把百姓当成自己的孩子一样对待。孩子是父母的亲骨肉，父母对于自己的子女是没有差异地付出真爱的。人们常用"虎毒不食子"，来形容父母对子女的爱不仅存在于人类社会，也存在于动物界。作为圣人般的君王，对待其统率的百姓，都会当成自己的孩子一样保护，而无所偏爱。而老子所在的周朝，其治国纲领便是"敬德保民"，意味着治理国家要像父母保护孩子那样保护人民。所以，"爱民如子"成为检验国家治理者的一根重要标尺。

爱民如子，就要赏善而除民患。汉朝刘向《新序·杂事一》："良君将赏善而除民患，爱民如子，盖之如天，容之若地。"就是这么强调的。

爱民如子，就要"以百姓之心为心"。《四书章句集注·大学章句》："言能絜矩而以民心为己心，则是爱民如子，而民爱之如父母矣。"也是这么说的。

爱民如子，就要像《尚书·泰誓》中所说："天视自我民视，天听自我民听"，"民之所欲，天必从之"，强调天意就是民意，就要遵从百姓的意志办事。《尚书·泰誓》阐述的是周武王伐纣时发布的誓约。在周武王伐纣时，尚为商朝臣属，其伐纣行为属叛逆。但2000多年来的传统文化并不把他看作犯上作乱的罪人，而是把他看作救民于水火的圣贤之君。就因为武王伐纣被认为是顺天意、应民心的丰功伟绩。

爱民如子，就要"视民如伤"。"视民如伤"是《左传》中的一句话，其完整句是："国之兴也，视民如伤，是其福也；其亡也，以民为土芥，是其祸也。"这句话告诉我们：一个国家的兴旺，在于有一个能够把民众当成有伤痛的人那样关切的君王，有这样的君王，是一个国家的福祉；而一个国家的衰亡，则因为有一个视百姓如尘土草芥的君王，有这样的君王，是一个国家的灾难。与"视民如伤"观点相类的，是《六韬》中所说："善为国者，御民如父母之爱子，如兄之慈弟。见之饥寒，则为之哀；见之劳苦，则为之悲。"但其体现的关爱程度，仍然赶不上"视民如伤"。

郑板桥曾有一首诗写道："衙斋卧听萧萧竹，疑是民间疾苦声。些小吾曹州县吏，一枝一叶总关情。"由自然界的风竹之声而想到了老百姓的疾苦，好像是饥寒交迫中挣扎的老百姓的呜咽之声，寄寓了作者对老百姓命运的深切的关注和同情，充分体现了作者作为百姓的父母官，身在官衙心系百姓的情怀。这应该成为所有治国理政官员的楷模。

应该说，"百姓孩之"是"以百姓心为心"的进一步深化，也是古代民本思想的最高境界。事实上，历史上那些贤明君臣以治国理政实践中实施的恤民、利民、富民等举措，如果只为了缓解社会矛盾，最终并不会深孚民心。只有落脚在"爱民如子"的思想基础上，才能真正地以民为本，才能真正地获得民心，也才能真正地宁邦固本。

二、民心若镜，可鉴圣心

戏曲有一句唱词：天地之间有杆秤，这秤砣就是老百姓。意谓当政者有道无道，都在老百姓心里掂量着。民本思想在中国远古时代就有端倪。远古神话传说中的三皇五帝，都是爱民如子的典范。黄帝教民盖房，神农为解民病痛而尝百草，一日中毒逾十次，尧舜帝，因治水而有功的大禹建立了夏朝之后，关心民之疾苦。临终还训诫子孙：民为邦本，本固邦宁。之后在汤武革命的历史背景中予以层层递进的重述，终致蔚为大观。《千字文》用8个字将汤武革命归纳为"吊民伐罪，周发殷汤"。其中的"周发"就是周武王姬发，殷汤则是商朝的开国之君商汤。史载，夏朝末代君主夏桀不敬上天、滥用权力、祸国殃民、百姓怨声载道。上天倾听人民的呼声，兴起商汤，带领人民讨伐夏桀，推翻夏朝，建立商朝，使人民重归安乐。而商朝最后一位君主商纣王也由于不敬上天、肆意妄为，不顾黎民百姓的生计死活，于是上天再次听从人民的声音，兴起周武王讨伐商纣，建立了被孔子赞叹为"郁郁乎文哉"的周朝。

1.天下兴亡，系于民心

从民心得失之间，看出天下兴亡大势，应该说，这是从华夏第一个国家的帝王夏朝大禹那里获得的至理。大禹对其后代的训诫，就说得十分清楚，

"民为邦本，本固邦宁"。那么，如何才能知道"本固"呢？就看民众的心是否能够凝聚在君王周围，拥戴君王。

在春秋战国，老子民本思想独有特色，他是第一个提出君王要以民心为己心的，也是第一个要将民众视为自己的孩子的。在他之前之后很久，还没有将民众的地位提到如此之高者。以民为本与以民为子，体察民心与以百姓心为心，二者有极大程度的差异。即使后来集夏商周三代民本思想之大成的孟子，也没有讲得像他那么彻底。

不过，孟子认为民心民意在国家大事尤其是重大决策中的地位非常重要。他再三强调，君王有养民的责任，要通过各种制度满足人民的需求，带给人民实实在在的福利。其中最重要的一条就是"制民之产"，也就是说让百姓的正当产业获得国家法制的有效保护，从而让人民有恒产、养恒心，养生送死，安居乐业。如此一来，国家必然能够实现长治久安。不仅内政如此，在处理列国关系时，孟子也坚持民心民意的重要性。孟子身为齐王顾问时，齐国举兵讨伐因王位继承不当而陷入内乱的燕国，很快就取得了军事胜利，控制了燕国局面。此时有人劝齐王尽快占领燕国，把燕国土地并入齐国版图。孟子则劝齐王要效法周武王的榜样，倾听燕国人民的声音，如果燕国人民愿意并入齐国，则可以占领；如果燕国人民不愿意并入齐国，则应该尽快把战争中俘虏的燕国老少遣返故土，并与燕国民众商议，选立新的燕王，恢复燕国秩序，然后撤兵。可惜齐王没有听从孟子。接下来，列国联合，攻齐救燕，齐国大败而归。

为什么君王要以民心为心，就是因为民心关乎国家的兴亡。即所谓"得民心者得天下，失民心者失天下"。这是血与火的历史中得出的教训。

《孟子·离娄上》："得天下有道，得其民，斯得天下矣。得其民有道，得其心，斯得民矣。得其心有道，所欲与之聚之，所恶勿施尔也。"从而一步步推导出得民心与得天下的密切关系。虽未最后总结出，但其大意相差未远。倒是后来三国时期的司马懿补充完整了一些。他在临死前对儿子司马师和司马昭说："得民心者得天下；得君子之心者得诸侯；得诸侯之心者得士大夫。"

至于"失民心者失天下",历史上虽未有如此明确的总结,但有类似的说法。如荀子在《王制》中说,"君者舟也,庶人者水也。水则载舟,水则覆舟"。他是站在局外人的位置说出这样的话的。而同样的话在当局者唐太宗那里得到强化,他认为,打天下可以通过抗争,守成却要顺应民心。因此在立李治为太子后,就告诫他:"水所以载舟,亦所以覆舟,民犹水也,君犹舟也。"

其实,即使没有历代思想家的总结,历代的农民起义就已经提供了最好的实证。因为,历史所有的农民起义,无论失败成功,无一例外地皆因"官逼民反"。因为帝王的倒行逆施,断绝了百姓的生路,失去了民心的拥戴。而每一次的起义,都会打着"顺民心,合天意"的旗号,召集起更多的民众加入。

历史的经验值得注意。历朝历代的思想家多有民本思想的信奉者和诠释者,他们重视民情舆论,强调厚利民生。而历朝伟大的政治家也皆以民本思想为基础,直面时代问题,倡导治理教化。历经 2000 多年来的朝代更替,使传统民本思想形成了一个稳固的理论核心,那就是:以天为则,以民为本,以史为鉴,君以民心为心。

2. 能知民心,则知天命

"敬天爱人,德政保民"是民本思想的主要内容。周王朝建立后,总结桀纣失国的教训,迅速确立了民本德政的思想和国策。他们认为,上天可以在统治者有德的情况下给予天命,也可以在失德的情况撤回天命,转给别的有德者。而天命予谁,则是听从民众发自内心的意见。民众的心声决定着天命的归属。正所谓"天视自我民视,天听自我民听","民之所欲,天必从之",即上天并不直接向人说话,而是借着人民来表达意思和施行选择。统治者要想获得天命,必须知道民心所向,并努力与民众同心——保持一条心。所以,周灭纣,就是从民众心中知道了天命将归周。而周天子通过礼乐来发扬和实施让周获得天命的"德"的同时,也认识到要"以德配天"。而

"以德配天"的最后落脚点，自然而然地由"敬天"转到了"爱人"，由"以德配天"过渡到"保民而王"。也就是说，周朝民本德政的核心在于，通过让人民实现安居乐业来彰显他们所具有的"德性"，并在"天命"之下，通过实施以"德性"为基础的礼乐措施，完成代天理民的国家和社会治理，从而通过保障民安而实现国泰。

周朝的治国方针：敬天保民、明德慎罚、厚利民生。老子是周朝官员，自然知道周朝的治国方针，应该说，他提出"以百姓之心为心"的观点，多多少少受到周朝治国方针的启发。

我国自周朝始就有"采诗官"制度。历代帝王微服私访，也都意在体察民情，确保民意的畅通与真实；同时确保采取的治国策略，能够合民心，尽民意。而此后历朝历代的君王中，那些被称为"明君""贤君""有道君王"者，似乎都有一个共同的特点，那就是：体察民情，恤民爱民。而且，通过体察民情，改变施政方针。例如清康熙曾六下江南，亲自考察水患情况，同时体察民情。康熙皇帝自称通过到处巡幸，风俗民情无不洞悉。巡视南方时注意米价的变动和市场供求关系，防止米价上涨；关心全国各地纳税交银而加征的钱粮火耗数量，反对官员加重火耗；了解到江浙人喜好争讼，告诫改变风尚；认为江南人习尚奢靡，家无储蓄，山西商人多在当地经商，勤俭生活，故多富饶，由此而倡导移风易俗。

3.深孚民望，民心得之

圣人要以百姓心为心，有一个前提，必须先得民心，知道民心所向，并努力朝着民心所向努力，最终达到与民心所思所想所愿的一致，君心也就成了民心。

怎么才能得民心？老子其实在"圣人无常心"这一章就已经指引了途径，那就是"善者吾善之，不善者吾亦善之，德善。信者吾信之，不信者吾亦信之，德信。圣人在天下，歙歙焉，为天下浑其心，百姓皆注其耳目，圣人皆孩之"。

一是善待一切人。包括善的不善的，通过自己的善言善行，在对方心里播下善的种子，也不管对方是否接受，始终如一地以慈善相待。就像民间说的，恶有恶报，善有善报，不是不报，时间未到。终有一天，善的种子发芽，所有善待的人都会回报以善心善意，也就意味着获得了所有曾经善待过的人的善心。

二是诚待一切人。包括讲诚信者不讲诚信者，一概都投以真心实意。这在中国亦有一句俗话：精诚所至，金石为开。再不真诚的人，面对着持久的真诚，也不敢有半点虚假了，也一定会以诚心相待，还以真诚。这样一来，投出一颗真心，赢来千万颗真心，何乐而不为啊！

三是作为治理天下的圣人而言，每做一件事，都会战战兢兢，唯恐有一人不满意。办任何事都一碗水端平，办任何事情都办得圆圆满满，办任何事能让所有人都十分满意。那么，得到的由衷感激之心，就不是少数几个人了，而是绝大多数甚至全部的人了。

四是在教育培养人民方面，要采取"以契彰德"的法子。这就是"执左契而不责于人"，以"德"化民。也就是，圣人拿着契约，只为督促民众的行为，并不一定要民众兑现契约。尽管已经给予百姓许多，但仍然不求索取，也不扰害百姓。自然百姓，百姓就会听从圣人的话，模仿圣人的行为，与圣人的言行始终保持一致。即我们现在所说的"心往一处想，劲往一处使"。这个时候，也真正体现了"以百姓之心为心"的真谛。

延伸阅读 **体察民情的皇帝**

西汉的汉文帝，不仅自己亲自下田耕作，而且还要求皇后、皇妃在皇宫的园地开荒种桑养蚕。文帝率大臣下田耕作，而且每年如此，因亲自种田，知道农民辛苦，他在位时，再一次为农民减轻赋税，由原来的 1/15 降到 1/30。

　　东汉刘秀算是历史上的一个明君。毛泽东曾经称赞他是中国"历史上最会用人、最有学问、最会打仗的皇帝"。年轻时虽然也算是皇亲，但到父辈就已经破落了，他小时候是一个地道的庄稼汉。所以他十分懂得民生多艰。当上皇帝之后，依然是承续西汉的与民休息政策，而且实行度田制度，压制豪强，让土地回归到百姓手里。刘秀还颁布法令释放由农民沦为奴婢的百姓，减轻刑罚，使得百姓减轻不少压迫。有人评价，在体谅民情方面，刘秀算得上是历史上第二位好皇帝。

　　明朝开国皇帝朱元璋下地干活，老农不知他是皇帝，向他抱怨养猪交税不合理。明宣德皇帝朱瞻基对民生十分关注，在出行期间，看到耕地的农夫，朱瞻基拿过锄头，开始犁地。结果呢？没犁几下地，就出现了大问题。"怎么会这么重啊？你们平时有空闲的时间吗？"农夫老老实实地回答："春天耕种，夏天除草培土，秋天收获粮食。"朱瞻基继续问："那你们冬天呢？冬天休息吗？"农夫说道："冬天还要做苦力呢。"朱瞻基百感交集，原来底层百姓的生活是这样的辛苦！他回到皇宫之后，立刻写下了《耕夫记》以及《织妇词》，表达了他对百姓生活感到的疾苦。有一年，朱瞻基非常人性化地宣布全国延长假日，从正月初一一直放假放到正月二十五，还让百姓们进入皇宫里观看皇宫的官灯。

三、当代民本，人民中心

　　党的十九大报告指出，必须坚持以人民为中心的发展思想，不断促进人的全面发展、全体人民共同富裕。以人民为中心的发展思想不仅从一个方面科学回答了实现什么样的发展、怎样发展的基本问题，而且明确回答了发展为了谁、发展依靠谁、发展成果由谁享有的问题，是对中国特色社会主义理论体系的丰富和发展。

1.为民宗旨，执政初心

我们常说："一切领导干部都是人民的勤务员。"这是毛泽东在《为人民服务》一文的主旨。一位普通战士张思德在烧炭中不幸殉职。作为当时党的主要领导人，毛泽东不仅亲自参加了他的追悼会，还亲自为他撰写并宣读了悼词。就是在这篇简短的悼词里，毛泽东开宗明义地提出了中国共产党的为民宗旨：我们的共产党和共产党所领导的八路军、新四军，是革命的队伍。我们这个队伍完全是为着解放人民的，是彻底地为人民的利益工作的。

在文中，毛泽东还提到了，即使是一个普通战士，如果他是为人民利益而死，那么他的生命价值就重于泰山。反之，如果不能为人民而死，却为人民的敌人而死，那么他的地位再高，其死也是轻于鸿毛。

为人民服务，这是建立新中国前夜，毛泽东为即将成为执政党的中国共产党所明确的担当与使命。也是中国共产党执政的初心：为人民打江山，也为人民守江山、治江山。而从这篇文章开始，"为人民服务"就成了党的根本宗旨，也成了党的执政初心。

对于党的执政初心，党的历届领导人都是不敢有丝毫忘却，而且反复告诫全体党员干部。

有人曾辑录了毛泽东的六句话，以此阐明党的为民宗旨和执政初心的深刻内涵。

第一句话："共产党是为民族、为人民谋利益的政党，它本身决无私利可图。它应该受人民的监督，而决不应该违背人民的意旨。"

第二句话："共产党员是一种特别的人，他们完全不谋私利，而只为民族与人民求福利。他们生根于人民之中，他们是人民的儿子，又是人民的教师，他们每时每刻地总是警戒着不要脱离群众，他们不论遇着何事，总是以群众的利益为考虑问题的出发点，因此他们就能获得广大人民群众的衷心拥护，这就是他们的事业必然获得胜利的根据。"

第三句话："我们共产党人区别于其他任何政党的又一个显著的标志，就是和最广大的人民群众取得最密切的联系。全心全意地为人民服务，一刻也不脱离群众；一切从人民的利益出发，而不是从个人或小集团的利益出发；向人民负责和向党的领导机关负责的一致性；这些就是我们的出发点。"

第四句话："我们这个队伍完全是为着解放人民的，是彻底地为人民的利益工作的。"

第五句话："我们的责任，是向人民负责。每句话，每个行动，每项政策，都要适合人民的利益，如果有了错误，定要改正，这就叫向人民负责。"

第六句话："共产党就是要奋斗，就是要全心全意为人民服务，不要半心半意或者三分之二的心三分之二的意为人民服务。"

此后，历届的中央领导人都围绕着党的宗旨与执政初心，作了大量的阐述。邓小平曾深情地说："我是中国人民的儿子。我深情地爱着我的祖国和人民。"在他推动的改革开放伟大历史战略中，他提出，判断我们改革开放和各项工作得失成败的根本标准，就是"三个有利于"，即"是否有利于发展社会主义社会的生产力，是否有利于增强社会主义国家的综合国力，是否有利于提高人民的生活水平"，其中第三条标准就是前两条标准的落脚点。

江泽民多次提出："总结我们党七十多年的历史，可以得出一个重要结论，我们党所以赢得人民的拥护，是因为我们党在革命、建设、改革的各个历史时期，总是能代表着中国先进社会生产力的发展要求，代表着中国先进文化的前进方向，代表着中国最广大人民的根本利益。"他认为，"三个代表"是立党之本，执政之基，力量之源。并且，"三个代表"最根本的是代表人民群众的根本利益。

胡锦涛在党的十六大报告中提出"以人为本"的民本思想在当代中国的深刻含义："必须坚持以人为本。全心全意为人民服务是党的根本宗旨，党的一切奋斗和工作都是为了造福人民。要始终把实现好、维护好、发展好最广大人民的根本利益作为党和国家一切工作的出发点和落脚点，尊重人民主体地位，发挥人民首创精神，保障人民各项权益，走共同富裕道路，促进人的全面发展，做到发展为了人民、发展依靠人民、发展成果由人民共享。"

党的十八大以来，习近平总书记多次强调党的宗旨与初心，告诫全党，发展为了人民、发展依靠人民、发展成果由人民共享，使全体人民在共建共享发展中有更多获得感。"以人民为中心""人民立场""民心"和民众"获得感"，是他经常提及的词汇、关心的话题。他在"不忘初心、牢记使命"主题教育工作会议上强调："为中国人民谋幸福，为中华民族谋复兴，是中国共产党人的初心和使命，是激励一代代中国共产党人前赴后继、英勇奋斗的根本动力。守初心，就是要牢记全心全意为人民服务的根本宗旨，以坚定的理想信念坚守初心，牢记人民对美好生活的向往就是我们的奋斗目标，时刻不忘我们党来自人民、根植人民，永远不能脱离群众、轻视群众、漠视群众疾苦。"

现在，我们把所有的政府工作人员一概叫"公务员"。公务员的英语单词为 civil servant，翻译成汉语，即为"公众的仆人"。这个单词在中国的解读有多重含义，一是"领导就是服务"；二是人民是真正的主人。

2. 民愿所指，民心所向

习近平总书记在纪念朱德同志诞辰 130 周年座谈会上的讲话中指出："'天视自我民视，天听自我民听。'今天，全党同志无论职位高低，都要把人民拥护不拥护、赞成不赞成、高兴不高兴、答应不答应作为衡量一切工作得失的根本标准。"

"天视自我民视，天听自我民听"出自《尚书·商诰》，意为，上天看到的来自我们老百姓所看到的，上天听到的来自老百姓所听到的。因为，作为国家领导人，做什么事，都应该遵民愿之所指，循民心之所向。

早在 2004 年，辽宁省首开先例创建了"民心网"，这个"民心网"是由辽宁省纪委、省监察厅、省政府纠风办合作创建的网络工作平台，公开受理群众举报投诉和政策咨询。至 2019 年 7 月,"民心网"正式下线,全面升级并入 8890 平台,而至今,几乎全国各地各级都有类似的为民服务网络平台。

"民心网"的主要工作,就是收集民众对政府的意见、建设,了解民众不同时期的意愿。政府要服务好民众,最需要做的,就是及时了解"民众现在想什么,民众需要什么",并针对具体的民众需求,采取具体的行动。这个"民心网"区别于以往的大而化之的"了解群众的意愿",实在实地针对具体的民众个人、具体的事项,大到个人的成长发展,小到家庭的油盐柴米。

"民心网"从创建起至 2013 年年底,接收群众举报投诉、群众评议、意见建议、政策咨询等信息共 278234 件(次),日阅览量达到 80 万次。通过各地区、各部门办理,253412 个群众反映的问题和政策咨询得到重点解决和有效回复,群众满意率达到 90%。通过 24 小时公开受理群众关于不正之风和行风问题的举报投诉,986 人受到党政纪处分,307 人受到组织处理,收缴违规违纪金额 152639700 元,罚款 7257626 元,清退违规违纪收费 4127.38 万元,投入 9.73 元。总计还利于民 1252418566.39 元。

在"民心网"的带动下,全国各地各级,乃至各个行业,都建成了相应的为民服务网络平台。这些平台由当地的党政领导轮流值班,解答人民群众提出的各类问题。更重要的是,促进了对各级领导干部的管理督促。网络服务平台有一个特别的重点,即通过民众,了解本地党政干部工作态度与工作方法,了解政府在为民服务中有哪些欠缺的地方,并根据民众的意见,及时采取相应的措施给予解决,并直到民众最后完全满意为止。这样的服务确实做到了"民愿所指,民心所向"。

3. 民为主体,超越旧民本

中国传统的民本思想,皆是从"民为邦本"这一句生发出来。笔者曾经从语义学角度解读这句话,有两种解读:一是"民是国家之本";一是"把民当作国家之本"。古往今来,都习惯取第一种解法。但遗憾的是,在实践中皆取第二种解法。一般人都会把古代一些君王实施的利民政策，归纳为诸如爱民、恤民、惠民、富民……且不说这些词语都带有一种被动性，是一种从上至下的施舍、体恤。而事实上，民众的幸福、痛苦确实是寄托在他们头上的统治者身上，并有"一荣皆荣，一损皆损"的感觉。碰上了一个贤君、清官，是天下百姓之福。如果换上一个昏君、污吏，那就该天下百姓遭殃了，之前的贤君、清官所做的一切，都化为乌有。

当代中国，应该说是借鉴了古代民本思想的精髓，并从新中国成立之初就强调了为人民服务的宗旨。包括后来的，强调要成为人民利益的代表；强调以人为本；强调权为民所用，利为民所谋；强调一切为了群众，一切依靠群众……都是对古代民本思想的最完美的传承甚至有所超越，其实，尚未脱出古代民本的窠臼。

党的十八大以来，习近平总书记多次提出，要坚持以人民为中心的发展思想。

在党的群众路线教育实践活动开始不久，习近平总书记在全国宣传思想工作会议上发出了一个崭新的号召——"树立以人民为中心的工作导向"。这应该是"以人民为中心"用语的最早出处。

2013年11月，习近平总书记在党的十八届三中全会上指出，建设社会主义文化强国，增强国家文化软实力，必须坚持以人民为中心的工作导向，使社会效益和经济效益相统一，进一步深化文化体制改革。

2014年10月，在文艺工作座谈会上，习近平总书记对文艺工作者提出了希望：坚持以人民为中心的创作导向，把满足人民精神文化需求作为文艺和文艺工作的出发点和落脚点，把人民作为文艺表现的主体，把人民作为文艺审美的鉴赏家和评判者。

2015年10月，党的十八届五中全会上，习近平总书记提出，"必须坚持以人民为中心的发展思想，把增进人民福祉、促进人的全面发展作为发展的出发点和落脚点"。稍后，在中央城市工作会议上，他强调，做好城市工作，要顺应人民群众新期待，坚持以人民为中心的发展思想，坚持人民城市为人民。

2016 年 2 月，习近平总书记在主持党的新闻舆论工作座谈会时指出，党的新闻舆论工作是党的一项重要工作，是治国理政、定国安邦的大事，要坚持党的领导，坚持以人民为中心的工作导向，切实提高党的新闻舆论传播力、引导力、影响力、公信力。同年 5 月，他在主持哲学社会科学工作座谈会时指出，我国哲学社会科学要有所作为，就必须坚持以人民为中心的研究导向。脱离了人民，哲学社会科学就不会有吸引力、感染力、影响力、生命力。广大哲学社会科学工作者要树立为人民做学问的理想，自觉把个人学术追求同国家和民族发展紧紧联系在一起，努力多出经得起实践、人民、历史检验的研究成果。同年 11 月，他在会见中华全国新闻工作者协会第九届理事会暨中国新闻奖、长江韬奋奖获奖者代表时指出，要坚持正确工作取向，以人民为中心，心系人民、讴歌人民，发扬职业精神，恪守职业道德，勤奋工作、甘于奉献，做作风优良的新闻工作者。稍后，他又在中国文学艺术界联合会第十次全国代表大会、中国作家协会第九次全国代表大会上再次强调，广大文艺工作者要坚持以人民为中心的创作导向，坚持为人民服务、为社会主义服务，坚持百花齐放、百家争鸣，坚持创造性转化、创新性发展，把艺术理想融入党和人民事业之中。

2016 年 1 月，在省部级主要领导干部专题研讨班上，他说，要坚持人民主体地位，顺应人民群众对美好生活的向往，不断实现好、维护好、发展好最广大人民根本利益，做到发展为了人民、发展依靠人民、发展成果由人民共享。共享理念实质就是坚持以人民为中心的发展思想，体现的是逐步实现共同富裕的要求。共同富裕，是马克思主义的一个基本目标，也是自古以来我国人民的一个基本理想。他还特别强调，着力践行以人民为中心的发展思想。由此可知，"以人民为中心"主要是关于发展问题的一种新理念。如果说，之前提出的"以人民为中心"还有某种特定的针对性，而在党的全会上提出的理念，就更有普遍意义。

正因为对人民的高度重视与关注，在党的十九大报告中，习近平总书记提到"人民"的地方就有 203 次之多，并四次提到"以人民为中心"，特别是把"坚持以人民为中心"作为中国特色社会主义的一个基本方略进行了系统论述，充分体现了实践经验的总结和党的基本理论的重大创新。

"以人民为中心"思想，使以往的以人为本思想也得到了升华。升华到了这一节开头所提到的"以人为本"的第一种解读——人民是国家的根本，而且是根本中的中心。这个思想观点，既涵盖了以往民本思想的所有精粹，又实现了对以往民本思想的新超越。

"以人民为中心"，使人民自然而然地成了国家主体。那么，作为执政者的为人民服务宗旨才能真正落实，才是理所当然。因为，人民是中心，是能当家作主的主体，那么，一切国家工作人员就要全心全意地为人民服务。如果有谁为人民服务三心二意，服务不称职、不到位，人民就可以提出批评，甚至有权力将其"炒鱿鱼"。前面讲到的"民心网"，就发挥了这样的作用。一些公务员因为某些行为与民心相悖，群众反映了，上级就及时进行了处理。

"以人民为中心"，所有公仆政绩的大小好坏，其评价主体只能是人民，其为政期间的政绩大小好坏只能由人民亲自体验、亲自感受、亲自评判。真正好的政绩都是实实在在为人民谋利益的政绩，都会让人民群众得到实惠，都会增强人民群众的幸福指数。因此，"以人民为中心"，促使我们的党和政府致力于建立起一种让人民评价党员干部政绩的有效机制，让人民掌握对政府及党员干部评价和任用的决定权；促使我们的党和政府坚持走群众路线，发扬人民民主，扩大人民对为政决策的知情权、参与权、决定权。社会上流传着一句话，"金杯银杯不如老百姓的口碑，金奖银奖不如老百姓的夸奖"。这其实就是在呼唤"以人民为中心"的政绩考核导向，呼唤健全政绩考核的奖惩制度和正确的用人导向。把"以人民为中心"烙刻在每一个人民公仆心上。

"以人民为中心"，有一个最大的变化，即人民不仅是利益的收受者，还是自身利益的主要创造者。因为成了中心，也是主体，人民就能够有权决定自己的一切，就更有主动性地为自己创造幸福，还能自己管理好自己。这样既可以实现治国者的"无为而治"，也可以让民众更好地自为。

第五章　自知自胜　自胜者强

——治理好国家要先做强自身

　　"自胜者强"出自《道德经》第33章，原文为："知人者智，自知者明；胜人者有力，自胜者强；知足者富，强行者有志；不失其所者久，死而不亡者寿。"这整章都突出一个"自"字，强调强者的主观能动性。读着这一章，我们很容易联想到被后世道家、儒家奉为群经之首的《周易·象传》对"乾卦"的卦象解释："天行健，君子以自强不息。"清华大学将其连同坤卦的卦辞"地势坤，君子以厚德载物"合并做了校训。这两句卦辞传颂久远，已被中国人视为民族精神的凝练。尤其是"自强不息"，更浓缩了中华文明的发展史。在上下五千年的历史里，中华民族不靠上帝不靠别人，脚跟坚定地站在华夏这块充满苦难的土地上，依靠着自强不息的精神，自力更生，把古老的文明传承至今，且不断创造新的辉煌。老子在《道德经》里，肯定了"自强不息"的精神，并通过四组排比，指明了通往"自强"的道路。要想自强，就要有自知之明，要想自强，首先要有战胜自我的勇气与能力。虽然，老子在这一章是对知"道"而行"道"者的肯定，但从帝王之术的角度理解这句话，自知、自胜、自强，堪为治国者治国修身的圭臬。

一、自知自胜，遂得自强

古往今来，"自强不息"是励志中使用频率最高的一个成语。成语源出《周易·乾卦》，历来传为孔子所作。"自强不息"即是对"乾卦"内涵作出的象征性的阐释，其本意指的是人们在进德修业方面应该效法上天的刚健有为，遵循天道自然，力求能自我奋斗不懈，追求进步，永不停息。我们知道，自强并不是没有方向目标的胡冲乱闯，自强是为了战胜自己所面对的挑战对象，战胜自己前进路上的一切艰难险阻。老子告诉我们，要战胜外部的一切，先要战胜自己，战胜自己身上的一切弱点，使自己无懈可击，才能取得最后的胜利。治国者更是如此，欲使国家强大，必须自己强大。自己不强大，不仅不能打江山，可能连祖宗留下的江山也不能守住。

1. 知人知己，方能自胜

古人说：知己知彼，百战不殆。意谓将军作战之前，必须把握敌我双方的实力，根据各自的优势与劣势的对比，然后制订相应的作战方案，就能保证不管打多少次仗都不会出危险。"知己知彼，百战不殆"出自《孙子·谋攻篇》，孙子兵法里强调"知己知彼"，是认为能够减少失败的概率。可是后人引用时，将其改为"知己知彼，百战百胜"，结果变成了误导，让一些人"明知山有虎，偏向虎山行"，在不具备取胜的条件下，被渴望胜利的愿望激励着去拼运气，其实是不自知的表现，很多时候是要失败的。当然，我们也会说"失败是成功之母"，但必须是已经明确自己实力与对方相差不是那么悬殊的情况下，或者说是全面评估了自己各方面的力量，准备好了胜或负之后的应对方案，获胜的概率才会大大增加，而不是"知己知彼"了，就能"百战百胜"。但不管怎么样，自知最为重要，且摆在决胜条件的首位。孙子对于在军事上的知己特别重视，他在"知己知彼"

后面就特别作了强调说："不知彼而知己，一胜一负；不知彼，不知己，每战必殆。"

要战胜自我，必须知人知己。特别需要自知，知道自己有哪些不足，有哪些弱点，以便补足增强，从而扬己之长，克己之短。

怎样才能知人知己呢？有两条途径：一是探索，二是学习。

《礼记·学记》说："虽有嘉肴，弗食，不知其旨也；虽有至道，弗学，不知其善也。是故学然后知不足，教然后知困。知不足，然后能自反也；知困，然后能自强也。"虽然这里讲的是有关教学相长的道理，但对于每一个欲自知自强者以极好的启迪。探索与学习自己不知道的事情和不知道的道理（知识），是促进自强的最好路径。

"知人知己"能促进自强。荀子曾在《劝学》一文中举例说："登高而招，臂非加长也，而见者远；顺风而呼，声非加疾也，而闻者彰。假舆马者，非利足也，而致千里；假舟楫者，非能水也，而绝江河。君子生非异也，善假于物也。"不单是教导人们怎么去学习，而且还教导人们怎么去学习：在知不足的基础上，善于寻找能够弥补其不足的事物来强大自己：要让远处的人发现自己，就要让自己登高招手；要让远处的人听得清自己的声音，就要站在顺风头上呼喊；要远行千里，就要以能疾行的马车代步伐；要横渡湍急的江河，就要借用能划桨的木船。为什么君子善假物呢？就在于知己知彼（物），知道自己哪些方面不足，哪些人哪些物能够弥补自己的不足。否则，即使知道自己的不足，而不知道用什么弥补，还是不能获得成功。例如，一个人知道自己不会游泳，但不知道木船是渡江工具，那么木船摆在面前，还是无法借用木船渡江。

开创了汉室天下的刘邦，就是一个知己知彼的聪明人。他本身没有什么领兵打仗的能力，在谋略方面也没什么出彩的地方。他揭竿起义时，聚集在身边的那些狐朋狗友也是些杀鸡屠狗之辈，比如说樊哙是卖狗肉的，夏侯婴是赶马车的，灌婴是卖布的小贩，周勃是丧仪中的吹鼓手，即使最体面的萧何，也不过是个县里的小吏。而与之相争天下的西楚霸王项羽，出身世家，为楚国名将项燕之孙，后世视兵家代表人物——著名的军事家，堪称中国历史上最强的武将之一，古人对其有"羽之神勇，千古无二"的评价。他手下有众多的良将谋士。可惜他知己不知彼，只相信自己的本领，而不相信手下的能力。陈平、英布、彭越、韩信等都因得不到信任和重用，都跑到刘邦那里去，成了刘邦军中的中流砥柱，襄助刘邦打败项羽，建立了大汉王朝。

后人总结楚汉相争刘邦取胜的原因，最重要的一条，便是刘邦为人仗义，而且善待，尊敬人才，给予他们足够的施展才华的空间。他对待属下十分亲切，致使一传十，十传百，大家都知道了，纷纷投到他麾下。刘邦自己也这么认为，他说："夫运筹策帷帐之中，决胜于千里之外，吾不如子房；镇国家，抚百姓，给馈饷，不绝粮道，吾不如萧何；连百万之众，战必胜，攻必克，吾不如韩信：此三者，皆人杰，吾能用之，此吾所以取天下也。项羽有一范增而不能用，此其所以为我擒也。"由于他很好地利用了张良、萧何、韩信这样的人才，最终打败了率先进入关中的项羽，夺取了秦朝江山而建立了大汉。这个例子除了说明刘邦知人善用之外，还告诉我们，知人也是促进自强的一条蹊径。特别是一个国家的领导人，不可能做到全能，在治国理政的方方面面都具备强大的能力。但是，如果能用好身边的治国人才，并将其安排到可能大展身手的地方，是实现大治的重要保障。

对于知己知彼的问题，老子也设了个标准："知不知，尚矣；不知知，病矣。"（《道德经》第71章》）真正高明之士往往是大智若愚，知道自己的无知之处。而有一种人恰恰相反，强不知以为知，处处冒充什么都懂，即"不知知"，这是人生的大病。

其实，"不知知"不仅是人生之大病，更是人之自强的大障碍。自以为是的心态与表现，堵住了知己知彼的心窗，也堵住了自胜自强的大门。因为，要自胜自强，必欲先知己知彼。这不仅是治国者要谨记的，也是任何一个希望成就一番事业的人要谨记的！

延伸阅读 **韩信登台拜将**

《史记·淮阴侯列传》描述了韩信拜将的故事，证明了刘邦善用人才的优点。韩信初从项羽处投奔刘邦，刘邦嫌其出身寒微，没有重用，韩信失望地离开。其最先的介绍人萧何着急了，星夜驰马追回韩信。刘邦对萧何说："看你的面子，封他为将军吧！"萧何说："即使让他做将军，韩信也一定不会留下。"汉王说："那将任命他做大将。"萧何说："很好！"于是刘邦想召韩信来授官。萧何说："大王之前就有些轻慢无礼，现在任命一位大将，好像呼唤一个小孩子一样，这就是韩信走的原因。大王想授官给他，选择一个好日子，自己事先斋戒，建造土台和场地，按照任命大将的仪式办理，才可以。"汉王答应了这件事。将军们都很欢喜，每个人都以为自己将升为大将。等到授官时，是韩信，整个军队都无比惊讶。

2.胜人者易，胜己者难

欲要胜人，必先胜己。

胜人只要有强力即可，而胜己却无法用力——谁也无法通过自殴达到自胜的目的——自己把自己打得奄奄一息，恰恰证明了无法自胜。当然，不能自胜，也是因为没有自知之明，自己找不到自己的毛病，无从下手。

真正的强者，除非自己打倒自己，别人是很难打倒的。项羽败于刘邦，并不是败在实力方面，楚汉相争的最初几年，项羽可是打得刘邦疲于奔命。可是，胜仗打多了，项羽变得骄傲了，变得刚愎自用了，根本没把刘邦放在眼里，也听不进部下的意见，反而把手下的一些良将逼得跑到了刘邦手下。项羽尊为"亚父"的谋士范增，曾多次劝项羽消灭刘邦势力，未被采纳。后在鸿门宴上多次示意项羽杀刘邦，并指使项庄舞剑，意欲借机行刺，终未获成功。汉高帝三年（前 204 年），刘邦被困荥阳（今河南荥阳东北），用陈平计离间项羽君臣关系，范增被项羽猜忌，辞官归里，途中病死。即使项羽兵败垓下，如果回江东，仍有卷土重来的机会，但又因为自觉无颜见江东父老，而失去了重新崛起的机会。所以，后人评述项羽之败，皆一致认为他败在性格上面。纵然百战皆百胜，不能自胜终归为零。

相对而言，战胜别人比战胜自己要容易许多。与一个力量强大的对手相斗，只要自己不断强筋健骨，使自己的力量超过对方即可；与一个智计百出的对手相斗，就要让自己具备"魔高一尺，道高一丈"的道行。而面对自己，就相当于左右手互搏，胜也是己，负也是己，如何分出胜负？自胜，就等于医生自己给自己动手术，要忍痛将自己身上的不好的东西割除，孰言不难？

王阳明先生曾经讲过一句十分经典的话——"破山中贼易，破心中贼难"。告诉我们：自胜是一件十分艰难的事情。按照王阳明的观点，所谓的"心中贼"包括许多方面，人的七情六欲，在一定的限度上可以成为自胜的动力，但任其泛滥，则有可能变成阻碍自胜的"心中贼"。而且，"破心中贼"无法毕其功于一役。因为人心中有许多"贼"，他们皆在不同的地方、不同的时期发生，让人防不胜防，让人一辈子都处于"破心中贼"的过程之中。而且，如果不能战胜"心中贼"，那么一生的努力就可能毁于一念之间。

事实上，如果一个普通人不能战胜自己，其影响不算大，顶多是自己一个人不强大，难有大成就。而一个治国者没有自知之明，不能战胜自己后来滋长的毛病，影响的就是一个国家了。历史上，许多帝王将相位高权重，确实很强大，但是不能战胜自己心中的欲望，最后倒台了。往往，他们的倒台不仅殃及一人一族，而且祸国殃民。

清王朝的奠基者努尔哈赤曾评价历史上的一些亡国君王说："从来国家之败亡也，非财用不足也，皆骄纵所致耳。若夏桀、商纣、秦始皇、隋炀帝、金完颜亮，咸贪财好色，沉湎于酒，昼夜宴乐，不修国政，遂致身死国亡。"努尔哈赤评价的这些君王，从个人能力及其创造的业绩来看，皆是一世之雄，但最后都因为不能战胜自身潜滋暗长的毛病，迷失了自我，而酿出亡国之祸。

其中，最让后人叹惋的是隋炀帝。

史载，隋炀帝在青年时代和登上帝位之初，确实做了许多名垂青史的大事：他 20 岁带兵，统一南北朝分裂局面，打下了隋朝的江山。公元 604 年继隋文帝之后登基，在位期间修建隋朝大运河，营建东都、迁都洛阳，改革和完善了官吏制度，对均田制进行了改革，取消了奴婢、牛授田，相应地取消了豪强的经济特权；开创科举制度，网罗学者来整理典籍，尊崇儒家……美籍汉史学家费正清在《中国：传统与变迁》中感慨："在隋文帝和隋炀帝的统治下，中国又迎来了第二个辉煌的帝国时期。大一统的政权在中国重新建立起来，长城重新得到修缮，政府开凿了大运河（这为后来几百年间的繁华提供了可能），建造了宏伟的宫殿，中华帝国终于得以重振雄风。"但是，由于他晚年追求骄奢淫逸的生活，在各地大修宫殿苑囿、离宫别馆，率近十万人、长达二百余里的船队游江都，挥霍浪费甚巨，加之穷兵黩武以致国力衰竭，最终导致起义烽起，最后被叛军缢死，死后连个像样的棺材也没有，由皇后和宫人拆床板做了一个小棺材，偷偷埋掉。一个雄才大略的帝王，本可以作为一个有为君王名垂青史，但由于不能战胜自己，而一直被唾骂为暴君、昏君。表面看来他是死于叛军之手，实际是他自己葬送了江山和自己的生命。

历史上还有君王，曾一度迷失自我，但最终在大臣的帮助下，战胜自我，重铸辉煌。例如，汉武帝堪称有雄才大略的一代天骄。他十六岁时登基，为巩固皇权，设置中朝，在地方设置刺史，开创察举制选拔人才。采纳主父偃的建议，颁行推恩令，解决王国势力，并将盐铁和铸币权收归中央。文化上采用了董仲舒的建议，"罢黜百家，独尊儒术"，结束先秦以来"师异道，人异论，百家殊方"的局面。同时，攘夷拓土，东并朝鲜、南吞百越、西征大宛、北破匈奴，奠定了汉地的基本范围，开创了汉武盛世的局面，另开辟丝路、建立年号、颁布太初历、兴太学等举措亦影响深远。但晚年，好神仙方士，大造宫室，挥霍无度，致使民力枯竭，汉武帝晚年求神仙又不成，又因巫蛊之祸造成父子相残、内乱引得寇盗并起，天下大乱，差点葬送了大汉王朝。武帝晚年渐有所悔，征和年间，他驳回了大臣桑弘羊等人屯田轮台（今新疆轮台县）的奏请，决定"弃轮台之地，而下哀痛之诏"，史称他《轮台罪己诏》中深陈既往之悔，不忍心再"扰劳天下"，并下决心"禁苛暴，止擅赋，力本农"，"由是不复出军。而封丞相车千秋为富民侯，以明休息，思富养民也"。汉武帝面对大厦将倾的危难局面，经过一番自我斗争，幡然醒悟，痛改前非，全面调整了国家的内外政策，不但使政权转危为安，而且也为后代的"昭宣中兴"打下了基础。

由此，可得出一个结论：能胜己者，必能胜人。尽管之前能胜无数人，然最终不能胜己者，无论当初何等威风，也只能慨叹"往日英雄何在"，且无颜见江东父老！

3. 艰促自胜，逸致自败

孟子言"生于忧患，死于安乐"，亦可用作议"自胜"。一个人处于艰难竭蹶中，或处于超越个人能力极限的环境中，求生的欲望激发出来的潜能，足以克服自身的弱点，包括战胜面临艰险而在内心产生的恐惧与怯懦。而处于安乐窝中的人，最易消磨斗志。就像温水中煮青蛙一样，贪图一时的温暖、舒适，当最后想跳出温柔乡时已经无力跳出，终在不断加温的热水中死去犹不自知。

1945年，黄炎培等六位国民参政员访问延安，毛泽东在延安杨家岭住处的窑洞里，与黄炎培进行了关于"历史周期率"的谈话，成为历史上著名的"延安窑洞对话"。毛泽东问黄炎培来延安考察有何感想？黄炎培坦然答道："我生六十余年，耳闻的不说，所亲眼见到的，真所谓'其兴也浡焉，其亡也忽焉'。一人，一家，一团体，一地方，乃至一国，不少单位都没有能跳出这周期率的支配力。大凡初时聚精会神，没有一事不用心，没有一人不卖力，也许那时艰难困苦，只有从万死中觅取一生。既而环境渐渐好转了，精神也就渐渐放下了。有的因为历时长久，自然地惰性发作，由少数演为多数，到风气养成，虽有大力，无法扭转，并且无法补救。也有为了区域一步步扩大了，它的扩大，有的出于自然发展，有的为功业欲所驱使，强于发展，到干部人才渐见竭蹶，艰于应付的时候，环境倒越加复杂起来了，控制力不免趋于薄弱了。一部历史，'政怠宦成'的也有，'人亡政息'的也有，'求荣取辱'的也有，总之没有能跳出这周期率。"从他的谈话中，我们还可解读到"艰易自胜，逸易自败"的道理来。创业艰难时，实际上经受着如孟子所说的自我磨砺。

　　孟子有云："天将降大任于斯人也，必先苦其心志，劳其筋骨，饿其体肤，空乏其身，行拂乱其所为，所以动心忍性，曾益其所不能。"这里告诉我们，一个成就大事业的人，最初都要经受大磨难。而所有的磨难也都是一个自己战胜自己的过程。许多事情许多艰难，就在于最后的咬一咬牙。大凡事业成功者，其创业过程中，一定经历过千难万险。而当其战胜了千难万险时，也就战胜了自我，攀上了成功的台阶。北宋哲学家张载说过："富贵福泽，将厚吾之生也；贫贱忧戚，庸玉汝于成也。"(《正蒙·乾称篇》)这句话，后来就演变成"艰难困苦，玉汝于成"这句成语。这句话旨在告诉人们，任何艰难困苦的考验，其实都是在帮助人们获得成功。经受得起考验的，就能被琢成宝玉，经受不起考验的，就自然成了废材。当然，已经琢玉成功者，却需要更加注意，一不小心，轻易一扔，即或玉碎。现实中有许多成功者，头顶众多桂冠，常因一次偶然，而跌下神坛。"一失足成千古恨"，就常用来形容那些晚节不保者。

　　《资治通鉴·唐纪》收录了这样一件史料："上问侍臣：'创业与守成孰难?'房玄龄曰：'草昧之初，与群雄并起角力而后臣之，创业难矣！'魏徵对曰：'自古帝王，莫不得之于艰难，失之于安逸，守成难矣！'上曰：'玄龄与吾共取天下，出百死，得一生，故知创业之难，徵与吾共安天下，常恐骄奢生于富贵，祸乱生于所忽，故知守成之难，然创业之难，既已往矣；守成之难，方当与诸公慎之。'玄龄等拜曰：'陛下及此言，四海之福也。'"

新中国的缔造者毛泽东在《在中国共产党第七届中央委员会第二次全体会议上的报告》中告诫全党说:"可能有这样一些共产党人,他们是不曾被拿枪的敌人征服过的,他们在这些敌人面前不愧英雄的称号;但是经不起人们用糖衣裹着的炮弹的攻击,他们在糖弹面前要打败仗。我们必须预防这种情况。"

"艰促自胜,逸致自败",这应该是国家治理者最应该记取的道理。尤其是胸藏宏图大业的治国者,大都经历过创业艰难的胜己胜人过程,也经历过政怠宦成的安逸阶段,必须牢牢记取"创业难,守业更难"的道理。

延伸阅读 "罪己诏"下得最多的皇帝

史书上说,明朝皇帝朱由检,在位十七年,"罪己诏"没有少下。《明史》中记有五次之多,平均三年多点就下一道"罪己诏"。

其"罪己诏"内容大致如下:

"冬十月庚辰,下诏罪己,辟居武英殿,减膳撤乐,示与将士同甘苦。"

"甲寅,诏天下停刑三年。"

"闰月癸卯,下诏罪己,求直言。"

"六月癸亥,诏免直省残破州县三饷及一切常赋二年。"

"壬申,下诏罪己。"

第四道"罪己诏"是在崇祯十年(1637)下颁,这一年闰四月大旱,久祈不雨,为祈雨所下的这道"罪己诏",似乎不在自责,而在自曝官场腐恶内幕。

崇祯皇帝的最后一道"罪己诏"是在其自缢前颁下的:"朕自登基十七年,逆贼直逼京师,虽朕谅德藐躬,上干天咎;然皆诸臣误朕。朕死无面目见祖宗于地下,去朕冠冕,以发覆面,任贼分裂朕尸,勿死伤百姓一人。"临死仍抱一颗悯民心。

有史家评述，其实崇祯还算是一个勤政的皇帝，但有一个致命的缺点：喜欢猜忌人。因猜忌而致使一些好官员或送命，或拘役，或撤职，加上明朝江山已经处于大厦将倾之势，其也独力难支。将明朝覆灭的罪责完全加诸其身，也是有失公允的。

二、自强不息，自胜不辍

中华文明之所以绵绵不绝，从来不是争来的，而是通过"胜人""胜天"而创造出来的，而是通过自强不息的艰苦奋斗精神赢得的。在《易经》里，与"自强不息"相呼应的一个词，叫"与时偕行"，意谓"自强"要与时代保持同步。时代发展，自强的行为永不停息。德国大文豪的巨著《浮士德》中的主人公，将生命抵押给魔鬼，获得不竭的创造力。抵押条件只有一个：浮士德必须不停地创造美的事物。一旦停止创造的脚步，魔鬼就会来收走他的生命。浮士德凭借从魔鬼那里获得的创造能力，为人间创造了数不胜数的美好事物。当有一天他回头看见自己创造的事业而激动得停下脚步时，魔鬼马上收走了他的生命。笔者认为，这个故事告诉我们一个道理：生命不止，奋斗不息。强大者永远不能停下创造的脚步，一旦停下，就意味着其生命的结束。

1. 自强不息，自胜不息

"与时偕行"则多次出现于《周易》之中，具体有以下几处：《周易·损卦》：损益盈虚，与时偕行；《周易·益卦·象辞》：凡益之道，与时偕行；《周易·乾·文言》：终日乾乾，与时偕行。三处虽然各有不同，但都表达了人们应该趋时变通，顺应历史发展潮流，把握时机作出适于时代需要的判断和抉择之意。

从一方面看，天道或天命正如同荀子所说的，"天行有常，不为尧存，不为桀亡"（《荀子·天论》），说明有些东西是不可求，也不随着人的主观意识的转变而转变，不能改变环境，那就改变自己。把自己变得足够强大。显然，老子更早就意识到这一点，故把自强的着力点更多地放在自知自胜方面。通过自知，找到自己战胜自己的方法途径。

《汉书·礼乐志》曾记载道："王者必因前王之礼，顺时施宜，有所损益，即民之心，稍稍制作，至太平而大备。"虽然此处指的是礼乐，但用来解释何为"与时偕行"同样十分贴切。"与时"即"顺时施宜"，意味着必然要顺应时代合乎时宜；"偕行"则指的是"有所损益，即民之心，稍稍制作"，寓意人们应该借鉴既往的历史经验，明白其中蕴藏的损益之道，在具体处理人间性的事务时要以百姓之心为心。

按照一些学者的看法，《周易》中"天行健，君子以自强不息"的表述实际上是"后世儒家以'人道'上配'天道'后的说法，这就为'君子'的'刚毅进取'增添了一重'天道'的保证"（见余英时《中国传统思想的现代诠释》）。也即有了形而上的权威性的保证。"与时偕行"则无疑带有"以自我为中心而展开的循环圈具有即静即动，即思即行的性格"。这种性格随着历史和人生的不断推进而展现出其有进无已的进取精神。此外，应该指出的是，古代中国的思想流派在很大程度上都带有一种理性的色彩，而且"更多的是政治的、道德的、价值的理性"。

自强不息的精神，表现国家治理方面，就是在其位而谋其政，以强行者的姿态，孜孜不倦地从事着他所管理的政务，孔子在教导其弟子子张时，曾告诫他说，为政者必须做到"居之无倦，行之以忠"（《论语·颜渊》）。其含义指的是，在其位要谋其政，不懈地努力，对于已定的政令要忠诚地履行。

"居之无倦，行之以忠"，应该是古代从政者的职业操守。但是，并不见得每一个治政者都能够始终如一地在其位上勤政敬业，尽忠职守。孔子自认所受天命是挽"礼崩乐坏"于既倒，希望能够"克己复礼"。他教导其弟子说为政要"无倦"，就是看到了现实中对政务的敷衍塞责和不尽心的现象比较普遍，希望自己的弟子在今后的从政中能够重振天下之衰。事实上，大多数为政者都未必能够数十年如一日地在其位孜孜不倦。唐朝魏徵说"善始者实繁，克终者盖寡"，指的就是这种现象，黄炎培讲说的"历史周期率"，指的也是这种现象。这种现象实际在警示每一个从政者：自强不息，自胜不息。要不断战胜自己从政时潜滋暗长的倦怠与不尽心的毛病。就像诸葛亮所说，"受命以来，夙夜忧叹，恐托付不效"，只能以"鞠躬尽瘁，死而后已"表达自己对初心的坚守。

2. 常怀忧患，自强多虑

忧患意识自古即是我国古代思想文化的一个重要特色，是隐藏在中国人内心的一种文化基因。中国是个多灾多难的国家，从上古神话中可以看到，各种自然灾难轮番罹降，让古代华夏祖先要时刻准备着抵抗灾难。"杞人忧天"的寓言，亦折射了古代人民因为曾经历过类似"地塌天倾"的灾难，从而对可能再次出现的地塌天倾的预测与忧患。

华夏土地多灾患，如地震、台风、虫灾、瘟疫等往往不期而至。华夏民族的忧患意识是一种亘远的历史积淀，而随忧患伴生的，则是应对灾患而不断增强的自强意识。因为，我国疆域以大陆为主体，没有外来的支援，要抵抗种种灾患，则需要自身的不断强大。由此而来，自强不息成了中国人自古就有的奋斗精神，并记录在中国最早的经典里。《周易·乾》里的象辞"天行健，君子以自强不息"，就是根据"乾"的这一含义而作的引申，意谓君子要像天那样高大刚毅而不断进步壮大，从而依靠自身的力量，掌握自己的命运。而根据中国人历史积淀的忧患意识来看，华夏民族自始即蕴含着那种进取不已的自我完善精神。一句话，忧患不是"无事忧天倾"，而是思虑着如何不断地自强以抗"天倾"。

就《周易》而言，虽然对其作者尚未有明确的定论，但它里面蕴含的忧患意识则是十分明显的。《周易·系辞下》曾深刻地指出：《易》之兴也，其于中古乎？作《易》者，其有忧患乎？"由此推论出作为对《周易》卦象解释的"自强不息"与"与时偕行"应该同样包含着一种忧患意识。从某种意义上讲，《周易》就是为预测未知的灾患而创，是通过卦象与对应的天象（诸类自然现象）变化，而预测未来可能遭遇到的或吉或凶的事情，以决定未来的趋避走向。

需要指出的是，这种讨论的忧患意识，是一种积极主动的进取精神，是有别于那种"把自身寄托于神明，从而消解了自身的能动性"的宗教意识。它是人们在面对外在环境带来的困厄时所作出的积极应对，彰显的是人的主观能动性，并通过主动发挥这种能动性以应对并解决他所可能面临的种种不确定性。

按照徐复观先生的理解，"忧患与恐怖、绝望的最大不同之点，在于忧患心理的形成，乃是从当事者对吉凶成败的深思熟虑而来的远见；在这种远见中，主要发现了吉凶成败与当事者行为的密切联系，以及当事者在行为上所应负的责任。忧患正是由这种责任感来的要以己力突破困难而尚未突破时的心理状态。所以忧患意识，乃人类精神开始直接对事物发生责任感的表现，也即是精神上开始有了人的自觉地表现"。[1] 古代中国人的忧患意识的自觉，肇始于以文王、周公为代表的周室政权对殷纣政权的鼎革。在《尚书》中出现的诰文如《大诰》《康诰》《召诰》等，大都是君王在决定重大事情之前对臣僚将士做的训诫。诰令充满忧患，强调将要面临的严重危机，激励臣属勇敢应对。

例如，《周书·大诰》的出现，就是因周武王去世而继承王位的周成王年幼，诸侯及一些臣僚蠢蠢欲动，辅佐成王的周公，在这个重要的关头，以诰文训诫诸侯臣僚说："啊！我要郑重告诉你们，各国诸侯国国君及官员们。不好了！上天把大祸降给我们国家了，灾祸在继续发展，没有停止。现在我代替我年幼的侄子执掌我们永恒的权柄，但我却没有遇到明智的人，可以把我们的人民引导到安全的境地，更不用说了解天命的人了。"他在诰文警示说：

---

① 参见徐复观：《中国人性史论》，华东师范大学出版社 2005 年版。

"殷商的余孽竟敢妄图恢复他们的统治地位，这些余孽知道我们国家因为灾难，人心纷乱。现在他们发动叛乱了，有的地方的人民也响应他们的叛乱。"周公充满着忧患，号召诸侯臣僚跟着他一齐讨伐乱贼。《尚书·召诰》则是周成王欲迁都洛阳，先派召公去经营。周公视察洛阳时，召公委托周公上书，告诫成王，接受了天命，当上了君王，美好无穷无尽，忧患也无穷无尽。不可不鉴戒夏代，也不可不鉴戒殷代。应该勤劳忧虑，应当敬德保民，使天命长久。

在一些局外人的眼里，强者的行为，大都是毅然决然毫无顾忌的，看来有一些冒险因子在其中。其实，君子的所有自强不息行为，决不是脑子发热时的莽撞，而是对所忧患之事进行了多方面分析思考，而采取的自认最能取胜的行为方式。

3. 常知不足，强行不息

何谓知不足？前面已讲到，即将自己与圣人或者比自己有成就者，乃至自己的对手，摆在一起对比，省察自己与对方的差距；或者思考自己即将进行的某项重大事情，有哪些力有不逮的地方。被称为"宗圣"的曾子，之所以能成为圣人，就因他把"知不足"作为道德修养的必修课。曾子有言，"吾日三省吾心，为人谋而不忠乎？与友交而不信乎？传不习乎？"涉及工作、生活、学习等方面，由于他每天都在寻思自己的不足，并努力弥补不足，终成一代圣贤。

君子自强不息，"知不足"是其行为动力之源。人贵有自知之明、自胜之强，明就明在"知不足"，强就强在"不知足"，"知不足"而后学，"不知足"而进取。一个人只有像曾子那样敢于、善于自我解剖，并通过自我净化、自我完善、自我革新、自我提高，才能不断强化自身素质，从而增强自身的抵抗力和免疫力，这样才会在面对诸多诱惑时能够守住本心，岿然不动。

何谓"强行"？老子认为，一个强者不仅应该知人知己、胜人胜己，而且要在自胜的基础上不断勉力强行。这样的强者，不在意眼前的得失成败，也不会在眼前的繁华富贵中驻步，而是在达到某一个目标之后，又继续向着新的更高远的目标冲刺，只要一息尚存，就不会停止奋斗。往往，这样的人即使死了，却始终活在人们心中，活在千秋永驻的青史里。

《聊斋志异》作者蒲松龄曾写过一副自勉的对联：有志者事竟成，破釜沉舟，百二秦关终属楚；苦心人天不负，卧薪尝胆，三千越甲可吞吴。上联是写西楚霸王率兵伐秦过黄河后所采取的一个举措。把军队里煮饭的锅砸破，把所有渡船沉入河底，表示不灭秦朝不复返的决心。下联是写春秋战国时期吴越争霸时，越王为报雪亡国之耻，在吃饭的地方挂上一个苦胆，每逢吃饭的时候，就先尝一尝苦味，还问自己："你忘了会稽的耻辱吗？"同时他还撤去睡席，用柴草当作褥子。经过十年生聚十年教训，终于灭了吴国，一雪前耻。如果说，上联启示人们，强者总是断绝退路而强行；下联则强调，强者须有蓄精养锐而强行。

笔者认为，老子在写《道德经》第 33 章时，心里还是有一丝矛盾心理的，这在他的行文里稍有透露。我们知道，这一章的前两句强调人要自知自胜以达到自强，意味着自知是自强的原动力。而"自知"最重要的内容是"知不足"，只有知不足，才会促使努力去满足。一个人是不断成长发展的，不同的成长发展阶段都会有"不足"状况出现，只有不断察觉自己的不足，才会立志"强行"，不断自强以达到满足。而后出现了看似矛盾的观点：知足者富，强行者有志。一方面劝谕人们：知足吧，以知足的态度看待一切，会让自己的人生变得更加富有；另一方面勉励自强不息者，赞扬他们能以"知足者"迥然不同的姿态，永不知足地"强行"。后人在解读这一对矛盾时，其实也处于自相矛盾的境地，既肯定"自足者富"是一种不计贫富的平和心境，又肯定"强行"是一种永远积极进取的生活态度，到最后往往不能自圆其说。

认真研讨，笔者认为老子写这章的初衷，其实是将两类强者、两种生活态度，以排比的语句式分成两组，让人对比选择。

在强者对比中，老子认为，有一类强者是知人胜人者，是有力量的；另一类强者是自知身胜者；能够清楚地认识自我，并战胜自己身上的弱点，才是真正的强者。现实中，有许多人，特别是领导者，只知道领导别人，把持别人，却不能认识自己，把握自己。在现实中就常有这样的情况，领导在台上要求部下该这样该那样，而自己在现实中却想怎样就怎样。

笔者认为，在生活态度的选择上，老子认为，知足者总会把眼前所获视为最大的富贵并安得其所，而不知足者却心怀远大志向而勉力强行；知足者只要不失去足以安身之所就能活得很长久，而不知足者或许死在强行追求的路上，但身虽死而名不亡，其生命似乎更为久长。这就像现代诗人臧克家写的纪念鲁迅先生的诗《有的人》所写：有的人活着，他已经死了；有的人死了，他还活着。

笔者认为，这样的解读，更符合老子的原意。而用这种对比的方式阐明自己观点的，《道德经》里随处可见。

三、自强精神，薪火相传

自强不息的精神里包含着一种知不可而为之的顽强。尽管中国人也相信天命，但真的面对命运挑战的时候，却豁出一种"我命由我不由天"气势，至死都不退却。哪怕到生命的最后一刻，都不会放弃拼搏奋斗。尽管有可能看不到明天的太阳，但却希望自己变成一轮太阳，照耀在后来者前行的道路上。

1. 自强精神，民族之魂

关于中华民族精神的提炼，不知有过多少版本。但是，在所有的版本里，都会有"自强不息"四个字闪烁着光芒。我们几乎在每一个历史时期，特别是在最为艰难竭蹶的情境下，都会看见一群倔强的身影，用自己坚韧不拔的坚守，淬炼着民族精神，解说着自强不息的内涵。

自强不息是中华民族发展的基点。远古时期，华夏大地上的先民们生活在黄河流域，这个地方遍布着丛林、沼泽，猛兽四出，处处充满着危机。加上水旱灾害交替地侵袭常常逼得先民们流离失所。想突破封闭，重新找一块安定的绿洲，却四面有崇山峻岭封闭，无从而出。愚公移山的故事，其实也反映了当时先民身陷困境中的无奈之举。先民们无路可走，只能扎根在这块土地上，就像愚公每天挖山不止一样，栉风沐雨，胼手胝足，不停地与各种灾难作殊死斗争。 我们的祖先在本没有路的荆棘丛中砍出一条条道路，在本无法攀越的山峰上凿出一级级台阶，在杳无人烟的荒甸搭建起安居的家园，开创了辉煌的中华文明，也镕铸出了自强不息的民族精神。中华民族在自强不息精神的推动下，将辉煌的中华文明推进数几千年，成为世界上唯一没有中断的文明。而且，还将借着自强不息的精神，将中华文明向前推进得更久远、更辉煌。

中华民族精神源远流长，是中国悠久历史的积淀、光荣传统的升华和时代文明的结晶。回望历史，从中华民族独立，到人民解放，再到国家富强，中国人民一路走来，不但继承了民族精神，而且丰富和发展了民族精神，不断为之增添新的内容。曾有一本由人民出版社出版且多次跃居发行排行榜的图书《精神的升华——中国共产党的精气神》，就列举了十一种精神：五四精神、井冈山精神、长征精神、延安精神、西柏坡精神、雷锋精神、大庆精神、红旗渠精神、抗洪精神、航天精神、抗震精神……书中反复强调，中国共产党在中国革命和中国建设中淬炼出来的这些精神，是中华民族伟大精神在现当代的恢宏演绎和升华，其中蕴含着自强不息的精神。

自强不息是中国人民发展壮大的强大精神支柱，也是在未来岁月里薪火相传、继往开来的巨大精神动力。在中国共产党带领中华民族走向伟大复兴的今天，弘扬民族精神显得更为重要。

2. 自力更生，艰苦奋斗

自强不息精神体现在国家治理与建设中，就是自力更生。

何谓自力更生，简言之，就是不依靠外力，用自己的力量将事情办好。早期的《列子·天瑞》有"自智自力"之语，《史记·公孙、主父列传》中有"人人自以为更生"之语，因"自力"与"更生"两词意义相近，后人就将这词合二为一，遂为成语。而查询史料，自力更生的完整出现是在孙中山的《中国问题的真解决》一文中，"中国不但会自力更生而且也能解除其他国家维护中国独立与完整的麻烦"。之后，民主战士闻一多也在《组织民众与保卫大西南》中说道："我们人民能以自力更生的方式强起来了。"

自力更生体现了中国的独立自主。

诞生于民族危亡之际的中国共产党，将"自力更生"同党、国家、民族的命运紧密联系在一起，运用马克思主义科学理论，客观分析中国实际，创造性地赋予这一精神以新的内涵。这就是：一个党、一个国家、一个民族的革命建设事业，归根结底还是要依靠最广大人民群众，把立足点放在依靠自己力量的基础上。其核心要义是自信、自立、自强，独立自主地探索适合自己的发展道路，奋发图强把握自己的命运，艰苦奋斗办好自己的事情。

1941年，由于日本帝国主义的疯狂进攻和残酷"扫荡"，国民党顽固派的军事包围和经济封锁，以及自然灾害的侵袭，使陕甘宁边区的经济遭到了极为严重的困难。为了战胜困难，坚持抗战，1942年年底，党中央提出了"发展经济、保障供给"的方针，号召解放区军民自力更生，克服困难，开展大规模的生产运动。王震率领的三五九旅在1941年开进野草丛生、野狼成群的南泥湾，不到3年，便把这里变成了"陕北江南"。1943年9月，毛泽东视察南泥湾时高兴地说："困难并不是不可征服的怪物，大家动手征服它，它就低头了。大家自力更生，吃的、穿的、用的都有了。目前我们没有外援，假定将来有了外援，也还是要以自力更生为主。"

新中国成立，中国从世界列强的铁蹄下顽强地站起来，中国人真正成为自己国家的主人之后，喊得最响亮的口号便是"独立自主，自力更生"。当然，也并不只是口号响亮，更是付诸在建设祖国的实践中。在几千年的悠久历史中，中华民族一次次在逆境中奋进崛起，彰显了自力更生、奋发图强的精神，新中国成立以来，中华大地发生了翻天覆地的变化，这是亿万中国人民依靠自己的力量取得的辉煌成就，是自力更生的史诗。

中国是一个后发国家，当世界已经步入工业文明时，中国还如老牛拉着破车在泥泞里行走一样，徘徊在落后的农业经济小路上。加上，新中国的社会主义体制与当时风靡世界的资本主义制度截然不同，被西方的发达国家视为政治异类，政治打压，经济封锁，几乎得不到外界的任何支持。新中国成立之初，苏联也曾派遣大批专家技术人员来中国协助发展工业。可是因为中苏关系恶化，苏联撤走了技术援助。当时，中国硬争一口气，要打造自己的专家技术员队伍，建设生产摸索出来的工业产品。当时既要搞建设，又要警惕战争爆发。重要工程都建在十分隐蔽、交通不便的深山老林，有的甚至建在地下。但是，就在这样艰苦的环境中，我们依靠自力更生造出了原子弹，我们依靠自力更生让卫星上了天，我们依靠自力更生摘掉了贫油国的帽子，我们依靠自力更生造出了自己的火车站、自己的汽车、自己的拖拉机……

党的十八大以来，习近平总书记多次强调"自力更生"。他指出，"中华民族奋斗的基点是自力更生，攀登世界科技高峰的必由之路是自主创新"，"不论过去、现在和将来，我们都要把国家和民族发展放在自己力量的基点上，坚持民族自尊心和自信心，坚定不移走自己的路"，"现在，国际上单边主义、贸易保护主义上升，我们必须坚持走自力更生的道路"……2019年，中华人民共和国迎来70周年华诞。习近平总书记指出：一路走来，中国人民自力更生、艰苦奋斗，创造了举世瞩目的中国奇迹。新征程上，不管乱云飞渡、风吹浪打，我们都要紧紧依靠人民，坚持自力更生、艰苦奋斗，以坚如磐石的信心、只争朝夕的劲头、坚韧不拔的毅力，一步一个脚印把前无古人的伟大事业推向前进。

一个独立自主的中国就是在自力更生的摇篮里孕育出来的，一个繁荣昌盛的中国就是在自力更生的基点上崛起的。

2019年年末，一场波及世界的疫情，让世界处于百年未有之大变局，一些西方国家借机会发起新一轮的冷战，单边主义、贸易保护主义上升，先进技术、关键技术越来越难以获得，开放的大门陆续紧闭起来，中国所面临的问题和矛盾之多前所未有。在这样的大背景下，"自力更生"显得尤为重要。当然，此时的自力更生更有新的含义。中国是有着 14 亿多人口的大国，要进入先进国家行列，是不可能搭便车、走捷径的。而且，要做好一切都靠自己的准备。要靠自己的力量解决 14 亿多人的吃饭问题，要靠自己的力量发展实体经济，要靠自己的力量发展制造业，要靠自己的力量发展高科技……习近平总书记强调，核心技术靠"化缘"是要不来的，必须靠自力更生。只有把核心技术掌握在自己手中，才能真正掌握竞争和发展的主动权，才能从根本上保障国家经济安全、国防安全和其他安全。

坚持自力更生，就得做好艰苦奋斗的准备。这既是自力更生精神的题中应有之义，也是当今中国发展不断突破瓶颈的关键。自力更生是要吃苦的，当今时代是要从无到有地创造出世界奇迹的。

当年，伟人有一句话说得好。他说："我们希望有外援，但不依赖他。"过分依赖外力，就会让自己变成软骨头，就会让自己永远不能自强。特别是养成依赖的习惯后，自己更不愿意吃苦耐劳。古人尝说："自古雄才多磨难，从来纨绔少伟男。"强者决不是在安乐窝里成长出来的，也不是努力吃苦三五载，然后万事大吉，就再不需要付出任何努力了。习近平总书记强调："伟大梦想不是等得来、喊得来的，而是拼出来、干出来的。"这个"拼"，就是艰苦奋斗。

艰苦奋斗不是一种生活习惯和生活方式，它是一种精神境界，是一个人、一个团体、一个国家不断强大的基础。用老子的话说，就是"强行者有志"，是自胜自强者在自力更生中表现出来的一种常态。只要保持艰苦奋斗的常态，就能保持永远的强大，就能保持永远的独立自主。失去了常态，也就失去了自强不息的动力，也就失去了自力更生的支柱。这一点，对于治国理政的领导者尤为重要。

当代中国领导人倡导自力更生，绝不是倡导狭隘的民族主义，绝不是关闭开放的大门，更不是拒绝融入世界市场。而是鉴于近年来"逆全球化"浪潮在世界范围内兴起，导致对外开放的外部环境发生明显变化，中国必须坚持独立自主的立场，但是，本着友好合作、友好交流的原则，中国开放的大门不会关闭，只会越开越大。

我们的改革开放是有方向、有立场、有原则的。必须明确的是，改革是为了推动党和人民事业更好发展主动作出的决策和行动，而不是为了迎合某些人的"掌声"，也不是为了符合某些人鼓噪的西方理论、观点，更不能跟着别人的指挥棒走，不能削足适履、邯郸学步。同时，对外开放不是放弃独立自主、崇洋媚外，更不是"全盘西化"，其原则应是有利于增强独立自主、自力更生的能力。对此，我们必须始终保持足够的战略清醒和战略定力。

3. 从不自卑，绝不自大

一个能够自强不息奋斗的民族，总是充满自信的。中华文明作为奋斗中创造的文明成为世界上传承最为久远的古老文明，且这个古老文明至今仍然青春不老。甚至西方许多专家学者认为，中华民族文化是疗治现代西方社会病的最佳方剂，并认为西方文明要有新的发展，就要回到2000年前向孔子学习。

中华民族是地球上最谦虚、最讲理、最和善的民族。在人类有历史记载的几千年里，中国多数时间的发展总是居于世界前列，从没有侵略过其他国家。对于国境线上其他民族的侵扰，更多时候是采取安抚政策。被列为"世界九大奇迹"的万里长城，其功能亦是御敌于国门之外。

笔者认为，那些认为中华民族具有自卑与自大这样的双重性格，是对民族性格这个心理学名词理解不透彻。所谓民族性格，是指各民族在形成和发展过程中凝结起来的表现在民族文化特点上的心理状态，是一个民族的共同特征。一个民族性格的形成是一个长期的历史发展过程，受到许多因素的影响，其中最重要的因素就是该民族的文化和历史。

中华民族的性格，是在几千年的奋斗历程中淬炼出来，并已经成为民族文化基因。这个民族文化基因，不会因为近百年饱受列强欺凌便轻易改变。

我们承认，在一些时期有一些人确实会产生自卑心态，那是近代在帝国列强侵略中国的时候。有一些中国人在洋人的坚船利炮面前产生一种自愧弗如的自卑，或者在西方高效率的工业设备面前自叹不如，从而因为自卑而甘作洋奴，叫嚷"西方的月亮比中国圆"……但是，必须看到这类人在中国人中少之又少。

人在低潮时期，特别是在无力应对强大于自己的敌手、只能委曲求全时，会因悲观而产生一些自卑，但不等于自己永远处于自卑。往往到了最危险的时候，也会被迫着发出最后的吼声。

其实，中华民族自古以来就有着谦虚有礼的品德，有着老子推崇的"知不知"境界。也许，有时谦虚过度就被视为自卑。正如一位网友所说："中国的传统就是以谦卑为美德，所谓谦谦君子就是不自大不骄傲。众生百态，性格多变，如果单以一种性格就定位了整个中国人不免有一棍子打死一群人的意思了，以偏概全毕竟还是狭义的。"

至于说自大，很大时候是因为压抑太久，释放出来的一种"过去你看我不起，今天让你高攀不起"的快意。如果没有受到对方的欺负，即使现在已经强大了若干倍，仍然会以一种谦谦君子的姿态礼遇对方。从当前中国对一些落后的、发展中的国家所采取友好态度，便可回答中国是否自大这一问题。

不否认，中国经济、文化发展领先全球几千年，到清末一下子被反超，落后百年，曾让许多中国人一度变得自卑，感觉中国什么都不如人，甚至由此而否定传承了几千年的传统文化，乃至以砸烂、捣毁传统文化为快事。即便在新中国解决了国家主权问题之后，贫穷仍是现实问题。这也给中国人留下了深深的伤痕和复杂的历史记忆。很长一段时间，不少国人对世界的看法，往往是以西方为参照系，并趋于两极化：要么是对西方仰视，因中国的贫弱就认为自身文明不如人，认为中国人的"国民性"落后，导致了深深的自卑感；要么因对西方侵略的愤怒和对西方封锁的抗拒，而产生了对西方的俯视心态，在封闭环境中形成一种自负感。这两种心态在近代中国为富强而奋斗的百年历史中都有过深刻影响，也都会在社会心理和文化中留下或自悲或自大的思想印迹，但不能以百年的落后而否定几千年的超前啊！

不过，笔者倒认为，创作出"厉害了我的国""中国可以说'不'"之类的文章、书籍、影视作品者，并非是长期受自卑压抑后爆发出来的自大情绪，其实是对社会上长期看不起中国、看不起中国人的那些人作出的反击。那些作品列举出的事例，并非捏造而是有翔实的大数据以证实，且那些作品中展示的中国"厉害"之处，确实让人顿生扬眉吐气之感！近代史上，中国人经常被人看不起，经常受人欺负，现在发表的那些赞扬中国的作品，只是想让看不起中国、欺负中国的那些人睁大眼睛看看：中国已经不是以前那种任人蹂躏宰割、任人欺凌侮辱的中国了！这些作品，表现的不是中国人的自大，而是重振中国人的文化自信。

现代中国该不该自信？

不用列举太多，只说经过近几十年努力而完成的一件事：6.2亿人口脱贫奔小康。这个庞大的人口数量，约相当于美国人口的两倍，超过拉丁美洲人口总和。中国经济的快速发展使全球19%的人口直接获益，过去10年，中国人民的生活水平提升速度是大国中最快的。从来没有其他国家能取得中国这样的成就。对于这些，中国的领导人从没有因此而提出过傲慢自大的主张，却呼吁全世界不论大国小国、不论富国穷国，友好联合起来，创建各个国家地位平等的命运共同体。而中国文化中协和万邦的思想，或可为世界成为地球村之后的国际交往贡献中国智慧。20世纪80年代，75位诺贝尔奖获得者在巴黎的一次会议上发表了一份宣言，其中写道："如果人类要在21世纪生存下去，必须回头2500年，去吸取孔子的智慧。"

所以说说文化吧！

文化才是一个国家和民族的根本。一个民族的优秀文化足以让该民族保持强大的自信，中华文明博大精深的文化一直是让中国人引以为傲的。中华文化生命力之顽强，也是举世无双的。即使由于某种原因导致文化低落而滋生自卑自大的毛病，只要民族文化的根还在，文化就能迅速恢复繁荣，少数人自卑自大的毛病就能迅速克服。

当代中国的领导人有坚定的文化自信，对中华传统文化是充分肯定的。党的十八大以来，习近平总书记在许多重要的场合强调文化自信，传递出他的文化理念和文化观。在 2014 年 2 月 24 日的中央政治局第十三次集体学习中，习近平总书记提出要"增强文化自信和价值观自信"。之后的两年间，习近平总书记又对此有过多次论述："增强文化自觉和文化自信，是坚定道路自信、理论自信、制度自信的题中应有之义。""中国有坚定的道路自信、理论自信、制度自信，其本质是建立在 5000 多年文明传承基础上的文化自信。"2016 年 5 月和 6 月，习近平总书记又连续两次对"文化自信"加以强调，指出"我们要坚定中国特色社会主义道路自信、理论自信、制度自信，说到底是要坚持文化自信"，在庆祝中国共产党成立 95 周年大会的讲话上，习近平总书记对文化自信特别加以阐释，指出"文化自信，是更基础、更广泛、更深厚的自信"。而在党的十九大报告中，习近平总书记进一步强调："文化是一个国家、一个民族的灵魂。文化兴国运兴，文化强民族强。没有高度的文化自信，没有文化的繁荣兴盛，就没有中华民族伟大复兴。"

文化自信意味着智慧，这就是中华民族崛起最好的保障。只要我们不再走弯路、走错路，只要我们加强对中华优秀传统文化的挖掘和阐发，推动实现其创造性转化、创新性发展，使中华民族最基本的文化基因与当代文化相适应、与现代社会相协调，就能把跨越时空、超越国界、富有永恒魅力、具有当代价值的文化精神弘扬起来，就能努力创造出光耀时代、光耀世界的中华文化，中华民族的伟大复兴也必定指日可待。

延伸阅读　第三只眼睛看中国

美国前国务卿基辛格就曾评述：近 200 年的中国或许只是历史上一个短暂的意外，这并不是常情。如果今后中国要回到属于她的位置并不意外。自古以来，西方国家的建立，总有一个开端，但中国似乎没有这个概念。在他们漫长的历史进程中，他们随时都是一个起点，每当他们建立起大一统盛世的时候，总是不认为这是创造而是复兴，是回到巅峰，似乎那个巅峰的中国，早在黄帝之前就存在一样。

英国学者马丁·雅克在关于"中国的崛起"的演讲中，反复强调：纵观世界史我们会发现，西方曾经也产生了很多的大帝国、强国，纵横世界，深刻影响世界历史。如西方的罗马帝国、亚历山大帝国、拜占庭帝国、阿拉伯帝国还有奥斯曼帝国、大英帝国等，个个都是强悍无比。但是，这些强大帝国在衰弱后大多是灰飞烟灭，后世很难再崛起了。而与西方不同的是，古代东方几千年，出现的几乎所有强大帝国，如秦帝国、汉帝国、唐帝国、元帝国、明帝国、清帝国等，都来自中国。也就是说，古代中国衰弱后，会不断地重新崛起和复兴，包括现在也是如此。近代 100 多年衰弱，到现在又在重新复兴，这在世界范围内是独一无二的。

第六章　蓄德贮宝　德行天下

——治国者的德行修炼

从帝王之学的角度读《道德经》，可以看出全书的基本结构：上半部分谓《道经》，从自然之道讲到治国之道；下部分谓《德经》，从自然之德讲到治国者之德。从上下两部的逻辑关系来看，道是德的形而上，德是道在社会的载体和外显。但是，整个《道德经》的内容，似乎又是道、德浑然，讲道的规律与特征时，以德作说明；讲德的时候，则从道的高度来读解。悟道则在修德，修德即为悟道。笔者认为，我们还是可以从上下部的首章看出各部的侧重点来。例如，下半部《德经》的首章，就是在讨论治国者的德行修炼的总纲，也是给社会推崇的所谓德仁礼义划分一下层次标准，至于治国者该具体地修炼哪种德行，似应全书研读。例如，第8章谈"上善若水"，以水比德；而另一章直接谈德的"吾有三宝"在第67章。当然，这两章谈德的角度有所不同，前者侧重谈圣人该有德性，后者侧重谈如何蓄德贮宝。但不管从哪种角度来读，都能给治国者的德性修炼予以启迪。

一、君子鉴水，以水比德

关于水之德的阐述，有传说是孔子在黄河边求教于老子而发生的事情。

在黄河边,老子指着浩荡东去的黄河,对孔子说:"你认为君子要积德行善,何不学水之大德呢?"孔子问"水有何德?"老子回答说:"上善若水。水善利万物而不争,处众人之所恶,故几于道。居善地,心善渊,与善仁,言善信,政善治,事善能,动善时。夫唯不争,故无尤。"这段话所描述的水的众多品质,几乎可以与能够生万物的"道"相提并论了。水,既能包容万物,又能滋润万物;只知道施利与万物,而不与万物争利;甘居众人所厌恶的卑下的地方,而不像那些追名逐利者争抢名利高位;思想要像水那样深沉,交友要像水那样相亲,言语要像水那样真诚,为政要像水那样有条有理,办事要像水那样无所不能,行为要像水那样待机而动。孔子从与老子的谈话中,悟出了水之"九德",并在之后的游学授徒的过程中传授给了学生。他的学生子贡问他:为什么那些德行高洁的君子见到江河湖海之后,都要停下来认真观看呢?孔子把自己感悟的关于"水"的德行告诉子贡,说:"夫水者,启子比德焉。遍予而无私,似德;所及者生,似仁;其流卑下,句倨皆循其理,似义;浅者流行,深者不测,似智;其赴百仞之谷不疑,似勇;绵弱而微达,似察;受恶不让,似包;蒙不清以入,鲜洁以出,似善化;至量必平,似正;盈不求概,似度;其万折必东,似意。是以君子见大水必观焉尔也。"孔子认为,水可以启发君子以之"比德",而水与君子所可"比德"者,有九点,即"德、仁、义、智、勇、察、包、善、正、度、意"。下面结合老子与孔子阐述的水之德的内容,突出强调几个方面。

1.善利万物,为而不争

老子认为,大凡圣人,有一个特别优秀的品质,就是"为而不争"。他把"为而不争"的品质比喻为"利万物"而"处众人之所恶"的"水"。

"上善若水"是老子对水的品德的归纳性总结。而被老子摆在头条位置的品德,就是"善利万物,为而不争"。这个品德,很容易让人想到"毫不利己,专门利人"。确确实实,水滋润万物,恩泽天下,并不曾想从万物那里获得什么利益。

水是自然界所有生命体所不可或缺者，它润泽万物、施利万物，却毫无索取，毫不居功。作为一个治国者，首先应该具有"水"的这一精神。其治理国家，不仅只是施舍人民一点点好处，而是创造能够更好地为民谋利的环境，让民众做自己喜欢的事情，自我作为。

其实，无私者最能天长地久，也最终能成就自己。老子早在《道德经》第7章就做了辩证。他说："天地所以能长且久者，以其不自生，故能长生。是以圣人后其身而身先，外其身而身存。非以其无私邪？故能成其私。"也就是说，无私者总是遇到利益退在后面，遇到危难则生死置之度外地冲在前面，最终因为无私而达到无为而治的目标。

无私的治国者一心一意为天下谋福利，而不存任何私念。就像唐朝大诗人杜甫诗中所呼吁的，"安得广厦千万间，大庇天下寒士俱欢颜，吾庐独破受冻死亦足"；宋朝范仲淹所写的《岳阳楼记》中所言"居庙堂之高，则忧其民，处江湖之远，则忧其君"，心中唯有天下，而独无自己。一个真正能以天下为公的治世者，会像"水"一样，不仅毫不利己、专门利人，而且还甘心选择最艰苦的地方，到大家都不愿去的地方去，到无人与之相争的地方去。就像当年治理大洪水的大禹一样，每天奔波在崇山峻岭之间，餐风宿露，三过家门而不入。而这些利万民而不求私利者，最终都千古留名。

2. 天下至柔，能克至坚

在连续几章阐述圣人的无私为国、功成身退的品德之后，老子选用了现实中一个最为常见的事物——"水"来比喻。这一章虽然没有只字提到圣人，但几乎所有读者都会将圣人与"上善"联系起来，乃至出现对"上善"两种解释：一曰"上善"是天地间至高至极的善；一曰圣人之善可以用至善来形容。

老子认为，圣人对国家的治理，是采用柔性的无为之治的王道。无为之治，就是让治国者"贵柔处弱"，柔弱之中蕴藏着一种无坚不克的韧劲，能够使其治理的天下天长地久。

在老子看来，天下所有的事物都是相反而相成的，柔与刚、弱与强、黑与白、阴与阳……事物发展到它的极致，必然会向相反的方向转化，即所谓"反者道之动，弱者道之用"，而转化之后的事物，实际上就隐含了正反两方面的品质。柔往往是弱的外在表现，是事物外在表现最弱的状态，但是柔弱却可以胜过刚强。《道德经》在之后强调："天下之至柔，驰骋天下之至坚。"

无为而为，怎么为？以至刚至强的状态去为，硬碰硬，或许两败俱伤。以至柔至弱的状态去为，像似水柔情那样，或能让刚猛化为"绕指柔"，甚至能让顽石洞穿。所以，在《道德经》接近尾的第 78 章与第 8 章相呼应地说道："天下莫柔弱于水，而功坚强者莫之能胜，以其无以易之。弱之胜强。柔之胜刚，天下莫不知，莫能行。"如果说，天下最柔弱的东西能驾驭天下最刚强的事物，其至柔者莫过于水。而在柔弱为用的诸多事物中，老子最为推崇的是"水"，并认为在"以柔克刚"这个方面的效力，没有什么能比得上水。就像上文列举的"水滴石穿"。

水之柔，不仅在于无刚不克，还在于其"不到黄河心不死"的持续永恒的韧劲。而且，老子以"人之生也柔弱，其死也坚强。草木之生也柔脆，其死也枯槁"的事例告诉人们：有生命的东西，其体质都是柔弱的，只有死后，才会变得坚硬。所以，在老子看来，保持柔弱，是一条生路，而固守坚强，则是一条死路。实际上，因为柔可克刚，至柔即可克至刚。从某种意义上讲，至柔者也可能成为至强者。

笔者认为，高明的治理者就有这样的韧劲，不到黄河心不死，不做成自己想做的事情决不罢休。例如，三国时期的刘备，为了请诸葛亮出山相助，三次登门。特别是最后一次去时，诸葛亮正好在睡觉。刘备让关羽、张飞在门外等候，自己在台阶下静静地站着。过了很长时间，诸葛亮才醒来。刘备向他请教平定天下的办法，遂有了流传千古的"隆中对"。刘备有了诸葛亮的襄助，从一个弱小势力发展到能与当时的强国魏国、吴国鼎足而立。例如，《列子·汤问》里的"愚公移山"故事里的主人翁，尽管知道穷几代之力不能毁太行王屋山之一也，但仍率子孙每天挖山不止，就有如水一样的韧劲。例如，《韩非子·喻老》记载这件事说："楚庄王莅政三年，无令发，无政为也。右司马御座，而与王隐曰：'有鸟止南方之阜（土山），三年不翅，不飞不鸣，嘿然无声，此为何名？'王曰：'三年不翅，将以长羽翼；不飞不鸣，将以观民则。虽无飞，飞必冲天；虽无鸣，鸣必惊人。'"韩非子的记载是"一鸣惊人"这则成语最早的典源，而现实中的楚庄王却是在隐忍中向朝廷揽权的强者示弱，在隐忍中积蓄力量，以寻找一鸣惊人的机会。

似水柔弱却能攻击强者，这个道理看似浅白，但在实践中，谁都难以做到，就是因为缺乏这种长时间忍受苦难折磨的韧劲。而那些能够承受国家屈辱、担负起国家苦难者，因为具备坚韧不拔的良好品质，才能带领国家、人民走向胜利。

3. 事遂身退，功成不居

中国有一句十分直白的话来形容水的特性：人往高处走，水往低处流。

水是流动的，成全万物而功成不居，且始终流向低处，决不高踞显位以供万物敬仰，这是一种谦卑的美德。水利万物而不取于万物，还能"处众人之所恶"。众人皆向往高处，却甘心停留在其他人与物所不愿停留的低洼潮湿的地方。

老子在《道德经》里对圣人"事遂身退，功成不居"品质极为赞赏，在继《道德经》开篇之后，也就是刚刚完成对无为之"道"的描述之后，就对行无为之道的圣人"功成不居"的品质予以赞美，曰："是以圣人处无为之事；行不言之教；万物作而弗始。生而弗有，为而弗恃，功成而弗居。"把"功成而弗居"列为圣人（治国者）的首选之德。说完这个道理之后，似乎意犹未尽，又从反面来论证，认为世间追逐的权势富贵又能维持多久呢？不如"功遂身退"，更合乎"天之道"。

在第 17 章，老子再次提出"功成事遂"。认为圣人总是少说话，多做事，事情成功之后也不让老百姓知道，让百姓认为事情本该就是这个样子。

在第 51 章，把"为而不恃"，即有造就而不自恃有功，则是深远玄冥的德性的表现之一。

第 72 章曰："是以圣人自知不自见；自爱不自贵。"意谓有道的圣人不但有自知之明，而且也不自我表现；有自爱之心也不自显高贵。这样，就能取得民众的拥护和支持。

在第 77 章先设问而自答曰："孰能有余以奉天下？唯有道者。"随即又进一步阐明，"有道者"系"为而不恃，功成而不处，其不欲见贤"的圣人。即圣人总是把有余的拿来供给天下不足者，作育万物而不自恃己能，有所成就却不以有功自居，因为他不想表现自己的聪明才智。

现在再回到开头说的话：人往高处走，水往低处流，人们将这两类事物连在一起讲，似乎这两类事物的走向成了常态，成了一种常规。如果要改变常态，就等于要改变规律一样，是一件很难的事情。特别是让人变成水那样往低处走，比让水往高处流似乎更困难一些。圣人之所以能成为圣人，就是能为常人之所不为，能放弃往高处走的荣耀，在帮助民众获得成功之后，就悄然退出，让民众不知有这个人的存在一样。

4.百谷之王，受恶不让

人们常用"虚怀若谷"形容一个人的包容心。而"虚怀若谷"的最早出处是在《道德经》第 15 章，形容"善为道者"的品质中便有"旷兮其若谷"句，形容圣人胸怀宽广如同山谷容纳万物。而第 28 章再一次提出"为天下谷，常德乃足，复归于朴"。强调圣人要甘作天下山谷，永恒的德性才会充足，也就能回归淳朴；第 41 章则充分肯定说："上德若谷。"从老子多次提到德行若谷的情况来看，足见他已把包容心视为圣人的重要品德。

但他还觉得不够，更在第 66 章借水比德，认为由水形成的江海，其胸怀宽广得堪称"百谷王"。江海之所以成其大，就在于江海不拒涓滴之流，而汇聚百川河流。在这里，再一次拓展了"上善若水"的观点。以江海的包容度来形容圣人的胸怀宽阔，从而提出了具有老子特色的治国方略——"圣人欲上民，必以言下之；欲先民，必以身后之。是以圣人处上而民不重，处前而民不害"。意谓圣人领导人民，首先必须用言辞对人民表示谦下，同时，始终把自己的利益放在人民之后。这样，圣人的地位居于民众之上，民众不感到压力沉重；而居于民众之前，民众也不会担心利益受到任何侵害。能够做到这一点者，必须具有包容之德。

包容之德，还有一个最大的特点，就是"受恶不让"。我们常说"百川归海"，却似乎忽略了一点，即随百川归海者，不仅是百川沿途的涓滴细流，还有随涓滴细流而下的泥沙朽枝落叶，乃至各种垃圾。就像我们说的"污泥浊水"，皆由水流席卷而下。这种行为，亦如孔子所说："受恶不让，似包。"

古代的贤明君主，多有一颗豁达大度的包容心，对人对事，从来只向前看，而不审视过往。不仅包容身边人的缺点错误，还能包容自己敌手的行为。

春秋时期首位霸主齐桓公，就有着一颗宽广的包容心。当齐桓公还在落难时，曾与另一位公子争夺国君位置时，被尚在敌方的管仲射中，几乎丧命。此后齐桓公当上国君，想让原来的最亲密的手下鲍叔牙当宰相，鲍叔牙推荐了已被鲁国掳去的管仲。齐桓公不计前嫌，听从了鲍叔牙的建议，设计救出了管仲，并择良辰吉日亲自来到郊外迎接，这在当时是前所未有的。而齐桓公的包容大度，也得到最好的回报。管仲辅佐齐桓公九合诸侯，一匡天下，成就了霸业。

"受恶不让"，应该是一种以德报怨的大度宽容。就像老子在第49章所说："善者吾善之，不善者吾亦善之，德善；信者吾信之，不信者吾亦信之，德信。"一般人，对善良者、诚信者能够还以善意、诚意，但对不善不诚者却很难容忍了。圣人却能做到以善待恶，以诚感不诚。历史上著名的帝王唐太宗，就做到这样宽广的胸怀。据传，唐太宗曾做过一件令人震撼的事：给死刑犯放假。那一年，他亲自到监狱复核刑事案件时，与死囚犯面对面。一些死囚谈道：希望在来年秋决之前能再见家人一面。唐太宗动了恻隐之心，打算满足死囚的愿望。监狱长官赶紧劝阻说："这些囚犯都是好勇斗狠之人，一旦释放回家，就有可能给当地乡邻带来危害。把他们放了，他们多半是不愿再回来的。真要逃匿，抓捕起来很麻烦。"唐太宗听监狱长官说的也有道理，便与囚犯立约：准许他们回家探亲，但次年秋决之前必须回大狱接受刑罚，同意者签字画押。那些死囚听闻能回家与亲人相聚半年，自然应承。死囚被放走后，唐太宗并没让人监视。约定之期到来之际，390名死囚竟然悉数归来，无一人借机逃逸。唐太宗觉得这些人还有救，竟然全部赦免这些人的死罪。这件事未入正史，或为坊闻，但从某一角度看，亦折射出百姓希望有一个如此大度的君王的心愿。

在笔者看来，对圣君而言，他的胸怀装着整个天下，也就容得下天下的善恶美丑。毕竟再恶再丑，也是自己的子民。当然，他对那些丑恶的宽容不是纵容，而是用善德和诚信去感化他们。如果君王真正能够以水为镜，勤修"水德"，做到老子所说的"上善若水"，且善利万物而不争，在古代便是国家之福、民族之福、万民之福了。

延伸阅读 **历史上最能接受意见的皇帝**

有人评价，唐太宗堪为历史上肚量最大的皇帝。在战争中，他做到良将贤臣鼎力相佐，叛将政敌为我所用，俘虏十万突厥兵，没有滥杀滥坑，而是保留其部落，顺习其风俗，特别让人称道的，是他善于纳谏。

在贞观时期，向皇帝上谏成为一个风尚。大臣小臣、中央官地方官、文臣武将、朝堂内宫等都敢于也乐于上谏。因为，不论对错，不论事大事小，甚至不论事真事假唐太宗首先都欣然接受，如果讲对了还有奖赏。

　　贞观四年，太宗下令修整洛阳乾元殿，以备出巡的时候居住。给事中张玄素犯颜劝谏说："天下初定，民生凋敝。这个时候应该提倡节俭，以礼治国，陛下您更应该以身作则，如果做这种劳民伤财的工程，那就还不如隋炀帝。"太宗没有因为将其与隋炀帝相比而怒，反而进一步地试探对方的胆量说："朕不如隋炀帝，那么比夏桀、商纣如何？"张毫不畏惧地回答说："劳民伤财、大兴土木去修这座宫殿，很可能导致天下大乱，那么您与夏桀、商纣就没什么两样。"太宗感叹道："是我考虑不周了。"不但下令立即停工，还赏赐了张玄素绢二百匹。事后，唐太宗对房玄龄说："要地位低的人干预地位高的人，历来都不容易做到。要不是玄素忠心正直，心地无私，又怎能做得到呢？"唐太宗不是站在皇帝角度看待劝谏，而是站在劝谏那一方来看待。仅这种角色的互换就相当了不起，非胸怀宽广的明君，是断断办不到的。

　　讲到善于纳谏的事情，不可不提唐太宗最为倚重的谏臣魏徵与他的故事。魏徵曾是东宫太子李建成手下。玄武门之变后，李世民叫人找来魏徵问："听说你曾经要李建成杀死我？"但是魏徵却神态自若地回答说："可惜那时候太子没听我的话。要不然，也不会发生玄武门之变了。"秦王听了，觉得魏徵说话直爽，很有胆识，不但没责怪魏徵，反而和颜悦色地说："这已经是过去的事，就不用再提了。"此后，他知道魏徵的忠诚，大加重用，在登上帝位之后，任命魏徵为尚书左丞，并多次于卧榻召见魏徵询问得失。魏徵前后向唐太宗进谏二百多次，每次都得到采纳。有一次由于魏徵说话太直率，当朝顶撞唐太宗，令唐太宗气愤不已，回到后宫跟长孙皇后发泄说："有一天我要杀了这个乡巴佬！"长孙皇后很少见太宗如此发火，问："不知道陛下想杀哪一个？"唐太宗说："还不是那个魏徵！他总是当着大家的面侮辱我，叫我实在忍受不了！"长孙皇后听了，一声不吭回到自己的内室，即换了一套朝见的礼服，向太宗下拜。

唐太宗惊奇地问道："你这是干什么？"长孙皇后说："我听说英明的天子才有正直的大臣，现在魏徵这样正直，正说明陛下的英明，我怎么能不向陛下祝贺呢！"这话一下把太宗满腔怒火浇熄了。公元643年，魏徵病逝。唐太宗流着泪说："人以铜为镜，可以正衣冠；以古为镜，可以知兴替；以人为镜，可以知得失。魏徵没，朕亡一镜矣！"这堪称对魏征人生价值的最佳注释，也彰显了自身的胸怀宽广。

二、圣治天下，不德而德

德为圣人立身之宝，亦为治国之宝。在老子看来，在平常所讲到的道德仁义。只有德才是顶层的，其他则是因为失德而所为。即所谓"上德不德是以有德；下德不失德，是以无德。上德无为而无以为，下德为之而有以为。上仁为之而无以为，上义为之而有以为。上礼为之而莫之应，则攘臂而扔之。故失道而后德，失德而后仁，失仁而后义，失义而后礼。夫礼者，忠信之薄，而乱之首。前识者，道之华，而愚之始。是以大丈夫处其厚，不居其薄；处其实，不居其华。故去彼取此"（《道德经》第38章）。从老子的话里，我们可以体会到，圣人治天下，最需要做的事情，便是蓄德、保德、行德。常蓄德且保德，才能有德以行天下，乃至实现无为之治。

1. 我有三宝，持而保之

老子曰："我有三宝，持而保之。一曰慈，二曰俭，三曰不敢为天下先。慈故能勇。俭故能广。不敢为天下先，故能成器长……"意思就是说，"我有三个处世的良方，持守且保全着。一是慈悲，二是俭朴，三是面对名利不占天下之先。因为慈悲为怀，所以才会带着一颗仁爱无私的心，勇于去帮助别人；因为俭朴，就会想着身外千千万万的过得比自己差的人，从而减少了很多的欲望和杂念，才能顾及大多数人的利益。名利、地位都不争先的人，这样所要成就的大事业就能够长远。"如果说，老子在这里讲"三宝"是以"我"自居，而联系这一章后面的结论，就知道这是借自己之名而劝谕圣人了。"是以圣人去甚，去奢，去泰"，即圣人要想持有此三宝，就要"去甚，去奢，去泰"。甚，就是过头了；奢，就是奢侈了；泰，就是过分了。这句话是说圣人总是抛弃过分的做法，代之以慈爱和宽容；抛弃奢侈，以廉洁自爱；抛弃争强好胜、自高自大，使自己具备谦恭退让、在利益面前不为天下先的品德。

圣人的所有良好品德，都是其希望"持而保之"的宝贝。"持而保之"的时间越长久，其无为而治的效果就会越显著。而老子的"持而保之"的三条路径，也是圣人能够善始善终的最佳选择。历史上，许多君王并非开始就是一个残暴腐败的昏君，而是有了成就之后，志得意满，由骄泰而奢侈，进而昏庸腐败起来的。例如，商纣王与隋炀帝，史载这二位帝王最初都是甚有作为者，且有着良好的品德，但受着名色诱惑而对"三宝"未能持而保之，最终蜕变成为昏君，并致亡国。

对"三宝"持而保之，须有畏惧之心。如果一个人没有畏惧之心，就会为所欲为，毫不顾忌，必定祸患及身。《尚书》中说："无安厥位，惟危。慎终于始。"告诫那些身居高位者要时刻保持居安思危的意识，慎始慎终，保持个人的良好品德。明代流传至今的《菜根谭》里警示说："自天子以至于庶人，未有无所畏惧而不亡者也。"曾国藩在其家书中所说：只有心存敬畏才能去除骄傲自满和怠惰之气。古人反反复复地告诫，都在说明一个道理："畏则不敢肆而德以成，无畏则从其所欲而及于祸。"

对个人"三宝"持而保之，须有始终坚持的恒心。"去甚，去奢，去泰"是德行修养的长期大事，而无法一役毕全功。常人亦如此，帝王更应如此。如果常人不能持而保之那些做人的品德，只是误人一生；帝王不能持而保之那些做君的品德，那就会误一个国家，误一国之民。

2. 见素抱朴，少私寡欲

圣人蓄德保德，方法最简单，便是无为。以无为之为而"见素抱朴"。

《道德经》一书中，"朴"是高频词：《道德经》第15章中，提出"敦兮其若朴，旷兮其若谷"。认为通"道"之人应有敦厚朴实的品格和广阔的胸怀；第19章强调让百姓思想有所归属，就要"见素抱朴，少私寡欲"；第32章中讲到"道"与"朴"的关系"道常无名、朴，虽小，天下莫能臣"；第37章中强调统治者用"朴"来教化群众的重要性——"化而欲作，吾将镇之以无名之朴"；等等。

《道德经》中所提到的"素"与"朴"，是道之意蕴最浓的字，特别是"朴"，它几乎涵盖了"道"所有的语义。其中提出的"抱朴"也好，"返朴"也好，都明确地告诉人们，"朴"就是道的形态，就是道的名字，就是道的特征。"道"即"朴"，"朴"即"无"。"无"的特征是无限、无形、没有大小之分，是一种素朴的自然形态，是"道"的常态，是"天下莫能臣"的王道。笔者认为，见素抱朴，用现代的话说，就是保持本色。

"朴"既是人融入自然达到天人合一的境界，也是治国者无为而治所追求的目标。"朴"就像一张白纸，好写出最新最美的文字，好画出最新最美的图画。当一个人摒除了欲望及世间的一些人为的丑陋的东西，就会彰显出赤子般的"无为之美"。当一个君王回归到最原始的质朴天真状态，不为自身私欲诱惑困扰，在一种纯净的思维下认知事物、进行决策，就能真正实现"无为而治"。

如何才能保持自然本色呢？那就要"少私寡欲"。

在老子看来，如果统治者不能通过"致虚""守静"等功夫抱素见朴的话，必然是因为私利欲望的干扰影响。有了私利欲望，就会老是想着如何通过权势，在百姓身上谋取更多利益，以满足自己不断膨胀的欲求。很多时候，一些君王因欲壑难填而疯狂地压榨百姓，最终只会给自身带来麻烦和唾弃，并导致天下大乱。所以，圣人要时刻警醒自我，不为自身私欲所诱惑困扰，即使一时受到诱惑困扰，也要尽快地绝私弃欲，回归到最原始的质朴天真状态——"见素抱朴"，以"复归于婴儿"（《老子》第28章）。

如何才能做到"见素抱朴，少私寡欲"呢？其实，老子在其他篇章也提出了他的建议，即"致虚极，守静笃"，以"静虚"的姿态去观察世界的变化，思考如何应用世界变化规律，在不改变自然状态的前提下，寻求一条最佳的实践途径，以清除私、欲对自身质朴品质的诱惑与侵蚀。

3. 致虚极，守静笃

老子的"致虚极，守静笃"的功夫，后世许多智者、贤者皆有应用。

在道家学派中，与老子并称"老庄"的庄周，提出了"坐忘""心斋"，即通过"坐忘""心斋"，忘掉外界一切纷扰，乃至忘掉自身，实现心灵之清净，从而超越自我、回归生命，实践身心的超越境界、完美境界。

由道家而生发的道教，以及后来传入的佛教，基本的修炼功法"坐禅"，与"致虚极，守静笃"功能相若。即通过"静坐"，包括停止一切肢体活动和排除一切杂念，并最大限度地停止大脑的有意识活动，使自己重新回到心净如镜、懵懂无识的婴儿状态。

孔子提出的"三纲八目"中的"诚意正心"，就被作为修身立德的前提。其衣钵传人曾子就"诚意正心"提出了"吾日三省吾身"的方法；而孟子创立的心学，更是强调反身而诚，通过静思，拔除外界给内心带来的财色利欲的屏障，直达人性本端，因为那里才是仁义礼智的发源之地。

由孟子心学发展到明朝王阳明的心学，使"见素抱朴、少私寡欲"的蓄德功夫上了一个新台阶。阳明先生的"心学"，是儒家心学与道家心学的结合。或者说，通过道家心学对儒家修德的路径作了一个逆反的改造——由"诚意正心"变为"正心诚意"。王阳明认为，心是本原，意是心对外在事物的反映。人之所以变坏，是因为外界引起的意愿而带偏了本心。因为，必须先找到本心，通过"正心"，明确本心的需求，然后通过外部实践寻找可以彰显本心的事物。"致良知"就是根据这样的理念提出来的。这样，使圣人（所有人）蓄德行德有了更强的主观能动性。

"见素抱朴"就是要保持道的常态，常无为，就能"见素抱朴"。而"复归于朴"，则是因为曾"有为"而脱离了"素朴"状态，而强调回归到自然状态，当一个人摒除了欲望及世间的一些人为的丑陋的东西，就会彰显出赤子般的"无为之美"。当一个君王回归到最原始的质朴天真状态，不为自身私欲诱惑困扰，在一种纯净的思维下认知事物、进行决策，就能真正实现"无为而治"。

三、治国之德，修炼不辍

官德的建设，应当是国家治理中一项常抓不辍的事情。且不说官场的新陈代谢，新生力量需要不断锤炼官德；即使退休官员，退休后要保持晚节，其德性修养也不应降低标准。

1. 明德立德，德行天下

建设从政道德，就是要把外在的东西内化为从政者的品质与精神，然后又通过其从政行为彰显，这是一个不断循环的过程。在这个循环过程中，明德是第一个环节。明德这个环节，是形成道德判断的环节，是确立道德理想的环节，更是确定道德行为方向的环节。万事开头难，这一步走好了，以后的路就不容易出现偏差了。古代，虽然重视治国人才的道德方面，却没有对从政者的道德作出过哪怕简单的定性要求，许多时候全在于选用人才者的感官认识，当然，选用者也承担着很大的风险，如果选用错了人才，则可能受到很严重的处罚。在当代，在人才的选用方面，选用人才者似乎没有太大的责任，却制定了相对具体的道德标准要求，为选用治国人才提供了最好的参照，弥补了选用人才者不担责的缺陷。

当代，对人才选用的道德标准方面，是从正反两个方面进行限定的。一方面从正面明确治国人才所应有的道德行为，另一方面则从反面列举有悖道德的行为方式。两两比照，从而使得道德标准要求的定性规定具有可操作性。

在从政者应具备的道德规范方面，有三个层次：

第一个层次，符合公民道德。公民道德规范是一个国家所有公民必须遵守和履行的道德规范的总和。包括道德核心、道德原则、道德的基本要求和一系列的道德规范。我们国家的公民道德是以中国特色社会主义理论思想为指导，以为人民服务为核心，以集体主义为原则，以爱祖国、爱人民、爱劳动、爱科学、爱社会主义为基本要求，把社会公德、职业道德、家庭美德的建设作为整个社会主义道德建设的着力点。公民道德规范主要由基本道德规范和社会公德规范、职业道德规范、家庭美德规范、个人品德规范构成。涵盖了社会生活的各个领域，适用于不同社会群体，是每一个公民都应该遵守的行为准则。从政者首先应该成为履行公民道德的楷模，也就必须明晰公民道德的所有规范要求。

第二个层次，符合公务员职业道德。公务员职业道德，是公务员服务于公民的道德规范。虽然也是一种职业道德，却具有其职业的特殊性。公务员行业是掌握和行使国家权力的特殊职业，由于其地位和作用以及职业活动的特殊性决定了他们不仅要模范遵守一般群众应该遵守的道德规范，还必须践行与其从事的工作性质密切相关的更高层次的职业道德规范。有人认为，公务员姓"公"，因此这个职业道德规范的核心，首先，就是一个"公"。公而忘私、公道正派，是其首要的规范。其次，公务员的职业道德落脚在一个"实"字上，要实事求是，说老实话，做老实事，当老实人。再次，是"廉"。清正廉洁的职业道德规范既是公务员公正无私执行公务的需要，也是消除政府机构腐败现象的重要保证。最后是"俭",即艰苦奋斗、勤俭节约。生活上艰苦朴素,勤俭节约,反对奢侈和浪费,这是中华民族世代相传的美德,也是我们党的优良传统。因此,保持和发扬艰苦奋斗精神,坚持勤俭节约原则理所当然应该是公务员职业道德规范的重要内容。

第三个层次,符合共产主义道德。共产主义道德是人类道德发展的最高形态。我国在新民主主义革命时期,在革命队伍中就提出了培养共产主义道德的要求。共产主义道德作为人类历史上一种新型的、最崇高的道德,是最进步的道德体系。它同其他道德类型萌发于资本主义社会。但它是"代表着现状的变革,代表着未来的那种道德,即无产阶级的道德"(《马克思恩格斯选集》第3卷)。共产主义道德以集体主义为基本原则,全心全意为人民服务是共产主义道德的最高表现,也是共产主义道德最基本的行为规范和本质特征。在当今中国,建设现代化的社会主义强国,不仅要有物质文明,同时一定要有以马克思主义为指导的社会主义精神文明。共产主义道德是社会主义精神文明的重要内容。

从政者须符合的三个层次的道德规范,其内容有相似与重合的地方,但其实质内容却是逐步提升的。如同样的一个"公",对不同的人就有不同的要求。普通公民能够做到先公后私,公私兼顾,就达到公民道德的基本要求了,但就公务员职业道德而言,要求其至少能够做到公而忘私;而共产主义道德对"公"的规范,则要求大公无私,把"小我"融进"大我"之中。

从党的十八大以来,中央出台或修订的党内法规超过50部。包括《中国共产党廉洁自律准则》《中国共产党纪律处分条例》《关于防止干部"带病提拔"的意见》《关于新形势下党内政治生活的若干准则》……明确规范和严肃党内政治生活和党员道德行为准则,其中列举了党员干部若干不应为的言行举止,成为现代官员"明其所不应为"的镜子,也把权力的笼子扎得越来越紧、越来越密,一定程度上防范与限制了领导干部在道德行为上的出轨。

"明其所不为"亦应是从政道德建设的重要一面。因为从政所不应为的方面充满诱惑，一不小心就会陷进去。孔子曾说："吾未见有好德如好色者也。"也就是说，这位一生致力于道德建设的圣人，都没见过喜爱道德像喜爱女色一样的人。中国有一句老话说，"学坏容易学好难"，也说明这个道理。现实中，有不少党员干部为党和人民工作几十年，可谓立下了汗马功劳，最后却因为做了不应为之事，滑入犯罪的泥淖。一些贪官腐吏在检讨自己堕落过程时，往往会用一个词：没想到。没想到他最初认为不要紧、没关系的事情，会把他引入犯罪的深渊。这一切都告诉我们，现实中"明察从政所不应为"比"明晰从政所应为"更为迫切、紧要。

明察从政所不应为，虽然不等于就可以让党员干部从此与那些不好的行为绝缘，却可以帮助党员干部树立耻感，知道做哪些事是为人所不齿的。有人说过这样一句话，"人坏念将起时，只觉得可耻便有了转机"。如果说让从政所不应为的一些言行举止在官员心里变成了可耻的行为，那他就有可能在"不应为"的事情面前停下脚步。

2. 强化他律，法治着力

一般来说，对官员的约束机制包括两个方面，一是软约束，一是硬约束。软约束主要是道德主体的自我约束，以及社会的舆论批评。硬约束则是从制度到法律方面进行硬性规定，而与这些硬性规定相应的，则是一些程度不一的奖惩。要形成良好的官德，必须软硬兼施。

一是官德的制度化、规范化、程序化。例如，在实际中，把公务员的一些行为，如着装、待人接物方面应该注意的要点，以制度、条例的方式确定下来，并赋予一定的道德意义，让每个公务员不仅知道该怎么做，还要明确为什么该这样做。而且，以制度确定下来的规范要求不是权宜之计，而是规定性动作——有统一的规范，并按照一定的程序进行。这就是我们常讲的"三化"：制度化、规范化、程序化。

所谓制度化，即为制度约束。不可否认，每个个体的道德精神，与其教育背景、成长环境和自我修养等因素有密切关系，但从政道德建设，制度十分重要。一个人的从政道德，在很大程度上是通过制度约束而逐步养成的。特别在思想多元、社会利益格局多元的现代社会，个体间的思想观念与行为方式差异极大，要有一个规范的制度，使差异极大的个体行为在公共领域有一个统一衡量的标准。

所谓规范化，是在制度化的基础上，使行为标准在更大范围内统一起来的举措。我们知道，形成制度的东西，并不一定有统一的标准。因地区的差异、工作岗位的差异，会导致一些规章制度出现较大的差异。因此，要使从政道德在更大范围内推广，把一些道德行为规范化，并形成某种固定的模式，这是十分必要的。

所谓程序化，即为官德的践行设计一定的方向路径，按照一定秩序运作。这个秩序不能逾越，不能颠倒。例如，推选某个方面的代表，往往是逐级推选，通过民主再集中。而不是先由几个领导人确定代表名单，再交群众讨论。古时候的"礼"，就是一种程序化的道德。官德，也必须形成有一定程序的礼仪、礼节、礼貌。当然，使官德程序化，应该除掉那些繁文缛节、复杂琐细的内容，吸收许多反映时代风貌，适应现代生活节奏的新形式，使新官德更贴近时代。

任何事情到了"化"的程度，就会更加科学、统一、和谐，必然在更大范围内得到认同与展开。行政道德的制度化、规范化、程序化，使从政道德对从政者的约束更科学、更规范、更有效率。因此，推进从政道德的制度化、规范化、程序化，也是官德建设必不可少的一道程序。

二是把官德提升到法律层面。从政需要有道德约束，更需要有完善的法制作保障。没有法的保障，仅靠自律往往不能遏制愈演愈烈的道德堕落。因此，有人呼吁：制定一部相应的《从政道德法》，以法律的形式加强对领导干部的规范和管理，避免他们道德的堕落，促进高尚伦理道德的形成，良好社会风气的建立。

实际上，从政道德法律化，一直是理论界热议的一个话题。越来越多的人已经认识到，从政道德法律化，是强化道德约束力较为有效的、稳定的手段。美国现代综合法理学家博登海默指出："那些被视为是社会交往的基本而必要的道德正义原则，在一切社会中都被赋予了具有强大力量的强制性质。这些道德原则的约束力的增强，是通过将它们转化为法律规则而实现的。"事实上，从有道德与法同时出现在社会中以来，二者都在不断进行着转化。譬如一定时期内，原来由法律制约的行为，转化成道德规范。如孝敬父母，过去都写进了法律，而现在则转化成道德行为。一些道德行为也可能转化为法律行为，如不在公共场所吸烟这一涉及社会公德的行为，最初在一些地方难以施行时，往往都会采取法律手段，或者是低层次的条例、规定来强制实行。现在，一些比较文明的国家、地区，都保留着这样的规定：在公共场所吸烟者罚款若干。

道德约束在没有上升为法律时，仅仅是一种"软约束"，对政府官员的约束力十分有限。一旦使道德法律化，就变成了具有刚性的"硬约束"，就会产生强大的威慑力。从世界范围来看，公务员从政道德建设也经历了从自律到他律，从"软约束"到"硬约束"的转变。在中国的法官法、检察官法、警察法、公务员条例等法律中，都有各自的职业道德的法律规定。党和政府还陆续制定了有关党政干部的生活待遇、财产申报、接受礼品等规定，最近发布了《关于领导干部报告个人重大事项的规定》《中国共产党党员领导干部廉洁从政若干准则（试行）》。这些都是防止干部以权谋私的措施。此外，全国人大代表对"一府两院"工作及其官员的评议制度，包括对他们行为的道德评议，也是对权力的一种监督方式。

但是，由于从政道德规范散布于各类法律之中，且在各类法律中并不居于重要位置，没有形成独立的从政道德法律系统，规范程度不够，约束功能含混。因此，有必要就一些共同的问题制定"从政道德法"，使其道德约束有更"硬"的性质与作用。著名的法学家王伟就多次撰文，呼吁要探索制定中国公务员伦理法。

从政道德提升到法律的地位时，变成了悬在官员头上的一把达摩克利斯利剑。既是一种他律机制，也是一种自律机制。因为法律之剑悬在头上，你得时刻担心它是不是会掉下来。这会促使大多数的官员牢记写进法律条文中的道德规范条款，并在从政行为中力求不越雷池。

3. 强化自律，慎始慎终

历览前贤，历史上那些清廉的官员，有一个最值得称道的品质，那就是有很强的自律力。这种自律力，即对自身行为的控制力，是成长中形成的行为力，更是对外界负面影响的诱惑的抵抗力。而且，这种自律力似乎已经成为一种本能，能够保障他们"拒腐蚀，永不沾"。不过，在实际中，有许多人最初都能廉洁自律，都能想着为党、为国家、为人民做一番事业，但最终没有抵挡住贪欲的侵袭，而坠入罪恶的深渊，将自己从前所作的努力皆毁于一旦。

强化自律，最关键的一点就是"践行慎独，内炼定力"。

中国共产党成立以来，不论是苏维埃时期、延安时期，还是新中国成立后，许多党员干部牢记全心全意为人民服务的宗旨，严以律己，不论人前还是人后都一样，践行着慎独的理念。习近平同志在担任浙江省委书记时，提出干部要慎独：人前人后一个样，尤其在私底下、无人时、细微处，更要如履薄冰、如临深渊，始终不放纵、不越轨、不逾矩。这就要求党员干部做到慎独，形成内心的定力，走好人生每一步。

共产党人的"慎独"境界，展示着一个革命干部对党的事业无限忠诚。作为中国共产党的领导干部，对于个人道德要求是很高的，要求人前人后都是模范榜样。刘少奇曾经指出，慎独是修炼党性的重要方法，是党员干部经受住种种考验和诱惑的保障。那么怎样才能做到慎独呢？刘少奇又提出，要自省、自重、自律、自觉地改造世界观，不论在任何情况下，严格自律，毫不懈怠，做堂堂正正的君子，使自己仰头无愧于党，俯首无愧于民。

现实中，有一些领导干部却不大注意慎独，置党性于不顾，甚至根本不慎独：八小时内是一个样，八小时外是另一个样；人前道貌岸然，人后五毒俱全；台上反腐败，台下大搞腐败，接受贿赂，包养情妇。这些人前一套背后一套的两面做法，严重败坏了共产党员的声誉，严重损害了党的执政形象，影响了党在群众中的威望。

所以，作为领导干部，要注意增强党性修养，要时刻提醒自己："在张口的时候要想一想该不该说，在伸手的时候要想一想后果是什么，在迈腿的时候要想一想这是不是自己该去的地方。"要坚决避免"毁在权上，栽在贪上，倒在情上"。

加强党员的"慎独"修养，使"正气存内"，抵抗歪风邪气。这是党员干部严于自律，提高自身拒腐防变免疫力的武器。慎独是改进党的作风建设的基础。只有每个党员都修身养性，用慎独的标准严格要求自己，成为品德高尚之人，才能净化党的肌体。慎独既是修炼党性的方法，也是加强作风建设的要求。作风问题是腐败的问题，要增强拒腐防变的能力，就要注意改进作风问题。党的作风直接关系党的号召力、凝聚力、战斗力，习近平总书记多次强调党的作风建设，就是要提高党的整体素质，提升党的形象，为净化社会风气树立榜样。每个党员干部都是践行作风建设的主体，他们的一言一行关系着党的形象，关系着民心得失。

通过慎独提高自身的党性修养是一个长期的过程，需要循序渐进。然而这又是一个刻不容缓的问题，需要马上行动起来。2013 年 7 月，习近平总书记在河北调研指导党的群众路线教育实践活动时，在河北省委领导班子成员座谈中，向干部们发问："杭州雷峰塔是怎么倒掉的?""就是因为去捡砖的人多啊，今天你拿一块，明天他拿一块，最后塔就轰然倒掉了。倒下来是顷刻之间的事，但过程是渐进的。"最后他总结道："有的事，总觉得不是燃眉之急的事，但恰恰是危亡之渐啊!"

由此而言，作风建设永远在路上，领导干部的慎独修身也无止境，中国共产党的"赶考"也远远没有结束，仍需付出巨大努力。

延伸阅读 苏区传奇干部刘启耀

　　20 世纪二三十年代，中国共产党还处于幼年时期，大革命失败后，革命进入低潮。在革命根据地相继建立了苏维埃政权。当时，刘启耀任江西省苏维埃主席，根据地很穷，再加上敌人"围剿"，吃穿都成问题。为了解决吃饭问题，刘启耀带头从家里背米到机关办公，不要公家发的"伙食尾子"。妻子不理解，埋怨他，他给妻子讲道理，共产党人当官，不是为了发财，而是为人民谋幸福。1935 年初，刘启耀在苏区战斗中，不幸中弹，伤势严重得昏了过去。为了保护他，战友刘国龙把他推入死人堆，然后拿上他的证件、穿上他的衣服吸引敌人，最后牺牲。深夜，刘启耀苏醒了，他强忍着伤痛，从死人堆里爬了出来，找到埋藏褡裢的山洞。那条褡裢里装着金条、首饰和银元，是他代为保管的党费。现在与党失去了联系，怎么办？他在群众的帮助下，换上破棉袄，戴上破斗笠，背上讨饭袋，手拿打狗棍，化装成乞丐。从此，他成了背着大额财宝四处乞讨的乞丐。当时，他个人的生活非常困难，不仅居无定所，还经常吃不上饭，身上背着那么多金条银元，随便拿出一根来换点钱，都能让自己吃顿饱饭。但是，他心中那个信念始终在呼唤：这是党费，不能动。为了找到队伍，他吃尽了苦头，渴了，就在路边小溪边喝口山泉；饿了，就向附近人家讨点饭；晚上，就躺在茶亭庙角过夜。然而，他却始终都不肯动那些党费。当时，谁也想不到这个乞丐身上竟会腰缠万贯。直到 1937 年，他秘密联络了一批老党员、老红军、老苏区干部，在泰和县组建临时江西省委时，才把他背了三年的金条银元拿出来，作为省委的办公经费。

　　刘启耀的传奇故事，诠释了中国共产党人崇高的慎独境界。

第七章　返朴归真　顺应自然

——建立天人相融的生态文明

在当代，国家治理亦包括生态环境治理。因为，当代的自然几乎全部成为人化自然，即使再凶险的自然环境也出现了人类的足迹。但是，由于人类对自然环境的过度介入、干预、开发，导致了生态环境的恶化，恶化的环境又成为威胁人类生存的重大危机。人类休养生息的伊甸园已不再是安宁的绿洲，而充满着死亡的恐怖。就像美国科学家卡普拉在其著作《转折点》中所指出的："我们第一次被迫面临着人类和地球上所有生命全部灭绝，这样一场确确实实的威胁。"面对着生态环境的威胁，如果不能及时应对，那么，人类在发展社会政治经济方面所付出的最大的努力、所取得的最好的成果，最终都可能"归零"，被快速恶化的生态环境所吞噬。现实中，有许多时候，由于生态环境恶化，已经影响了一些地区政治经济生活的正常运转。这样的情况下，世界上许多国家都把生态文明建设列入国民经济的发展目标，同时把生态环境治理列入国家治理的目标。如何治理生态环境，恢复人与自然的友好关系，古代中国人提供了深刻的智慧和解决的方案。特别是道家所强调的"道法自然"，格外重视人与自然的关系，格外关注万物齐一，以及人与自然和合……道家的思想观点主要来自自然生态的启迪，反过来用以指导人们对自然生态环境的治理与保护，是最合适不过的了。

原始文明时期的天人关系

　　人类早期还处于蒙昧状态，社会结构不完善，是浑同于自然万物中的一个族类，只是多了一种思想意识。这一时期万物地位平等，但人类觉得自己属于弱势群体，对其他族类多少有些敬畏。人类最早的图腾崇拜，便是猪狗羊之类的动物以及与人关系密切的植物，还包括一些自然现象。在我们熟知的一些文化学的著作中，把原始图腾作为人类造神运动第一阶段的产物。但从严格意义上讲，最早的图腾不是神——或许有灵性，但并不具神性。图腾是与人类关系密切的某种事物，也是人类效法的对象。

　　当然，在原始时期，人类敬畏的大自然似乎总是与之作对，各种灾难频频罹降。在大自然的险恶环境中，不仅是人类要惶惶然迎接着每一个即将到来的挑战，小心避开一个又一个陷阱。但是其他生物又何尝不是如此，地球不知有多少生物因无法适应环境而绝种，唯人类幸存。在那个时候，人类不甘心屈服于自然的脚下，在他们暂时无力摆脱自然束缚的实际情况下，只能借助图腾物为自己壮胆。但是，当人们手中掌握的迎接自然挑战的武器越来越多时，图腾逐渐转变为人们的一种信仰、一个精神支柱，随着图腾制社会趋于式微，一个新的文明社会开始孕育了。

一、天地生人，万物齐一

　　古希腊神话中有一个很有趣的关于人的连环问答：你是谁，来自哪里，将去向何方？这个问题难倒了许多哲学家，被称为"斯芬克斯之谜"。这个连环问答如果让老子回答或许会给出这样的答案：天地不仁，以万物为刍狗；圣人不仁，以百姓为刍狗。这就是说，人与天地万物皆为刍狗。而刍狗与自然界所有生命体，都是自然的一员。天生万物，包括天地生人，皆没有贵贱之分。而且，贵贱本身也是相对的，是别人根据自己的喜好而加载给具体对象的。因此，只有离开世俗的贵贱，才可能海阔天空。万物一齐，道无始终，因此重要的是要使自我的心智顺应自然规律，而不是想尽办法彰显自我的高贵。但是，人类从自然界脱离出来之后，受五色之惑，沾染了许多坏毛病，却自命高贵地站到了生养自己的大自然对立面，且面临生死危机而不自知。幸有一些智者，预见到人类将遭遇到的厄难，提出了各种人类自救的方法。这其中，老子的办法显得格外突出：返朴归真，从自然来又回到自然去，向自然学习，学习如何在无法脱离的自然大家庭里，和光同尘，做自然大家庭里的好成员。

1. 天地万物，皆为刍狗

在前面的章节里，曾经着重讨论过老子的"圣人不仁，以百姓为刍狗"。如果说，那是探讨老子思想中的社会平等的思想。这里解读"天地不仁，以万物为刍狗"的内涵，则是探讨其中所包含的自然平等的思想。虽然，"以万物为刍狗"所蕴含的众生平等观念，囊括了百姓在内的所有生命体。

众生平等，皆为刍狗。这是协调人与自然关系的前提与基础。因为，万物与人类平等，才能组成自然进化发展的循环圈，组成一个有机同构互动互补互扼的整体。如果自然生态圈里的每个成员不平等，某一族类可以任意轻易地伤害其他族类，如人类肆意危害野生动物和砍伐森林，就会导致维持生态圈循环的链条的力量不均衡，打断生物进化的循环链条，打破"生态平衡"。对于这一点，古人就已经认识得很清楚了。春秋战国时期的诸子百家，几乎都探讨过天人关系，都在寻找实现天人合一的最佳路径。

在古人看来，追求天人合一境界，实现人与自然的和谐相处，作为人类来说，其表现的姿态不是高贵族类对低等族类的"俯就"，而应该是人类的

"高攀"。因为，如果没有某种外在原因打破自然而然状态的话，自然会始终保持本来面目，决不会因为人的态度而改变什么。反倒是人需要改变自己在社会上养成的习惯，回归人类童年时的状态，主动与自然建立和谐关系，最终达到与自然的融合。老子提出"天地之大德曰生"，人应该"与天地合其德"，对万物"利而不害"，就表示了对"万物皆刍狗"观点的内心认同，表示了人法自然的主动。

那么，人类怎么才能做到与天地合德呢？老子在《道德经》中提出的"道法自然"的思想，强调人类要以天地为法则，关爱其安身立命的自然；维护天地刍狗生长变化过程的自然体性，而从不以人为强制方式去破坏这个过程的本来面貌。在人与天地合德的过程中，人类所要做的就是"辅万物之自然而不敢违"，在符合自然规律的条件下才能发挥人的主观能动性。也就是老子所说的，"负阴而抱阳，冲气以为和"的原则。这个"和"，就是一个心态的平衡，就是不受外界物欲所驱逐，达到一个清静恬淡，无为不争，阴阳调和，心灵安宁的境界。

正如《道德经》第12章云："五色令人目盲，五音令人耳聋，五味令人口爽，驰骋畋猎令人心发狂，难得之货令人行妨。"道祖老子列举了这些与人们日常生活密切的现象，来反问人为什么会受到伤害。实际上是警醒人们，人之所以受到外物的伤害，都是人后天惰性、贪欲所招致，是人性弱点的外在表露，而不是自然界万事万物的错。要构建人与自然的和谐关系，实现天人合一，就要求每一个人战胜这些人性弱点，做到自知而不自见，自爱而不自贵，自信而不自傲，自得而不自恃，始终保持内心的安宁平和，回复到人类刚刚诞生时的婴儿状态。回复到婴儿状态，蜂蝎之类的毒虫会不刺（他），虎豹之类的猛兽不伤（他），鹰雕之类的凶禽不抓（他）。而只有回复到婴儿状态，才能与自然保持和谐关系，最终实现天人相合。这是《道德经》第55章告诉我们的："含德之厚，比于赤子。毒虫不螫，猛兽不据，攫鸟不搏。骨弱筋柔而握固，未知牝牡之合而朘作，精之至也。终日号而不嗄，和之至也。"

英国作家彼得·辛格在《动物解放》一书中曾指出，人类为了自己而剥夺动物的天然福利，并把动物置于苦难的窘境，这是不道德的，是反自然的，最终也有害于人类自身，因为，人类与万物共处于一个统一的生物链或生命场里，在这一共同的场域里，强势的一方若总是无节制地加害于弱势的一方，虽然加害者从被害者身上获取短暂的好处和收益，被害者承受了极大的痛苦；但是，共同场域的痛苦总量增加了，大到一定的程度，生命程序将会彻底崩溃，所有生命在无序中将会日趋消亡。

过去，许多人认为，大自然的这种报复离人类太远了，殊不知这种报复已然降临到身边，不仅影响着生产生活，而且影响着生命。

万物皆刍狗的思想，也为生态伦理的确立提供了理论支持。《吕氏春秋》中说："竭泽而渔，岂不获得？而明年无鱼；焚薮而田，岂不获得？而明年无兽。"《齐民要术》中有"顺天时，量地利，则用力少而成功多"的记述，这些观念都强调要把天地人统一起来，把自然生态同人类文明联系起来，按照大自然规律活动。

人类源于自然演化，是众多生物种类中的一个生命群种。人虽然独立于自然，但人始终保持着自然的属性，同时也是自然链条上的一环，必须服从自然规律。人的生死，就是对自然规律的最大服从。每个人生存发展所需要的资源，始终需要从自然获取，例如，人类呼吸所需的氧气大部分是由绿色植物提供，1/4 是由海洋中最微小的浮游生物所产生的。人类所需食物100%来自生物圈，其中 2% 靠水体提供，98% 靠土地提供，自然是人类真真实实的母亲。那么，对自然不应毫无节制地索取，更应该怀着感恩之心，反哺自然，像对待自己的父母一样，表示最大的慈孝。

2. 自然之道，德合天地人

"自然"的今义，从形而上的角度看，是指客观规律和法则。从形而下的角度来看，则包括原生态的自然、由人类社会和自然界相互影响而生成的

"人化自然"。人类正是在处理与自然关系的过程中逐渐开创了生态文明。

历史上对"自然的和谐"最看重莫过于道家,"道法自然"作为道家的核心思想,为当代绿色发展观提供了丰富资源。"道"就是万事万物生长发展的原动力和规律,顺之则昌,逆之则亡。因此,要循自然之道发展,人就应该主动追求"与天地合其德"的境界,对万物做到"利而不害",能够辅助万物生长,而不是扼杀宇宙万物的生机。老子说:"我有三宝,持而保之",其第一宝就是"慈"。老子认为,理想的圣人应该做到"常善救人,故无弃人;常善救物,故无弃物"。因有"慈爱",世界上不论是人,抑或是物,都应爱护而不摒弃。后来依道家思想而兴起的道教,亦秉承了老子的思想,主张"慈爱一切,不异正身……一切含气,草木壤灰,皆如己身,念之如子,不生轻慢意,不起伤彼心。心恒会之,与己同存,有识愿其进道,无识愿其识生",甚至把慈善推及"草木壤灰"。也就是说,要想有效地维护人与自然的和谐,关键做到以"慈"为念,能够"慈心于物,仁逮昆虫",就能达到"天人合一"的大道之境。

人生于自然,长于自然,殁于自然,人类命运系于天地自然之间。如果人希望安然地生存在天地自然之间,必然要保持天地自然的安宁,天地自然安,人亦安。而保持自然安宁的最好途径,就是人类回归自然,以慈爱之德融合人与自然,建立万物齐一、和谐互动的新型天人合一关系。

3.万物齐一,和谐互动

庄子提出"太和万物"的命题,认为"天地人本同一元气,分为三体",一元三体本来存在着最佳的和谐关系。人作为自然中的"一体",就应当且必须"顺之以天道,行之以五德,应之以自然",因为人只有顺应天道的规律来规范自己的行为,才能达到与自然的协调统一,达致人与自然的和谐互动。

"天"与"人"是中国传统哲学中最基本的概念,"天人合一"是中国传统文化的基本命题。道家崇尚自然的思想实际上表达着对人与自然和谐共处关系的向往，它与"天人合一"在思维模式上有同一性。老子将《道德经》分为《道经》与《德经》上下两部，实际上强调人与自然相即不离的"内在关系"，表达了人效法道而任自然以达到天人合一的理想，与《周易》中"夫大人者，与天地合其德，与日月合其明，与四时合其序"有异曲同工之趣。"道"是自然特性，而"德"则是人得之于"道"的内在本质。人顺应自然，才会真正有得（德），才能达到"天地与我为一，万物与我并生"的内外圆融的境界。这种人与自然和谐互动，最终融为一体的境界就是天人合一。

道家理论告诉我们，自然界其实是十分友好和谐的。"万物负阴而抱阳，冲气以为和"，即万物都是由阴阳共同组成的，而又相互和谐相处，道的作用就是和谐地使万事万物以阴阳对转的方式自然而然地变化，自然界的万事万物，只有和谐相处，和光同尘，才能和衷共济，实现天人合一，达到自然与生命、自然与社会、人与自己的整体和谐发展。而且，只要对自然界不横加干涉，她就会像母亲一样，无私馈赠给人类生存发展所需要的一切，而对人类没有别的什么要求，只要保证她可以持续发展，她就会持续地供给人类所需要的一切。人类也不应该自认高贵，而应该复归自然，和光同尘。

事实上，在传统的中国人的世界中，天地也即自然界，是强大的、高贵的，人们要尊重它，顺应它。《黄帝内经·灵枢·逆顺肥瘦篇》说："圣人之为道者，上合于天，下合于地，中合于人事。"《管子·禁藏》说：只有"顺天之时，约地之宜，忠人之和"，才能"风雨时，五谷实，草木美多，六畜蕃息，国富兵强"。如果人们的活动不是尊重自然、顺应自然，而是任意地干预自然、违反自然，则将带来灾难性的后果。《礼记·月令》中说："孟春行夏令，则风雨不时，草木蚤落，国时有恐。行秋令，则其民大疫，飙风暴雨总至，藜莠蓬蒿并兴。行冬令，则水潦为败，雪霜大挚，首种不入。"意思是说，不同时期应该实行与季节相应的政令，如果违背时令而滥发政令，就会出现适得其反的效果。春正月实行夏季的政令，雨水就不会适时降临，草和树木就会早凋落，国家不时会有恐惧的事情发生。实行秋季的政令，人民就会有疫病大流行，狂风暴雨就会一起到来，藜莠蓬蒿等各种杂草就会一起疯长。实行冬季的政令，就会有水涝败坏农田，并将有雪霜造成大伤害，致使早春作物不能播种。因此，老子提出的和光同尘，在某种意义上是强调对自然的顺应。

由于地球资源的匮乏引起了人类社会之间的竞争加剧，不仅加剧国家地区之间对地球资源的争夺与疯狂开发，而且加剧了国际、人际之间关系的恶化，也推动人类走向相互竞争、相互毁灭的一条歧路。在现实中，不少国家工业化的过程是一种恶性循环：城市工业废水流到农村，培育出粮食蔬果后，又由农村重新返回城市……过去绿树成荫，空气清新，而今到处充斥着废气、污水、堆积成山的化工废料等有毒垃圾……已远远超过地球消解转换的能力。"温室效应"使世界气候越来越反复无常，天空日益扩大的臭氧层空洞和无孔不入的雾霾，更赋予"杞人忧天"以全新内涵。在这种状况下，人类即使想与自然和光同尘，也难以做到了——变异的自然让人类不敢接近。

其实，当今自然界给世人带来的沉重的环境灾难，有很多都是人类自找的，是自然不堪忍受人类的压榨而发起的一次比一次更为严重的报复。人类社会在天人关系恶化与人际关系恶化的双重压力逼迫下，重新认识、理解和恢复天人和谐观念以实现人与自然的良性循环的新路径。

如何重建天人和谐关系？我们从道家获得的启示便是：先天而天弗违，后天而奉天时（《周易·文言》）。正确地运用科学知识以合理改造利用自然，以改善人的生存环境；而当天灾人祸突如其来地降临后，则遵奉天地消长变化的规律，待机而动，就会转危为安。《老子》中"无为而无不为"所诠释的正是"道法自然"的上述含义。"无为"不是什么都不做的消极"不作为"，而是积极创造条件来合道行动的"无不为"：遵循自然规律而行，减少因一己私欲的妄为，是"辅万物之自然"的"无妄为"，是"生而不有，为而不恃"的"为无为"。借此使天地万物顺随本性而生，各得其所，以达成无为而成的效果。

　　如何重建天人和谐？朱熹有段话说得好："天即人，人即天。人之始生，得之于天；即生此人，天又在人矣。"意思是说，天离不开人，人也离不开天。人是由天产生的，一旦有了人，天的道理就要由人来彰显。也就是说，人就对天负有保护的责任。面对当今世界普遍性的生态危机，仍然值得借用道家的生态智慧。因为，道家正是强调在人与自然和谐的牢固基石上，来建构人与人的和谐关系。以和为贵、和光同尘、和衷共济就是道家自然观的精髓。道家所主张的道法自然、天人合一的观点，根本目的就是关爱自然、尊重生命（尊重自己与他者的生命）。如果说，在生产力并不发达的时期，人类对自然的索取并不曾影响自然的自我修复、自我再生能力，但在科技高度发展的当代，人对自然的开发能力，已经大大地超过自然的自我修复、自我再生能力，人类对地球的开发利用，使得地球变暖，环境恶劣，许多物种濒临灭绝……自然界所遭受到的不可逆的破坏，成为人类在新世纪面临的最大生存威胁。面对生态危机带来的威胁，不仅人与人之间要和衷共济，人与自然生态更是特别需要和衷共济——人类不仅仅向自然索取，还需要向自然反哺，以达到人与自然的平衡。

　　人与自然的关系，诚如恩格斯所说："人类历史首先应该是一部人与自然交互作用的历史，然后才是别的什么。"而且，历史记录的这种交互作用，应该是正向的、良性的。如何使人与自然交互作用的历史变得正向、良性呢？那就要求人类重新回归自然，低下高贵的头颅，效法自然，和光同尘，与天地万物不分贵贱地友好相处。这也是老子自然思想的旨归。

　　延伸阅读　**农业文明时期的天人关系**

　　农业文明时代，人类在对自然的敬畏中更加上了一种感恩顺应——感激自然让土地神奇地长出人类生存所需要的食物。据说，新墨西哥的印第安人拒绝使用钢犁，因为他们认为它会伤害大地母亲的胸脯。而且，他们在春天耕作时会从马身上摘下马掌，免得伤害怀孕的大地。在人与自然的关系方面,农业文明与原始文明有一个最明显的区别:原始文明中,人完全融合在自然之中,很大程度上属于自然的一员,缺乏自主性。在农业文明中,人类与自然却是一种对立的统一。人虽然也靠天吃饭,但是很多时候为了吃饭,却要与天奋斗,或者与天妥协——通过祭祀之类的宗教活动祈求上苍给个好年成。在原始社会里,遇到自然灾害侵袭,人们更多的选择是离开是非之地,寻找新的食物源,但在农业社会里,遇到自然灾害,人们更多的选择,则是立足本土,组织全体社会成员抗灾救灾。当然,在更多的情况下,则是对自然环境的强烈依赖性:既要求土地平阔肥沃,又要求风调雨顺;既要按季节适时农耕,又要根据不同区域选择作物品种。农业文明所要达到的美好愿望就是人与自然关系的天人合一,人与人关系的和为贵;所能设想的最好社会就是小康与大同。

中国的传统农学认为,作物本身是气,作物主要感受环境中气的阴阳状况而生长发育。而环境中的阴阳状况主要是由于日月的运动所决定的。《农说》中写道:"冬至之后,阳渐长。立春,阳之出也。春分,阳气之中也。立夏得阳三之二,至夏至而极矣。夏至阴生,夏至之后,阴渐长。立秋,阴之出也。秋分,阴气之中也。立冬得阴三之二,至冬至而极矣。"这就是说,一年四季内,由于太阳照射时间长短的不同,导致地球上阴阳的不同状况,从而影响到作物的生长发育。《管子·形势解》说:"春者,阳气始上,故万物生。夏者,阳气毕上,故万物长。秋者,阴气始下,故万物收。冬者,阴气毕下,故万物藏。"与由于日月运动所导致的四季变化相对应,作物生长发育表现为春生夏长、秋收冬藏的生命周期。农业生产只要顺应天地阴阳的变化,适时从事耕耘收藏的活动,就必然丰收;并且只有顺应天地阴阳的变化,从事生产,农业才能丰收。而如果违背天地阴阳的变化,则必然是事倍功半,甚或劳而无获。

在农业生产中，古代中国人民主张严格地顺应自然，反对盲目地干预自然。认为违反自然的本性，人为地摄取天地的精华，操纵自然界的阴阳变化，干预自然，将会导致云气还没有聚在一起就下雨，草木不等叶黄就凋落，日月之光越来越不正常的后果。应该说，这些观点也包含了顺应自然、维护生态平衡的思想。正是这种顺应自然的思想，形成了古代文明中的阴阳五行说，也产生了中国特有的农历——指导农业生产的时间表。

二、人法自然，天人相合

崇尚自然，是道家思想之特色，也是其内核。老子提出一个"道生一，一生二，二生三，三生万物"的自然生化阶梯之后，又提出一个反向的自然生化过程："人法地，地法天，天法道，道法自然"，揭示了一种人类社会应遵循的规律：归根结底，道法自然就是人法自然。人必须遵从自然的规律生存发展，才能实现自身的可持续。天法道，得"道"清明，地法道，得"道"安宁，万物法道，得"道"并作，人法道，得"道"齐物。天地人同得自然之道，天地人融合如一。冯友兰曾指出："道家学说可一言蔽之曰：复归自然。"老子的"道法自然"，其实质就是"人法自然"，走向复归。这就是说，人的发展要效法道的运行规律，效法自然的运行规律。"道"具有"自然无为"的特性，体现着宇宙秩序的和谐。人法自然，就是像自然那样，无为而为，自我修复被社会残害了的自然质朴的本性，与自然保持和谐关系乃至与自然有机地融合在一起，达到"天地与我为一，万物与我并生"。庄子《秋水》中有言："子非鱼，焉知鱼之乐"，要知鱼之乐，最好的方式就是把自己变成鱼世界一员。同理，世界本身是按照道的规律在自然的运行中，要进入自然世界，只有突破了自我的极限，从有为到无为，从有我到无我，从物物分别到万物齐一才能够更好地体会道的境界，并融入自然之道，才能真正达到天人合一的境界。因之，在当代，人法自然，要做的重要事情，就是主动与自然建立友好关系，回归自然，修复自然，还人与万物之家的原貌。

1. 人法自然，不伤自然

《道德经》第42章有一句被后人广泛引用的话：道生一，一生二，二生三，三生万物。阐明了道与万物的关系——道为天地万物的"玄牝"，是天地万物的母亲。人与万物同属自然之子，亦为自然界生物链条上的重要一环。虽然人类进化速度远超自然界其他生物，到了进化阶梯的最高龛位，但在自然母亲的目光里，所有生物始终都是平等的，万物皆为刍狗。但是，由于人类是地球这个星球上最后出现的一个族类，就像母亲生下的最小儿子都会集万千宠爱于一身一样，人类的诞降，集中了天地万物的一切精华，并一下子跃上了自然进化阶梯的最高龛位。不过，人类在童年时期似乎没有意识到这一点，总认为自己最为弱小、最受欺凌。不能像鱼儿在水中轻快地游，不能像鸟儿在空中自由地飞，不能像猿猴快乐地攀援……遇到恶劣的环境，似乎毫无抵抗之力。但随着人类的成长，具有了足以抵抗来自自然各种挑战的能力时，人类却变得骄傲起来了，并大声喊出"人最为天下贵"！

为何"人最为天下贵"？春秋时期的荀子列出了三条理由："草木有生而无知，禽兽有知而无义，人有气有生有知亦且有义。"（《荀子·王制》）但是，荀子并不认为"人最为天下贵"就可以在天下为所欲为。因为，再高贵的人也是自然界长期发展的产物，也是自然界的一部分，也无法脱离自然生活。人类在自然诞降，自然不依存于人类，人类却必须依存于自然。特别是作为自然之子，更不能鸠占鹊巢，挤占其他自然之子的生存环境，甚至改变乃至摧毁其他自然之子的生存环境。

然而，很多人认识不到这点，总认为自己是自然中进化出来的最高级族类，可以凌驾于万物之上，统治自然，让自然俯首听命于人。"大跃进"时期有这样一句口号：天上没有玉皇，地上没有龙王，我就是玉皇，我就是龙王，喝令三山五岭开道，我来了！那气概何等霸气！因为人类想当然地把自己当成地球上的主宰，肆无忌惮地掠夺、破坏自然，并把改造自然、战胜和征服自然，当成人类独有的骄傲。

　　然而，当我们陶醉于人类对自然界的胜利时，恩格斯的话如惊雷般响在耳边："我们不要过分陶醉于我们人类对自然界的胜利。对于每一次这样的胜利，自然界都对我们进行报复。每一次胜利在第一步都确实取得了我们预期的结果，但是在第二和第三步都有了完全不同的、出乎预料的影响，它常常把第一个结果重新消除。"其实，现实中自然对人类的报复，已经不是简单的消除，而是给人类带来毁灭性的灾难。至今天，不仅是灾害频仍，不仅是气温变暖，而是直接威胁人的生命！

　　尽管人们已经在努力修复人与自然的关系，但是在经济利益和生态利益出现矛盾时，特别是个人经济利益与生态利益发生冲突时，许多人还是会牺牲生态利益，而保全眼前利益，纵使高喊"保护生态环境"，亦是抱着"各人自扫门前雪，不管他人瓦上霜"，甚至如闻一多先生的《死水》一诗中所写，"不如多扔些破铜烂铁，爽性泼你的剩菜残羹"。致使自然资源遭到严重破坏，人成为了自然的"敌人"。所以，人类伤害自然，某种意义上说，也是在自我伤害，伤害自我生存的根基。

　　如果天地间，阴阳各安其分，各从其事，各得其理，各守其道，互为体用，相辅相成，可利天下万物。如果各各偏离其理、其道，则失其正而为害天下。自然界有许多病毒的存在，其存在历史比人类历史还长久，如果始终保持其本来的生存状态，它们永远不会为祸人类。但是如果为满足人的欲望而过度干预自然。打破它们自然自在的状态，或是改变了它们宿主的生存环境，甚至直接危害它们宿主的生命（食杀动物），它们就会以疯狂的报复让人类付出十倍百倍甚至更多更大的代价。历史上发生的瘟疫，无一不是因为天地突变，或者人类活动干预了它们的生存环境，受到伤害的自然，不仅不能成为人类师法的对象，反而成了人类的敌人。如老子盛赞的上善之水，本是善利万物而不争，但一旦变异为滔天洪水，那就不是人法自然，而是"人或为鱼鳖"了。

面对自然界的反扑，曾有人发出过这样的呼吁：拯救地球！其实，地球何须人类拯救。地球存在了几十亿年，从一无所有荒野岩浆，到恐龙世界，再到荒蛮部落时代，再到人类文明出现，地球就一直存在着，只是地球上生存万物的命运，随着地球的变化而变化。可以说，即使环境变差了，人类灭绝了，地球也不会灭亡。即使地球毁灭了，也会以另一种形态存在。所谓的"拯救地球"，说到底，就是人类拯救自己的生存环境。人类在惨痛的事实面前开始幡然醒悟。所谓"人最为天下贵"，并不是人类可以恣意破坏自然的理由。老子提出的"以万物为刍狗"，本就蕴涵着"万物平等"的深意。所有生命体都是自然的一员，物种的多样性构成了色彩斑斓的美丽大自然。如果少了一个物种，大自然的图画中就会消失一个色彩。当色彩消失得多了，大自然的图画就会变得黯然。所以，不伤生，让所有生命体都得到应有的保护，让大自然这幅美丽图画永远保持鲜艳的原色，几乎成为人类中智者的共同呼声。

如何拯救？许多智者认识到，在环境问题成为世界性问题时，整个世界、整个人类也无形中成为命运共同体，仅靠一己之力、一国之力，已经难以挽救自然带来的灾难，必须全世界、全人类共同携手应对。修复人与自然的关系，治理和保护当前地球上的生态环境，是当代人的自我救赎！

2. 人法自然，何从效法？

关于人与自然的关系，老子在《道德经》第25章提出：人法地，地法天，天法道，道法自然。按照这一逻辑推进，我们也得出这样一个结论：道法自然，就是人法自然。

人法自然，意味着人类向大自然学习，使人道合于天道。自然是人类学会生存的重要导师。人类的一切实践活动都是在自然环境中进行的，人类的一切能力都是在对自然资源的开发利用中提升的，自然的各种灾难也都是对人类的一种磨炼。对于自然这个导师，人类必须懂得敬畏。古人说"道不远人"，这种现象应该出现在人们怀着敬畏之心接近自然并遵道而行的情况下。如果逆自然之道而伤害自然，甚至狂妄地高喊"让高山低头，叫河水让路"，快意地猎杀野外生灵、以珍稀动物生命大饱口福……这样的情况又如何做到"道不远人"。

人法自然，说到底，就是遵循自然固有的发展规律，合理有节制地开发利用自然资源来发展壮大人类自己。古希腊哲人芝诺（Zenon）提出："自然法是神圣的，拥有命令人正确行动和禁止人错误行动的力量。"《黄帝内经》也说："谨道如法，常有天命。""道法自然"也好，"人法自然"也好，都是"法自然之道"，也就是要符合各种事物的"本然"之理并顺应之，或者说，按照自然发展的本来规律，与道相应，与时偕行，顺势而为，因势利导，最终达到顺天应人，和谐共生。

自然为人类提供进化发展所需要的场地，自然是人类向自然学习的课堂。人类的一切技能，都是在开发利用自然的过程中获得，是在自然这个课堂中学到的。人类有责任和义务保护好这个课堂。任何时候都不要以为从这个课堂毕业，就从此不再需要它了。其实，人法自然是一个永远持续的过程，自然课堂是任何时候都不可或缺的。且不说自然的奥秘，无法为一代人乃至许多代人所探测穷尽，每一代从生到死都会在这个课堂中学习。更为重要的是，这个自然课堂，还要让人类持续发展的千代万代在其中学习成长。如果破坏了这个自然课堂，把这个课堂弄得千疮百孔、伤痕累累，且运转不正常，自然之道已隐，人该如何效法？所以，人法自然，要学习如何当好爱护自然课堂的好学生，不能企图逃学，更不能认为自己"学业"有成，就"砸烂课堂闹革命"。

人法自然，自然即为自己的老师。需要怀着一颗敬畏之心，小心翼翼地守护自然这个老师。在古代社会中，老师的地位是十分崇高的，百姓的家神牌位中，居于正中的是"天地君亲师"，老师被列为"五祖"之一受到崇敬。

古代有许多图腾禁忌，把自然中的一些动植物或者自然现象设为图腾而顶礼膜拜，并设立许多禁忌限制人类对自然采取暴烈的行为。例如，古代都有不多伤生的禁忌，认为伤生过多，便会遭天谴。

人法自然，必须学习自然的"不自生"。所谓"不自生"，即自然按照自然规律运行而发生的一切变化，都不仅仅是为了自身的生存发展，而是顺应自然，完成天地生人所应完成的任务与责任。老子对这点有过辩证的说明。他阐述"天长地久"的原因时说："天地所以能长且久者，以其不自生，故能长生。"意谓天地之所以能够长久，在于天地的一切运转都不为自己，所以能够长久。也就是说，人在处理与自然的关系时，不要或者尽可能少一些功利思想，要带一颗感恩反哺之心。"投我以木瓜，报之以琼琚。"我们从自然索取生产生活资源时，既需要谨守自然法则，按照自然固有之道开发利用自然资源，更要及时给予补偿回馈，不断增强自然自我修复能力。始终心存一个念头：让山更青水更绿，花草树木更旺盛，飞鸟走兽各有栖身地……让天地万物更自然。真正这样做了之后，人类也可以顺利复归，重新获得更适合的生存环境。

人法自然，就是复归自然的本有的质朴，即返朴归真。就像老子说的那样，"为天下谿，常德不离，复归于婴儿"。像小溪流水那样永远的清纯透彻，在心灵的不断净化中，逐渐回复到无知无欲无善无恶的婴儿般的真性情状态。一句话，回复到自然而然的状态，自然而然地融合于自然之中。我们常把自然喻为人类的家园，喻为人类出生与成长的摇篮。"归去来兮，田园将芜胡不归"，人类如果不趁早整治被自己荒芜的田园，有朝一日地球毁灭，人类意欲回归也无家可归。

现当代的文化人类学理论强调人类具有自然和文化双重属性。特别是一些文化学学者通过大量的论证，确定了人类的文化人身份和地位。但是，许多方面的研究走上了另一个极端，即过多地关注如何实现从自然人到文化人的完全转变，乃至把这种实现视为可以凌驾于万物之上的资本。人类中心论和自然资源无限论，更是鼓励人类把物质财富作为最高追求目标，从而使浓厚的拜物主义色彩掩盖了人类走向文化人之初还保留的生态理性，许多时候有意无意地忘却"人直接地是自然存在物"。

实际上，"人永远不能揪着自己的头发脱离地球"。任何时候，哪怕人进化更为高级，仍然是自然界的一部分，仍然是自然存在物，仍然要在自然界中展开自己的肉体和精神生活，仍然要与自然界万事万物进行物质和能量的交换。所以，有学者提出"自然为生命立法，自然为人立法；人为自然护法，人为生命护法"，意在重构自然与生命的关系、人与自然的关系以及生命与人的关系。这些想法仍然可以为"人法自然""道法自然"所涵盖。

所以，人法自然，我们既不能把人理解为纯粹的自然的结果，也不能把人理解为纯粹的文化的结果。作为文化人而言，肯定要努力保持自己的文化特征的永续发展，努力削弱身上的自然烙印。但是，作为自然人而言，则要时刻不能忘记其自然人属性及处于生物链的地位。而当前提出的复归，并不是努力挣脱自然属性、强化文化属性，应该稍微偏重于自然属性的复归，毕竟人类的肉体与精神脱离自然太久，已经不习惯"自然人"的称呼，更是忘记人在自然的责任与担当了。

3. 人法自然，天人合一

中华民族是一个十分重视伦理的民族，几千年来，伦理精神就贯穿在传统文化里，其传统伦理思想里也包含着比较浓重的生态观念。从历史上看，人与自然的和谐发展，如同小康社会一样，是中国人追求的一种理想生存境界。这种理想的生存境界被称为"天人合一"。

中国周朝时期的天人合一观念，就蕴含着人与自然融洽相处的愿望，而从这一历史时期起，中国历朝历代所颁布的有关生态保护的律令，就强调人们应该依循自然之法生活，某种意义上强调着人们去寻找天人合一之路。公元前11世纪，周朝统治者就颁布过保护水源、动物、森林的法令；孟子提及"不违农时，谷不可胜食也；数罟不入洿池，鱼鳖不可胜食也；斧斤以时入山林，材木不可胜用也"，明确主张蓄水养鱼、反对"竭泽而渔"。如《逸周书》上说："禹之禁，春三月，山林不登斧。"因为春天树木刚刚复苏生长。什么时候砍伐呢？《周礼》上说："草木零落，然后入山林。"除保护生态外，还要避免污染。比如"殷之法，弃灰于公道者，断其手"。把灰尘废物抛弃在街上就要斩手，虽然残酷，但重视环境决不含糊。《秦律》规定"春二月，毋敢伐林木及雍堤水……"为保障山林在春天更好地生长，用法律限制损害山林的行为。这种制度，并非统治者的个人自觉，而是中华文明本身所蕴含的生态伦理思想所决定的。而以儒释道为中心的中华文明，在几千年的发展过程中，形成了系统的生态伦理思想。

中国道家的生态智慧是一种自然主义的空灵智慧，通过敬畏万物来完善自我生命。道家强调人要以尊重自然规律为最高准则，以崇尚自然效法天地作为人生行为的基本皈依。强调人必须顺应自然，达到"天地与我并生，而万物与我为一"的境界。庄子把一种物中有我、我中有物、物我合一的境界称为"物化"，也是主客体的相融。这种追求超越物欲，肯定物我之间同体相合的生态哲学，在中国传统文化中具有不可替代的作用，也与现代环境友好意识相通，与现代生态伦理学相合。

因此，今天我们可以这样重新理解："天人合一"中的"天"，并不是神秘的天帝，而是指整个自然，包括整个地球，以及与地球密切相关的宇宙空间。"天人合一"中的"人"，并不是指单一的个人，而是指整个人类社会，包括人类社会里的政治、经济、文化等。天人合一，指人类的一切活动都合规律性，或者能够遵循客观规律办事，在维持生态环境的再生产能力的基础下，满足人的利益需求。就像《易经》中说，"观乎天文，以察时变；观乎人文，以化成天下"，"财成天地之道，辅相天地之宜"。

在"天人合一"的概念中，"合"字十分重要。古人的顺应，也是"合"，但远没有达到"合其德"这种境界。而且这种人对天所祈求的"合"，如人们通过祭祀牺牲而祈求的"合"，双方的地位不对等，其契合度也不高。而当今所追求的人与天的"合"，应是双方平等地位的相合。天不以上帝的面目出现，人亦不以征服者的姿态出现。天、人皆为大生态系统中的组成，要在相克相生、互逆互动的过程中有机地融合在一起，形成一个良性循环的生态圈，这才是真正的天人合一。也就是说，天、人双方在互不伤害、互相裨益的过程中融合一体，才是理想的天人合一。

习近平总书记提出的"两山"理论，强调"绿水青山就是金山银山"，通过形象的比喻，展示的就是当今生态文明建设要达到这种理想的"天人合一"。当然，把"绿水青山就是金山银山"作为"天人合一"在当代的理想境界，不仅需要深刻解读其中的意蕴，还必须通过实践，用现代科技的手段，在现实中将自然的绿水青山与社会的金山银山合二为一。中华文明虽然是工业文明的迟到者，但中华文明的基本精神却与生态文明的内在要求基本一致，从政治社会制度到文化哲学艺术，无不闪烁着生态智慧的光芒。中华传统文化中蕴含着当今生态文明呼唤的生态伦理思想，这使得我们有可能率先反思并超越主导人类的"物化文明"，成为生态文明建设的率先响应者和领跑者。

延伸阅读　工业文明时期的天人关系

不管从哪个方面讲，工业文明时代的人类都显得力大无比。其移山填海的伟力，即令帮助愚公移山的天帝，也会叹为观止。这一时期的天人关系，可以用四个字概括：征服压榨。工业文明时代，人类手中的财富有很大一部分是由自然资源转化而来的，人类手中拥有的财富越多，自然资源的消耗也就越大。从目前的文明史看，人类从工业文明开始，在短短的 300 年就消耗了地球上大部分的资源，仅 20 世纪 100 年来所消耗的能源总量就远远超过人类几千年消耗量的总和。人类利用自己发明的高科技，几乎把地球资源压榨一空。由于传统工业文明大量开发、大量生产、大量消费、大量排污的生产和生活方式无限扩散，终于将全球性的生态危机逼了出来。甚至有人这样评价工业文明：所谓的工业化进程，就是将自然资源转化成可用财富的进程，所谓的工业化社会，就是人均资源消耗高、排污量大的社会。还有人列举了工业的三大"罪状"：

第一，工业文明的发展破坏了自然界的生态平衡，人类借助现代科学技术，以"气吞山河"的气势，开始"改造自然""征服自然"，最终破坏了自然固有的生态平衡，带来了灾难深重的生态危机。第二，工业文明的发展污染了水环境。为追求经济利益最大化，人们不惜以污染环境为代价，把未经处理的工业废水任意排放到江河湖海，致使地球上大部分的江河湖海都受到了不同程度的污染。第三，工业文明加剧环境灾难。有专家研究发现，在20世纪的几十年间，西方一些发达国家，抑或工业化程度比较高的国家，都先后发生了程度不同的环境污染，在20世纪地球上曾发生了著名的"世界八大公害事件"，即1930年的比利时马斯河谷事件；1948年的美国多诺拉事件；1952年的英国伦敦烟雾事件、美国洛杉矶化学烟雾事件、日本的水俣事件、日本四日市哮喘病事件、日本富山县的骨痛病事件、日本米糠油事件。这些环境公害事件在世界上震动极大。此外，还有各种各样的环境问题让人触目惊心。比如，化学农药的滥用以及由此带来的祸害，一些珍稀动物濒临灭绝，土地的沙漠化、荒漠化，全球气候变暖，温室效应，湿地的减少与萎缩，臭氧层的空洞，垃圾围城，等等，这些环境问题像"灰色幽灵"一样时时困扰着人类，是人类挥之不去的阴影，是人类永远的痛。

可以说，工业革命以来，人们的理性发生了偏失，工具理性和经济理性成为主导人们生产、生活的思维范式。工具理性对人类从野蛮走向文明发挥了巨大的作用，引导工业革命为人类创造了辉煌的业绩，使人们的物质生活和精神生活得到了极大的改善和丰富。但这种思维方式将人与自然的关系误读为一种工具性关系，认为自然界只是为人类所用的工具，并取之不尽、用之不竭，人们可以无止境地占有，人类以上帝般无所不能的姿态对自然进行无节制的开发利用，以此显示人类的威力和地位。经济理性的最大特点是利己性，即以个人的经济获利为唯一目的，追求效用最大化原则，为了利益，人们在经济活动中无视人与自然的和谐，疯狂掠夺自然资源，造成人与自然双向异化、严重对立。

三、生态治理，治国之要

改革开放以来，中国的经济增长速度创造了世界纪录，用了40年时间，完成了西方近200年才完成的工业革命，但是，也出现了令人担忧的问题，对环境也造成了很大的破坏。尽管从改革开放以来，中国一直强调不能"唯GDP论英雄"，不能为追求一时的经济速度而牺牲生态环境。但是，人们在追求GDP的惯性的作用下，根本停不下追逐经济高速增长的脚步，根本遏制不住对生态环境的破坏。许多地方经济上去了但环境破坏了。良田变成了毒地，湿地建起了大厦，野生动物濒临绝迹。有一段时期，人们再难饮到清冽的泉水，再难呼吸到新鲜空气，再难吃到纯天然的绿色食品……收入增加了，生活质量却下降了。面临经济高速发展而出现的窘境，从上至下都开始认真思考一个问题：如何克服生态环保与经济建设的矛盾，走出一条绿色发展的道路？我们为解决这个问题提出的种种答案。例如，调整产业结构，发展循环经济；建立绿色GDP标准体系，加大环保力度；创新清洁能源，降污减排……但是，很多时候还是局限于头痛医头、脚痛医脚的方案举措，且缺乏系统的理论支撑。应该说，近年来习近平总书记提出的"两山"理论，为破解生态环保与经济建设的矛盾，提供了最佳答案，并成为引领新时代生态文明建设的基本国策与理论指导。

1. 留住乡愁，复归自然

乡愁是什么？是游子心中的青山绿水、一草一木。人与自然关系的恶化，最突出的表现是生态环境的恶化。生态环境的恶化不仅影响着经济建设，也影响着人们的生产生活，也让外出的游子佚失了乡愁。

习近平总书记在 2013 年北京举行的中央城镇化工作会议上提出"要依托现有山水脉络等独特风光，让城市融入大自然，让居民望得见山、看得见水、记得住乡愁"。他认为，城市建设要做到这一点，就必须"把城市放在大自然中，把绿水青山留给城市居民；要注意保留村庄原始风貌，慎砍树、不填湖、少拆房，尽可能在原有村庄形态上改善居民生活条件；要传承文化，发展有历史记忆、地域特色、民族特点的美丽城镇"。

加大环保力度，改善人与自然关系，还生态环境以良好的状态，"让居民望得见山、看得见水"，既是推进中国生态文明建设的一项重要内容，也是留住乡愁的一条基本途径。应该说，进入 21 世纪之后，中国在改善人与自然关系、治理生态环境方面，做了一系列值得载入自然史册的大事。

第一，实施退耕还林还草重大工程。退耕还林还草工程是中国乃至世界上投资最大、政策性最强、涉及面最广、群众参与程度最高的一项重大生态工程，为我国在世界生态建设史上写下绚烂的一笔。20 世纪末，退耕还林工程在四川、陕西、甘肃三省率先开展试点，由此揭开了我国退耕还林的序幕，随后全面铺开。2020 年 6 月，国家林业和草原局发布《中国退耕还林还草二十年（1999—2019）》白皮书。披露了中国实施退耕还林还草工程的 20 年来的巨大成就。20 年来，全国退耕还林还草面积达 5.15 亿亩，成林面积占全球同期增绿面积的 4% 以上。这项工程涉及全国 25 个省区和新疆生产建设兵团的 2435 个县（含县级单位），中央财政累计投入 5174 亿元，完成造林面积占同期全国林业重点生态工程造林总面积的 40.5%，工程区森林覆盖率平均提高 4 个多百分点，生态环境得到显著改善。

第二，退田还湖还湿工程。中国在退田还湖还湿方面的成绩同样举世瞩目。湿地被称为地球之肾,是地球上水陆相互作用形成的独特生态系统,也是目前受到威胁最大的生态系统。湿地不仅为人类提供大量食物、原料和水资源,而且在维持生态平衡、保持生物多样性和珍稀物种资源以及涵养水源、蓄洪防旱、降解污染、调节气候、补充地下水、控制土壤侵蚀等方面均起到重要作用。据早些年的一项调查数据显示,虽然在1998年长江特大洪水过后,对失去了对长江洪水调节能力的洞庭湖、鄱阳湖和洪湖等湖泊流域实施了退田还湖工程,但中国湿地面积仍然以每年约500万亩的速度在减少,2003—2013年,共减少了339.63万公顷,面积超过10平方公里的湖泊已由新中国成立初期的635个减少到现在的231个。而从2013年以来,国家重点投入湿地保护和恢复资金总计81.5亿元,在全国推进实施了1500多个工程,增强湿地生态系统的自然性、完整性和稳定性。迄今,拥有国际重要湿地57个,建成湿地自然保护区602个,国家湿地公园试点898个,初步形成湿地保护系统,湿地保护正从抢救性保护走向全面保护。

第三,实施城市"双修"工程。城市"双修"是指生态修复、城市修补,是治理"城市病"、改善人居环境、转变城市发展方式的有效手段,是留住乡愁的最好途径。城市"双修"工程,于2015年中央城市工作会议拉开序幕。在这次会议上,习近平总书记提出:转变城市发展方式,完善城市治理体系,提高城市治理能力,着力解决城市病等突出问题,不断提升城市环境质量、人民生活质量、城市竞争力,建设和谐宜居、富有活力、各具特色的现代化城市。"生态修复、城市修补"工程作为贯彻落实习近平总书记重要讲话精神的重要举措,在住建部的支持下,率先在海南省三亚市试点,从山、河、海、城的同步治理中寻找治理"城市病"的良方。在治山方面,先后修复亚龙湾路口等10处受损山体,复绿面积近25万平方米,补植养护"退果还林"3509亩,清退修复29处被侵占、被破坏的绿地。将9.4万株小叶榕、4300株柳叶榕、4900株木棉、5.82万株三角梅,还有27.4万株其他各类苗木种上荒岭,总复绿面积17万平方米,还了青山数倍绿;在治河方面,对三亚河黑臭水体进行了彻底改造,查出了生活污水排污、渔船污染、上游农业面源污染、违建占用河道等六大类 257 个问题，一步一个脚印针对解决；在治城方面，拆除各类违法建筑 10561 栋、总面积 611 万平方米，并将一批房地产项目改建成公园，东岸湿地公园、丰兴隆生态公园、红树林生态公园、市民果园、金鸡岭公园如雨后春笋般拔地而起，与新建的生态绿道相互呼应、串联——城中的"一河九园"蔚成大观；在治海方面，累计为海滩补沙 22.3 万立方米，修复 2.6 公里海岸线，完成了 15 公里的沙生植被保护和生态恢复工程，沙滩泥化和岸线侵蚀现象得到遏制，海水一类水质提升到 98% 以上。三亚市城市"双修"奏捷，2016 年全国生态修复城市修补工作现场会在三亚召开，其成功经验很快在海南全省推进，然后推广到全国，至 2020 年，城市"双修"工作在全国各市、县全面推开。"双修"工程是对人与自然关系的最全面的修复，中央有关文件对其意义与作用，作了十分精当的阐释："生态修复、城市修补"是指用再生态的理念，修复城市中被破坏的自然环境和地形地貌，改善生态环境质量；用更新织补的理念，拆除违章建筑，修复城市设施、空间环境、景观风貌，提升城市特色和活力。

应该说，中国传统的天人合一观，追求人与自然的和谐一体，对于强化现代人的生态整体意识非常重要。如果能够将人的理性与自然规律性有机地结合起来，哪怕是亡羊补牢，也一定会有良好的收获。近年来，我们看到一张卫星拍摄的图片，就能看到人与自然关系正朝着良好的方向发展，那就是在中国的几个大沙漠里，我们看到了新崛起的绿洲，生命的迹象在茫茫黄沙中越来越鲜明。

党的十九大报告把"坚持人与自然和谐共生"作为新时代坚持和发展中国特色社会主义的基本方略之一，并明确强调"我们要建设的现代化是人与自然和谐共生的现代化"。为落实这个方略，当代中国政府还全面推进河流治理现代化，把全流域综合治理作为治国理政的重要内容，改革完善流域公共治理体系，构建了全流域协同治理的长效机制。开启中国流域协同大治理时代。古人说，"善治国者，必善治水"。今天的执政者治理、守护碧水蓝天的行动，为古人的论说提供了新的最好的论证。

2."两型"社会，呼唤"两山"

就如何改善人与自然的关系，中国提出了一个方案：建设资源节约型社会与环境友好型社会（此后简称"两型社会"）。这两类社会功能有别，目标同一。

资源节约型社会，侧重于对资源的节约使用，尤其对地球上不可再生资源的使用，不仅要节约再节约，而且通过科学手段寻找其可替代资源以减少其消耗。节约型社会的核心理念就是节约，而要节约资源就必须抓住生产与消费两个环节。在生产环节，要通过技术创新，尽可能用最少的资源发挥最大的作用，但节约决非是对产品的偷工减料，而是在减少原材料的情况下，保持原产品甚至超过原产品质量与效能。在消费环节，则是在满足人们日益增长的物质文化需求的基础上，开源节流，提高资源利用效率，做到省之又省。例如，把使用过的商品回收分解加工变成原料；通过垃圾分类处理后，将同类垃圾集中处理加工，变成次一级的用品；引导全社会养成勤俭节约的生活习惯，随手关灯、用水时尽可能把龙头关小、把洗漱用水贮积起来冲厕所……一句话，资源节约型社会就是在全社会倡导重构一种尽可能减少资源消耗和环境代价的生产生活模式。

环境友好型社会，旨在人类社会与自然界重新建立一种新型友好的关系。这种关系，并非从此之后人类不再向自然索取，而是在不影响自然可持续发展的基础上对环境资源有节制地开发利用；在开发利用的同时，还要随时回馈自然界。环境友好型社会是一种人与自然和谐共生的社会形态，其核心内涵是人类的生产和消费活动与自然生态系统协调可持续发展。环境友好型社会是由环境友好型技术、环境友好型产品、环境友好型企业、环境友好型产业、环境友好型学校、环境友好型社区等组成。创建环境友好型社会，就要创建有利于环境的生产和消费方式；创新无污染或低污染的技术、工艺和产品；创建符合生态条件的生产力布局；创建少污染与低损耗的产业结构和持续发展的绿色产业，创建人人关爱环境的社会风尚和文化氛围。一句话，环境友好型社会的创建涉及经济社会的方方面面，不仅是经济发展模式的转型，也是整个社会发展的转型、社会文明的转型——由工业文明转向生态文明。用形象比喻，就是让人工堆积的金山银山与自然的绿水青山不发生冲突，让"两山"在人类社会并立，并最终合二为一。

老子创建道学，有一个最终极的目标，就是追求天人合一的最高境界。要达到天人合一最高境界，就必须缔结人与自然间的和谐关系。而缔结人与自然间的和谐关系，在人类方面，要求能够做到"先天而天弗违，后天而奉天时"（《周易·文言》）；在天地自然方面，则要求保持其自然而然的正常状态。因为天人合一应该是建立在人与自然关系友好平等的基础上，没有这个基础，人与自然和谐相处也就无从谈起。应该说，建设环境友好型社会，也是为实现天人合一夯实自然基础。

3."两山"理论，引领生态文明

如果说，创建"两型"社会是一种新型发展范式的设计与实验，那么，"两山"理论则是"两型"社会的理论支撑。进入 21 世纪之后，习近平总书记高度关注生态文明建设问题。据统计，他在早年的《之江新语》中曾 16 次提到"绿水青山"与"金山银山"关系问题。在党的十九大报告中，他强调指出："建设生态文明是中华民族永续发展的千年大计。必须树立和践行绿水青山就是金山银山的理念，坚持资源节约和保护环境的基本国策，像对待生命一样对待生态环境……坚定走生产发展、生活富裕、生态良好的文明发展道路，建设美丽中国，为人民创造良好生产生活环境，为全球生态安全作出贡献。"

笔者认为，"两山"理论可用三句话概括：既要绿水青山，也要金山银山；宁要绿水青山，不要金山银山；绿水青山就是金山银山。这三句话分三个层面全面展开了生态文明建设的整体思路。

第一个层面："既要绿水青山，也要金山银山。"

中国是一个发展中国家，发展是第一要务。但是，如何在发展过程中全面兼顾，特别是兼顾到生存环境的安危呢？有一段时间，为了快速摆脱贫困，快速发展，我们确实发挥了"愚公移山"精神，把大自然的"绿水青山"移到了社会，变成了"金山银山"。但是失去"绿水青山"的代价，某种时候则超过了"金山银山"带来的价值。基于此，习近平总书记提出了这个两全选择，引导着各地各级领导，将思维模式与发展范式，从以往的"只要金山银山，不顾绿水青山"，逐步转移到"既要绿水青山，也要金山银山"的两全思维上，着力探讨如何既保住绿水青山，又能再创一个金山银山的发展思路；着力探讨经济转型升级的发展思路；着力探讨经济建设与生态文明建设相容相促的发展思路。

绿水青山也好，金山银山也好，都是人类需要的物资之源。但是，绿山青山却是一个双重源头，即为人类的生存需求直接提供资源，也为人类谋求发展而打造的金山银山提供资源。没有绿水青山提供资源，人类的生存需求不能满足，金山银山也无法打造。人类要生存，也要发展，就必须"得陇望蜀"，并做到老子所说的，"不可得而亲，不可得而疏；不可得而利，不可得而害；不可得而贵，不可得而贱"，让绿水青山与金山银山友好地并列于人类身边。

第二个层面："宁要绿水青山，不要金山银山"。

在经济发展与环境保护发生冲突时，宁愿放缓经济速度，也要保住生态环境。这既是处理人与自然关系中的抉择过程，也是在艰难的抉择中确定下来的经济发展的基本点。这个层面最大的特色，就是实现范式的转变和观念的创新。所谓范式的转变，就是我们常说的产业转型，观念的创新，我们在生态文明建设初期，曾有一个口号叫"不以 GDP 论英雄"，甚至有一种观点：面对破坏环境的发展，不作为就是作为。这样一来，面临着一个矛盾：快速发展就会破坏环境，不发展却又解决不了中国的贫困问题，难以如期实现全面小康的目标。为解决这个矛盾，应把 GDP 转化为"绿色 GDP"，在经济发展的指标中，把环境效益作为一项重要的指标因子。

有一种观点认为，"两山理论"是一种现代人类中心论。提出这种观点者认为，人类中心论议题在当代仍然不可回避。只是在坚持人类中心的基础上，在人类谋求自身长远发展的同时，不再忽视我们赖以生存的生态环境。在创造财富、产生效益的同时，不能以破坏生态环境为代价。事实上，从"宁要绿水青山，不要金山银山"的这种坚定的语态来看，"两山理论"更应该是对人类中心主义的一种颠覆。"宁要……不要……"的句型，将人类对自然的责任摆在了突出的位置，对"绿水青山"更有一种"舍我者其谁"的肯定。在将绿水青山与金山银山的对比选择过程中，以"宁要"而肯定。因此，其深刻的内涵决不能以现代人类中心论来界定，而是回到中国古代所追求的人与自然的平等地位上，是对老子的"人与万物皆为刍狗"生态平等观的升华。

其实，这个层面的理论思想还深深地蕴含着一种无差别地关切他者的生态伦理。西方气象学家洛伦兹曾提出过一个"蝴蝶效应"，一只南美洲亚马孙河流域热带雨林中的蝴蝶，偶尔扇动几下翅膀，可能在两周后引起美国得克萨斯州一场龙卷风。意谓自然界一个小小的变动，便可带动全球性的变化。任何一个地方环境的变化，都有可能影响着他人他地。当前的环境中出现温室效应、臭氧空洞、酸雨等环境变化，都属于全球性的环境问题，而解决的途径，亦不是局限于某一地某一时采取措施，而是每一个地区每一时刻都要注重环境保护。从这个意义上讲，生态环境是最大的公共服务产品，保护或破坏一地的生态环境，也许会或直接或间接地影响到他地他人的利益。"宁要绿水青山，不要金山银山"的观念，强烈地表现出对他者的责任，为他者利益而牺牲自我利益的伦理精神。

第三个层面："绿水青山就是金山银山。"

这个理论层面是经济建设与生态文明建设的有机结合乃至融合。这个层面，强调更好地解决经济建设与生态文明建设的矛盾冲突，使社会与自然真正处于互动互补的良性循环中，是20世纪60年代提出的"循环经济"理论真正付诸实际应用。学界对循环经济所下的定义是：物质循环流动型经济。

而更详细一点的定义，则是指在人、自然资源和科学技术的大系统内，在资源投入、企业生产、产品消费及其废弃的全过程中，把传统的依赖资源消耗的线性增长的经济，转变为依靠生态型资源循环来发展的经济。"绿水青山就是金山银山"也就是循环经济的形象比喻。在生态文明的时代，循环经济是产业经济常态，生态也就成了随时可增值的财富。保护好了生态环境，不仅能够保持社会经济的良性循环，也守住了子孙后代的财富。

应该说，在第三个层面，就实现了人的本真回归，自然与社会重合了，天人合一了。因为，保住了绿水青山，就保证了可持续发展的物质源泉，保住了绿水青山，就守住了人类生存的根基，最大程度地体现老子的"无为而为"的思想。也就是说，让山水无为，长葆青绿，就是最大的作为，就是为当今时代创造出来的最大财富。同时，社会经济的发展也有机地融入自然环境的可持续发展之中，人们的眼前利益和长远利益都得到最大的保障。应该说，"两山"理论所提出的发展要求，辩证地剖析了经济建设和生态文明建设之间的关系，协调了社会和自然的关系，是人对自身发展的一次重大反思。而按照"两山"理论所设计的生态文明建设，必然成为一项功在当代、福泽后世的伟大事业。事实上，这项伟大事业推进过程中所取得的成功经验，已得到国际上的肯定与推广。"两山"理论付诸的生态实践，已经从国内辐射到国际大舞台，成为中国政府积极参与全球治理举措的重要部分。2016 年，联合国环境规划署发布了题为《绿水青山就是金山银山：中国生态文明战略与行动》的报告，使中国生态建设的理念和经验构成中国又一张新的名片，为世界范围的生态环保和可持续发展提供了重要借鉴。

延伸阅读　**生态文明时期的天人关系**

人与自然关系的历史演变，是一个从和谐到失衡再到新的和谐的螺旋式上升过程。这个发展过程的根本动因是人的需要的无限性与自然界满足人的需要的有限性之间的矛盾。走生态文明之路，已是当今世界发展的大趋势。当代，世界正进入一个新的文明时代。有专家根据人类历史所经历的几个文明时期，将这个正在建设的文明称之为第四文明。

创建新的文明，虽然障碍重重，但也有一些有利的方面。

从自然生态圈来看，经历上千或者上万年甚至更久远的时间的衍生，地球上所有物种之间、生物和环境之间长久地相互依赖、彼此制约、彼此适应、彼此协调；多种生命之间达成总体统一的近乎完美的生态平衡程度，生物圈中整体生态系统形成了一个共属整体的代谢功能来保持圈内所有生命所需的物质不断地循环再生。比如，广袤的森林中有许多高大喜阳的乔木，又有许多矮小耐阴的灌木，植物之间和睦相居，各得其所。林中动物有昼出夜出之分，还有食性差异，互不相扰，互利共生。再如，地衣中菌藻相依为生，大型草食动物依赖胃肠道中寄生的微生物帮助其完成食物的消化，蚂蚁和蚜虫的共生关系等都展现了物种间相互依赖的关系。如今，地球上生长着超过200万种生物。这是经过30多亿年生物进化而渐趋多样化的结果，这些物种十分复杂地相互关联着，并组成各个区域 / 层级上的生物社会（链）。

而从社会圈来看，科技的高速发展拓展了人类与自然和谐相处的途径，人类不仅可以遏制因社会需求急剧增长而对自然掠夺性开发的趋势，而且还能很好地解决以往过度开发带来的环境问题。尤其是循环经济的发展，让自然与社会在物质能量交换中呈现出相对稳定平衡的良性状态，自然与社会各美其美、美美与共，推进天人合一的环境友好型社会的实现。

三、法家篇

绪　论

《资治通鉴》18卷4有语："经国序民，正其制度。"制度，乃治国安邦之根本。党的十九大提出我国社会主义制度建设和国家治理能力建设的总目标，党的十九届四中全会审议通过了《中共中央关于坚持和完善中国特色社会主义制度　推进国家治理体系和治理能力现代化若干重大问题的决定》，对我国的制度建设进行了系统部署。创新国家治理体系，实现治理能力现代化，需要多方入手，全面发力，特别应当把握好政府善治、基层自治、合作共治、全民德治和社会法治等5个关键环节。古今中外有丰富的国家治理思想和治理实践，其中就包括法治、德治、共治、自治等；我国是一个有着悠久制度文明史的国家，历史上无数政治家、理论家都对国家治理和制度建设问题进行了全方位的深入探索，涌现出了以儒、墨、道、法等为主的诸子百家，其中尤以"法治"和"德治"思想为主流。儒家推崇"德治"，将国家治理制度体系概括为"礼"；而法家则推崇"法治"，并直接将国家治理的制度体系称之为"法"。某种意义上讲，中国古代的"法"，比之今天所言之"法"，其内涵更丰富，其意义更宽泛。

1."法"即制度

对于治国安邦的制度体系，法家思想家们使用过几个不同的概念。

春秋时期，法家思想在东方的齐国率先萌芽，其中最主要的是管仲，他在《管子·立政》中写道："令则行，禁则止，宪之所及，俗之所被。如百体之从心，政之所期也。"这里，他使用了"宪"的概念，但这个概念主要是指成文法。《管子》中又说："法律政令者，吏民规矩绳墨也。"这里法、律、政、令并提，基本概括国家治理的制度体系。

战国时期，百家争鸣，法家思想在各国变法浪潮的激荡中逐步走向成熟，并以其富国强兵的强烈诉求，为各诸侯国君主所接纳，法家思想家大多跃上政治舞台，参与变法，成为各国法令制度的制定者、国家治理的操作者，他们总结治国理政的经验教训，形成了丰富的法家思想，如商鞅、慎到、申不害等，都提出了更为广泛和深刻的"法"的概念。

主持秦国变法并最终致使秦国强大的商鞅在其《商君书》中，将"法"作为最重要的概念之一。他将法视为法令、制度的统称，"先王悬权衡立尺寸而至今法之，其分明也；夫释权衡而断轻重，废尺寸而意长短，虽察，商贾不用，为其不必也；故法者，国之权衡也"（《商君书·修权》第 244 章）。

申不害则说："昔七十九代之君，法制不一，号令不同，而俱王天下，何也？必当国富而粟多也。"（《申子·大体编》）

"法""法制"，就是国家的"权衡"制度，是一种公共标准，如同权衡、尺寸一样要求全民遵守，是全国统一的制度标准和治理体系。

法家集大成者韩非则认为，凡"宪令著于官府"者，就是法的范畴。"法者，编著之图籍，设之于官府，而布之于百姓者也。"（《韩非子·难三》）凡是国家制定的，要求百姓一体遵守的制度规章，都称为"法"。

后来，我国封建时代，经常把典章制度统称为"法"。汉代，"相国萧何攘摭秦法，取其宜于时者，作律九章"；西汉董仲舒提出"德本法助"的主张；三国诸葛亮面对"德政不举，威刑不肃"的益州，实行"以法治蜀"，明确表示"教令为先，诛罚为后"；宋代王安石提出"天变不足畏，祖宗不足法，人言不足恤"，对宋朝的"祖宗之法"进行改革，推行"青苗法""募役法""方田均税法""农田水利法"等一系列新的政策措施；明代张居正改革赋税制度，实行"一条鞭法"……

在《商君书》《韩非子》等法家典籍中，也有"令""制""度""律"等用字，实际上指的是与法有关的具体规章制度；另外，还有"术"和"势"的概念。这些概念，其内涵均不如"法"的概念丰富，外延均不如"法"的概念广泛，在法家的思想体系中，"法"实际上成为国家治理制度体系的统称，是从"道"而生、直接上秉天理人性的核心概念。

2. 立法则治

制度的生命在于执行。明代胡居仁撰《钦定四库全书·居业录》卷5中说："苟非其人，道不虚行，纵有良法美意，非其人而行之，反成弊政；虽非良法，得贤才行之，亦救得一半人，法皆善治，道成矣。"

法家思想家的概念体系中，"法"的位阶仅次于"道"，作为实干家，他们大多并不论"道"，"法"的概念占据了法家论著的绝大篇幅。"法"不仅是国家治理的制度体系，还包括了国家治理实践的具体方法和措施。

商鞅就认为，"法令者，民之命也，为治之本，所以备民也。"（《商君书·定分》第387章）"夫法者，民之治也；务者，事之用也。国失法则危，事失用则不成，故法不当时而务不适用，而不危者未之有也。"（《商君书·六法》第406章）法在这里有了"社会治理的方法和措施"之意，他认为："礼法以时而定。"（《商君书·更法》第8章）"法者，所以爱民也。"（《商君书·更法》第3章）"观俗立法则治"（《商君书·算地》第144章）。

慎到认为，"治国无其法则乱"，国家治理要做到"官不私亲，法不遗爱，上下无事，唯法所在"，"民一于君、断于法，是国之大道也"。这里的"法"，既包含了国家治理的原则，也包含国家治理的具体措施和注意事项。

申不害在韩国则是大力推行"术"治，"见功而与赏，因能而授官"。"术"，既是法令刑名之术，也是君主驭国之术，是国家治理的规章制度，更包括未成文的帝王心术、治国理政的方法和手段等。

韩非子认为:"智术之士,必远见而明察,不明察,不能烛私;能法之士,必强毅而劲直,不劲直,不能矫奸。"(《韩非子·孤愤》)"儒以文乱法,侠以武犯禁,而人主兼礼之。"(《韩非子·五蠹》)韩非子在《主道》《二柄》《扬权》《备内》等篇章内,论述了君主如何执掌权柄、操弄刑赏、明辨奸邪、生杀予夺,实现君主专政和长治久安的问题。

3. "法"含刑名

历代以来,由于儒家的社会影响力一家独大,儒生又往往有意无意地把法家和"刑名之术"联系起来;加之法家"峻刻",往往给人以"严刑峻法"的片面印象;法家多以入仕为要,汉代董仲舒"罢黜百家,独尊儒术"后,法家入仕只能走刑名小吏之路,只闻有"刑名师爷",未闻再有纯正系统的法家人物和系统的法家著作问世,造成后世对"法"和法家的局限性认识。

无可否认,"刑名"是"法"的重要内涵之一。"虽行重赏而民弗敢争,行重罚而民弗敢怨者,法也。"(《商君书·画策》第 302 章)"爱多者则法不立,威寡者则下侵上,是以刑罚不必则禁令不行。"(《韩非子·内储说上·七术》)这里的"法"都偏向于刑名之意,甚至本身就是刑罚的意思。

但法家之"法",绝非仅仅是"刑名之术",它包含法家关于治国理政的一整套学问。

关于刑名之术,韩非子专门论述道:"刑名者,言与事也。"是君主为禁制奸邪,专门制定的惩罚防范措施。"为人臣者陈而言,君以其言授之事,专以其事责其功。功当其事,事当其言,则赏;功不当其事,事不当其言,则罚。故群臣其言大而功小者则罚,非罚小功也,罚功不当名也;群臣其言小而功大者亦罚,非不说于大功也,以为不当名也害甚于有大功,故罚。"(《韩非子·二柄》)

因此,刑名之术,即君主驾驭臣下的两种权柄"刑"和"德"之中的"刑",仅仅是"法"的概念体系中一个较小的组成部分。

实际上，"法"字虽有法令之意，但我国古代几乎没有哪一种法律制度被冠以"某法"之名：秦代有律、令、式等，如垦草令、封诊式；唐代有律、令、式、格，如《永徽律》《武德律》《贞观律》、唐令27篇；明代有律、令、榜、例、诰等，如《大明律》就有《吏律》《户律》《礼律》《兵律》《刑律》《工律》和《大诰》等，后汇编为《明会典》，作为明朝的行政法规全书。

4."法"成体系

商鞅变法前夕，公孙鞅与甘龙、杜挚三人对秦孝公"虑世事之变，讨正法之本，使民之道"，谈论的核心问题就是"法"。实际上，甘龙、杜挚二人眼中的"法"仅仅是指当时的各项法制，而在商鞅和秦孝公眼里，"法"则不仅仅是成文的制度，还包括了社会治理的方法、措施，是一整套完整的国家治理体系。它不仅外延宽泛，且具有灵活的可变革性，应当适于国家统治的功能，合于国家治理的目标，根据社情民意的变化进行"更法"。

首先是一套国家制度。"法者，君臣之所共操也。"（《商君书·修权》第237章）"古者未有君臣、上下之时，民乱而不治。是以圣人列贵贱，制爵位，立名号，以别君臣上下之义。地广，民众，万物多，故分五官而守之。民众而奸邪生；故立法制、为度量以禁之。是故有君臣之义、五官之分、法制之禁，不可不慎也。"（《商君书·君臣》第246章）法是用来"立君""立民"，列贵贱、别君臣的一套制度。这种理论虽然有历史条件的局限，但显示出法家首先是将"法"理解为一种国家制度。

其次，法是一种公共标准。法必须是统一且唯一的，不能君有君法、臣有臣法、民有民法，各持一端，自行其是。立法的依据是民之情，而天道、民情统一显现于社会治理层面，就是法："故圣人之为国也，观俗立法则治，察国事本则宜"（《商君书·算地》第144章）；"圣王之立法也，其赏足以劝善，其威足以胜暴，其备足以必完。……善之生如春，恶之死如秋，故民劝极力而乐尽情，此之谓上下相得"（《韩非子·守道》）。

再者，法的实施应明令公信，即公开公平。商鞅对官府执法提出了 4 项原则要求：一是信，"民信其赏，则事功成；信其刑，则奸无端；惟明主爱权重信，而不以私害法"（《商君书·修权》第 239 章）。官府要做到依法信赏信罚，君臣民众共立公信，才能做到令行禁止。二是慎，"故明主慎法制；言不中法者，不听也；行不中法者，不高也；事不中法者，不为也"（《商君书·君臣》第 354 章）。执法者要秉公执法，不能以私害法，要严格依法办事，慎法慎刑。三是明，"圣王者不贵义而贵法，法必明令必行则已矣"（《商君书·画策》第 313 章）。法令必须向民众明令宣示，这样才能畅行无阻。四是一，"利出一孔，则国多物；出十孔，则国少物。守一者治，守十者乱。治则强，乱则弱。强则物来，弱则物去。故国致物者强，去物者弱"（《商君书·弱民》第 327 章）。

"治"字在《商君书》中出现了 200 多次，是仅次于"法"的高频字，"国富而治，王之道也。""治世不一道，便国不必古。""治国也，察要而已矣"。韩非子则说："故治民无常，唯治为法；法与时转则治，法与世宜则有功。"（《韩非子·心度》）还说："治强生于法，弱乱生于阿。"（《韩非子·外储说右下》）这里的"治"不仅有治理之意，还包含了达致国家长治久安的治理目标。

可见，法家用"法"表达国家和社会治理方法的统称，而"治"则多是指国家治理的具体方略或具体的社会治理活动。"法"和"治"紧密相连，"法"为体，"治"为用，构成一个庞大、精密、有效的国家治理方法体系，成为古代世界最为复杂系统也最为求真务实的富国强兵的国家治理理论体系。

从中国历代法家通过"法治"实现富国强兵的政治实践，也为中国特色社会主义进入新时代的今天，如何通过加强制度建设，推进国家治理体系和治理能力现代化，将我国的制度优势转化为国家治理的效能，从而团结带领全国各族人民，完成"两个一百年"奋斗目标，实现中华民族伟大复兴的中国梦提供了有益的借鉴。习近平总书记指出："我们要学习中华民族优秀的传统文化和高尚的精神追求。历经磨难而不衰的中华文明，蕴涵着丰富而宝贵的思想文化遗产。"他强调："中国优秀传统文化，领导干部也要学习，以学益智，以学修身。"中国特色社会主义制度是党和人民在长期实践探索中形成的科学制度体系，要将我们先进的国家治理体系转化为治理能力，将先进的制度体系转化为治理效能，应该从古今中外的制度建设，尤其是法家依法治国、变法图强、耕战富国、"法治"强国的实践经验中汲取智慧，从而加快国家治理现代化的伟大进程。

第一章 法治强国 崛起之道

——法治强国的历史回顾

中国近代思想家、政治家，戊戌变法领袖之一梁启超曾经说过："若使连法治尚且办不到，那便不成为今日的国家。""我希望把先秦法家真精神着实提倡，庶几子产所谓'吾以救世'了。"改革开放以来，党中央高度重视法治建设，将中国特色社会主义法制体系视为中国特色社会主义制度在法律领域的体现。党的十八届四中全会提出通过《中共中央关于全面推进依法治国若干重大问题的决定》，对加强和推进法治中国建设提出明确要求；党的十九届四中全会进一步要求坚持和完善中国特色社会主义法治体系，提高党依法治国、依法执政能力。这为进一步在法治轨道上坚持和完善中国特色社会主义制度、推进国家治理体系和治理能力现代化指明了方向。因此，法家思想以及法治问题的研究再度成为社会关注的话题。而对中国历史上法治建设的成就进行历史的回顾，对法家思想作出正确认识，对依法治国的理论意义和实践价值的研究是十分重要的。

一、渊源由来，历史轨迹

人类社会发展的历史证明："一切社会变迁和政治变革的终极原因……

应当到有关的时代的经济中去寻找。"[1] 中国历史上法家思想诞生的社会根源和历史发展轨迹，也遵循这一规律。

1. 先秦初轫，"法"家滥觞

春秋战国之际，我国社会生产力取得了突飞猛进的发展：农业方面，铁制农具逐渐取代青铜器，铁器比青铜器更加坚韧耐用。牛耕也开始推广，大大节约了体力的付出。生产工具性能的提高拓展了人们垦荒的能力，耕地面积逐步增多，士、大夫阶层和自耕农在"井田"之外的山坡、滩涂、草场上开垦私田，到春秋中晚期，私田的比例不断上升。

据《春秋穀梁传·宣公十五年》记载："井田者，九百亩。公田居一。私田稼不善，则非吏；公田稼不善，则非民。"可见，各诸侯国的"井田"和"私田"的收益分配方式是不同的，私田的主人可以自由处置产出，而不必缴纳给国君，如果经营不善，受到的处罚也很轻，可以说是"独立经营，自负盈亏"；而且，私田还可以交换甚至自由买卖。这样，人们经营私田的积极性远远高于经营"井田"，井田制开始逐渐瓦解；拥有大量私田的大夫、士阶层开始转化为封建地主，甚至部分自耕农的地位也开始上升，以一家一户为单位进行个体耕作的封建个体经济萌芽了。同时，拥有大量"井田"和奴隶的"卿"阶层社会地位开始下降，奴隶集体耕作的社会生产方式开始瓦解，到战国时期已经不占主导地位。

社会分工进一步细化，中央政府占有工商业者并进行垄断性经营的"工商食官"制度渐趋破坏，商业的繁荣，城市的大规模发展，催生了大量的个体手工业者和商人，随着生产力与生产关系、社会组织的积极变化，作为奴隶主阶级统治基础的宗法制开始动摇，礼治的经济和血缘亲属基础受到削弱，分封制不再适应生产力发展的需要，经济的发展提出了变革要求，要求

---

① 《马克思恩格斯选集》第三卷，人民出版社 2012 年版，第 797 页。

改革过去国家治理的那一套制度体系，呼唤一种新的统治秩序。

生产力与生产关系的矛盾运动体现在社会经济生活中，作为私田主的士大夫与国君和作为公田主的卿之间存在不同的利益诉求，前者要求废除井田制，承认封建地主的土地私有权；体现在社会政治生活中，前者希望在君主集权下改革政治，实行以法治国，而后者则希望继续维护宗法分封制，坚持周礼，企图打着以礼治国的旗号继续卿阶层的重臣擅权局面……在这种形势下，一大批有识之士以满腔的热情一面深入思考，一面积极参与社会实践，他们将个人政治理念与社会价值融汇一体，各自著书立说、收徒传教，形成了"百家争鸣"的社会氛围，法家一派由此而生。

法家的渊源，最早可以追溯到春秋时郑国的子产、齐国的管仲，他们代表新兴地主阶级参与国家治理，颁行政令，变法图强，改革田赋，推进所在国的封建化过程，并将自己治国理政的实践总结成文流传下来，成为法家思想的先驱者。

春秋时期齐国的管仲是历史上最早实施变法的。他曾长期担任齐相，辅佐桓公治理国家。他一方面重视道德教化，提倡"四维"，把礼、义、廉、耻作为国家的立柱、民心的导向；另一方面强调以法治国。管仲是中国历史上第一个提出以法治国的人，他认为法令是人们行为的准则，应该公布于众，君臣上下贵贱一从于法。他主张运用赏赐和刑罚两手，维护上下尊卑的社会秩序，这样才能治理好民众："设象以为民纪，式权以相应，此缀以度，本肇末，劝之以赏赐，纠之以刑罚，班序颠毛，以为民纪统。"（《国语·齐语》）这是法家主张刑罚二柄的思想根源。他认为"民之情，莫不欲生恶死，莫不欲利恶害……民利之则来，害之则去"。这就是法家"好利恶害"的人性论，后来发展为战国法家变法的理论重要依据。

同时，管仲还很注重律令的作用，"法者，所以兴功惧暴也；律者，所以定分止争也；令者，所以令人知事也；法律政令者，吏民规矩绳墨也"（《管子·七臣七主》）。君主立法就要了解民心之"好恶"，并且因势利导加以利用，"民恶忧劳，我逸乐之；民恶贫贱，我富贵之；民恶危坠，我存安之；民恶灭绝，我生育之"（《管子·牧民》）。立法顺应民意，"因人情"而得民心，才能被人们广泛接受，顺利施行。管仲提出了一整套以法理政、以法统军、以法治民的治国方略，开创了后世法家以法强化君主集权、施行法治的先河，并由此让齐桓公成功登上春秋首霸的宝座。

公元前543年，郑国贵族子产当政。他主张治国应宽猛相济，以猛为主。据《左传·昭公二十年》记载，子产曾说："唯有德者能以宽服民，其次莫如猛。夫火烈，民望而畏之，故鲜死焉；水懦弱，民狎而习之，则多死；故宽难。"他在郑国任宰相20年，始终如一去坚持践行其变法之路，将一个力量弱小的国家变得富强起来，其法治思想为后世法家所继承。特别是其宽猛相济、以猛为主的观点，经后世法家发展，成为严刑峻法的理论依据，如商鞅的"禁奸止过，莫若重刑"，韩非子的"慈母有败子，而严家无格虏"等。

进入战国时期，法家思想家们继承了春秋改革家的衣钵，同时又吸取同期儒、墨、道等诸子的思想，成为战国百家争鸣的百花园里最瑰丽的风景之一，其代表人物主要包括前期的三晋法家，如李悝、吴起、商鞅、慎到和申不害，以及后期的韩非和李斯等。

三晋法家李悝，收集当时各诸侯国的刑律，编成了《法经》，分为6篇，是我国古代第一部较为完整的法典。与李悝同时期的吴起最初在三晋之魏国做将军，进行兵制改革，为魏国夺取河西之地；后来被魏王排斥，逃亡到楚国后受到重用，任为令尹，奖励"战斗之士"，"明法审会，损不急之官"，进行了政治改革，打破旧贵族的世卿世禄制，"使封君之子孙三世而收爵禄"；并强迫他们徙边垦荒。他们的思想中都有浓重的"法治"倾向。

法家商鞅在秦实行两次变法，开阡陌封疆，废除井田制度，奖励农战，加快推行已经初步实施的郡县制，主张用严刑重罚以杜绝犯罪，在秦国走向强盛的路上加了一大助力；但是他轻视道德教化，忽略了文化知识的作用，提出："反古者不可非，而循礼者不足多"，"治世不一道，便国不法古"（《史记·商君列传》）。这似乎有些偏激。因此，历史上在对其变法功绩充分肯定的基础上，对其为人却颇有微词。

战国法家中，慎到应该是一位重要的理论家。慎到约公元前390年生于赵国首都邯郸，早年曾"学黄老道德之术"，思想中有道家的底蕴，后来成为法家代表人物。慎到主张百姓、百官必须听从于君主的政令，而君主也必须完全依法行事，"民一于君，事断于法"。立法权集中于君主之手，主张立法要为公，反对立法为私。官吏要"以死守法"，百姓则"以力役法"，按照法令分工，为国王奉献劳动力。慎到认为只有这样，用法的方式力行社会分工，才能实行法治，国治民安。按照慎到的理论体系，君主和各级管理是执法者，要做到公平执法，"官不私亲，法不遗爱，上下无事，唯法所在"（《慎子·君臣》）。慎到提倡法治，反对人治，他认为法治比人治更具优势，甚至不好的法律也比没有法律好，这与埃及《十二铜表法》中指出的："即使是最严峻的法律，也比没有法律或任意解释法律要好一些"，可谓虽隔万里、灵犀相通。

慎到提出了"法""术""势"相互为用、相辅相成的观点。"势"主要指权势，重"势"是为了更好地行"法"。慎到认为，君主如果要实行法治、令行禁止，就必须拥有权势。"势"被置于法、礼之上，被认为是君主从事政治活动的前提。"贤而不屈与不肖者，权轻也；不肖而服于贤者，位尊也。尧为匹夫，不能使其邻家，至南面而王，则令行禁止。由此观之，贤不足以服不肖，而势位足以屈贤矣。"他把君主和权势分别比喻为飞龙和云雾，飞龙借助云雾腾飞九霄、威慑天下，如果云散雾收，飞龙就和地上的蚯蚓没有什么区别了。如果拥有权势，即使像夏桀那样昏庸残暴，其命令也有人执行，贤明的君主更能"令则行，禁则止"。如果失去了权势，即使像尧那样聪慧贤德，百姓也可能各行其是，不听命令。因此，慎到反对儒家"德治"的主张，认为那样君主仁弱，威权不足，会导致民众无法可依，弊政丛生，社会变成一盘散沙。

在慎到的政治理论体系中，法律、权术与权势是君主加强集权统治的三个要素，而权势则是最为重要的。在慎到看来，政治上的从属关系直接取决于权力的归属。君主必须大权独揽、圣心独裁，牢牢占据国家权力核心位置，把握权力意志，并运用权力对臣民进行严格约束，使他们绑在自己的权力战车上。慎到认为君主必须时刻注意巩固自己的权力，在人民当中树立威信，这样才能获得民众的支持，并以此控制朝局，驾驭臣下。他还继承了道家"无为而治"的思想，要求君主保持神秘和威严，善于运用权术，把烦琐政事交给臣下，这样一来可以避免自己犯错，二来把自己从日常杂务中解脱出来，全力注重最高主权的巩固，从而扮演一种"上帝之眼"的角色，从更高的角度加以督查。慎到的思想中着重强调君主对于权势的追求和运用，这个思想与后世意大利现实主义国际政治理论家马基雅维利的思想有共通之处，都主张君主必须具有狮子一般的威严，以慑服臣下。

慎到关于"势"的理解，从表象上看，历来为正统思想所斥，但如果以历史的眼光来看，"贵势"思想的哲学基础是人自然性的平等，君主与匹夫一样，并没有天生的智能优势。这一思想从根本上否定了"天生圣人，作君作师"的神化理论，与道家"齐物论"思想有一定的渊源。

人治（德治）还是法治，也是先秦政治思想交锋的焦点。慎到批判人治，认为这是一种最大的"私"。他将道家的哲学思想具体化到社会领域，具体化为立法原则。他认为，立法要遵循人性的好利倾向，尊重所有人的人性需求，这是第一条原则。尊重个人之私与实现国家之公，在慎到这里达成了统一，闪烁着朴素辩证法的思想光辉。同时，国家的法令不可能满足一切人的私利，慎到就又提出一条"立公去私"准则。"公"具有普遍意义的社会公益，高于君主个人利益。为了保证人们能"立公去私"，奉公守法，慎到又提出"分"的概念。社会各阶层要分清职守，不得逾越；社会上每个人要安分守己，奉公守法。这样所有的臣民都以法分解为特定的个体，"法"成为社会唯一的连接纽带，成为君主控制每个人的提线，有利于维护社会的稳定。

申不害是战国时期郑国人，他的主要思想则是权术论。申不害也明显地受到道家的影响，他把道家"静因无为"的哲学思想用于"权术"之中，认为君主应该"示天下以无为"，善于躲在幕后，隐藏自己，造成让臣下捉摸不透的神秘感。为了完善这种御下之术，他从《老子》"柔弱胜刚强"的思想获得灵感，进一步发挥，提出要求君主"示弱"，这当然决不是要君主庸懦作为，而是要求君主在决策前做出虚怀若谷的姿态，不首先出头，在臣下的各种意见纷纷明朗之后，再折冲局势、平衡枢机，关键时刻可以独揽一切，决断一切。申不害的哲学思想，是权术论，也是君主哲学、政治哲学。申不害利用道家学派的概念，并赋予了新的含义，这种哲学思想由道家的"天道无为"演化发展而来，是法家"权术"思想的基础，是君主愚弄臣下的一种方式。

申不害还认为君主的主要威胁来自臣下，这是战国时期奴隶主贵族阶层地位衰弱的体现。所以君主必须时刻防范着臣下，必须运用权术使臣下畏服，这体现了战国各诸侯国君主对待卿大夫阶层的矛盾态度，一方面他们本身都是中上层奴隶主贵族，有着相同的利益诉求，另一方面为巩固自己的统治，又不得不互相防范，这样，就为新兴地主阶层借助君主提升政治地位提供了契机。申不害还提出君主采取的一系列必要的手段来稳固自己的独断地位。他主张，君主应该正名责实，明确群臣各自的职分，要求臣下要为君主勤勤恳恳地做事，这样同时也能够制约臣下，以使臣下不能越权，不能背离君主的意志。由此可见，申不害的术的理论更适用并服务于专制政治，是上升中的封建地主阶级的意识形态。

什么是"术"？申不害没有明确界定。"术"是君主的专有物，是驾驭驱使臣下百僚的心术方法。正如刘泽华先生所说："术不同于法，法的对象是全体臣民，术的对象是官吏臣属；法要君臣共守，术由国君独操；法要公开，术则藏于胸中；法是一种明确的规定，术则存于心中，翻手为云，覆手为雨。"① 可见，"术"是讲国君如何控制大臣、百官，是君主御下的手腕、手法，也就是权术。其核心包括两个方面：一是任免、考核监督、臣下之术，人称"阳术"，也就是《韩非子·定法》篇所说的："因任而授官，循名而责实，操杀生之柄，课群臣之能。"二是驾驭臣下、防范百官之术，人称"阴术"。

---

① 刘泽华：《先秦政治思想史》，南开大学出版社 1984 年版，第五章。

申不害说，"君如身，臣如手"，君主要控制、对付大臣，这是当时复杂的社会政治斗争形势的需要。春秋战国时，臣下弑君，相沿成习：田氏代齐、三家分晋、子罕劫宋，各主要诸侯国都上演过最高政治权力转移的剧本。残酷的现实告诉申不害，人君面对的主要威胁不是来自民众或敌国，而是来自自己的大臣，"禁奸备内"要成为君主政治生活的常态。他一再告诫君主，对君臣之间的利益关系要有清醒的认识，不要轻信所有的大臣。君主不但要有势、定法，要巩固其专政地位，还必须有两面之术，不然势就会变得威严而不实用，法就会变得刻板而不通达。应该以术通势，以术行法，才能如虎添翼，宜动宜静，这样才能让臣下慑服。他的术分三类，一类是控制术，如前述"正名责实"，就是讲规定职责，考校监督的；另一类如君主以静制动，无为而治的，这些属于领导管理方法，有一定的合理性；还有一类则是搞阴谋，耍手腕，弄权术。

玩弄权术的厚黑之学，当然不是自申不害始，但他是第一个从理论上系统研究此类权术的人，这在官场斗争中，很受历代统治者的青睐，但从本质上说，无补于政权的长期稳固和健康发展。"权术"是一柄双刃剑，既有驭臣之术，必有欺君之方，尔虞我诈，钩心斗角，加剧了政权的不稳定性；而且，申不害的视线始终局限于统治阶级内部的君与臣之间，不能将眼光投向更广泛的社会大众，无助于缓和阶级矛盾和解决社会问题。申不害研究的"术"，有领导控制方法的积极一面，也有阴谋诡计的消极一面，显然不能单纯从道德评判的意义上对他说长道短，可以说，他的思想和研究还是有可以启迪后人的成分。

商鞅、慎到、申不害三人分别倡法、重势、用术，各有特点。法家思想的集大成者韩非，他以"历史进化论"和"人性好利说"为思想基础，将三者紧密结合起来。关于法，韩非认为法律必须成文，成体系，成制度。法律的对象是全国民众，所以法律必须面向民众公开；法律的条文形态必须是固定的、统一的，不能随心所欲地更改；提倡严刑峻法，施行法治必须要严，法律面前全体臣民一律平等，任何人不能枉法。韩非把以加强君权和维护君主利益为核心的法家思想发展到了极致，提出了通过"法治"保证封建国家的高效率运转的宝贵思想。

李斯是法家思想上最为重要的一环，他接受商鞅、慎到、申不害等法家学说，并深受韩非思想的影响。首先，他认为人主独尊，法自君出，君主应"独制于天下而无所制"，只有这样，吏民百姓才不敢反抗，统治者才能独擅天下。其次，以法为教，以吏为师，厉行思想文化专制。他继承韩非的"五蠹"观点，认为包括儒生在内的诸子百家"不师今而学古，道古而害今"，以其私学来指责国家法令，势必会造成思想上的混乱，建议除《秦记》、医药、卜筮、种树之书外，其余非博士所藏的百家语，全部焚烧，凡学习者，一律坑杀，开了文化专制主义的恶劣先河。最后，贯彻重刑主义，强调轻罪深督、轻罪重罚，认为君主只有用烦苛的刑罚来监督臣民，才能确保自己的绝对权威。

李斯作为秦国丞相，辅助秦王嬴政贯彻法家"法治"思想，执行了一系列有利于霸业的现实政策，最终促成了秦国的统一，正是李斯的出现，使得法家思想真正走上全国性的统治地位。法家思想深刻烙入"秦法"，其精神内核为历代封建王朝所承袭，或显或隐，或为帝王心术，"阳儒阴法"，或为救世良法，主导历次新政、变法，成为中国2000多年封建社会统治阶级实际上的内在主导性统治思想，占据支配地位。

2. 秦汉之后，法凝律令

公元前221年，秦始皇扫清六合，统一中国，中国结束了自春秋起500年来诸侯分裂割据的局面，秦朝成为中国历史上第一个以华夏族为主体、多民族共融的统一的中央集权制封建国家。秦始皇认为自己"功盖三皇，德过五帝"，因此为自己加号"皇帝"，万世一系，首创了皇帝制度，并建立了以三公九卿为代表的中央官制，在地方上则施行郡县制的地方行政管理制度，彻底打破自西周以来的奴隶主世卿世禄制度，强力维护了国家统一，强化中央对地方的行政管控，奠定此后中国2000多年的大一统王朝局面。秦将商鞅以李悝《法经》为蓝本制定的律令固化、完备，并进行修订，作为全国统一的法律颁行各地，即为《秦律》。《秦律》涉及政治、经济、军事、文化、思想、生活等各个方面，不仅有《法经》六篇的内容，还有《田律》《效律》《置吏律》《仓律》《工律》《金布律》等内容，蔚成体系，使各行各业、社会生活的各个领域"皆有法式"，起到了调整封建经济关系、巩固地主阶级专政的作用。

从出土文献资料看，汉初虽曾删除秦代苛法，但总体上承袭了秦制，尤其是汉初标榜黄老"无为"之治，"萧规曹随"的另一面则突出体现了对秦代法制的继承。到了汉武帝时代，虽"罢黜百家、独尊儒术"，儒学地位空前上升，但是法家理论依然发挥着一定的独特影响。《汉书·元帝纪》记载，汉宣帝时比较注重刑法，他见太子"柔仁好儒"，就说："汉家自有制度，本以霸王道杂之，奈何纯任德教，用周政乎？"他"本以霸王道杂之"的治理方略，奠定了2000多年封建帝王"内儒外法"治理思路的格局。

汉武帝时期的顾命大臣桑弘羊是一个有法家思想的理财家。桑弘羊对儒学有一定造诣，但他也广泛涉猎儒学以外的诸子百家学说，尤其精通法家和管商之学，贾谊的非和亲主义、非放铸论（统一币制）等政治主张也被桑弘羊所接受与继承。他生活在汉武帝时期，这位雄才大略的君主在位期间，虽然"罢黜百家，独尊儒术"，但同时创设中外朝制、刺史制、察举制，颁行推恩令，加强君主专制，强化中央集权；在经济上，则推行算缗、告缗、平准、均输等措施，铸五铢钱，由官府垄断盐、铁、酒的经营，并抑制富商大贾的势力，这些政策具有鲜明的法家特色。而桑弘羊就是其经济财政政策的主要策划和制定者。他历任治粟都尉、大农令等，推行盐铁官营制度和均输法，创立平准法，实行假民公田、移民屯垦、纳粟拜爵、补官及赎罪政策，大幅度增加了政府的收入，解决了财政困难，有力支撑了汉武帝的扩张战略。

汉昭帝始元六年（前81年），在盐铁专营会议上，桑弘羊舌战群儒，肯定了包括盐铁专营等在内的一系列法家经济政策增强国力的积极意义。据桓宽《盐铁论》记载，桑弘羊在会上高度评价商鞅变法的功业："昔商君相秦也，内立法度，严刑罚，饬政教，奸伪无所容。外设百倍之利，收山泽之税，国富民强，器械完饰，蓄积有余。是以征敌伐国，攘地斥境，不赋百姓而师以赡。故利用不竭而民不知，地尽西河而民不苦。盐、铁之利，所以佐百姓之急，足军旅之费，务蓄积以备乏绝，所给甚众，有益于国，无害于人。"（《盐铁论·非鞅第七》）他说，秦国任用商君，"国以富强"，此后最终兼并六国成就帝业，同时还肯定了"吴子以法治楚、魏，申、商以法强秦、韩"的历史功绩。"大夫"和"御史"们肯定了法家"以法治国"的主张，说："明理正法，奸邪之所恶而良民之福也。故曲木恶直绳，奸邪恶正法。是以圣人审于是非，察于治乱，故设明法，陈严刑，防非矫邪，若隐括辅檠之正弧刺也。"

从总体上看，桑弘羊的理财措施取得了巨大成功，他的改革是有其深厚的经济思想基础的。首先，他有超越时代的"工商富国"先进思想。桑弘羊明确提出"富国非一道""富国何必用本农""无末业则本业何出"，农业并非财富的唯一源泉，工商业尤其商业同样是财富的源泉，这比先秦法家唯重耕战的思想又进了一步。其次，他对商品经济有一定认识。他认为商品流通可以"均有无而通万物"，有助于取长补短，解决各地资源过剩和短缺的问题，因此大力推行了平准制度。最后，桑弘羊充分认识到对外贸易的积极作用，他意识到"本重币虚"，这一思想比西欧 15 世纪重商主义"以货币为本"的思想更为本质，更为领先。他主张通过对外贸易来控制外国，达到"外国之物内流，而利不外泄"，既要削弱敌国，又要丰富国内的商品供应，同时禁止铁兵器的贸易，使匈奴军队难以与汉军抗衡。这些思想和主张不仅是先秦法家的直接继承，而且还对管商之学有所发扬和深化。

虽然汉朝独尊儒术，但汉代学者对法家多有直白的旌扬。《史记》作者司马迁写道："鞅去卫适秦，能明其术，强霸孝公，后世遵其法"；西汉经学家刘向则赞颂商鞅公正行法，实现了"国富兵强"。他写道："夫商君极身无二虑，尽公不顾私，使民内急耕织之业以富国，外重战伐之赏以劝戎士。法令必行，内不私贵宠，外不偏疏远。是以令行而禁止，法出而奸息。"

东汉末年到三国时期，随着士人群体意识的自觉觉醒，以及曹操父子政治方略的转变，玄学逐渐取代传统儒学，在此后的魏晋200多年中一度占据正统地位。玄学与法家学说同出道家，尚清净而崇无为，法家学说的政治、文化地位在一定意义上又得以重新上升。据《三国志》记载，魏武帝曹操"揽申、商之法术"，其御下治国、治军理政的行为中明显带有先秦法家思想影响的烙印——他效法齐桓霸业，颁布命令"唯才是举"，不官不功之臣，不赏不战之士，同时推广屯田，最终为晋的一统打下了坚实基础。南北朝时期统一北方的北魏道武帝拓跋珪在政治也推崇法家。博士公孙表献上《韩非子》一书，劝他用法制管理臣下。他对韩非的集权思想非常赞赏。

隋唐时期法家思想继续发展，唐朝的科举虽然偏重儒学经典，但也设有法家科目。宋朝时期儒家全面上位，宋明理学成为正统，但"外儒内法"的思路仍然没有从根本上改变。

在中国两千多年封建王朝的历史中，偏好以法家理念治国的著名政治家还包括汉代晁错、三国时期的蜀汉丞相诸葛亮、隋炀帝杨广、宋代王安石、明太祖朱元璋和成祖朱棣父子、推行"一条鞭法"的张居正、清世宗爱新觉罗·胤禛等，但大部分能获得后世好评的帝王，大都兼采法、儒二家理念治国，如唐太宗李世民、宋太祖赵匡胤、清圣祖爱新觉罗·玄烨等。可见法家虽成"伏流"，甚至被一些儒家人物斥为"异端"，但其脉搏仍在，法家在许多重要历史时刻都顽强地表现了自己，如诸葛亮治蜀、王叔文永贞革新、王安石变法、张居正改革等，一次次推动历史向前迈进。王安石就在诗中写道："自古驱民在诚信，一言为重百金轻。今人未可非商鞅，商鞅能令政必行。"对法家很是追念，而且在施政中制定采纳了很多有鲜明法家特征的政策措施。

3.近代法家，为法正名

俗话说，"由乱入治是法家"，法家思想乃富国强兵之术，对处于水深火热乱世之中的人们尤其有吸引力。19世纪末20世纪初，面对西方的入侵，奄奄一息的清王朝只有招架之功，毫无还手之力。甲午战争的失败，更是刺激了国人，许多知识分子在寻求复兴和救世的道路上，开出了"全盘西化"的药方，西方文明尤其是其政治经济理念几乎被生吞活剥地引入。但同时也有部分学者，如章太炎、刘师培、梁启超、沈家本、陈独秀、麦孟华、陈启天、吴虞等发现，相对于西方的法治文化，中国很早就有过主张法治的思想。因此，重新发现法家、脱儒入法，也成为这一时期的学术思想主流之一。

在晚清特定的救亡时局与学术背景下，章太炎、梁启超、沈家本等人开始走上"新法家"的道路，他们针对传统知识分子对法家的不合理批判，大力为法家平反正名，称赞法家的历史功绩，用"法治"或"法治主义"来认知和解读政治社会问题，并在此基础上开出"新法治主义"的救国药方。民国时期的陈启天等人对法家思想复兴贡献犹大，他甚至将韩非子同西方的亚里士多德并列，认为韩非子对中国古典政治学的贡献有如亚氏对西方政治学的贡献。陈启天大力介绍法家思想，著有《商鞅评传》《韩非子校释》《张居正评传》《中国法家概论》等著作，他在《先秦法家的国家论》一文中首次提到了"新法家"概念，他说："近代中国已进入世界的新战国时代，似有产生新法家的必要。"虽然陈启天利用"国家主义"为国民党独裁统治服务，但他对法家思想进行系统介绍并作出新的诠释，还是卓有成效的。

在找到马克思主义的正确道路之前，陈独秀、李大钊、鲁迅等作为激进民主主义者，发起了反封建的"新文化运动"，他们创办《青年杂志》，大张旗鼓地宣传民主思想，《青年杂志》迁往北京并改名为《新青年》后，更是将进步知识分子团结周围，高擎起了民主和科学两面大旗，从政治观点、学术思想、伦理道德、文学艺术等各个方面向腐朽的封建势力发起猛烈冲击。他们将新文化的炮火集中对准维护封建专制统治和封建礼教的孔子学说，抨击庸俗化的封建儒学，掀起"打倒孔家店"的运动，同尊孔复古思想展开一场波澜壮阔的激烈斗争。陈独秀仇视封建军阀统治，他批判了封建社会制度和伦理思想，认为要实现民主制度，必须消灭封建宗法制度。李大钊则反对复古尊孔，要求思想自由，他认为，"孔子者，历代帝王之护符也""孔子不当存于宪法"，同时他又提出"欲行立宪政治，必先去专与争"（《权》，刊载《晨钟报》1916 年）。可以说，他们的早期思想中都有很深的法家痕迹，比如历史进化论、反对礼教等，这些也成为他们接受马克思主义的内在思想基础之一。

4. 现代法治，熔铸古今

当代，有学者提出了"法家三期论"，对法家进行了三期划分：法家第一期为先秦法家，他们面临着奴隶制转向封建制的政治局面，世卿礼制崩溃，分封制瓦解，各国亟须变法图强，以结束割据，走向统一；法家第二期为近代"新法家"，他们面临中国沦为半封建半殖民地社会，民族危机深重的政治局面，亟须救亡图存，寻找一条救国救民的有效道路；法家第三期，则是新中国成立后，坚持依法治国的中华民族经历了从站起来、富起来的复兴进程，现在正走在强起来的民族复兴大道上。在马克思主义的主导下，致力于"富国强兵"的法家学说，有了发挥更大作用的潜在舞台。诚然，"文化大革命"中"批林批孔"对儒家的扩大化错误批判，将法家人物及学说做了牵强附会的泛政治化利用，"儒法斗争"成了现实政治斗争的映射和工具，既不客观，也不科学，且为阶级斗争扩大化推波助澜，带来了恶劣的影响和后果。改革开放后，拨乱反正，法家思想即又通过"富强""依法治国"等全面地表现出来。

按照"法家三期论"，如今的法家第三期面对的政治背景可以概括为：从独立走向富强。20 世纪 70 年代，东西方冷战尚未结束，国内治理也面临诸多困境，在这一基本政治背景下，改革开放提上议事日程。20 世纪八九十年代以后，时至今日，中国虽已是世界第二大经济体，但从总体上看，无论是国内治理还是国际环境，都还面临着很大的风险和挑战。

俗话说，"治世儒，乱世佛，由乱到治是法家"。三期法家共同的精神特质可以概括为：面对世界竞争格局的思想应对——法家思想正是应对国家间竞争格局、实现富国强兵的思想、理论、学说和主张。应该说，法家的治理思想、治理策略，是一个国家从激烈的"列国"国家竞争中脱颖而出，结束乱世、实现统一的有效方法，是具有很强的实用性和针对性的理论体系。

"中国共产党人的初心和使命，就是为中国人民谋幸福，为中华民族谋复兴。"中国特色社会主义进入新时代，加强制度建设，推进国家治理体系和治理能力现代化，成为实现"两个一百年"目标，并最终实现国家富强、民族振兴、人民幸福的重要抓手；全面依法治国，被置于实现现代化的"四个全面"战略布局的高度，中华民族伟大复兴之路。

党的十八届四中全会提出，全面推进依法治国，必须弘扬社会主义法治精神，增强全民法治观念，建设社会主义法治文化。法治文化是一个国家在漫长的历史进程中逐步发展而成的，任何国家、任何民族都无法割裂自己的法治历史而凭空创造出一种全新的法治文化，社会主义法治文化同样如此。

因此，我们要研究借鉴法家文化精华，把其中崇尚法治、公平正义的精神融入社会主义法治建设，建立起一种富含法治文化的社会生活方式，增强全社会厉行法治的积极性和主动性，培育形成守法光荣、违法可耻的社会氛围。将法家的国家治理思想纳入现代法治，为实现中华民族自立于世界民族之林、从世界各国的综合国力竞争中脱颖而出，提供有益的"治道"借鉴和丰富的思想滋养。

二、治国由法，依法而治

法家思想是关于治国理政的方略，涉及政治、经济、军事、文化等众多领域，因此，法家思想是关于实践的思想。在实践中，法家代表人物或改革或变法，推动法家思想在治国理政中广泛应用，从而对封建君主国家产生了重要的作用。

1. 铸鼎铭法，刑名畅行

周朝是我国奴隶制社会的巅峰，实行了以宗法制、分封制与礼乐制为核心内容的基本政治制度，巩固“卿、大夫、士”三级奴隶主阶级的统治地位。但随着历史的发展，尤其是铁器的大量应用，促进了农业生产力的进步，以“大夫”和“士”为代表的中下阶层经济地位逐步上升，并蜕变为新兴地主阶级。周幽王“烽火戏诸侯”，导致犬戎袭破镐京后，周平王东迁，周王室的力量也逐步衰微；周初分封了几百个诸侯国，到春秋时期也只剩下100多个，其中比较大的只有齐、晋、楚、秦、鲁、卫、燕、宋、陈、蔡、郑、曹、吴、越等十几个国家。各诸侯国为求生存、谋发展，纷纷探寻增强实力的道路和方法。

其中，最早尝试以法家理念走“法治”强国道路的，是郑国的子产。

子产首先面临的是贵族大量占田、井田制遭到破坏，阶级矛盾激化的国内局面，为此，他推行田制改革，继续其前任子驷的“为田洫”，“正封疆而侵四族田也”，后来虽因四族丧田者发动暴乱导致改革受挫，但由于惧怕土地不均导致郑国农业生产停滞，奴隶主公卿贵族们最终还是终止了过度占田，对子产的改革表示了拥护。后来子产又“作丘赋”，打破“甸服”“丘服”等“九服”的界限，将新征服地区纳入征收军赋的范围，扩大了统治基础。

据《左传》等记载，子产还主张“择能而使”，善于选贤任能，《清华简》之《良臣》篇列举了所谓“子产之师”和“子产之辅”。《子产》篇中又提到“先生之俊”和“六辅”，包括桑丘仲文、杜逝、肥仲、王子伯愿、子羽、蔑明、佰之、王子百、厈等，他们作为子产治政的“团队”，为郑国兴起发挥了重要作用。子产团结王室，消除“七穆”世卿贵族的纷争，郑国显现出团结和谐的政治氛围。子产主导了郑国的外交，他主张“从晋和楚”，在大国之间不卑不亢，搞平衡外交，竭力维护本国利权，取得了卓越成就。

政治思想上，子产“不毁乡校”体现了民本思想，“宽猛相济”体现了成熟的治国理念。而其最有影响的举措就是"铸刑鼎",公元前536年(郑简公三十年),也即子产当政的第6年,他"铸刑书于鼎,以为国之常法",将刑法条文铸于鼎上以示众,从而开创了古代公布成文法的先例。据《清华简》之《子产》篇简文反映,子产的"刑书"或已包括了"令"和"刑",两者又都有"郑"(指国都)与"野"(指郊野)之分,其内容不仅限于刑辟之法,还有更多治国理政相关的内容。子产的这一举措在当时产生了很大的社会震动,引发了我国历史上第一次礼法之争,为当时的思想家们系统思考"法治"强国问题拉开了序幕。

子产以法治国,内政修明,百姓安乐,国力强大,实现了"法治强国",不仅使郑国在晋楚两霸的夹缝中生存下来,还一度成为春秋初期的主角,占据了《左传》记载的很大篇幅。

随着王室陵替,春秋诸侯国中实力较强者,都开始走上争霸的道路。最先当上霸主是齐桓公。齐国称霸,与齐国著名政治家、法家先驱管仲为相分不开的。齐桓公元年(公元前685年),管仲得到鲍叔牙推荐,担任国相,任职期间,对内大兴改革、富国强兵;对外尊王攘夷,九合诸侯,一匡天下,辅佐齐桓公成为春秋五霸之首。

管仲注重经济,他认为"国多财则远者来,地辟举则民留处,仓廪实而知礼节,衣食足而知荣辱"(《管子·牧民》)。这与"以经济建设为中心"的思想有异曲同工之妙。管仲重视农业,提出"相地而衰征"的赋税征收办法,与级差地租相似;实行了粮食"准平"政策,"民有余则轻之,故人君敛之以轻;民不足则重之,故人君散之以重,凡轻重敛散之以时,则准平……故大贾富家不得豪夺吾民矣"(《汉书·食货志》下)。

管仲重视工商业,利用市场的力量实现国民财富增值,他"通轻重之权,徼山海之业"(《史记·平准书》),以至"通货积财,富国强兵"(《史记·管晏列传》)。

管仲还设立了专管货币的机构——"轻重九府",由政府统一铸造货币,这种规范的货币呈刀形,名为"齐法化"或"节墨法化",俗称"齐刀"。他还熟练运用轻重之术策划了衡山之谋、阴里之谋和菁茅之谋，通过经济战强大自身削弱赵、楚等对手，堪称古代货币战争的典范。

管仲还主导了齐国的政治制度改革，行政上"叁其国而伍其鄙"，使行政区域的组织结构更加规范，士农工商得以安居乐业，有效维护了社会稳定。

他提出用人要"德义未明于朝者，则不可加于尊位；功力未见于国者，则不可授以重禄；临事不信于民者，则不可使任大官"，以真实政绩对官员实行奖惩，选贤任能，在一定程度上突破了世卿世禄制。

在管仲的努力下，齐国国力大振，成为春秋五霸之中第一个称霸者。

齐桓公四十一年（前645年），管仲病逝，被尊为"仲父"，后世更是尊其为"管子"，誉之为"法家先驱""圣人之师"，甚至誉为"华夏文明保护者""华夏第一相"等。三国时期的诸葛亮年轻的时候，就是以管仲为榜样激励自己的。

2. 变法图强，霸道天下

历史进入战国时期，随着新兴地主阶级的经济实力进一步增强，三家分晋、田氏代齐之后，他们逐步取代奴隶主贵族掌握了各国政权，形成了齐、楚、燕、韩、赵、魏、秦等"战国七雄"。为了巩固新政权，各国普遍起用法家人物，变法图强。

最先实行变法，采用"法治"方式实现富国强兵的是地处中原的魏国。公元前403年三家分晋，历史进入战国时代。从春秋霸主晋国分出来的三个国家中，魏国的战略态势并不好，富庶不如韩国，军力不如赵国。为了增强魏国实力，魏文侯任用李悝为相，变法图强。李悝废止奴隶制贵族世袭特权，选贤任能，赏罚严明；废除井田制，鼓励百姓垦荒，允许土地私有买卖；汇集各国刑典，著成《法经》明令颁行，巩固了新兴地主阶级的封建统治。在李悝和魏文侯的努力下，魏国首霸战国，吴起、庞涓带领魏"武卒"

西征强秦，独占河西；东讨富齐，力压赵韩，50 余年从无败绩。经过魏文侯、魏武侯，到魏惠王时期，魏国已经发展成为天下第一强国，势力范围超出三晋，深入富庶肥沃的中原腹地。魏惠王还将国都迁到了中原的大梁。大梁城高大宏伟，城墙达 40 余里，人口达 30 多万。大梁城外，良田 300 里，物产丰饶，魏国的国力达到了鼎盛。

在楚国是吴起变法。他离魏赴楚后，被任命为令尹，辅佐楚悼王进行了大刀阔斧的变法。他制定法规树立权威，整顿官员，"罢无能，废无用，损不急之官"（《战国策·秦策三》)，令旧贵族迁往人稀地广的地区，做到"治百官，亲万民，实府库"，撤销部分王族远亲爵俸，"是变其故而易其常也"。加强训练军队，"禁游客之民，精耕战之士"。"将三军，使士卒乐死，敌国不敢谋"（《史记·孙子吴起列传》)，反对与秦和解。经过吴起变法后的楚国国力强大，数年之间疆域扩张至百越，"于是南平百越；北并陈、蔡，却三晋；西伐秦。诸侯患楚之强"（《史记·孙子吴起列传》)。公元前 381 年，楚国出兵援助赵国，与魏军大战于州西（今河南省武陟县西南以西)，饮马于黄河，切断魏国河内郡与首都的联系，楚、赵两国大败魏军。

在韩国是申不害以"术"治国。申不害（约前 385—前 337 年)，战国时期韩国著名的思想家。他在韩国做了 19 年丞相，作为法家人物，以"术"者著称，利用治国之"术"推行法治，使韩国走向国治兵强。但他所说的"术"，是在执行法的前提下使用的，而"法"又是用来巩固君主统治权的。因此他并不是不讲"法"与"势"的。他提出"修术行道""内修政教"的一整套"术"治方略。他还重视和鼓励发展兵器制造业，使韩国成为冶铸技术最为发达的邦国。

最有代表性、最为成功的是秦国的商鞅变法。商鞅（约前 395 年—前 338 年)，战国时期著名改革家、政治家、思想家，法家最为杰出的代表人物。商鞅原籍卫国（今河南安阳一带）人，是卫国公室之后，姬姓公孙氏，因此又被称为卫鞅、公孙鞅。他后来在河西之战中有功于秦国，获封商于之地 15 座封邑，号为商君，因此在史书中常常被称为商鞅。

商鞅年轻时深受李悝、吴起等人的影响，"少好刑名之学"，倾心研究以法治国。商鞅出仕后开始担任魏国宰相公叔痤的家臣，深受赏识。公孙痤病死后将他推荐给魏王，但没有重用。他听说关西的秦孝公正在下令求贤，便逃到了秦国。他随身带着李悝的《法经》，立志在秦国找到施展的舞台。他首先见到孝公的宠臣景监，景监推荐他三见孝公，拿出了三套改革方案，分别为"帝道""王道""霸道"。商鞅畅谈霸道的变法治国之策，孝公大喜，商鞅得到了施展他改革变法理想的机会。为增强改革变法的公信力，取信于民，他派人在镐京西门竖立起一根大木头，并表示谁能将木头搬到东门，就赏给他10金。开始的时候无人肯信，他又把赏赐增加到50金。这时有人抱着试试看的心理，扛起木头搬到了东门，商鞅和孝公果然信守诺言，赏赐了50金。商鞅通过"徙木立信"，确立了法令在人们心目中的地位，开始辅佐孝公走上变法图强的光辉之路。从此，商鞅的法家思想在实践中不断丰富。

商鞅分别在秦孝公13年（前356年）和19年（前350年）集中推行过两次变法法令，内容主要是"废井田、开阡陌，实行郡县制，奖励耕织和战斗，实行连坐之法"（《史记·商君列传》）。

首先，改变了"刑不上大夫"的传统，狠狠打击了守旧贵族的气焰。在变法期间，太子曾经犯法。商鞅认为："法之不行，自上犯之。"因此力主对太子的太傅公子虔和老师公孙贾加以重刑。秦孝公16年，太傅公子虔再次触犯法令，商鞅不顾情面，不怕报复，施以劓刑。变法日久，国内大治，秦民悦服，道不拾遗，山无盗贼。公元前340年，商鞅率秦军击败魏国的公子卬将军，逼迫魏割让河西之地给秦国。此后魏国日益受到秦国兵锋的威胁，被迫迁都大梁，魏惠王悔不当初："寡人恨不用公叔痤之言也。"秦王因此大功将商于之地15邑封赐给商鞅。

其次，严刑峻法，设立连坐。商鞅为秦国制定了严厉的刑罚，增加肉刑、大辟，肉刑有凿顶、抽肋、镬烹之刑，大辟就是砍头。通过相互牵连的方式，利用人们害怕受到牵连的心理，用以监视和阻止犯法的行为。《资治通鉴》记载："初，商君相秦，用法严酷，尝临渭论囚，渭水尽赤。为相十年，人多怨之。"这样有助于营造严守法令的国家氛围，但也令秦国贵族多有怨言。

最后，奖励耕战。商鞅使"耕战"成为秦国延续百余年基本的国策。他告诉秦人，一个国家最重要的事情就是两件：耕田和打仗，只有强大的农业基础才能支持不断扩大的战争的实力。据载，马其顿帝国的亚历山大大帝大致与商鞅时的秦国同时代，但他用于横扫中亚的军队规模却只有5万人，而罗马军团最为强盛的时候也不过几十万人；而秦国由于重视耕战，到了秦始皇时代，已经能够负担百万人规模庞大军队的日常开销。《史记》上说，以耕养战，以战拓耕，正是耕战策略最终成就了秦国横扫六国、一统天下的抱负。

钱穆在《先秦诸子系年·商君考》中明确指出，商鞅的变法举措，诸如编民为伍，彼此连坐之法，出自李悝《法经》；罢黜守旧勋贵出京，整饬军备，沿自吴起；甚至变法之初，立木封金于都城南门，也是模仿吴起"南门偾表"。商鞅前后两次变法，起核心内容就是依照法家的政治理念与变法经验，以法治国，增强秦国的"耕战"之力。首先，"废井田，开阡陌"，改革天亩度量制度，以240步为亩，这就拓展了荒地开辟的边界，便于分配耕地，鼓励垦荒，其最终目的不仅是提升了农业生产效率，而且统一了田税，将民间开垦的荒地纳入缴税的范围，获得合法地位，从而增加了秦国的田税收入，而且还将土地度量与户籍徭役兵役管理"绑定"在一起，保证了国家兵源。其次，根据商鞅所颁《垦草令》，秦王还采纳其建议，招徕三晋等地无地或失地农民，给予田宅和国人身份，这样不但削弱了三晋诸国(赵、魏、韩)，夺去了关东诸侯的人力资源和相应的农业生产、军事动员能力，还增加了秦国的兵源，减轻了老秦人的负担，使相当部分秦国男性青壮年可投军入伍，增强秦军的战斗力。

可见，商鞅变法不能被简单地视作一次封建改革，而是以法律形式废除了奴隶主贵族的政治经济特权，加强了新兴地主阶级的社会地位，增强中央集权，促进了秦国的发展。经过几代人的努力，原来鄙处西陲、经济文化都比较落后的秦国一跃而成为战国最先进的强国，为统一六国打下了坚实基础；商鞅主张的法家思想，也成为秦国占统治地位的思想。但是，商鞅变法实行的严刑峻法和文化高压政策，对后世也有消极影响。

在秦国历代君主和法家诸子互相配合、不懈努力下，秦国终于将"法治"强国进行到底，迎来了中华一统。这一历史壮举是在李斯的手中完成的。李斯是战国末期秦国政治家，他原来是吕不韦的门人，在吕氏的帮助下走到后来的始皇帝嬴政的面前，最终成为丞相。他的治国实践，最终诠释了法家的成功。

一是统一天下，实行郡县制。李斯入秦时，正是从诸侯割据称雄走向统一的中央集权封建国家的前夜，他力劝嬴政统一六国，并协助他制定了各个击破的战略。统一六国后不久，秦国上下就实行分封制还是实行郡县制展开了大辩论，最后秦始皇采纳了李斯等人提出的建议，废分封而行郡县，保证了全国上下政令统一，避免了分封制可能造成分裂割据的危险，巩固了国家的统一。

二是以法为教，以吏为师，厉行文化专制。秦统一后，李斯等人认为以儒生为代表的诸子百家"不师今而学古，道古而害今"，以其私学来指责国家法令，"儒以文乱法"势必会造成社会思想的混乱；因此他建议除《秦记》和医药、卜筮、种树的书之外，其余非博士所藏的百家语，全部焚烧，民间凡私藏学习者皆坑之。"焚书坑儒"，加强了封建王朝对人们的思想钳制，保证了舆论思想的统一，但这种文化专制主义实质上是"愚民统治"，为后世的"文字狱"等做法提供了恶劣先例。

三是贯彻重刑主义，强调轻罪深督。他主张君主用严苛的刑罚来管束臣民、钳制社会，行使绝对权威，确保没有人胆敢欺君犯上。在他的影响下，秦始皇制定了并施行了一系列的法律法规，形成了完备的法制体系，号称"秦法"。这一方面有助于帮助秦始皇最终完成吞灭六国的统一壮举，但另一方面"严刑峻法"也给后人留下了秦始皇"暴君"的印象。

四是人主独尊，法自君出。统一六国后，李斯等人称颂秦始皇实现了自古以来未曾有的大业，应以"命"为"制"，以"令"为"诏"，从此法自君出，皇帝的命、令即为法律，开启了中国封建社会君主专制的千年历史，这一方面造成了中国 2000 多年封建制的稳固结构，另一方面也产生了君主专权、生杀予夺的独裁弊端。

3."百代秦法"，强国主线

按照马克思主义历史唯物论的观点，我国春秋战国时代，正是由奴隶制转入封建制社会的历史转折期。儒、墨、道、法、名、农、阴阳、纵横、军事……诸子百家皆言"圣人"、论治道，对我国社会和历史均产生过深远的影响，一般认为，其中儒家的影响是最大的。其实，从这个历史时期脱颖而出的强国，尤其是"战国七雄"通过变法和"法治"实现"富国强兵"称雄一时，直至最后由秦国实现统一的史实可见，就社会制度建设和国家治理领域而言，法家的影响力也是毋庸置疑的。从深层意义上讲，法家对我国封建社会基本制度的影响，甚至比儒家还要更加内在、更加深远。儒家在古代封建国家制度构建层面上，只是中国大一统国家这座巍峨宫殿的华美外表，而法家则是新兴地主阶级初始构建这座宫殿的设计师和建筑家：子产、管仲、李悝、吴起、申不害、商鞅、慎到、荀况、韩非子……他们不仅是政论家，绘制了这座宫殿的蓝图，而且还是实干家，虽然"茅茨不剪，彩椽不雕"，但他们确实搭起了这座大厦的龙骨架构。而且，在中国封建社会 2000 多年的生命旅程中，当这个机体产生问题时，能够挺身而出，或力挽狂澜，或猛药起疴的，如贾谊、晁错、桑弘羊、桓宽、曹操、诸葛亮、王叔文、王安石、张居正、李贽、傅山、爱新觉罗·胤禛（雍正）、严复、梁启超等人物，他们常常被目为法家者流，至少他们的思想中有很多法家的成分。历代帝王治国理政，也多遵循"外儒内法"、阳儒阴法的理念。可以说，法家的思想和政治实践，成就了中国 2000 多年"法治"强国的主线。

近代以来，世界进入列强纷争的"新战国时代"，而中华民族遭遇西方列强入侵的百年屈辱，沦为半殖民地半封建社会。无数仁人志士多方探索挽救民族危亡的道路，洋务运动、戊戌变法、辛亥革命……其中有部分人从法家思想的"伏流"中重新发现了它的价值：他们认识到服务于润色大一统封建帝国的儒家思想由于其内向性，并不适合应付来自外部世界的列强挑战，而旨在"富国强兵"、强力应对纷争乱世并导向统一的法家思想则更适于匡时救世。章太炎提出"以法治国"之善，梁启超用"法治主义"创造性融汇中西，常燕生以"生物史观"阐释法家思想，为法家"法治"思想赋予了近代意义。

马克思主义史学家、法学家们则对法家做了历史唯物主义的解读和阐释。范文澜认为："韩非继承荀子学派，又批判地集中春秋战国诸子的学说成为一个伟大的政治家、思想家。"翦伯赞则论述："到战国末际，随着商人地主的历史时代之到来，于是韩非子就提出了'法治主义'，因而商人地主与封建诸侯在法律之前，获得平等的地位了。"他们对法家人物的评价极高，而郭沫若、嵇文甫、侯外庐等唯物史观的学者、理论家都大力表彰商鞅的功绩，认为它代表新兴地主阶级的利益，实行法治，解放生产力，变法图强，对统一中国从而使中国迈入当时更先进的社会阶段居功至伟。

毛泽东1973年在《七律·读封建论呈郭老》中写道："百代都行秦政法，十批不是好文章，熟读唐人封建论，莫从子厚返文王。"毛泽东又说，历代政治家有成就的，在封建社会前期有建树的，都是法家，这些人主张法治，犯了法就杀头，主张厚今薄古，而儒家满口仁义道德，却都是主张厚古薄今的。除去"文化大革命"特定历史背景的政治因素，剔除法家思想专制、严苛的弊病及其历史局限性，这些论断今天看来还是有一定借鉴意义的。所谓"秦政法"，就是秦人自商鞅变法采取的一系列法家制度和治理政策。秦始皇统一六国后，继续执行这一套法家制度，其中尤以《秦律》为代表，《秦律》对政治、经济、军事、文化、思想等社会生活各个方面、各个领域都做了规范，使各行各业"皆有法式"，"法家学说随着商人地主的政权之建立而勃然高扬"（翦伯赞语），后来为历代封建王朝所承继，构建了中国封建社会的制度和法律框架，成为中国社会稳定发展 2000 多年的重要支柱。

《商君书·壹言篇》中说："凡将立国，制度不可不察也，治法不可不慎也，国务不可不谨也，事本不可不抟也。制度时，则国俗可化，而民从制；治法明，则官无邪；国务壹，则民应用；事本抟，则民喜农而乐战。"韩非子曰："抱法处势则治，背法去势则乱。""明主之国，以法为教。""法治"强国，信矣！

三、法家睿思，启迪当今

谈及"法治"，大多数人言必称西方的法治，以为"法治"是一件舶来品，殊不知它就像每一个中国人都引以为自豪的"四大发明"一样，是地地道道的国货。2000 多年前春秋战国时期的法家思想与法治的社会实践，是祖先留给我们的最为宝贵的遗产，尽管历史上法家的"法治"有其阶级和历史的局限性，但是作为人类智慧和文明成果，至今仍闪烁着光辉，并碰撞出现代意义上的法治启蒙精神的无限火花。

1. 法家主张，唯法为治

从历史上看，在战国诸子百家中，法家是作为新兴地主阶级的政治与学术代言人而出现的。他们主张将新兴地主阶级的利益和要求制定为"法"，以"法"作为治国和统一天下的主要方法，即所谓"以法治国""垂法而治"或"缘法而治"，就是遵照法度来治理国家。法家思想家坚持认为，一个国家的治乱兴亡关键在于"法"，要根据当时的社会情况制定法律并严格执行，"法"是治理国家可以凭借的唯一准绳，是人民一切行为的准则。这是伟大的创举，亦是严峻的挑战。

战国以前通行的是禹汤文武之道，实行礼治，实则是奴隶主贵族的等级特权制。周朝末期是从"王道"到"霸道"、从"礼治"到"法治"、从"贵族政治"到"君主独裁"的过渡时期，社会形势错综复杂，一方面奴隶主贵族阶级的经济地位日益倾颓，另一方面农业发达，商业繁荣。随着奴隶制经济的瓦解，新兴地主阶级逐渐成为一支极富生命力的强大的社会力量，他们反对世卿世禄的特权等级，要求打破传统的礼治，建立新的统治秩序。作为其代表的法家在这种形势下粉墨登场，向礼治、"人治"提出了尖锐批评，发起了严峻挑战。他们从本阶级的立场出发，提出了自己的法律观，要求各国"变法"，推行"法治"，并形成一整套理论和方法，为统一的封建专制主义中央集权制国家的建立提供了理论依据和思想指导，也从客观上促进了中国古代法理学的发展。

以韩非为代表的先秦法家思想家从哲学的高度，分别从本体论、社会历史哲学和人性论等角度论述了实施"法治"进行国家治理的必要性。

一是"道法自然""无为而治"。韩非法治思想的哲学本体论来源，是黄老道家的"清净无为"思想。韩非对此推崇备至，并加以发挥，用以论证其法治起源的理论。所谓老子的"人法地、地法天、天法道、道法自然"，韩非也宣称"道者，万物之所成也"，正是因为道静虚无为、能放任自然而无所不为，因此，奉法而治也是符合"道"的无为原则的。他进而论述道，人要深谋远虑、成就大事，就必须效法道的虚静无为，君主尤其应该如此，若要治理国家，最好的途径就是无为而治。具体而言，首先必须要摆脱个人情感的束缚，不被自身的喜怒好恶所左右，因为对于一般人，"喜之，则多事；恶之，则多怨。故去喜去恶，虚心以为道舍"。君主如果带着喜好之心来统治百姓，只会是自生事端，不能秉持公平，导致事与愿违。正确的方法是"有功者必赏，赏者不得（感激）君，力所致也；有罪者必诛，诛者不怨上，罪所生也"，以超越了个人情感的客观的法为准绳，才能对人对事做出绝对客观的评判，这样就会在君臣之间营造出一种更为稳定可靠的关系。

同时，法的产生也是自然演进的产物，"善之生如春，恶之死如秋，故民劝极力而乐至情，此之谓上下相得。"(《韩非子·守道》) 法令如自然界的春生秋杀一样自然而然。从今天的角度看，这个"道"也就是自然规律的意思；而法则是人类社会自然规律的体现。因此，无为而治的另一要点就是要摒弃个人的巧智，"绝圣弃智，民利百倍；绝仁弃义，民复孝慈；绝巧弃利，盗贼无有。"(《老子》第 19 章) 韩非认同老子"智慧出，有大伪"的观点，对于个人的智慧极端不信任，认为个人逞智巧、谋私利是造成社会混乱的根源。"五蠹"之民或以文乱法，或设诈挟私，都是社会不稳定因素。正如《庄子·胠箧》所言："故绝圣弃智，大盗乃止。"必须摒弃多变的巧智，"去偃王之仁，熄子贡之智"(《韩非子·五蠹》)，以确定的法律治理国家，才能实现安定的秩序。这是与"道法自然，无为而无不为"的理念是一致的，所谓"道法万全，智能多失；夫悬衡而知平，设规而知圆，完全之道；明主使民饰于道之故，故佚而有功；释规而任巧，释法而任智，惑乱之道也"(《韩非子·饰邪》)。在韩非看来，具体的法都是抽象的本体——"道"的演化物，作为社会意识形态的法律条令都是人类社会客观规律的衍生品，要实现"无为之治"，必须要绝仁弃义、绝圣弃智，实行彻底的法治。

二是社会进化论。先秦"显学"中，儒、墨、道三家均持今不如昔的复古论，在政治理论上往往言必称三代，厚古薄今，其中虽然有借古喻今的成分，但必然包含着没落阶层留恋过去的保守主义成分。只有法家独操历史进化论。

针对旧贵族"智者不变法而治"的保守论调，韩非在其著作《韩非子·五蠹》中申明"圣人不期修古，不法常可；论世之事，因为之备"的主张。这一社会历史观，基本上承袭了商鞅的衣钵。《韩非子·五蠹》将人类社会的历史分为"上古""中古""近古"和"当今"四个阶段。"上古之世，人民少而禽兽众，人民不胜禽兽虫蛇"，便出现了"有巢氏"教导人们"构木为巢"，"燧人氏"教导人们"钻燧取火"，从而使人们摆脱了大自然的天威，从动物中区分出来；"中古之世，天下大水，而鲧禹决渎"，鲧、禹治水表明人类开始了征服自然的征途；"近古之世，桀纣暴乱，而汤武征伐"，人类进入阶级社会，产生了王朝的更迭，商汤讨夏桀，周武伐商纣，社会有机体的矛盾运动逐渐上升；而"当今之世"是战国时代，各国凭借综合国力逐鹿天下，人类征服自然的斗争让位于对自身社会组织形式的探索。由此可见，人类社会是处于不断的发展变化之中的，不是今不如昔，而是今胜于昔。时代变了，社会上的事物也在不断变化，"世易时移，变法宜矣。"人们不应该转身向后，走回头路，而是应该目光向前，不能像"郑人买履"那样墨守成规。"今欲以先王之政治当世之民，皆守株之类也。"那些因循守旧的人就像"守株待兔"一样愚蠢可笑，"今有构木钻燧于夏后氏之世者，必为鲧、禹笑矣。有决水渎于殷、周之世者，必为汤、武笑矣。"统治者必须根据变化了的社情民意来制定相应的制度措施，"故治民无常，惟治为法。法与时转则治，治与世宜则有功"；"上古竞于道德"，圣人可以用"仁义"治理国家，"中古逐于智谋"，贤者可以凭"贤能"治理国家，而"当今争于力气"，能够作为治理国家凭据的就只有"法治"这种利器了。

　　紧接着，韩非从社会历史发展的角度论述了国家和法律的起源问题，他认为这两者都是由于人口增殖、社会财富总量不足而引发的。他认为上古之时，人口较少，自然资源和社会财富有余，"丈夫不耕，草木之实足食也；妇人不织，禽兽之皮足衣也"，"是以后赏不行，重罚不用，而民自治。"在那个时代，人们之间不因为争夺资源和财富而产生纷争，故而不需要法治。然而到了中古之时，人口呈几何级数增长，而社会财富呈算术级数增长，物质财富就变得相对不足，"今人有五子不多，子又有五子，大父未死而有二十五孙，事力劳而供养薄，故民争。虽倍赏累罚而不免于乱。"因此为了定分止争，平息为争夺财货产生的祸乱，就有必要组织起国家机器，并制定一定的法律规范。韩非试图从人口的增长和生活资料相对减少的矛盾中来解释国家法律的起源、论证法治的必要性，应该说具有一定进步意义，虽然他没有看到科学技术带来的生产力进步也是呈几何级数增长的。他将法律视为从无到有、社会历史发展到一定阶段的产物，是其法治理论的独到之处，可以说是相当进步的。不同于儒家典型的复古倒退史观，《韩非子·五蠹》代表了一种先进的进化史观。

三是人性观方面的"人性自为"论。从"法治"产生的主观原因上看，立法应当以一定的人性论作为理论支撑，法家认为人性本恶，人生来就拥有趋利避害的属性。"饥而求食，劳而求逸，苦而索乐，辱而求荣，此民之情也故民生则计利，死则忧名，名利之所出，不可不重也。"这就是商鞅对人性论的详细解释，认为人在生时要追名逐利，死后还要担心名誉。法家集大成者韩非子更是认为人性"自为"自利且不能改造。

韩非对人本性的认识，在其学术理论体系的各个层面、各个部分都有体现。如君臣关系，"臣尽死力以与君市，君垂爵禄以与臣市。"（《韩非子·难一》）他认为君臣之间是一种买卖关系，臣子给皇帝干活，皇帝给臣子发工资，公平交易，一辈子不反悔，直到老死都可以；又如医患关系，"医善吮人之伤含人之血，非骨肉之亲也，利所加也。"（《韩非子·备内》）医生善于吸吮病人的伤口，口含病人的污血，不是因为有骨肉之亲，而是因为利益所在，甚至连亲子之间也是一种利害关系，"父母之与子也，产男则相贺，产女则杀之"。之所以同为人子，却一贺一杀，是因为"虑其后便，计之长利也。"（《韩非子·六反》）父母子女之间"犹用计算心相待"，"无父子之泽"的其他关系自不待言。夫妇之间也被解释为一种利害关系。韩非举例说：卫国有一对夫妇去祷告，妻子说："使我无故，得百束布。"丈夫嫌少，妻子却回答说："益是，子将以买妾。"妻子之所以想且只想得到一百捆布，是害怕补多了，丈夫可能会拿去买小妾。

虽然秦朝的速亡，证明法家理论只是应用于社会变革风云突变时代的一剂猛药，由于张而不弛容易超出民众的社会承受力，在实践上作为社会基本价值取向是很可能走向失败的。法家思想作为一种治国理政的指导思想，虽随着秦亡而走向沉寂，但作为一种治国理政的方法，尤其是匡时济世的策略却并未销声匿迹，而是为汉以后历代封建统治者以"阴法"的形式继承下来，并糅入封建正统思想，支撑中国封建君主制长达 2000 余年，在疾风骤雨般社会变革的关键时刻更是彰显其"危难时刻显身手"的独特作用。而且，无可否认，其中一些合理的成分对现代改革开放意义上的法治建设仍有重大借鉴意义。

2. 立法原则，法治之本

一般来说，现代法治有两个维度，其一是人们应当受法律的统治并且遵守它；其二是法律应当可指引人们的行为。而后者是法治应当关注的重点。因为从某种程度上讲，人们只有了解了法律才能守法，即当法律具有了能指引人们行为的能力时，它才能被遵守。因此，法律必须具有至高无上的权威、公开明确、相对稳定、公平公正的自然正义原则等特点。而这些特点与法家立法原则有一定的相似性。

首先，法家强调法的权威性。认为以法治国是一国治乱的根本，它提倡法的权威性与约束性，倡导人民、官员甚至国君都应该守法、依法办事。商鞅曾明确指出："世之为治者，多释法而任私议，此国之所以乱也。"因此，君主应"任法去私"，做到："言不中法者，不听也，行不中法者，不高也，事不中法者，不为也。"（《商君书·君臣》）如果能"君好法"，"则端直之士车前"。"公私之分明"，"则小人不疾贤，而不肖者不妒功"。韩非也指出："明主之国，令者言最贵者也，法者事最治者也，言无二贵，法不两适，故言行而不轨于法令者必禁。"（《韩非子·问辩》）同时韩非还指出法令一出，任何人都应遵守。在我们当代社会中，无视法律、徇私舞弊、知法犯法的官员为数不少，如何杜绝这种现象，坚持和完善中国特色社会主义法治体系，提高我们党依法治国、依法执政的能力，先秦法家学术思想存在可参考的价值。

其次，法家主张法应公布、清晰、明确。在先秦法家看来，"法"就是由国家所制定颁布的用于规范人民的行为准则，应以成文的形式"布之于众"。商鞅指出："圣人为法，必使之明白易知，名正，愚知偏能知之；为置法官，置主法之吏，以为天下师，令万民无陷于险危。"（《商君书·定分》）

韩非也强调："是以明主言法，则境内卑贱莫不闻知也，不独满于堂。"(《韩非子·难三》)"令境内之民皆言治藏商管之法者，家有之。"(《韩非子·五蠹》)这样做能够使"万民皆知所避就"，"吏不敢以非法遇民，民不敢犯法以干法官。"(《商君书·定分》)先秦法家所强调"布之于众"的普法教育，就相当于当今倡导的要让人民知法，才能守法。

最后，法家强调法应平等适用，主张"不别亲疏，不殊贵贱，一断于法"。先秦法家强调的"刑无等级"，就是要使法治真正得以实行，要"君臣上下贵贱皆从法"。商鞅说："守法守职之吏有不行王法者，罪死不赦，刑及三族。""自卿相、将军以至大夫、庶人，有不从王令、犯国禁、乱上制者，罪死不赦。"(《商君书·赏刑》)韩非也坚持法治就要做到"法不阿贵，绳不挠曲；刑过不避大臣，赏善不遗匹夫"(《韩非子·有度》)。刑无等级的思想是针对奴隶制社会末期贵族特权猖獗、守旧势力严重阻碍改革的社会状况而产生的，但是在君主专制的时代，让君主守法，把他等同于臣下是完全不可能的，所以"刑无等级"在当时就成了一句空话。但在立法原则上，先秦法家提出立法必须"当时而立法""法与时转则治，治与世宜则有功"等思想在今天也是有进步意义的。

3. 法德共治，并行不悖

古今中外有丰富的国家治理思想，其中包括法治、德治、共治等。法律和道德同为社会上层建筑，是规范人们日常社会行为的重要手段。其中，法律规范体现着统治阶级的意志，体现着国家对其成员在政治、经济、社会等各个领域的行为要求，靠带有强制性的国家机器保障实施。道德则是人们关于善与恶、正义与非正义、光荣与耻辱、公正与偏私等观念、原则和规范的总和，其实施则不是依靠强制性手段，而是通过道德教化，诉诸人们的"良心"和"道德信念"，以其说服力和感化力来影响和提高社会成员的道德觉悟，使人们自觉地遵守这些行为规范。

关于德治，孔子在《论语》中说："道之以政，齐之以刑，民免而无耻；道之以德，齐之以礼，有耻且格。"儒家以"仁"的核心思想为出发点，对西周以来"以德配天""明德慎罚"传统观念进行继承与发展，认为只有"仁者"才能"为国以礼""为政以德"，提倡德治，反对法治，德治与法治是对立的。而荀子认为法、德可以兼治，既重"礼"又重"法"。汉宣帝则明确宣称需"王道、霸道、杂治"。王道即德治，霸道即法治，杂治即兼治。

无论是儒家基于人性善的道德自律，还是法家基于人性恶的法制手段，都是约束民众行为的意识体系，最终目的是实现社会秩序稳定，从孔子到韩非，不过是一个由道德转为法治的思想过程。随着封建王朝的不断更替，各个朝代逐渐摸索出道德与法制并重的治世规律，法治与德治皆成为重要的治理国家的方法。

诚然，由于历史局限性，法家"唯法而治"的思想也存在一些不完善、不合理或者失之偏颇的地方，诸如设立"以刑去刑"的酷法，以及单纯任法而治完全忽略道德教化的作用等。封建时代的德治、法治都是治老百姓的，是极少数统治者治极大多数被统治者。在这一点上，儒家与法家的阶级属性是一样的。儒家要求"刑不上大夫"，法家虽主张"刑过不避大臣"，比儒家进了一步，但也没进步到"刑过不避皇上"，本质上是君王一人的"法治"，而不是全社会的法治。从这个意义上讲，法家的"法治"，其实也是人治的一种制度化表现形式而已，距离真正的法治还有距离。当然，历史上的法家试图以法律规范人们的行为，这是符合人类社会发展方向的。清末戊戌变法中就有人提出："稽之我国之历史，凡能张国势而致治安者，其道罔不由是。是以管仲用齐而齐霸，商鞅辅秦而秦兴，诸葛治蜀而蜀治，王猛佐亲而秦强。王安石之相宋，张居正之相明，皆能举废兴坠，弼成一代之治。我国二千年来，号称政治大家，其勋业事功，赫然焜耀于后世者，其人必法家者流，能以严厉手段实行法治主义者也。"戊戌变法失败后，梁启超先生曾说："自古改革者，莫不流血，现若要流血，从我始。"先秦法家的改革是建立在流血上的，从吴起、商鞅到韩非，他们用生命捍卫了自己的理论。

以德生法、以法固德，德法二者相互为用，是中国古典政治学的精髓所在。社会主义是人民当家做主的制度，法治不再是阶级社会剥削阶级的统治工具，不是"治人"，而是规范社会、服务人民，是法与德的有机统一。习近平总书记在其著作《之江新语》中认为：道德是法治的基石。法律只有以道德为支撑，才有广泛的社会基础而成为维系良治的良法。法律与道德，历来是建立公序良俗、和谐稳定社会的两个保障。法治与德治，如车之双轮、鸟之两翼，一个靠国家机器的强制和威严，一个靠人们的内心信念和社会舆论，各自起着不可替代而相辅相成、相得益彰的作用，其目的都是要达到调节社会关系、维护社会稳定的作用，保障社会的健康和正常运行。从一定意义上说，依法治国是维护社会秩序的刚性手段，以德治国是维护社会秩序的柔性手段，只有把两者有机地结合起来，刚柔相济，才能有效地维护社会的和谐，保障社会健康协调地发展。

在当代社会，法治与德治作为社会治理的重要手段，二者并不是对立的，而是相辅相成、相互促进的。在推进国家治理现代化的进程中，二者缺一不可，不能偏废。在加快推进国家治理体系和治理能力现代化的过程中，坚持和完善共建共治共享的社会治理制度，就必须法德并举，健全中国共产党组织领导下的居民自治、行政法治、社会德治相结合的城乡基层治理格局和治理体系。具体来说，一方面要推行全面依法治国，坚持依法执政、依法行政共同推进，坚持法治国家、法治政府、法治社会一体建设，加快形成完备的基层社会治理法律规范体系、高效的法治实施体系、严密的法治监督体系、有力的法治保障体系，加快形成完善的党内法规体系，全面推进科学立法、严格执法、公正司法、全民守法，推进法治中国建设；另一方面要在全社会弘扬和践行社会主义核心价值观，帮助民众建立社会主义核心价值观，提高民众思想道德素质，加强德在法治建设中的灵魂作用，最终维护社会和谐稳定，从而推进国家治理体系现代化。

现代化国家治理强调法律与道德的合理分工、德治与法治的对立统一。从维护国家稳定、维持社会秩序方面来讲，法律和道德有着同样重要的作用。有了社会主义核心价值观的指引，立法、执法、司法、守法就有了明确一致的价值观基础；有了法律法规的支撑，道德建设就有了强有力的制度性保障。因此，建设"法治中国"，必须把握好法治与德治的一致性、互补性、兼容性，坚持一手抓法治建设，一手抓道德建设，把法律的强制力量与道德的感化力量有机结合起来，实现刚性与柔性的融合，一方面牢牢树立社会主义法治理念，另一方面树立社会主义荣辱观。还要把树立社会主义荣辱观贯穿于法治建设的全过程，教育和引导广大党员干部和人民群众知荣辨耻、扬荣抑耻、近荣远耻，明荣耻之分、做当荣之事、拒为耻之行，在全社会形成明德守法的良好风尚。

而今，中国特色社会主义进入新时代，全面依法治国列入"四个全面"战略布局，在推进坚持和完善中国特色社会主义法治体系，提高党依法治国、依法执政能力的进程中，法家提出的一系列有关国家和法律学说的见解，也是值得我们借鉴的。尤其需要特别提到的是，法家人物的精神是值得我们学习的，在全面深化改革进程中，应谨记法家先贤的变法图强的赤子初心！

第二章　化性起伪　惩恶扬善

——法治的人性假设

　　每一种制度设计、规范结构，其背后都隐含着关于人性论的假设，这种假设构成该制度设计与规范结构最深层次的根据，并成为其内容的一部分。在中国古代，有人认为人性本善，因此主张德治或德主刑辅；有人认为人性本恶，一切人际关系都是利害关系，因此需要以法制恶，用法治调整人际间的利害关系。今天，我们要从根本上、深层次去解读法治，亦不能不把法治和人性联系在一起。法家以"好利恶害"的人性论和历史进化论作为变法的理论依据，提出了至今仍然影响深远的以法治国的主张和观念，这些体现法治的思想，一直被沿用至今，并成为中央集权统治者稳定社会的主要统治手段。因此，我们可以从性恶论的视角诠释法家思想，总结基于人性恶的法家思想对国家治理的借鉴意义，尝试从人性论的角度为中国推进国家治理体系和治理能力现代化提供一些建议。

一、立法何据，基于人性

　　法治不是强加于社会的制度实体，而是植根于人性土壤中自然生长出来的。在我国历史上，长期占统治地位的是儒家"人之初，性本善"的人性观。

儒家认为，只要教育有道，人性的善便可以保持下去。这种建立在人性本善基础上的人性观，导致历代统治阶级一贯注重"德治"，主张德主刑辅、以德化人。因此，法治建设相对缺位，只有在治乱之时，法家才会得到重视。在法治的人性假设上，首先承认所有的人都有善与恶两种属性；在私人生活领域，法治以人性之善大于人性之恶为基本预设；在公共生活领域，法治则以人性之恶甚于人性之善为基本预设。其实，在我国历史上，虽然长期以儒家性善论为主，但仍然不乏人性本恶论、人性本无善恶论以及人性有善有恶论等派别。被称为孔子之后大儒的荀子，有着与儒家主流思想相悖的法治思想。他法治思想的来源，便是其提出的"人之性恶，其善者伪也"的观点。《荀子·性恶》篇中据此推论："故圣人化性而起伪，伪起而生礼义，礼义生而制法度。"他基于人性本恶的假设，赋予了"法"化性起伪、惩恶扬善的重要使命，以及"制法度"的人性依据。"以人为本"，研究人的自然属性与社会属性、正视人性的善恶、实现人性的发展，是深藏在法治背后决定其发展方向和命运的精神力量。只有关注人性，以实现人性和发展人性为法律的价值尺度，法律才能真正化性起伪，惩恶扬善。

1. 性善性恶，孰是孰非

人性，即人的本性或本质属性，是人与动物相比所具有的内在特质。对人性的理解，分广义和狭义两种，狭义的人性指的是在一定的社会制度和历史条件下形成的人的品性；而广义的人性是指人所具有的正常的感情和理智。可见，狭义的人性侧重人的社会属性，可以说是人在生存的环境的作用下，对待人与自然、人与社会、人与人的关系所表现出来的思考、认识和行为的稳定的模式，更主要是后天形成的。而广义的人性则侧重人的自然属性。孔子说"性相近，习相远也"，侧重的就是这种先天属性，而后天的属性被他称为"习"；在佛家看来，更是细分为后天的六识和先天的第七、第八识，但他们认为先天中也存在善恶的种子。

在人性的形成过程中，基于人自身的生存、发展和完善的需要，人类形成了善、恶的观念。在人性的研究史上，儒家和法家对人性的善恶持两种截然不同的认识，并因此产生了不同的治世策略。

"仁""礼"是孔子思想的核心，儒家的"仁礼治国"理念是建立在"人性善"的人性评判之上的。孟子是人性本"善"的坚决拥护者。孟子在继承孔子思想的基础上，提出了"人性本善"的命题。孟子认为，人人生而有"四心"："恻隐之心、羞恶之心、辞让之心和是非之心"。孟子由此"四心"推导出"四端说"："由是观之，无恻隐之心，非人也；无羞恶之心，非人也；无辞让之心，非人也；无是非之心，非人也。恻隐之心，人之端；羞恶之心，义之端；辞让之心，礼之端；是非之心，智之端。人之有是四端也，犹之有四体也。"（《孟子·公孙丑上》）这"四端"便是人的"善端"。再又，孟子还指出："人性之善，犹水之就下也。人无有不善，水无有不下。"（《孟子·告子上》）

荀子的人性论在儒家里面则属异类。他首先从人的自然本性出发，强调了人类有自然欲求："生之所以然者谓之性。性之和所生，精合感应，不事而自然，谓之性。"（《荀子·正名》）他将这种欲求归纳为"目好色，耳好声，口好味，心好利，骨体肤理好愉佚"，然后从儒家道德主义的立场，对其社会危害作了描述："今人之性，生而有好利焉，顺是，故争夺生而辞让亡焉。生而有疾恶焉，顺是，故残贼生而忠信亡焉。生而有耳目之欲，有好声色焉，顺是，故淫乱生而礼义文理亡焉。"（《荀子·性恶》）他认为，人的好利之心不加节制地发展下去，势必导致争斗与社会动荡，并据此对人性作出了"恶"的价值判断："人之性恶，其善者伪也。"因为荀子的"人之性恶"的人性观，为后世的法家主张的法治提供了人性论的基础，故后世皆尊荀子为法家的首创者。而荀子思想的后继者，则大都认定人有"好利恶害"的本性，并对它作出了价值中性的判断，从而冷峻地审视人性，并寻求以外在的法律制度等决壅塞淫，并通过法律扬善惩恶，将人性之自利引入规范，从而化性起伪、导害为利。

早期的法家管仲虽认为"民之从利也，如水之走下"（国学丛书之《管子新编》），但没有上升到人性论的高度。而后世的法家，如商鞅指出，"民之生，度而取长，称而取重，权而索利。"（《商君书·算地》）人生有好恶，故民可治也。正因为"人好爵禄而恶刑罚"，所以要用赏罚的法律手段而不能用仁义恩爱进行统治。韩非则把人"好利恶害"的人性阐释为"自为心"，我们可以称之为一种自然主义的人性自利论。

据《史记·老庄申韩列传》记载，韩非曾与后来担任秦国丞相的李斯共同问学于荀子，两人都是荀子的学生，自然继承了荀子有关人性本恶的理论。特别是韩非最初未受韩国国君征用而愤而著书，作《孤愤》《五蠹》《内外储》《说林》《说难》等10万余言。从而成为集先秦法家思想之大成者。其著述受秦王赞赏，并欲重用，却遭同一师门的李斯谗害。但他的法家思想，却影响了其身后2000多年，至今读来，仍启迪良多。

韩非认为，人的本性是"自为"的，是自私自利、好逸恶劳的："挟夫相为则责望，自为则事行。故父子或怨谯，取庸作者进美羹。"（《韩非子·外储说左上》）"人为婴儿也，父母养之简，子长人怨。子盛壮成人，其供养薄，父母怒而诮之。子父至亲也，而或谯或怨者，皆挟相为而不周于为己也。"他还讲了一个故事："舆人成舆，则欲人之富贵；匠人成棺，则欲人之夭死也。非舆人仁而匠人贼也，人不贵，则舆不售；人不死，则棺不买。情非憎人也，利在人之死也，故后妃、夫人太子之党成而欲君之死也，君不死，则势不重。情非憎君也，利在君之死也。"（《韩非子·备内》）就是说，造车的人造了车就希望别人富贵，木匠制作了棺材就希望别人夭折死亡，并不是因为前者仁爱而后者本性坏，只是因为各自的利益诉求不同，并由此提出了"严刑峻法"的主张。

荀、韩均坚持人性是人"好利"的自然属性，但荀子只是以一种自然主义的客观视角对人性做事实描述，并没有进行道德评价，既不认为这种生存本能是一种恶，也不认为这是一种善，表现出价值中立的立场。而韩非则断定性恶对社会存在潜在危害。

人性是善，还是恶，还是其他，都是对人性形而上的不同判断，并无对错优劣之分，但是儒家、法家在对人性的不同认识下，作出的不同的制度安排和实践却大相径庭，并由此构成不同风格的经世之策。应该说，法家关于人性恶论产生的根源在于当时私有制和商品经济的发展，法家希望依靠法律手段保护私有财产，维护新兴地主阶级的利益。由此，法家以人性论为基础否定宗法关系，利用凌驾于个人之上的社会和国家的制裁力——法制，从而实现封建国家机器的高速运转。

2.性善性恶，立法何据

纵观整个人类发展史，关于人性，其实不应简单地以绝对的性善或性恶来定义。作为人类整体或者作为单独的个人，其人性也是善恶共存的。人性之中既有善恶之性，也有善恶之因。王阳明先生在《传习录》中就认为："无善无恶心之体，有善有恶意之动，知善知恶是良知，为善去恶是格物"；佛家更是从意识分析的角度，对人性善恶做出深刻剖析，认为人类潜意识中存在第八识阿赖耶识，这种先天的人性也不是白板一块，而是在其中已经蕴藏了无始劫以来的善恶种子。

当然，我们认为，一方面就人类整体而言，有的人性是恶的，有的人性是善的；另一方面，就同一个人来说，其人性中也是既有善的因素也有恶的因素，既有善的倾向也有恶的倾向。法家认为人性本恶，人的恶性使法的产生成为一种必要，人性恶成为法产生的法理前提。然而，人性之善却是法产生的动力之源，使法的产生具备了可能性，从而赋予了法治惩恶扬善的崇高使命。

法治基于人性，但其追求的目标主要并非是对人性的改造，而是如何在个体生活中尽可能充分发扬人性之善，最大限度抑制人性之恶，从而使公共生活领域尽可能体现出一定的秩序和规则，以此造成一个安定有序的社会环境。

在个人生活领域内，法治保障个人自由、自主、自治，并对自主行为负责，其他人或组织不得非法干预，鼓励人合理追求个人利益。从人性角度来分析，给予个人自治的权力便是建立在人性中的善要素优先于恶要素的人性假设之上。然而，在公共生活尤其是政治生活领域，法治强调的是对公共权力及其运作的限制。从人性的角度来看，其逻辑起点就是法家关于人"好利恶害"的人性论。法家基于人性论的思想主张，最终目的是为"因情而治"，处理好公共生活中特别是政治生活中个人与组织，即民众与国家之间的关系，而处理好这一关系要采取的人性要素之中"恶"要素要优先于"善"要素的人性假设。在现实中，任何社会政治法律制度都不得不正视人性的两面性，尊重人性，尊重对人性的基本认识，发扬人性之善，抑制人性之恶。基于对人性的这种认识而形成的人性善恶观，对社会政治法律制度的创设形成及其运作效果，都产生了重大影响。

需要特别指出的是，尽管人性有善有恶是法治实践的基本要求，但法治所依据的主要是人性恶立场——这也是法家思想留给我们的珍贵遗产。法家先定义人性本恶这个核心，再指出处理手段是以国家机构制定制度达到善的表现。在法家看来，法治的目的是建立一种规范性生活方式，是以防范人性之恶、抑制人性之恶为目标的社会治理手段。法治实际上是一种消极的政治观，是一种防止恶的政治体系，其建立、发展始终都以正视人性本恶为前提，对人性之恶根本有害于人类的生存与发展的消极后果惴惴忧惧，法制体系的每个局部和细节始终希望通过外力克服人自身本性之恶的阴暗面的消极后果。法家认为，人性有恶有善，但政治却首先要承认人的恶的阴暗面，政治的主要职责是抑制人的恶，更多地跟人性的阴暗面打交道。这也是后世学者评价法家政治思想偏现实主义的一个因素。当然，不管理想主义如儒家对人性之美、之善的歌颂和张扬，还是现实主义法家对人性之复杂的正视和审慎，事实上，任何轻视了人性恶之根源，对人类恶之本性不加抑制和消除的政治措施都显得幼稚、轻率和过于理想化，只有承认了人类的恶性，并依靠法治抑制人性之恶，最终才是最大的善。

3. 惩恶扬善，法治为功

单纯认识到所谓人性的复杂、人类本性中的自私以及人性的脆弱等是不够的，我们有必要跳出法家惴惴不安于人类恶的、自利自私的人性，并希望用严刑峻法的重典法治进行规范的窠臼，在用法治抑恶的基础上，通过法治扶正祛邪、惩恶扬善，实现人性的全面发展。

法治以人性为精神底蕴。我们关注人性，就是要以人为本，思考人的存在，关注人的价值、人生存的意义，从而把握人类社会存在的价值和意义，探索人类的命运。法治的产生就是这种思考、关注与把握过程的产物。一部人类法治史，就是一部人类认识史，就是一部人类解放史。法治作为人类基于对自身价值和命运的终极关怀而衍生的产物，人本身就成为法治的逻辑起点和最终逻辑归宿。人性是法治存在的根基，是法治展开的源头，作为人类日常生活和现实世界的一种秩序追求与制度选择，法治应该有一个基本的人文尺度，不能脱离人性的基准点。

法家法治承认人性自利，但对于绝对的人性之恶必须要用"堵"的手段加以遏制，其价值取向在于注重法治的工具价值，希望依靠法治规范社会秩序，实现君主统治。可见，法家思想是为封建王朝服务的，与现代法治的价值取向并不相同。现代法治关注法治的实体价值而不仅仅是工具价值，她要求尊重人性，将人的尊严与自由置于核心地位。这种不同的根本原因来源于人性，来源于现代法治用理性的方法应对人性的弱点，在根本上是对人性的回归。从尊重人性的角度去建构或选择政治制度，体现了现代社会以人为本的民主政治理念，即最好的政府应当是最适合人群本性的政府，它能够压制人性中恶的可能，也能调动鼓励人性中善的一面，最终使人获得解放，进入自由、全面发展的"自由王国"。

正视人性善恶，但以人的自由本性出发建构合理的法治秩序，对人的自由的尊重与保护应是法治的永恒目的之一。合乎人性的法律不应是与人的自由本性相悖的东西，更不应是压制人类自由权利的手段。因此。法治所凭依的法律只能是自由的法律，以保障人的自由为基本价值目标和内容。

人类个体的自由只有通过社会性这一人性的本质才能展现出来。人的社会性是对人的自然性的统摄，马克思认为：人是社会关系的综合，“人的特质是由社会环境和社会教育所决定的本质属性的总和”。正是人的社会性有效抑制了人类本性中的恶，发扬了人类本性中善的种子，协调统合一切个体成为和谐有机的集体。从人类社会性本质的高度来理解人的自由自觉的本性、来思考法治的目标时，我们会发现，虽然自由是法治的价值目标，但这种价值目标必须通过许多具体的工具性目标才能体现出来，才有价值和意义。因此，如果说人的自由本性建构了法的自由价值目标的话，那么，人的社会本质则在此基础上进一步建构起具有实在内容的实体性目标。不同政治实体、不同人群、不同历史时代的法治有不同的具体内容，其工具性目标也不尽相同，但其终极价值都是为人的社会性存在而服务，其实体目标都是社会性的善。这是法律至上的社会治理准则，也是法治社会的永恒追求。在推进国家治理体系和治理能力现代化进程中，我们应回归人性，以人性为基准点，完善正确处理新形势下人民内部矛盾有效机制，使人的自由本性与社会本性统一在法治工具中，从而更好地坚持和完善共建共治共享的社会治理制度，最终达到善的自由王国的法治终极实体目标。

其实，法治对人性中的善，也能起到很好的彰扬作用。例如，父子兄弟之间的相爱，就是一种本于人性深处的一种血缘亲情。人们常说“虎毒不食子”，实际上就强调亲情的本源。但很多时候，由于利益的关系，会导致父不慈子不孝、兄弟阋于墙，而历史上，不仅是儒家对几种伦理关系从道德上予以肯定，而且从法律上作出限定。据考，商朝是我国历史上第一个将“不孝”定为重罪的朝代，所谓“刑三百，罪莫大于不孝”，说的就是商朝的事情。到了西周，周公制礼，“不孝”被视为“元恶大憝”，列为“八刑”之中绝不容赦免的第一刑。秦始皇严刑苛法，对不忠不孝者作出重则处死的规定。秦之后，历代王朝都标榜以孝治天下，“不孝”被正式定为罪名列入律书。北齐法律首次确立"重罪十条","不孝"列为第8，为"十恶不赦"之罪的最早表述。隋朝正式确定"十恶"罪名，将"不孝"罪列为第7位。之后，各代都沿用"十恶"的罪名。而且，自唐之后各朝制定的律法，皆明确地规定了"不孝"的内容及相应的刑罚，其刑罚程度远重于其他犯罪。例如，唐朝对另立门户的子孙处3年徒刑，宋代对此处罚更重，有时甚至可以判死罪。例如，许多朝代把诅咒父母死的，也以"谋杀"罪论处。至于殴打祖父母、父母者，更等于犯了"恶逆"之罪，不论有伤没伤、伤势轻重，只要有"殴""杀"的行为，一律杀而不赦……而且，皇帝在对不孝罪的申报批复中，也往往任意加重刑罚。例如，唐代京官李氏兄弟，20多年没回过故乡，隐瞒母亲的死讯，查证以后，皇帝命令对他们处以当时早已经废止的车裂之刑。正由于刑罚对"不孝"的严惩，使得古代的"孝"成为"百善之首"，孝顺父母成了"人间第一情"。即使再叛逆的盗贼，其孝心也似乎是油然自生。法治扬善，可见一斑。

二、人性假设，立法殊异

人性是先秦百家诸子争论的核心，很多学派、学者对人性提出了自己的理论，比较著名的有墨子的"素丝说"、告子的"性无善恶论"、孟子的"性善论"等。而在这些关于人性的认识中，法家提出的"好利恶害"人性论，以及由此人性假设作出的法制制度安排和实践最具拯时济世的现实意义——以"法治"作为治国的基本方略，通过农耕和战争达到富国强兵的目的，鼓吹君主集权以至君主专制，用严刑峻法来镇压下民的反抗。这不仅为后来建立中央集权的秦朝提供了有效的理论依据，也成为我国古代封建社会的政治与法制主体。在此，我们先看看法家思想集大成者韩非与法家实践者商鞅的人性假设作为重点研究对象，基于人性的"好利恶害"，如何坚持用法制治理国家的。

1. 人性好利，尚法重刑

商鞅法治思想是为巩固封建统治服务的，其统治目的就是使人民如何循规蹈矩，生活在法治的规范之下。从商鞅法治思想与人性的关系来分析，商鞅法治思想所实施的目标是人民，他对人性基本特质的探究与考量，也是其法治思想的基础。

人性好利，是商鞅法治思想的基本出发点。"民之性，饥而求食，劳而求佚，苦则索乐，辱则求荣，此民之情也。民之求利，失礼之法；求名，失性之常。"（《商君书·算地》）商鞅师承尸佼、子夏西河学派或者鬼谷子，他入秦时随身携带着李悝的《法经》，源起道家"天地不仁"的自然人性观。商鞅认为，人性好利是与生俱来的，人人追求"食、佚、乐、荣"，逃避"饥、劳、苦、辱"。人们在日常生活中总是权衡利弊、计较得失，追求名利，以获得生存和发展。"民之生，度而取长，称而取重，权而索利"。名利是驱使民众行动的动因，人的一生，就是追名逐利的一生。只要有名利存在的地方，人们就会趋之若鹜，"名利之所凑，则民道之"。人的全部行为，都可以用"逐利"二字来解释，自利是人的本性，是潜藏于人类本能而不可改变的。"名之于利也，若水之于下也，四旁无择也。"（《商君书·君臣》）

应该说，商鞅的人性自利说是一种历史进化论的观点。商鞅分析人的本性，基于进化的历史观，他认为从人类产生开始，就具有自利的本性。"天地设而民生之，当此之时也，民知其母而不知其父，其道亲亲而爱私。"商鞅把人类历史分为上世、中世和下世三个阶段，自利的个体本性在不同的阶段，因为社会性的需要而表现为不同的具体形式。"上世亲戚而爱私，中世上贤而说仁，下世贵贵而尊官"。上古之世人们亲爱自己的亲人，追逐物质私利；中古之世人们认识到贤能的价值，推崇才德；当今之"下世"由于社会分工，出现了阶级分化，人们忧贵贱之分，因而遵从政府管理。在商鞅看来，人类三世不同，是因为社会的发展出现了私有制，有了"土地货财男女之分"，民众重视的东西，其具体形态发生了改变。需要指出的是，商鞅认为，人们追求名利的本性未变，只是在不同的时代，"利"的内容不同而已。

商鞅认为人追求私利，是源于人的社会属性。"民众而奸邪生"，在商鞅看来，人类由于群居构成社会群体，就必然产生纠纷和混乱，因为人与人的交往中存在着利益冲突，商品交换产生利益纠葛，战争产生利益敌对，谁都希望压制或战胜对方以获取更大的私利。由此，在社会生活中，人性自利一面就不可避免。基于"好利恶害"的这个人类本性立足点，商鞅以之确立了他"尚法"的法治思想。将其人性论作为建立法制统治、重刑轻德、强国弱民、君主专政的一整套法制体系的理论基础。

首先，从法的起源来看，商鞅认为法律的确立是为了"定分"和"止争"，即为了"立禁"，是源于人性的趋利避害。"民众而奸邪生，故立法制，为度量，以禁之。""民众而无制，久而相出为道，则有乱。故圣人承之，作为土地、货财、男女之分。分定而无制，不可，故立禁。"以战国时代的新兴地主阶级兴起的社会背景来看，法律的产生是为了划分私有财产的等级，通过法律的手段确立和保障新兴地主阶级对土地以及其他财产的私有权，而确立"男女之分"，即确立夫妻之间的权利义务，是以维护社会的稳定。进一步说，商鞅认为，法律为"定分"和"止争"而生，亦源于人性趋利避害的特性。在商鞅看来，社会混乱在于"名分未定"，人们追求没有被明确划分的土地和财产，引发社会动乱。因此，他重视"定分"的作用，只有用法将财产土地确立，才能避免纷争。"一兔走，百人逐之，非以兔可分以为百也，由名分之未定也。夫卖兔者满市，而盗不敢取，由名分已定也……故夫名分定，势治之道也；名分不定，势乱之道也。"（《吕氏春秋》）

其次，从法的内容来看，商鞅亦是从人类"趋利避害"的本性出发，系统地构建其法治的内容。战国时代，各国新兴的地主阶级迫切希望壮大经济和军事实力，以在列国纷争中获得生存机会，商鞅在推行"以农战"为本的变法图强过程中，利用人性"趋利避害"的本性，推行严刑峻法，辅以赏赐，以法为工具，引导民众按照新兴地主阶级统治者的意志行事。"民之有欲有恶也，欲有六淫，恶有四难。从六淫，国弱；行四难，兵强。故王者刑于九而赏出一。刑于九则六淫止，赏出一则四难行……塞私道以穷其志，启一门以致其欲。使民比先行其所要，然后致其所欲，故力多。"(《商君书·说民》)商鞅指出，民众都厌恶做"务农、力战、出钱、告奸"这四件劳苦之事，但国家只有推行这四件事才能富国强兵，国家利益和个人利益产生错位，长远利益和眼前收益并不能立刻统一，国家想驱使民众做他们厌恶的事情，无法靠"望梅止渴"式的说教完成，只能靠"刑于九而赏出一"，即重刑轻赏，采取"利出一孔"的办法和机制，使人民仅限于从农、战中获得名利，民众才会专心农战，为国出力。同时，借于人趋利避害的本性，商鞅除了以功利赏之，以驱使民众从事农战，还采用严刑峻法维护统治。在商鞅看来，要抑制住人性恶的本质，必须实施重罚。"重罚轻赏，则上爱民，民死上；重赏轻罚，则上不爱民，民不死上。兴国行罚，民利且畏；行赏，民利且爱。"(《商君书·去强》)

最后，从法的执行来看，商鞅通过明确"信赏必罚"，使人民确信法律的执行力。具体来说，一是商鞅实行"刑无等级"，倡导赏罚执行的公平性，为法律执行确立威信。二是商鞅以法为教，统一法制，使法律深入人心，形成统一的思想意识，保障了法律的实施。"圣人之为国也，壹赏，壹刑，壹教。壹赏则兵无敌，壹刑则令行，壹教则下听上。夫明赏不费，明刑不戮，明教不变，而民知于民务，国无异俗。"(《商君书·赏刑》)由此可见，统一法制，就等同于统一了教化，便于国家的治理和对人民的控制。三是商鞅还强调法律的公开性，从传统的"刑不可知则威不可测"发展到以明示的严刑峻法来推行法治，他提出"法制明则民畏刑。法制不明，而求民之令行也，不可得也"(《商君书·君臣》)。商鞅所推行的法治改革在当时取得了巨大的成功，秦得以富强崛起，为日后统一六国奠定了基础。

2. 人性自利，因情之治

司马迁称韩非"喜刑名法术之学，而其归本于黄老"。韩非曾问学过荀子，他继承了荀子以利欲为人之本性的观点，提出了"人皆挟自利心"的人性学说，在"人性自利"的理论基础上构建了"因情之治"的治国之策。

韩非从人的自然欲望出发，认为人的本性就是趋利避害，"夫安利者就之，危害者去之，此人之情也。""人无毛羽，不衣则不犯寒。上不属天，而下不著地，以肠胃为根本，不食则不能活。是以不免于欲利之心，欲利之心不除，其身之忧也。"（《韩非子·解老》）人人都有利欲之心，追求物欲、名利，这是人的本性所决定的。人的一切行为都受利欲之心驱使，人与人之间的是利害关系，利益是人们行为的根本出发点和归宿，利益亦是维系人与人之间关系的天然纽带，韩非对此有清晰的描写："故王良爱马，越王勾践爱人，为战与驰。医善吮人之伤，含人之血，非骨肉之亲也，利所加也。故与人成舆，则欲人之富贵；匠人成棺，则欲人之夭死也。非舆人仁而匠人贼也，人不贵，则与不售；人不死，则棺不买。情非憎人也，利在人之死也。故后妃、夫人太子之党成而欲君之死也，君不死，则势不重。情非憎君也，利在君之死也。"（《韩非子·备内》）

在韩非看来，在一个社会中，人与人之间的关系都是由利益纽结于一起，有利则合，无利则散。为此，韩非对社会生活中各种不同阶层、地位的人际关系做了具体分析。首先，韩非从有直接血缘关系的父母与子女关系入手，论证了这种关系其实也是由利害关系联系起来的。"此俱出父母之怀衽，然男子受贺，女子杀之者，虑其后便，计之长利也。故父母之于子也，犹用计算之心以相待，而况无父子之泽乎？"（《韩非子·六反》）韩非认为，建立在血亲关系基础上的父母和子女都是利害计算的关系，并没有亲情之间的无私爱护，所谓亲情无私也是积习使然，是一种条件反射而非本能，于是父母在认为女孩的养育对家庭是个累赘、女孩不能传宗接代之后，就装入屉箕弃之郊野，任其冻饿泣死。韩非认为，源于血缘的父母与子女的关系尤以利害为连接点，而夫妻之间没有骨肉之情，当然也是利害关系了。在社会的各个阶层，无论帝王还是普通老百姓的夫妻之间，都是各异其利、各务其便的，甚至会为了个人利益而加害对方。"且万乘之主，千乘之君，后妃、夫人、适子为太子者，或有欲其君之蚤死者。"（《韩非子·备内》）其次，韩非由父母子女、夫与妻之间的利害关系扩大到君与臣、君与民的关系也是一种利害关系。君与臣之间相互利用、各取其利。人臣希望无功受禄、不力而贵；人君以利禄收买群臣，为其出力，以助其统治政权。"故君臣异心，君以计畜臣，臣以计事君，君臣之交，计也。害身而利国，臣弗为也；害国而利臣，君不为也。臣之情，害身无利；君之情，害国无亲。君臣也者，以计合者也。"（《韩非子·饰邪》）君与臣都有各自的"私心"，都是互换算计对方而为自己求取利益，即君臣之间实际上是"官爵"与"死利"的买卖关系，即"臣尽死力以与君市，君垂爵禄以与臣市"。而君与民之间，韩非也指出："君上之于民也，有难则用其死，安平则尽其力。"（《韩非子·六反》）最后，韩非指出，社会上所有的关系都是一种利害计数关系。"夫卖庸而播耕者，主人费家而美食、调布而求易钱者，非爱庸客也，曰：如是，耕者且深耨者熟耘也。庸客致力而疾耘耕者，尽巧而正畦陌畦畤者，非爱主人也，曰：如是，羹且美，钱布且易云也。"（《韩非子·外储说左上》）在韩非看来，父母不爱子女，子女不敬父母；夫妻之间无真情可言，君臣之间相互利用和被利用。一个人对另一个人好，是为从对方身上获得利益，有利则相亲相爱，无利则亲疏离分。

历史上公认，荀子是"性恶论"的典型代表。由于韩非与荀子的师承关系，学界普遍认为韩非是荀子人性论思想的继承者，其观点甚至比荀子更为极端。事实上，这是一种误解。韩非虽就学于儒家的荀子，但却另辟蹊径成为法家，他关于形而上的理论问题的思考，更多来源于道家哲学，就其人性观的基本立场与精神本质而言，已经跳出了性善、性恶的分析框架，阐发了一种自然主义的人性好利论。

首先，荀、韩均坚持人性"好利"的自然属性，但对"好利"的人性评价方面，二人却分道扬镳。荀子从儒家"仁者爱人"的道德制高点出发，直接将人的好利本性界定为"恶"，同时对其社会危害作了详细描述："今人之性，生而有好利焉，顺是，故争夺生而辞让亡焉。生而有疾恶焉，顺是，故残贼生而忠信亡焉。生而有耳目之欲，有好声色焉，顺是，故淫乱生而礼义文理亡焉。"（《荀子·性恶》）在他看来，如果任由人的好利之心不加约束地发展，必然会导致人与人的争斗，甚至导致社会动荡。由此，基于儒家道德主义的立场，荀子将人"好利"的本性置于健康的社会伦理道德的对立面，最终对人性做了"恶"的价值评判，"人之性恶，其善者伪也。"而韩非却没有直接将"善"与"恶"的价值判断纳入视野，他突破了性善、性恶的分析框架，以一种自然主义的中立立场，对人性只做事实描述，不做道德判定，既不以之为恶，也不以之为善，是为自然。

其次，由于对人性评价基本立场的不同，在人性是否可变这一问题上，荀子与韩非的论述也有着根本差别。荀子的人性论是有层次的，分为先天和后天，他认为人性可以通过后天的学习而改变，也必须改变。一方面，人性改变具有可能性。无论圣人还是普通民众，其人性都是可变的，"途之人可以为禹"，人在现实生活中变现出来的善行与恶行，可以通过主观努力和后天熏染来实现，"可以为尧禹，可以为桀跖，可以为工匠，可以为农贾，在势注错习俗之所积耳。"（《荀子·荣辱》）这是实现道德教化可能性的切入口，也是通过法治实现教化、移风易俗的切入口。另一方面，人性又具有改变的自觉性。"夫薄愿厚，恶愿美，狭愿广，贫愿富，贱愿贵。"（《荀子·性恶》）每个人都向往美好的东西，荀子由此推论："人之欲为善者，为性恶也。"（《荀子·性恶》）。另外，荀子认为人性改变具有必要性。人性恶如果不加以改变，将会对个体发展、伦理秩序和社会稳定带来巨大危害，"人生而有欲，欲而不得，则不能无求；求而无度量分界，则不能不争。争则乱，乱则穷。"（《荀子·礼论》）因此，为避免社会纷争、动荡与穷困，必须对人性加以改造和限制，行教化而淳风俗。与之相反，韩非则主张人的自利本性是先天决定，不能改变，也无须变化，有陷入机械主义或形而上学的嫌疑。比如，他认为民众之所以会做善事，只是屈从于外部压力，并不是发自于由人性改变而产生的"义"，"民固服于势，寡能怀于义。"（《韩非子·五蠹》）而且，韩非对于人性可以通过教化而弃恶从善表现得毫无信心，基于这种认识，他要求统治者"不养恩爱之心，而增威严之势"。只能以威权或其他外力压制恶性，才能维持社会的和谐运转。但另一方面，韩非又认为人性无须改变。人的自利本性非善非恶，只是一种自然状态，既然自利不是"恶"，并不必然具有社会危害性，那也就无须改变了，反而可以因势利导，通过物质激励或赏罚，来调动人们的积极性，进而达到树立权威、发展经济、维护统治等目的。

基于对人性是否可变的认识，荀子与韩非给出了两种截然不同的处理社会问题的方式。荀子提出"逆性"的主张，希望通过道德和法治两手对人性加以改造，"古者圣王以人之性恶，以为偏险而不正，悖乱而不治，是以为之起礼义、制法度，以矫饰人之情性而正之，以扰化人之情性而导之也。"（《荀子·性恶》）"礼义"代表着道德教化，"法度"意味着法制规矩，双管齐下，对人的自利本性"正之""导之"，即可导恶向善，实现治道。在"逆性"的过程中，荀子特别强调去"伪"，通过人为的春风化雨"化性起伪"，即通过后天的道德教化，唤起人们践行道德修养，实现对人性恶的改造和善的张扬，达到弃恶入善的目的。与之不同的是，面对人性与社会问题，韩非却主张"顺性因情"。既然人性自利是人的自然本性，无法通过教化得以改变，那么就只能接受现实存在，正视人性，并让其顺着人的本性自然发展，必要的时候因势利导即可，正如大禹治水，不要通过堵改变它的流向，而只能利用疏导借力打力，或者建起水库加以利用。统治者可以操持"二柄"进行赏罚，可以制定政策严肃法纪，这些都必须以人的自利本性为依据，要因循它，而不是否定它、改变它。

3. 性恶之论，启迪法治

无论是商鞅的人性思想，还是韩非的人性思想，都可以成为法治的依据，成为立法的理论基础。但他们二者人性思想的同中有异，对法治提供的启迪则有所差异。

由于商鞅所处的历史时代及阶级地位的限制，其人性好利论思想必然存在历史和阶级局限性，诸如，夸大了刑法的作用，用高压专制构建所谓的"长治久安"，从基本法理来看，商鞅最先从人性的角度构建起了系统的法治学说，具有划时代的历史进步意义。而且时至今日，商鞅对人性的分析与对当代社会治理仍具有重要的现实意义。

一方面，商鞅的人性论未对人性做道德评价，而是一种人性的相对主义。"民之于利也，若水于下，四旁无择也。"（《商君书·君臣》）缘此，商鞅进而将人性论引入政治学领域，并将其视为"重刑主义"政治制度发生学的理论依据。

在某种意义上讲，商鞅关于人性的认识，类似于马斯洛需求层次理论中提到的：人有维持生存和保护自己安全的最基本的需要。在推进国家治理现代化过程中，我们也应正视人性对于维持生存和保护自己安全的最基本需要，必须健全幼有所育、学有所教、劳有所得、病有所医、老有所养、住有所居、弱有所扶等方面国家基本公共服务和社会保险制度体系，注重加强普惠性、基础性、兜底性民生建设，保障群众基本生活需要。从这个意义上来说，坚决打赢脱贫攻坚战，建立解决相对贫困的长效机制具有人性论意义上的普世价值。

另一方面，商鞅认为，人性自利与生俱来，终其一生不可更改，为我们全面持续地推行从严治党，推行法治反腐败，提供了人性的理论支撑。追名逐利的人性，让那些无视党的底线的党员干部，为满足自己的私欲，唯利是图、损公肥私，而致道德的约束作用失效的情况下，善于用法治思维和法治方式反对腐败，加强反腐败国家立法，加强反腐倡廉党内法规制度建设，树立底线意识，让法律制度刚性运行，这些都是非常必要的。

韩非将个别人的自利现象普遍化成所有人的"人性自利"且不可变的观点，例如，有慈母败子就说子女都不可教，有孝子狠父母就说所有父母都不慈爱；有不忠的夫妻就否定相敬如宾的夫妻；有乱臣欺君就断定没有忠臣，有不推仁义之君主就断定没有仁爱之君王……以及以具有共开性和，人与人之间没有仁爱、只有利益，并且人自利的特性是不可能改变的。

在韩非看来，人的好利属性是由人的生理需求诱发的，是人与生俱来的自然本能，因此，他主张君主应该"不养恩爱之心，而增威严之势"（《韩非子·六反》）。因为，"爱多者则法不立，威寡者则下侵上。是以刑罚不必则禁令不行。"（《韩非子·内储说上·经二》）韩非在他的著作中讲了很多故事，论述君主必须严刑峻法的主张。君主的"仁"，在韩非眼里不但不是善名，反而会导致大臣们"无重"，轻慢君权，心存不平不满："夫慈者不忍，而惠者好与也。不忍则不诛有过，好予则不待有功而赏。有过不罪，无功受赏，虽亡，不亦可乎?"（《韩非子·内储说上·说二》）君主的仁慈恩惠在一定条件下成为败亡的因素。这就是因为"君臣利异，故人臣莫忠，故臣利立而主利灭"，君臣之间利益关系的不同，正是建立在韩非所阐述的"好利"的基础之上。

韩非认为，君主根据人趋利避害的本性去立法，而不应当为自己的主观意愿和好恶情感所左右，应该"因道全法"，"道无双，故曰一，是故明君贵独道之容。"（《韩非子·扬权》）正如自然界的春生秋杀，君主立法也应当如此："赏莫如厚，使民利之；誉莫如美，使民荣之；诛莫如重，使民畏之；毁莫如恶，使民耻之。然后一行其法，禁诛于私家，不害功罪。赏罚必知之，知之，道尽矣。"（《韩非子·八经》）而做到了这些，法就能显示君主至高无上的权威性和他统治的合理性、刑赏的合理性："圣主之立法也，其赏足以劝善，其威足以胜暴，其备足以必完法。"这样，臣下也就不会因为受到刑罚而怨恨，也不会因为受到庆赏而感恩。

韩非指出，正是因为人性自利且不可改变，道德的自律在利益面前苍白无力，不起任何作用。"州部之吏操官兵、推公法，而求索奸人，然后恐惧，变其易其行矣。"韩非为统治者设计了治国理政的重要方法，即严刑酷法。在"人民众而货财寡，事力劳而供养薄"的战国时代，根据"世异事异、事异备变"的原则，他主张利用人们的好利本性，通过厚赏诱导人民遵守法纪，通过重惩、刑罚迫使人民不敢犯法，通过物质激励或赏罚，来调动人们的积极性，进而达到树立权威、发展经济、维护统治的目的，在性私论基础上找到了"法治"的强国之路。

秦国采用韩非的严刑酷法统一了六国，但是中国封建社会的国家依然是以血缘关系为基础的宗法关系，这需要仁爱来维系，因此，韩非的严刑酷法在中国封建社会不可能成为主流。但韩非提出的"人性自利"，尤其在阶级社会条件下是人们外在社会行为的典型表现，打破了传统儒家文化耻于言利的局限，撕开了统治阶级的虚伪面纱，对推动社会生产力的发展具有极大的促进作用。在中国历史上占主导地位的儒家思想在性善论影响下，追求"莫善于寡欲"，到了宋儒时期成了"存天理、灭人欲"，这让人们耻谈过多的欲望和利益。甚至到了社会主义初期，很多人还认为财富是罪恶的，富人都为富不仁。韩非的"人性自利"并没有否定欲望是罪恶，他倡导发挥人性利己的天性，以爵禄富贵、物质利益为刺激，以调动人们生产和作战的积极性，从而推动生产力发展，同时主张用刑罚约束损害了社会正常秩序的过度自利造成的恶，使社会运行在平衡稳定的健康轨道上。在我国不断完善社会主义市场经济的过程中，追求物质利益正成为人们社会行为的普遍动机，它反映了市场经济的客观要求，我们应根据人的趋利心理制定科学、合理的政策以引导人们的市场行为，这对调动人们参与生产劳动的积极性，更好贯彻新发展理念，合理构建分配体制，从而推动生产力健康快速发展，具有一定的积极意义。

三、正视人性，倡导法治

基于人性"好利恶害"，法家主张采取以暴制暴和对道德的忽视给社会带来了一些副作用。但不可否认的是，在动乱中重建稳定的社会秩序、解决社会的道德困境问题、破除宗法制度对个人的束缚以及建立官僚队伍的选拔与监督制度等方面，由于正视人性、以人性为着眼点，法家思想客观上发挥了积极的正面作用。因此，法家的人性假设在当代社会治理中仍具有重要的参考价值。

1.正视人性，强化法治

春秋时期一系列的政治、经济改革，迅速提升了诸侯国的综合实力，随之而来的是诸侯权力欲望的膨胀和彼此间矛盾冲突的升级，随后出现了诸侯各国长达200年的无秩序混乱与纷争，儒家将这种社会失序的原因归于道德的缺失，即礼崩乐坏，并倡导用道德的力量重建社会秩序。法家认为人性本恶，社会的混乱和失序在很大程度上是源于人性恶的膨胀。法家认为人性好利外化的结果便是"争夺生而辞让亡"；人性趋恶膨胀的结果便是"残贼生而忠信亡"；人性声色过度的结果便是"淫乱生而礼义、文理亡"。同时，法家看不到依靠人的内在道德和礼乐等级来重建社会秩序、实现社会治理的可能性，因此否定儒家礼治和德治，倡导通过法制来恢复秩序，结束社会动荡。

可以说，法家用法律制度稳定了社会秩序，提升了国家实力，帮助国家在动荡冲突的乱世中迅速弭兵止乱，在建立稳定的社会秩序方面，比仅仅依靠道德自律的柔性措施更有效果，更能发挥切实有效的规范作用。鉴于此，在推进国家治理体系和国家治理能力现代化的进程中，在综合国力竞争事关民族兴衰的今天，我们更应该重视法治的力量，坚持和完善共建共治共享的社会治理制度体系，处理好人性与社会治理的关系。同时，要重视德治与法治的共同作用，加强社会公共道德的教育养成，发挥法律在道德养成中的他律作用，建立健全法治、德治相结合的城乡基层治理体系，构建基层社会治理新格局。

2.正视人性，顺势而治

对于这种人人都自私、都是为了自己名利的自为心，先秦法家多没有作出善恶的价值评价。在他们看来，人性是一种客观存在，这种客观存在为君王实行法治提供了必备的社会心理条件。在这种人性观的基础上，商鞅提出了他的法治理论。他说："人君（生）而有好恶，故民可治也。……好恶者，赏罚之本也。"（《商君书·错法》）正因人性有好恶，所以人们才有被"治"的可能性。君主要善于把握普罗大众的心理，顺应人之好恶，设赏立罚。设赏要能鼓励人们的欲望，立罚要能威慑人们的恶行。韩非对此作了进一步的发挥，他认为，人性无法改造，也无须改造，那么就应该顺应并利用人性的自私和好利恶害，用赏罚"二柄"加以驱策，用法律条令加以治理，"凡治天下，必因人性。人情者，有好恶，故赏罚可用，赏罚可用，则禁令可立而治道具矣"，故而法治才是最有效有力的治国方法。具体的方法是："设民所欲以求其功，故为爵禄以劝之；设民所恶者以禁其奸，故为刑罚以威之。"（《韩非子·难一》）也就是说，君主或统治者想实现什么目标，就要诱之以重赏，这样人们自然会趋之若鹜，尽忠报效；君主或统治者想禁止什么，就必须威之以重罚，这样人们自然会视为畏途，不敢越雷池一步。这就是韩非法治思想的精髓所在。在法家看来，自立自为是人的自然本性，生物本能不可改变，那么像儒家那样把天下大治的希望寄托于"人人皆可为尧舜"的道德理想，希望通过提升社会成员的道德水准来约束和规范社会成员的行为，显然是一种乌托邦，是不可能成功的空想。既然道德的自我约束力量并不可靠，那么就只能用法律等外力来进行约束了。因此，法家将法治视为不啻针对人性自私的灵丹妙药，统治者只要善于利用人的这种本性，善用赏罚两手，决壅塞漏，令行禁止，百姓就会按照统治者希望的方式去行为，这样，社会自然安定有序，天下自然就治理好了。

正是基于对古代资源现实状况分析和人性自私的假定，法家认为人们会因为自身趋利避害，自私自利的属性而争夺资源、争名夺利，从而会引起纷争四起，社会秩序的混乱。那么在人性无法改造的前提下，如何规避这种纷争和混乱？法家提出"唯法所在""事断于法"等进步主张。

3.正视人性，遏制贪腐

在儒家看来，任用官员都是道德高尚的"举孝廉"之人，对官员的规范在很大程度上寄希望于官员的内在自律。事实上，即便"举孝廉"之人当初并无瑕疵，但当上官之后，因执掌公共权力和环境浸染，官员认知发生改变，不再受儒家道德体系的约束，道德自律便形同虚设了。法家基于人性"好利恶害"的特点，并不完全相信官员的内在自律，而主张建立拥有专门监察人员的制度，通过国家制度化监察达到整顿吏治的作用。

为弥补礼教的不足，我国封建社会也以国家名义设立了许多制约机制，如依靠国家财政体系建立起的国家监察系统，这也是法家"备内""备奸"思想在政治生活中的实践体现。首先，监察制度使被赋予政治权力的监察人员获得了超然的政治地位，这在很大程度上降低了监察人员工作的困难，有利于推进监察工作的开展。其次，国家还将监察系统逐渐细化为专门针对中央官员和地方官员的更加专门化的中央监察系统，如御史台、左拾遗、右司谏等，以及地方监察系统，如两汉的13部州刺史、明清的科道御史等，这就使监察部门和监察人员获得了相对于被监察对象的相对独立的地位，在一定程度上减少对监察队伍的制约，提高了监察的公正性，保证了监察工作的效率。最后，法家通过制度化扩展了监察的范围，既监察官员的违法行为，又监察官员日常施政情况，目的是杜绝官员为升迁而弄虚作假、捏造政绩，与吏部等对官员考核铨选形成双重考核。监察制度的设立，完善了中国传统的政治理论，成为法家构建的一整套社会治理体系中重要的组成部分，有效地发挥了遏制官员腐败、保证封建国家行政系统良性运转的作用。

放眼当今社会，坚持和完善党和国家监督体系，强化对权力运行的制约和监督，我们应借鉴法家基于人性恶理论构建监察体系的历史价值。结合现实发展，应积极健全党和国家监督制度，重点加强对"关键少数"的高级干部、各级主要领导干部的监督，强化政治监督，深化纪检监察体制改革，完善派驻监督体制机制，推进纪律监督、监察监督、派驻监督、巡视监督统筹衔接，健全人大监督、民主监督、行政监督、司法监督、群众监督、舆论监督制度，发挥审计监督、统计监督职能作用，为巩固和完善党的领导打下坚实的制度基础。

当然，鉴于先秦法家的历史的局限性，性恶论亦具有一定的缺陷：其一，从性恶出发，否认了人的道德先验性，圣人治礼作乐的"化性起伪"的教化行为就失去了坚实的理论根据。其二，把人的先天的自然本性等同于社会性，没有真实地看到人的自然本性和人的实际"恶行"之间的区别，没有意识到人性的复杂性和层次性，忽视了人有意识的造作性，使得人的个人"恶行"具有自然存在论根基，以至于把"恶"视为具有价值正义的合理性行为，这是有很大消极影响的。其三，没有区分人的自然恶性和社会道德规范教化向善的积极作用，从而与其以法治人、矫正人心的诉求产生悖论。其四，性恶论使人性的超越幅度丧失殆尽，人将完全成为物质需求的产物，成为社会阶级统治的奴隶。

尽管人性恶的理论被许多人所接受，但是以性善论仍旧是中国人性论的主流思想。我们不可否认，人皆有向善的本能，人善论提升了人的价值和尊严。但是，在社会治理中，性善论者偏于依靠道德解决问题，太过重视德治。现实中，指望权力自觉为善，指望面对巨大权益诱惑而自觉为善，其实都是不可能的，必须有法治的严格监督与约束。当然，无视德治，苛法严刑，亦刚性过度。因此，在新的历史条件下，我们要把依法治国基本方略、依法执政基本方略落实好，必须坚持依法治国和以德治国相结合，使法治和德治在国家治理中相互补充、相互促进、相得益彰，从而推进我国社会主义国家治理体系和治理能力现代化向纵深发展。

延伸阅读 韩昭侯问责典冠

战国七雄之中，以韩国最为弱小，但韩昭侯在位期间选贤用能，使韩国国势日盛，诸侯不敢侵韩。韩昭侯不仅礼贤下士，而且严明职责、严格执法、不以情侵法。

　　有一次，韩昭侯饮酒过量，不知不觉醉卧床上酣睡不醒。他手下的官吏典冠担心君王着凉，便拿了一件衣服盖到他身上。韩昭侯睡醒后，看到身上盖着的衣服，便问身边的侍从说："是谁替我盖的衣服？"侍从回答说："是典冠。"韩昭侯立刻把脸沉了下来。他派人把典冠找来，问道："是你给我盖的衣服吗？"典冠回答说是。韩昭侯又派人把典衣找来，严厉地批评两人："你们今天都犯了大错，知道吗？"二人面面相觑，不明所以。韩昭侯指着他们说："典冠你不是典衣，怎么能擅自去做超越职权范围的事呢？而典衣你作为掌管衣物的官员，明显失职。如果大家都像你们这样随心所欲，各行其是，整个朝廷不是乱套了吗？因此，必须重罚你们，让你们接受教训，也好让大家都引以为戒。"最终，韩昭侯以越权之罪重罚了典冠，同时也以失职之罪罚了典衣。

　　以我们现代人的眼光来看，韩昭侯的做法似乎有些不近人情，但从另一个方面讲，这种严明职责和不以情侵法的精神也是值得肯定的。

第三章　兴功惧暴　定分止争

——法治的基本功能

关于法治的主要功能，习近平总书记曾引用先秦法家代表人物管仲的话说："法者，所以兴功惧暴也；律者，所以定分止争也；令者，所以令人知事也。"这句话出自《管子·七臣七主》，"法""律""令"都是指法律性文件。"法"是法律、刑法，"律"指条例、规章，"令"指条令、政令。"兴功惧暴"就是表彰对国家有功的人和事，威慑妄图反对和破坏国家的人和事；"定分止争"就是确定名分，止息纷争；"令人知事"就是广而告之，使人知道国家的行政命令和政策。应该说，每当一个王朝建立之后，很快就会把立法制律的事情提到重要的议事日程。在马上用武力打江山，下马后便要用法令治江山了。

一、法治功能，刚性理政

法家思想之所以能够在中国传统社会的治理中发挥切实有效的作用，不仅因为法家从理论的高度为其"法治"主张打下坚实的基础，同时还从现实的角度给出了实现法治的具体路径。历代王朝奉行外儒内法，"唯法为治"，都制定了一系列刑律法令，用这些刑律法令以兴功惧暴、奖功罚过，厘定物权、定分止争，维护了封建统治秩序。

1. 兴功惧暴，法定赏罚

　　法治的功能是指法治在社会生活中所能发挥的有益作用。在现代法治理论中，法具有很多功能，包括控制功能、调节功能、指引功能等。既然法家极力倡导法治，把法律视为一种有利于统治的强制性工具，而其中一项重要的工具性功能，便是"兴功惧暴"。所谓"兴功惧暴"，主要包括两层意思，一是"兴功"，即"奖功"。法家认为人有趋利之性，主张通过物质刺激来激励臣民多立功少犯过。也就是通过建立并实施严厉的奖惩制度，赏有功而罚有过。如《管子》主张，"见必然之政，立必胜之罚"，使"民知所必就而知所必去"；如果"言是而不能立，言非而不能废，有功而不能赏，有罪而不能诛，若是而能治民者，未之有也"（《管子·七法》）。《商君书》指出："民信其赏，则事功成；信其罚，则奸无端。"奖励是诱饵，使人奋进努力；惩罚是鞭子，使人不敢懈怠。

　　中国的历朝历代，都特别注重两件事：一是通过战争抵御外敌、开疆拓土；二是发展农业，开荒拓地。法家尤为注重奖励耕战，他们认为立法可以保障立战功的人受到应有的奖励，从而鼓励人们积极作战。奖功的最终目的还是为了富国强兵、取得兼并战争的胜利，富国强兵的目的主要是为了维护国家利益。例如，为了实现富国强兵，商鞅在秦变法的主要内容之一，就是奖励军功。当时的秦国，实行世卿世禄制度，只有血缘贵族才有爵位并享有诸多特权，社会风气不佳，且乡里常有百姓进行打斗。商鞅以为与其私斗伤民败俗，不如上战场为国家为人民奋勇杀敌。于是在这种情况下，商鞅推行了新的军功爵制，设立了20级军功爵位制，法律规定，凡行伍中人，不论出身如何，一律按其所立军功的大小进行赏赐授爵，即便是宗室贵族，未立军功者同样不能拥有爵位。这样就大大地鼓舞了官兵们的士气，使得秦军的战斗力大大提高。从这以后，秦国的军事实力不断增强，这对于秦最终横扫六国、完成全国的统一起到了巨大的作用。同样，奖励耕织，特别是奖励垦荒，也是商鞅变法的重要内容。商鞅变法伊始就规定：谁生产的粮食和布帛多，就免除谁的劳役和赋税，他要求以农业为"本业"，以商业为"末业"，并且限制商人经营的范围，重征商税。商鞅变法规定废除贵族的井田制，即废除奴隶制土地国有制，实行封建地主土地所有制，国家承认土地私有，允许自由买卖，进一步调动了农民垦荒耕织的积极性。

自秦之后，几乎各个朝代都立法奖励耕战。例如，唐朝立国之初，便修了一座凌烟阁，把战功卓著的功臣都绘像张挂入阁中。唐代诗人李贺就写诗证实了这件事——"请君暂上凌烟阁，若个书生万户侯。"唐朝的租庸调制和两税法，宋朝王安石变法中制定的"青苗法""方田均税法""农田水利法"等，明朝张居正的"一条鞭法"……都是通过立法鼓励发展农业生产，在当时也都起到了重要的作用。

"兴功惧暴"的第二层含意"惧暴"，即"罚过"，即以严刑峻法威慑不法之徒，使暴徒感到恐惧。也就是韩非所提出君主应操"刑德二柄"之"杀戮之谓刑"，通过严惩罪恶，使有罪者恐惧，使老百姓戒慎，有则改之，无则加勉，从而保持统治秩序。韩非在《韩非子·心度》中提出"治民者，禁奸于未萌"，意思是：统治人民的人，应在邪恶的事情尚未萌芽时便有所禁止。作为君主集权统治的支持者，韩非自然将法治的禁奸功能看得尤为重要。在韩非看来，人与人之间只是纯粹的利益关系，那么君主的意志与臣子、百姓的利益从本质上是错位的，当两者不相符合、产生冲突时，臣民就很可能"犯法为逆以成大奸"，用奸邪手段犯上作乱，以逞私欲，威胁君王的统治秩序。而对于臣子来说，"审得失有法度之制者加以群臣之上，则主不可欺以诈伪。"(《韩非子·有度》)只有加强法治才能有效防止臣子胡作非为；对于百姓来说，"故设柙非为备鼠也，所以使怯弱能服虎也；立法非所以备曾、史也，所以使庸主能止盗跖也。"(《韩非子·守道》)对于统治者来说，老百姓就是虎和盗跖，而法则是统治者来关押老虎的木笼，必须将百姓装进法制的"木笼"中，才能有效管制，不至于作奸犯科。总而言之，法家认为法治的核心功能就是其强制力，可以帮助君王有效地控制臣民的行为，巩固自己的统治地位，维护封建统治秩序。

“法治”从消极意义上禁止人的不当言行，也有从积极意义上指导人们以正当方式进行社会活动的功能，这是法家法治思想的重要方面。在《韩非子·外储说右下》中，韩非指出：“椎锻者，所以平不夷；榜檠者，所以矫不直也。圣人之为法，所以平不夷矫不直也。”意思是说，锤子砧石，是用来平整不平的工具的；榜檠，是用来校正不直的弓弩的。圣人之所以建立法制，是用来平整不平、矫正不直的行为的。韩非将法比作椎锻的铁锤和铁砧，又将法比作校正弓弩的工具榜檠，认为法可以像冶铁和校弓一样纠正人们的行为，具有移风易俗的文化治理功能。

延伸阅读　惧暴如临渊　逋逃以连城

《韩非子》曾讲过两个故事，旨在说明使人民相信犯法者必受惩罚是多么重要。一个故事说，董阏于做赵国上党地区的郡守时，他巡视石邑山中，看见山涧深邃，像墙一样陡峭，深达千丈，就问居住深涧附近村舍的人说：“曾有人下去过吗？”回答说：“没有。”又问：“小孩、痴聋、疯癫的人曾有下去过的吗？”回答说：“没有。”“牛马狗猪曾有下去过的吗？”回答说：“没有。”董阏于感叹地说：“我能治理好上党了。假如我治理时对罪犯严惩不贷，使他们好像掉下深涧必死一样，就没有人敢触犯法令了，还怎么会治理不好呢？”

另外，《韩非子》还讲了一个卫嗣郡愿意以一个名叫左氏的城池与魏国交换一名逃犯的故事，卫嗣君在位的时候，有一名服劳役的囚犯逃到了魏国，给魏襄王的王后治病。卫嗣君听到这件事，就派人去请求用五十镒黄金赎买那名囚犯。可派去的人往返跑了五趟，魏襄王执意不肯给人；卫嗣君就提出用左氏邑跟魏国交换那名囚犯。朝廷群臣和左右亲信都劝谏道:"用一个大城邑去赎买一名囚犯,那怎么可以呢?"卫嗣君说:"这不是你们所能明白的。治理一个国家能做到没有什么是小事,也就不会有大的祸乱发生。假如法度不能确立,惩罚不能严明,即使有十个左氏邑也没有什么好处;而法度确立,惩罚严明,即使失去十个左氏邑也没有什么妨害。"魏襄王听说了这事,说:"卫君想治理好国家,我却不听从他的请求,这不吉祥。"就把囚犯用车子送去,白白地献给卫嗣君。

严刑峻法惩治奸邪,使罪犯感到如临深渊、万劫不复一样的恐惧;不惜以连城的价值追亡逋逃,使罪犯感到天网恢恢,天涯海角亦无容身之地,这就是法家"刑德"的力量。

2. 定分止争,归属确权

韩非从"法治"产生的客观原因出发,认为正是由于人口增长导致资源供给不足,故易使民争,引起社会秩序的混乱和统治危机,而"法治"是确定权属、解决争端的重要手段,即管仲所说的"律者所以定分止争也"。

"定分止争"即确定物品的所有权,防止因归属不明而引发的纠纷,法家认为这也是法产生的目的和主要作用。《慎子》《商君书》《吕氏春秋》等都有所有权划分重要性的论述。关于"分"究竟是"纷争"还是"名分"的意思,不同的法学家有不同的认识。从事司法仲裁和民事调解的人认为是调解纠纷的意思;而著名法学家王利明等认为,只有确定权利归属,才能减少权利归属的不确定性,防止纠纷的发生,维护社会秩序的安定。"止争"的前提必须是"定分",确定物权的归属。因此应当是"分"通"份",而不是"纷",只有确立了权利的归属,才能够进行进一步的交易和分配。

《吕氏春秋·慎势篇》所言:"今一兔走,百人逐之,非一兔足为百人分也，由分未定也。分未定，尧且屈力，而况众人乎！积兔在市，行者不顾。非不欲兔也，分已定矣。分已定，人虽鄙不争。故治天下及国在乎定分而已矣。"商鞅在《商君书》中也重复了这一形象比喻。意思是说，有一只兔子在野地里跑，有成百人在追捕，并不是一只兔子可以分给一百个人，而是因为所有权没有定下来。因为所有权没有定下来，无主的野兔给众人提供了积极争取的可能，就是尧王这样的圣人也没有办法解决，何况是普罗大众呢？被捕获的野兔在市场出售，因其权属既定，他人就不能随意盗取。这意味着，诸如野兔之类的东西在名分未定的情况下，即使是尧舜等圣人，也会去追逐它，而在归属已定时，即使是盗贼也不能随意掠取，否则要受到法律的制裁。显然，无论管子、商鞅还是韩非，都认为法治的对象是熙熙攘攘的名利之徒，因此需要依靠法律的奖惩，使之趋利避害，减少纠纷。因而，他们均将定分止争看作法治的重要功能。

法家主张制定法律，设立公义，以定分立禁的方式平息社会纷争。在法家看来，"国无君不可以为治"，定分立禁必须设君，而设君的目的是立禁定分。社会上出现的许多纷争，就是名分没有确定或者无法确定。需要有一个有权威的仲裁者来确定归属权，以制止因名分未定而产生的纷争。在一个国家里，其最高领导人无疑就是最合适的仲裁者。法家从法律功能的角度，肯定了君权的必要性。

"定分"的内容很丰富，在当时法家和儒家的眼中也各有不同侧重。在法家观念中，定分就是确定权属关系，而儒家则更强调人身份地位上的定分，强调贵贱、尊卑、长幼、亲疏有别。儒家早期经典《礼记》中有"故百姓则君以自治也，养君以自安也，事君以自显也。故礼达而分定，故人皆爱其死而患其生"之说法。荀子则认为："人道莫不有辨，辨莫大于分，分莫大于礼。"（《荀子·非相》）他强调："人生而有欲，欲而不得，则不能无求，求而无度量分界，则不能不争……故制礼义以分之。"（《荀子·礼论》）法家主张法治，强调法，儒家主张德治，强调礼。从礼与法共同作用的角度，所谓定分，即是通过制定法律维护人的身份地位、权属关系的稳定，维护社会秩序的稳定。国家有君臣、上下、贵贱之分，天子、诸侯、大夫各有其位，不得逾越；家庭有父子、嫡庶、长幼之分，夫妇、亲子、兄弟各有名分，不得无序；社会有职业之分，"士不得兼官，工不得兼事"；施政有功罪、赏罚之分，"定赏分财必由法"；官场有职守、权限之分，大小群僚"职不得过官"……这一切都应当由法来明确规范。

从司法角度讲，定分止争是司法目标。司法活动的过程理应是定分止争的过程，定分是司法活动的法律效果，止争就是司法活动的社会效果，两者统一于司法活动之中。定分，要求立法司法者明辨是非，妥当制定和适用法律，维护社会公平正义；止争，要求司法者析情说理，把法条律令体现的精神内化为人们的自觉行动，实现案结事了。正所谓"辨法析理，胜败皆服"。故定分和止争在情、理、法上应当是统一的，能够定分的司法活动，必然合于情理，能够止争；能够止争的司法活动，必然合于法律，能够定分。定分而止争，法治成矣！

3. 富国强兵，法治竞功

法治完成了社会规范层面的禁奸、正行和定分止争，也就建立起了良好的国家秩序，必然产生良好的治理效果。战国时期是"争于气力"的乱世，周室不振，天下四分五裂，各国诸侯"梦寐思服"求之不得的梦想，就是如何才能富国强兵，用武力统一天下。而法家力图迎合各国国君急于增强国力、建功立业的心理，通过宣扬法制"兴功惧暴、定分止争"的效能，达到富国强兵的终极目的，从而跃上政治舞台，产生了巨大的影响力，各国诸侯都竞相奉法改革，"唯法为治"。

韩非认为增强国家的实力应该从两方面入手，一是劝课农桑，一是整饬社会，二者分别对应于法治的引导功能和强制功能。

首先就是用法律劝课农桑，奖励耕战，增强国家的绝对实力。具体方法包括制定法律约束所有不利于耕战的人，也就是削弱他所谓五蠹（儒家、纵横家、带剑者、患御者、商工之民）的影响，禁止其社会存在。"夫明王治国之政，使其商工游食之民少而名卑，以寡趣（趋）本务而趋末作。"这种单纯的以农业作为国民经济支柱，甚至是国民经济全部的思想，是农业时代自然经济形态的必然产物。

其次就是用法律统一人们的思想认识，整合人们的精神力量，从而间接地加强国家的实力，也就是要加强国家的精神文化软实力。韩非认为，一个国家经济、军事实力再强，如果人心涣散、一盘散沙，那么其硬实力根本不可能在与别国的竞争中表现出积极作用。在宏观层面上，这种"有"等于"无"。韩非说："磐石千里，不可谓富；象人百万，不可谓强。石非不大，数非不众也，不可谓富强者，磐不生粟，象人不可使距敌也。"没有组织起来的人力和物力，如同磐石和木偶人那样，再多再大也无用。而法治，可以运用强制和引导两手，有效地将人们组织起来，真正做到人多力量大。具体的方法就是使"利出一孔"。韩非虽然不同意商鞅以名爵奖励耕战的具体运作方法，但他同样主张法律应该对人们取得利益的途径和方式加以规范，因为所谓"利出一空（孔）者，其国无敌；利出二空者，其兵用半；利出十空者，民不守"（《管子·国蓄》）。近代法家代表人物梁启超则认为："欲取富国强兵之术，唯法治而能致之。"[1] 他将法家思想与欧洲伏尔泰等人的"开明专制"论相比拟，将法家学说作为戊戌变法的指导思想之一，用法家"救世"精神，期待效法法家立宪救国、任法而治，唤起民族的精神力量，以救亡图存。

综上所述，法治的功能决定了法治的目的，要达成法治的目的就必须运用法治的功能，法家的法治理论之所以具有很强的现实操作性，就是因为其功能与目的具有内在的一致性，而且适应了时代的需要，与当时处于统治地位的社会经济形态相呼应，与上升中的封建统治阶层的需求和理想相契合，与战国诸侯的政治斗争局势相适应。

---

① 程燎原：《晚清"新法家"的"新法治主义"》，《中国法学》2008 年第 5 期。

二、乾坤定矣，紧握"二柄"

古人讲："国无常强，无常弱。奉法者强则国强，奉法者弱则国弱。"（《韩非子·有度》）无论什么时代，无论什么国家，只有颁布法令，且能够保证法令得到执行，这样的国家就能得到很好的治理。否则，一旦法令废弛，国家就会出现动乱。换一种说法，即法律的"兴功惧暴，定分止争"功能发挥得好坏，关系着国运的昌盛与衰败。因而，韩非提出，君主应操"刑德二柄"之"庆赏之谓德"。法律使君主对臣民功过的处理变得赏罚分明起来，也使得社会因激浊扬清而变得正气浩荡起来。

1.赏以兴功，罚以惧暴

赏罚是治国理政不可缺少、不可替代的重要手段，舍此不能正确用人，整顿吏治；舍此也不能引导社会风气，管理百姓。历代政治家对赏罚二柄都很重视，执政者务要操之在手。西汉魏相说："赏罚所以劝善禁恶，政之本也。"（《汉书·韩延寿传》）唐太宗则说："国家大事，惟赏与罚。"（《贞观政要·封建》）都是强调赏罚的重要性，称之为国家大事、为政之本、治国权柄，并能自觉地将之用于用人治国的实践中。汤武革命，恤众罚罪；太公佐周，信赏必罚；一切有远见卓识的政治家、军事家无不以赏罚严明而兴。反之，夏桀昏暴，不恤民众；纣王滥刑，天下离心；一切昏庸无能的国君无不以赏罚失当而亡。

相传为姜尚所著的《六韬》中记载，周文王问姜太公："赏所以存劝，罚所以示惩。吾欲赏一以劝百，罚一以惩众，为之奈何？"太公告诉他："凡用赏者贵信，用罚者贵必。赏信罚必于耳目之所闻见，则所不闻见者，莫不阴化矣。夫诚畅于天地，通于神明、而况于人乎？"姜子牙在这里提出了"信赏必罚"的原则，以及赏罚必须公之于众，才能产生震慑和激励的作用。法家思想家将这个原则发扬光大，并总结整理成系统的赏罚理论，将之用于战国诸侯的变法实践，最终在秦国产生了积极的效果。

秦始皇法度严明，奖励耕战，惩锄"五蠹"，最终扫六合而一天下；二世胡亥失法，滥施淫威而速亡。刘邦不吝厚赏，裂土予韩信、彭越、英布等，与百姓约法三章，从而结成了最广泛的"反楚霸统一战线"，建立了绵延数百年的大汉王朝。建汉以后，刘邦大封功臣，破天荒地封赏了145位功臣。当时人们都说"平阳侯曹参身被七十创，攻城略地，功最多，宜第一"，而刘邦"以萧何功最盛，封为酂侯，所食邑多"。他拿打猎作比喻，说"追杀兽兔者狗也，而发踪指示兽处者人也"，萧何就是"发踪指示"的那个人，他源源不断地为前方提供兵源和粮食，保证了楚汉战争的最终胜利，堪称大汉开国的总设计师。

汉武帝赏罚分明，从不偏私：霍去病骁勇善战，出征匈奴，封狼居胥，一战封侯；公孙弘足智多谋，辅佐有功于社稷，"以丞相褒侯"；主父偃更是在一年之内获得了四次升官的机会。而像公孙敖等人，先前因立功而封侯，但后来犯下大错，又被贬为平民。汉代董仲舒《春秋繁露·考功名》中，赏和罚都是根据实际功过，而不是根据名声大小。《春秋繁露·保位权》中还主张"赏不空行，罚不虚出"，强调奖罚时要把事实搞准确，将赏罚确定为封建帝王驾驭臣下、保证统治秩序的重要手段。到了汉末，纲纪废弛，桓灵二帝"亲小人而远贤臣"，"无功而厚赏，无劳而高爵，则守职者懈于官，而游居者亟于进。"（《淮南子·主术训》）"赏不当功，诛不应罪，上下离心，而君臣相怨。"（《后汉书·陈蕃传》）任人唯亲，终于导致宦官、外戚相继专权，阶级矛盾激化，统治秩序崩溃，大汉王朝最终在黄巾起义的号角声中土崩瓦解。

三国时期的曹操和诸葛亮则是赏罚严明的典型。早在曹操担任洛阳北部尉时，他就悬"五色棒"于四门，规定"有犯禁者，不避豪强，皆棒杀之"，有力地打击了豪强权贵，使"京师敛迹，莫敢犯者"，秩序为之整肃一新。曹操治军严明，赏罚必行，他认定"礼不可以治兵"，"吾在军中持法是也"，主张"恩不可专用，罚不可独任"，军纪"设而不犯，犯则必诛"，赏罚严明，才能使部众步调一致，千军万马"若使一人也"。他执法严明，公正无私，据《三国志·魏书·武帝纪》记载，曹操"尝出军，行经麦中，令'士卒无败麦，犯者死'，士卒皆下马，扶麦以相持；于是太祖马腾入麦中，敕主簿议罪。主簿对以《春秋》之义，'罚不加尊'，太祖曰：'制法而自犯之，何以帅下？然孤为军帅，不可自杀，请自刑。'因援剑割发以置地。""割发代首"的故事显示曹操执法必严、一视同仁的态度。正因为赏罚严明，军纪整肃，经过20多年的军阀混战，"龙战于野，其血玄黄"，曹操终于得以统一北方。

诸葛亮更是以赏罚严明著称于世。孔明《赏罚》篇明确认识到："赏以兴功，罚以禁奸，赏不可不平，罚不可不均。"他主张"赏赐知其所施，则勇士知其所死；刑罚知其所加，则邪恶知其所畏。故赏不可虚施，罚不可妄加"。据《三国志》记载，诸葛亮"科教严明，赏罚必信"，他说："有制之兵，无能之将，不可以败；无制之兵，有能之将，不可以胜。"在诸葛亮的调教下，蜀军"戎阵整齐，赏罚肃而号令明"，以弱抗强，"进退如风"，以高度的纪律性所向无前，屡屡掌握战役主动权。诸葛亮还明文规定，行军打仗"进有厚赏，退有严刑"，"令不可犯，犯令必斩"。大将马谡因违反军令，失守街亭要地，为了严明军纪，诸葛亮坚持"诛罚不避亲戚"的原则，挥泪斩了马谡，事后还上书自贬："臣以弱才，叨窃非据，亲秉旄钺以厉三军，不能训章明法，临事而惧，至有街亭违命之阙，箕谷不戒之失，咎皆在臣授任无方，臣明不知人，恤事多暗，《春秋》责帅，臣职是当，请自贬三等，以督厥咎。"主动将丢失街亭、兵败箕谷的责任全部揽到自己身上，自贬三级，直到后来取得军事胜利才恢复丞相之职。可以说他真正做到了"无恶不惩，无善不显"，"尽忠益时者虽仇必赏，犯法怠慢者虽亲必罚，服罪输情者虽重必释，游辞巧饰者虽轻必戮；善无微而不赏，恶无纤而不贬；庶事精炼，物理其本，循名责实，虚伪不齿；终于邦域之内，咸畏而爱之，刑政虽峻而无怨者，以其用心平而劝戒明也。可谓识治之良才，管、萧之亚匹矣。"（《三国志·诸葛亮传》）他"抚百姓，示仪轨，约官职，从权制，开诚心，布公道"，开拓西南，为我国统一的多民族国家发展作出了杰出贡献，用实践证明了循名责实、"信赏必罚"可以"兴功惧暴"的重要意义。

南北朝时期，北齐大臣杜弼深受世宗高澄的信赖。有一次高澄要他讲一讲"政务之要"，他就说道："天下大务，莫过赏罚二论。赏一人使天下人喜，罚一人使天下人服。但能二事得中，自然尽美。"高澄高兴地说："言虽不多，于理甚要。"（《北齐书》）

至隋文帝杨坚，他修订刑律，执法严明，"法不恕子"，严于律己，终于结束了南北分裂数百年的混乱局面，又一次实现了国家大一统；但隋炀帝杨广却贪图享乐，骄奢淫逸，因私废法，凭个人喜怒滥施刑赏，隋朝大业转瞬间被剥蚀一空。

唐太宗李世民经常以隋炀帝为鉴，考量治国方法的得失。贞观四年（630年）七月的一天，他与房玄龄等人谈论隋文帝的治国方法，认为只要做到信赏必罚，"有功则赏，有罪则罚"，选好用好人才，国家没有治理不好的。有些朝代之所以短命，就是因为君主都不懂得用好奖善惩恶、赏功罚罪这一治国利器。

做到赏罚得当，关键是要坚持公正公平的原则。贞观元年（627年），唐太宗论功行赏，房玄龄、杜如晦、长孙无忌均封为公，功劳并列第一等。淮安王李神通不服，认为自己是太宗的皇叔，宗室贵胄，跟随高祖举义最早，而房玄龄等人只会舞文弄墨，自己不该屈居其下。唐太宗重申了"赏当其劳，罚当其罪"的原则，说房玄龄等有运筹帷幄、安定社稷的功劳，如同汉朝的萧何一样，功居第一。而李神通虽然是朝廷至亲，但也不能为徇私情就随便让他与功勋卓著的大臣同等封赏。太宗坚持按功勋大小行赏，给予房玄龄等人的实际食邑，有的记载是3300户，有的记载是1300户，而李神通实际只享受500户。唐太宗坚持原则，不论亲疏远近，做到了公正公平，充分发挥了赏罚劝善惩恶的作用。

宋代李觏《强兵策》中说："无德而官，则官不足以功有德；无功而赏，则赏不足以功有功。"张孝祥《缴驳成闵按劾部将奏》中写道:"赏不当功,则不如无赏;罚不当罪,则不如无罚。"欧阳修在《准诏言事上书》中也认为:"赏及无功则恩不足劝,罚失有罪则威无所惧。"《宋史·宋琪传》中记载:"世之治乱,在赏当其功,罚当其罪,即无不治。"《资治通鉴》中说:"罚当罪,则奸邪止;赏当贤,则臣下劝。"国家的治乱兴衰,很大程度上取决于法治"兴功惧暴"的功能发挥得好不好,赏罚得当,公平公正,国家纲纪整肃,社会秩序井然,就很容易达到天下大治。

2. 制法定分,明法止争

恩格斯在《家庭、私有制和国家的起源》中认为,由于"在相当早的生产发展阶段上,人的劳动力就能够提供大大超过维持生产者生存所需要的产品了",因而,"文明时代所由以开始的商品生产阶段,在经济上有下列特征……(3)出现了土地私有制和抵押……"正如摩尔根所说:"自从进入文明时代以来,财富的增长是如此巨大,它的形式是如此繁多,它的用途是如此广泛,为了所有者的利益而对它进行的管理又是如此巧妙,以致这种财富对人民说来已经变成了一种无法控制的力量。人类的智慧在自己的创造物面前感到迷惘而不知所措了。"①

社会生产的扩大,社会财富的增加,人们贪欲的增长,导致私有制和经济纷争的出现,从制度上确定物权归属,制定一定的规则"定分"以平息纷争,即《慎子》所谓"定赏分财必由法",成为人类社会发展到一定历史阶段的必然要求。

我国从公元前21世纪的夏代开始进入阶级社会,《夏书》中开始有"昏墨贼条,皋陶之刑"的记载,这里的"昏"指"恶而掠美为昏",可见夏代已有惩治强盗罪的规定。到了西周,奴隶主贵族阶级对私有财产的保护更为

---

① 《马克思恩格斯选集》第四卷,人民出版社2012年版,第195页。

重视，《品刑》和《尚书·大传》都有针对侵犯财产罪的相关规定。

春秋战国时期正是我国封建土地私有制确立的时期。公元前594年，鲁国正式废除了过去按井田征收赋税的制度，改行"初税亩"，规定不再区分公田、私田，凡土地实际占有和经营者，均须按实际田亩缴纳土地税。这实际上是承认了新兴地主私垦土地的所有权。管仲在齐国推行"相地而衰征"的土地赋税改革，合理设定纳税比例，使农民可以安心生产，提高了生产积极性，收到"使民不移"（《国语·齐语》）的效果，也保证了统治阶级的税收收入。

李悝、吴起尤其是商鞅在各国的变法中，最重要的一条就是"废井田，开阡陌"，客观上承认了地主阶级的土地私有权，摧毁了奴隶制生产关系，建立了新型的封建生产关系。李悝认为："以为王者之政，莫急于盗贼，故其律始于盗贼。"（《法经》）他制定的《法经》便以《盗》为首篇，体现了当时统治阶级对惩治财产罪的重视成都，这也对后世立法产生了重要的影响。

《秦律》严格保护封建国家和个人的财产权，规定了地主、农民对各自土地的所有权和使用权，并对侵权行为给予制裁，如规定私自移动田界为"盗徙罪"，对违者要处以"赎耐"之刑。《睡虎地秦墓竹简·金布律》记载："有债于公及赀、赎者居它县，辄移居县责之；公有债百姓未偿，亦移其县，县偿"，便利了债务责任的清偿处理。

楚汉战争中刘邦入关中后，首先与百姓"约法三章"："杀人者死，伤人及盗抵罪"，明确承认和保护关中百姓的"分"定财产，将禁止盗窃列为与保护生命安全一样重要的三大刑律之一，收到了良好效果。汉鼎天下，史称陈平分祭肉最均，他也因此为世人看重，最后成为汉初开国功臣，做了第三任丞相。

三国两晋南北朝时期，各国律法对侵犯财产所有权的行为都处以严刑，甚至要株连九族。如北周武帝保定三年颁布《大律》，共25篇1537条，对斗竞、劫盗、贼叛、毁亡各有禁止，五刑各分五等；因"贼盗奸宄，颇乖宪章"，又颁布《刑书要制》，明确规定："持杖群盗，一匹以上，不持杖群盗五匹以上，皆死。"

北魏孝文帝改革，则针对中国北方存在着大量无主土地和荒地的显示，实行了均田制，封建王朝将无主土地按人口分给小农耕作，土地名为国有，实际耕作一定年限后即归耕者所有。均田制的实施，肯定了土地的所有权和占有权，减少了田产纠纷，有利于无主荒田的开垦，因而对农业生产的恢复和发展起了非常积极的作用。这一原则贯穿于北魏至唐的均田令中，始终未变。

唐律注重保护以封建土地私有制为基础的财产权。唐初颁布均田令后，出现了上田为国家所有，但由农民个人使用的"口分田"制度，并成为与农民身份同在并赖以维持生计的主要财产，严禁买卖和侵犯。唐律规定："凡卖口分田者，一亩笞十，二十亩加一等，罪止杖一百；地还本主，财没不追。即应合卖者，不用此律。"唐律还严禁官吏凭借权势侵夺他人田地以及占田过限，有犯者，分别处以笞、杖、徒刑等。

《唐律疏议》集我国封建社会律法之大成，被誉为中华法系的代表，它很早就规定了盗窃罪，对既遂和未遂的标准进行了非常精细的区分和规定。在《唐律疏议》第七篇《贼盗》"公取窃取皆为盗"一条中，对于各种情形下盗窃罪的既遂标准规定："器物之属须移徙，阑圈系闭之属须绝离常处，放逸飞走之属须专制，乃成盗。若畜产伴类随之，不并计。即将入己及盗其母而子随者，皆并计之。"这在立法上充分考察了具体盗窃行为的社会危害、完成犯罪的现实可能、犯罪目标的特性、发现犯罪的概率等，非常缜密和科学。除盗罪外，唐律还规定了其他类型的侵犯财产罪，如对执持人质求赎财物、恐吓取人财物的惩处，前者重于强盗罪，后者重于窃盗罪；对以诈骗、隐瞒等手段侵犯私人财产的，对私自挪用受寄财物、遗失物等侵占他人财物的行为，《唐律》也规定了相应的处罚条款，其立法技术已经达到封建时代的顶峰水准。

宋代由于土地大量兼并，破坏了正常的封建经济秩序，王安石执政时，为解决各地田赋不均、税户相率隐田逃税的情况，于熙宁五年（1072年）推行方田均税法，对各州县耕地进行清查丈量，以东南西北4边长各1000

步为 1 方，核定各民户占有土地的数量，然后按照地势高低、土质肥瘠等分成 5 等，后来又细化为 10 等，编制地籍及各项簿册，并确定各等地的每亩税额。方田均税，可算是中国古代丈量田亩的一次壮举，确定了土地所有权的"名分"，并且在防止豪强地主漏税，增加国家收入等方面取得了大量成效。

宋朝也承袭了唐朝的制度，将贼盗罪分为强盗和窃盗两种。《宋刑统·贼盗律》规定："擒获强盗，不论有赃无赃，并集众决杀。""对窃盗，赃满五贯，处死。"对贼盗共同犯罪也规定了相应的处罚原则："诸共盗者，并赃论。"

元代对侵犯他人财产采取重刑原则，对低等的汉人、南人的财产犯罪更是毫不容忍。但到明代，立法则对侵犯财产的罪行注意根据情节轻重、数额大小等来分别处罚。如《大明律·刑律》规定："凡强盗已行而不得财者，皆杖一百，流三千里；得财者，不分首从皆斩。"对于窃盗，一般依得财多少惩治，监守自盗以及盗制书、印信、内府财物等情节严重者可以处死，诈欺官私财物者，"计赃准窃盗论，免刺"，侵占财物的，依侵占财物数量多少确定刑罚轻重。盗亲属财物和本家同居之人财物则可减轻处罚；毁坏财物根据毁坏程度决定刑罚。

清代对侵犯财产罪的立法更具有现代意义，制定了强盗罪、窃盗罪、诈欺官私取财罪、白昼抢夺罪、恐吓取财罪等一系列罪名来保护财产所有权不受侵犯，对现代刑法、民法立法有着重要影响。

综上可见，我国历代继承法家学统，注重法律厘定名分、保护物权、止息纷争、减少诉讼的关键作用，用以维护封建经济和社会秩序，巩固统治。

3. 尚法行令，法先公开

法令要想最大程度地发挥"兴功惧暴，定分止争"的功能，关键在于公开普及，让举国上下的臣民都能明白法与非法的界限，知道立了功劳会得到什么样的奖赏，犯了法会受到什么样的处罚；知道哪些事情能够去做，哪些事情不能去做。

在春秋时期上溯至前朝，国家虽有法律，但却十分神秘。奴隶主贵族上层社会认为刑律越神秘越好，决不能让一般国人知道。这样才有利于贵族随意处置老百姓，增加专制统治的恐怖威慑和神秘感。

公元前536年（郑简公三十年）3月，在郑国执政的子产做出了一个惊世骇俗的举动：他对国内正在执行的刑法的加以修改，并在此基础增订了3种刑法，将其具体内容铸在一个青铜大鼎上，砸破了刑律恐怖而又神秘的铁幕，让刑律公之于世。

这个在今天看来再也平常不过的事件，在当时却掀起轩然大波。因为法令已经铸在铜鼎上，可谓上了"铜版册"，根本无法更改。人民知道了法律的内容，只要看鼎上的条文，不再看贵族脸色，如何显出贵族的尊贵？因此，刑鼎铸就，不仅遭到国内众多贵族反对，其他国家的贵族也激烈地指责。晋国的叔向写信痛斥子产："昔先王议事以制，不为刑辟，惧民之有争心也……民知有辟，则不忌上。并有争心，以徵于书，而徼幸以成之，弗可为矣……'国将亡，必多制'，其此之谓乎？"大意是：民众本来对先王的政事怀有恐惧之心，不敢随便乱来。你把法律公布了，民众知其所以，就会争相琢磨怎么做坏事而不至于被制裁，这样就不怕官长了，可能会导致人们钻法律的空子，犯法的事情越来越多，腐败贿赂到处泛滥，郑国也会因此而完蛋。

对叔向的指责，子产不仅通过回信说"吾以救世也"，表明坚定不移公布法律的态度；而且通过郑国铸刑铸之后获得的成功，让所有反对者"打脸"。铸刑鼎之后，郑国不仅没有亡国，而且取得了很好的效果：由于法律公开，社会治理透明度增加，法律的公开威慑导致犯罪案件减少了。特别是限制了贵族们利用掌握的刑罚权力，随意裁量，压榨商人和新兴地主土地所有者的行为，促进了郑国农业和工商业的发展。

子产此举开启了中国古代公布成文法的先例，其"铸刑鼎"获得的成功，在诸侯国激起了一股潮流。各国都采取不同的形式公布本国法令。特别是曾激烈反对子产"铸刑鼎"的晋国，在子产之后的20多年，也仿效子产，把刑法铸在鼎上，向社会公布了。

应该说，"铸刑鼎"是中国历史上最早的"普法"。而"普法"则是后世法家普遍认同的一个举措。因为法律是治理国家的根本，是约束普遍民众的有力武器，只有让"天下之吏民无不知法者"，才能让"全民皆知所避就"。韩非就特别强调"明主言法"的重要性，他认为，如果能让妇孺老少皆知法并人人服从法律，就能营造良好的民众"懂法、守法"的"法治"环境。他曾提出法律要"易见""易知""易为"的三易标准，强调法律必须"布之于众"，通过制定成文法条来规范国民的行为，一经公布即可成为社会治理的刚性依据。君主也可以以此为标杆明察百姓的行为，因为他有势，可以惩罚违法的人，也可以奖赏守法的人。而为了使人人都能遵法守法，法家提出法要详细，"书约而弟子辩，法省而民讼简。是以圣人之书必著论，明主之法必详事"。唯有"明法""细法"，才能使官吏在审判民众时有章可依，才能使民众认同并执行判决结果，从而保证"法治"的持续运行。

同时，法家称国家利益为"公"，称个人利益（包括君主的个人利益）为"私"。所以，历代法家皆主张"尚公""贵公"，包括君主在内的任何个人都不得以私意度法。实现公、维护公的唯一有效途径是君主立法制、守法令，君臣上下都严格依法办事。立法是为了确立公的标准，法令行则私道废，因此君主也要尊重既定法令，"任公而不任私"，行法、守法才能切实保证公的实现。

法家认为"法之不行，自上犯之"，实现法治理想的关键是君主守法。既然崇公，就要去私；既然"作一"，就要"守一"；既然行法，就要奉法。在他们看来，公，则为明主；私，则为乱君。"立法"只有做到了"贵公"，才能使民众自愿遵从古代社会的正常运作秩序，以封建君主统治为主，贤人管理为辅，即依靠贤明之人对国家和社会进行二次治理。战国时期崇尚贤人政治，不过，法家认为，法治的精髓在于"贵公"，法应当具有平等性，应当不分贵贱等级，无论是谁，都应一视同仁，即"上法不上贤"，旨在于告诉君主，尚贤是非常危险的。理由有二：一是尚贤会危及君主的统治地位，影响一元化政治；二是尚贤与尚法是相互矛盾的，尚贤的后果就是降低了法的地位，容易使贤者之言大于法的规定，造成法弱贤强，导致"法治"的偏移，因此要杜绝尚贤。

法家认为要实行法治仅仅建构制度是远远不够的，法律制度的威信和严格执行缺一不可，法家思想家认为："圣王者不贵义而贵法，法必明，令必行，则已矣。"(《商君书·画策》)要求必须重视法律的严格执行，建立制度威信。

在执行过程中，法家要求："法不阿贵，绳不挠曲，法之所加，智者弗能辞，勇者弗敢争。刑过不避大臣，赏善不遗匹夫。"(《韩非子·有度》)强调不论关系亲疏，不分地位尊卑，一定要明法去私，将法律作为衡量是非功过的唯一准绳，一切社会行为都要用法律的标杆来衡量。这既体现了法治思想之下的平等观念，又体现了法家对制度执行的严格态度，有效地破除了世家权贵对制度权威的任性破坏。中国历史上著名的大泽乡起义，其诱因之一是陈胜吴广等人不能如期到达渔阳戍边因而要按律处斩，这一事件固然体现了秦代的严刑峻法的残酷性，但从另一方面看，也体现了当时制度设计的严密性、执行的严格性。

同时，法家还重视对"法"的时效性的考察，主张"法与时移"。法家将人类历史发展分为 4 个阶段，即上世、中世、下世和今世，正是这种历史进化观直接导致了法家喊出时代的最强音："不法古，不修今"，主张"先王当时而立法，度务而制事。法立其时则治，事适其务教有功"，即不能使法律一成不变，而要根据历史发展情况、社会现实状况，适当地调整法律内容，保证"法治"的顺利开展。

延伸阅读 立木为信

商鞅在秦推行改革时，通过"立木为信"建立了法律制度在民

众心中的威信。《史记·商君列传》中记载，"令既具，未布，恐民之不信，已乃立三丈之木於国都市南门，募民有能徙置北门者予十金。民怪之，莫敢徙。复曰'能徙者予五十金'。有一人徙之，辄予五十金，以明不欺。卒下令。"

商鞅起草了一个改革的法令，但是怕老百姓不信任他，不按照新法令去做，就先叫人在都城的南门竖了一根三丈高的木头，下命令说："谁能把这根木头扛到北门去，就赏十两金。"不一会儿，南门口围了一大堆人，大家议论纷纷。有的说："这根木头谁都拿得动，哪儿用得着十两赏金？"有的说："这大概是左庶长成心开玩笑吧。"大伙儿你瞧我，我瞧你，就是没有一个敢上去扛木头的。商鞅知道老百姓还不相信他下的命令，就把赏金提到五十两。没有想到赏金越高，看热闹的人越觉得不近情理，仍旧没人敢去扛。正在大伙儿议论纷纷的时候，人群中有一个人跑出来，说："我来试试。"他说着真的把木头扛起来就走，一直搬到北门。商鞅立刻派人传出话来，赏给扛木头的人五十两黄澄澄的金子，一分也没少。这件事立即传了开去，一下子轰动了秦国。老百姓说：左庶长的命令不含糊。

商鞅这一举动，在百姓心中树立起了威信，"立木建信"成为商鞅变法的突破点，确保了新法的顺利实施，新法使秦国渐渐强盛，最终统一了中国。

三、当代法治，"中特"维新

法律的基本功能是"兴功惧暴"，奖善罚恶，"定分止争"，保护产权，要实现这些功能，巩固社会主义国家稳定繁荣的政治经济秩序，使人民安居乐业，就要加强和完善社会主义法治建设。

1. 兴功惧暴，专业立法

从治国方略上讲，法家崇尚"法治"是毋庸置疑的，虽然法家的"法治"是用"法律之治"来维护封建君主的统治，但是不可否认的是，其与当代的法治具有共同点，即依靠法律法规来治国理政。目前，我们进入全面深化改革的历史关键期，为有效应对国际、国内形势的挑战，必须坚持依法治国，发挥好法治的引领和规范作用。根据法家主张"法治"原因之一是基于对社会现实状况的分析，我们当前的法治建设既不能故步自封，也不能照搬西方"宪政"那一套，而是要从中国的基本国情出发，走中国特色社会主义法治之路。

法家是一直积极倡导变法的学派，因而主张要根据特定的历史条件进行变法，使法律跟上时代的脚步，满足社会的需求。法治运行的首要环节是立法，这就要求我们在面对新形势新任务时，要在坚持社会主义道路不动摇的前提下，根据实际情况调整法律不适应国情、社情的部分，在时机成熟时果断对法律进行修改废释，促使法律与时俱进，做到科学立法。此外，法家主张立"法"要细。随着社会化大生产分工越来越细，利益关系也越来越复杂，怎样用法律来保障公民的权利不受侵犯，借鉴法家的主张，这就要求我们根据经济、政治、文化、生态、社会、军事等重点领域的主要矛盾和矛盾的主要方面，推进专业立法。健全和建立相关的法律法规，让法治贯彻到社会生活的方方面面，让执法者有法可依，让违法行为得到惩处，从而保证人民的合法权益。

兴功，就是要兴社会主义繁荣发展之功。我国宪法规定了许多奖励和鼓励公民为社会主义现代化建设作出贡献的积极行为，如国家保护城乡集体经济组织的合法的权利和利益，鼓励、指导和帮助集体经济的发展（第八条）；国家鼓励、支持和引导非公有制经济的发展，并对非公有制经济依法实行监督和管理（第十一条）；国家发展各种教育设施，扫除文盲，对工人、农民、国家工作人员和其他劳动者进行政治、文化、科学、技术、业务的教育，鼓励自学成才（第十九条）；国家鼓励集体经济组织、国家企业事业组织和其他社会力量依照法律规定举办各种教育事业（第十九条）；国家发展自然科学和社会科学事业，普及科学和技术知识，奖励科学研究成果和技术发明创造（第二十条）；国家发展医疗卫生事业，发展现代医药和我国传统医药，鼓励和支持农村集体经济组织、国家企业事业组织和街道组织举办各种医疗卫生设施，开展群众性的卫生活动，保护人民健康（第二十一条）；国家组织和鼓励植树造林，保护林木（第二十六条）；国家提倡社会主义劳动竞赛，奖励劳动模范和先进工作者（第四十二条）；国家对于从事教育、科学、技术、文学、艺术和其他文化事业的公民的有益于人民的创造性工作，给予鼓励和帮助（第四十七条）。为此，国家还专门设立了很多奖项，如国家勋章和国家荣誉称号、国家科技进步奖、新长征突击手、三八红旗手、劳动模范等等。习近平总书记在国家勋章和国家荣誉称号颁授仪式上发表讲话，鼓励全国人民共同谱写新时代人民共和国的壮丽凯歌。

目前，新法规定的这些"兴功"措施，有的已经落实到位，有的尚未落实到位，需要加强相关的专门立法，将这些鼓励措施具体化、实体化，使之真正成为激励人民群众兴功立业的前进动力。

惧暴，就是要"惧"违法乱纪之"暴"，以震慑非法、禁除奸邪。我国宪法也规定了一些禁止行为，如禁止任何组织或者个人破坏社会主义制度；禁止对任何民族的歧视和压迫，禁止破坏民族团结和制造民族分裂的行为；禁止非法侵占或破坏公私财产；禁止破坏自然资源；等等。但对具体违法行为的惩治措施，还要靠刑法的惩治和威慑。因此，"惧暴"方面的立法工作，一是要加强刑法建设。我国现行刑法第四百五十二条，规定了反革命罪、危害公共安全罪、破坏经济秩序罪、侵害公民人身权利与民主权利罪、侵犯财产罪、妨害社会管理秩序罪、妨害婚姻家庭罪、渎职罪、军人违反职责罪等9大类罪名，依法处以管制、拘役、有期徒刑、无期徒刑、死刑5种主刑和罚金、剥夺政治权利、没收财产 3 种辅刑，有力地震慑了犯罪，维护了正常社会秩序，保证了人民生活幸福、国家安定繁荣。

二是要加强反腐法制建设。腐败从本质上讲是一种反社会的、危及正常治理秩序的行为。腐败现象的蔓延往往会影响社会的稳定，损害党和政府的威信与形象，破坏社会主义政治经济秩序，危害国家安全和发展。反腐败斗争是关系到党和国家生死存亡的严重的政治斗争。习近平总书记在十九届中央纪委四次全会上发表重要讲话要求："一以贯之、坚定不移全面从严治党，坚持和完善党和国家监督体系，强化对权力运行的制约和监督，确保党的路线方针政策贯彻落实，为决胜全面建成小康社会、决战脱贫攻坚提供坚强保障。"因此，必须加强制度建设，严明党的纪律，全面从严治党；健全权力运行制约和监督体系，强化反腐败和监察立法，织密法治"天网"，真正"把权力关进制度的笼子"，关进法治的"笼子"。

另外，"惧暴"也有"兴功"之利。要加强执行，解决好"执行难"的问题，更好体现出法律的公信和效力，才能更好地产生震慑效应，"惧暴"才能"兴功"。近年来为破解"执行难"，最高人民法院出台了多项司法解释，对拒不执行法院生效法律文书的"老赖"，采取"限制高消费"等严厉措施，可见中国法院系统破解"执行难"的决心和力度。限制被执行人高消费可以进一步压缩被执行人的生活空间，使其为"老赖"行为付出代价，起到"惧暴"的效应，有很强的针对性以及现实意义。

2. 定分止争，有法可依

《中华人民共和国宪法》是我国的根本大法，宪法规定，我国是工人阶级为领导的，工农联盟为基础的，人民民主专政的社会主义国家。广大人民享有广泛而平等的公民权利，主要包括：法律面前一律平等；政治权利和自由；宗教信仰自由；人身与人格权以及广泛的社会经济和文化权利等。法律保护任何公民的权利不受不法侵害。

其中，公民的财产权是以财产为对象的，能带来社会生活利益的全部权利，也就是通常所说的产权，包括物权、债权和其他财产权（如知识产权等）。所有权是财产权的核心，十届全国人大二次会议审议通过的宪法修正案，根据我国的现实情况，对现行宪法有关保护公民财产权规定作出了重要修改。要想将这些规定落到实处，加强对所有权的刑法保护无疑有着举足轻重的作用。

新中国成立后，人民权益受到空前的重视，但由于受封建传统的影响，我国的民主法制建设走了不少弯路。公民的合法权益没有得到完善的保护，公民财产的所有权屡屡遭受侵犯，凸显法律保护的苍白无力。"有恒产者有恒心"，修改完善刑法，加强对公民个人财产权益的刑法保护也是当务之急。

新刑法为了加强对个人财产权的保护，在分则的第5章做了规定，对种种侵犯公民财产权的行为进行惩罚。所有权是一种支配权，其4项权能即占有权、使用权、收益权和处分权既相对独立又相互联系，一起构成财产所有权的全部内容。侵犯财产罪，是指故意非法占有、挪用、毁坏公私财物的行为，所侵犯的客体就是公私财物的所有权。刑法规定了12种侵犯财产罪，对抢劫、盗窃、诈骗、抢夺、聚众哄抢、侵占、职务侵占、挪用资金、挪用特定款物、敲诈勒索、故意毁坏财物、破坏生产经营等侵犯公民财产所有权的行为数额较大或情节严重的，追究其刑事责任，可以适用除剥夺政治权利之外的其他所有主刑和附加刑，这些都体现出刑法对所有权的保护。

"定分"方能"止争"，具有未雨绸缪的预防功能。《物权法》的通过和实施有利于区分所有权，明确权益归属，通过加强对物权的保护，维护社会主义市场经济秩序；通过规范物权人的权利和义务，为权利人充分利用物的力量创造财富、发展生产，促进了物尽其用，无疑是有积极意义的。2020年5月28日，《中华人民共和国民法典》通过全国人大表决，这是我国社会主义法治建设的一座里程碑，充分体现了人民美好生活的需要，集中表现并且最终归结为人民权利需求的确认，表明民法作为权利宣言的存在。法典以体系性方式确立了公民的人身权、财产权、人格权等各项权利的规范保障，明确了解决民事纠纷的基本规则，将民事权利法定化、具体化，从根本上解决各种民事法之间的矛盾，它既是社会生活的百科全书，又是保护人民民事权利的宝典，彰显了良法善治的法治精神，必将发挥中国社会主义法治"定分止争"的核心功能，将法治化的国家治理现代化推升至更高的境界。

"定分"是"止争"的基础，"止争"是"定分"的结果。法家强调在"执法"过程中的公正性和公平性，主张严格按照"法"来裁定罪行，其中，秉承的相关执法原则更是当前我国执法者在执法过程中应该准确把握的。从十一届三中全会的依法制国到十八届四中全会的依法治国，从"制"到"治"这一字的变化可以看出，前者强调健全建立法律法规，后者在法制体系逐渐完善的基础上强调执法。

在当前中国社会主义法治建设取得较大成就的同时，仍然存在着部分因为涉案人员的经济实力、政治背景、社会地位的不同而造成执法结果不同的情况。我国宪法明确规定：法律面前人人平等。因此，这要求执法者在执法过程中，应本着"法不阿贵，绳不挠曲"的原则，本着公平正义的原则，对任何违反法律法规的个人、组织、政党都要严格依法追究其责任，做到不包庇、不隐藏、不徇私、不枉法，真正实现严格执法，从而让法律在依法治国的第一线赢得人民群众的真正尊重和信仰。

从目前的司法情况来看，各级法院在案件审判中特别提倡"案结事了"，并将其作为司法的主要目标，个别地方法院甚至打出"零判决"的口号。于是，即使是简单的"欠债还钱"案件，法院也要进行无休止的调解，以至于最后债权人不得不做出重大让步。其实，即使采取调解方式，也必须是在"定分"的前提下进行。结合我国当前的现实，应当强调解决纠纷的目的，最终是要通过明辨是非来贯彻和实现正义，以实现长久而稳定的和谐，而不在于短视的"息事宁人"。因此，我们需要通过"止争"来维护社会的稳定及和谐，但前提必须是在"定分"，即明辨是非的基础上进行，"定分"和"止争"是有机统一的，只有确定名分，方能止息纷争。在这里我们讲的名分，其实可以在更宽泛的意义上讲，即追求公正。正是通过"定分止争"，方能实现公平正义，这也正是人民法院的职责所在，即其作为审判机构，宪法赋予的重要职能就是依法裁判、公正司法，绝不能为了突出"止争"而忘记"定分"的前提。

3. 加强普法，依法而行

法家认为法律具有公正性、平等性、规范性、强制性和宣明性等特点，既然法律是君主治理国家的理论依据，就应该公布于众，让百姓共同知晓进而共同遵守。法律不应成为束之高阁的条令，而是人们日常行为的指南。法家所强调的"布之于众"的普法教育，相当于当今社会的全民学法、知法、懂法，只有这样才能形成良好的法治氛围和法治习惯。当前我国大力开展形式多样的普法宣传教育活动，就是为了让人们充分认识法律、了解法律知识，不断增强公民的法律意识和法制观念，进而自觉遵纪守法，构建人人懂法、人人守法的法治文化。

作为法治运行的第3个环节，普法能够营造良好的法治文化环境，促使社会孕育法治精神。这要求：首先，应发挥法律人对立法的优势，使其所立之法彰显人民主体地位，使法律的内容明确易懂并应以成文法的形式公之于众，以供公民学法；其次，要组织相关法律专业人士利用各种渠道，在适当的场合开展法治宣传教育，引导公民自觉学法、懂法、守法；最后，要更好地将法律普及和新媒体技术相结合，创新普法宣传平台，寓教于乐，让公民在轻松愉快的氛围中了解法律内容、熟悉法律知识。只有营造好良好的法治文化环境，公民在遇到侵权时才会敢于扛起法律的武器与侵权势力作斗争，另一方面，只有当法律成为公民信任的维权手段，法律的价值才能得到真正的体现，法律才能拥有真正的权威。

第四章　任法去私　不殊贵贱

——以法律维护社会公平

公平正义是人类社会的共同理想，也是法治社会的基本内容。活跃于先秦的诸子百家中，法家作为"以法治国"理念的倡导者，其法治思想的关键就在于公平。法家反对孔子的"刑不上大夫，礼不下庶人"的主张，坚持同样的法适用于所有的人，不分高低贵贱，主张以法令立"公义""任法去私""不别亲疏，不殊贵贱，一断于法"，以及"皇子犯法与庶民同罪"这样的"刑无等级"的公正平等守法理念，与当今社会的"法律面前人人平等"是共通的。虽然历史上法家提出的平等和今天所说的平等有一定的差别，或者说很多时候，历史上追求的"法律平等"大多数时候停留在理论层面。但是，历史上法家的公平主张，一定程度促进了历史的进步，具有超越其时代的意义和价值。

一、天下公仪，刑无等级

2000多年来，尽管法家在人们心目中的印象，不是"残害至亲、伤恩薄厚"的酷吏，就是玩弄权术的政客，对法家思想中"法"的理解，自古至今，大都受尊儒风习的影响，简单释之为"刑、赏"二字，残酷的法家思想渐为后世所摒弃。但不可否认，历史上法家的法治思想有许多闪光点，"刑无等级"的公正理念就是其一。公平公正是法家之"法"的真正精髓，具有不可抹杀的历史价值，对中国社会的健康发展贡献颇大。一些铁面无私的执法者，也一直成为社会讴歌、追捧的对象，作为法家的形象代言人而被尊为"青天大老爷"。

1. 社会变革，要求公平

春秋战国是中国历史上一段大分裂、大动荡的时期，夏、商、周三代以来的中国社会不仅面临政治层面的深刻变革，而且在经济、文化、社会心理等各个方面都发生着剧变。作为战国时期提倡以法治为核心思想的重要学派，法家公平性思想的形成有着极其深刻的经济、政治原因。

春秋中后期，铁器及牛耕的使用，表明这一时期的生产力水平达到了一个新的高度。生产工具的进步，一方面发展了农业经济，另一方面也排挤了劳动力，产生了大量流民。这些流民为一些有远见的诸侯所收留，在新工具的帮助下，成为发展国内农业经济的重要力量。各诸侯国内的大片"隙地"、土地得到开发，成为良田，这些良田也就是"私田"。由于私田的大量出现，新兴地主阶级逐渐形成，他们的私有财产多了起来，但是与经济上的富裕地位不相称的，是他们在政治上往往处于无权的地位。他们迫切需要得到法律的承认和保护。

经济的发展，新兴商人和手工业者阶层也随之兴起。这一时期，随着生产力的解放、交通运输系统的完善以及货币的流通，私商的数量逐步增多。同时，伴随着传统生产方式逐步被打破，社会分工越来越细，百业振兴，个体手工业纷纷涌现，他们将自己的手工业品放在"肆"里去交易，"以粟易械器者，不为厉陶冶；陶冶亦以其械器易粟者，岂为厉农夫哉？"（《孟子·滕文公上》）而规模较大的手工业者一般都是亦工亦商，自产自销之外还代理销售别的手工业者的产品。手工业和商业初步结合，商人阶层逐步扩大。加之春秋列国相争，对商人活动的限制减轻，各国争相延揽有实力的工商业者，对其发展都持一种积极的鼓励态度，社会环境比较宽松，商人也不受歧视。有的商人甚至利用高利贷等剥削农民，乘机兼并农民的土地，形成"商人地主"，经济地位极速蹿升，富比王侯。在某些诸侯国的国都或者交通要道的大都市，比如齐国的临淄、赵国的邯郸、魏国的大梁、楚国的宛和郢都等；战国末年的大商人吕不韦常年在韩国首都阳翟经商，商人阶层已经掌握都市经济命脉，并获得了大量土地，但尚未掌握政权。因而新兴商人阶层虽然已经用金钱把自己从庶人皂隶中区别出来，但仍然不受传统统治者的重视。他们的土地需要向领主缴纳地税，他们的商品来往诸国也需要通关纳税。正如马克思所说："在经济上取得优势地位的阶级，也必然要求政治上的统治权。"新兴商人阶层为了更好保障自身权益，保护自己的财产，所以竭力主张变法革新，在时代的风云变幻中趁势崛起，将自己的阶层利益固化为法律。

要求通过变法获得公平的，还包括贵族阶层的一部分。在春秋时期，由于普遍存在的世卿世禄制度，天子或诸侯国君之下的贵族，世世代代、父死子继，使得权力集中到了少数家族手中。战争都被认为是一种高贵的行为，拥有战车和青铜兵器的少数人获得参加战斗的"专利权"，他们成为世袭军事贵族，如晋国建上中下3军，各设将、佐，3军6卿采用世袭制，主要由先氏、郤氏、狐氏、栾氏、范氏、胥氏、中行氏、智氏、韩氏、赵氏、魏氏等11个世族所把持，"长逝次补"，出将入相。官吏的选拔更是把持在士族大奴隶主手中，爵位实行嫡长子继承制，在宗祧继嗣、官爵世袭、财产分配等方面，嫡长子都拥有优先继承权和绝对支配权，而庶子只能退而求其次，代代陵替，庶支往往沦为无权无财的"庶族"，甚至沦为自耕农。这些人家学渊源，教育程度一般较高，他们虽然失去了政治特权和优越的经济地位，但仍然有着超越一般庶民的见识，对社会有着清醒的认识，所以就会对传统的权力分配机制提出质疑，较早萌生出强烈的公平要求，对法家的公平性思想的产生起到了很大的推动作用。

2.天下之仪，无偏无私

关于法的本质虽然众说纷纭，但一般都认可欧洲中世纪经院派哲学家和神学家托马斯·阿奎纳的观点："法律的概念包括两个要点：首先，它是人类行为的准则，其次，它具有强制力。"先秦法家毫不讳言法的强制性，管子、韩非直白地宣扬"杀戮禁诛之谓法"，"不可不刑者法也"，这已是众所周知。但是，这并不是法家之法的全部要义。因为事实上，法家还给法赋予了极其鲜明的行为准则色彩，那就是《管子》所说："法者，天下之程式也，万事之仪表也。"所谓"程式""仪表"就是一种"模范"性的准则，通俗地说，亦即"法律政令者，史民规矩绳墨也"，法是治国的标尺，是社会一切行为的准则和规范。

集法家之大成的韩非对法的规范性再三强调："矫上之失，诘下之邪，治乱决缪，绌羡齐非，一民之轨，莫如法。"（《韩非子·有度》）社会行为准则的确立，其目的主要是维护社会群体的生存秩序、保护民众的安全。因此，社会规范其实也就是以观念形态表现的大多数人的利益诉求，是大众意识形态的集中体现，是一种表达了集体价值观念的社会"共识"："法制礼籍，所以立公仪也，凡立公所以弃私也。"（《慎子·威德》）法家都特别强调法的这种无私的公仪性："以法制行之，如天地之无私也。"（《管子·任法》）"夫立法令者，以废私也，法令行而私道废矣。"（《韩非子·诡使》）"法之功莫大使私不行。"（《慎子》）法家甚至赋予这种"公仪"以某种绝对性："法令者，君臣之所共守也。"（《管子·七臣七主》）"君臣上下贵贱皆从法，此谓大治。"（《管子·任法》）"共守"不仅表明法家之法对奴隶主阶级政治特权的否定，甚至将"法"置于独立于现实任何阶级、阶层利益之上的"绝对真理"高度，呈现出一种严正的中立姿态。换言之，法以其"公仪"性对任何"党派"利益不偏不倚，"义必公正，公心不偏党也。"（《韩非子·解老》）它代表最广泛的利益，故而在物质财富和政治权力的分配上，法必须成为公正的象征。"故法者，天下之至道也。"（《管子·任法》）这当然有陷入绝对主义和客观唯心主义的危险，但对法的推崇却是极高的。

作为一种"公仪"，法无疑也是一种价值尺度，是判定是非的最终标准。对此，先秦法家也有丰富的论述："法者，天下之仪也，所以决疑而明是非也。"（《管子·禁藏》）"决疑而明是非"，显然就是通过法来判断谁对谁错、孰是孰非；"法者，所以同出不得不然者也。"（《管子·心术上》）所谓"出"就是参差不齐，而"同"即使之整齐划一，这就流露了法家尚法求正的强烈意向。其实，法家将"法"与"规矩绳墨"的相互阐释，就已经表明了这一论点。韩非对此论述得更为显明："椎锻者，所以平不夷也；榜檠者，所以矫不直也。圣人之为法也，所以平不夷、矫不直也。"（《韩非子·外储说右下》）"夫摇镜则不得为明，摇衡则不得为正，法之谓也。"（《韩非子·饰邪》）文中以椎锻"平不夷"、以榜檠"矫不直"的比喻，清晰地展现了法家之法的公正品质，"明""正"之目标，也显示了法家之法的公平品格。所以韩非又说："法者，事最适者也，……法不两适。"（《韩非子·问辩》）法律要执中公正，恰如其分，"最适者"也就表明"法"对社会存在不偏不倚的公正态度，对人心公义的正确把握，"不两适"则表示"法"与社会存在的高度吻合，从反面肯定了"法"的准确无偏的中正本性，否定了模棱两可的乡愿态度。

3. 法不阿贵，公平透明

法家不仅在概念上强调"法"的公仪性，从理念上树立了"法"的公正性，更加在法治实践中强化了立法、执法诸环节的平等与正义追求。"凡法事者，操持不可以不正，操持不正，则听治不公，听治不公，则治不尽理。"（《管子·版法解》）这里的"操持之正"，与韩非所谓的为法之士必"劲直"之说声气相通、一脉相承，亦即要求司法必须公正不迁。为此，法家设定了一系列的法治准则。

其一，主张"法不阿贵"。《韩非子·有度》说："法不阿贵，绳不挠曲。

法之所加，智者弗能辞，勇者弗敢争。刑过不避大臣，赏善不遗匹夫。"这实际上也就是宣扬法律面前人人一律平等的公正理念，也即他们奋力主张的"壹刑"。《商君书·赏刑》中写道："所谓壹刑者，刑无等级。自卿相、将军以至大夫、庶人，有不从王令、犯国禁、乱上制者，罪死不赦。"不难看出，"法不阿贵"的精神实质不但否定了奴隶主阶级的特权，同样否定了封建政治特权，是对"刑不上大夫，礼不下庶人"传统的背反，具有伟大的革命意义。众所周知，法家开启的封建社会，仍旧等级森严，特权横行，在这个意义上，"法不阿贵"的思想具有历史穿透性的可贵价值。

阶级对立和政治特权是阶级社会的通病。《周礼》中就有"八议"包庇皇亲国戚与达官贵人的制度，《尚书》中分"刑"和"辟"两部刑法典，"刑"处理卿大夫以上的违法事宜，"辟"则针对庶民而立。"凡诸侯之狱讼，以邦典定之；凡卿大夫之狱讼，以邦法断之；凡庶民之狱讼，以邦成弊之。"（《周礼·秋官·大司寇》）社会为不同的等级设立了不同的法律，这种多元化、差异化的"法"，本身就是为了保守旧贵族的地位和利益，不仅在立法实践上迎合了等级制度，而且也在司法实践上公然维护了等级特权，权力的大小取代了是非的客观标准，法成为压迫社会等级底层卑贱者的工具："而法令之所以备，刑罚之所以诛，常于卑贱。是以其民绝望，无所告诉。"（《韩非子·备内》）毫无疑问，这种严重的社会不公并没有因为封建制取代奴隶制而结束，在此后的封建时代，以权力为真理仍是社会常态，因此也有不少清官廉吏继续以其朴素的良知，继续扛起法家"法不阿贵"的平等大旗，或参与政治实行变法改良，或执法如山为民请命，成为百姓心目中的"青天"。其实，法家的"壹刑""法不阿贵"的原始理念早就断然否定了封建权贵的"治外法权"，他们心目中理想的"法"是超越一切政治身份的普遍标准，他们倡导的"刑无等级"把奴隶主的法的原本偏向于特权者、苛责于卑贱者的天平，矫枉而调整至较为公正的状态，在现实主义的假面之下隐藏着一颗乌托邦般的理想主义之心。

其二，强调"任法去私"。法家认为司法必须铁面无私、不论血缘亲情，即"明法制，去私恩，令必行，禁必止。"(《韩非子·饰邪》)"不辟亲贵，法行所爱。"(《韩非子·外储说右上》)在法家看来，无论谁胆敢"败法"，即便亲如父子兄弟，也必须毫不留情地加以惩戒和纠正。"尧有丹朱，而舜有商均，启有五观，商有太甲，武王有管蔡，五王之所诛，皆父兄子弟之亲也，而所杀亡其身残破其家者何也？以其害国伤民败法类也。"(《韩非子·说疑》)作为旁证，韩非还雄辩地列举了其他例证，如荆太子触犯荆庄王"茅门之法"，而不得不"北面再拜请死罪"，颠颉为晋文公所宠，因其失约，文公虽"陨涕而忧"，但仍"斩颠颉之脊，以徇百姓，以明法之信也"。凡此种种一致表明，法家之法"诚有过则虽近爱必诛"，具有非常严肃的严正性。

如果说"法不阿贵"是对不平等的政治特权的挑战的话，那么"法行所爱"则是为公正而毅然摒弃"亲亲"至上的宗法血缘价值观。孔子说："父为子隐，子为父隐，直在其中矣。"(《论语·子路篇》)周礼的"八议"中就有讲求血缘的"议亲"条款。而法家张扬起社会存在的客观是非标准，摒弃血缘价值至上的传统观念，以"法行所爱"否定这种"议亲"，主张超越个人恩怨，超越血缘身份，以事实为准绳，以公理为依据，"圣王明君则不然，内举不避亲，外举不避仇；是在焉，从而举之；非在焉，从而罚之。"(《韩非子·说疑》)"法"的标准不应因彼此血缘亲疏的远近浮动，而应一断于公正准则，这无疑具有非常先进的进步意义。

很显然，无论是对政治特权的拒绝，还是对血缘身份的否定，都共同地体现出法家法治思想的独立意向，他们要求统治者秉持公正，在摆脱一切外界干涉的情形下，平等地对待每个部分的臣民。在此意义上，法家法治思想具有了大变革时代的思想启蒙意义。同时，法一旦在一定的社会经济基础上形成以后，具有一定的相对独立性。法家法治观念冲破了传统的礼制名分之说，提出了近似近代"法律面前人人平等"的治理理想，它宣告法家向传统的"身份"价值观念发起了挑战，在摧毁血缘和等级特权的废墟上，建立一种基于理性与事实的正义价值标准，这对于后世司法独立的主张也有积极的借鉴意义。

其三，注重"参验"。注重参验即注重考核验证，法家主张用"参验"的方法判别社会认知的是非真伪，这里体现了原始实践论的智慧光芒。罪刑相当原则是现代刑法的司法原则之一，要求罚与罪必须相符，刑与法必须一致；而法家的"无意度"思想就隐含着刑名相符的求实精神，这与现代刑法原则不谋而合。法家"参验"论的核心就是，司法必须以事实为依据，而不能凭个别官员或执法者主观臆断。"循名实而定是非，因参验而审言词。"(《韩非子·奸劫弑臣》)否则，法家认为不是欺骗就是诞妄："无参验而必之者，愚也；弗能必而据之者，诬也。"(《韩非子·显学》)没有事实验证的肯定就是愚蠢武断，没有客观标准的依据就是欺世骗人，这道出了法家尊重事实的现实主义态度。法家主张的司法实践，必须是基于实践参验之上的"符契之所合，赏罚之所生也。"(《韩非子·主道》)这种参验的法理价值是极其确当的："夫刑当无多，不当无少，无以不当闻。"(《韩非子·难二》)具体言之，即"赏有功，罚有罪，而不失其人"(《韩非子·说疑》)。毋庸讳言，法家法治的参验要求必然导致刑赏"当"的合理结果，又一次展现了法家法治思想的公正意蕴。

其四，反对"心治"。为保证法治的公正性，法家反对"心治"。《韩非子·安危》提出"有尺寸而无意度"，这即便不是唯物主义的客观态度，也绝对不会划入主观唯心主义的深渊。在法家看来，主观臆测也不能成为法的标准。"释法术而任心治，尧不能正一国。去规矩而妄意度，奚仲不能成一轮。"(《韩非子·用人》)法家一方面是顾虑君主以己意当法，为所欲为："好以智矫法，时以行杂公，法禁变易，号令数下者，可亡也。"(《韩非子·亡徵》)担忧这类行为难免导致乱施刑罚，刑而不正，导致社会动荡乃至危亡的后果："喜淫刑而不周于法，……可亡也。"(《韩非子·亡征》)另一方面批评"心治"所形成的君主高度主观决断，既会造成冤假错案，也很难避免"便僻好色"的影响，"慈仁听则法制毁"，其结果就必然会导致"法避亲爱"的失正："君舍法，而以心裁轻重，则同功殊赏，同罪殊罚矣，怨之所由生也。"(《慎子·君臣》)因此，法家反对"心治""意度"的动机显然是要剔除任何主观唯心因素，从而确立以法为则的法治观念，这也是法家萦怀始终的法治夙愿。"爱人者不阿，憎人者不害，爱恶各以其正，治之至也。"(《商君书·慎法》)管子提倡"陈义设法，断事以理，虚气平心，乃去怒喜"的法治精神，较之君主可以指鹿为马、随心所欲的"心治"，显然更接近于法治公正的终极价值追求。

其五，法的目的是"禁奸止过"。就像法的理论使命为"正曲"一样，法的实践目的即为"禁奸止过"："断人之足，黥人之面，非求伤民也，以禁奸止过也。"(《商君书·赏刑》)严刑峻法固然是法家的标志，但那只是手段和工具，而非终极目的，法家决不是为刑而刑的，恰恰相反，法家反复重申其治理目的是"禁暴"，是欲"以刑去刑"。《韩非子·六反》就说："重罚者，盗贼也，而悼惧者，良民也。""是以上设重刑者而奸尽止，奸尽止，则此奚伤于民也"。很显然，法家"重刑"非为杀，而是为了"以暴制暴"，他们还试图以"止奸"来达到保护民众的目的。正如木工正曲才能成直，统治者也必须惩恶方可扬善。"故其与之刑，非所以恶民，爱之本也。"(《韩非子·心度》)"法者，所以爱民也。"(《商君书·更法》)这不难理解，既然法家之法是一种体现了集体利益的"公仪"，是一种社会行为准则，无论是"暴"是"奸"，这些违法行为在败法的同时肯定侵害了民众的利益。那么，消除这种侵害，就纠正它所造成的不公，也就恢复了公道，维护了公共利益，保护了绝大多数民众，所以法家一再强调："法者，民之父母也。"(《管子·法法》)

把法家之法的"止奸"与"爱民"意图联系起来进行分析，我们不难感受到法家思想家浓厚的社会责任感和爱民意识。他们痛斥对均衡的人伦关系或利益关系造成了严重破坏的"奸"，他们力图通过非常规的严酷手段恢复这种平衡，从广义上说，也就维护了社会的公平公正、和谐秩序："圣人者……其治国也，正明法，陈严刑，将以救群生之乱，去天下之祸，使强不凌弱，众不暴寡。"(《韩非子·奸劫弑臣》)"不凌弱、不暴寡"，一种充满公道和秩序的理想社会境界跃然纸上。法家当然也很清楚其手段的非常规性，也知悉重罚难免产生副作用，但他们仍然以一种"虽万千人吾往矣"的寻到精神投入其中，韩非就说过这样一句话："无难之法，无害之功，天下无有也。"故而必须用"隐栝（用以矫正邪曲的器具）之道"即刑、罚来实现稳定社会秩序的理想目标。就刑罚本身而论，自然有其残酷性，但是，我们也不应只注意法的工具（隐栝）意义，不能忽视其背后的善良动机；不应忽视目的与手段的辩证关系，忽视道路的曲折性。对此，法家是说得很清楚的："且夫重刑者，非为罪人也，明主之法，揆也。"（《韩非子·六反》）所谓"揆"也就是度量，可见重刑只不过是法家的制度设计蓝图上，导向最终公正的一个中介、一个工具，诚如禅宗般若之舟与彼岸之喻。

其六，主张法应公开、透明。为保证"法"的公正性，法家又提出法应公开、透明的主张。"法者，编著之图籍，设之于官府，而布之于百姓也。……故法莫如显……是以明主言法，则境内卑贱，莫不闻知也，不独满于堂。"（《韩非子·难三》）"莫如显"，让天下咸知的法制设定，彻底打破了法为极少数统治者垄断的神秘性，成为一种真正意义上的"公仪"。历史上，"古代刑法，恒不公布。"法"独满于堂"的这种情形，为特权者徇私枉法、愚弄民众提供了温床，所以，郑子产铸刑书，使法大白于天下后，叔向立即写信指责："民知有辟，则不忌于上，并有争心，以征于书，而徼幸以成之，弗可为矣。"孔子也提出了同样的批评："为刑鼎，民在鼎矣，何以尊贵？贵贱无序，何以为国？"很显然，法的公平性冲击了权贵们的政治特权，也为卑贱者维护合理的权益提供了法理依据，在理论上，被统治者再也不会吃哑巴亏，不会任由当权者随意惩治。法的透明，"使民知之"，也就使民有机会"征于书"而争取、维护自己的合法利益，提出合理的利益诉求。"故天下之吏民无不知法者，吏明知民知法令也。故吏不敢以非法遇民，民不敢犯法以干法官也。"（《商君书·定分》）此外，法的公开化也为人民监督法治的实施过程提供了客观的标准，这或多或少会迫使统治者"无意度"而重"参验"，使立法、执法更为公正，不敢随意"非法遇民"。法家宣扬的这种公开化，还为法治建设提供了更多的合理性、公正性，扩大了统治阶级的群众基础。

综上所述，无论是从法家理论设计还是实际运作来看，他们的法治理论都充溢着一种"义必公正、公心不偏党"（《韩非子·解老》）的无私精神，这正如《庄子·天下篇》所评论的："公而不党，易而无私。"因此，不能简单地只把法家理解为冷血的刑杀、苛暴的独裁，那样既有失于历史的公正，也无法更好地继承先哲们苦苦追求人间正义所遗留下的宝贵思想财富，从而更好地服务于民族的法治建设、服务于社会主义的法治治理实践。

二、法倡公平，惜乎有等

其实，关于社会公平的思想最早是由墨家提出来的，墨子提出"兼爱""非攻""尚贤""尚同"，主张无差等的爱，要求平均分配。但是将公平从理论转化为制度意义上的政治实践，却是法家的功劳。法家代表人物大都主张立法执法都要严守公平，但同时推崇君主专制，所以一般都将国君作为例外，视为凌驾于社会公平之上、以俯视的姿态保障和监督社会公平的超然力量。法家希望通过变法实践公平，建立一个各阶层平等相处的社会机制。公平性思想的提出适应了当时经济、政治的需要，大大地解放了生产力，并为秦统一天下贡献良多。

1. 刑赏公平，激励庶民

传统的法家思想中存在着与现代法治理念共通的"公平"理念。先秦法家无论是在对法律本身的理解上，对执法公正的追求上以及对法律权威的尊重上，都在一定程度上体现出对公平的追求。"刑无等级"是法家的核心诉求之一。法家强调"法"是规范整个社会的统一标准，"尺寸也，绳墨也，规矩也，衡石也，斗斛也，角量也，谓之法"，形象论述了"法"的客观性、稳定性和平等性。法令一旦颁行天下，就要做到"官不私亲，法不遗爱"，执法者要"任法去私"。在法制运行过程中不能掺杂个人的主观好恶，不能为人的主观因素所左右，对任何人都必须一视同仁。所谓"法不阿贵，绳不挠曲"，"君臣上下贵贱皆从法"，"刑过不避大臣，赏善不遗匹夫"，都体现了法家执法公平的决心。

同时，在废除奴隶主贵族世卿世禄制的前提下，赏也是公平的，因为，此时加官晋爵不能靠世袭了，而要想加官晋爵基本上每个人都可以通过自己的努力来争取。对于农业时代的国家而言，耕战是国家富裕强大的最重要动力源。据新出土的秦简显示，商鞅变法前，秦国的爵位和其他国家一样都是世袭的，因此一般平民即使再怎么努力，身份也得不到多么大的改变，更无法获取经济上的利益，所以生产积极性并不高，社会生产力水平低下。为了调动广大人民的生产积极性，商鞅变法后，农民可以通过勤力耕种，用粮食丰收的成果获取爵位，战士可以通过力战沙场获取军功，军功可以兑换成爵位或者土地。不但平民，甚至奴隶、刑徒，只要能斩获敌人的首级，都可以获得爵位，摆脱奴隶身份，循序提高社会地位。这样，秦国人的潜能被大大激发出来，他们在前方奋力杀敌，在后方努力生产，增加了秦国的经济和军事实力。可见，"法倡公平"在调动人民生产积极性的同时，也为国家强大提供了不竭动力。

在当代中国，对"社会公平"的追求是普遍共识，也是中国社会迫切需要解决的难题，它关系着社会的和谐和稳定。法家思想为实现当代中国的社会公平提供了一定的历史经验。当然，法家的"公平"理念也受制于时代的局限，未能真正从根本上突破君主专制，但对中国法治建设来说仍不失为一个良好的"本土资源"。

2.公平选才，才如涌泉

先秦法家的人才选拔观也是有利于当时社会进步的，主要体现为四点，即以功授官、任人唯贤、不拘一格与重在实践。在贵族世家的世卿世禄制度下，很多人才受身份限制，无法找到施展才华的舞台，血缘身份低下的人才得不到上层人士的推荐，就无法进入仕途，如明珠投暗，埋没终生。而法家倡导公平的思想，给了天下贤才一个平等施展才华的大舞台，很多出身不高的人如锥处囊中，脱颖而出。

韩非主张培养"智术之士"和"能法之士"。这些"智术能法之士"就是懂得法治，坚决实行法治路线的革新人物，"智术之士，必远见而明察"，"能法之士，必强毅而劲直。"（《韩非子·孤愤》）他们积极拥护"耕战"政策，为各国的变法图强不懈奋斗。

秦国在废除世卿世禄制方面做得最好，历代国君鼓励引进人才，正如李斯在《谏逐客书》中所说："太山不让土壤，故能成其大；河海不择细流，故能就其深；王者不却众庶，故能明其德。"秦国大量吸引了当时各国的杰出人才，出现了"物不产于秦，可宝者多；士不产于秦，而愿忠者众"的可喜局面。据统计，从惠文王时期到秦统一这段时间，秦从关东诸国吸引的人才可以列出长长的名单，杰出的就有张仪、范雎、公孙衍、司马错、魏章、乐池、甘茂、陈轸、田文、楼缓、齐明、周最、烛寿、任鄙、蒙武、蒙骜、吕礼、尉斯离、胡伤、王屹、司马梗、客卿灶、张唐、蔡泽、将军摎、茅焦、尉僚、吕不韦、桓齮、王馆、昌平君、昌文君、冯劫、王戍、赵亥、赵婴、杨摎、宗胜、李斯、蒙恬等等，他们祖上都不是秦国人，因为看到秦国能够给他们一个实现施展才华、实现理想的机会，毅然决然来到秦国，受惠于秦国不拘一格的用人制度，他们为秦国的强大贡献才智，在统一战争中立下了汗马功劳，其中张仪、范雎、吕不韦、李斯、蒙恬等更是青史留名，照耀千古。

法家不拘一格、任人唯贤的人才观后来被曹操、赵匡胤、朱元璋等杰出君王所接受，不断演化发展，成为中国古代人事制度中的主要积极因素和合理成分。

3.公平有等，厚待权贵

法家的刑无等级思想是对当时奴隶主贵族特权猖獗、守旧势力严重阻碍改革进程状况的反制，其"法不阿贵""一断于法"的反特权主张，在当时社会环境下无异于振聋发聩的时代呐喊。但是，由于历史的局限性，法家的平等公正思想都是有差别的平等公正，有着其自身无法克服的"硬伤"。

法家公平性思想的局限性主要体现在两个方面：

其一是未将国君纳入公平性的对象以内。法家法治的公平性是将君主排除在法律约束范围之外来谈的。皇帝时代的法律运作是很独特的，先秦法家先驱管仲就很直白地说："有生法，有守法，有法于法。夫生法者，君也；守法者，臣也；法于法者，民也。"（《管子·任法》）这是说国君负责制定法令，各级官吏负责尊法施行，平民百姓则负责接受法令的管制。那么国君在制定法令时是不是对所有人一视同仁呢？或者说平民阶层可以相信国君是他们的利益代言人吗？这两个问题的答案显然都是否定的。对于国君既是立法者又是最高执法者的状况，先秦法家们并没有、也很难提出超时代的思想见地。不论是商鞅所主张的"刑无等级"，还是韩非所倡导的"法不阿贵"，所着眼的都是同一个点——执法方式（选择性执法还是无差别执法），所强调的都是在执法上"不别亲疏、不殊贵贱"，按法律的规定来对待每一个人。

但是这里回避了一个很重要的问题，那就是法令在制定时是不是公平对待每一个人。先秦法家虽然以法为名，但是他们并不关注法令制定过程的公平正义。在他们看来，国君怎么制定法令完全是国君自己的事，他们追求的只是在法令制定好之后，确保执行中的"公平正义"，确保执行中人人平等。比如说，国君规定：王子犯杀人罪，罚银50两；平民犯杀人罪，判死刑。那么法家认为自己需要干的事就是：让犯杀人罪的王子交50两银子，让犯杀人罪的平民被判死刑。由此可以看出在面对君主时，平等性并不能做到完全的一视同仁。

实际上，法家的代表们当然也看到了君主不守法将会是法治的漏洞，给法制化改革带来致命威胁，然而，由于新兴地主阶级必须依附于王权才能实现其变革社会的主张，虽然君主恪守法令更能带来真正意义上的平等，但也没人敢于直面挑战，很少有法家著作从根本上否定君主的特权："夫生法者君也，守法者臣也，法于法者民也。"（《管子·任法》）君主与臣下的地位是有天壤之别的。君王如果能做到"不知亲疏、远近、贵贱、美恶，以度量断之""以法制行之，如天地之无私也"，那就已经非常理想了，"君臣上下贵贱皆从法，此谓为大治"。有些法家思想家要求君主也能从法，至于政治实践中君主能不能从法，事实上也是没有办法解决的。

君主犯法的危害是巨大的。商鞅便认识到"法之不行，自上犯之"，但受制于时代和阶级局限，他也不能将君主纳入公平法制约束。商鞅在秦国实施变法时，太子有一次也犯了法，商鞅只能哀叹："法之不行，自上犯之。"（《史记·商君列传》）国家的高层也带头犯法，但由于太子是皇位继承人却不能动刑，只好将他的老师公子虔处劓刑，将另一个老师公孙贾脸上刺字，以示惩戒。可以看出，即使如商鞅这样的强硬派，面对王子犯法这样的情况，也很难做到"壹刑"，而只能退而求其次，处罚太子的老师。

从现有《岳麓书院藏秦简》《云梦秦简》中读取到的秦律，几乎找不到贵族发生普通刑事案件的法令规定，《云梦秦简》中倒是记载了一条"上造盗羊"的判罚情形，但"上造"只是20等爵位中仅高于"公士"的极低级爵位。这表明法家思想中的"正义观"并不体现在立法上，而只是体现在执法上。这种"正义观"并不是法治的"正义观"，他们不怀疑皇帝的立法权和立法公正性，所以本质上是一种人治的"正义观"。当然，苛求两千多年前的秦朝搞立法平等是不现实的，但法家在立法不平等的情况下追求极致到位的执法，同样也是有问题的。

所谓王命、国禁、上制等等名目的法律政令，全都掌控在皇帝一人之手，皇帝在事实上握有所有法律政令的最终解释权。在立法上开着庞大天窗的情况下，法家虽然提出了"王子犯法与庶民同罪"的观点，但这个"同罪"并不能理解为"同样的罪名"，而只是说无论什么人犯法都要依法处罚，强调的只是程序上的公平正义，至于二者所依照的法令是否一样，就不是法家关心的问题了。

法家正是在这里犯了最大的错误，他们过度迷信和夸大所谓"公正执法"的作用，把这种偏颇的"正义观"做到了极致，对皇帝的专制独裁在事实上是推波助澜的。可以说，法家思想对秦始皇"独夫性格"的养成和助长是负有一定责任的。

维新派思想家梁启超在《先秦政治思想史》中认为："法家最大缺点，在立法权不能正本清源，彼宗固力言君主当'置法以自治，立仪以自正'，力言人君'弃法而好行私谓之乱'。然问法何自出？谁实制之？则仍曰君主而已。夫法之立与废，不过一事实中之两面。立法权在何人，则废法权即在其人，此理论上当然之结果也。"立法权操之于君主，其废立之命运便由君主决定。君主"一言可兴法，一言可废法"，所以这种平等性事实上很难得到彻底完全地贯彻。

延伸阅读 **"强项令"董宣**

东汉光武帝刘秀在位期间，采取"严以察吏，宽以驭民"的有效措施治理国家，刘秀本人能够以身作则，严于律己，赏罚分明，政治清明，呈现"光武中兴"之世。这一时期，出现了一些政绩卓著、刚直不阿、执法严明的官员。"强项令"董宣便是其中的代表之一。

董宣，字少平，东汉初年陈留圉县（今河南杞县圉镇）人，早年因豪爽直率，爱打抱不平，受到乡里群众拥护，被基层民意推举走上领导岗位。董宣为官清廉，克己奉公，没几年便从基层干部做到北海郡（今山东寿光市）的相国。又因"打恶除霸"政绩显著，被光武帝重用为洛阳令。董宣上任第一天，就遇到一起棘手的案子。光武帝的姐姐湖阳公主的亲信家奴，杀人后一直躲在公主府里，无人敢将其捉拿归案。董宣决心将凶手缉拿归案，就在公主必经的夏门亭等候，由于凶手仗势拒捕，董宣拔剑把凶手就地处决了。湖阳公主跑进皇宫见着弟弟又哭又闹，光武帝脸上挂不住，御史吩咐："带董宣！"董宣面对"老大"，正气凛然："陛下您一心想严肃法纪，打击豪强，使江山社稷长治久安，人民安居乐业，没想到今天却糊涂到允许皇亲纵奴杀人的地步！君要臣死，臣不得不死。"说完以头撞墙，血流满面。光武帝忙命人拉住董宣，自找台阶，想和稀泥让事情了结，谁知董宣始终不肯给公主叩头谢罪。侍卫上来强按他的头，董宣强项不屈，硬挺着脖梗子，坚决不让按下去。光武帝由衷地说："行，算你的脖子硬！"遂赐予董宣"强项令"的美称。

其二，赏罚上的公平并非现代法治意义上的公平。法家和道家是一脉相承的，其公平观的哲学来源是道家齐物之论；而现代法治意义上的公平主要源自资产阶级革命时期伏尔泰、孟德斯鸠等思想家提出的"自由""平等""博爱"等理念。二者产生的经济、政治基础是不同的，资本主义商品经济催生了契约自由、平等竞争等理念，体现在国家治理上是一种法治主义；而我国先秦法家代表的是新兴地主阶级反对贵族垄断经济、政治利益世袭特权的要求，他们认为维护贵族世袭特权的"礼"是不公平的，而土地私有、按功劳与才能授官赐爵则是公平的，体现在国家治理上，是要按照新兴地主阶级的意志来立法，在君主的统摄下以法治国。由此可见，法家所讲的"法"，不是指一般的法律，而是特指体现新兴地主阶级意志的法律。法家所讲的平等，是替当时还是平民的新兴地主阶级向奴隶主贵族争取平等地位，他们不会从根本上反对等级，也不会泛泛地反对特权，只是反对世家贵族的世袭特权。从这一点来看，与西方资产阶级只反封建贵族，并非为全体人民尤其是工人争取平等的情况是相似的。当然法家的"平等"在形式上也不同于资产阶级提出的在"法律面前人人平等"，先秦法家的平等是土地所有权意义上的平等，西方资产阶级的平等，是资本所有权意义上的平等，而两者也都不是普遍的平等。

法家之所以提出公平性主张，最主要的是要为新兴私田所有者争取政治权利。而作为统治者，之所以同意这一要求，采纳法家主张，主要是因为他们代表了新的生产力，能够鼓励农耕，促进国力提高，帮助国君在争霸战争中获取优势。因此，战国法家变法实现的公平，主要是在奖励农战和惩罚犯罪方面的公平，而非每个人都拥有完全同等的政治经济地位，更不同于我们现代宪法意义上的人人平等。

据《史记·商君列传》记载："宗室非有军功论，不得为属籍。明尊卑、爵秩、等级，各以差次名田宅，臣妾衣服以家次。有功者显荣，无功者虽富而无所芬华。"由此可见，商鞅变法很明显的用意之一就是反对、裁抑宗室贵族，提拔新兴的军功贵族。但他并不从根本上反对贵族的特权如爵秩等级制度等，他们只是要把旧贵族的特权转让给新的军功贵族，甚至让军功贵族获得比旧贵族更多更优越的特权。如20等爵制，只是在秦国原先的爵禄制度基础上进行了梳理、规范，改换了名称，将授予爵位的标准限定为军功和农耕的业绩，实际上，如果获得爵位，其权益不但有原先的田宅、臣妾，而且还可以按爵级获得供驱使的"庶子"，新兴贵族的政治经济地位更加优越了。《商君书·境内》云："其有爵者乞无爵者以为庶子。级乞一人。其无役事也，其庶子役其大夫，月六日；其役事也，随而养之。"这样，不但没有停止对奴隶的剥削压迫，连农奴也成了可以赐予军功贵族的附属物，所谓"臣妾"，也就是男女奴隶的境遇更加悲惨了。此外，五大夫爵位以上，还可以获得"赐税""赐邑"的优待。凡有爵位者，可以享有赦免犯罪的各种特权，重罪可以轻罚，轻罪可以免责；犯同样的罪，爵级高者受到的惩处比爵位低者要轻得多。这样，商鞅变法实际上不但没有废除等级制，而且将奴隶主的等级制发展到了更高级的封建主等级制，造成了更多的特权阶级。事实上，在封建制确立后的相当长一段历史时期，奴隶仍然是合法存在的。先秦法家的许多改革虽然给了奴隶法律意义上的平等，却没有实质性改变奴隶们的身份，他们从出生时就已注定了受压迫和剥削的命运，根本不是现代宪法意义上的平等，更不是实质平等。现代宪法意义上的平等，本质上不仅要求每个人都拥有被法律平等对待的权利，而且不允许任何公民享有法律以外的特权，这一点更为重要，是同先秦法家封建平等观与现代法治平等观的重要区别。

三、依法治国，鉴古知今

习近平总书记曾指出："全面推进依法治国，必须坚持公正司法。公正司法是维护社会公平正义的最后一道防线。"法家的法治思想虽形成于春秋战国时期，主要目的是为了维护封建统治，尽管其思想具有自身和时代难以逾越的局限性，但是法家所倡导的任法去私、刑无等级的平等守法、公正司法理念，仍然对我国当今社会主义法治国家建设具有重要参考价值。

1.法律至上，凡事法断

法治建设对于推进我国社会主义现代化建设具有重要意义，在社会主义中国，国家的一切权力来自人民，这是人民主权原则的要求，社会主义法治国家的宪法和法律至上，实际上是人民至上。法家的"法者，国之权衡也"的思想，凸显了法律至上在国家政治生活中的重要地位，我们应该继续坚持这一论断，把法律作为规范公民行为的主要准则，使社会生活各个领域凡事"皆有法式"，凡事"一断于法"。

立法上，我们要坚持科学立法、民主立法、依法立法，完善党委领导、人大主导、政府依托、各方参与的立法工作格局，立改废释并举，不断提高立法质量和效率。结合社会主义现代化建设的目标，结合民族复兴、国家富强的战略目标，坚持以社会客观情况为依据，按照客观、公平、公正的原则制定和修订各项法律，要加强重点领域立法，拓展人民有序参与立法的途径，以良法保障善治。

执法上，首先要健全保证宪法全面实施的体制机制，坚持宪法法律至上，健全法律面前人人平等的保障机制，维护国家法制统一、尊严、权威，一切违反宪法法律的行为都必须予以追究。坚持"公"高于"私"的法治思想，做到执法公平公正。坚持有法必依、执法必严、违法必究，同时推进依法行政，严格规范公正文明执法，规范执法自由裁量权，加大关系群众切身利益的重点领域执法力度。

司法上，"徒法不足以自行"，只有司法公正，才能树立法律的权威，保证国家的政治安定和社会稳定。因此必须深化司法体制综合配套改革，完善审判制度、检察制度，全面落实司法责任制，完善律师制度，加强对司法活动的监督，确保司法公正高效权威，努力让人民群众在每一个司法案件中感受到公平正义。应进一步深化司法体制改革，确保司法机关依法独立行使各项司法权力。

2.人人平等，不庇特权

"刑无等级""法不阿贵"体现出法家法治思想中的可贵的平等意识，法律面前人人平等是我国法治建设基本原则。习近平总书记曾在中央政法工作会议上，引用唐代史学家吴兢《贞观政要》中的一句话："理国要道，在于公平正直"，说明平等原则在我国社会主义法治建设中的重要意义。改革开放以来，我国在法治建设中取得了巨大成果，但总体看，人民群众的法律意识仍较淡薄，法律面前人人平等的观念还没有完全树立，封建特权思想还没有完全根除，金钱至上等错误观念又乘虚而入，构建社会主义法治社会，平等保护公民合法权益任重而道远。建设法治中国，实现和保护人民的福祉，切实贯彻法律面前人人平等的法治十分必要。

因此，尽管法家思想具有一定的历史局限性，但是我们更应该看到"刑无等级""法不阿贵"等思想的合理性，应该坚持做到取其精华，去其糟粕，充分发掘闪光点，让法家人人平等的法治思想在我们建设社会主义法治国家中焕发生机、发生积极影响。人民群众是历史的创造者和推动者，社会主义法治建设必然要把人民的利益放在首位，处处体现人民诉求，处处维护人民权益，真正起到保障公民合法权利的作用，这样才能真正与人民同呼吸共命运，汇聚起中华民族伟大复兴的磅礴伟力。

3. 量刑适度，宽严相济

刑罚是维护法律权威不可或缺的手段，但不是法治的目的。"惩前毖后，治病救人"必须量刑适度。

法家认为，要想"禁奸止过"，决不能用轻刑："罪重刑轻，刑至事生，此谓以刑致刑，其国必削。""重刑"一直被认为是法家法治思想中占统治地位的一条准则。重刑对维护统治阶级政治统治、镇压被统治阶级、维护社会稳定方面具有重要作用，但哪里有压迫，哪里就有反抗，长久下去必然导致社会矛盾激化，社会法制体系和正常社会秩序在剧烈的社会动荡中崩溃坍塌。而且，就法律的工具性价值而言，法家这种一味"重刑"的思想，从根本上模糊了轻罪和重罪的界限，本身也不具备操作性和科学性，很容易造成对法律的公正性和规范性的破坏。

我国刑法作为社会主义法律体系的重要组成部分，有一条重要的罪责刑相适应原则，其基本含义是：刑罚的轻重应与犯罪的轻重相适应，重罪重罚，轻罪轻罚。我国社会主义法治建设的目标，服务于建设富强民主文明和谐美丽社会主义现代化建设的总体目标，因此必须坚持以人为本，把人民的利益放在首位，保障人民的合法权益。这就必须时刻警惕法家片面"重刑"思想的滋长，要坚决破除法律工作者头脑中的重刑思想意识，要求司法人员必须在定性准确的基础上做到量刑适当。法律的运行要坚持公开化、公正化，各级司法机构必须高度重视群众反映的问题，不断提高以法律维护社会公平正义的能力。还要发挥大众媒体对于法律实施过程的监督作用，坚持做到罚当其罪、罪刑相称，保障公民合法权益不受侵害。

综上所述，法家是我国 2000 余年来致力于以公平正义原则力倡法治，并积极投身以法治国实践的重要思想流派，为中华民族建设公平社会的正义实践作出了非凡贡献。法家的"法治""平等"思想植根于中国文化，流淌在中华民族的血液中，构成中华民族优秀民族性的重要方面，对中国社会、政治、经济发展的影响悠久深远。今天，这种人人平等的法治意识仍然具有极大的现实意义——尤其是经过改革开放 40 多年的腾飞，我国经济社会快速发展，已经具备了建设完善社会主义现代化法治国家良好政治、文化基础，我们应当响应广大人民希望国家更加现代化、法制化的呼声，在广泛吸取世界各国建设法治国家、依法治国经验的基础上，更加注意从自己源远流长的历史文化传统中汲取思想养分，吸收制度经验，尤其是从法家思想中汲取合理内核和优秀成分，为实现国家治理的现代化、法治化服务。

延伸阅读　天子犯法也"与庶民同罪"吗？

　　有句俗话说：王子犯法与庶民同罪。王子犯法好说，那要是天子犯法怎么办呢？中国古人有他们的智慧，有的时候至尊无上的统治者犯了错，也有一些特殊的认错方式：

　　当年曹操北上讨伐张绣经过农民的青苗地，告诉自己手底下的士兵，不能祸害老百姓的庄稼，有马踏青苗者皆斩首。结果曹操自己的马受惊了，一下子踏坏不少麦苗，你说这该怎么办？把曹操斩首了？那谁带兵打仗？曹操想了个办法，把自己的头发割下来一缕，挂在旗杆上，这叫割发代首。中国古人的孝道里，头发就像脑袋一样，所以割发代首就表示我曹操犯错了，我也一样要受罚。

　　大清入关以后要修自己的皇陵，顺治到康熙到雍正都干过拆明朝皇陵的事，然后来给自己修皇宫修陵墓，到乾隆年间也不例外。

这时候大清朝的律法已经很完备了，规定偷坟墓者斩立决。刘墉和纪晓岚都曾经跟乾隆说过这事，如今乾隆这么干，那岂不是定法不是法吗？乾隆自己也意识到这件事不对，那怎么样也要表个态承认错误呀。当众承认错误也太丢脸了，后来刘墉给他出了个主意，下次去江南打猎视察的时候，穿着肚兜，肚兜的绳子换成银链子，为什么换成银链子呢？因为好比你披枷戴锁流放江南。这个典故说明了一个问题，就是一个人犯了错，就得承担一定责任，就得道歉认错，皇上也不例外。犯错就得承认错误，这也是中国社会基本的道理。

第五章　法不独行　法术势合

——实施法治的三要素

　　韩非以前的法家有三派，即"法""术""势"三派。推崇"法"的以商鞅为宗。这派主张严刑厚赏力行法令，使奉法遵令的人有赏，犯法违令的人受罚。推崇"术"的，以申不害为宗。他们主张人主要有操纵臣下的阴谋，包括那些声色不露而辨别忠奸、赏罚莫测而切中事实的妙算。推崇"势"的，以慎到为宗。所谓势即威权，这一派要尽量扩大政府的威权，权力集中到人主手里，使他成为权力的中心，以权压制臣下。韩非之所以被视为集法家之大成，便因为他主张法术势合，兼容并包。当然，他提出的法、术、势相结合的学说，主要是为君主服务。他认为，君主与臣民之间应该保持上下尊卑有别的关系，臣民要无条件服从君主，全国力量集中于君主之手，以此为基础建立一个中央集权的专制国家。为了达成这样一种"势"，君王应该用"法"来规范臣民的生活与行为，维持人主的绝对权威。而在私下里，君王应该善于用"术"来算计那些有可能对统治带来危害的臣子与不老实的民众。

一、以法为本，术势相辅

　　韩非，战国时期的韩国人，法家学说的集大成者。他将慎到的"势"、申不害的"术"、商鞅的"法"紧密结合，系统化发展了法家学说，在朴素唯物主义的哲学基础上建立了完整的法治理论。了解先秦法家的思想，必须弄清楚法、术、势三者的含意与内在联系。

1. 任法而治，奉法则强

法为律法，是治国理政强有力的工具。以法代礼，以法治国，是几乎所有法家的共同主张。商鞅认为法令是"民之命也，为治之本"，一个国家必须"任法而治"。韩非则继承了这种主张，极力推崇法在治理国家过程中的重要作用。法是国力强弱的关键，决定国家命运的枢机，他说："国无常强，无常弱。奉法者强则国强，奉法者弱则国弱。"（《韩非子·有度》）他反对儒、墨两家尚贤的"人治"主张，认为治国应该"上法而不上贤"。这是因为，如果去法尚贤，把治国希望只寄托在个别贤能的人身上，是治理不好国家的。"释法术而任心治，尧舜不能正一国；去规矩而妄意度，奚仲不能成一轮；废尺寸而差短长，王尔不能半中。使中主守法术，拙匠守规矩尺寸，则万不失矣。"（《韩非子·用人》）君主治理国家最为可靠的工具乃是法律。

韩非提出"以法为本""唯法为治"，他认为，即使贤君治国，也不能单纯依靠个人智慧，因为"仁义爱惠之不足用"。他说："故法者，王之本也……故治民无常，唯治为法。法与时转则治，与世有功。治国者莫不有法。圣人之治也，审于法禁，法禁明著，则官治。故先王以道为常，以法为本。人主者，守法责臣以立功者也。"（《韩非子·饰邪》）他在这里明确提出了"不务德而务法"的主张，反对德治，尊奉法治，以法律为工具加强统治以稳定社会秩序，达到富国强兵的目的。

他竭力倡导将法律规范付诸实践，主张君主掌握"刑""赏"二柄，用严刑重罚保障"国安而暴乱不起"；要富国强兵，奖励耕战，也要以厉行赏罚为手段。

韩非认为建立法制是统治者最应注重的，"立法于君"，立法权是君主最主要的权柄之一，要乾纲独断，不能分散给臣下；同时他又指出应当"因天命、持大体""守自然之道""因道全法"，国家能否强大取决于是否依法行事，"国无常强，无常弱。奉法者强则国强，奉法者弱则国弱。"（《韩非子·有度》）君主自己也要受法律约束。

韩非认为国家制定、百姓遵守之规范即为法，法是由国家来编订，让官府来具体设施，并让老百姓认知和遵守的规范。也是"天道"在社会政治领域的具现，在立法过程中，要顺应"天命"和"道"，遵循宇宙万物运行的根本规律，使"法"得以健全和完善，具体的律令规条体现"公利"而不"逆人心"。

韩非主张公开法律，认为"法者，设之于官府，而布之百姓者也"。官府将法令及时公布出来，百姓才能"以法为教""以吏为师"，从而得以广泛普及和实施。

韩非主张保持法律的稳定性，切忌"朝令夕改"。"法也者，常者也。"法必须尽量保持稳定不变，能够反复适用。

韩非注重法律的可行性，提出法令应当"表易见""教易知""法易为"，制定并公布的法令本身应当简洁易懂、切实可行，便于百姓读懂才能更好地遵守和适用。

韩非强调法律的强制性，予法以观念上崇高尊严地位的同时，更注重将其置于以王权为代表的国家政治生活的极高位置，受到国家机器的强力保护和推行，"信赏必罚""令出必行"，确保法令的预期效力不折不扣地实现。

韩非坚持法律的平等性，反对儒家"刑不上大夫，礼不下庶人"的法治观。他说："法不阿贵，绳不挠曲。法之所加，智者弗能辞，勇者弗敢争，刑过不避大夫，赏善不遗匹夫。"他认为只有消除凌驾于法之上的特权，营建平等的环境，居高位者有功也不能抵罪，居低位者无过就不受罚，"事皆决于法"，才能使法得到最大多数人的自觉遵守。倡导公平，违法者心存"侥幸"、受罚者产生"私怨"的可能性都降至最低，人们才有可能发自内心地接受法律的约束。

韩非说："言无二贵，法不两适。"罪与刑相称，功与罚相当，法律面前没有例外，"诚有功则虽疏贱必赏，诚有过则虽近爱必诛"。法大于情，不会因个人好恶有所避趋。因为"因喜用赏，赏不必当；因怒用罚，罚不必当"（《晏子春秋·内篇问上》），如果感情用事，随意赏罚，就会导致人心不稳，臣下不忠，甚至导致"亡国相继，杀君不绝"，危及统治。这对于打破贵族特权、树立法律权威、维护法律尊严具有重要意义。

韩非也十分重视法律的预防作用和激励机制。他在《外储说下》中说："信赏以尽能，必罚以禁邪。"强调法令施行的预期效果与实际效果的统一。

韩非的法治思想非常全面，他不仅强调了"法"的重要意义，还就如何实现制度化、法治化提出了具体措施：第一，制度规定的目标要能够达到，具有可行性，不能脱离具体的历史和社会现实。第二，制度要有保障机制，要做到有功必赏，有过必罚。只有立功的人有获得预期的奖赏，人们才会争相立功；只有犯错的人必然受到惩罚，人们才会有所戒惧。必须厚赏重罚，用国家的强制力保障制度实施。第三，制度要相对稳定，不能朝令夕改。第四，同时，制度还要有一定的灵活性和适应性。如果社会环境发生了重大变化，制度也要随势而动，不能墨守成规，这叫作"法与时移"。只有这样才能保持社会安定，国家富强，如果不顾实际情况，死守祖宗成法，那就必然会引起社会的动乱，以致民贫国削。

韩非的法治思想建立在类似于荀况"性恶论"的哲学基础之上，减少了对人性善的期望，沿袭了荀况"以法制之""矫饰人之情性而正之"的主张，强调统治者应取强势姿态，统合"法""术""势"，以"王者之道"牢牢控制政治，压服被统治者。韩非从人生而好利恶害的本能出发，论证了对各谋其利的人群施以权术法制的必要性，并提出了切实可行的管理方法，由此正式奠定了法家的理论基础，建立了我国封建法治理论体系，这在2000多年前是具有划时代的历史意义的。

2. 术为法用，阴阳互动

术治最初由申不害提出，韩非对其加以发展。"术"就是权术，指的是君主考察、使用、驾驭臣下的手段。具体地说，就是君主根据各人的能力授予官职，根据官职来责求行政实效，考核各级官吏的才能和业绩，掌握生杀大权的措施和办法，其最终目的是维护君主的至高权力，即所谓刑名之术、察奸之术、赏罚之术、挟知之术等。

其一，术不欲见，操术御下。

韩非认为："术者，因任而授官，循名而责实，操杀生之柄，课群臣之能者也。"（《韩非子·定法》）"人主之大物，非法则术也。"（《韩非子·难三》）"君无术则弊于上，臣无法则乱于下，此不可一无，皆帝王之具也。"（《韩非子·定法》）统治者要将"法"与"术"很好地结合起来。"法"与"术"最大的区别是"法莫如显，而术不欲见"（《韩非子·难三》）。"法"是为达到治理目标而订立规章制度，应明文公布；"术"则是统治者控制臣下的心术技巧，应当潜藏于胸中，择机使用，不可轻易示人。可见，法家主张"法"应是静态的和公开的，"术"则是动态的、隐秘的。

韩非认为高明的君主必须善于"操术以御下"，因为"君臣之利异"，"主利在有能而任官，臣利在无能而得事；主利在有劳而爵禄，臣利在无功而富贵；主利在豪杰使能，臣利在朋党用私……"（《韩非子·孤愤》）在这种利益冲突中，如果不懂得"操术"，就极可能导致"臣下轻君而重于宠人"，君主过于仁弱和轻信，同样有王国的危险，"仁暴者，皆亡国者也。"（《韩非子·八说》）

其二，因能授官，循名责实。

至于如何具体地"操术"，韩非指出："术者，因任而授官，循名而责实，操生杀之权，课群臣之能者也，此人主之所执也。"（《韩非子·定法》）君主操术，有四个途径：一是"因能而授官"，即根据能力任用官员，把人事权牢牢掌握在手中；二是"循名而责实"，即根据官职的编制而设置适当的职权，把机构编制权掌握在手里；三是"操生杀之权"，就是掌握最高的生杀之权；四是"课群臣之能"，也就是考核臣下的行政能力。

可见，"术"论是韩非法治思想中的操作性很强的积极方面，它包括了三方面的内容。

第一，用人之术。韩非认为，用人问题很重要，君主必须讲究用人之术。"无术以任人，无所任而不败。"（《韩非子·八说》）韩非用人之术中，首要的是关于用人标准的问题。战国时代是各诸侯国激烈竞争的时代，人才竞争尤为激烈。不少思想家都提出了自己的用人标准，比如，道家主张"无为""自然"，墨家主张"尚贤"，儒家主张以德为先等。而法家更强调"能"与"贤"，强调任用"能法之士"和"智术之士"。他把才能看作人才最重要的条件之一，认为要准确计量每个人的能力，根据能力大小交给他们合适的任务，这叫"程能而授事"；授予官职更应该与人的才能相适应，即"因任而授官"。韩非认为，懂得术的君主一定能做到人尽其才，"故有术之主，信赏以尽能，必罚以禁邪。"（《韩非子·外储说左下》）韩非批评当时贤愚不分的政治现实，认为特权阶层的存在导致赏罚不明，"吏偷官而外交，弃事而亲财。是以贤者懈怠而不劝，有功者隳而简其业。"（《韩非子·八奸》）韩非主张选贤任能，反对私门之请，主张建立相对公正的用人体制机制："明主推功而爵禄，称能而官事，所举者必有贤，所用者必有能，贤能之士进，则私门之请止矣。"（《韩非子·人主》）

第二，考核之术。韩非是中国古代较早地发现考核的作用和意义，并积极主张建立考核制度的思想家。"课群臣之能"，是韩非术治思想的重要组成部分。按照贤能的标准取士授官，这是政治生活健康化的第一步，可以说是把好大门，但所取的士是不是真正贤能、贤能的程度怎样，还要在他们施政牧民的过程中进行考察，路遥知马力，日久见人心，"试之官职，课其功伐，则庸人不疑于愚智。"（《韩非子·显学》）对官吏进行经常性考核是非常必要的。"夫欲得力士而听其自言，虽庸人与乌获不可别也；授之以鼎俎，则罢健效矣。故官职者，能士之鼎俎也，任之以事而愚智分矣。故无术者得于不用，不肖者得于不任。"(《韩非子·六反》)韩非认为，只听应征者作自我介绍，那是靠不住的，要发现真正能任事的人才，必须有客观的标准，力士自夸力量比史上有名的乌获还大，那不一定是真正的力士，让他去举鼎俎，就能分辨出究竟是疲弱之人还是健壮的大力士了。官职对于士人来说就如鼎俎之于力士，通过赛场选马，在治国理政、处理官衙事物的过程，士的智愚就能看得一清二楚。可以说考核制度是保证贤能兼备的用人标准得以有效贯彻的制度性保证。

第三，赏罚之术。赏罚制度由来已久，《尚书·尧典》说："三载考绩，三考黜陟幽明。"即每隔三年考核一次政绩，对政绩突出的加以提拔，对出现失误的给予罢免。韩非也将考绩与赏罚联系起来："听言督其用，课其功，功课而赏罚生焉，故无用之辩不留朝。"(《韩非子·八经》)韩非主张行赏的唯一根据是功，行罚的唯一根据是罪，除此之外，没有任何理由和标准可据以进行赏罚，这就是赏罚根据的唯一性。韩非据此进一步论证了赏罚应具有公正性，他说："诚有功，则虽疏贱必赏；诚有过，则虽近爱必诛。"(《韩非子·主道》)生杀赏罚不分亲疏远近，必须一视同仁。

其三，明主用术，无为御国。

韩非强调的"术"并非挖空心思的钩心斗角。法家颇受老子"无为而治"的思想影响，他们不主张君主陷于琐碎事务中不能自拔，统治者不能事必躬亲、处处过问，"王者"必须从日常事务中解脱出来，站在更高的层次上俯察万事，隐身于半空中督查百官万民。"圣人、明主治吏不治民"，是因为"知不足以遍知物"，"君不足以遍知臣"。明主治国，静因无为，无为而无不为，应当有一种君临天下的气度；明主应当懂得无为之道，而百官群臣则应当代他无不为，也就是要君无为而臣任劳。韩非强调"虚静之心"是君主的基本修养，不能轻易在臣下面前表现出喜怒好恶的情绪，也不能显露自己的才能，要善于隐藏自己，喜怒不形于色，并保持神秘感。这种具有典型东方神秘色彩的"术"的确表现出耐人寻味的冷静与智慧。

"术"包括阳术和阴术两个方面，阳术是君主公开考核臣下的方法；阴术是君主暗地里驾驭臣下的手段。"明主用术，亲爱近习莫之得闻。"（《韩非子·难三》）"道在不可见，用在不可知。"（《韩非子·主道》）二者并用，表里相辅，才能形成对臣下的绝对掌控。君主公开考核臣下的方法，首先就是"循名责实"。君主处理政务要参考各方面的意见，综合考虑各方面的情况，不偏听，不偏信，"观听不参则诚不闻，听有门户则臣壅塞。"（《韩非子·七术》）其次是"必罚明威"，对于触犯法令的臣民决不姑息，该怎么处罚就怎么处罚。他认为："藏怒而弗发，悬罪而弗诛，使群臣阴憎而愈忧惧，而久未可知者，可亡也。"还要"信赏尽能"，通过信守诺言增加奖赏来增加臣民对君主的好感和信任。"赏誉赞谍者下不用也，赏誉厚而信者下轻死。"（《韩非子·内储说上》）韩非提出君主要"自用其刑德"，主张利用人们畏威趋利的心理，重赏与严罚两手抓，两手都要硬。

君主暗中操纵群臣、驾驭权属的办法属于"潜御之术"。韩非认为："术者藏之于中，以偶众端而潜御群臣者也。"（《韩非子·难三》）《韩非子·主道》系统列举了君主控御群臣的 7 种方法，以及需要明察的 6 种隐秘情况；就是所谓"七术"和"六微"。君主要对臣下保持高度警惕，严格"备内"，切忌和臣下过于亲近。君主深藏不露，才能掌握主动权，明察臣下的心理动态；均主要学会通过"疑诏诡使"或"挟知而问"等政治技巧，考察臣下们是否忠诚。韩非认为，为使"群臣守职，百官有常"，达到防奸止乱、使臣下尽心效命的目的，君主可以不择手段，才能更好地巩固统治阶级内部秩序。

韩非提出术为法用，"术"是随时可以运用到立法、行政、司法过程中的灵丹妙药。只要能够灵活运用法、势、术这三大法宝，就可以劳心而不劳力、治人而不治于人，牢牢掌握国家最高权力，熟练运用这种权力为封建统治阶级服务，这样的君主才是"明君"。

延伸阅读　七　术

　　韩非《内储说上·七术》中概括君主用术有七种："一曰众端

参观，二曰必罚明威，三曰信赏尽能，四曰一听责下，五曰疑诏诡使，六曰挟知而问，七曰‘倒言反事’。”

"众端参观"，就是参看多个方面，不至于被臣下所愚弄。"必罚明威"，是指为了显示出君主的威严，当罚必罚，决不姑息迁就。法令再严，若不能执行，也等于一纸空文。"信赏尽能"，体现了君主的恩惠与守信，以及执法的严肃性。在物质刺激下，必有勇者出现。"一听责下"，即全面地听取臣下之言，使臣下各司其职，不得相互推诿，也不得越权行事。"疑诏诡使"，是君主探臣忠诚与否的一种方法。韩昭侯在一次宴会上故意隐藏了一个鸡爪，然后声称丢失了。群臣纷纷割了自己面前盘子里的鸡爪以献上，表示是他们找到的。如此，大臣是否忠诚则一目了然。"挟知而问"，目的是使臣下觉得君主无所不知，高深莫测，从而勤勉于职守，不敢有所懈怠。"倒言反事"，是君主必备之能，反其意而行事，以此来深藏其真实情感，不为臣下窥探。此七术，乃治国之道，君主使用他们，就能防微杜渐，选贤任能，牢牢把握着政权。韩非把奸臣行奸概括为"六微"和"八奸"。所谓"六微"，指的是奸臣惯用的六种手法，其内容为："权借在下""利异外借""托于似类""利害相反""参疑内争""敌国废置"。"八奸"指的是奸臣施展阴谋的途径，国君应慧眼识之，使用权术以探之，不为假象迷惑。常言道"狗猛酒酸"，奸臣最大的特点是投君主之所好，行一己之私利。因此，君主应隐藏自己的七情六欲，为国人做出好的表率，不给奸臣以可乘之机。

3. 法术蓄势，君执权柄

法、术、势作为法治的三要素，三者之间也还是有主次之分。其中法律是根本。术、势则是相辅的因素。无有强制的法律，难以形成君主的"势"——君主的绝对权威；借助法的权威性治理臣民是一种术，也可称之为阳谋；离开了法的权威性来算计臣民，则是阴谋。法、术、势三者配合起来使用，便是人君的法治之道。因此，在法、术、势三者之间，势是最为关键的因素。无势，则法、术再好也无法实施。

"势"就是天授君权，是君主拥有的至高无上的权势。韩非认为："君执柄以处势，故令行禁止。柄者，杀生之制也；势者，胜众之资也。"（《韩非子·八经》）"凡明主之治国也，任其势。"（《韩非子·难三》）也就是说，"势"是生杀大权和控制群众的资本。势是一种威慑力、强制力，是统治者相对于被统治者所拥有的优势或特权，君主只有凭借势力才可以统治万民，势是一种让群臣和民众俯首称臣的无上权威力量。

韩非还认为："国之利器，不可以示人。"（《韩非子·内储说下》）势乃君主之势，非臣下之势，君主必须做到处势不移，大权独揽。"权不欲见，素无为也。事在四方，要在中央。圣人执要，四方来效。虚而待之，彼自以之。"（《韩非子·扬权》）国家的大权要集中在君主一个人的手里，君主拥有至高主权，才能坚持法度，治理天下；如果背弃法度，失去权势，国家就会陷入混乱。"今势重者，人主之爪牙也；君人而失其爪牙，虎豹之类也。"（《韩非子·人主》）他认为君主以"势"服众犹如虎豹以爪牙制服百兽，君主失去"势"则犹如虎豹失去爪牙，必为人所制。

同时，他主张君主必须站在统筹的高度，用权势来平衡、牵制的技巧统御臣下。君臣之间关系微妙、复杂，君主要时刻保持清醒的头脑，不能被臣下所蒙蔽，尤其是对于能臣，更要御之有术，否则就会节外生枝，造成权臣把持朝政的局面，危及统治。君主要严防权力下移、大权旁落，造成臣下挟势反叛。他认为："万乘之患，大臣太重；千乘之患，左右太信；此人主之所公患也。"（《韩非子·孤愤》）韩非反对君主与臣下共掌权势，国家政治生活中的大事大权，如用人权、赏罚权、财权等，都应由君主独自掌控。如果君主与臣下共掌权势，大权很容易旁落权臣之手，导致帝星失位，社会动荡。

但法家过分强调了权势的重要性，而忽视了君主的德行。韩非指出："圣人德若尧舜，行若伯夷，而不载于势，则功不立，名不遂"。（《韩非子·功名》）君王能够"制贤""王天下"的原因绝非其能力和品德，而只是由拥有"势"而造成的位尊权重格局，舍此，必将一事无成。"飞龙乘云，腾蛇游雾，云罢雾霁，而龙蛇与虫寅蚁同矣，则失其所乘也。贤人而诎于不肖者，则权轻位卑也；不肖而能服于贤者，则权重位尊也。尧位匹夫不能治三人，桀为天子能乱天下，吾以此知势位之足恃，而贤智之不足慕也。"（《韩非子·难势》）韩非夸大了权势在君主推行其政治主张中的作用，认为拥有权势，君王就能形成对臣下的绝对威慑力，形成对百姓的绝对统治力，显然将国家政治生活单纯化、静态化了，这是法家将变法图强的希望寄托在君主身上的要求，也是造成法家变法措施缺乏持久力缺陷的原因。

其实，韩非反对用贤治代替势治，但又不完全同意慎到"势治"的观点，而是主张用法的"人设之势"来弥补单纯势治的不足。可以说，慎到之势是"自然之势"，自然之势不考虑行政工作的效果，因此无法抵挡儒家、墨家尚贤论的攻击，其机械主义的色彩更加浓厚。各诸侯国贤者在位则治，不肖者在位则乱的政治现实，治乱显然受明君贤臣的影响，这是慎到思想中无法弥补的逻辑破绽。而韩非在此基础上进行了一定程度的修补。

韩非说："千钧得船则浮，锱铢失船则沉，非千钧轻而锱铢重也，有势之与无势也。故短之临高也以位，不肖之制贤也以势。人主者，天下一力以共载之，故安；众同心以共立之，故尊。"（《韩非子·功名》）由此可见，韩非"势"的概念不是静止的自然之势，是为国君人为设置的能用以号令臣民的"权势"，带有一定的动态化、辩证法的进步意义。自然之势是世袭的王位或官位，是所谓"生而在上位"，如韩非所说："夫尧舜生而在上位，虽有十桀纣不能乱者，则势治也；桀纣亦生而在上位，虽有十尧舜而亦不能治者，则势乱也。故曰，势治者则不可乱，而势乱者则不可治也。此自然之势也，非人之所得设也。"（《韩非子·难势》）这种"自然之势"是对世袭制度的一种直观反映，是人力所无法动摇的；根据"自然之势"天然形成的权力结构中，一个好人掌权，即使 10 个坏人作乱也无济于事，相反，一个坏人掌权，即使 10 个好人励精图治也等于白费气力。这种理论显然不利于春秋战国新兴地主阶级获得政权。韩非承认自然之势论的这种弱点，为了避免于此，他主张人设之势。但他仍然坚持势治，反对贤治，他认为，尧舜和桀纣都是千世一出的极端现象，主张通过贤治是把所有的君主变成尧舜，这是不现实的。在他看来，绝大多数君主都是上不及尧舜、下不至桀纣的"中人"，应以绝大多数的"中人"为对象来设计统治方案，那就必须使国家政治生活正规化、制度化，以制度的力量弥补"中人"的不足，更能防止"下人"乃至庸碌昏暴统治者的出现。

韩非所谓人设之势，其实就是指法律制度，就是制定法律政令来弥补自然"势治"的不足，这正符合马克思主义对法律的定义：法律是统治阶级意志的表现。对于统治阶级的大多数"中人"而言，"抱法处势则治"，背法去势则乱，法是"中人"势治不可或缺的法宝。他说："势必于自然，则无为言于势矣。吾所为言势者，言人之所设也。"（《韩非子·难势》）"夫弃隐栝之法，去度量之数，使奚仲为车不能成一轮；无庆赏之劝，刑罚之威，释势委法，尧、舜户说而人辨之，不能治三家。夫势之足用亦明矣，而曰'必待贤'，则亦不然矣。"（《韩非子·难势》）

韩非把刑罚之威作为人为之势的基本内容，主张"不养恩爱之心，而增威严之势"，因而与世袭制度下的权势有很大不同。韩非有感于世袭权势的惯性难以改变，而且不适应社会变化，因此出于新兴地主阶级取代奴隶主世卿贵族统治的需要，他更看重人设之势，反复说明制定律法、人为设势的重要性。例如，尧舜因自然之势而获得了君位，但如没有刑罚之威这类人设之势，他们仍旧不能"治三家"，不能统治天下。可见，人设之势是第一关键的。在这里，韩非把法同势紧密结合为一体。刑罚之威既属法的范围，又是势的人设之势发挥作用的方式和手段，是人设之势的力量变现。

韩非强调人设之势，力图以法、术为基础建立一个相当牢固的政治体系，使中等水平的平庸君主也能借助这种政治体系维持封建国家的征程运作。"世之治者不绝于中，吾所以为言势者，中也。中者，上不及尧、舜，而下亦不为桀纣。抱法处势则治，背法去势则乱。今废势背法而待尧、舜，尧、舜至乃治，是千世乱而一治也；抱法处势而待桀纣，桀纣至乃乱，是千世治而一乱也。且夫治千而乱一，与治一而乱千也，是犹乘骥、而分驰也，相去亦远矣。"

韩非强调"法势合一"，君主同时兼备两种权威，即制定法的权威与实施法的权威，就可以达到"抱法处势则治"的境界。他告诫统治者：必须牢牢掌握"势"，绝不可须臾松懈。"万乘之主，千乘之君，所以制天下而征诸侯者，以其威势也。"（《韩非子·人主》）若一旦"失势"，"释其刑德而使臣用之，则君反制于臣矣。"（《韩非子·二柄》）政局就会混乱，人民就要遭殃。他认为明主必须"执柄以处势"，"明主之所导制其臣者，二柄而已矣。二柄者，刑、德也。"（《韩非子·二柄》）"刑"是杀戮处罚之权，"德"是庆赏奖功之权。在仔细考察了诸多历史经验教训的基础上，韩非深刻地认识到奖功罚过在政治运行中的重要意义，意识到政权强制力的不可或缺性。统治者"在其位有其权"，这种重权意识成为中国历代封建统治者顶礼膜拜的图腾，其影响经久不衰。

延伸阅读　**哀公问计于孔子**

君主掌握刑罚，对臣下有一种威慑力，使他们觉得君主尊严不可侵犯。这样，他们就会恪守职责，收敛自己的行为。鲁哀公烧荒山，由于北风太猛，火势南移，危及都城安全，下令让人们救火，结果连他左右的人都去驱逐野兽，没有人去救火，于是鲁哀公向孔子问计。孔子说："夫逐野兽而无罚，救火者尽赏之，则国不足以赏于人。请行罚。"哀公依言，下令不救火者和投降、败北之人同罪，驱逐野兽的人和进入禁地者同罪。命令一下，还未普遍传达，火就扑灭了。鲁哀公正是利用了人们趋利避害的心理，选择了刑罚这一有力手段。

二、法术势统，强化集权

从商鞅、慎到、申不害的学说来看，他们对于法、术、势互补互用的关系已经有所阐述。韩非则在吸收三家对法、术、势的主张的基础上，构筑出法、术、势互补互用的体系，以巩固封建王权。

1. 三者互补，有机统一

根据法家的理论体系，法是根本，是势和术依存的根本条件；势是前提，是法和术发挥作用的力量源泉；术是应用，是法和势产生效能的具体途径。三者又是融合互补的。比如法，在官吏选任和赏罚方面也包含了术治的部分内容；术治论则包含了势治的因素；而势治的人设内容也包含了法治的精神，在以君主为本位这一点上，三者毫无疑问是互相贯通的。

三者分别在商鞅、申不害和慎到那里也并非毫不相干，更不是互相排斥的。商鞅主张法治，但不排斥术和势。《商君书·修权》云："国之所以治者三：一曰法，二曰信，三曰权。法者，君臣之所共操也；信者，君臣之所共立也；权者，君之所独制也……权制独断于君则威。"这里的权就是指权势。"主操权利，故主贵多变。"这里的权则是术的内容，指权变之利掌握于君，是由势而术的例证。《商君书·禁使》甚至直言："故先王不恃其强而恃其势；不恃其信，而恃其数……先王贵势。"这些都说明，商鞅学派法家也很重视术和势。

韩非集法家之大成，更是明确地意识到法需要势和术的补足。他说：

"君执柄以处势，故令行禁止。"（《韩非子·八经》）"令行禁止"即是法，法之所以能行，是因为有势（"柄"和"势"）为基础。又云："夫为人主而身察百官，则日不足，力不给。且上用目则下饰观，上用耳则下饰声，上用虑则下繁辞。先王以三者为不足，故舍已能而因法数（术），审赏罚。先王之所守要，故法省而不侵。独制四海之内，聪明不得用其诈，险躁不得关其佞，奸邪无所依。远在千里外，不敢易其辞，势在郎中，不敢蔽善饰非。朝廷群下，直凑单微，不敢相逾越。故治不足而日有余，上之任势使然之也。"（《韩非子·有度》）君主之所以能够自如地运用法术，达到独制四海的境界，也是因为善于用势。《韩非子·奸劫弑臣》中有："夫是以人主虽不口教百官，不目索奸邪，而国已治矣。人主者，非目若离娄乃为明也；非耳若师旷乃为聪也。目必不任其数，而待目以为明，所见者少矣，非不弊之术也。耳必不因其势，而待耳以为聪，所闻者寡矣，非不欺之道也。明主者，使天下不得不为己视，天下不得不为己听。故身在深宫之中而明照四海之内，而天下弗能蔽、弗能欺者何也？暗乱之道废，而聪明之势兴也。故善任势者国安，不知因其势者国危。"术、势不独局限于权术和权势的概念，而具有某种必然性，二者相依为用，"乘威严之势以困奸邪之臣"，在势的基础上运用"严刑重法"和"法术之数"，则法和术就能发挥更大威力。

同样，势也需要用术和法来补足。《外储说》有言："国者君之本也，势者君之马也，无术以御之，身虽劳犹不免于乱，有术以御之，身处佚乐之地，又致帝王之功也。"术的目的就是保卫和运用手中的权势。

总而言之，法、术、势三者相互依存，相辅相成，构成互补为用的关系，韩非政治方略的体系就建立在这一稳固的"铁三角"之上。

2.三位一体，强化集权

韩非本是韩国的贵族，但是他的法治思想却不为韩王所用。韩非在悲愤之下著作十余万言，包括《孤愤》《五蠹》《内外储》《说林》《说难》等，对法、术、势等治国"法器"进行了明白晓畅的说明。后来这些著作传到了秦国，秦王嬴政看完后，连连赞叹："寡人得见此人与之游，死不恨矣。"李斯告诉秦王这是韩非写的书，并劝说嬴政发动战争攻韩。韩王无奈只好派韩非作为使节出使秦国。这一去韩非再也没有回来。因为，韩非在出使秦国时，还没有来得及受秦王嬴政的接见，便遭妒才的李斯、姚贾等陷害，被毒死在秦狱中。韩非虽然在生前未能实现自己的政治抱负，但把法家学说进一步发展，为秦始皇统一天下提供了有力的理论依据。

韩非的法学思想体系是"围绕"君主集权之需求设计的。他主张"事在四方，要在中央；圣人执要，四方来效"，国家的大权集中在"圣人"（君主）一人手里，"万乘之主，千乘之君，所以制天下而征诸侯者，以其威势也。"（《韩非子·人主》）为此，君主可以对所有臣民予取予夺。在这一理论的支持下，秦王进一步清除世袭的奴隶主贵族对国家命脉的把持，"散其党""夺其辅"；同时，选拔一批有政治实践经验而且忠诚于君主的封建官吏来取代他们，"宰相必起于州部，猛将必发于卒伍"，秦国自商鞅变法形成的改革势头从而得以健康延续和发展，国家力行法治，"废先王之教"，"以法为教"，最终实现了国富兵强，并统一了天下。

韩非强调制定了"法"，就要严格执行，做到"法不阿贵""刑过不避大臣，赏善不遗匹夫"，任何人也不能例外。他认为只有实行严刑重罚，人民才会顺从，社会才能安定，封建统治才能巩固。韩非的这些主张，反映了新兴封建地主阶级的利益和要求，为结束诸侯割据、建立统一的中央集权的封建国家作出了贡献。

后世将儒家之中孔子的"君君、臣臣、父父、子子"和孟子的"父子有亲，君臣有义，夫妇有别"与封建专制主义思想结合起来，其内核还是如韩非明确提出的"臣事君，子事父，妻事夫，三者顺则天下治，三者逆则天下乱，此天下之常道也"。《韩非子·忠孝篇》把臣、子、妻对君、父、夫的从属关系从顺逆治乱的角度肯定下来，视为"常道"，这其实是封建"三纲"的基本内容。加上宏观上"法""术""势"的政治主张，法家思想成为我国封建专制主义的思想的主要源头。这对于我国形成 2000 余年的超稳定的封建社会结构卓有贡献，但随着时代的发展，这种超稳定结构却成了阻碍新的更高级的商品经济和资本主义生产方式得以健康发展的保守因素，功过是非只能由青史去评判。

韩非深刻地认识到政治权力在社会生活中的重要性。法、术、势并用，目的都是围绕维护君主专政的统治地位，服务于封建君主运用权力巩固政权。与先秦诸子百家中其他各家比较而言，包括韩非在内的法家更为务实，他们更加专注现实社会政治生活，因而对政治权力的理解及运用艺术，显然要比其他学派的思想家，例如，专注哲学思考的道家或者醉心于科技的墨家要深刻得多，法家思想为现实政治提供了更多可资借鉴的思想财富。韩非法、术、势兼用的政治思想更是有其独特的社会内涵，大大丰富了中国传统政治思想宝库。

延伸阅读 "五蠹"与"八奸"

《韩非子·五蠹》指出，所谓五蠹，就是指：学者（指儒家）；言谈者（指纵横家）；带剑者（指游侠）；患御者（指依附贵族并且逃避兵役的人）；商工之民。他认为这些人会扰乱法制，是无益于耕战的"邦之虫"，必须铲除。

《韩非子·八奸》指出，所谓"八奸"，就是指："同床"（指君主妻妾）；"在旁"（指俳优、侏儒等君主亲信侍从）；"父兄"（指君主的叔侄兄弟）；"养殃"（指有意讨好君主的人）；"民萌"（指私自散发公财取悦民众的臣下）；"流行"（指搜寻说客辩士收买人心、制造舆论的臣下）；"威强"（指豢养亡命之徒、带剑门客炫耀自己威风的臣下）；"四方"（指用国库财力结交大国培养个人势力的臣下）。这 8 类人都具备威胁国家安危的可能，所以，要像防贼一样防备他们。

3.明倡儒经，暗行法术

春秋战国时期，学派林立，百家争鸣。以韩非为代表的法家面对急剧变化的社会，以现实主义的眼光看待政治生活，探索实现国家统一的途径，提出解决问题的可行方法。他们的认识是最为独特的，与其他学派或多或少的理想主义色彩相比，具有更加朴实的实用价值。

毋庸讳言，法家是以"利"为基点看待政治的。他们把一切都浸入冷冰冰的利害关系的计量中，把社会的一切价值和秩序，人们的一切思想和行为，乃至情感本身，都还原为赤裸裸的利害关系，利益成了考察和衡量一切的尺度。他们把人性好利发展为极端的利己主义，这让许多人不喜，让很多理论家难以认同，但不可否认，法家对现实政治的认识是深刻的。韩非以工具理性来理解政治，而现实政治正是要通过权力实现资源的分配，解决资源的有限稀缺性和人的更高需求之间的矛盾。政治家要获得成功，政治势力要占据有利的经济社会地位，必须控制权力制高点。法家将施行法治的重心放在国君身上，诚然是狭隘的；而为了使国君能独揽大权，甚至鼓吹不必顾虑民心的向背，只要纯任法、术、势即可。他们这种完全抛弃了理想与道德的功利主义的做法，虽然显得粗糙和残酷，但"乱世用重典"，他们的理论无疑是乱世的宠儿。秦国能在诸雄争霸中胜出，吞并其他六国，一个很重要的原因就是自孝公以来，秦国十分看重法家法治主张，从商鞅到韩非、李斯，历代国君重用法术之士，形成了比较完善的、相对于奴隶制宗法分封制更加进步的君主集权封建政治体制。秦始皇完成统一后，继续任用李斯为丞相，把法家思想定为官学。

当然，成于斯者败于斯，秦纯任法术，为政苛暴，导致人民不堪重负，"坑灰未冷山东乱"，大秦二世而亡，法家政治思想的局限性因此暴露无遗。许多人认为，秦王朝的专制、残暴，主要是受韩非思想的影响而致。到了汉代以后，韩非等法家之名几乎不再被公开提起。但法家并没有就此退出历史舞台，而是与道、儒各家学派的思想相互交融，形成中国独特的传统政治文化，深刻地影响了中国封建社会的两千年。

汉代以后，儒学成为正宗官方学术，取代了法家学说在治国理政中的地位，但汉王朝骨子里还是继承了秦的中央集权君主专制政体，继承了秦的官僚和法律制度。封建统治阶级虽然用儒家的"仁治""德治"为自己的阶级压迫蒙上了温情脉脉的面纱，但他们深知，无论是对付广大被压迫剥削的农民，还是处理统治阶级内部矛盾，处理君主与臣僚的关系，紧靠儒家的道德说教是疲软而不济事的。要确保臣僚按君主的意志施政，确保被统治者不揭竿而起，必须依靠法家所推崇的法、术、势，必须依靠构架起有力的国家暴力机器。这就造成了"汉承秦制"和"汉承秦法"的客观事实。整个封建时代，专制君主一方面表面上标榜孔孟儒学，另一方面在实际上推行的是法家的治国方略，这就是所谓的"外儒内法""阳儒阴法"。

实际上，从西汉开始，儒法之间的对立局面已然改变，两者逐步走向融合，"你中有我，我中有你"，各有所司，各有所用。可以说，法家在我国2000多年的封建社会中，一直在儒家"德治"外衣掩护下，主导着历代的封建政治的灵魂。特别是韩非的法、术、势系统理论的影响，已不局限于法家学派；后世儒家弟子在自得于"儒门显学"的同时，大多会汲取法家"为帝王师"的政治营养，将法治与德治巧妙地结合起来，灵活运用于国家治理的实践。"儒法并施""德法同治""阳儒阴法"，造就了大批的贤臣良相维护了一代又一代封建大一统帝国的强盛。

三、古为今用，治国利器

在法家"法术势"思想中，"法"的法律，"术"的策略，"势"的权势，是统治者的治国理政工具箱中三种最重要的利器，三者形成紧密联系的整体，不可偏废。应用韩非"法术势"思想，对当今中国共产党的法治建设也有着重要的启发意义。借鉴韩非"法术势"的先贤智慧，不断加强党员干部队伍建设，构建科学合理的权力运行约束机制，从而加强党的廉政制度建设，也是今后我们进行政治理论创新的重点之一。

1.完善立法，依法办事

"法"，不仅包括成文的法典，不仅是刑赏之术，更是一套公开公平的制度体系，在法家的国家治理体系中居于核心的位置。韩非尚"法"给现代领导者的启示就是，依法治国带来秩序、安定和富强，依靠私智只能导致独裁、随性、混乱和衰弱，不能以私刑代替法律，以人治代替法治。在社会政治生活中，规则是人人必须遵守的，规则愈全面、愈缜密、愈普及、愈公正，则社会的法治文明程度愈高，否则愈低。

现在，我国正以前所未有的进取精神走在全面深化改革、扩大开放的道路上，遇到的挑战也更多，"滚石上山""爬坡过坎"，必须汇聚全党、全民的力量，因此，必须有一套完善的制度规则来规范社会生活、统一人民的步调，并对新出现的各种问题加以规范。1992年邓小平同志"南方谈话"指出，"对的要继续坚持""不足的要加点劲""不对的赶快改""新问题出来抓紧解决"，体现了实事求是的唯物主义精神，反映了掌握历史发展客观逻辑的必要性和紧迫性。规则就是对规律的体现。党的领导者要投入精力完善各方面的立法，因地因式制定各种政策，力求任何事情都能按规矩来办，做到有法可依，依法办事。

2.知人善任，治官有"术"

韩非作为中国古代法家思想的集大成者，他"明主治吏不治民"的政治管理逻辑可以分解为"君主—官吏""官吏—民"两个环节。通过对治吏逻辑的探析，分析古代治理体制下的治官思想，可以为当代政府的人事管理制度改革提供参考。

育才造士，为国之本。党管干部是我们党的重要治理原则，用人是否得当是我们党领导的社会主义现代化事业成败的决定性因素之一。习近平总书记深刻指出："历史和现实都表明，一个政党、一个国家能不能不断培养出优秀领导人才，在很大程度上决定着这个政党、这个国家的兴衰存亡。"古人云："为政之本在于任贤"，领导干部必须知人善任，把合适的人放在合适的位置上，"合适的人"要求"知人"，"合适的位置"要求"善任"。

术，不仅是谋略，而且是领导艺术、领导方法。韩非的术治思想与现代领导科学和管理理论有相通的地方，有利于公务员的选拔、任用与考核，他阐述的用人与选人的原则与方法，考核、检查干部的原则与方法对领导干部的领导艺术有着很大的参考价值。

新修订的《党政领导干部选拔任用工作条例》，坚持以推进伟大事业为导向，将"事业为上、人岗相适、人事相宜"作为一条重要原则，为做好新时代选人用人工作、建设忠诚干净担当的高素质专业化干部队伍，进一步指明了正确方向。习近平总书记强调："中华民族伟大复兴，绝不是轻轻松松、敲锣打鼓就能实现的，实现伟大梦想必须进行伟大斗争。"党员、干部要认真学习贯彻这一重要论述，加强理论修养、坚定理想信念、牢记初心使命、不断修炼自我、主动担当作为，在复杂严峻的斗争中经风雨、见世面、壮筋骨，努力增强斗争本领和执政本领。

3.清廉自守，树立威望

领导干部的施政能力来自两个方面，一是职务权力，二是个人威望。真正的领导力等于影响力，即"德高望重"，以身作则，示范的力量是无穷的。"德、能、勤、绩、廉"是领导干部考核的主要指标，也是领导干部领导力的主要来源。德，指领导干部的政治品质和道德品行；能，指领导干部履职尽责的政治能力、专业素养和组织领导能力；勤，指领导干部的精神状态和工作作风；绩，是领导干部的为政为民业绩和实际成效；廉，是领导干部落实党风廉政建设政治责任，遵守廉洁自律准则，秉公用权等情况。

全面从严治党是党的十八大以来党中央作出的重大战略部署，是"四个全面"战略布局的重要组成部分，也是全面建成小康社会、全面深化改革、全面依法治国顺利推进的根本保证。全面从严治党，就是要加强廉政制度建设，营造风清气正的社会环境，这是共产党人的本质追求，是党实现中华民族伟大复兴事业的重要保障。借鉴韩非的"法术势"三分法，在"法"方面，要克服党风廉政制度尚不完善、执法刚性不足的缺陷；在"术"方面，要加强党员干部队伍建设，尤其是盯紧"关键少数"；在"势"方面，要强化纪律检查和国家监察机制，完善权力运行中的制约和监督机制。

韩非"势"的思想有利于共产党完善管理职能。各级职能部门领导，都是由于得"势"有了用武平台，取得了领导权和发挥权威作用的根基。一定要让那些真正的共产党人、真正想为人民谋利益的人有权有势，让那些企图为自己、家人、家族谋私利而混进革命队伍的人没有容身之地，杜绝以权谋私、权钱交易等丑恶现象。作为领导者和决策者一定要认识客观环境，科学合理地运用好自己的"权势"，切勿滥用权力。要深刻理解立党为公、执政为民，牢固树立"情为民所系，利为民所谋，权为民所用"的正确权力观，切实将来自人民之"势"用于服务人民，始终以党和人民的事业为重，为人民掌好权、用好权。

尽管韩非的"法术势"管理体系中存在矛盾，但作为法家集大成者，韩非的管理观在当时的历史背景下为诸侯国的国富兵强发挥了重要的作用，在当今时代，他的管理观同样有重要的借鉴意义。党员干部作为现代化的国家管理者，需要综合运用"法""术""势"，依法管党、从严治党，科学治国、科学理政，勤政为民、廉洁奉公，从而为推进国家治理的现代化，为实现中华民族伟大复兴的中国梦贡献自己的智慧和力量。

第六章　明法审令　公端为心

——法治成败在于执法者

执法人员是法律法规的执行者，是正义、公平的象征，是国家长治久安、社会和谐安定的守护者。建设社会主义法治国家，实现国家治理能力和治理体系的现代化，需要执法者明法审令，明令公信，公端为心，公平公正。

一、法治成败，在于执法

执法者的品德决定着法治的效果，是法治成败的关键因素。以法治国，需要执法人员以身作则，执法守法，这样才能在群众中保持公信力，使人民群众信服。只有执法人员成为我们法治社会的"领头羊"，群众才会心甘情愿地遵法守法，共同维护社会的长治久安。如果执法者信用欠缺，常常言而无信，那么再好的政策和措施也将难以施行。人们会从不信任执法者进而发展到不信任国家。封建社会中，百姓在权贵面前是无奈和无力的，所以，他们需要一个"青天"。一个能够无视等级阶层，敢于公正廉明，铁面无私，明察秋毫的"青天"。而那些明法审令，明令公信，公端为心，公平公正的执法者，往往被百姓尊为"青天"。

1. 执法之基，明法审令

"明法审令"，出自《史记·孙子吴起列传》。吴起自魏入楚后，楚悼王听说吴起贤能，任用他为令尹。吴起相楚，"明法审令，捐不急之官，废公族疏远者，以抚养战斗之士"。使楚国短期内达到了强兵的效果。"明法审令"在这里虽然说的是吴起在楚国变法所做的第一件事：申明法令，使人人遵守，谨慎发布命令，避免出现差错。其实，这一点，是实现法治的基本要求，也是执法者要遵循的基本原则。制定了再好的法律制度，如果不能让国民知晓，就不能形成公信力，执行起来必定遇到重重的质疑、重重的阻力。要使执法有效，必须把"明法审令"做在前头。

执法者是一个公众人物，其好恶表现在外，很容易被外界加以利用，很容易在利诱和迷惑下丧失理智，作出错误的决定。因此执法者一定要守住底线，言行审慎。

2. 执法之要，公端为心

"公端为心"，即公正之心。1975 年 12 月，在湖北云梦县睡虎地出土的竹简《语书》中，凡是"正"字都写成"端"字，如"以矫端民心""毋公端之心"等，因为秦始皇，嬴姓赵氏，名政（正），出于对秦始皇的避讳，故将"正"字都写成了"端"字。同时，孟子以"四端"指代儒家推崇的四种德行，即"恻隐之心，仁之端也；羞恶之心，义之端也；辞让之心，礼之端也；是非之心，智之端也"。公端之心，亦仁义礼智"四端之心"类也。清代康熙皇帝曾说："公四海之利为利，一天下之心为心。"办事公平正直，不徇私情，公正为心，也是法家对官府执法的原则要求之一。

历代法家对执法者的要求，公平正义的原则永不过时。为了使法获得普遍实行，必须以"公"执法，以"理"断事。《管子·版法解》说："凡法事者，操持不可以不正，操持不正，则听治不公。听治不公，则治不尽理。""审治刑赏，必明经纪；陈义设法，断事以理；虚气平心，乃去怒喜。"

主身者，正德之本也。执法者必须端正自身德行，自己带头守法。执法者的道德规范一确定，百姓就有规范可遵循。而且公平无私的执法者，不因私心来干扰自己的执法，更不会舍弃法制而谋求私利。"公私之交，存亡之本也。"（《商君书·修权》）交就是界限，这个界限是国家生死存亡的根本。所以，《韩非子》中关于贤明君主的治国之道提到"明主之道，必明于公私之分，明法制，去私恩"，强调公与私的界限一定要划清楚。

韩非有言："贤者之为人臣，北面委质，无有二心。朝廷不敢辞贱，军旅不敢辞难；顺上之为，从主之法，虚心以待令，而无是非也。故有口不以私言，有目不以私视，而上尽制之。"（《韩非子·有度》）意思就是品德高尚的人做臣子，面北献礼，效忠君主，没有二心。中国人自古讲一心不能二用，一仆不能二主，讲究一个唯一性。其实，这是"道"性的人性化，"道"性最大的特质就是唯一性。这一特质应用到贤者与官场上，就演化为忠心不二，这一思想一直延续到现在。从古至今，中国人眼里最看不起的就是背叛组织的叛徒，出卖国家的汉奸，在当代则被网络社会称之为"带路党"。

古代执法中表现的忠，也表现为爱国忠君。在韩非看来，以法治国，最后做决策的还是君主，这是君主的权威与精髓所在。而且还因为君王是一国之主，代表着整个国家，代表着"公家"，臣子忠于君主，是爱国的一种表现，也是忠公于法的一种表现。基于此，臣子公正执法，就要顺从君主的行为，遵从君主的法令，维护君主的权威，并能做到："有口不以私言，有目不以私视。"（《韩非子·有度》）意思是说有嘴不因私事而说，有眼不因私事而看。执法之时，不说私话，不看私事，一心为君，一心秉公。

3. 执法之臣，清廉为本

在《韩非子》著作中，对于德治的提法甚少，但是并不等于全盘否定，而是将德治形成具体的制度规范，在阐述官员的正常晋升时提道："人臣之欲得官者，其修士且以精洁固身……恃其精洁而更不能以枉法为治。"将德治的内在约束和法治的外在规定结合在一起。同时，反复强调："修身洁白而行公行正，居官无私，人臣之公义也。"除了把公正无私作为成功执法的基本保证之外，还突出了官员的"精洁""修身洁白"。而董仲舒在《春秋繁露·五行相生》中说："至清廉平。路遗不受，请谒不听，据法听讼，无有所阿。"把清廉摆在首位。

事实上，官员要做到"据法听讼，无有所阿"，必须以清廉为本，先保持自身的"精洁"——清廉。而自身清廉，对外物无所求，对外物引诱无所惑，才能够做到清廉执法、公正无私。试问，一个贪腐之官，有几人能够经受得住执法过程中的外来金钱物质诱惑？而与之相反者，古往今来的几乎所有公正执法者，都是清廉一生、清廉一家的。

延伸阅读 **各有其宝**

春秋时，宋国司城子罕清正廉洁，受人爱戴。有人得到一块宝玉，请人鉴定后拿去献给子罕，子罕拒不接受，说："您以宝玉为宝，而我以不贪为宝。如果我接受了您的宝玉，那我们俩就都失去了自己的宝物。倒不如我们各有其宝呢！"

二、历代司法，明刑弼教

按照法家思想家的原初设计思路，遵循着人性化性起伪、导恶向善的治理理想，我国从秦代开始就设计完善了一整套司法执法、监察监督的制度体系，并延续千年，成为我国封建社会超稳定治理结构的"硬核"力量。大凡治世盛世，都是明法审令、秩序井然、海清河晏，百姓无不安居乐业，讴歌太平。在这一制度体系和儒法两家治理理想的指引熏陶下，涌现出了一大批公端为心，廉明正直，刚正不阿，敢于为民请命，不惜丢官罢职的直臣廉吏，包括秉公执法的张释之，被百姓誉之为"关节不到，有阎罗包老"的包拯，敢于责备皇帝的海瑞，抗旨斩弄臣的袁可立，"要留清白在人间"的于谦等，为我们树立了公端为心的典范。

1. 创刑造狱，上古有之

原始社会，生产力低下，尚未出现阶级的划分，在私有财产出现之前，还没有产生司法制度的需要，但却有司法的雏形。相传皋陶创刑造狱，"明刑弼教，以化万民"（《尚书·皋陶谟》）。这一时期，正是先民由原始社会向奴隶制社会过渡的阶段，虽无司法，但却有着对部落里违禁者及对战俘的处理方法，而皋陶提出的处理方法是属于比较官方的处理方法。

皋陶又称咎繇，约生活于公元前 2220 年至公元前 2113 年，一说偃姓，一说嬴姓。皋氏，名繇，字庭坚，少昊之墟（今山东曲阜市）人。他与高辛氏的契、后稷共同辅佐大舜，历经唐、虞、夏三个时代，长期担任掌管刑法的"士师"（理官）一职，以正直闻名天下。相传他立五刑，行五教，架构了中国最早的司法制度体系。他采用独角兽獬豸治狱，坚持公平公正；强调"法治"与"德政"的结合，促进天下大治，形成"皋陶文化"，成为后世法家思想产生的精神渊源，与尧、舜、禹并称"上古四圣"。

皋陶的年代，正是恩格斯所说"家庭、私有制和国家"渐趋形成的年代。随后，中国就进入了奴隶制王朝夏的时代。

夏商两代的司法制度，基本建立在奴隶主特权体制之上，行政、军事、司法不分。夏王、商王作为国家的最高统治者和立法者拥有最高司法审判权，王之下已经设有专职的司法长官"士"或"理"，协助商王处理司法审判事务。《礼记·月令》记载"命理瞻伤"，郑玄注"有虞氏曰士，夏曰大理，周曰大司寇"，可能就是三代的专职法官。

2.司法专职，执法有据

西周时期，形成了完善成熟的奴隶主专政的司法制度，有了明确从事司法审判的司寇，还有了监狱等司法执行机关。周王掌握最高审判权。中央常设大司寇，作为最高司法审判官，主要职责是"佐王刑邦国，诘四方"，但重大或疑难案件需上报周王做最后裁决。如《礼记·王制》所载："大司寇以狱之成告于王，王命三公参听之；三公以狱之成告于王，王三宥然后制刑。"下设若干属吏，如司刑、司刺、司约、司圜、掌囚、掌戮等，分别掌管各项具体司法事务。

传说召公在任期间，"敬德保民"，身体力行，成果卓著。《史记·燕召公世家》记载："召公之治西方，甚得兆民和。召公巡行乡邑，有棠树，决狱政事其下，自侯伯至庶人，各得其所，无失职者。召公卒，而民人思召公之政，怀棠树不敢伐，歌咏之，作《甘棠》之诗。"

《诗经·召南·甘棠》一诗中说：

"蔽芾甘棠，勿翦勿伐，召伯所茇。

蔽芾甘棠，勿翦勿败，召伯所憩。

蔽芾甘棠，勿翦勿拜，召伯所说。"

召公听讼，以人为本，在甘棠树下设立巡回法庭，人民对他由衷感念，甚至连他判案决讼的甘棠树都舍不得损毁。

然而，西周时的案件区域管辖还没有明确区分，负责中央地区（王畿）的司法官是士师和眚史，直属周王。三公和司寇也参与地方案件审理，乡、遂、县三级负责初审，古代的司法体系基本形成，《周礼·大司寇》云："凡诸侯之狱讼，以邦典定之；凡卿大夫之狱讼，以邦法断之；凡庶民之狱讼，以邦成弊之。"周代还创立了"三刺""五听"裁判方法，审判技术大幅改进。地方上还出现了类似现在治安管理的职能部门，各地设立司民（户籍）、司稽（捕盗）、司寇（刑狱与纠察事务）等官职。

战国时期，我国开始进入封建社会，生产力进一步发展，私有财产进一步累积增加，封建地主土地所有制度逐渐形成。地主阶级与旧贵族奴隶主阶级的斗争日趋激烈，法家正是在封建地主阶级建立政权、获得统治地位、巩固土地等财产所有权的过程中正式形成，其"以法治国"的理论，也集中反映在司法执法制度体系的形成完善过程中。可以说，法家促成了中国封建司法制度的"早熟"。

宗族社会在春秋时期开始瓦解，最终在战国时期初步形成了集权社会。大量由宗族内部自行解决的事务变为国家事务，需要统治者亲自处理。早在春秋时期，叔向在与子产争论铸刑鼎之事时，便已预言了这一情况，"民知争端矣，将弃礼而征于书，锥刀之末，将尽争之"（左传·昭公六年）。《荀子·宥坐》中记载："今之世则不然……是以刑弥繁，而邪不胜。"清楚地表明了战国时期司法事务剧增的现实情况。

在这种形势下，代表君主处理司法纠纷的专职法官便登上了历史舞台。《韩非子·外储说左下》云："桓公问置吏于管仲，管仲曰：辩察于辞，清洁于货，习人情，夷吾不如弦商，请立以为大理。"《韩非子》与《吕氏春秋》成书于战国时期，里面记载的春秋时期管仲与齐桓公之事，应该是假托前人说当时，有所想象与加工，正反映了战国时专职法官存在的情况。而出土文献上博简《容成氏》篇云："乃立皋陶以为李，皋陶既已受命，乃辨阴阳之气，而圣（听）其讼狱。三年而天下之人无讼狱者。"这也是战国时人对先世的想象和假托，恰好反映了战国时人观念中专职法官的存在。

战国时各诸侯国的专司法官，有齐国的大理、楚国的廷理、秦国的廷尉等，鲁国则继续遵循周礼，不折不扣，设有大司寇一职，孔子就曾担任过该职。

秦统一后，法家思想成为统治阶级的主流意识形态。在"法治"思想指导下，秦国的司法制度臻于完善，建立了一整套统一规范的司法机关。在中央设置廷尉，为最高司法机关；廷尉，属九卿之一，地位仅次于三公。其职责有二：一是负责审理皇帝交办的全国性案件；二是负责审办各地移送上报的案件，或审核各郡的重大疑难案件。地方郡县司法机关由郡守和县令兼任，一般案件自行处理，疑难案件则上报中央。在县乡两级，则创设了亭。亭遍布全国，主要设置于交通要道处，大致每十里一亭，是我国历史上最早的专门基层治安行政机构，兼具军事交通，司缉捕盗贼和维护治安之职。秦朝的司法体制奠定了中国历代封建王朝司法机关的基础。

秦朝全面推行郡县制。与分封制完全不同，郡县长官由国君直接任免，代表国家行使行政管理职能，并领取俸禄，不再享有世袭特权。郡守、县令或县长作为地方行政长官，同时兼管司法审判。县令或县长以下分设县丞、县尉、御史等，协助处理民政、军事、司法等事务。这种地方行政机关兼掌诉讼审判职能的司法制度，在中国沿用了两千多年，一直到清末法制改革后才宣告结束。

在县级机构以下，还建立有乡、里、聚、邑等基层组织。乡设三老、廷掾，里有里正，负责民间治安秩序、缉捕贼盗、裁决争讼等。还将民众编为什伍组织，每五家一伍，十家一什，互相监督连保，确立了一整套从上到下的君主专制中央集权的司法管理体系。

汉承秦制，包括司法制度。汉初的司法制度还很简陋，以"约法三章"为基础。公元前206年，刘邦攻入咸阳，宣布废除秦代苛法，与百姓"约法三章"："杀人者死，伤人及盗抵罪。"

西汉定鼎后，刘邦感到"三章之法不足以御奸"，于是命丞相萧何参照秦律制定汉律。萧何在秦六律的基础上增加《户律》《兴律》《厩律》三章，合为九章，称《九章律》。《九章律》成为汉律的核心和主干部分。

汉中央司法机关仍叫廷尉，地方也与秦朝相同。但武帝之后，王权逐渐加强，中枢出现了尚书台，台内设立执法机构，在西汉是三公曹，东汉是二千石曹，逐步侵夺了廷尉的司法权。重大案件由中央主要官员会审，这种"杂治"的会审制度体现了皇权对司法权的控制进一步加强。

汉初，地方上郡县制与分封制并存，封国拥有相对独立的审判权，内史为司法官。汉景帝实行"推恩令"，逐步削藩，将封国的审判权也收归了中央。

　　两汉时期，地方仍实行行政长官兼理司法的制度，郡、县（道）守、令兼理司法，郡设决曹掾及决曹史，县设县丞辅助审判民事案件。县以下设乡，乡有三老，选年高德劭者调息争讼，体现汉代德主刑辅的法治思想。东汉则从灵帝中平五年（公元188年）起，划为州、郡、县（道）三级，由州牧审理郡、县的上诉案件。

　　三国两晋南北朝时期基本继承汉代司法制度，但也有一些发展。北齐将廷尉改称大理寺，扩大了司法机关的规模；而且将死刑的复核权收归了皇帝，这是我国古代司法制度的一大变化，体现了"慎刑"的思想以及法家的"主道"。

　　隋唐时期，我国古代司法制度更加成熟定型，司法机关主要由三部分组成：大理寺、刑部和御史台。大理寺负责审判，相当于法院系统。其正副长官分别为卿和少卿，下置丞、主簿、录事、正、监、评、司直、律博士、明法、狱掾等属员若干人，他们分工负责司法审判事务、法律培训教育及监狱管理工作。大理寺"掌决正刑狱"，负责案件审判监督，相当于检察院系统的一部分功能；审理中央百官的犯罪案件和京师地区徒、流刑以上重大案件，同时处理地方移交的各种疑难案件。刑部是司法行政机构，相当于司法部，但其权限更大。其正副长官为尚书、侍郎，下置其他属员若干人，除负责中央的司法行政事务外，还兼掌徒、流刑案件的复核工作，可以对审判进行干预。御史台为中央最高监察机关，"掌察纠弹劾"，相当于纪检监察系统。皇帝交办的重大案件由三个司法机关共同审理，俗称"三司推事"。同时，死刑的复奏制度也明确化，死刑执行前必须再报皇帝，核准以后才能执行。

　　隋朝地方仍实行行政长官兼管司法的传统体制。各州设刺史一人为长官，下设法曹参军或司法参军受理刑事案件，司户参军受理民事案件。各县也设司法佐、史，协助县令处理司法事务。

　　宋朝的司法机关也是继承了唐朝的体制，但也有变化，中央设大理寺为中央最高审判机关，宋太宗淳化二年（991年）"特置审刑院于禁中"之后，大理寺部分职权被侵夺，改为"但掌天下奏狱"而"不复听讯"。审刑院到神宗时撤销，职权又分归大理寺和刑部。凡京师百司之狱归于大理，流罪以下案专决，死罪案报御史台"就寺复审"。为避免在审判中出现失误，在大理寺设左断刑、右治狱两个系统，左断刑设三案、四司、八房，掌断天下疑案及命官、将校罪案的审理。

宋代司法体制中，最为重要的建制是"鞫谳分司"，即审与判相分离。中央的大理寺、刑部由详断官（断司）负责审讯，详议官（议司）负责检法用律，最后由主管长官审定决断。各州府设司理院，由司理参军（鞫司）负责审讯及调查事实等，司法参军（谳司）依据事实检法用条，最后由知州、知府亲自决断。鞫谳分司强调两司独立行使职权，不得互通信息或协商办案，有利于互相制约，防止舞弊行为。（张正印：《宋代"鞫谳分司"辨析》）审、判分离是一种较好的制度制衡，更能实现"公端明法"，在很大程度上避免了司法腐败。

除了从中央到地方的法定审判机构外，还加强了对司法活动的控制，赋予了某些行政机构复核刑事案件的职权。刑部作为专职的司法复核机关，加强了复核职能，行政干预司法现象显得更为突出。太宗淳化元年（990 年），在刑部增设"祥复官五元，专阅天下所上案牍，勿复公遣鞫狱。"（《宋史》卷 152）这是因为宋代中央的最高行政机关中书门下和最高军事行政机关枢密院（号称"二府"）都位居司法机关之上，中书有权干预审判和用刑，而军人重大犯罪案件则必须经枢密院复核审定。宋代司法呈现职权分散的特点。

元朝袭汉制，在保留刑部和御史台的同时，设置大宗正府来代替大理寺。刑部作为司法行政机关，除掌管刑名律令、刑具狱政外，还负责死刑案件的复核、冤案的审辨、押解囚徒的谳录等程序性审判事务，作为行政系统完全取代了司法审判系统。自此，沿革千余年相对独立的司法系统归并于行政系统，这是自秦汉以来司法体制的重大变化。但中央和地方的行政机构兼理司法，极易导致司法腐败，这个弊端至明清时更加明显。

明清时期也是以三法司为主要司法机关。但是其职权发生了变化，大理寺的审判权与刑部的复核权发生了交换易位，御史台则改名为都察院。

同时，明朝加强了皇权独裁，锦衣卫、东厂、西厂等特务组织被赋予了司法审判权，甚至还凌驾于普通三法司之上，直接受皇帝管辖。同时，明清的会审制度也完善起来，死刑案件的最高决定权在皇帝手里，这是中央集权在司法方面的集中体现。

明朝的地方司法机关分省、府、县三级。省设提刑按察使司，掌管全省的刑名按劾之事；府由行政长官知府兼理司法；县由行政长官知县兼理司法。县以下各乡设有申明亭，张贴榜文、申明教化。凡乡间轻微刑事案件，由乡间长老和里长在亭中审理或调处。

清朝设置大理寺作为中央最高案件复核机关。大理寺主要职责包括：审理中央百官犯罪；主持司法行政与律例修订事宜；审理发生在京师的笞杖刑以上案件；审核地方上报的重案（死刑应交大理寺审核）；复核死刑案件，平反冤狱，同时参与秋审、热审等会审，如发现刑部定罪量刑有误，可提出封驳；处理地方上诉案及秋审事宜。大理寺长官为大理寺卿 2 人，副官为少卿 2 人，满汉各 1 人。下设堂评事、司务厅司务、左右寺丞等属官，堂评事由满人专任，其他皆由满汉分任。大理寺卿主掌案件的复核驳正，平反冤狱，少卿辅佐之。

都察院为中央最高监察机关，主掌监察，也参加重大案件的审判。

清朝地方司法机关有督抚、按察使司、府、州县四级。司法审判基本上由各级行政长官兼理。重大刑事案件在案件发生的州、县告理，如果审断不公，苦主可向府、省呈告；若再不公，方准到京呈诉；民事案件和轻微刑事案件，则于当地告理。

清末中国开始逐渐接受西方的警政思想。中国历朝在基层实行的保甲制度，在清末弊端百出，巡警制度代替保甲制度成为时代趋势。时任保定巡警局总督的赵秉钧应时而起，在直隶省首建巡警队伍，后出任中央巡警部侍郎，统筹全国巡警建设，从而使中国巡警体制从无到有，初步形成真正意义上的现代警察制度，使国家社会治理的机制实现了一次转折性的变革。

3. 历代清官，公正廉明

立公制，行公道，怀公心，好的制度和治理体系需要并催生好的执行者，好的执行者将好的制度和治理体系转化为好的治理效果。尽管有历史和阶级的局限性，我国两千年来的封建社会，还是涌现了一大批公正廉明的清官廉官、能吏干吏。他们勤于政务，宵衣旰食，审时度势，日夜操劳，治国理政，安邦抚民；他们秉持正气，直言谏净，品行端正，志向高远，严于律己，宽以待人；他们清正廉洁，奉公无私，公忠体国，执法如山，不惧豪强，为民请命，成为天下大治最稳固的治理根基。

战国时期魏国的西门豹治理邺地，清正廉明，采取法家学说，扫除"五蠹"，利用"河伯娶媳妇"事件，智惩巫婆，治理漳河水患，发展农业生产，同时还实行"寓兵于农、藏粮于民"的政策，很快就使邺城民富兵强，成为魏国的东北重镇。《史记》中说："子产治郑，民不能欺；子贱治单父，民不忍欺；西门豹治邺，民不敢欺。"西门豹诚信于民的"三不欺"精神，值得后世学习并发扬光大。

西汉文帝时期的张释之秉公执法，刚正不阿，10 年未得升迁，后经袁盎推荐，任为谒者，因向文帝陈说秦汉兴亡之道，而补任为谒者仆射，后升任廷尉，严于执法。张释之秉持公平公正的执法理念，不仅严守法纪，秉公断案，依罪量刑，在维护法律公正方面，他更是刚正不阿，置生死于不顾，多次与汉文帝发生冲突。司马迁在《史记》中记载，张释之曾弹劾时为太子的景帝"过司马门不下车"。汉文帝出行，有一个人从桥下走出来，惊了皇帝的马，身为廷尉的张释之抵制住皇帝要求重判的压力，只判了罚款。可见，张释之已经自觉地将法家"法不阿贵""刑无等级"的观念内化于心、外化于行，同时学习了儒家"明德慎罚"的思想，坚持依法办案、依法量刑，其公正不阿、不畏强权可见一斑。

西汉昭、宣二帝时期的黄霸少有大志，攻读法律之学。为官之后，奉公守法，以廉为本；体察民情，劝课农桑。黄霸断案，反对酷刑，坚持疑案从轻，主张对罪犯实行外宽内明，教化为先，得到百姓拥护，朝廷满意，属下悦服。黄霸也因此一直升任丞相。他在任颍川郡太守期间，深感豪强地主称霸一方、百姓流离失所，于是大刀阔斧惩治非法，打击豪强，布施恩德，安置流民，发展生产，很快就出现了吏治清明、社会稳定、"田者让畔，道不拾遗"的太平景象，皇帝下诏称许为良吏。

西汉宣帝时期的赵广汉为人强力，举孝廉出身，精于吏职，治行尤异。他疾恶如仇，执法严酷，不避权贵，铁腕处置豪强子弟，颇类法家。在颍川郡任太守期间，刚到任数月就打击豪门大族势力，缓和社会矛盾，加强地方管理，转变社会风气，实现政治清明，吏民赞不绝口。在担任京兆尹时，表现出高度的责任心，处理公务通宵达旦，因在天子脚下执法不避豪强，得罪皇亲国戚和当朝显贵，最终落得被腰斩的下场。

唐代狄仁杰历仕唐高宗与武则天两个时代。他从并州都督府法曹任起，转大理丞，改任侍御史，历任宁州、豫州刺史，授户部侍郎、同平章事等职。狄仁杰为官，如老子所言"圣人无常心，以百姓心为心"，始终保持体恤百姓、不畏权势的本色，为拯救无辜，敢于拂逆君主之意，"居庙堂之高则忧其民"，后人称之为"唐室砥柱"。他任大理丞期间执掌刑法，一年内便处理了前任遗留下来的17000多件案子，没有一人上诉申冤，其公正明法可见一斑，后人据此编了脍炙人口的《狄公案》，还被荷兰人改编成《大唐狄仁杰断案传奇》，享誉全球。

宋代包拯更是响彻千古，妇孺皆知。他青少年时就立志为国"竭忠死义"。后通过科举进士及第，授官知县，后历任知府、转运使等；担任过监察御史、户部副史、都部署等要职；最有名的是天章阁待制、龙图阁直学士，被后人称为包待制、包龙图、包学士。"开封有个包青天"，他一生清廉俭朴，对贪污腐败深恶痛绝，在给仁宗的奏疏《乞不用赃吏》中说："廉者，民之表也；贪者，民之贼也。"他一生严于律己，身体力行。在端州知州任上，整顿吏治，打击贪污，深受百姓欢迎，离任时当地精制一好砚相送，他都婉言谢绝，"不持一砚归"。他一生铁面无私，不避权贵，执法如山。对皇亲国戚、宦官权贵的不法行为也一律绳之以法。虽然史料与民间传说和艺术作品中的青天形象有所偏差，但包拯一生既能得到封建皇帝的赏识，更受到下层人民的拥护和爱戴，确实是非常典型的清官。

明代况钟是太祖朱元璋时期提拔的著名廉吏。他在苏州知府任上减免官粮，实行折征，济民疾苦，发展经济，很受称道。同时，他还整肃吏治、端正官场风气，注意清理冤狱，为民申冤。他排了一个日程表，每天勘问一个县的积案，周而复始，从不间断，到任 8 个月内，就清理了 1500 桩案子，土豪恶霸再不敢为非作歹。《十五贯》的故事家喻户晓，清官况钟甘冒风险、敢于伸张正义的形象更是深入人心。

明代保卫北京的于谦不仅是民族英雄，更是著名清官。宣德元年（公元 1426 年），汉王朱高煦起兵谋叛，于谦被任命为御史，随宣宗朱瞻基亲征。他历数叛王逆行，正词崭崭，声色震厉，朱高煦被骂得抬不起头，"伏地战栗"，自称罪该万死。明宣宗大悦，当即派于谦巡按江西，平反冤狱数百起。于谦身担重任，为国为民，巡抚晋豫，轻车简从；抚恤水旱，慰民疾苦，赈济灾民，蠲免赋税；锐意革新，兴利除弊，治理黄河，修缮堤坝，种树挖井，改善水土。大同孤立在塞外，按抚山西的官员常走不到，于谦请另设御史来治理，他恩威远布，连太行山的盗贼都为之敛迹。正统十四年（公元 1449 年）土木堡之变后，他力主保卫北京，进位兵部尚书，亲自部署督战，率师列阵于九门之外，力挫瓦剌。后卷入宫廷斗争被诬陷杀害，被害时"阴霾四合，天下冤之"，真正是"粉身碎骨浑不怕，要留清白在人间"。《明史》称赞他"忠心义烈，与日月争光"。

海瑞生活在明王朝由盛及衰的正德、嘉靖、隆庆、万历四朝，年轻时便对社会问题极为关注。在户部供职时就忧心国事，上"直言天下第一事疏"的《治安疏》，还因此入狱。官复原职后升至应天十府巡抚，匡正时弊，严肃法纪，主持制定了贪污满"八十贯绞"等严刑。他铁面无私，对有恩于自己的老相徐阶也毫不留情，将徐家仗势多占的 40 万亩良田退还原主，将徐相欺压良民的两个儿子及 20 多个家人依律问罪。他创立制定了一套严格而科学的判案标准："凡讼之可疑者，与其屈兄，宁屈其弟；与其屈叔伯，宁屈其侄；与其屈贫民，宁屈富民；与其屈愚直，宁屈刁顽。事在争产业，与其屈小民，宁屈乡宦，以救弊也。事在争言貌，与其屈乡宦，宁屈小民，以存体也"，一律同情弱者，暗合现代法治原则。纵观海瑞为官，他多次冒死进谏，虽是为了维护封建统治阶级的根本利益，但他严于执法，除暴安良，限制大地主无止境的盘剥、改革落后的风俗习惯，得到了百姓的广泛拥护；他自身生活清廉，而且同情百姓，招抚流亡，注意发展生产，兴修水利，产生了不可否认的历史进步作用。

万历年间的袁可立正直敢言，为民请命。他弹劾官大五级的应天巡抚李涞，力雪苏州太守石昆玉冤案。时苏州"胥吏抱牍如山，公片言立决，如风扫箨"。治狱五年，在苏州审理了多起震惊全国的惊天大案，政绩被评为"江南冠"，以治行第一擢山西道监察御史，吴民箪酒相留，哭送百里不绝。万历二十三年选山西道御史，巡视西城。"会有一珰杀人，公廉其状，捕而绳之，法不少借。"（《节寰袁公墓志铭》）当有人持重金至其门，袁可立勃然大怒道："杀人者死，朝廷法也。吾为朝廷守之，即弄臣可脱乎?"不久，皇帝绕过内阁下中旨豁免，"果得中旨赦之，可立不为动"，抗旨将弄臣正法于市，万民呼"袁青天"，京城称"真御史"。后因公正廉直触怒魏忠贤，遭"震门之冤"下野，但很快起复，阉党终因其刚正廉洁"而无可乘借"。袁可立"勘破冤案名留青史"，他"忠诚干国，正直立朝"的廉直精神将作为中华民族的正能量精华被一代代传承颂扬。

清代康熙帝当面褒赞为"今时清官第一"的于成龙则以其廉洁刻苦的一生，深得百姓爱戴。他重视整顿吏治，惩治贪污，惩一儆百。他赴任江南，入境即"微行"私访，面对"州县各官病民积弊皆然而江南尤甚"的状况，颁布《兴利除弊约》，举优劾贪，宽严并济，所到之处"官吏望风改操"。于成龙官阶虽高，但生活清简。为扼止统治阶级的奢侈腐化，他带头实行"为民上者，务须躬先俭仆"。去直隶，他"屑糠杂米为粥，与同仆共吃"，在江南"日食粗粝一盂，粥糜一匙，侑以青菜，终年不知肉味"，江南人民亲切地称他为"于青菜"。他严格约束部下，"无从得蔬茗，则日采衙后槐叶啖之，树为之秃。"（《清史稿》）他卒后居室中只看到"冷落菜羹……故衣破靴，外无长物"，其清操苦节享誉当时，流芳后世。

这些清官廉吏，自觉不自觉地实践了法家"明法审令，公端为心"的准则，为后世执法者依法治国、廉洁清正、公正执法，将国家治理体系和治理能力转化为良好的治绩和治理效果，树立了光辉榜样。

三、立法为民，执法为民

推行全面依法治国，建设社会主义法治国家，推进国家治理体系和治理能力的法制化、制度化、现代化，很大程度上依赖法制工作人员队伍的建设。

1. 人民民主，立法为民

古为今用，古代法家所谓的"君"，就是人民，就是时刻代表人民利益的中国共产党。我国是工人阶级领导的、以工农联盟为基础的人民民主专政的社会主义国家，国家的一切权力属于人民。人民行使国家权力的机关是全国人民代表大会和地方各级人民代表大会。必须坚持和完善人民代表大会制度这一根本政治制度，坚持人民主体地位，坚定不移走中国特色社会主义政治发展道路，健全民主制度，丰富民主形式，拓宽民主渠道，依法实行民主选举、民主协商、民主决策、民主管理、民主监督，使各方面制度和国家治理更好地体现人民意志、保障人民权益、激发人民创造，确保人民依法通过各种途径和形式管理国家和社会事务，管理经济文化事业。必须坚持立党为公、执政为民，健全为人民执政、靠人民执政各项制度，切实贯彻党的群众路线，始终做到为了群众、相信群众、依靠群众、引领群众、深入群众、深入基层，保持党同人民群众的血肉联系，把尊重民意、汇集民智、凝聚民力、改善民生贯穿党治国理政全部工作之中，全心全意为人民服务，巩固党执政的阶级基础，厚植党执政的群众基础，通过完善制度保证人民在国家治理中的主体地位。

中国共产党领导是中国特色社会主义最本质的特征，是中国特色社会主义制度的最大优势，党是最高政治领导力量。必须坚持党政军民学、东西南北中，党是领导一切的。坚决维护党中央的权威，健全总揽全局、协调各方的党的领导制度体系，把党的领导落实到国家治理各领域各方面各环节。要推动全党增强"四个意识"，坚定"四个自信"，做到"两个维护"，自觉在思想上政治上行动上同以习近平同志为核心的党中央保持高度一致，坚决把维护习近平总书记党中央的核心、全党的核心地位落到实处。完善坚定维护党中央权威和集中统一领导的各项制度，健全党的全面领导制度，坚持民主集中制，健全提高党的执政能力和领导水平制度，促进各级领导干部增强学习本领、政治领导本领、改革创新本领、科学发展本领、依法执政本领、群众工作本领、狠抓落实本领、驾驭风险本领，发扬斗争精神，增强斗争本领。

2. 司法改革，遏制腐败

习近平总书记指出："人民群众每一次求告无门、每一次经历冤假错案，损害的都不仅仅是他们的合法权益，更是法律的尊严和权威，是他们对社会公平正义的信心。"为减少冤假错案的发生，遏制司法腐败，要加快执法司法体制改革的步伐，建立反腐机制，建立健全错案追究制度。党的十五大就明确提出，"推进司法改革，从制度上保证司法机关依法独立公正地行使审判权和检察权，建立冤案、错案责任追究制度"。法官追责制度的建立，在法律层面建立详细的法官行为规范、责任追究制度和责任豁免规则，是我国法治发展和进步的重要步骤。在司法改革背景下，尝试建立法官奖惩委员会与人大、公安、检察系统的互动机制，将有利于合力遏制司法腐败，减少冤假错案。应进一步明确统一追责标准，明确限制责任豁免规则，将《人民法院审判人员违法审判责任追究办法（试行）》《关于完善人民法院司法责任制的若干意见》等司法审判系统内部规定，上升到法律层面，并对《法官法》有关规定加以细化和具体化，落到实处。执法司法人员要严格依法办事，知法懂法，坚决避免冤假错案的酿成，要以历史上的清官廉吏为榜样，以百姓心为信，以百姓利为利，努力做百姓信赖的"青天"。

2017 年 7 月，习近平总书记对司法体制改革作出重要指示指出："深化司法体制改革，建设公正高效权威的社会主义司法制度，是推进国家治理体系和治理能力现代化的重要举措。"健全公正高效权威的社会主义司法制度，必须全面落实司法责任制，让司法人员集中精力尽好责、办好案，提高司法质量、效率、公信力；必须在更高起点上，推动加快构建优化协同高效的政法机构职能体系，推进人民法院组织体系改革；必须推动以审判为中心的刑事诉讼制度改革，建立多元化纠纷解决机制；必须深化司法公开，坚持以公开促公正、以透明保廉洁，增强主动公开、主动接受监督的意识，让暗箱操作没有空间，让司法腐败无法藏身。

要推进司法体制改革，建设高素质的司法队伍，就要建立司法机构、司法监督机制和司法保障机制合理分工，有效配合，互相制约的机制，坚决遏制金钱案、权力案、人情案等现象，把好维护社会公平正义的最后一道防线。司法监督机制在国家监督体系中具有独特地位和基础性作用，在社会主义法律制度体系已基本形成的条件下，这一问题就是全面推进依法治国必须重点予以突破的问题。

3.完善监察，加强监督

法治的成败在于执法者。要提高执法队伍的素质，保证执法、司法权力运行在正确的轨道上，就要保证行政权、审判权、检察权、监察权得到依法正确行使，保证公民、法人和其他组织合法权益得到切实保障，就要深化国家司法、监察体制改革，积极发挥国家监委作用，健全国家监察制度。

监察，用于对国家机关或工作人员的监督（督促）考察及检举，执法、司法人员属于国家机关工作人员，理应属于监察范围之内。2018 年 3 月 11 日第十三届全国人民代表大会第一次会议通过的宪法修正案，将宪法第三章"国家机构"中增加一节，作为第七节"监察委员会"；增加五条，分别作为第一百二十三条至第一百二十七条，规定了中华人民共和国国家监察委员会作为最高监察机关的地位和职能。监察委员会依照法律规定独立行使监察权，办理职务违法和职务犯罪案件，与审判机关、检察机关、执法部门互相配合，互相制约。

我国宪法中对司法权进行他律性控约的制度有二：一是立法机关的监督；二是法律监督机关——检察院的监督，而缺乏行政对司法的控约制度，新闻舆论对司法权的监督零散而不成系统、随意而未成制度。国家监委的成立，有力填补了这一制度空白，对从源头治理司法腐败现象提供了有力保障。

4. 知法懂法，公正公平

对于公、检、法、司等执法司法人员来讲，公平公正是灵魂和根基。政法机关要完成党和人民赋予的光荣使命，必须公正司法、严格执法。一定要坚守职业良知，自觉用职业道德约束自己，自觉做到执法为民，全心全意为人民服务；要信仰法治、坚守法治，做知法、懂法、守法、护法的执法者；要坚持以公开促公正、以透明保廉洁，增强主动公开、主动接受监督的意识。

对公安执法机关来说，中共中央总书记、中央全面深化改革领导小组组长习近平在中央全面深化改革领导小组第 24 次会议上强调，要深化公安执法规范化建设，增强执法主体依法履职能力，树立执法为民理念，严格执法监督，解决执法突出问题，努力让人民群众在每一项执法活动、每一起案件办理中都能感受到社会公平正义。

对人民检察机关来说，习近平总书记在中央政法工作会议上，把公平正义上升到政法工作生命线的高度，深刻阐述了政法机关严格执法、公正司法的极端重要性，并就严格公正执法、维护社会公平正义提出了具体要求，对政法工作和政法干警寄予厚望。检察机关一定要切实加强和规范对诉讼活动的法律监督工作，更好地发挥维护执法司法公正的职能作用，更加重视自身纪律作风和反腐倡廉建设，结合开展党的群众路线教育实践活动，进一步提高执法公信力，维护社会公平正义。

对审判机关来说，习近平公平正义思想是习近平新时代中国特色社会主义思想的重要组成部分。要坚持以习近平公平正义思想为指导，确保人民法院建设的正确方向；坚持以人民为中心的发展思想，增强人民群众获得感幸福感安全感；坚持深化司法体制改革，满足人民群众日益增长的多元化司法需求；坚持深入推进从严治党，打造一支让党放心让人民信赖的法院队伍。公正裁判是司法的灵魂，人民法院必须树立以人民为中心的思想，不仅要把公正作为审判工作的最高价值追求，还要让人民群众以看得见的方式感受到公平正义。

对司法行政机关来说，要深刻领会、坚决贯彻落实习近平总书记在中央政法工作会议上的重要讲话精神，旗帜鲜明、毫不动摇地坚持党对政法工作的领导，真正领会严格执法、公正司法、深化司法体制改革、加强政法队伍建设的重大意义。一是要旗帜鲜明地坚持党对政法工作的领导，在大是大非面前，一定要牢牢把握新形势下政法工作主要任务，忠实履行维护社会大局稳定、促进社会公平正义、保障人民安居乐业的神圣职责；二是要坚持严格执法、公正司法，不断提升司法行政执法执业公信力；三是要始终坚持把过硬队伍建设作为根本任务，努力建设信念坚定、执法为民、敢于担当、清正廉洁的司法行政队伍，打造"人民满意的服务型司法行政机关"；四是要

深化司法体制改革，不断推进中国特色社会主义司法行政制度自我完善和
发展。

5.严格律己，树立公心

新时代政法工作要有新作为，关键在于培养一支政治过硬、业务过硬、
责任过硬、纪律过硬、作风过硬的队伍。要坚决贯彻落实从严治党要求，推
进"两学一做"学习教育常态化制度化，引导执法司法人员坚定理想信念，
筑牢拒腐防变的思想根基。

公安干警要积极开展立功竞赛活动，表彰业绩突出干警，让想干事的有
舞台，干成事的受褒奖。注重开展正风肃纪，视廉政建设如生命。加强案件
质量督查，把谁审理裁判谁负责落到实处。盯住干警日常工作廉政风险点，
打造环环相扣的"预警网"，制定各类人员权力清单，坚决杜绝"人情案、
关系案、金钱案"发生。公安民警在执法时要廉洁奉公、风清气正、纪律严
明、作风正派，不徇私舞弊，不贪赃枉法，不包庇纵容，公正文明、公平正
义、依法规范地执法。

检察队伍要思想认识到位，坚守法律底线是实现办案政治效果的前提和
保障的基本理念，要清醒认识新形势下检察工作的主要任务，把维护人民群
众合法权益作为各项检察工作的出发点和落脚点，不断提升群众的安全感和
满意度；要个体素质到位，只服从事实与法律，不唯上，不徇私，坚持秉公
执法，切实将社会公平正义作为核心价值追求；要监督制约到位，必须将权
力关进制度的笼子，坚持权力行使到哪里，监督制约跟踪到哪里，要探索建
立群众投诉及时处理、查究、反馈机制，依法公正对待群众诉求，努力让人
民群众在检察机关执法办案各方面全过程都能感受到公平正义。

人民法院确立法官的办案主体地位，就要更加重视法官队伍建设。一是
要司法为民，政治过硬，方向正确，坚持把思想政治建设摆在首位，把为
民司法作为根本出发点和落脚点，把人民满意作为检验工作成效的最高标

准，千方百计地维护和保障人民群众的根本利益。二是要狠抓党建，带动队建，共同发展，要在政治立场、政治方向、政治原则、政治道路上同党中央保持高度一致，自觉做到维护核心、绝对忠诚、听党指挥、勇于担当，严格按照"抓党建、带队建、促审判"的工作思路实现党建工作、队伍建设和审判工作联动发展、相互促进。三是要加强培训，铸就精神，练成铁军，坚持"严字当头"，严把干部选任关，力求打造一支综合素质高、业务能力强、纪律作风硬的精英队伍，为履行好党和人民赋予的职责使命提供有力的人才保障。

要全面推进司法行政机关作风转变和能力提升，为维护社会大局稳定、保障人民安居乐业、促进社会公平正义提供强有力的法律保障。广大司法行政干警和法律服务工作者要始终信仰法治、坚守法治，按照政治过硬、责任过硬、纪律过硬、业务过硬、作风过硬的要求，执法为民、敢于担当，恪守职业良知，不断提升司法行政执法执业公信力，为实现中华民族伟大复兴的中国梦作出更大贡献。

完善中国特色社会主义法治体系、建设社会主义法治国家是坚持和发展中国特色社会主义的内在要求。习近平总书记在中央政治局以"新中国国家制度和法律制度的形成和发展"为题进行集体学习时发表讲话指出，中国特色社会主义国家制度和法律制度是在长期实践探索中形成的，是人类制度文明史上的伟大创造；中国特色社会主义国家制度和法律制度是被实践证明了的科学制度体系，具有显著优势。我们要坚持好、实施好这一制度体系，及时总结实践中的好经验好做法，上升为制度、转化为法律，并在决不放弃和动摇我国制度根基的基础上，积极吸取和借鉴人类制度文明的有益成果，推进我国制度建设，推进法治中国建设。要坚定不移走中国特色社会主义法治道路，全面推进依法治国，坚持法治国家、法治政府、法治社会一体化建设，加快形成完备的法律规范体系、高效的法治实施体系、有力的法治保障体系、严密的法治监督体系，全面推进政治立法、科学执法、公正司法、全民守法，将中国特色社会主义国家制度和法律制度的优势有效转化为治理绩效和成果，为实现"第五个现代化"，实现中华民族的伟大复兴提供强大的制度保障和治理动力。

"改革关头勇者胜。"中国前进的每一步，靠的正是那么一股子闯劲和勇气：政府部门"刀刃向内"，以壮士断腕的气魄把"放管服"改革向纵深推进；军队改革靶标聚焦体制重构，大刀阔斧解决"脖子"以上的问题；防范化解重大风险、精准脱贫、污染防治三大攻坚战接连打响，一鼓作气、破立并举，解决人民群众最关心的问题……改革开放40多年，成就世人瞩目，任务却依然艰巨。正如习近平总书记所指出的，进入了"爬坡过坎、滚石上山"的关键阶段，我们唯有继续大胆探索、勇于开拓，才能在实践中不断开创新局面，推动全面深化改革取得新进展，在实现中华民族伟大复兴的征程上不断迈出胜利的步伐。

第七章　刑名之术　重在治吏

——法治是吏治的最佳途径

在中国历史上，历朝历代都非常注重吏治。吏治特指中国古代官吏特别是地方官吏管理和统治民众的方式和治绩，涉及官吏的选拔、任免、教育、考核、监察和奖惩等诸多方面。历代治世如文景之治、贞观之治、康乾盛世等实践表明，吏治状况关乎治世兴亡，如果吏治腐败，国家的治理就是一句空谈。治国先治吏，推进国家治理体系与治理能力的现代化是一项系统工程，而推进治吏能力的现代化是其题中应有之义。治吏须依法，古代的治吏之法甚为严苛，对违法之吏的处罚甚至重于庶民。历史上曾误读《礼记》上的一句话"礼不下庶人，刑不上大夫"，认为官当到大夫这一层次者，就享受罪不受刑的特权。其实，不论是这句话真实的含义，还是现实存在的事实，都没有显示古代官员拥有罪不受刑的特权。有人考据，"刑不上大夫"的本意是"刑罚不因是大夫这样的官员就会尊重"；而大量官员罹罪受刑的事实告诉我们，古代君王在治吏方面，很少有心软手软的时候，官员犯了罪，不仅会刑及己身，甚至还株连九族。因此，当代在反腐倡廉、依法治吏方面，是可以从历史上的吏治中得到不少启示的。

一、吏治流变，循礼依法

关于"吏"的概念，《说文解字》中有"吏，治人者也"的解释，而一般人则将"吏"理解为"古代大小官员的通称"。他们是民之"父母"，他们也和牧人放牧牛羊一样，一个人管着一大群，所以也被称为"牧民官"。官吏是社会的直接管理者，他们是否奉公守法、清正廉明，直接影响着民心向背和王朝的兴衰存亡。对于国家而言，官吏还是执掌兵刑钱谷等重要领域的重要工具。因此，没有哪个朝代的统治者对其等闲视之。如何提高统治效能，建设清明吏治，历代政治家、思想家多有论著，形成了一系列理论。中华古代吏治思想在依礼治吏与依法治吏的论争中交融，在礼法并用、教化与刑责并重的主流思想下定型，形成了依法治吏的吏治理论，《韩非子·外储说右下》中"明主治吏不治民"的观点获得普遍认同。

1. 循礼治吏，儒之流变

春秋时期礼崩乐坏，奴隶制开始瓦解，诸侯卿大夫也纷纷逐鹿中原谋求霸业，统治阶级下层官吏更加倾向于新兴地主阶级，不再遵守周礼法度的约束。"君不君，臣不臣，父不父，子不子"，王室衰微，天下失序，出现了严重的统治危机。为了挽救社会危机，孔子主张"克己复礼"，整肃吏治，他说："政者，正也；子帅以正，孰敢不正。""其身正，不令而行；其身不正，虽令不从。""苟正其身矣，于从政乎何有？不能正其身，如正人何？"他希望为政者能以身作则，率先垂范，认为当权者能严格遵守礼仪法度，民众就会群起效仿，上行下效，就能天下大治。国家形成良好吏治的关键是官员们清正廉明，这样就可以造就一种淳厚的社会风气。后来，孟子在此基础上提出依礼治吏的思想，将个人道德的"仁"发展为仁政，反复劝说君王推崇王道，官吏践行仁政。

孔子首先是针对执政者提出有关君子、圣贤的人格理想和追求，用"庶人之礼"与"士人之礼"的区别，意在给当权者提出更高的德性要求。对待吏治，儒家从"伦理学"的思路出发，提出第一要以德、礼约束官员，第二要择贤人执政。统治阶层拥有优越的政治和社会地位，因此必须负有重大的伦理责任：士当"志于道"，不仅要自己修身成仁，还要为"一国兴仁"，要"泽加于民""兼善天下"，为"天下兴仁"。孔子要求官吏："克己复礼为仁，一日克己复礼，天下归仁焉。为仁由己，而由人乎哉。"（《论语·颜渊》）强调加强官吏自省自觉，提升官员道德修养，通过厚人心、正风俗来激发人的良知懿行，营造良好的官场风气，行教化，平天下。

儒家强调德治与礼治的思想渊源于其博大的"仁学"理论体系。但这两种"治"，实际上都离不开"人"，因而儒家非常重视人的作用，尤其是当权者与各级官吏的表率作用。儒家反复强调和敦促统治者以德修己、立身唯正的理念，注重人的主观能动性与舆论环境对整个社会的影响，有利于官吏提升素养，发挥自身积极性，克勤克俭，清正为官，也对现实政治和吏治产生了积极影响。这一理论所构建的道德价值体系和价值标准，为权力执掌者的自我约束提供了标准和依据。

然而，官吏们作为封建社会既得利益集团，很难自觉做到"己所不欲，勿施于人"。将吏治清明的希望寄托于官吏的道德修养与自觉自省过于理想化，这等同于将权力交给掌权者的自我约束，不仅忽略了欲望的力量，而且忽略了制度的力量。战国诸侯对于孟子推崇王道、践行仁政的奔走劝说敬而远之，认为他"迂远而阔于事情"，从侧面说明封建统治者对循礼治吏主张的怀疑态度。

2. 依法治吏，法之流变

如果说儒家的"吏治"在于强调为政者个人的"修身"，希望用规范性较弱的"软法"即礼来约束各级官吏的话，法家的思路明显不同。法家批判儒家将君臣比喻为父子的"亲情谎言",《韩非子·扬权》中记载:"黄帝有言曰:'上下一日百战'。"这是因为"主利在见功而爵禄,臣利在无功而富贵;上下异利,故百战也。"(《定本韩非子纂文》)在"君臣利异"的"坏人"假设下,从"人性自利"的观点出发,他们主张对臣下全面防范、制约,强调君主运用"法""术"相结合的手段控制驾驭臣下百官,更注重可操作层面的"法治"的重要性,强调法律的"刚性"约束在吏治中的作用,明确提出以法治吏,反对以礼治吏。

商鞅也认为:"守法守职之吏有不行王法者,罪死不赦,刑及三族。周官之人,知而讦之上者,自勉于罪,尸袭其官长之官爵田禄。"(《商君书·赏刑》)主张官员依法考选、依法赏罚,用法律来管理官吏,希望通过赏罚分明,不赦不宥的方法,管理好官吏队伍,充分发挥官吏的作用。韩非则在商鞅这一思想的基础上提出"君主—官吏""官吏—民"的双层治理结构,强调"明主治吏不治民",中央负责直接治理官吏,再让官吏负责治理百姓。他认为这就像"摇木之本,则枝叶必动;引网之纲,则万目必张",只要首先实现"吏治",而后就能做到"民治",他用形象的比喻来说明治这种双层治理结构的优点:"救火者,吏操壶走火,则一人之用也;操鞭使人,则役使万夫。"(《韩非子·外储说右下》)由吏"役使万夫",君主只要驾驭"操鞭使人"的官吏即可。作为国家至高无上主宰的君主不可能直接临民制民,他必须通过庞大的层级化的官僚体系治理国家,管理社会,统御百姓。这也是战国以来官僚制度逐渐职业化的专制国家运行制度的客观总结。

关于明主如何治吏,韩非子说:"明主者,不恃其不我叛也,恃吾不可叛也。不恃其不我欺也,恃吾不可欺也。"(《韩非子·外储说左下》)为人君不要期待臣下发自内心就会无条件忠心、诚意、不反叛,那样必将陷于被动。君主必须主动出击,驭之以术、课之以法,要通过一系列的制度设计和全书操作,让自己首先立于不败。针对战国列国冲突不断,国内各阶层之间矛盾尖锐的形势,他强调君主"不恃人之爱为我也",而是通过刑赏二柄驾驭官吏,恩威并施,以"使人不得不爱我之道",保证官吏忠于君主、忠于职守。

由此可见，以法律制约权力，是法家吏治思想的核心。此外，法与术相互配合，构成法家吏治主张的主体框架。法家提出，在以法治吏、建立一整套制度保障体系的同时，为君主者还必须懂得和善于运用权术，即通过暗中试探、观察、发现、控制、打击等"六术"，提前提防并消灭臣下的种种不轨行为，以"非常"手段驾驭臣下，实现权力控制。但由于法家在重刑辟以去刑的过程中手段过于单一与残暴，往往一时奏效，但难以医治根本，商鞅、韩非自身悲惨的结局，也可谓作法自毙。

3. 礼法结合，综合为治

儒法两家的治吏思想都是为维护君主专制的总目标而设计的，其积极因素为后世提供了许多有益的借鉴和启发，其局限性也值得引以为戒。儒家的重德轻刑往往失之宽柔，法家的严刑重罚又失之峻猛，驭臣之术也往往被视为上不得台面的权术。因此，后世君王把先秦儒家柔性的"修己安人"与法家刚性的"以法治吏"组合起来，形成了独具特色的吏治方法。一方面，从汉武帝"罢黜百家、独尊儒术"之后，儒家思想中的忠孝、仁爱、民本思想成为选官用人的标准，而在科举取士成为入仕"正途"的朝代，儒家思想则通过考试的方式得以强化；另一方面，法家的"以法治吏"，则通过官吏的选拔、任用、职责、考核、升降、奖惩等一系列环节，以制度的形态得以固化。

西汉循吏奉法循理，执法如山，并以法术绳下驭下、以法治民易俗，成为法家学说深刻影响古代吏治的明证。《汉书·循吏传》所载六名循吏，大多活动在汉宣帝时期。《汉书·萧望之传》也说汉宣帝"不甚从儒术，任用法律"，他遵循韩非子"明主治吏不治民"的主张，曾说："庶民所以安其田里而亡叹息愁恨之心者，政平讼理也。与我共此者，其唯良二千石乎！"这就表明汉宣帝倾向于同自己的"二千担"大臣们任用法家思想治理国家。而循吏活跃于宣帝时期，他们不仅用儒家德治教化百姓，更多的则是实践着法家学说。

　　从执法层面来看，司马迁称循吏为"奉法循理之吏"，目之为儒家流。但循吏中有执法者，如昭宣之时的循吏黄霸"处议当于法"，"持法平"；和帝时的王涣"法理所难平者，莫不曲尽情诈，压塞群疑"，仇览"严设科罚"；桓帝时的刘宠"禁察非法"；灵帝时的童恢"执法廉平"；等等，他们的思想和行为带有法家思想的烙印。法家主张严格、公正执法，其"严刑峻法"以公正执法为前提，虽有"严而少恩"的冷峻色彩，但也同时主张"用刑过者民不畏"（《韩非子·饰邪》），反对滥用刑罚、专恃残暴。相比于酷吏的一味严酷，循吏执法更得法家"发矢中的，赏罚当符"（《韩非子·用人》）之公正精神。

　　从守法层面来看，法家要求"上下同法"，"明主之国，官不敢枉法，吏不敢为私，货赂不行"（《韩非子·八说》）。从这一点上来讲，循吏朱邑"性公正，不可交以私"，"廉洁守节，退食自公，亡强外之交，束脩之馈"；刘矩"矩性亮直，不能谐附贵势"，以致得罪大将军梁冀；刘宠"前后历宰二郡，累登卿相，而清约省素，家无货积"，这些循吏都符合法家特征。

　　循吏对法家学说的实践还表现在治理社会、管理民众的具体措施上。蜀地郡守文翁任用律令之士"诱进"民风，改变蜀地蛮夷风俗；龚遂任渤海太守，除了以身作则倡导节约之外，还通过行政命令的方式强制百姓以刀剑换牛犊，规定百姓的种植养殖标准等；召信臣任职南阳太守时也有强制性易俗措施，"禁止嫁娶送终奢靡，务出于俭约"。循吏以强制手段来遏制恶俗，与儒家所提倡德化手段正好互补，取得了同样"美风俗"的效果。

　　历史上循吏与酷吏是相对的，酷吏常被冠以"严削""猛政""刑罚用兴"之名，被贴上法家的标签，而循吏被视为儒家思想的实践者。事实上，大部分酷吏虽然熟习律令，但他们阿主曲法、严酷好杀，与法家严格执法、公正司法的核心精神是背道而驰的；而循吏则兼用法术，具有依尊法家思想的显著特征。

　　三国时期的诸葛亮曾经提到"约官职，从权制，开诚心，布公道，尽忠益时者虽仇必赏，犯法怠慢者虽亲必罚……终于邦域之内，咸畏而爱之，刑政虽峻而无怨者，以其用心平而劝诫明也"（《三国志·蜀书·诸葛亮传》）。唐太宗主张"致安之本，惟在得人"，"用得正人，为善者皆劝，误用恶人，不善竞进。赏当其劳，无功者自退；罚当其罪，为恶者戒惧。故赏罚不可轻行，用人弥需慎选"（《贞观政要·择官》）。明太祖朱元璋鉴于元末官场腐败，推行重典治吏，严刑惩罚贪墨之人。重典治吏可谓重矣，却没有带来他理想中的吏治，"法出而奸生，令下而诈起"，无奈乎"朝杀而暮犯"。他晚年集30年施政经验，对自己重典治吏、严刑酷法进行反思，以"法外加刑""非守成之君所用常法"（《明史》卷27）来告诫后世子孙，强调一味的严刑只可收一时一域之效，却不能在根本上解决吏治问题，进而主张明礼多劝官，定律以绳顽。他最终还是将礼法并用、宽严相济视为长策，进而定为明代的国策，"祖宗之法"。

在吏治问题上，"明主治吏不治民"成为后世统治者的共识，在历代丰富的治国理政经验不断积累的过程中，这一思想在"礼法并用，综合为治"的框架下不断完善，并进一步系统化，成为中国古代吏治思想的重要内容。法家关注的，就是如何让整个官僚系统高效、有序运转。《韩非子》整本书就是围绕"怎样做君主"展开的帝王之术，其主题就是君主怎样最有效率地利用臣下来为自己做事情，同时要防范臣下有弑君篡位的野心，并为此建立了一个"法、术、势"三位一体君主集权的政治理论。后世王朝基本沿用了这一理论的合理内核，在杂糅了儒家礼义教化的同时，讲求综合为治。自汉后儒法两家合流，当政者兼用儒法之术，霸道、王道杂之，以德怀柔，以刑惩顽，宽猛相济，既可收一时之效，又不失为治国长策。礼法结合、德刑并用不啻为一种综合为治的有效治吏模式，既蕴含着法家依法治吏的思想理论，也包含着儒家依礼治吏的思想内容。

延伸阅读 **黄霸挟智而问**

黄霸（前130年—前51年），字次公，淮阳阳夏（今河南太康县）

人。西汉名臣，入《汉书·循吏传》。黄霸少有大志，攻读法律之学，汉武帝末年，捐官出仕，授侍郎谒者，一生经历汉武帝、汉昭帝和汉宣帝三朝，为官清正廉洁，执法严明，治绩卓著，为吏民爱敬。汉宣帝五凤三年（前55年），代替丙吉为相，封建成侯，总揽朝纲。甘露三年（前51年）去世，谥号为定。后世常把他和龚遂并称"龚黄"，作为"循吏"的代表。

黄霸任颍川太守时，郡内有一富户，兄弟俩在一起生活。他们的媳妇都怀孕了：兄长的媳妇生了个死胎，隐瞒着不告诉别人；弟弟的媳妇生了个男孩，兄长媳妇便生了恶念，将孩子强夺过来并声称是自己所生。双方各执一词，官司打到黄霸面前。黄霸就令人把孩子抱到公堂上，让妯娌俩上去争夺，说谁能把孩子抢过去，便将孩子判给谁。兄长媳妇争夺时用力很猛，一副不管不顾的样子；反观弟弟媳妇，既想把孩子争回来，又犹豫着恐怕会伤着孩子而不敢使劲儿，表情极为悲伤。看到这里，黄霸顿时明白了其中缘由，随即把孩子判给了弟弟媳妇，兄长媳妇只得认罪。

据史书记载，黄霸为官，事无巨细均细细考问，这样的手段使得其手下官吏不敢轻易欺瞒作假。黄霸曾派吏员去密查事情，这位吏员在道旁用餐时，遭乌鸦"夺食"。这一幕恰被前往官府办事的百姓目睹，并在与黄霸的言谈中告诉了后者。待吏员复命，黄霸在慰劳的同时谈及此事，结果"吏大惊，以霸具知其起居"，以至"所问豪氂不敢有所隐"。

二、法治成败，系于吏治

治国之要，在于治吏。官吏治理是国家管理的重要内容，吏治的清明与否关乎国家的气运。从某种意义上来说，吏治对社会治理的成败，起着关键性的作用。历代治吏，首推综合为治，其中尤重有法：选吏有铨选之法，课吏有上计之法，察吏有监察之法，惩吏有惩贪之法，情节严重者则入刑律。然法贵在施行，"有法不行，不如无法。"对此，历代王朝的专制君主们也深以为然，他们依借于法家"刑名之术"，信赏必罚，不仅形成了较为系统的吏治思想，而且还建立了一整套完备的吏治制度。这些制度和方法，是古代社会留给后人的一笔独具一格的法律文化遗产。

1. 治吏之要，在于依法

治国必先治吏，传统社会注重吏治，首先是依法治吏，而依法治吏的前提是有法可依。对于国家而言，官吏是执掌兵刑钱谷等重要领域的重要工具。对于提高统治效能与建设清明吏治，历代形成了一系列治官之法，其治吏之法的发展与整个社会的发展相始终，内容全面细致，历朝相沿不改，做到了对官吏管理的有法可依，从而以法约束了官僚机构"牧民"的行政行为。

根据《尚书》等典籍记载，早在先秦虞舜时期，就有了百官的设置和有关官吏职责与考绩的规定。《周礼》提出"惟王建国，辨方正位，体国经野，设官分职，以为民极"的置官目的，仿照天地四时设置六官渐成系统，职掌国家治理的方方面面。六官为：天官冢宰、地官司徒、春官宗伯、夏官司马、秋官司寇、冬官司空，又称"六卿"，分别与后世吏户礼兵刑工六部相当。治吏之法趋于部门化，有了专对司法官吏的规定——《吕刑》，凸显了"明德慎罚"的原则。

1975 年出土的《睡虎地秦墓竹简》真实地向世人呈现了秦以法治吏的情况，其中至少有 28 种律令涉及官吏治理：《置吏律》《除吏律》《除弟子律》对官吏的任、免、补作出了详细而明确的规定，任吏不审或违令要罚，官吏不称职要免职；《田律》《仓律》《工人程》《工律》明确规定了相关职能部门官吏的履职要求，以及对其渎职行为的处罚方式。秦律不仅对司法官员提出了高于行政官员的道德要求，还设置了"失刑""不直""纵囚"等专门适用于司法官员渎职犯罪的罪名。

汉承秦制，汉代吏治文化延续了秦朝重视法律、以法治吏的风习，通过立法加强对官吏的管理。汉初叔孙通兼采先秦古礼及秦仪制定《傍章》，为官吏的日常生活规定了官秩仪礼制度。汉武帝时制定《左官律》，官吏违反规定私自到诸侯国任职，构成左官罪，依律追究刑事责任；设《附益律》，"诸侯王唯得衣食租租，不与政事"，禁止诸侯王任行政官；颁布《沈命法》，以严刑督责和惩治捕盗不力的官吏。这些都巩固了君主集权，使选官、用官、督官履职有法可依，为吏治清明创造了良好的法制环境。秦汉时期以明确的律令系统规定官吏职务犯罪的类型及惩治方法，使秦汉吏治呈现高度法律化、制度化的特征。

唐时治吏之法趋于定型。《唐律疏议》第3篇《职制律》集中对官吏的设置、选任、考课、失职、渎职、奖惩、休致等内容作了专门的细致规定，其余11篇的律文也杂有对官吏违法失职行为的界定细则。《唐六典》是对有唐以来相关行政管理制度的全面厘定，其内容与"律典分野"的编纂原则直接对后世产生重大影响。宋朝统治者加强官吏立法，存世的《庆元条法事类》在内容上继承了《唐六典》，以"事类"为别，分若干"门"，对官员的官品、俸禄、选任、升迁、考课、奖惩、致仕等都做了专门的规定，成为吏部七司办理铨选事宜的正式依据。

明清是我国吏治的重要发展时期，统治者为进一步加强中央集权，制定并出台了一系列的吏治律令。明洪武三十年颁布《大明律》，突出重刑治贪、重典治吏，量刑较历代为重。历代法治工作者践行"明主治吏不治民"的思想，将典型案例汇编成册，编成《明大诰》，其中治吏之条占80%强，对《大明律》中原有罪名多加重处罚。明嘉靖时仿《唐六典》制定《会典》，后世称之为《明会典》，其体例更为严谨，治吏的内容也有所扩大。清朝的《大清律》在明律的基础上对"奸党"作了扩充，以防止八旗诸王结党、内外官交结以及宦官干政。

　　清朝远接《唐六典》，近承《明会典》，前后共制定 5 部《会典》，完整汇集了清初至光绪十三年间清政府各职官的机构设置、行政法令、办事规范等。会典之后附有则例、事例，则例对官吏的行为作出了具体的规定，成为清朝治吏之法的重要组成部分。

　　可见，历代统治阶级为了维护自身的政治经济利益，都非常重视吏治，以使江山万世一系，国祚绵长。为保证担任公职的官吏克制自己的权力欲，不为权力所腐蚀，从而保障官吏发挥治国理政的才能，严格执行国家的政策方针、法律制度，廉明为政，可以说是煞费苦心，并取得了一定的成效。

2. 考课之法，黜陟幽明

　　为了有效地管理各级官员，古代政治家们推行"申之以宪令，劝之以庆赏，振之以刑罚"的治官之道，并逐步建立了相当严格的官员政绩考课制度。考课，也称考绩、考校、考功、考成等，主要是对官员治事及其绩效的考察考核，是我国古代一种常态化的职官管理制度，对选贤用能、奖勤罚懒、改善吏治、确保国家机器正常运转发挥着重要作用。考课的目的在于督励职官尽职尽责，考课继之以奖惩。黜陟幽明，即"黜幽陟明"，黜退昏愚的官员，晋升贤明的官员。根据考核结果，考绩突出者会得到升迁（陟），而不称职或有过失者会受到降职罢免（黜）等惩处。因此考课成绩成为古代官吏奖惩的重要依据，直接决定官吏铨选和升迁的命运，是封建统治者控制官吏队伍的重要利器。

　　史载我国周代便已有官员考核制度，涉及在职官吏的官德、政绩和功过的考核。《尚书》有"三载考绩，三考黜陟幽明"，孔传："黜退其幽者，升进其明者。"《周礼》中则说："岁终，则令百官府各正其治，受其会，听其致事，而诏王废置。三岁，则大计群吏之治而诛赏之。"朝廷每到年终对群吏进行考核，具体内容"一曰廉善，二曰廉能，三曰廉敬，四曰廉正，五曰廉法，六曰廉辨"。

战国时期，群雄并立，官员的考核权下移到诸侯国，各国国君都有官员考绩制度，考核方式主要有国君巡行、上记、察访等。巡行即国君巡狩各地，察访官吏履职情况。上记即地方官吏每年将所管辖区的各方面情况向国君书面汇报，国君以之判断官吏履职情况，这是最主要、采用最普遍的方式。察访即国君派人前去调查、了解考核官员。其中的上计制度历经秦汉、唐宋、明清等朝代，逐渐形成了一套较为完整的官吏政绩考课制度，明职课责举其何者应为，何者不应为，依法明确了官吏的应作为和不应作为。而且，历代制定的"职官法"中许多规定带有预防性质，明职课责、依法治官不限于发生以后的行为，更重要的是预期行为，旨在对违法失职官员起到积极的预防作用。

秦朝一统天下却历史短促，未及健全考核制度便已亡国。不过为了加强吏治，秦法规定，地方每年定期向中央汇报，对诸曹官吏结合具体职司定期不定期进行考核，按照考核结果，给予奖赏或惩罚。

《汉书·京房传》记载，汉元帝时期，"诏使房作其事，房奏《考功课吏法》"。京房提出《考功课吏法》，虽失之简略，而且这种方法要求官员们"上下相司"，互相监督，触犯了当朝公卿的利益，被搁置起来。但官员考绩的制度由此发端，由于强势封建君主的大力推行，逐步建立并完善起来。

唐代官吏考绩已经制度化、法律化。唐朝制定的考课法规，主要有"4善27最"和"4等法"。"4善"是指德义有闻、公平可称、清慎明著、恪勤匪懈。这是针对全体官员个人道德品质和工作作风提出的共同要求。"27最"是根据各部门职权的不同，对官员个人才干、工作成绩等提出的27条具体要求。贞观年间，考课法作为《唐令》第一篇颁布施行，确定官吏考核的权属与操作方式。唐代官吏考核主要侧重德行方面，即官员道德、修养、忠诚等，所谓行即官吏才干大小、履职情况、政绩情况等。考课制度如同封建君主高悬在各级管理者头上的鞭子，时刻鞭策着官员们任劳任怨地为统治阶级利益服务，但同时也产生了苛责之弊端，甚至给劳动人民带来沉重的负担，白居易在《杜陵叟》中写道："长吏明知不申破，急敛暴征求考课。"

两宋时期，在继承前朝主要是唐朝旧制和经验的基础上，沿袭唐代"4善"来考课官吏，徽宗至南宋朝又实行"4善4最"考课标准，考课制度进一步完善。北宋考课机构名目繁多，且多有变更，主要有差遣院、磨勘院、审官院、考课院、流内铨、考功司等，主持考课的官员级别大大提高。元末以"守令黜陟之法"为考课标准。

明朝官员考课制度更加细致详尽，其特点是考满与考察相结合。考满就是以传统方式对守职正常的官吏任职期满时进行政绩考核，有"八法"考吏，考课按贪、酷、不及、不谨、浮躁、老、病、罢等"八法"评定等差，分称职、平常、不称职三等，目的是"旌别贤否，以示劝惩"，根据考满的等差以定黜陟：贪、酷者削职为民，浮躁、不及者降调，老、病者致仕，罢、不谨者冠带闲住。考察则是以较新的方式考察在职官吏是否存在问题，分为京官考察和外官考察；"京察"每6年一次，分四品以上和五品以下分别进行，四品以上由吏部负责，官员"自陈以取上裁"，即由吏部主持官员的述职；宪宗成化以前，五品以下官员由所属衙门的上官负责考察，成化后，由吏部和都察院共同考察；外官考察主要依靠御史巡按制度，全国划13个监察区，各设监察御史1人，合称13道监察御史，巡按御史代天子出巡，"大事奏裁，小事立断"。

清朝实行"六法"考吏，官员考核制度和方法几乎全部沿袭明制，仅作了一些轻微的调整，但实施起来总体不及明代严格，加之满汉分治，官吏腐败现象较明为甚。

3.惩戒之法，峻刑惩贪

治吏首要察之以廉，规之以法。由于古代官吏是私有制社会的产物，当社会经济发展到一定阶段，氏族制度瓦解，出现了贫富分化和私有制，公共权力也集中到少数人手里。封建官员是地主阶级的一部分，不可避免地滋生利用权力攫取土地财物的贪污现象。官员是国家机器的一部分，是国家公器，因此必须以国家利益为利益；但同时官也具有私人人格，不仅是机械和工具，出于人自私利己的本性，加之权力带来的便利，贪污腐败现象自然出现了。为有效治国理政驭民，要利用官，但同时要限制官员的私人属性带来的问题，就要治官。而治官的基本要求是察之以廉，绳之以法，惩贪成为行政法律最早的内容。中国古代历朝统治者均制定了严刑峻法惩罚贪官污吏，对发生职务犯罪或者违反纪律，特别是贪污受贿的官员从严惩处、以儆效尤。

据《左传》记载，作为惩贪之法，皋陶造律时就制定了昏、暗、贼的罪名，其中墨就是指贪污。后被夏朝确认，《夏书》曰："恶而掠美为昏，贪以败官为墨，杀人示忌为贼""昏、墨、贼、杀，皋陶之刑也。"墨罪要处以死刑。继夏而起的商朝，总结夏亡的教训，有针对性地制定"官刑"以"儆于有位"，官吏"殉于货色"被列为"三风"中的"淫风"，犯之者处严刑。至西周，制定《吕刑》，严惩"五过之疵"，即唯官、唯反、唯内、唯货、唯亲，官吏贪赃枉法、收受贿赂者为"唯货"之罪，犯之者杀、弃尸于市。《吕刑》标志着中国奴隶制时代治官之法的重要发展。

进入战国，地主阶级封建私有制取代了奴隶主私有制，忠于国君的封建行政官僚制度取代了世卿制度，官法也相应地大为充实，形成了任官之法、上计之法，以及有关俸禄、玺符、休致等一系列法律规定。就惩贪之法而言，魏国李悝所著《法经》中《杂法》规定了"六禁"，其中金禁明确了"假借不廉"和"受金"等内涵明晰的罪名及惩罚措施："丞相受金，左右伏诛，犀首以下受金则诛，金自镒以下罚不诛也。"

法家较早意识到贪污现象对国家的危险，自商鞅变法至秦统一，治官之法进一步严密。不仅有以法惩贪的消极条款，而且有从正面阐明官箴的积极条款。秦汉时期，对于贪污受贿的官吏一律重罚，行贿一签即处黥刑，贪污与盗同罪。依汉律，"吏坐受赇枉法，守县官财物而即盗之，已论命复有笞罪者，皆弃市"（《汉书·刑法志》）。主管官吏所盗财物计赃值十金者，即处以死刑；主守官与监临官犯赃，区别用刑。汉文帝时还下令，坐赃者子孙三代不得为吏，上级官吏吃下级官吏一顿饭就要免职。至魏晋南北朝，由于南北分治，战乱频仍，国家对官吏疏于管理，犯赃现象普遍，因此惩贪之法趋于细密。晋时注释法律盛行，使得贪赃受贿的概念规范化，推动了法学的发展。

历史发展至唐朝，封建社会已臻于鼎盛，隋唐成为封建立法制的发展成熟期。《唐律疏议》将惩贪纳入国家大法，为官员划分了罪与非罪、重罪与轻罪的明确界限；《信律》中惩贪的规范详密注意情节。公罪从轻，私罪从重，力求将行政过失与贪墨枉法区分开来，既保护官吏工作积极性，同时又可以防止官吏徇私舞弊。唐代统治者深恶官吏贪墨，对其他犯罪行为用刑轻缓，唯独对贪污犯罪的处罚极为严厉。唐将涉及钱财的犯罪统称为"赃罪"，《名例律》制有"六赃"之法，其中"枉法、不枉法、受所监临、坐赃"四种是专指官吏的身份犯罪，要分别情节，按律惩罚。

宋律沿袭唐律。宋初，以重法治赃吏，太祖、太宗"颇用重典以绳奸慝"，官吏坐赃者弃市，虽遇赦不得叙，永为定制。但至真宗时，为政宽仁，赃官弃市之法已为杖、流所代替，仁宗以后就连杖流之刑也不用了，这导致宋代吏治江河日下，连以刚正耿直和清廉著称的寇准等，生活水平也相当豪奢。

元朝对赃罪的处刑较轻，但法律规制更加细化。元代《大元通制》之《职制》对官员犯罪的惩治规定很详尽，明确了取受、回钱、过钱、侵仗、侵盗、首赃、赃罚等罪名与犯罪特征，还有向赃官家属追赃的规定。元世祖曾经以圣旨的形式，要求官吏公差外出不得多大吃大喝，不得趁机科敛百姓。

明朝建立以后，由于朱元璋出身贫寒，因此反贪决心很大、力度超强。他总结蒙元赃官虐激民变的历史教训，强调严法治吏。《大明律》将"吏律"置于首章，以示国家治民必先治吏之意，表明国家惩治官吏贪污犯罪的决心。明代提出计赃科断，枉法赃通算全科，不枉法赃通算折半，根据官吏贪污的银两数量予以严惩。除了这些常规的制度性惩贪，朱元璋还经常以刑外之刑从严惩处贪官赃吏，甚至将官吏贪赃目为与"10恶"同罪，不许议请减赎。

明清两朝官制一致，法律相承，《大清会典》与《大明会典》一样设立吏部律，确定官吏犯罪所应受到刑罚。清代增加惩治条款，对于书吏舞文作弊、勒索民财的，予以严惩，反映了书吏擅权与改土归流之后流管犯赃罪的时代特点。清代对于犯赃的高官常"赐令自尽"，并连坐属员。明清两朝强化吏治，加强立法，形成了独立的官吏惩戒法，完备了古代官吏治理制度体系。

中国古代官吏惩戒制度注重对贪赃枉法行为的惩治，意图通过严刑峻法惩治贪污，杀一儆百，以缓和阶级矛盾，巩固封建统治。惩贪成为吏治的重要方面，也是刑法的重要内容。但历代统治者治吏并不是一味惩贪，相反也会奖励廉洁。相对开明的君主制下的吏治清廉，是奖罚两手有机结合的结果，也是法家"刑赏二柄"的现实应用，其因革损益都反映了特定的历史条件。韩非子所说"明主治吏不治民"是惩贪之法的精神所在，也反映了中国古代吏治的本质。历代惩贪之法辗转承袭，量刑注意情节，规范不断完备，使封建王朝在一定历史时期内保持政通人和的治世局面，成为古代法治建设的一道美丽风景线。

4. 监察之法，助力治吏

如果说考绩制度是对官员日常履职情况、政绩功过的考察，那么监察制度发现和纠正官员存在的作风、施政等方面的问题和过错，就是封建国家整饬吏治的主要纠错机制。"述往事，而知来者。"法家认为，人与人之间都是利害关系，君主和臣下之间，甚至和儿子、后妃之间利益也不是完全一致的，奸臣则常常觊觎王权乃至挟君弑主，因此，"人主之患在于信人"，必须时刻保持警惕，"备内""禁奸""按法以治众，众端以参观。"（《韩非子·备内》）这样才可以"奸邪无所容其私"。这种"利异相监"的理论，成为中国古代监察制度的重要指导思想。万物相生而相克，从权力诞生的那一刻起，就要加强监督，监察制度成为维护君主统治秩序，保证国家机器正常运转的关键机制。

官僚机构的扩大，高度集权的专制体制下民主的缺失，导致绝对的权力滋生腐败的可能。而地主官僚的特权、泛滥的腐败经常导致民众的不满和反抗，农民起义的浪潮按照历史的周期率的不断风起云涌。为了缓和阶级矛盾，也为了维护更贱地主阶级的根本利益，察官成为封建国家统治的重要内容。察官在于考察官吏是否称职，是否公忠体国，是否勤政爱民，是否廉洁奉公，通过建立官吏监察制度，对官吏进行定期或不定期的监督检查，及时纠举并清除那些腐败变质及贪污枉法的官吏，防止官吏违法乱纪，以保持官吏群体的纯洁性就显得尤为重要。

我国官吏监察制度源远流长，西周王朝在诸侯国设置监国，负责监视诸侯及其属官。战国时期，赵、韩、魏、齐、秦等国均在郡县地方设置御史，御史既是国君秘书，亦兼监察职责。秦国在一统天下之前，已经初步形成了官吏监察制度，统一六国后，又在中央设置了御史大夫，作为副丞相负责监察百官。汉代思想家们关于吏治与治吏重要性的阐发，推动了监察制度的发展，使汉朝形成了多元化的监察体制，中央有御史府监察系统，以御史大夫和御史中丞为正副长官，又有丞相司直接负责的行政监察系统，京畿有以司隶校尉为首的京畿监察系统，地方上将全国划为13道监察区，每道由朝廷派遣刺史1人，称为刺史部，专门负责巡察该区境内的政务和吏治。

隋朝提高了御史台的地位，与最高行政机关"三省"并列，合成"台省"，后为历代所沿用。唐朝在总结汉以来监察制度的经验基础上，建立了比较成熟和定型的"一台三院"监察体制。在地方上分全国为10道监察区，唐玄宗时期细分为15道，朝廷经常派人巡行考核官员情况。唐高宗以后，皇帝加强对御史的控制，亲自任命监察官。宋代在中央监察体制上承唐制，仍为一台三院制，但地方监察体制有较大变化，路是地方最高行政区划，各路先后设置转运司、提点刑狱司、提举常平司，都是中央派出机构，转运司督责财政税收，提点刑狱司督责地方司法，提举常平司负责地方仓储，同时具有监察地方官的职能，形成了按分工纵向监察地方官的体系。

刺史制度的发展，对维护皇权，澄清吏治，加强中央对地方的监督和控制，发挥了重要的作用。钱穆在《中国历代政治得失》中说道："两汉吏治，永为后世称美。"由汉武帝奠基的越过地方一级监管直接上通中央的刺史监察制度，助力不少。

除了设立影响深远的刺史制，汉武帝还派出"绣衣使者"，这些人类似秘密警察，他们身穿绣衣，手持节杖和虎符，四处巡视督察，"绣衣使者"前期的职责主要是奉命"治狱""讨奸"，督察亲贵、官员们的奢侈、逾制、不法之事，发现问题可代天子行事，"威振州郡"，地位显赫。后来，随着形势变化，"绣衣使者"又有了"捕盗"的职责，也就是镇压农民起义。可以说，"绣衣使者"的出现，开了后世特务政治的先河，不管是武则天时期的"内卫"，还是明朝"锦衣卫"，神秘的雍正"血滴子"，都有当年汉武帝"绣衣使者"的影子。

明朝统治者十分重视官员监察制度，以"重耳目之寄，严纪纲之任"来要求监察官。中央设立御史台作为最高监察机关，御史台设若干监察御史，掌握对官员的纠察。此外，明代还利用特务组织对官员进行监督，在强化了官吏管理的同时，对正常监察制度造成了掣肘和伤害。清代监察制度与明朝一脉相承，相关的制度、规定更加详尽，同时作了一些细节调整。清统治者深知"国家之败，由官邪也"的历史教训，一直把惩治贪官、澄清吏治作为国家纲纪建设的重要支撑点。

中国古代的监察法与监察权力的演变相向发展，经历了一个由简单到复杂、由地方到中央、由单行法规到完整的法典的发展过程，成为中国古代法律体系中独具特色的组成部分。监察法是中国古代监察制度成熟的表现，是中华法系的重要表征之一，不但保证了监察活动于法有据，而且规范了监察机关的行动准则和程序，规定了监察官的违法制裁，限定监察权于法定范围内，杜绝了监察官员的任意妄为。监察立法监察机关活动的法律依据，增强了监察机关的权威性和合法性，其价值超越了它得以产生的封建制度本身，为当代的监察制度与法治建设提供了有益的历史借鉴。

综上可见，我国古代监察制度机制"大小相制，内外相维"，充分体现了法家"明主操柄而御臣"的精神精髓。监察机构掌朝廷纲纪，历代共同强调台宪公正廉明的品格作派，"不荡于富奥，不蹙于贫贱，不摇于威武，道之所在，死生以之"，保证了国家机器的健康运转。

三、以史为镜，鉴古知今

在肯定古代治吏经验的同时也应看到，虽然古代社会里统治者自觉或不自觉地采用了依法治吏的方法，也取得了一定的效果，但从根本上来说，封建吏治脱胎于奴隶主世卿世禄制度，虽有超越，但剥削制度的本质没有变，因此也就无法彻底解决吏治的根本问题，无法跳出历史周期率的兴亡怪圈。传统吏治措施失效，根本原因在于它赖以建立和运行的私有制经济基础，以及体现这一剥削关系的专制政治体制，地主阶级不可能从根本上设置一种机制来制约和监督其统治权，不可能真正让封建地主土地私有制下受剥削和压迫的广大人民实行民主、当家作主，因为那意味着其阶级利益的根本动摇。从性质上来说，专制政治的封建性，无法实现对权力的有效约束，正是专制政治赖以存在的生产资料的私有性，导致权力的垄断性，纵容了权力任性，决定了吏治的腐败，制造了官场的不堪。中国历代王朝兴衰治乱规律的必然性就是"吏不廉平，则治道衰"，而"吏若廉平，则治道兴"只是必然中的偶然。因而，借鉴封建吏治改革的经验教训，中国特色社会主义制度下干部制度建设的最终目标是建立适应现代化国家治理体系、运行有效的干部队伍。以公有制为主体的社会主义基本经济制度为干部革命化提供根本保障，为人民服务的公仆精神是干部队伍建设的根本遵循；在改革开放和社会主义现代化建设时期，以现代化标准整顿优化"吏治"，实现干部的年轻化、知识化、正规化，是推进国家治理体系和治理能力现代化的关键支撑。中国古代不同的时期在选官用官的原则和方法、措施等方面进行了许多探索和实践，留下的宝贵遗产值得我们扬弃和借鉴。

1. 为政之道，任人为先

"为政之要，惟在得人。"《贞观政要》中的这句名言，阐述了一种重视人才的用人观。我国历史上有所作为的政治家、思想家，对人才的重要性都有着深刻的认识。早在春秋战国时期，如《墨子》中就说："尚贤，政之本也。"之后的历朝历代有识之士都不乏真知灼见，三国名相诸葛亮认为："治国之道，务在举贤。"曹操任人唯贤，苻坚以王猛辅佐扫平群雄，统一北方，赵匡胤雪夜访赵普，赵普喜观《论语》，以"半部《论语》治天下"影响后世。隋唐以后更是建立完善了科举取士的制度，唐太宗欣喜于"天下贤才尽入吾彀中"，科举制度为历代选拔了大量治国之才……国之兴，在于得人；国之亡，在于失人。历代治乱兴衰的历史经验充分证明，选贤任能关系到国家的兴衰。

在选人用人方面，我国历史上留下了很多可取的思想和经验。例如，在人才选拔上，有知人善任、选贤任能，敬贤敬能、礼贤下士，访求俊彦、唯贤是举，人尽其才、才尽其用，避其所短、用其所长，才兼文武、德才兼备，勤于教养、百年树人，等等。在善于用人上，通过考试把最优秀的人才选拔出来，但又不唯考试用人，而是广泛录用各种专门技术人才，吸收进官僚队伍、扩大用人范围、维持政治平衡、补充人才不足。对于已经入仕的官员来说，高度重视考核，采用循名责实、优胜劣汰的考核用人机制，并且把明确考核内容、进行分类考核、考核结果与奖惩紧密结合等。此外，历代吏治既要求官员以民为本，以德化民，又要求官员自身重德，历代君主都深知"得百庸臣不如得一能臣，得一能臣，不如得一尽心之臣"的道理。

如果说"举贤任能"是古代吏治的组织路线，那么"天下至德，莫大于忠""为政以德"则是古代官吏施政的最重要的政治原则。从先秦开始，古人在论述人才的素质条件时，就已注意从品德和才能两方面来考虑，相继提出了"既知（智）且仁""才行俱兼""才行兼备""才德兼优""德行为首""以德为本"等概念。宋代对于德才标准的认识，特别是对德、才二者关系的认识，已经相当全面和辩证。"才者，德之资也；德者，才之帅也。"司马光的这一论述尤为精辟，即有"才"作依托，"德"才能发扬光大；有"德"作统帅，"才"不至于走邪路。

以古鉴今，"德才兼备，以德为先"的好干部标准是具体的、历史的，我们是社会主义国家，当下"最重要的是政治品德要过得硬"。回看那些"落马"的领导干部，有些不守政治纪律和政治规矩，有些堕落为"两面派""两面人"，究其根本原因，都是放松了思想修养，忘记了党的性质和宗旨，在资产阶级的糖衣炮弹面前打了败仗，在封建剥削思想的腐蚀下损公肥私。而且，政治上有问题的人，政治觉悟不高、政治立场不稳的人，能力越强、职位越高，危害就越大。所以说，政治标准是硬杠杠，借古鉴今，以古喻今，我们今天讲的"德"，第一位的就是政治立场、政治品德。

在人才成长方面，韩非子"宰相必起于州部，猛将必发于卒伍"的思想也很有借鉴意义，优秀的人才必须经过艰苦实践的磨炼，必须有丰富的基层的工作经验。汉代察举制下，被举为孝廉的，大都担任一段时间的郎官，熟悉基层政务后再授予官职掌握实权；汉制还实行"试官"制，初举者要试用一年，合格者才能专政为"真"官。唐代尤重从基层选人，甚至提出"不历州县不拟台省"。虽然唐中后期宰相等高级官吏大都出身科举，但进士出身的人一般都要经历长时间的各地为官履历；吏部以身、言、书、判等标准考察科举及第者，考察合格方能步步升迁。

今天已经"换了人间"，社会主义制度的确立为广大党员干部、公务员建功于人民开辟了广阔的前景，面对新时代、新形势，我们不仅要有担当的宽肩膀，更要有成事的真本领。但真本领从来都不会自动养成，既要靠自身努力，也要靠组织培养。我们强调在干部选拔任用上要树立重视基层的导向，"要多选一些在重大斗争中经过磨砺的干部，同时要让没有实践经历的干部到重大斗争中去经受锻炼，在克难攻坚中增长胆识和才干"，要把基层一线作为培养锻炼干部的主阵地，注重选拔长期在情况复杂、条件艰苦地方努力工作的优秀干部，注重选拔那些具有一心为民的公仆情怀、务实进取的敬业精神和清正廉洁的崇高品格的好干部。

2.坚持法治，反对人治

整顿吏治需要有法可依、有章可循。纵观中国古代变法史可以发现，以"人"治吏，依人而断的变法，最终往往落得"人亡政息"。战国时的吴起变法、商鞅变法，虽然都以"严"著称，虽然都宣称"法治"，但从根本上来讲，仍然受制于私有制的局限，将全部希望寄托在君主一人之身。商鞅"造威"，对太子的老师处以重刑，实质上也是商鞅一人的"独断"，本质上仍是一种"人治"。法的属性是公，无论是奴隶主的私有制，还是封建地主的私有制，都不可能产生真正的法治。吴起相楚短期内就强大了楚国，靠的亦是以人治吏，从表象上来看，以"严"、以"暴"治国，好像是以"法"治之，其实，这个法也是楚王的法而已，是楚国贵族的法，是新兴地主的法，是私法而不是公法，只不过私的范围扩大了一些而已。因此，这种"法"还是没有连续性和不可替代性，还是必须借助于政治势力而存在，当变法者死亡或者失势，吴起也好，商鞅也好，他们一死，变法就停止。这充分证明他们的所谓以法治吏、治国，仍然是临时性的人治手段，只是通过行政命令的形式去强制维持某种政治目的，执行管控、惩治的手段和措施并不是真正的"法治"意义上的，变法者也就无法从根本上解决官吏贪腐的痼疾。

历代封建王朝也都在不遗余力地解决腐败问题，尤以明朝"重典治吏"为最。明太祖朱元璋总结了元朝败亡的教训，极力主张"立国之初，当先正纲纪"，用重典惩治"奸顽"。他痛恨吏治腐败，认为"此弊不革，欲成善政，终不可得"，因此，"重典治吏"，屡放狠招。但他的"重典治吏"实质上是以皇权的至高无上和专制独裁为特征，以严刑峻法和滥刑诛戮为内容，以君主个人权力为后盾的权力斗争，不可避免地出现"人存政举，人亡政息"的局面，一旦身死，治理效果重新归零。朱元璋在治吏过程中采取一些残酷刑罚手段，法外用刑，把重刑发展为滥杀，也是"人治"对"法治"的践踏，不利于社会真正意义上的进步与发展。

因此，我们必须倡导现代意义上的法治，倡导社会主义的法治。我国古代法家的治官思想和治国思想，是君主专制下的法治，既与近代意义上的法治不能等同，更与社会主义制度下的法治有本质区别。古代君主专制下的法治是君主治国、治官、治民的工具和手段而已，此外还杂有术、势等成分。这种法治对吏治起到的只是一时之效，要保障吏治清明，则需要现代意义上的法治。近代法治以资产阶级民主制度为前提，以公民概念为政治学的逻辑起点，主张以法律保障人民权利、限制国家权力，有历史进步意义，但仍然是资本主义私有制的反映，是资产阶级市民社会的要求，它扩大了民主和法治的基础，但仍局限在财产拥有者的范围。现代法治是社会主义的法治，法律面前人人平等，不但没有任何一人可以凌驾于法律之上，而且没有任何一个财产集团可以凌驾于法律之上。这样就取消了"官吏"在法律上的特权，运用制度的力量无差别监督，启用人民民主的力量，将权力关进制度的笼子里，杜绝绝对的权力滋生的腐败，从而实现"吏治"的良好运行，为建立长效的治国模式提供了可能。

历史告诉我们，由于封建皇权凌驾于法律之上，法外用刑，导致其廉政建设无法摆脱随意性；历史还告诉我们，由于资产阶级的财产权凌驾于法律至上，财富左右了选举，左右了资本主义国家政治生活，腐败成为一种见怪不怪的现象。鉴此，我们要根治腐败，不仅要紧紧依靠刑法、依靠党的纪律条例，我们还需要建立广泛的法制，靠人民民主专政的政治制度，廉政建设才能真正走上社会主义法治道路，才能从根本上铲除滋生腐败的土壤。法治作为治国理政的基本方式，也是社会治理的基本方式。社会治理作为国家治理体系中的重要组成部分，推进社会治理的现代化是国家治理现代化的核心一环。强调国家治理体系现代化，就要处理好政府治理与社会治理、共治与自治二者的关系。在全面依法治国的历史大背景下，强调法治的核心作用，就要用法治思维培养党员干部修养，用法律制度树立规则意识，引导规范各级领导干部的思想和行为，用马克思主义法学理论将法的价值与社会主义核心价值观有机融合，实现在良法善政中求善治，实现新时代社会治理模式的现代化。

3.重典治弊，宽严相济

《周礼》说，"刑新国，用轻典"。一个新政权建立初期往往实行休养生息，统治手段较为缓和。然而对于一个成熟的法制社会来说，自始至终必须严格依法治吏，提高民众法律意识，推动整个社会形成依法办事的良好风尚，这样才能促进国家快速走上法治轨道。

明太祖朱元璋"重典治吏"，对我们今天的反腐败斗争还是有着重大的借鉴意义的。明定鼎之初，太祖朱元璋总结元朝败亡的教训，认为元王朝文恬武嬉，纲纪废弛，贪污横行，剥削压迫深重，从而激化了社会矛盾，导致农民起义，元朝统治终被推翻。他从巩固封建统治出发，极力强调"刑乱国用重典，重典治吏"，使明朝成为中国法制史上治吏最严的朝代。朱元璋实施的一系列治吏措施，尤其是重典惩处贪官污吏，一定程度上抑制了腐败，吏治清明，缓和了社会矛盾，与民休息，恢复经济，明朝前期很快步入繁荣。但是，重典治吏并不能从根本上解决封建社会吏治腐败问题。

与之不同，改革开放以来，我国经济社会发展成就之大举世罕见。但同时也出现了贫富差距扩大、利益格局固化、贪污腐败滋长、社会矛盾增多、生态环境恶化等一系列问题，这些弊病虽然不是根本性的，也不会动摇我们的社会主义经济基础和人民民主专政的政权基础，但如果任由积弊滋生、蔓延，以致某些领域正气不彰、歪风渐起，也会造成一定范围内社会矛盾的积聚乃至激化，影响社会稳定、干扰经济发展。究其原因，主要就在于制度体系不完善和制度执行不坚决，长期失之于松、宽、软。因此，要加快推进国家治理体系和治理能力现代化，就必须抓主要矛盾，着力解决抓住人民群众反映强烈的领域和突出问题，敢于亮剑、敢下猛药，重点治理诸如食药安全、生态安全、网络安全、生产安全、社会治安等领域之乱，重点治理道德滑坡、法纪松弛、精神懈怠、庸政懒政、奢靡浮华、诚信缺失等方面之弊，加大反腐败、反特权、反暴恐、反黄赌毒、反邪教力度，标本兼治，促进党风、政风和社会道德风尚的明显好转，从而助力推进国家治理体系和治理能力的现代化。

此外，在提倡重典治弊的同时，也应当从实际出发，注意赏罚分明，做到宽严相济。古人云："宽以济猛，猛以济宽，政是以和"（《左传·昭公二十年》），"作官公罪不可无，私罪不可有"（晁说之《晁氏客语》），在干部队伍管理方面既不能宽纵，也不能过于苛责，要完善容错纠错机制，鼓励干部在事业上敢闯敢干，勇于任事；但同时在私事上严格要求干部队伍，做"官"绝不能心存私念，更不能以权谋私、知法犯法。将干部在工作中的失误、错误与主观犯罪，从制度上加以区别。"不以一恶忘其善，勿以小瑕掩其功。"追责要严肃，但又要慎重；问责要认真，但不要烦苛，使干部能够放心大胆投入为人民服务的事业中去。同时，还要健全能上能下的常态化机制，完善赏罚分明的正向淘汰机制。"国家大事，惟赏与罚。赏当其劳，无功者自退；罚当其罪，为恶者咸惧。"干部监督管理既要用罚的消极手段，也要注重激励保障正向积极，二者不可偏废。

4. 积极激励，长效监督

建立长效激励机制，一方面要树立"得贤者昌，失贤者亡"的选官意识，为人才创造一个健康的竞争环境；另一方面要给公职人员一定的职业安全感，注意培养公职人员勤政敬业的进取精神。

应该说，古代的"明主治吏不治民"指导原则之下的吏治，相对来说还是卓有成效的，但其弊端也显而易见，这就是各级官吏只对"明主"负责，而不对"民众"负责，这种由上而下的监督体系受古代根本政治经济制度的影响，有其历史局限性，也就难免失灵，陷入历史周期率。欲使吏治真正清明，还需依靠来自民众与舆论的监督，而古代社会的这一"短板"，在今天人民当家作主的时代则不存在。当代"吏治"环境，即干部队伍政治环境已经得到根本改善，社会主义根本经济基础和政治制度与旧社会剥削制度的本质区别，为广大干部队伍、公务员队伍建功祖国和人民创造了无限广阔的制度环境，也为民众的广泛参与和有效监督开辟了新天地。

第八章　移风易俗　法随时变

——法律修订要与时俱进

　　法治是人类政治文明的重要成果。作为四大文明古国之一，中国是人类历史上唯一拥有连续性文明的国家。中华民族在漫长的发展过程中，虽历经磨难，但燫火不息，始终保持了国家形态的民族聚合体的稳定性，在创造辉煌物质文明、精神文明的同时，也创造了辉煌的政治文明、法治文明。中华法系成为世界法系历史最悠久、底蕴最丰富的代表，这与法家先贤的政治与法治智慧是分不开的。今天，人类文明已步入建设现代法治文明的最新阶段。我国处于全面深化改革的关键时期，实现国家治理体系以及治理能力现代化，也亟须法治力量的引领和推动。建设社会主义政治文明，弘扬社会主义法治精神，除了借鉴国外法治建设的有益经验和优秀成果外，还必须从中国传统法治文化中汲取力量。更重要的是，在把握事物本质、遵循客观规律的前提下，不断与时俱进，顺应时代变革。

一、法与时转，因俗而治

　　立法受到历代统治者的重视，因为它是确立不同社会阶层权利和义务关系的规矩，是定分止争、兴功惧暴、惩奸止邪的有效手段，是维持国家纲纪、治国理政的锐利工具。从皋陶造律算起，中国古代有五千多年从未中断的立法史。从古至今，历代统治者都认识到"国不可一日无法"。韩非说："家有常业，虽饥不饿；国有常法，虽危不亡。"（《韩非子·饰邪》）近人沈家本认为："国不可无法，有法而不善，与无法等。"（《诸史琐言》）无论是大一统的全国性政权还是偏安一隅的地方政权，立国即立法。而且，各个朝代立法并不都是照搬前朝，而是在借鉴前朝的基础上，结合本朝实际，革故鼎新，从而形成了"法与时转""因俗而治"等很有价值的立法原则。

1. 以时而定，宜时则治

"法与时转则治，治与世宜则有功"是古代立法、变法理论的核心命题。该句出自《韩非子·五蠹》，强调法令应该顺应时势的变化，这样才能把社会治理好；社会管理与社情民意相适应，才能取得成功。其下一句为："时移而治不易者乱，能治众而禁不变者削。故圣人之治民也，法与时移而禁与能变。"意思是说，时代发展了而治理方式却一成不变，社会必然危乱；如果法令不能顺应时势，不能适应当时的社情民意，国家必被削弱。先秦时期，从管仲到韩非，法家多有"法与时转"的论断。早在韩非之前，商鞅就曾提出"三代不同礼而王，五霸不同法而霸"，认为"治世不一道""法宜其时则治"。《商君书》还说："先王当时而立法，度务而制事。法宜其时则治，事适其务故有功。"因此，"礼、法以时而定"。商鞅正是顺应了战国新兴军功地主阶级兴起这个"时势"，通过变法实现了富国强兵，奠定了秦国统一天下的物质基础。

汉代法律思想的嬗变，将这种强调法度因时而变的思想展现得淋漓尽致，成为中国具有不断进行文化自新能力的一大力证。汉取代秦，废除了秦的苛法，与秦国政治紧密结合的法家作为一种政治势力遭到灭顶之灾，但法家思想由于其实用性得以保存。汉初奉行无为而治的黄老政治，其哲学内核与法家一致，治术也实现了交融；而后嬗变，文、景、武帝"霸王道杂之"，实现了儒法合流。法家思想为后世所沿用，虽不居主导地位，但对讲求为政以德、执两用中的儒家思想形成很强的互补性，"内儒外法""阳儒阴法"成为传统文化的重要精神内核和价值诉求。

至晚清，国势衰微，民族危机深重，有志之士皆以法的可变性为依据，大力呼吁变法。如龚自珍说："自古及今，法无不改，势无不积，事例无不变迁，风气无不移易。"（伍军、王卫《龚自珍、林则徐、魏源经世致用思想之比较》）魏源在论证"天下无数百年不敝之法，亦无穷极不变之法，亦无不易简而能变通之法"（《筹鹾篇》）的同时，提出"师夷长技以制夷"的主张；冯桂芬则进一步认识到："法苟不善，虽古先吾斥之；法苟善，虽蛮貊吾师之。"（《校邠庐抗议》）康有为、梁启超身体力行，发起百日维新："圣人之为治法也，随时而立义，时移而法亦移矣。"（《康有为政论集》）"法者天下之公器也，变者天下之公理也。"（梁启超《读日本书目志书后》）可见，后世之变法者莫不以"法与时转"为圭臬。

马克思主义认为：世界是无时无刻不在发展变化的。这正与中国传统文化中关于变化的认识是相通的：只有"变"才是一成不变的。其实，无论是"与时转"还是"与世宜"，都强调了社会发展的客观规律。古圣先哲有关的论述还有很多。《周易》的总纲是"穷则变，变则通，通则久"。《淮南子·人间训》说："五帝贵德，三王用义，五霸任力。今取帝王之道，而施之五霸之世，是由乘骥逐人于榛薄，而襄笠盘旋也。今霜降而树谷，冰泮而求获，欲其食则难矣。"《礼记》等主张"与民变革"。《吕氏春秋·察今》里"刻舟求剑"的寓言脍炙人口，讽刺了死守教条，拘泥成法，固执不变通的人。隋代学者王通认为："通其变，天下无弊法；执其方，天下无善教。"清末维新人士更是喊出了"变者，古今之公理也"的口号。任何事物都有发展变化，法度自然也不例外。根据历史和时代的变化而革故鼎新，才能保持活力；如若墨守成规，就很难适应社情民意，带来的不是大治而是抵牾，良风美俗也难以实现。所以说，治理国家必须审时度势，通权达变。

立法从社会实际出发，反映了朴素的唯物主义历史观、法律观，是法治发展规律性的体现。法治只有不断变革，不断随时代和社会的变化而变化，才能保证与时俱进、长治久安。

2. 因俗而治，宜地则治

"因俗而治"，是我国历代奉行以传统的儒家思想为指导治理边疆少数民族地区政策的概括和总结。

在长期的历史发展中，中国边疆各少数民族形成了自己特有的习俗。这些习俗对本民族具有极大的约束力和影响力，而且有着深刻的传承性。历史上有些中原政权对少数民族采取歧视压迫的政策，不尊重这些民族的习俗，严重伤害了他们的民族感情，甚至引起起义和叛乱，影响国家的稳定。西晋时巴氏人李特领导的益州流民起义，沉重打击了西晋政权；南北朝时期破六韩拔陵等领导的六镇起义绵延不绝，最终产生了高欢等枭雄分裂了北魏政权；宋代王小波、李顺起义，也有边疆少数民族积极参加。饱受歧视和压迫的弱小民族对此尤为敏感、反应强烈。

因此，中国历代的统治者从维护国家统一和阶级统治的根本利益出发，都不得不慎重地对待这个问题。统治者在立法中充分注意尊重民族风俗习惯，广为流传的风俗往往成为法律的重要渊源。我国古代法律注重伦理纲常和婚丧祭祀等，这种浓厚的礼教精神本来就是汉族的风尚习俗的体现。法律虽以国家强制力为基础，但它必须适应社会实际，才能得到有效贯彻实施。因此法律经常要适合或迁就社会风俗。古代各少数民族生活的边疆地区封闭落后，因此，风俗习惯往往作为习惯法世代传承，并反过来影响着整个民族的物质和精神生活。中国历代的治边策略，往往在政治上任用当地部落首领为土官，而不是派遣流官；经济上尊重当地的经济形态和发展模式；文化上顺应当地民族的风俗习惯；社会结构上不改变其原有形态，在与内地的交往中，促进其不断地向内地学习先进的经济形态和文化成果，最终促成融合趋同。统治者在立法活动和司法实践中更是十分注意各民族习俗的差异，"因俗而治"，根据民俗习惯法对某些法律制度加以变通，或者建立专门的少数民族法制体系，这也成为中国古代民族立法和法制建设的基本原则之一。

最初，"因俗而治"只是周朝统治者对周边民族实行的政策。以后历朝历代，无论是汉族建立的政权，还是少数民族建立的政权，几乎都实行这一政策，设立有关机构和官员，管理边疆少数民族事务。这也印证了中国古代是一个以农立国、统一的多民族的国家，这在立法中都得到了充分体现。

一是关怀农业生产，以农业为立法的重要内容。这是主体民族重农习俗的生动体现。历代有关土地、水利、厩牧、农时以及天文的历法都洋洋大观，因为这是农民经营小农经济、维持一家温饱的重要法律保障。1975年出土的云梦秦简中，"盗徙封，赎耐"，严厉惩治擅自挪用地界侵犯他人土地所有权的行为。唐贞观之治与开元盛世得益于均田法的普遍实施。从唐朝起，还制定了"务限法"，每年农忙季节各州县官府停止审案，保证不违农时。为保证农业持续发展，还制定法律保护水源山泽，改善自然环境，形成了非常有价值的古代环境立法。历代的经济繁荣、国泰民安，都和农业立法得当密切相关。

二是注意发挥地方立法的积极性。农业时代交通不发达，而中国辽阔的疆域带来经济、政治、文化发展的极大不平衡，统一的朝廷立法不可能涵盖所有疆域，因而需要鼓励地方立法。由于文献记载所限，清以前的地方立法已多不可考，而清代以省为单位的地方立法——省例则完整保留下来。如《江苏省例》《福建省例》《治浙成规》等为综合性省例，涉及一省行政、民事、经济、文教、刑事、司法、风俗等；而如《直隶清讼章程》《豫省文闱供给章程》《山东交代章程》等为专门性省例，属于一省单一事项。省例仅通行于一省，而且须奏请中央批准，与中央立法相抵触者无效。清代省例虽未遍及全国，但江苏、广东、湖南、福建、河南、直隶、四川、山西、山东、浙江、安徽、江西等省的省例，为研究我国古代地方法规提供了宝贵资料。

三是制定适用于少数民族聚居地区的法律。汉唐时期，便已进行了必要的民族立法。史书记载语焉不详，只有清朝保留了大量的民族法文本，如《理藩院则例》《西藏章程》《回疆则例》以及苗疆立法等。民族立法的内容繁简不一、体例没有定规，总的说来不外乎行政、民事、经济、军事、刑事、司法、宗教等方面，形成了比较完备的民族法律体系。特别值得提出的是，清代制定的《大清律》，作为全国性的法规，社会各阶层、各民族都要遵守。但是，在边疆少数民族地区，考虑到民族风俗的不同和习惯的差异，清政府另外制定有适合当地少数民族情况的法律，以加强法制，这种"因俗而治"的原则，深受少数民族欢迎，是多元一体法文化的具体成果，充分体现民族立法是清朝立法体系的一个重要组成部分。

3. 良法循变，协时而治

法律是统治阶级一直的体现，与国家相伴而生。中国自进入文明社会以后，随着疆域的扩大、社会的发展，国家事务日益冗繁，阶级矛盾与民族矛盾交织，日益凸显法律在治国中的独特价值。中国历代政治家、思想家呼吁治国不可一日无法。如商鞅变法时强调，"国皆有法"，"言不中法者，不听也；行不中法者，不高也；事不中法者，不为也"（《商君书·君臣》）。历史的经验证明，无法律就没有调整上下尊卑之间权利义务关系的依据；无法律则国家无纲纪国家机器无法正常运转，内无以抚民，外无以御敌，无法完成治国理政的任务；无法律则无法发挥对道德规范的支撑作用，难以实现德法共治；无法律则无以维持正常的生产生活秩序，社会也将陷入混乱。

治国不可无法，但良法与恶法在实践中的效果大相径庭。宋人王安石说："立善法于天下，则天下治；立善法于一国，则一国治。"（《周公》）良法才能带来善治。近人梁启超论证："立法善者，中人之性可以贤，中人之才可以智，不善者反是。"（《新民说》）反之，恶法带来危亡：商亡于重刑辟；秦亡于苛法导致"赭衣塞路，囹圄成市"；明直接亡于裁撤驿站，驿卒李自成揭竿而起……可见，行恶法误民失德，"亡无日矣"。因此，中国古代的政治家、思想家都推崇良法，只有行良法，才能天下大治。

良法的主要标志之一就是循变协时，稳中求变。《尚书·吕刑》中有"刑罚世轻世重"的记载。《周礼·秋官·司寇》提出根据不同的形势制定不同的法律："一曰刑新国用轻典；二曰刑平国用中典；三曰刑乱国用重典。"主张变法改制的法家更强调法要因时势而变。慎到说："守法而不变则衰。"商鞅说："礼法以时而定，制令各顺其宜。"韩非概括说："故治民无常，唯治为法。法与时转则治，治与世宜则有功……时移而治之不易者乱，能治众而禁不变者削。故圣人之治民也，法与时移，而禁与能变。"（《韩非子·心度》）法家的历史观是进化的历史观，法家的哲学是以经验注意为基础的实证哲学，法须循变协时的观点影响深远。晚清遭遇千年变局，中华式微，面对外来侵略，变法之声日隆，法家变法图强的思想成为睁眼看世界的启蒙者赖以战斗的思想武器。

循变主要在于法的可变性，协时主要在于法的清醒，这是中国五千多年法制史的运行轨迹。但是历代法家在主张法的可变性的同时，也注意保持法的相对稳定性，反对"数变"，以免导致民众无所适从。韩非说："治大国而数变法，则民苦之。"（《韩非子·解老》）"法莫如一而固，使民知之。"（《韩非子·五蠹》）他还尖锐地指出："法禁易变，号令数下者，可亡也。"（《韩非子·亡征》）唐太宗也认为："法令不可数变，数变则烦。"（《资治通鉴》250章唐纪十唐太宗贞观六年）宋人欧阳修说："言多变则不信，令频改则难从。"（《准诏言事上书》）法的可变性要在"协时"，法的相对稳定性要在"权威"，变中也要求稳，二者兼顾，才能发挥法治治国理政的良好效果，才能实现变法图强的时代目的。

二、顺势"变法"，强国有方

"天下之势不盛则衰，天下之治不进则退。"习近平总书记在党的十九届四中全会上讲到，当今世界正经历百年未有之大变局，国际形势复杂多变，改革发展稳定、内政外交国防、治党治国治军各方面任务之繁重前所未有，我们面临的风险挑战之严峻前所未有。站在新中国成立 70 周年的历史时刻、处在"两个一百年"的历史交汇期、面对世界百年未有之大变局，一个奋斗不息致力于长期执政的政党，一个矢志不渝肩负民族复兴重任的政党，一个胸怀天下善于规划世纪的政党，势必要思考：下一个 70 年我们要怎么干，未来的百年蓝图将如何绘就，通向中华民族伟大复兴的道路如何才能越走越宽广？尤其是近年来，面对国内外风险挑战明显上升的复杂局面，如何增强党治国理政的能力，完成富国强兵的夙愿，实现民族复兴的梦想？我们就要从古今中外的治乱兴衰之中吸取经验教训，而两千多年前那个由纷争走向统一的时代与当今的世界局势何其相似，那时涌现出来的"智术之士"各抒己见、百家争鸣，纷纷为各自邦国开出实现富强的药方，也为今天的政治思想提供了丰富的营养。

1. 列国变法，各有高招

两千年前，我国大地上上演着一出同样的历史壮剧：管仲相齐，鱼盐而富，齐桓九合诸侯，五霸相继；此后周室陵替，田氏代齐，三家分晋，历史的巨轮不可逆转地将一个旧时代、旧秩序碾压；李悝变法，魏国首霸，最终在马陵四面树敌的箭镞声中凋零；商君变法，立法度，务耕织，修守战之具，始皇帝奋六世余烈，横扫六合，执敲扑而鞭笞天下、威震四海，终于实现了统一并过渡到大汉盛世……

春秋初期，地处中原腹地的郑国率先感受到了四邻的威胁和时代的压力。面对"国小而偪"，北晋南楚交相侵攻的局面，郑简公任用子产为相，开启了法治强国之路。为了解决奴隶主贵族大量占田，土地不均导致郑国农业生产停滞的严峻问题，子产推行田制改革，"为田洫""作丘赋""不毁乡校"；子产主张"择能而使"，善于团结王室，为政"宽猛相济"，以民为本，缓和了阶级矛盾，巩固了统治基础。公元前 536 年（郑简公 30 年），子产"铸刑书于鼎，以为国之常法"，成为中国历史上第一次正式公布成文法。"刑书"包括"刑"，而且还有"令"，其内容不仅是限于刑辟之法，还有更多治国理政相关的内容。子产以法治国，实现了"法治强国"，不仅使郑国在晋楚两霸的夹缝中生存下来，还一度成为春秋初期的主角。

"春秋五霸"之首齐国的崛起，更是得益于齐法家管仲的治国实践。

首先是经济方面的富国强兵之策。管仲注重经济，重视农业，提出"相地而衰征"，实行了粮食"准平"政策；重视工商业，利用市场的力量实现国民财富增值，这与现代"以经济建设为中心"的思想有异曲同工之妙。管仲主导了齐国的政治制度改革，选贤任能，以真实政绩对官员实行奖惩，在一定程度上突破了世卿世禄制。在管仲的努力下，齐国国力大振，成为春秋五霸之中第一个称霸者。齐国国运昌盛直至战国，仍雄踞七雄之最富者；甚至楚汉代秦，汉代的经济中心一直都在山东一带；后来齐国的稷下学宫成为汇聚百家的中心、法家的思想阵地。孔子曾感叹说："管仲相桓公，霸诸侯，一匡天下，民到于今受其赐。"又说："桓公九合诸侯，不以兵车，管仲之力也。"

滥觞于春秋的"法治"强国实践，到战国时期又呈风起云涌之势。

第一个登上历史舞台的是李悝。魏文侯任用李悝为相，变法图强。李悝在政治上，主张废止奴隶制贵族世袭世禄特权，选贤任能，赏罚严明；在经济上"尽地利之教"，废除井田制，允许土地私有买卖，鼓励百姓垦荒，实际上是承认了封建地主土地所有制；在军事上，建立"武卒"制。最为重要的，就是实行法治。李悝为巩固变法成果，汇集各国刑典，著成《法经》一书，《法经》分 6 篇，为《盗法》《贼法》《囚法》《捕法》《杂律》和《具律》，明令颁行，巩固了新兴地主阶级的封建法权。通过实行法治，魏国成为战国初期的七雄之首。

此后，分别有吴起在魏国、楚国，邹忌在齐国，申不害在韩国，商鞅在秦国推行的变法等。

吴起深明法治的重要性，他"明法审令"，采取"倚车辕"树立法制的权威；进而废除贵族世卿世禄制，"废公族疏远者以抚养战斗之士"。他还整顿吏治，"禁明党以励百姓"，"罢无能，废无用，损不急之官"，裁减冗员，"塞私门之请，一楚国之俗"，"使私不害公，谗不蔽忠，言不取苟合，行不取苟容，行义不顾毁誉"，通过变法，耕战并重，确保军队的给养，提升了楚地原本落后的生产力水平，使楚国成为战国七雄之疆域最大者。

邹忌在齐国推行法家政策，主张修订法律，监督和清除奸吏，"谨择君子"，孙膑、田忌等得以任用；他还讽喻齐王勇于纳谏，使齐国"田野辟，民人给，官无留事，东方以宁"。

申不害更为注重法、术、势三者中的"术治"，他汲取道家"君人南面之术"并加以改造，提出"内修政教""修术行道"的一整套"术"治方略。一是整顿吏治，加强君主集权统治，整顿官吏队伍，"见功而与赏，因能而授官"。二是重视农桑，他认为"四海之内，六合之间，曰'奚贵，土，食之本也'"。又说："昔七十九代之君，法制不一，号令不同，而俱王天下，何也？必当国富而粟多也。"他还重视和鼓励发展手工业，特别是兵器制造业，战国时代，韩国成为冶铸技术最为发达的邦国，"天下之宝剑韩为众""天下强弓劲弩，皆自韩出"。申不害相韩15年，辅佐韩昭侯推行"法"治、"术"治，"内修政教，外应诸侯"，使韩国显现出一派生机勃勃的局面，史称"终申子之身，国治兵强，无侵韩者"。

七雄变法最为成功的是秦国的商鞅变法。《史记·秦本纪》记载："三年，卫鞅说孝公变法修行，内务稼穑，外劝战死之功赏，孝公善之。"

首先是重视农桑，奖励耕织。商鞅认为，"圣人知治国之要，故令民归心于农。归心于农，则民朴而可正也，纷纷则易使也，信可以守战也。一则少诈而重居，一则可以赏罚进也，一则可以外用也"（《商君书·农战》第55章），"国之所以兴者，农战也"（《商君书·农战》第31章）。所谓的"治国之要"，就是以法令奖励农战"二务"。"农"字在商君书出现了150多次，可见，农业被商鞅置于最为重要的基础性地位。为了鼓励农业，商鞅几乎调动了所有的公共政策工具，包括行政、税率、官爵人事、俸禄管理、贸易政策、劳务管理、产业管理、运输管理、政纪、教化、君主修养、军事物资采购等，千方百计，多管齐下，全国合力，颇有改革开放以来"以经济建设为中心"的意味，这样做就必然地促成了农耕的发展和社会财富的增加。

其次是奖励军功，务于战事。商鞅废除奴隶主贵族世袭特权，建立军功爵制，根据军功的大小授予20等不同的爵位，从有军功爵的人中选用官吏，同时，根据爵位的高低赐予田宅和奴婢，从而使秦人怯于私斗而勇于国战。他还编户为伍，按户按人口征收军赋，保障了军队后勤供应。

商鞅直接采用了李悝《法经》，推行连坐刑律，强化社会管理。他说："圣人之为国也，一赏，一刑，一教。一赏则兵无敌，一刑则令行，一教则下听上。夫明赏不费，明刑不戮，明教不变，而民知于民务，国无异俗"（《商君书·赏刑》第274章）；"国之所以治者三：一曰法，二曰信，三曰权"（《商君书·修权》第237章）。二务、三教、三器构成商鞅国家治理思想的基本架构，为其变法提供了强大的理论支撑。

虽然商鞅后来被杀，但他的新法及法治思想却在秦国历代统治者的推行下得以贯彻，最终通过新法使秦国快速强大起来，自孝公时期始100多年，秦国一直维持七雄之中最强大者的地位，天下诸侯莫能与之争锋，最终实现了横扫六合、一统天下。实践是检验真理的唯一标准，商鞅变法实现富国强兵的直接结果，验证了商君"法治强国"思想的正确性、时代性和真理性。而且，秦制的主体部分，比如郡县制、重农政策等，都通过变法确立并固化下来，汉代秦后，承袭了这一套封建制度体系，此后，秦法虽经历朝历代的传承和不断修正，但其主体一直延续到了清末，有些有用成分直至今天仍有值得扬弃和借鉴的价值。而商鞅等法家政治家的思想，也固化于秦法、秦制当中，传承至清。从这个意义上来讲，商鞅创立了人类历史上第一个"法"的理论系统，为法家和古中国法"法治建设"作出了核心贡献，称其为法家宗师、中国古代法制的奠基者、"法治强国"的杰出实践者，亦不为过。

2. 古为今用，精华何取

曾有人说，古代法家的法是刑法，法家只有刑法之治；法治是舶来的概念，我国历史上没有现代意义上的法治。但从法家对其基本"法治"思想的表达中，如"法者，天下之程式也，万事之仪表也""故吏不敢以非法遇民""刑过不避大臣，赏善不遗匹夫""不别亲疏，不殊贵贱，一断于法""法者，编著之图籍，设之于官府，而布之于百姓者也"等，可以看出，在中华传统优秀法律文化中，占据重要地位的法家思想博大精深，不仅仅是刑名之术，还具有重要的思想借鉴价值。显然，说中国的古代之"法"专指刑法，是有失偏颇的。从中国古代法家思想来看，历代法家提出的变"法"，其作用已大大超出刑法的范畴，较多地倾向的"法治"，"刑法"只是其"法治"手段之一。

探讨古代"变法"，其主旨大致有三点：

第一，为建立国家提供理论根据。法家以主张"以法治国"著称，提出了一整套推行"法治"的理论与方法，强调君臣上下贵贱皆从法，为建立统一的中央集权国家提供了理论根据。法家的"法治"思想产生于春秋战国"百家争鸣"时期，我国古代社会发生巨变，法家代表新兴地主阶级的利益，适应社会发展的需要，与儒家围绕"礼"和"法"进行了激烈的辩论，奠定了我国两千多年封建社会文化发展的基础。在法家的"法治"思想影响下，各诸侯国相继变法，改变之前建立在血缘和宗法关系根基上的社会结构，并着手在人和人之间、人和国家之间明确建立起一种权利义务关系，并以此为纽带、以地缘为范围建立起封建国家。可以说，法家变法使得国家的统一有了新的整合基础。此后，大凡新王朝（国家）定鼎之初，大都会着手立法，以重新"定分"，并以此强调新王朝的合法性，所谓"一个王朝一套法"，即指此意。

第二，为调整社会关系提供重要工具。法家的"法"有别于以往古老社会的习惯，并非不公开、不外传、只在统治者内部代代相承的治国典则。法是国家制定的且公之于众的成文法，用老百姓容易明白的文字写成的，以普遍规则的形式昭告天下，明确告知百姓罪与非罪，罪受何罚。这些法律公布以后，一方面约束民众，阻止犯罪，维护正常社会秩序；另一方面也约束官吏，防止官员侵害老百姓，维护正常统治秩序。在法家看来，法律依靠其信誉形成权威，依靠这种权威通行天下。"君臣上下贵贱皆从法"，就能更好地发挥法作为有效治理工具的作用。法家对国家律法的公开，实际上就是希望达到"不治而治"——就像西方形容的，如一柄悬在人们头顶的"达摩克利斯之剑"——时刻威慑着人们不敢乱动。

第三，为维护国家长治久安打下坚实基础。法家的一些主张在后来的政治实践中效果不一，过于倚重刑罚和权术也产生了消极作用，后人常把秦二世而亡的原因归咎于法家。但法家的思想主张与封建国家的治国实践不能简单画等号，封建国家的兴衰，究其深层原因是封建私有制导致的历史周期率，而直接原因是多方面的。客观地说，秦之兴也，非独法家之功；秦之亡也，亦非独法家之过。不可否认，我国传统社会中，主导庞大国家官僚机器运转的不仅有法家的"法治"，还有儒家的"德政"。在法家"法治"思想指导下，古代中国自始至终坚持了成文法体系，历经秦律、汉律、唐律及至明清律例，成为维护国家长治久安的基石。古代社会生产水平和技术条件低下，中国能够有效治理非常广袤的地域、将庞大的人口整合为有机的社会整体，国家的行政权力皆有法律的威力触及四海八荒、五行八作，法家思想和成文法系是功不可没的。与同时其他人类文明相比，许多地方的国家形态还只是城邦、城邦联盟或者贵族联合，而中国得益于法家和"法治"，提前一步完成了统一和整合。

可见，中国古代法家的"法治"治国理论，强调国家治乱兴衰的关键不在君主个人的仁德，而在法律制度的完备。他们将重视法律调整社会关系的重要作用，推崇"法治"的治国理政基本方法，对于今天无疑是有借鉴意义的。当然从今天看来，法家的"法治"思想比较古典，其阶级基础是古老的农业地主，其思想基础是朴素的唯物史观，并不能生吞活剥，直接移植过来使用。今天我们要批判地继承一切有益的法治文明成果，剔除法家"法治"思想维护封建剥削制度、维护君主专制独裁政治制度的糟粕，科学地借鉴传统法律文化中的有益成分，对其工具性中的合理性成分加以改造，使其适应现代社会，从而有助于更好地推动社会主义法治国家建设。

三、循变协时，立足现代

一个国家的不同时代以及同一时代的不同国家，都有着不同的法治理论和实践。无论是古代西方的法治思想还是古代东方的法治思想，都不过是现代法治的思想渊源而已，并不能与现代法治画等号。中国古代法家的以法治国思想尤其是先秦法家的治国之术、变革精神，经过几千年砥砺扬弃，积淀下来成为民族的宝贵财富。我们应该历史辩证地对待法家思想，对待中国传统文化，不断增强文化自信和文化凝聚力。而真正作为现代意义上使用的法治概念，也是对资产阶级启蒙思想家近代民主、法治思想的扬弃。而当代中国提出的依法治国与前二者不同，是现代法治国家的治国理念，是人民主权国家的法治实践，是社会主义的法治。现代中国法治建设既要立足于现实，又要承袭传统法治精神，扬弃发展。

1.剔除专制，弃其糟粕

党的十一届三中全会提出依法治国方略，党的十八届四中全会提出建设社会主义法治国家，我们党提倡要汲取法家法治思想的精华，为社会主义现代化建设服务。虽然法家法治与现代法治的时代背景、经济基础、阶级属性不同，但重视法治的思想与现代法治思想并无二致。有选择地汲取其思想精髓，有助于人们加强对法治理念的把握，有助于人们加深对政治文明的理解，有助于加速推进社会主义法治化建设的进程。

第一，法的产生不同。法家之"法"出自君主，"法政独制于主，而不从臣出"，法律从头到尾是经济上占支配地位的统治阶级集体私利的表现，甚至是君主一人维护封建专制统治的政治工具。君主运用法律条令的目的虽然包括了奖励耕战、富国强兵等，客观上推动了历史的发展，但主观动机是维护封建专制统治，并非真正为民。而现代意义上的法治是民主之治、人民之治，是人民民主意志的体现，代表的是工农联盟为基础的劳动者的利益。《党章》载明：中国共产党是中国工人阶级的先锋队，同时是中国人民和中华民族的先锋队；我国是党领导下的社会主义国家，"法"是广大人民集体意志的体现，要保障和发展社会主义民主政治，发挥法律的作用，目的是保证人民群众凭借法律治理国家。根据我国现行宪法的规定，全国人民代表大会及其常务委员会享有国家立法权，任何组织和个人都不得将权力凌驾于宪法和法律之上。因此，我国现代法治的实质是民主的法治、人民的法治。党和国家的所有机构和个人都要忠实于人民群众的根本利益、忠实于法律制度、忠实于事实真相，都要严格在宪法和法律允许的范围内行使职权，不得滥用职权、僭越法律。

第二，法治主体不同。法家法治的主体是君主，法律是君主集权和封建专治统治的工具，他们所倡导的"以法治国"实质上是封建君主专制统治。虽然法家提倡"王子犯法与庶民同罪"，理论上要求公平公正、不徇私舞弊，具有一定的历史进步意义，但实际上是无法实现的。首先，其治理对象不包括君主，法律是君主的武器，武器无法"弑主"，君主犯法，无法可惩，"法不阿贵"停留在理论上。其次，其法律实质上只体现君主的意志，并非高于一切的，具有无法克服的历史局限性。而现代法治则是建立在人民民主专政基础之上的，人民主权与君主主权针锋相对。现代法治提倡民主，法治的主体是人民群众，法律因而享有绝对的普遍性和权威性，法由人民制定，法为人民而定，体现了人民群众的普遍利益和根本利益，为人民群众乐于接受和普遍遵守的基本准则。这样，现代法治成为保障和发展社会主义民主的有力武器，法律高于一切。

第三，法治对象不同。《韩非子·外储说右下》中提出"治民无常，唯治为法"的著名论断，显然法家法治的对象是民，而君主甚至其官僚机器并不包含在内，这就是事实上承认并强化了这种二元阶级对立。法家的法治思想代表着当时先进阶级的利益诉求和政治愿望，在当时的历史条件和时代背景下，符合社会生产发展的要求，具有历史进步意义。但当封建地主阶级一旦从奴隶主贵族手中接过政权，立即摇身一变而成为新的压迫者、剥削者，历代王朝更替更是换汤不换药，民与官的二元对立普遍而持久，成为古代社会的心理定势，"官"的阶层中一旦出现极为稀有的真正"民本"者，往往被目为"青天大老爷"顶礼膜拜。而现代社会法治不同，它对所谓"官"与"民"一体约束，甚至主要对象就是国家公职人员以及国家部门机构，这是因为社会主义从制度根本上消灭了"官"与"民"的二元对立，从理论上来讲，国家公职人员和国家部门机构掌握国家权力的目的是为人民服务，是人民公仆。虽然在一定的历史阶段，国家机器仍旧掌握着国家政治经济发展的关键命脉，掌握着更大的公权力，但也恰因为此，公职人员成为现代法治的重点治理对象。"法律面前人人平等"在社会主义民主政治下的理论上有了现实可行性，但国家权力仍旧存在无人监控的可能，容易出现滥用职权、以权谋私的现象，必须强化法治，以法律的公平正义与权威性保障社会主义理论上的人民主权成为现实。

第四，法治方式不同。传统法家力主统治者通过"刑名赏罚"来驾驭百官，控制百姓，君主"以法为本"，兼顾"势""术"，严刑峻法，专制极权。法家法治的基本方式就是"君主立法—官吏用法—治民"，这是一种自上而下的专制模式，不但容易造成法律监管的空白，为官僚集团贪腐制造温床，而且极易激化统治者与百姓之间的矛盾。而社会主义的现代法治是民主下的法治：全国人民代表大会及其常务委员会立法，并通过民主投票的方式，选出人民的代理人来管理人民的国家。现代法治是中国共产党领导广大人民群众，通过国家权力机关制定宪法和各种法律法规，把党的主张变为国家意志，把人民群众的利益诉求付诸实践，以实现党的主张、国家法律与人民意志三者的有机统一。广大人民群众选举代表组成国家权力机关，共同商讨国家大事、制定国家大政方针，从而保证人民当家作主的主体地位，将民主政治贯彻到实处，体现社会主义制度的优越性。

第五，法治目的不同。法家认为法治的目的主要有两个：一是"定分止争"，即确定财产的所有权，制止纠纷。二是"奖功罚过"，保障立战功的人受到应有的奖励，从而鼓励人们积极作战，并以严刑峻法震慑不法。奖功罚过的最终目的是为了富国强兵，富国强兵的目的是统一天下，统一天下的目的是为统治者谋取更大的利益。封建国家将社会经济发展的成果用来征战，用来满足统治阶级的集团私欲，而不是使人民群众真正富裕起来。而现代法治严格贯彻"以人为本"的法治原则，中国共产党的宗旨是全心全意为人民群众服务，社会主义可以使百姓真正走上富裕的道路，这与法家满足封建统治者专制统治需要有着本质的不同。总体来说，现代法治是社会主义法治，是人民群众依据宪法和法律来治理国家，保证人民群众充分行使当家作主的权利的政治制度。

2. 与时俱进，修法治世

"小智治事，中智治人，大智立法。"法律是治国理政最重要的规矩、最有力的武器，推进国家治理体系和治理能力现代化，必须坚持依法治国，完善法律制度，为党和国家事业的发展提供根本性、全局性、长期性的制度保障。依法治国是推进国家治理体系和治理能力现代化的重中之重，对现行法律进行修订，使之更加适应国家治理体系和治理能力现代化的战略部署，把修法立法的出发点和落脚点归结到实现好、维护好、发展好最广大人民根本利益上来，才能为解放和增强社会活力、促进社会公平正义、维护社会和谐稳定、确保党和国家长治久安发挥重要作用。

在党的十八届六中全会上，习近平总书记就《关于新形势下党内政治生活的若干准则》和《中国共产党党内监督条例》起草的有关情况作了说明。

习近平总书记指出："'法与时转则治，治与世宜则有功。'新形势下加强和规范党内政治生活，既要坚持过去行之有效的制度和规定，也要结合新的时代特点与时俱进，拿出新的办法和规定。"

"法与时转则治，治与世宜则有功"出自《韩非子》一书。作为法家的代表人物，韩非认为治国之道在于统一民心，而治民之本则在于明法。根据战国末期社会发生的变化，他敏锐地觉察到，法令法规不能一成不变，如果不能与时俱进，再好的法令法规也无益于世。

事实上，党的十一届三中全会以后，我们党总结党内政治生活正反两方面经验特别是"文化大革命"的惨痛教训，于1980年制定了《关于党内政治生活的若干准则》。这个准则既对当时党内存在的突出矛盾和问题提出了解决的办法，又对党在长期实践中取得的宝贵经验进行了归纳，具有开创性历史地位，至今对我们仍具有重要指导意义。但是，由于这个准则针对的是当时的历史条件和主要矛盾，现在党内出现的一些突出矛盾和问题当时尚未遇到，而当时比较突出的一些矛盾和问题现在已经不突出了。因此，新形势下加强和规范党内政治生活，既要坚持过去行之有效的制度和规定，也要结合新的时代特点与时俱进，拿出新的办法和规定。党中央决定召开十八届六中全会制定准则、修订条例，正是着眼于推进全面从严治党、坚持思想建党和制度治党相结合的一个重大安排。两个文件稿最鲜明的特点就是继承和创新有机统一，既深入总结了党在加强自身建设方面的经验和教训，继承了党在长期实践中形成的制度规定，发扬了党的优良传统，又全面总结了党的十八大以来党中央推进全面从严治党的生动实践，对全面从严治党的理论和实践创新成果进行了集纳。

习近平总书记引用"法与时转则治，治与世宜则有功"，旨在说明制定准则、修订条例不是为了替代已有的准则条例，而是强调新老准则之间的相互联系，要在坚持过去行之有效的制度和规定的前提下，结合新的时代特点与时俱进，让准则条例焕发新的生命力，在当前和今后一个时期更好地规范党内政治生活。全体党员应顺应时代潮流，以更高的标准严格要求自己。同时也提出警示，随着时代和社会的发展，新情况、新问题还会不断产生，全体党员应适时体察新情况和新问题，顺应时代发展变化对全面从严治党提出的新要求。

3. 改革治理，良性互动

变法就是历史上的改革，虽然层级较低，经济基础、阶级基础和社会背景不同，但都是通过对生产关系和上层建筑一定程度或范围内的调整，促进经济发展，强化国家治理。

党的十八届三中全会提出全面深化改革的总目标，提出完善和发展中国特色社会主义制度，推进国家治理体系和治理能力现代化；党的十八届四中全会提出全面推进依法治国的总目标，要求建设中国特色社会主义法治体系，建设社会主义法治国家。党的十九届四中全会强调坚持和完善中国特色社会主义制度、推进国家治理体系和治理能力现代化。这充分体现了以习近平同志为核心的党中央对改革和法治高度重视的远见卓识，反映了全国各族人民的共同愿望，标志着我们党对中国特色社会主义的认识达到了一个新水平。新时代坚持和完善中国特色社会主义制度、推进国家治理体系和治理能力现代化，必须坚持改革与法治的良性互动，以法治推进改革。

改革对国家治理现代化意义重大而深远。党的十九届四中全会把"坚持改革创新、与时俱进，善于自我完善、自我发展，使社会始终充满生机活力"作为我国国家制度和国家治理体系具有的显著优势之一。党的十八大以来，我们党对全面深化改革作出系统部署，强调坚持和完善基本经济制度、加快转变政府职能、加强社会主义民主政治制度建设、推进法治中国建设等，推动中国特色社会主义制度更加完善、国家治理体系和治理能力现代化水平明显提高，为政治稳定、经济发展、民族团结、人民幸福、社会安宁、国家统一、文化繁荣提供了有力保障。

改革开放是强国之路。40多年来，我们在党的坚强领导下，实现了飞跃发展，社会主义制度得到前所未有的巩固和完善。在此基础上，十六大党章总纲增写了"坚持改革开放是我们的强国之路"的内容。党的十八大以来，面对艰巨复杂的改革任务，以习近平同志为核心的党中央举旗定向、谋篇布局，以巨大的政治勇气和智慧开启全面深化改革新阶段。党中央在推进全面深化改革的实践中逐步形成了"四个全面"战略布局：全面深化改革、全面依法治国四居其二。

我们要在法治环境中推进改革，在深化改革中完善法治。法治是国家基本制度明确性、稳定性和权威性的体现形式，是确保良好的社会秩序，保护人民可预期的社会生活方式的重器。改革是在社会主义基本制度规范下的变革。在法治下推进改革，就是要把改革的目标、重大举措等纳入法治程序，确保重大改革于法有据。同时，法治也需要通过改革来推进。社会主义法治改革是全面深化改革的重要内容之一，我国的法治发展贯穿改革开放全过程，并在改革开放进程中不断完善。只有在法治环境中推进改革，在深化改革中完善法治，真正实现改革与法治良性互动，才能为坚持和完善中国特色社会主义制度、推进国家治理体系和治理能力现代化筑牢坚实根基。

法治是国家治理体系和治理能力的重要依托。依法治国是中国共产党领导人民治理国家的基本方略之一。党的十八大以来，以习近平同志为核心的党中央明确全面依法治国的总目标，从关系党和国家长治久安的战略高度定位法治、布局法治、厉行法治。中国特色社会主义法治体系本质上是中国特色社会主义制度在法律上的体现，是国家治理体系的骨干工程，推进国家治理现代化的过程，也是社会主义法治走向现代化的过程。新时代来临，蓬勃发展的经济社会需要法治护航，来之不易的改革成果需要法治确认，长治久安的稳定局面需要法治保障。

四十载惊涛拍岸，九万里风鹏正举。中国特色社会主义进入新时代，全党全国各族人民更加紧密地团结在以习近平同志为核心的党中央周围，高举中国特色社会主义伟大旗帜，不忘初心、牢记使命，推进全面依法治国战略布局，不断为实现人民对美好生活的向往提供坚强法制保障，在坚持和完善中国特色社会主义制度、推进国家治理体系和治理能力现代化的目标的宏伟征程上砥砺奋进，中华民族必将不断为世界制度文明、法治文明建设创造更大奇迹，作出更大贡献。

组　　稿：张振明

责任编辑：崔秀军　武丛伟　叶　鹏

封面设计：王欢欢

责任校对：吕　飞

图书在版编目（CIP）数据

传统文化与国家治理现代化／李军　主编 . — 北京：人民出版社，2020.12

ISBN 978 - 7 - 01 - 022733 - 7

I. ①传… II. ①李… III. ①中华文化 – 研究 – 中国 ②国家 – 行政管理 –
现代化管理 – 研究 – 中国 IV. ① K203 ② D630.1

中国版本图书馆 CIP 数据核字（2020）第 238358 号

传统文化与国家治理现代化

CHUANTONG WENHUA YU GUOJIA ZHILI XIANDAIHUA

李　军　主编

人民出版社出版发行

（100706　北京市东城区隆福寺街 99 号）

北京新华印刷有限公司印刷　新华书店经销

2020 年 12 月第 1 版　2020 年 12 月北京第 1 次印刷

开本：710 毫米 ×1000 毫米 1/16　印张：41.5

字数：590 千字

ISBN 978 - 7 - 01 - 022733 - 7　定价：85.00 元

邮购地址 100706　北京市东城区隆福寺街 99 号

人民东方图书销售中心　电话（010）65250042　65289539